湖南省志

1978—2002

有色金属工业志

湖南省地方志编纂委员会

方志出版社
Publishing House of Local Records

图书在版编目（CIP）数据

湖南省志 ：1978—2002. 有色金属工业志 / 湖南省地方志编纂委员会编. —北京 ：方志出版社，2020.12
ISBN 978-7-5144-4684-5

Ⅰ. ①湖… Ⅱ. ①湖… Ⅲ. ①湖南—地方志 ②有色金属冶金—冶金工业—概况—湖南—1978-2002 Ⅳ. ①K296.4 ②F426.32

中国版本图书馆CIP数据核字（2021）第009293号

湖南省志（1978—2002）· 有色金属工业志

编　　者：湖南省地方志编纂委员会
责任编辑：王海荣

出 版 者：方志出版社
地址　北京市朝阳区潘家园东里 9 号（国家方志馆4层）
邮编　100021
网址　http://www.zgfzcb.cn
发　　行：方志出版社图书经销中心
电话（010）67110500
经　　销：各地新华书店
印　　刷：湖南宏图印务有限公司

开　　本：889 × 1194　1/32
印　　张：21.5
字　　数：539千字
版　　次：2020年12月第1版　2020年12月第1次印刷
印　　数：001 ~ 600册

ISBN 978-7-5144-4684-5　**定价：**398.00元

湖南省地方志编纂委员会

《湖南省志（1978—2002）·有色金属工业志》
编纂委员会

顾　问　罗　毅　顾静宇　唐　勇

主　任　宋建民

副主任　戴民声　王华波

委　员　廖　瑜　宁建业　刘赣生　彭坤山　邓家军

罗建平　杨建国　阳望平　许国强　晏　强

陈　伟　樊玉川　雷衍灿　张燎原　文惊世

王　瑜　齐国斌　彭八凯　姜吉昌

《湖南省志（1978—2002）·有色金属工业志》
编写组

主　　编　张燎原

编　　辑　文惊世　罗　健　龙玲玉　王　瑜

资　料　员　罗　毅　戴民声　刘赣生　张瑞南　彭八凯

齐国斌　乌家达　段卫国　范爱萍　肖新建

张　敏　潘晨湘　李继良　贺后安　刘国文

颜克武　田松鹤　陈晓伟　陈才全　刘泽民

陈　虹　张　洪　刘伏初　谭中龙　刘应龙

李山洪　邓　鑫　垄道龙　李冶湘　张新年

成　功　张　洁　潘剑彪　胡智云　尹　恒

卢七星　许回村　朱运池　曹修运　吴保华

杨卫华

湖南省地方志编纂院编审人员

助理编纂　李子璇
编　　纂　孟东华
初　　审　蔡素云
终　　审　黄俊军

◎ 矿石晶体

▶ 辰砂晶体（产地：凤凰茶田汞矿）

▲ 黑钨矿晶体（产地：瑶岗仙钨矿）

◀ 黄铜矿（产地：宝山铅锌银矿）

▶ 方铅矿（产地：桃林铅锌矿）

▲ 闪锌矿（产地：水口山铅锌矿）

◎ 矿产品

◀ 铜锡、白钨、黑钨、钼精矿

▶ 铅精矿

◀ 锌精矿

◎ 冶炼加工产品

▶ 铅锭

◀ 金锭

▶ 银锭

◀ 铋锭

▶ 铟锭

◀ 铍铜合金

▲ 硬质合金制品

▲ 萤石粉

▲ 萤石球团

编辑说明

一、《湖南省志（1978—2002）·有色金属工业志》以马克思列宁主义、毛泽东思想、邓小平理论、“三个代表”重要思想、科学发展观、习近平新时代中国特色社会主义思想为指导，坚持辩证唯物主义和历史唯物主义的立场、观点和方法，实事求是地记述湖南省有色金属工业的发展历史。

二、本志根据湖南省地方志编纂委员会2016年8月24日“关于加快编修《湖南省志（1978—2002）·有色金属工业志》的函”的要求编纂。由于之前没有单独编修过湖南有色金属工业方面的志书，故本志记述时间部分上溯自湖南有色金属工业之发端，或自有史料可资依据的内容开始记述，下限至2002年12月31日，重点记述1978—2002年有色金属工业发展改革的历程。

三、本志采用篇、章、节、目结构，采用述、志、图、表、记等体裁，以志为主。本志在概述之后设矿产勘查、资源、生产、科学技术、产业发展、管理6篇，并附录1978—2002年大事记。

四、本志资料核实无误，除少量引文、表格数据来源注明出处外，一般不交代出处。各种数据，包括产品产量、工业总产值、主要技术经济指标、经济效益指标等，均采自中国有色金属工业总公司、湖南省统计局、湖南省冶金厅、中国有色金属工业长沙公司历年汇编的统计资料或调查材料。矿产储量主要采自省国土资源厅储量处、省有色地质勘查局地质处以及有关主管部门编报的储量平衡表。投资及实物工作量数据主要采自中国有色金属工业长沙公司、湖南省有色地质勘查局、湖南省黄金管理局以及重点企业的有关报表。

五、单位名称使用事件发生时的名称，首次出现写全称，使用简称的，在适当地方括注于全称之后。适量的、不可或缺的图表，分别插入有关章节。

六、本志的编纂执行《湖南省志（1978—2002）编写行文通则》和《湖南省志（1978—2002）质量标准（暂行）》。书中注释采用脚注，当页编码。

第三篇 生 产

第六篇 管 理

概 述

湖南是闻名遐迩的“有色金属之乡”。有色金属产业是湖南省重点培育的具有显著优势的本土产业，产业规模和综合实力位居全国前列，主要产品在国内外市场上享有盛誉。

湖南有色金属开采历史悠久、资源丰富、品种齐全、工业基础扎实，形成了地质勘探、工程勘察、基本建设、采矿选矿、冶炼加工、机械制造、科研教育、内外贸易、循环再生等配套成龙的完整体系，是湖南省的支柱产业之一，在国民经济中发挥了重要作用，作出了巨大贡献。

一

湖南有色金属工业有2700多年的开采历史。1979年在麻阳铜矿井下相继发现一批老窿，14处古矿井有12处是地下开采。矿井中遗有支柱、铁钻、铁锤、铁铲、木桶、竹筐、陶罐等。经北京大学考古文博学院鉴定分析，属春秋战国时期之物。据专家测算，古矿井开采面积3万平方米，曾掘出17.5万吨铜矿石，冶铜8500吨。在战国时期（公元前475—221），湖南开始产砂金，主要产砂金地区位于古洞庭湖滨各县，以汉寿最为著名。西汉时，桂阳郡设县级行政机构“金官”，掌金、银、铜、铅开采及冶铸；南朝梁太清三年（549）改桂阳郡为桂阳监，监管金银坑和铸钱事宜；北宋时，桂阳监为全国唯一的州级矿冶监，隶湖南道。北魏时期，江华就以产锡闻名，称“锡方”。锡砂开采兴旺，不仅民采，还有官办之黄富铁锡山场。至唐朝，桂阳一带开矿者渐多，以铅锌为主，铜、锡次之。桂阳宝山俗称宝岭，古称虎形山。民国21年（1932）湖南省《经济地质表》记述：“桂阳昔称八宝之地，五金元素如银、铅、锡、铜、砒、锑等无不具备，而尤以县城西部之虎形山为著名。”

宋朝是湖南古代黄金开采史上的一个鼎盛时期，开采地点遍及省内全境，砂金集中在沅陵、辰溪、靖县、常德等地，脉金集中在资水下游，伴生金集中在桂阳。伴生金的提取，表明湖南当时的炼金工艺已具有较高水平。《宋史》记载：“皇祐年得金 15000 两，治平年得金 4500 两，元丰年得金 10000 两。”常宁水口山铅锌矿的开采始于宋，当时附近居民不时开采银和硫磺。元、明两代，货物大宗支付盛行纸钞，加之矿业政策多变，金、银等贵金属兴衰不定，金矿开采趋于低落。

新晃汞矿酒店塘矿区开采于明朝末期；新化锡矿山锑矿在明末被发现时，误锑为锡，故名锡矿山。

清朝中叶以后，除湘、资、沅几大流域的砂金开采兴盛以外，一些脉金矿山先后被发现，平江县于清乾隆年间发现了黄金洞金矿。光绪二十一年（1895），湖南巡抚陈宝箴奏请朝廷批准设置矿务总局。光绪二十二年（1896）二月，湖南矿务总局在长沙正式成立。颁发局章 11 条，首倡官办、官商合办和官督商办三种经营方式。随派官员开办常宁水口山铅锌矿。生产铅锌，以“铅都”著称。益阳板溪锑矿于光绪二十二年开采后，锡矿山才被作为锑矿由民间露采。光绪二十三年（1897），湖南矿务总局探明锡矿山为大锑矿，同年六月成立官矿局，从此开始“锡山产锑”的历史，“锡矿山”之名一直沿用下来，并发展成为世界著名的“锑都”。到光绪二十六年（1900），矿务总局共开办铅、锌、锑、铜、金矿 24 处，另有商办或商人承采矿点百余处。宣统三年（1911），湖南黑铅炼厂粗铅投产，成为中国第一家炼铅厂。民国元年（1912），湖南矿务总局派人到临武香花岭考察，勘查测定锡的储量丰富。同年 8 月，由华昌公司开采锡砂。10 月，华昌公司李国钦在资兴瑶岗仙发现钨后，成立裕阜公司开采，裕阜公司成为湖南最早的采钨公司。此后华昌公司又先后在汝城白云仙、茶陵邓阜仙发现钨矿，瑶岗仙、白云仙和邓阜仙是当时湖南著名的钨产地，被誉为钨矿“三仙”。

第一次世界大战期间，有色金属价格飞涨，纯锑由民国 2

年（1913）的146美元/吨上涨至民国3年（1914）的1000美元/吨。作为战略物资的有色金属需求量骤增,湖南钨、锑、铅、锌、锡及黄金等的生产步入发展的“黄金时代”。锡矿山从事锑业者10余万人，锑年均产量27600吨，产量和销售量均为世界第一。水口山很快发展成为全国最大的铅锌矿山，民国5年（1916）铅、锌产量分别达9700吨和28100吨。与此同时，瑶岗仙、白云仙、邓阜仙钨矿山也出现了盛采期。这一时期，靖县、沅陵、常德等地开采砂金者近万人，湖南年产黄金保持2万两左右。水口山、锡矿山、瑶岗仙、白云仙、邓阜仙、香花岭、黄金洞、江华上伍岭等地的锑、铅、锌、钨、锡、金、银等矿产品，不仅在国内居重要地位，而且大多进入了国际市场。这一时期的发展，奠定了湖南“有色金属之乡”的基础。

第一次世界大战结束后，有色金属国际、国内价格猛跌，致使湖南有色金属工业急剧衰落。以锑为例，长沙纯锑售价由民国7年（1918）上半年900美元/吨降至1919年上半年100美元/吨尚无人问津。直到民国14年（1925）国民政府实行矿业统制，统筹矿产品的产、供、销业务并建立湖南矿产运销所，湖南有色金属工业才得到恢复和发展。当年黑铅产量首创39500吨记录。

民国23年（1934）7月，由水口山铅锌矿在长沙三汊矶兴建的湖南炼锌厂采用饶湜试验成功的“横罐法”炼出中国第一炉锌，成为中国最早的锌冶炼企业。民国30年（1941）年初，锡矿山在冷水江投资兴建湖南锑品厂，开创了中国的锑冶炼工业。同年秋季，水口山铅锌矿在衡阳兴建的湖南国泰颜料厂氧化锌投产，成为中国最早的氧化锌生产厂家。

民国33年（1944），日本侵略军侵犯湖南，全省大部分地方被占领，湖南有色金属工业多数厂矿遭到破坏。湖南锑品厂由冷水江迁往重庆，水口山铅锌矿及冶炼厂被破坏，锡矿山主要窿洞被水淹没。民国36年（1947）1月，国民政府资源委员会第二区特种矿产管理处（成立于 1946 年 2 月，由湖南锑业管理处、钨业管理处湖南分处和锡业管理处湖南分处合并而成）在锡矿山成立工程处，收购部分私营锑矿公司，建立国营示范锑矿。管理处还赎买鼎记泽民公司，成立瑶岗仙钨矿工程处，实行官办。此两项均因日军侵华、战乱和国民政府濒临崩溃而告失败。民国 37 年—民国 38 年（1948—1949）上半年，湖南有色金属工业呈现一片萧条景象。1949 年全省生产有色金属冶炼产品仅 134 吨，矿产品 25 吨。

二

1949年8月5日湖南和平解放后，中国人民解放军长沙军事管制委员会接管国民政府资源委员会第二区特种矿产管理处。1949年9月，长沙军事管制委员会派员接管黄金洞金矿，隶属湖南省人民政府工业厅管辖。矿山秩序得到稳定，生产得到恢复。同年11月，中原临时人民政府工业部驻湖南办事处派军代表接管瑶岗仙钨矿，组织恢复生产，并建立与健全管理机构和规章制度，使生产工作日趋正规。

1950 年 3 月，重工业部建立中南军政委员会工业部有色金属管理局湖南分局。为了尽快恢复有色金属工业生产，在接管各矿业公司和工厂后，实行“原职、原薪、原制度”的政策，同时采取“积极帮助民窿恢复生产，并相应发展国营经济”的方针，很快恢复了生产。恢复生产的重点矿山是水口山铅锌矿、锡矿山锑矿、瑶岗仙钨矿、湘东钨矿、湘西钨矿、汝城钨矿、黄金洞金矿、香花岭锡矿、新晃汞矿等。

1950 年，湖南省工业厅投资黄金洞金矿 20.2 万元，进行复产扩建，生产迅速发展，产量连年上升。同年，水口山铅锌矿改名为水口山矿务局，并成立复产筹备处。在恢复井下生产的同时，改造和扩建一、二、三、四分厂，并把原重选厂改建成

200 吨 / 日浮选厂（当时是长江以南第一座铅锌浮选厂）。锡矿山锑矿于 1950 年更名为锡矿山矿务局，担任锡矿山矿务局第一任党委书记兼局长的翁徐文通过艰苦工作，团结全局职工迅速结束矿山的混乱局面，使生产经营走上正轨。1951 年 10 月，中南军政委员会工业部委托有色金属工业管理局湖南分局创办长沙工业技术学校，设采矿、冶金、机电、土木和化学等 5 科。同年 11 月，教育部决定在长沙组建中南矿冶学院。1952 年，中南矿冶学院由中山大学、武汉大学、湖南大学、广西大学、南昌大学和北京工业学院的矿冶系（科）组建而成，开始了四年制本科的矿冶人才培养。

三年国民经济恢复期间（1950—1952 年），全省有色金属工业共完成基本建设和技术改造投资 1208 万元，新增钨、汞采矿能力 25 万吨 / 年，铅、锌、汞选矿能力 45 万吨 / 年。1952 年十种有色金属[①]产量达 10643 吨，比 1949 年 134 吨增长 79.4 倍，比 1950 年 3070 吨增长 3.47 倍；六种精矿含量[②]12964 吨，比 1949 年 25 吨增长 518.56 倍，比 1950 年 2342 吨增长 5.54 倍；实现利税 1504 万元，各厂矿企业建立了正常的生产和工作秩序。

1953—1962 年，省地质局和中南地质勘探公司普查了郴州、衡阳、湘西等地区的 130 个矿点，探明铅、锌、钨、锡、锑、汞储量丰富，提出黄沙坪、柿竹园、川口杨林坳、临湘桃林等 20 个后备基地。这一期间，国家在湖南投资 1.83 亿元扩建和新建 16 个有色金属厂矿。

从 1953 年起，湖南有色金属工业进入全面建设时期，老企业的扩建改造和新厂矿的兴建同时进行。一是对老企业进行

① 十种有色金属，指铜、铝、铅、锌、锡、镍、锑、汞、镁、钛的冶炼产品，全国统计时简称“十种有色金属”或“有色十大品种”。

② 六种精矿含量，指铜、铅、锌、锡、镍、锑六种常用有色金属精矿含量，全国统计时简称“六种精矿含量”。

技术改造，“一五”期间（1953—1957年），全省有色金属工业共完成基本建设投资9727万元，年新增铅、锌、钨、锡、锑的采矿能力120.5万吨、选矿能力86.03万吨。5年实现有色金属工业总产值3.06亿元，利税1.34亿元。1953—1960年，锡矿山矿务局、水口山矿务局、瑶岗仙钨矿、湘东钨矿和湘西钨矿被列为国家第一批技术改造的重点单位。锡矿山经改造后，南、北两矿形成年产原矿53万~55万吨、采掘总量60万吨的生产能力，采、选、冶工艺趋于科学、先进，技术水平有较大提高。1956年4月10日，产出“四九”锑（含Sb99.99%）；1958年5月30日，生产出“五九”锑（含Sb99.999%）。水口山矿务局扩建改造后铅锌采矿能力提高两倍，选冶能力相应配套，并从技术和人才上支援了黄沙坪铅锌矿、桃林铅锌矿、株洲冶炼厂的建设。水口山白尤申掘进队一次成巷，质量为全国最优。瑶岗仙钨矿是全省第一个立项改造的钨矿山，1955年由矿改造工程指挥部统一指挥，自行设计施工架设跨度960米的索道，全部工程一年内建成投产，为全省矿山建设提供了经验。瑶岗仙钨矿于1957年用风钻代替手工打眼进行井下作业，1958年获国务院贺电嘉奖。湘东钨矿1960年实行集中作业的高强度采矿、昼夜两循环，日采矿量580吨，创全国纪录。湘西钨矿1960年上半年建成湖南省第一条机械卷扬提升斜井和机械通风系统，实现风钻凿岩、机械提升，采矿能力增强。1960年，该矿年处理能力达到21万吨，比1951年增长4.25倍。二是新建一批现代化的大型企业。其中，株洲硬质合金厂、株洲冶炼厂、桃林铅锌矿列入国家“一五”期间156项重点工程项目。株洲硬质合金厂从1953年3月动工，用3年多的时间就建成投产，成为国内科学建厂的范例之一。1956年筹建的株洲冶炼厂一期工程2万吨粗铅于1960年2月试生产。桃林铅锌矿是1957年新建、1959年投产、1960年达到采选能力3000吨/日的国内最大的铅锌矿山。1957 年，水口山矿务局第六冶炼厂稀有金属生产系统投产，成为中国第一家铍冶炼企业。

湖南有色金属工业还发展了机械制造、施工建设和科研设计队伍。1953 年成立衡阳冶金机械厂，从事冶金矿山机械设备的研制生产；同年在长沙组建中南地区第一个国营冶金建设公司——中南工程公司，即二十三冶金建设公司前身，担负施工建设任务。在科研设计方面，1953 年成立的长沙有色冶金设计院是中国最早建立的大型综合性工程设计研究单位；1956 年成立的长沙矿山研究院是当时全国规模最大、专业齐全的采矿综合研究院。

20 世纪 50 年代，冶金工业部为开发湖南丰富的稀有金属资源，在规划全国有色金属工业布局时，把湖南列为发展稀有金属的重点省之一。先后投资建设了研究稀土产品的试验车间，生产稀土产品的长沙六〇二厂，开发钽铌矿的丁家冲矿和七二九矿、六〇一厂的钽铌车间，生产铍、锆、铪的水口山矿务局六厂等工厂和车间。1958 年成立湖南有色金属研究所（后更名为湖南冶金研究所），在稀土分离工艺、稀土化合物、金属和中间合金等研制方面有独特优势。

1957 年 9 月，《中华人民共和国国务院公报》（1957 年第 40 期）发布大力组织群众生产黄金的政策和措施。湖南随即组织力量对黄金矿点开展普查、详查和勘探；各地纷纷恢复老矿，开辟新矿，发动群众探金、采金、淘金；省重工业厅投资和各县自筹资金，恢复平江黄金洞金矿、会同漠滨金矿和桃源冷家溪金矿，开办邵阳隆回金矿。1959 年，株洲冶炼厂金银回收工程建成投产，伴生金的回收具有工业规模；湘西钨矿完成技术改造，采矿、选矿均实现机械化，1961 年又建成日处理 80 吨的黄金选厂。20 世纪 60 年代中期，平江黄金洞、会同漠滨、邵阳隆回等金矿开始对井下系统进行技术改造，逐步实现井下机械化生产，新建了小型机械化选厂，生产能力显著提高。株洲冶炼厂电金与湘西钨矿炼金设施也进行了扩建。1972年，冶金部在烟台召开全国黄金生产建设会议，制定外汇分成办法，鼓励各地发展黄金生产。省冶金局于年底颁发《地方黄金生产管理办法（试行草案）》，规定实行矿产黄金外汇分成，以调动地县开办金矿和群众采金的积极性。1975年省冶金局成立黄金管理处，产金地、县相应成立管理机构，并采取增加补贴费、调整收购价格、提供低息贷款等一系列发展黄金生产的经济政策，调动各方面采金的积极性。群众采金迅猛发展，原仅限于常德等8个县14个点，1976年发展到67个县231个点，由数百人增加到5400人，最多时达9000人。1976年2月，冶金部、财政部确定湘西钨矿为全国13个重点产金矿之一，同年6月更名为湘西金矿。

1958年，湖南有色金属工业受“大办钢铁”的影响，缓建株洲冶炼厂，停建桃林铅锌矿，各有色金属企业都要承担建设和生产钢铁的任务。锡矿山矿务局为达成15000吨钢铁任务，采取“锑品让路”的做法，兴建一批称为“小洋群”的“卫星厂矿”，后因“小洋群”半途而废，浪费投资130多万元。1958年，冶金工业部决定建一座大型炼铝联合企业，即湘乡铝厂，投资3.75亿元。施工开始后，发现资源缺乏，电力供应困难，被迫缩小规模，投资减少到1.56亿元。此外，矿石采矿采掘比例失调，三级矿量（开拓矿量、采准矿量、备采矿量）不足，生产下降。1961年，全省十种有色金属产量只有14450吨，矿山六种精矿含量只有30682吨，分别为1957年的77%和70%。

1962年下半年开始到1966年，湖南有色金属工业贯彻“调整、巩固、充实、提高”的方针，加大有色勘探力度，加快各项建设进度。长沙冶金勘察设计院于1964年成立，主要承担湖南、江西、广东等省的有色冶金企业的工程勘察、测绘、地基与基础工程施工任务。1963年，黄沙坪铅锌矿、湘乡铝厂、株洲选矿药剂厂等一批中型有色金属厂矿相继建成投产。黄沙坪铅锌矿严格按照勘探—设计—基建—试生产的正规程序建设，1963—1964年完成近3000万元投资建成投产，1966年收回全部投资。株洲选矿药剂厂1963年草酸质量赶上日本，打入国际市场。湘乡铝厂1966年达到2万吨/年综合生产能力，其中铝锭产能1500吨/年，开创了湖南的铝工业。1963—1965年，各企业贯彻《国营工业企业工作条例（草案）》（即“工业七十条”），全省有色金属工业生产逐年上升。1966年十种有色金属产量和六种精矿含量比1961年分别增长2.78倍和1.74倍，利税增长1.3倍。

1966—1976 年，湖南有色金属工业生产和建设虽然整体进展较慢，但重点项目仍然取得较快发展。株洲冶炼厂的矿粉浸出系统、氧化锌浸出系统、净化系统、锌电解的 3 个系列、5 个熔锌感应炉、铋熔炼炉、镉系统、金属镍，氧化钴、铟、碲、铊回收系统等 10 余个项目投产。宝山铜矿从 1967 年开始建设，于 1973 年年底竣工，次年 1 月投产，成为具有 2000 吨 / 日采矿能力、2500 吨 / 日选矿能力的机械化程度较高的中型矿山。锡矿山矿务局于 1972 年扩建南矿采选系统，日处理矿石量由 1000 吨提高到 1200 吨，同时系统地改造了北矿、北选厂，扩建了北炼厂，使采、选、冶成龙配套。桃林铅锌矿、黄沙坪铅锌矿、瑶岗仙钨矿采用的天井一次打眼、分段爆破成井技术、锡矿山矿务局为解决地压活动而采取的尾砂充填和胶结充填采矿法、水口山矿务局铅锌矿的帷幕注浆堵水技术等都在全国居领先水平。1976 年新晃汞矿在长沙矿山研究院的帮助下，创平巷独头月掘进尺 1056.8 米，进入世界先进行列。

20 世纪 70 年代，黄金生产在国民经济中的作用得到进一步重视。湖南冶金工业局制定了有关发展黄金生产的管理办法和相关鼓励政策，极大地调动了黄金生产的积极性，群众采金得以恢复，产量大幅度增长。1970—1976 年，全省黄金总产量 5865 公斤，年均产量较 60 年代最好水平增长 65%。

1978 年，湖南有色金属工业在恢复中得到发展。十种有色金属产量和六种精矿含量达到 14.56 万吨和 10.31 万吨，比 1965 年分别增长 2.15 倍和 1.17 倍。

三

1978 年 12 月中共十一届三中全会后，湖南有色金属工业逐步走上稳定持续发展的道路。1978—2002 年全省有色金属工业的发展，可分为 3 个阶段。

（一）调整提高与稳步前进阶段（1978—1985 年）

1978—1985 年，湖南有色金属行业共有 1000 多项科技成果获国家和省、部级奖励，为湖南有色金属工业的腾飞作出了重大贡献。

1978—1983 年，全省大多数有色金属企事业单位属湖南省冶金工业局管理。1984 年 8 月，中国有色金属工业总公司长沙公司成立，负责管理中央在湘 24 家大中型骨干企事业单位，并协助管理中央在湘的 6 家单位，同时对湖南省地方有色金属工业进行扶植和指导，实行规划、监督、协调、服务。新的管理体制的形成，对促进湖南有色金属工业的改革与发展起了重要作用。

1980—1984年，湖南有色金属企业贯彻“调整、改革、整顿、提高”方针，通过全面整顿、扩权试点和建立经济责任制，活力明显增强。株洲硬质合金厂、株洲冶炼厂、锡矿山矿务局、衡阳有色冶金机械总厂、长沙矿山研究院、湖南有色金属研究所等企事业单位，在完成基础工作整顿并验收合格后，这6家企事业单位于1984年，开始试行厂（局、院、所）长负责制，保证厂长的行政指挥中心地位，发挥党委的政治核心和思想政治工作作用，调动了全体职工在生产经营活动和企业管理中的社会主义积极性和创造性。株洲硬质合金厂划小核算单位，调整厂长管理职能，下放管理权限，决策层和执行层明确分工，企业管理趋于科学化、程序化；同时，进行管理机构、干部制度、分配制度等方面的配套改革。湖南省政府和中国有色金属工业总公司肯定了该厂的做法和经验。

为适应黄金生产建设发展，1979 年 3 月，在省冶金局黄金管理处基础上成立湖南省黄金公司，为省冶金局直属二级企业机构，属省冶金局和冶金部黄金局双重领导。遵照国务院指示，经省政府批准，从 1981 年起，省黄金公司及湘西金矿、黄金洞金矿、漠滨金矿、隆回金矿、龙山金锑矿、邵阳黄金机修厂改为部、省双重领导，以部为主的管理体制。从此，省黄金公司除领导和管理以上五矿一厂外，还行使省冶金局黄金管理处的职能，管理地县黄金企业及社队集体采金工作。1979 年，湖南黄金工业认真贯彻“调整、改革、整顿、提高”的方针，两年内关闭 39 个资源条件较差、经营不善、亏损严重的金矿点，其中县办金矿 1 个，社队金矿 38 个。生产能力虽有减少，但由于个体采金户的兴起，全省黄金产量仍保持增长。1980 年，全省产黄金 1439 公斤，其中群众采金 240 公斤，比 1978 年分别增长 19.5% 和 31.9%。

为推动地方有色金属生产持续稳定发展，1979 年，经省政府批准，成立湖南省地方有色金属工业公司。自 1979 年开始，贯彻矿山采掘技术政策，切实抓好地质、掘进两个“先行”，部署了以井下为重点的矿山调整。这一时期，先后有麻阳铜矿等 20 家矿山企业、益阳锑品冶炼厂等 8 家冶炼企业、长沙有色金属加工厂等 4 家加工材企业进行较大规模的扩建、改造和新建，新增生产能力：矿山采选 2500 吨 / 日，冶炼 5000 吨 / 年，加工材 5000 吨 / 年。生产工艺与技术装备有了较大提高，开始摆脱生产粗放、装备简陋的模式。

“六五”时期，湖南地方有色金属工业生产快速发展，完成六种精矿含量 17.2 万吨，十种有色金属产量 75000 吨，有色加工材产量 73400 吨，比“五五”时期分别增长 44.8%、86.4% 和 96.9%。“六五”时期共实现利税 1.30 亿元。

从 1984 年开始，中国有色金属工业总公司长沙公司对水口山矿务局、柿竹园有色金属矿、黄沙坪铅锌矿、香花岭锡矿、瑶岗仙钨矿、汝城钨矿、宝山铅锌银矿、桃林铅锌矿、湘乡铝厂、长沙锌厂、湘东钨矿、新晃汞矿、川口钨矿等企业实行承包责任制，把产品、产量、质量、经济效益、技术改造、接替工程等各项任务指标捆在一起，区别不同情况实行 6 种不同形式的经营承包责任制：一是对技术改造任务重、利润稳步增长的企业实行“两保一挂”，即保上缴利润，保技术改造，实行工资总额与上缴利润挂钩；二是对利润稳步增长的企业实行利税增长定比包干，全额分成；三是对盈利水平较高的企业实行确定基数定比包干，全额分成；四是对微利矿山实行上缴利润定额包干，超收全留，减收不补；五是对长期亏损的老矿山和应变能力弱的小厂实行定额补贴，减亏全留或分成，超亏不补；六是对增利幅度不大的机修企业实行自负盈亏，盈利全留，亏损不补。

这些措施给不同条件的企业注入了生机和活力。1985 年，全省有色金属生产经营指标均创历史最好水平，十种有色金属产量达到 21.95 万吨，六种精矿含量达到 16.18 万吨，工业总产值 28.28 亿元，利税总额 2.85 亿元，其中利润 1.83 亿元。十种有色金属产量和六种精矿含量分别占全国总量的 1/8 和 1/6。

1981—1985 年，省黄金公司对所属企业进行全面整顿，调整领导班子，试行矿长负责制，推行经济责任制，使职工利益与企业经济效益挂钩，调动了职工的生产工作积极性，进一步增强企业经营活力。这期间省黄金公司拨款1648万元对省属黄金矿山进行技术改造，进一步提高采、选矿效率，增加黄金产量。在改造老矿山的同时兴办新矿山，动工兴建靖县坳上砂金矿和汨罗砂金矿。坳上砂金矿总投资342.5万元，由县、乡联合开办；汨罗砂金矿总投资981万元，由省黄金公司与汨罗县政府合资开办。到1985年末，全省建成投产的黄金企业分布在桃源、平江、隆回、新邵、安化、常德、益阳、新晃、靖县、双峰、邵阳等市县。其中，湘西金矿具有完整的采矿、选矿、冶炼生产系统，黄金洞金矿、隆回金矿、漠滨金矿等17个黄金矿山具有采矿、选矿生产系统。综合回收黄金企业有株洲冶炼厂、水口山矿务局、新邵冶炼厂等，综合回收黄金形成工业规模。至此，全省形成比较完整的黄金工业体系。1985年全省黄金产量1836.047公斤，比1980年增长27.6%。

1981—1985年，湖南冶金地质勘探公司提交地质报告38份，完成地质工程项目32个，新增金、铅、锌、锑、钨储量的矿产潜在价值为21.36亿元。同时，加强了生产矿山及其近围的找矿工作，如水口山康家湾铅锌金矿完成地质评价转入勘探，并立项投入建设。锡矿山矿务局、川口钨矿、宝山铅锌银矿等矿山发现新的较大的矿源。

改革促进了湖南有色金属企业由单纯生产型向生产经营型转变。各企业广泛开展跨行业、跨地区横向联合，坚持一业为主、多种经营，如开展技术咨询、来料加工、扩散产品、开办第三产业等；依靠技术进步，根据市场需要，调整产品结构，发展加工和深加工，扩大品种，提高市场占有率；推行全面质量管理，加强经济核算和标准化工作等。1985年，衡阳有色冶金机械总厂被评为全国经济效益先进单位；株洲冶炼厂被评为全国有色金属行业节能先进单位和国家一级计量单位；株洲硬质合金厂获得国家质量管理奖。

改革促进了湖南有色金属工业生产产量和产品质量的全面提高。“六五”期间新增固定资产投资3.92亿元，主要建设项目有：株洲冶炼厂铅系统改造、株洲硬质合金厂300吨/年硬质合金引进生产线、水口山康家湾矿开拓工程等重点技术改造工程。同时水口山硫酸改造工程、水口山四厂3000吨/年间接氧化锌工程、水口山铜冶炼车间金银系统完善工程等一批项目投产。全省生产十种有色金属产量95万吨，六种精矿含量67.9万吨，分别比“五五”期间增长42.65%和27.65%。1981—1985年，有色金属产品质量达到国际先进水平的有44个，铜、铅、锌、锑、硬质合金等主要产品的质量和冶炼回收率等技术指标处于国际先进水平。长沙有色金属加工厂生产的铜冷凝管和长沙金属压延厂的铝板质量在全国享有较高声誉，铜板带质量进入全国先进行列。

（二）探索改革与全面发展阶段（1986—1992年）

1986年4月，省政府发出《关于增强大中型国营工业企业活力若干问题的规定》，中国有色金属工业总公司长沙公司要求所属企业在确保国有资产保值增值、企业稳定和安全生产的前提下，推行以企业经济效益为主要指标的目标考核办法，进一步增强了企业活力。全省有色金属工业基本建设投资和技术改造投资都有大幅度增长。“七五”期间（1986—1990年），全省有色金属工业固定资产投资共计9.77亿元，其中重点技术改造投资3.9亿元。1989年，水口山康家湾铅锌金矿投产，成为全国第四大铅锌矿山。株洲硬质合金厂引进的300吨/年硬质合金生产线及钨萃取生产线、株洲冶炼厂铅系统改造、水口山粗铅系统改造、湘乡铝厂1万吨/年氟化盐改造、长沙锌厂锌蒸馏和等级氧化锌及锌粉改造工程、锡矿山南炼厂改造及湿法炼厂锑白生产线和间接法焦锑酸钠生产线等技术改造工程在这期间相继投产达产，并发挥效益，在提高企业的装备水平，改善作业环境，扩大生产能力上取得了显著成效。

1986—1992年是湖南有色金属工业发展并形成第一个波峰的时期。湖南有色金属工业企业一方面扩大产量，满足国民经济需求，另一方面通过实行多种形式的承包经济责任制，滚动发展，迅速壮大。同时，民营企业开始起步并逐步发展。全省十种有色金属产量从1985年的21.9万吨增至1992年的32.4万吨，工业总产值从1985年的28.28亿元增至1992年的37.61亿元。这期间，企业外部环境得到改善，一是经济体制改革大步向前推进，企业有了更大的经营自主权，生产积极性高涨。二是1985年以来银行有了信贷自主权，工业贷款大规模增加。三是多数有色金属企业实行工资总额与经济效益浮动挂钩，工资、奖金增发幅度加大，刺激生产快速发展。

1987年，国家陆续给一批具备条件的国营大中型企业下放出口经营权，以扩大工业产品出口。同年，株洲硬质合金厂获得出口经营权，成为湖南省首家获得出口经营权的企业，1988年出口硬质合金深加工产品2015吨，创汇2044万美元。

1988年，国务院颁发《国务院关于对黄金矿产实行保护性开采的通知》，决定将黄金矿产列为实行保护性开采特定矿种，之后又先后两次提高黄金收购价格，并实行黄金开发和地勘专项基金，制定外汇分成和超产奖励办法，鼓励扶植黄金工业发展。湖南也陆续出台一系列加快促进黄金生产和整顿治理黄金市场的政策措施。先后颁布《关于增产黄金、白银，加强金银管理的通知》《关于加快黄金生产实施办法》等政策规定，对湖南黄金工业发展起到了积极的推动作用。“七五”期间，全省黄金固定资产投资和地勘投资增长迅速，完成黄金工业固定资产投资9766万元，是“六五”期间的4倍，实施项目12个，提交地质勘查报告14份。“七五”期间，全省产金9939.682公斤，较“六五”期间增长27.1%。

1991年，水口山矿务局第四冶炼厂电锌投产，采用先进的湿法炼锌工艺，从此告别“小型火法”炼锌时代。株洲冶炼厂实施10万吨/年电锌工程，将电锌能力扩大到25万吨/年，铸型和深加工能力相应配套，使工厂步入改造—增效—再改造—再增效的良性循环。株洲硬质合金厂坚持以市场为导向，在消化吸收引进技术的基础上，进行2000吨/年老系统技术改造，增加产品品种，型号规格达到国际标准，产品质量达到国际先进水平。锡矿山矿务局对湿法炼厂进行改造，形成10000吨/年锑白生产能力，增加了锑品深加工产品。水口山矿务局康家湾30万吨/年采矿工程、宝山铅锌银矿铜矿二期露采转井下铅锌银采选工程、香花岭锡矿1000吨/年精锡工程等项目投产达产，提高了劳动生产力和企业经济效益。

1991年1月，株洲硬质合金厂经国务院批准晋升“国家一级企业”，成为湖南省有色金属行业首家获此殊荣的企业。株洲硬质合金厂钨冶炼——硬质合金工业在引进和消化瑞典、美国、德国等国外先进技术和装备的基础上，建立了拥有自主知识产权的世界一流碱压煮—萃取生产APT新工艺；合金生产采用新的塑料成型剂—真空—过压烧结取代原橡胶—氧化烧结工艺，使合金质量达到20世纪80年代末期国际先进水平。

1991年，国务院在全国1000多个地质队中评选出41支“国家功勋地质队”，湖南省有色地质勘查局二一七队、二三四队、二四六队获此殊荣。

1986—1990年，湖南地方有色金属工业狠抓矿山补勘及接替改造，发展冶炼、加工材和深加工产品。1989年3月，省政府制定调整冶炼产品分成比例、建立有色矿山行业发展基金和矿山开发基金，扶持地方有色矿山企业发展的优惠政策。“七五”时期，麻阳铜矿等20家有色矿山采取补勘找矿、开拓接替和改造配套等措施，投入5800万元，共建设21项矿山补勘、接替、改造工程，新增采选生产能力1600吨/日，新增铜、铅、锌精矿含量1.4万吨。车江铜矿充分利用省财政对该矿实行3年亏损包干并提前一次性拨给的政策，于1987—1988年完成V、VI号矿体的开拓接替和选厂改造，增建了铅锌选厂。“七五”时期共10家县以上有色企业投资3700余万元，改造扩建了10项有色金属冶炼工程，年新增冶炼能力2万吨。“七五”时期还扩大了铜、铝加工材生产能力，建设改造了6项工程，年新增有色加工材1万吨。1986年12月，长沙有色金属加工厂引进的省内第一台“康风”连续挤压机正式投产。连续挤压方式生产小铝管是20世纪80年代世界先进工艺，到1988年，该生产线创造的效益偿还了全部投资。1989年，连续挤压铝管获国家银质奖。

（三）体制变革与产业整合阶段（1993—2002年）

1993—2002年是湖南有色金属工业发展的第二个波峰期。这一时期，湖南有色金属工业进入全新的攻坚阶段，企业改革发展进入最艰难、最关键时期。国有企业经历了三年脱困阶段，1996—1998年，国内外有色金属价格下跌，一批矿山资源枯竭，亏损严重，加之株洲冶炼厂1997年出现“期货事件”影响，湖南有色金属出现全行业亏损。国家及时采取债转股、资源枯竭矿山实行政策性关闭破产和贴息技术改造等措施，取得明显效果。列入省财政3年脱困的水口山矿务局、锡矿山矿务局、湘西金矿、黄金洞金矿等企业于1998年实现扭亏与脱困目标。这一时期，以国有企业建立现代企业制度为特征的各项改革向纵深推进，集体企业、民营企业和外资企业迅速发展，初步形成了以社会主义公有制为主体、多种所有制经济共同发展的格局，企业活力显著增强。社会主义市场经济的建立，投资主体由国家转向企业。

1993—2000年，企业科技进步取得成效。铅锌向深加工和综合开发延伸，开发了铅基砷合金、铅锑合金、热镀锌合金、电池锌、高级氧化锌等，加工和深加工产量从1992年占总产量的10%增长到2000年的15%。以109平方米鲁奇式沸腾炉为标志的株洲冶炼厂10万吨/年锌二系统投产，使湖南锌冶炼工艺技术和装备达到了世界先进水平。钨采选冶技术取得突破性进展，国家科技攻关项目"柿竹园多金属矿资源综合利用"取得多项重要成果，部分技术达到世界领先水平，钨回收率提高了10%～14%。国家重点技术开发项目"硬质合金深加工新技术、新工艺及其关键设备的研究"顺利完成，为硬质合金的发展奠定了良好的基础。锑工业向深加工方向大力推进。锡矿山矿务局研发了超细粒、超微粒、立方和斜方晶、高纯三氧化锑、无尘三氧化锑等系列产品，可满足国内新兴工业发展的需要，并进入国际市场。湘乡铝厂消化吸收瑞士布斯公司干法氟化铝工艺技术，年产量由13000吨增加到28000吨。长沙矿山研究院完成了深海采矿10个研究课题。以"九五"期间（1996—2000年）为例，全省有色金属系统完成重大科技成果139项，其中获国家发明奖2项，国家科技进步奖5项，省部级科技进步奖132项，取得专利权40项。株洲冶炼厂和株洲硬质合金厂技术中心被认定为国家级企业技术中心，水口山矿务局和锡矿山矿务局技术中心被认定为省级企业技术中心，中南工业大学被国家授予粉末冶金材料工程中心和国家粉末冶金重点实验室，株洲硬质合金厂经国家人事部批准建立博士后科研工作站，并成为湖南省企业首家挂牌成立的博士后科研工作站。

1996—2000年，企业实施重点技术改造71项，总投资43.42亿元。锡矿山矿务局、黄沙坪铅锌矿、瑶岗仙钨矿的中深部开拓，水口山矿务局康家湾二期改扩建，宝山铅锌银矿北部矿段探采，柿竹园有色金属矿铅锌矿区探矿，香花岭锡矿探矿等项目都达到了技术改造规划效果。株洲冶炼厂10万吨/年电锌达标达产，株洲硬质合金厂2000吨/年硬质合金老系统改造项目以及新建超细钨粉、硬质合金异型、大制品生产线顺利达产，实施水口山矿务局电锌工艺改造及综合回收、5000吨/年无汞锌粉生产线，锡矿山矿务局1万吨/年锑白扩产，柿竹园有色金属矿1000吨/年采选复建及铋矿浆电解，长沙锌厂竖罐用煤气代重油供热等重点技术改造项目的投入和实施，使优势产品的生产技术装备水平有较大幅度提高。年采矿能力由1992年的650万吨增至2000年的952万吨，年选矿能力由1992年的720万吨增至2000年的1055万吨，产能、产量及主要技术经济指标保持全国领先地位。

随着外贸进出口权的逐步下放，至1993年全省有色金属企业享有进出口经营权的企业达到4家，即株洲硬质合金厂、株洲冶炼厂、水口山矿务局、锡矿山矿务局。这四家企业1993年实现出口创汇9756万美元，占全省有色金属行业出口总额的92.3%。株洲冶炼厂根据国际市场的需求，开发生产高附加值的铅系列合金、铅锑合金、热镀锌系列合金等产品，质量达到国际先进水平。该厂火炬牌系列产品知名度日渐上升，在国际市场上的售价不断提高，1996年出口额达到11576万美元，比上年增长76.9%；1997年增至22625万美元，再增长95.45%。同时，企业外贸内销工作全面提升。1993—2002年，湖南有色金属系统企业自营出口创汇年均递增7.5%，成为湖南省的出口创汇大户。"三来一补"①和进口贸易业务也逐年增多，引进资金和技术给企业注入了新鲜血液，也增进了湖南有色金属企业与国外的交流合作。

20世纪90年代以来，全省有色金属系统多种经济成分的

① 三来一补，指来料加工、来样加工、来件装配和补偿贸易，是中国在改革开放初期尝试性地创立的一种企业贸易形式，它最早出现在广东东莞。

企业逐年增多。以晟通科技、经阁铝材、金龙国际铜业、新振升集团为核心的长沙铜铝加工集群发展势头强劲；以湖南三立集团、泸溪金旭冶化公司、花垣汇银公司等为重点的湘西铅锌产业集群发展态势良好；以郴州有色产业园、湘桂矿冶公司、金旺铋业等为龙头的钨、锡、铋加工产业基地强劲崛起。同时，汨罗市再生资源工业园、永兴“中国银都”、衡东大浦工业园等循环经济产业集群和再生有色金属园区不断发展壮大。

1993—1995 年，湖南地方有色金属工业按照“稳定矿山、完善冶炼、发展加工”的方针，地方有色发展取得了长足进步。总量增长，产品结构明显优化，有色加工发展加快，技术改造投入和技术进步加大了工作力度。投入技改资金 8.57 亿元，建成 33 个项目。其中矿山 8 项，投入 1.09 亿元，年新增采选能力 1475 吨 / 日；投入 3.66 亿元用于有色冶炼，新增十种有色金属冶炼能力 31800 吨，其中电解铜 2500 吨、电解铝 6000 吨、电解锌 12000 吨、电解铅 3000 吨、镁锭 8300 吨。通过技改，地方有色实现了从冰铜到电解铜冶炼的转变，结束了没有电锌、镁锭的历史。投入 3.84 亿元用于加工，年新增加工材能力 64700 吨。其中铝型材能力 39400 吨、铜盘管 4000 吨。车江铜矿投资 700 万元，建成 4 条铜包钢生产线，填补了中南地区的空白；长沙铜铝材厂投资 1.8 亿元、年生产能力达 400 吨的铜盘管一期工程于 1995 年年底竣工投产；泸溪铝厂新增 6000 吨电解铝生产能力；郴州冶炼厂一期工程已形成电锌 10500 吨 / 年、硫酸 21000 吨 / 年的综合生产能力。

1993 年，国家对黄金政策做出重大调整，黄金价格由过去中国人民银行定价改为按照市场价格的浮动定价，以低于国际市场价格 10% 的水平制定国内黄金收购价。调整后，取消对黄金工业的政策补贴、低息贷款和免税优惠等政策。自此，黄金告别“以金养金”时代，由计划体制逐步转入市场体制。湖南黄金系统全面落实“价格放开、统收专营”政策，制定过渡办法，允许黄金企业部分产品走向市场。1994年，全省黄金企业全面实行目标管理责任制，龙山金锑矿率先实施全员劳动合同化管理。1996年，省政府确定黄金工业为全省“九五”发展规划重点产业，黄金生产实行地市领导目标责任制。1997年，湖南省政府明确省黄金管理局是省政府领导下、管理全省黄金行业工作的行政职能机构。2000年，省政府批准湘西金矿改制为多股本结构的辰州矿业有限公司。改制后，企业由国有独资的黄金矿山成为多元投资主体的矿业有限责任公司。改制当年，辰州矿业有限公司生产黄金1088公斤，成为湖南省首个年产黄金过吨的企业。“九五”期间（1996—2000年），全省投入黄金专项地质勘查资金过亿元，启动国家计划地勘项目14个，探获黄金资源量28.6吨，生产黄金26536.55公斤，比“八五”期间（1990—1995年）增长90.2%，湖南黄金产量进入全国十强，跻身全国产金大省行列。

1995—2000年，地方有色企业积极探索改革与发展的新路子，大胆改革内部管理体制和经营机制，在公有制实现形式多样化上寻求生存发展的空间，采取资产结构调整、改组改制、主辅分离、承包租赁、分块搞活、退山进市等办法，最大限度盘活有效资产。益阳锑品冶炼厂将企业改造为以职工持股为主体的股份制企业，于1997年1月挂牌成立湖南华昌锑业股份有限公司。1998年12月，长沙铜铝材厂被湖南华菱钢铁集团兼并，实现强优联合。衡东县铅锌矿、桂阳铅锌锰矿、汨罗市铝材厂、郴州有色冶炼厂等企业实施破产改组，这些企业有的退出有色另辟新路，有的实现资产重组再获生机。江永银铅锌矿、东安锑矿、麻阳铜矿等矿山企业为适应市场经济竞争机制要求，优化企业经营结构，培育和发展企业新的效益增长点，开发生产有色金属冶炼及加工产品，固本强体，寻求新的生存发展空间。

这一时期，一些具有相当规模、技术装备先进和产品质量档次较高的中外合资、外商独资的有色企业，如莱孚铝业公司、富虹锌业公司、振升铝材公司、经阁实业公司、怡丰郴州锡业公司等相继建成投产。同时，年销售收入100万元以上乡镇、集体、私营有色企业迅猛发展到468家，从业人员近4万人。到“九五”末，全省地方有色企业已形成年生产能力：采选300万吨，十种有色金属冶炼25万吨，有色加工材12万吨。“九五”期间，全省地方有色企业完成十种有色金属产量71.14万吨，六种精矿含量54.06万吨，有色加工材产量17.42万吨，比“八五”期间分别增长149.18%、17.88%和116.36%。

1995年以来，永兴冶炼业由手工作业走向企业化的集约经营，从“三废”中回收的金银产量逐年增多。至2002年，全县100多家金银冶炼企业中，年产白银过10吨的企业达40家，年产量最高的企业达80吨以上。2002年9月，在世界白银协会和中国有色金属工业协会共同主办的中国首届白银年会上，永兴县获得“中国银都”称号。

1998—2000年，全国有色金属管理体制出现了几次重大改革。1998年4月，国务院决定撤销中国有色金属工业总公司，成立国家有色金属工业局。中国有色金属工业长沙公司及其中央在湘有色企事业单位隶属国家有色金属工业局。1999年，经国务院批准，国家经贸委组建中国铜铅锌、中国稀有稀土、中国铝业三大集团公司，在湘有色企事业单位分别隶属这三大集团公司。2000年6月，国务院决定将中央所属有色企事业单位下放地方实行属地化管理。2000年9月，中央在湘35家企事业单位、98亿元资产、在职职工87900人、离退休人员53000人下放湖南省管理。

2000年12月31日，中共湖南省委、省人民政府印发《湖南省轻工集团总公司等九个单位进一步深化改革的实施意见》

的通知。决定将中国有色金属工业长沙公司更名为湖南省有色金属工业总公司。要求总公司指导全省有色企事业单位进行改组改制，逐步实现国有企业多种经营形式，并授权在一定时期内行使全省有色金属行业管理职能。

有色金属重点企事业单位下放后，中共湖南省委、省政府把有色金属工业列入支柱产业，在体制改革、结构调整、科技创新、实现政企分开、组建大型企业集团、劣势企业通过实施政策性关闭破产退出市场、支持多种经济成分企业发展等方面开展工作，为湖南有色金属工业又好又快发展提供条件。

在技术改造方面，2001—2002 年共承担国家和湖南省重点技术改造项目 37 项，其中国家重点技改项目 14 项，完成投资 14.1 亿元。株洲冶炼厂铅烟气治理工程于 2002 年 2 月建成投产并列入湖南省十大标志性建设项目中，ITO 靶材生产线进入建设后期，锌压铸合金生产线完成了设计，锌冶炼节能降耗技改工程进入国债立项审批中。株洲硬质合金厂的钨冶炼节能降耗项目和硬质合金传统生产线及钨钼异型大制品深加工生产线技改项目均在建设中。水口山有色金属有限责任公司与中南大学合作研发的“碱性锌锰电池用无汞锌粉”于 2001 年投入生产。常德辰州锑品有限公司于 2002 年完成两条锑白生产线的建设，年生产能力达到 6000 吨。新邵辰州锑厂的灰吹炉 1.6 平方米鼓风炉技术改造，扩大了生产能力、降低了生产成本。

在地质找矿方面，2002年，黄金地质工作取得新进展。全行业全年投入地质勘探资金300余万元，新增地质储量矿石量40余万吨，金属量3700公斤。其中：辰州矿业公司探获地质储量矿石量18.9万吨，净增矿石量7000吨，金属量365公斤；黄金洞矿业公司矿区深部地质探矿2625米，新增地质储量矿石量11.9万吨，金属量575.7公斤。龙山金锑矿加强老窿残矿的寻找回收，加大矿西部探矿的进度，探获一定的储量，矿630工区下部工程进展顺利，全年共完成工程进尺1521米。黄金地质找矿、资源利用等科研工作取得新进展。辰州矿业公司“低品位地表氧化矿和堆存矿提金研究”的试验研究通过专家评审；龙山金锑矿《湖南省龙山金锑矿成矿规律与找矿勘查综合研究》科研成果获湖南省科技进步三等奖；“湖南省黄金洞金矿矿田深、边部找矿预测研究”“龙山金锑矿生产区隐伏矿定位预测研究”等科研项目均完成现场调研和报告编制工作。

在改革改制方面，湖南有色金属工业系统按照“有进有退”的原则和发展壮大一批，关闭破产一批，转制搞活一批的指导思想，由省有色金属工业总公司主持制定了《省属有色企业改革改制方案》。2000 年，经国家经贸委和财政部批准，桃林铅锌矿、潘家冲铅锌矿、新晃汞矿（新晃中兴总公司）、汝城钨矿、湘东钨矿、香花岭锡矿、川口钨矿 7 家资源枯竭、亏损严重、扭亏无望的矿山被列为湖南省有色系统第一批实施政策性关闭破产的企业。湖南省有色金属工业总公司于 2001 年 12 月至 2002 年 12 月先后启动这 7 户矿山的关闭破产工作。7 户矿山共涉及人员 26000 人，安置在职职工 12408 人，其中一次性安置职工 7026 人。各矿剩余资产经评估作价后，由解除劳动关系、一次性安置的职工自愿入股重组为股份制民营企业，共安置职工 2957 人，占一次性安置职工人数的 42%。2001 年，锡矿山矿务局、湘乡铝厂、柿竹园有色金属矿、水口山矿务局以债转股为契机，先后改制为有限责任公司。经湖南省政府批准，株洲冶炼厂、株洲硬质合金厂先后改制为省政府授权经营的集团公司。与此同时，全省黄金企业改制工作全面展开。2002 年继湘西金矿成功改制后，黄金洞金矿改制为湖南黄金洞矿业有限公司。同年，辰州矿业低成本扩张，对新邵冶炼厂和湘安钨矿实行租赁经营，当年实现利润 472 万元。

截至 2002 年年底，湖南有色金属工业国有企业及销售收入

500万元以上的非国有企业共197家，其中大型企业13家，中型企业26家，小型企业158家。湖南有色金属系统主要事业和企业化事业单位共9家。全省有色金属行业职工总人数147331人，其中从业人员91491人，下岗职工13611人，离退休人员42229人。湖南有色金属工业形成了以国有大中型骨干企事业单位为主体，集地质勘探、工程勘察、设计、建设、科研、教育、机械制造、采矿、选矿、冶炼、加工和深加工、循环再生、内外贸易于一体的完整的有色金属工业体系。

2002年，全省十种有色金属产量92.7万吨，占全国总产量1012万吨的9.16%，居全国第二位；完成工业总产值151.5亿元，工业增加值38.7亿元，实现销售收入147亿元，利税总额8.71亿元，其中利润2.29亿元，均创历史最好水平。省直属黄金企业产金3741公斤，完成工业总产值24515万元，工业增加值8424万元，实现利润1618万元，比上年分别增长2%、39%、20%和32%。

中华人民共和国成立以来至2002年，湖南十种有色金属产量每年都占全国总产量的10%左右，均排在全国第一或第二的位置。2002年全省产品产量占全国第一位的有锌48万吨、锑55000吨、铋305吨、镉1050吨、硬质合金4242吨、氟化盐11万吨，锑精矿34000吨、铋精矿730吨、常用有色金属加工粉13700吨。永兴县从“三废”中回收白银1510吨，占全国总产量的1/4，居全国第一位。

第一篇

矿产勘查

第一章 综合勘查

第一节 地质矿产调查

清末至民国初，湖南有色金属资源已引起国内外的重视。曾有民间地质工作者对湖南某些矿区的锑、钨、铅、锌、汞、黄金等做过地质调查勘探，并有德国人李希霍芬、日本人石井八万次郎、野田次郎等外籍人员参与其事。宣统三年（1911），德国人李希霍芬著《中国》一书中，介绍了湖南汞矿的地质情况。民国4年（1915），美国地质学家丁格兰应北洋政府农商部之邀请，到锡矿山进行地质矿产调查，著有《湖南新化县锡矿山锑矿调查记》（以下简称《调查记》），并附有1:20000的《湖南新化县锡矿山锑矿图》。《调查记》首次估算锡矿山本部锑矿储量为150万吨，已开采20万吨，尚余130万吨。同年，徐懋儒、邝荣先、顾三路合著《水口山铅锌矿报告》。

民国16—36年（1927—1947），湖南地质调查所王晓青、田奇𤩽、彭其瑞、刘国昌、郭绍仪、廖友仁、袁在枢、粟显球、刘基磐、许原道、靳凤桐等地质学家先后到水口山铅锌矿、板溪锑矿、锡矿山锑矿、瑶岗仙钨矿、白云仙钨矿、邓阜仙钨矿、香花岭锡矿、新晃酒店塘汞矿、湘西金锑钨矿、郴县金船塘铅砒矿、桂阳虎形山、黄沙坪等有色金属矿区作过地质调查，编写了各矿区的地质调查报告。

民国16年（1927），田奇𤩽、刘季辰、欧阳超远3人合著《水口山铅锌矿报告》。民国18年（1929），田奇𤩽、王晓青、郭绍仪3人对新化地区之锑、铁、煤进行综合调查，同年12月，三人合著《湖南新化地质矿产报告》（载《湖南建设厅地质调查报告第8号》），认为锡矿山锑矿系“充填于泥盆纪石英砂岩之中”，并认为锡矿山锑矿“矿质极纯”。他们估算的储量为213.84万吨，已采之矿砂约1/5，尚余4/5。民国19年（1930），王晓青、许原道、粟显球3人奉命赴郴州调查，著有《金船塘、瑶岗仙钨矿和长城岭锑矿报告》，刊登在湖南建设厅地质调查所《经济地质》第七册。当时他们估计瑶岗仙的钨矿尚有2/3未开采，储量约3000吨。他们把金船塘（今柿竹园）分为4个矿带，一为金船塘本部，以产铅、砒著称；二为水湖里，产钨为主；三为柴山，产硫为主；四为柿竹园，亦以产硫著称。报告称金船塘矿物有十余种之多，其中可供开采的有钨、铅、锌、砒、硫等元素。民国20—24年（1931—1935），王晓青、田奇㑺、粟显球3人先后3次到香花岭锡矿作地质调查，写有《湖南临武香花岭锡矿地质》。民国23年（1934），廖友仁、许原道2人到白云仙钨矿作地质调查后，著有《汝城白云仙附近钨矿的调查报告》。民国28年（1939），王晓青、田奇㑺、廖友仁、许原道、粟显球5人到湘西金锑钨矿调查地质与矿产，著有《湖南沅陵沃溪锑矿、金矿报告》和《湖南沅陵沃溪白钨矿地质调查简报》。民国33年（1944），彭其瑞到瑶岗仙调查黑钨矿，著有调查报告。民国36年（1947），王晓青、郭绍仪、袁在枢3人到渣滓溪锑矿作地质调查，著有《湖南安化县渣滓溪、江溪冲、石板冲锑矿简报》和《湖南安化渣滓溪锑、钨矿报告》，估算储量锑14136吨，钨（$W0_3$）500吨，并指出矿床中伴生有白钨矿。

此外，民国20—23年（1931—1934），南延宗、王恒升、熊永先、谢家荣等相继到湖南水口山、锡矿山、新晃、郴州等地作过调查，著有《水口山铅锌矿地质矿床报告》《湖南中部铅锌矿地质》等调查报告。民国23年（1934），南延宗著有《水口山铅锌矿显微镜下研究》，应用给晶矿物学理论探讨铅锌矿成因问题。民国 28—32 年（1939—1943），先后有湖南钨业管理分处和湖南矿业局派出技术人员到白云仙矿区实地调查。民国 35 年（1946），国民政府资源委员会锑业管理处刘基磐（地质专家）同美国人赫克德到锡矿山调查。民国 36 年（1947），国民政府资源委员会矿产勘测处与第二特种矿产管理处签订《勘探锑矿合约》，矿产勘测处王植、杨庆如测制了 1:15000 的《湖南新化锡矿山锑矿地质图》后，于民国 37 年（1948）测制了 1:5000 的地质图。民国 36 年（1947），南京中央大学徐克勤教授到瑶岗仙钨矿调查黑钨矿床，途经矿区时，发现铺路砌墙褐黑色岩石，引起注意，经研究鉴定为含白钨矿的矽卡岩风化产物，从而发现了瑶岗仙的白钨矿床，著有报告，为全国首次发现白钨矿床。民国 37 年（1948）10 月，国民政府资源委员会矿产勘测处刘国昌奉命到锡矿山考察，结合前人意见发表了《锡矿山锑矿地质及钻探意见》，同年 12 月，第一孔开钻。

中华人民共和国成立初期，省内地质工作主要是为老矿山生产的恢复进行概查性测勘。1950 年 6 月，中南重工业部资源测勘处成立，统一领导中南地区地质矿产调查勘测，改湖南地质调查所为第三地质调查所。同年 8 月 25 日，中国地质工作计划指导委员会成立，提出应该集中人力、物力，重点解决有色金属资源问题。

1952 年 8 月，地质部在武汉成立中南地质局，统管中南六省（区）地质普查勘探。湖南先后成立茶陵、水口山等地质队或钻探队，迅速开展全省地质普查工作。充分利用当时有限的人力、物力，有组织地对历史上已经发现或被开采过的重要矿产地进行勘测。至 1952 年年底，水口山和茶陵两个队完成机械岩心钻探 2478 米，槽探 1645 立方米，初步掌握了水口山和邓阜仙矿区的地质情况。

1953 年 1 月，重工业部有色金属工业管理局，调集江西、湖南、广东、广西四省区有色金属分局的力量在长沙合并成立中南有色金属工业管理局地质处，1953 年 3 月，地质处及从北京派来的一批地质人员与地质部中南地质局采取合作的形式组成勘查大队，对湖南的有色金属矿产资源情况进行调查。重点调查了临湘桃林、桂阳黄沙坪、湘东邓阜仙、常宁水口山、娄底锡矿山等矿区。同年 7 月，重工业部决定将勘查大队与 1952 年从东北调来江西的钻探大队在赣州合并成立赣南粤北地质大队。为适应地质找矿工作的需要，1954 年 1 月，又改名为中南地质勘探公司，统管四省区有色冶金工业系统的地质普查勘探工作。

1953 年，国民经济第一个五年计划开始执行。为保证五年内新建企业设计所必需的矿产储量，大力开展铅、锌、钨、锑及金刚石等资源的普查勘探。为此，中南地质局于 1954 年将原驻湘地质队伍扩编和新组建水口山、桃林、黄沙坪、潘家冲等 4 个铅锌矿地质队。冶金部中南地质勘探公司于 1954 年在湖南组成二〇二队（常宁柏坊铜矿），二〇六队（瑶岗仙钨矿），二一四队（邓阜仙钨矿）。至 1956 年，地质部系统在湘地质队伍发展到 13 个，冶金部系统在湘地质队伍增至 11 个。主要勘探或评价的矿区有桃林铅锌矿、黄沙坪铅锌矿、水口山铅锌矿、瑶岗仙钨矿、邓阜仙钨矿、锡矿山锑矿、柏坊铜矿、望湘钽铌矿、安化廖家坪钨矿、道县锑矿等。1956—1957 年对郴县金狮岭及其外围白鹭塘、金船塘、柿竹园、玛瑙山铅锌多金属矿、花垣县渔塘寨铅锌矿、湘东的绿柱石（铍矿）进行普查，柿竹园经普查证实为一具有极大远景的钨、锡多金属矿田。

1958 年 4 月，冶金部成立湖南冶金地质勘探公司。1958—1965 年，湖南冶金地质勘探公司集中力量对水口山铅锌矿、邓阜仙钨矿、瑶岗仙钨矿、香花岭锡矿、柏坊铜矿、潘家冲铅锌矿、锡矿山锑矿等矿区作重点勘探，共钻探30.5万米、坑探42000米、井探21000米、槽探45.8万米。提交矿点检查报告85份，矿产普查报告61份，矿产勘探报告12份。探获铜9300吨、铅52万吨、锌93万吨、钨（WO_3）26万吨、锡3400吨、锑29700吨。1965年开始宝山铜矿的勘探会战，至1966年查明宝山和车江铜矿资源储量。

1966—1976年，有色地勘队伍重点对邓阜仙、川口、瑶岗仙、白云仙等钨矿，小江锡矿，清水塘、水口山铅锌矿，锡矿山锑矿，西安、桃安和沃溪的锑、钨金矿，李家田铝土矿作勘探评价。共完成地质事业费4615.27万元，钻探进尺569451米，平均月台效率328米。探明凤凰茶田汞矿、桂阳黄沙坪铅锌矿等重要矿产地。完成红旗岭钨锡多金属矿、柿竹园野鸡尾铅锌矿的普查，开展宝山铜钼多金属矿、浏阳七宝山铜硫矿、东波铅锌矿、黄金洞金矿、河路口姑婆山稀有金属矿等矿区的评价或勘探。

1977—1988年，湖南地质勘探工作施行评价勘探的矿区有麻阳县九曲湾铜矿、凤凰县茶田汞矿、红旗岭钨锡多金属矿、河路口姑婆山稀有金属矿等。探明水口山铜鼓塘、麻阳九曲湾、桂阳宝山、衡南车江铜矿、铜山岭有色金属矿、东波铅锌矿、香花岭“430”大型铌钽矿等矿区的矿产储量（工业+远景）铜43800吨、铅15.79万吨、锌79.62万吨、铋11000吨、钨（WO_3）85500吨、钼26300吨、锑25800吨、汞358吨。

1989—1995年，湖南有色地勘系统开展典型矿床研究和成矿远景区划及资源总量预测工作，以湘南为重点，以铅、锌、锡、锑、钨为主，进行综合找矿、综合评价。找到宜章县界牌岭云英岩型锡铍矿床；完成宝山西部地段铅锌矿评价；证实康家湾不仅是一个大型铅锌矿，也是一个大型金银矿；查明安化县渣滓溪锑矿为一大型富锑矿床；完成柿竹园特大型钨、锡、钼、铋矿深部找矿的普查勘探。其间，对新田岭白钨矿、黄金洞金矿金塘矿段、郴州市荷花坪锡多金属矿、李家塘银矿、醴陵肖家山金矿等矿床进行调查评价。

1996—2002年，湖南省有色地质勘查局所属地质队在湘东北重点成矿区带、湘西南区带、湘南成矿区带开展地质勘查项目四十项。其中，湖南醴陵团山背金矿普查、湖南平江一临湘金矿带勘查、湘西金矿普查、锡矿山及外围锑矿找矿远景调查、郴州荷花坪锡金矿普查、安化廖家坪金矿和新邵白云铺铅锌矿普查等都取得阶段性成果。与此同时，地勘系统每年都安排几个重点老矿山的地质调查找矿工作，开展“二轮普查找矿”，在香花岭锡矿、锡矿山锑矿、黄沙坪铅锌矿、瑶岗仙钨矿、宝山铅锌银矿等老矿山外围找到了多处新的资源接替基地。在瑶岗仙钨矿找到裕新多金属矿床，该矿床富含钨、钼、铋、锡、铜、铅、锌等多种金属，所蕴藏的钨资源量位于世界已探明白钨资源储量第四位，共探获白钨金属量20.45万吨、锡金属量26000吨、钼金属量6764吨、铋金属量22000吨、铜金属量18000吨。在宝山铅锌银矿的中深部共探获铜金属量87000吨、钼金属量1893吨、铅金属量34.5万吨、锌金属量38.2万吨等。在探获的矿体中，伴生大量的金、银、镉等贵重金属，可延长服务年限52年，潜在经济价值206亿元。黄沙坪矿区新增铅锌资源量60.9万吨、银425吨、钨钼锡铋33.8万吨。

省内稀土资源地质勘查始于20世纪50年代。1958年年初，湘赣队在开展平江南江桥高滩等地绿柱石评价的同时，即对附近河谷中独居石砂矿进行普查，随后转入勘探，于翌年提交省内第一份独居石砂矿勘探报告——《平江县南江桥独居砂矿地质勘探总结报告》。1958年5月，省地质局湘南队普查组在江华河路口林家附近河床采集重砂样品时，发现一种深灰褐色重矿物，经陈立昌初步鉴定为铌钽矿物，后经进一步研究认定为褐钇钶矿，随即由该普查组马天治、李锦清等进行评价，继而于1959年又在红花园一带发现风化壳型褐钇钶（铌）矿，1960年由地质局四二五队（1959年湘南队并入）进行详查，1964年由四〇八队（1963年四二五队并入）转入勘探。冶金二三五队于湘阴县古培塘、玉池山北、李白等地，湖南地质局幕阜山队于新墙河流域月田、公田、杨林街、筻口、詹家桥等地，湖南省地质局踏勘组于湘阴洋桥、戴公桥；华容县地质队（1959年并入幕阜山队）于三郎堰等地（区）相继发现独居石砂矿并转入详查或勘探，先后于1961—1963年间分别提交各该地区独居石、褐钇铌砂矿勘探总结报告。1965年后，稀土金属勘查工作基本上趋于停顿。1977年，湖南地质研究所贾德裕、刘利文等开展湘南地区离子吸附型稀土调研，在江华县姑婆山札头源发现稀土元素呈阳离子吸附于黏土矿物表面。1983年，省地质局四七三队在江华县姑婆山岩体西北部边缘，原四〇八队已勘探的风化壳型褐钇铌矿范围内发现重稀土矿化，随即进行初步评价，1987年3月提交《江华县姑婆山稀土矿区详细普查地质报告》，证实为一大型矿床。1990—2002年，省内尚未找到新的稀土资源。

第二节　专业地质勘查

一　概　况

1953—1962年，湖南省地质局和湖南冶金地质勘探公司对瑶岗仙钨矿、湘东钨矿、水口山铅锌矿、柏坊铜矿、锡矿山锑矿等进行了评价勘探工作；还在湘东、湘南、湘西和湘中普查了130个矿点，提出了郴州黄沙坪、柿竹园、衡阳川口杨林坳、岳阳临湘桃林等20个后备基地。

1954—1956年，中南地质局四二五队、二机部三〇九队等单位对郴州东波矿进行过地质矿产调查，发现东波硫铁矿体中有氟石、硅灰石、石榴子石、绿帘石等变质矿物。1955 年 6—8 月，冶金工业部地质局湖南分局二一九队进入东波矿区核查，目的是在原有磺矿（硫铁矿）矿产的基础上，进行矽卡岩型白钨矿的寻找。通过勘查首次发现东波一带云英岩、矽卡岩、网脉型钨锡矿，并将矽卡岩划分为简单和复杂矽卡岩两种，分别圈出其分布和进行含矿性的了解。1956 年 10 月，二一九队编写、提交了《湖南省郴县东波铅锌磺钨铁综合矿区地质勘查报告》，报告结论为“矽卡岩矿体面积分布广，深度亦大，有必要进行下步预查工作”。

1956 年，地质部湖南办事处黎盛斯等地质专家对东波一带矽卡岩作了调查，经荧光灯对采硫铁矿老窿的检查，认为有白钨矿存在。中南地质局四二五队编制 1957 年计划时，把地质勘查工作的重点放在东波—柿竹园一带。1957 年 4 月 19 日，对准硫铁铅锌矿体延伸方向施工了第一个钻孔，正式拉开东波—柿竹园钨多金属矿深部勘查的序幕。同年 5 月 6 日，在第一孔向西 100 米施工第二个钻孔时，发现两层厚 82.11 米的钨锡矿体。同年下半年，又向西南布置了一批钻孔和机掘坑探，同时布置采选矿样两个。继以 100×100 米钻探网度求得三氧化钨储量 7.3 万吨，锡 3.15 万吨。1958 年施工 50 个钻孔，均发现矽卡岩钨锡矿体，同时发现辉钼矿，辉铋矿等，圈出东、西、中三个矽卡岩矿块，探获三氧化钨储量 14.7 万吨、锡 16.5 万吨。1959 年又对钼矿体单独圈定，估算钼储量 5821 吨，平均品位 0.09%。

1958—1962 年，湖南冶金地质勘探公司重点勘探了桃林铅锌矿、黄沙坪铅锌矿、宝山铜矿、柿竹园多金属矿、川口钨矿、汝城钨矿、香花岭锡矿、小江锡矿、潘家冲铅锌矿、清水塘铅锌矿、湘西的西安、桃安和沃溪的锑钨金矿、李家田的铝土矿；普查了雪峰山的钨、锑、金矿床，醴陵、攸县一带的钨、钼、铅、锌、金、铜，九嶷山的钨、锡和稀有金属以及浏阳、平江一带的砂金矿。

从1963年到1965年，省地质局集中力量加强钨、铅、锌、汞、金的勘探。1963年，由原四二五队、四〇八队及郴州地质局合并而成的四〇八队重上东波、柿竹园矿区勘查，狠抓基础地质和综合研究工作，通过地质调查和大量地表工程揭露，发现地表有大规模的矽卡岩矿体存在，展示出较大的找矿潜力，同时发现密集的石英—云英岩脉叠加在矽卡岩上。再通过综合分析地表及深部组成，将矿体重新划分出大理岩锡石硫化物型、矽卡岩型、矽卡岩—云英岩型矿带，并分别圈定测算储量。这一成果的发现，引起了省地质部门的重视。从1964年开始，四〇八队集中了百余名地质技术人员和施工队伍开展勘查。湖南省地质局派出物探队、综合研究队的技术人员协同工作，地质部中南地质研究所也派出科技人员到矿区进行矿床地质研究，掀起东波、柿竹园矿区“多兵种大会战”的高潮。“会战”以地质调查及物化探工作、矿床及物质组分专题研究、矿区资料综合整理、工程勘探等工作平行作业又相互配合的方式展开。通过区域1:10000和矿区1:2000正规地质填图，查明东波—柿竹园“断陷式”复式向斜北端昂起部位控制矿床的分布，发育的北北东、北东向断裂是主要控岩构造，泥质灰岩是东波一带矽卡岩型钨矿最重要的容矿层位。在矿床物质组分专题研究方面，查定矿床有矿物84种，新发现铌、钽、铍等矿种和黑钨矿。1963—1967年，共投入钻探15480米，坑探3200米，手掘213米等工作量。四〇八队于1967年年底提交了柿竹园地质勘探详勘报告。

1963—1977年，湖南冶金地质勘探公司二四六队坚持在锡矿山进行找矿和勘探工作，1969年提交了《锡矿山童家院矿床地质勘探总结报告》，获锑储量18.09万吨。在湘东钨矿、香花岭锡矿开展了钽、铌等稀有金属矿的评勘工作。

1978—1988年，省有色地质勘探公司坚持从实际出发，依靠科技进步，采取了多种勘探方法：以铅、锌、锑、金、钨为主，兼顾其他矿产的综合找矿；以大矿为主，大、中、小并举；区域展开，重点突破；对重点地区和急需矿种，集中力量进行勘探，同时加以综合研究，推广航空地质、数学地质、同位素地质等新技术、新方法。通过多年工作，川口钨矿、香花岭锡矿、瑶岗仙钨矿、锡矿山锑矿等矿山增加矿产储量，缓解了资源危机。如在瑶岗仙钨矿杨梅岭区发现7条矿脉，新增钨矿3.6万吨，品位1.04%，延长矿山服务年限20年。

1989—2002年，湖南省有色地质勘查局重点对老矿山开展深边部找矿勘查工作。省有色地勘局在水口山铅锌矿的老鸦巢发现了具有独立矿体的金矿，勘探储量达到中型规模；在宝山矿区外围找到财神庙矿床，铅锌储量达148万吨。

二 湖南省地质局勘查

湖南省地质局四〇八队从1963年到1966年进行的勘探表明，柿竹园矿床地处华南加里东褶皱系中心地段，位于湘南千里山花岗岩体东南缘与泥盆系碳酸盐岩层接触带。矿区内出露的地层主要有震旦系和泥盆系。震旦系分布于矿区东侧，主要为石英砂岩、千枚岩、板岩等。泥盆系在矿区内只见中、上统。中统跳马涧组砂岩出露于矿区东南隅；棋梓桥组碳酸盐岩层分布在矿区东部野鸡尾一带。上统佘田桥组产于矿区中部，主要为灰岩、泥质条带状灰岩、泥灰岩夹粉砂岩、页岩，大部分已矽卡岩化，为主要容矿地层。矿区构造主要有野鸡尾—柿竹园背斜与柿竹园—太平里向斜，两者轴向均为北北东20°。断裂发育主要有4组，即北北东向、北东向、北西向、近东西向。与成矿关系密切的为千里山花岗岩燕山期复式岩体，侵入泥盆统佘田桥组，具多阶段成岩成矿特征。岩体周围分布有东波山、柿竹园、野鸡尾、金狮岭、大吉岭、金船塘、横山岭、玛瑙山、蛇形坪、水湖里、红旗岭等十多处钨锡铋钼及多金属矿床（点），构成东波矿田。其中柿竹园矿区是规模巨大的钨锡钼铋矿床，具有多型矿化叠加共生的成矿特征。矿床垂直分带明显，由上而下，即从围岩往岩体依次形成网脉状大理岩型锡矿、矽卡岩型钨铋矿、云英岩网脉—矽卡岩型钨钼铋矿、云英岩型钨钼铋锡矿，构成Ⅰ、Ⅱ、Ⅲ、Ⅳ矿带，成为“四层楼”式垂直分带。

产状形态规模和分布见表 1–1–1。

表 1–1–1 1966 年柿竹园多金属矿区主要矿体产状形态规模和分布情况表

矿体编号	矿石类型	矿体形态	矿体规模（米）			矿分布标高(米)	平均品位（%）			
			长	宽	厚		钨	锡	钼	铋
Ⅰ	网脉状大理岩型锡矿	层状	750	500	10~50	600~865		0.165		
Ⅱ	矽卡岩型钨铋矿	层状	1000	800	10~40	300~770	0.105	0.117	0.103	0.067
Ⅲ	矽卡岩型钨铋矿	似层状	1000	800	50~100	300~770	0.238	0.123	0.023	0.107
Ⅳ	云英岩—矽卡岩型钨铋矿	似层状	600	500	50~130	370~600	0.16	0.109	0.106	0.148

1981 年，湖南省矿产储量委员会根据上级关于 1966—1976 年提交的重点矿山勘探报告应组织复审的指示，对四○八队 1967 年提交的柿竹园详勘报告召开了复审会议。1981 年 10 月湘储决定以〔1981〕第 04 号文件正式批准颁发了《湖南省郴县柿竹园钨锡钼铋矿区详细勘探报告审批决议书》。审批决议书表明，

矿石中有用矿物种类多、储量大，矿石储量1.9亿吨，金属储量119万吨，是世界上罕见的特大型矿床。四〇八队的这一勘查成果，获得地质矿产部地质找矿一等奖。

柿竹园多金属矿床，矿石储量巨大、矿物种类繁多，至1981年查明的矿物有143种。主要矿石矿物有白钨矿、黑钨矿、锡石、辉钼矿、辉铋矿、黝锡矿、方铅矿、闪锌矿、黄铜矿、黄铁矿、磁黄铁矿、毒砂、磁铁矿、自然铋等。矿石化学成分较复杂，有用元素有钨、钼、铋、锡、硫、氟、铌、钽、铍、银、金、镓、镉、碲等。综合利用潜力巨大，是国家20世纪80年代正在开发中的矿产资源综合利用的重要科研基地。工艺矿物学研究表明，伴生的金、银、铜、铅可在硫化矿浮选回收钼、铋时加以考虑，铌、钽主要富集在黑钨矿中。由于矿石中有用矿物粒度细、含量低且赋存状态复杂，在当时技术经济条件下，可工业回收的主要矿物为钨、钼、铋、萤石、磁铁矿、石榴石和硫7种，如按日处理量4500吨规模计算，服务年限可达110年（工业储量见表1–1–2）。

三　湖南省有色地勘局勘查

2002年，湖南省有色地质勘查局有地质队8个，主要从事有色金属、贵金属、稀有金属的找矿。

水口山矿务局于20世纪50年代初被认为是开采量不足30万吨铅锌的矿床，到1955年湖南省有色地质勘查局接手工作时只余下不到2万吨的储量。通过科技引领、全面勘探的艰苦探索，找矿成果不断取得突破，1955—1985年在水口山找到康家湾、鸦公塘、中区等矿床，提交详查金属储量：金102吨、铅锌249万吨、银2400吨、硫铁矿3500万吨，并探获金远景资源量210吨。尤其是康家湾矿床的发现和勘查，基本解决了水口山老矿的资源危机。康家湾矿床的发现与评勘等地质研究成

表 1-1-2 1985 年柿竹园多金属矿床工业储量表

一、主要金属储量

储量级别	矿种	矿石量及金属储量（吨）、品位（%）、金属量占有比例（%）											
		表内				表外				表内、表外			
		矿石量	金属量			矿石量	金属量			矿石量	金属量		
			品位	金属量	比例		品位	金属量	比例		品位	金属量	比例
B	三氧化钨	29457596	0.588	171831	24.51	29457596				29457596	0.583	171831	22.98
	锡						0.097	28515	5.86		0.097	28515	5.86
	钼		0.116	34061	36.57						0.116	34061	25.65
	铋		0.117	52141	19.76						0.117	52141	17.08
C	三氧化钨	143115862	0.315	419845	59.88	101269929	0.173	17021	36.47	244385791	0.309	436866	58.42
	锡						0.142	339109	69.69		0.142	339109	69.69
	钼		0.088	45592	48.95		0.027	27354	58.1		0.065	7294	54.93
	铋		0.119	167892	63.64		0.063	21120	50.98		0.113	189012	61.92
D	三氧化钨	42779610	0.265	109494	15.61	42364615	0.258	29653	63.53	85141525	0.247	139147	18.6
	锡						0.158	118975	24.45		0.158	118975	24.45
	钼		0.075	13468	14.46		0.062	12312	31.04		0.069	25780	19.41
	铋		0.129	43777	16.59		0.072	20305	49.02		0.111	64082	20.99

续表

储量级别	矿种	矿石量及金属储量（吨）、品位（%）、金属量占有比例（%）											
		表内				表外				表内、表外			
		矿石量	金属量			矿石量	金属量			矿石量	金属量		
			品位	金属量	比例		品位	金属量	比例		品位	金属量	比例
B+C+D	三氧化钨	215350368	0.326	701170	100	143634544	0.169	46674	100	358984912	0.316	747844	100
	锡						0.145	486599	100		0.145	486599	100
	钼		0.094	93121	100		0.033	39666	100		0.076	132787	100
	铋		0.131	263810	100		0.071	41425	100		0.123	305235	100

说明：根据工业指标要求表外钼、铋储量包含部分表内钨矿体中低于工业品位的钼、铋储量

二、伴生元素储量

矿种	储量类别	储量级别	矿石量（吨）	平均品位（%）	金属量（吨）	备注
氟化钙	表内	D	215350368	21.31	45898054	萤石储量
	表外		131608760	19	24767130	I、II 矿带中萤石储量
硫			358984912	1.34	4612843	
铜			358984912	0.04	142121	
氧化铍			99061871		14500	III 矿带 1—1 矿体中硅铍石绿柱石氧化铍储量
银	表内		430511（精矿）	67.52 克 / 吨	29069（公斤）	III、II 矿带钼铋精矿中储量
金			430511（精矿）	0.74 克 / 吨	322（公斤）	

说明：此表经 1985 年 11 月 28 日湖南省矿产储量委员会批准

果于1985年获得国家科技进步奖。

1956年，省有色地质勘查局对锡矿山的飞水岩一带进行勘探，至1966年累计探获详查以上储量83万吨，矿山重现生机。至1990年又新增详查以上储量40万吨，为矿山发展提供了新的资源保障。2000年，开展“二轮找矿”工作获得锑资源储量20余万吨。

据统计，1978—2002年，湖南省有色地质勘查局累计实施地质找矿项目1410项（其中：矿产普查638项、详查545项、勘探227项）。共发现200余个大中型有色、黑色、贵金属矿床，为湖南提供可供开采矿产基地150余处，有20多处成为湖南重要的矿山生产基地。其中包括全球最大的锑矿基地——锡矿山锑矿、中国特大型铅锌矿基地——水口山铅锌矿、中国找盲矿技术的杰出成果——康家湾特大型铅锌金银矿以及宝山铅锌银矿、香花岭锡矿、瑶岗仙钨矿、川口钨矿、界牌岭萤石锡矿、湘西金矿、龙山锑金矿、安化渣滓溪锑矿等一大批大型矿床。在湖南省探明和开采的有色金属矿床中，湖南省有色地质勘查局发现并完成地勘（含补勘）工作的占90%，所提交的主要矿种储量占全省总探获储量的比例，分别为钒93%、锑91%、岩金80%、锡70%、铝70%、银52%、铅锌50%、钨50%。部分矿种保有储量（如铋、锑、钨等）在全国乃至全球占有极为重要的地位。1991年，国务院在全国1000多个地质队中评选出41支“国家功勋地质队”，湖南省有色地质勘查局二一七队、二三四队、二四六队3支地质队获此殊荣。

四 矿山与专业地勘队伍合作勘查

在湖南有色金属地质勘查中，矿山的自身探矿与地勘专业队伍合作取得多项成果。20世纪70年代以来，锡矿山矿务局与中南工业大学合作找矿、新晃汞矿与省地质局四〇五队合作勘探、湘东钨矿与冶金二一四队进行普查评价、汝城钨矿与冶金二〇六队合作找到接替资源、川口钨矿与冶金二一四队合作找到杨林坳大型黑白钨共生矿床、宝山铜矿与冶金二三八队在该矿区西部探获铜铅锌远景储量六十万吨等。

为解决水口山铅锌矿面临的资源危机问题，湖南省冶金局和省冶金地质勘探公司于 1975 年组织水口山矿务局和二一七队对水口山寻找新的矿产资源进行研究和规划。根据以往在水口山矿区的找矿经验，二一七队勘探发现该区矿体除赋存有火成岩超覆地段外，在构造有利地段亦有成矿。如倒转背斜的倒转翼，特别在其上部有一层砂页岩遮挡层，更有利成矿。在这次找矿研究中，研究人员重新整理以前的地质资料，总结矿田中火山活动和构造规律，特别注意接触带外构造和岩性有利地段。根据矿化多成因和成矿多源性的认识，提出了 5 个成矿预测区，同时，将康家湾列为Ⅰ级成矿预测区，定为首期评价地段。其依据是，康家湾一带下部存在的倒转背斜东侧有一北北东向 F22 断裂贯通全区，地表断裂带有化探原生晕异常和小岩体分布，推测其深部，小岩体可能汇合成大岩株；且该区位于水口山花岗闪长岩区与老盟山石英闪长斑岩区之间，在康家湾倒转背斜轴部可能有岩浆浸入，有利于成矿。因此，将康家湾列入 1976—1985 年水口山铅锌矿地质勘探十年规划中的首期找矿评价地段。

1976 年，二一七队对康家湾区进行钻探。同年 10 月，在施工 328 号钻孔时，发现含矿层，验证了成矿预测。随后，二一七队运用多种勘探手段对该区进行地质评价。1976—1982 年，共施工钻孔 136 个，进尺约 7 万米，勘探网度为 200 米 ×100 米和 100 米 ×100 米，提交 D 级铅锌矿石量 1659 万吨。经审批，于 1984 年 2 月正式提交了地质评价报告。

由于康家湾矿床为盲矿体，埋藏深，矿体与地下水共存，在坑探中，首先遇到的是地下水疏干和勘探坑道前期准备工程的资金问题。而在这些方面，国家尚未制定盲矿体勘探规范，亦无先例。因此，迫切需要水口山矿务局和二一七队走出新路，共同解决这个难题。为加速勘探，早日开发该矿区，水口山矿务局于 1981 年 7 月成立康家湾勘探指挥部与二一七队共同研究勘探和矿山建设，及时解决勘探中的问题。1981 年，确定进行三井两巷工程，即 1 号、2 号勘探斜井，勘探竖井（生产副井）和从水口山铅锌矿老鸦巢区到该矿区的 9300 （即九中段）坑道（双巷），并着手施工。1984 年 6 月，中国有色金属工业总公司以〔1984〕中色地字第 896 号文批复《水口山康家湾矿区试行探采结合方案》。

在矿山和勘探队共同努力下，完成康家湾矿区勘探和开发的主要工程，地下水位 1987 年 1 月下降到七中段。1981—1990 年，共掘进 27260 米坑道，其中详勘 5850.3 米，勘探网度为 50 米 ×100 米和 25 米 ×50 米。地表钻孔 72 个，进尺 22500 米，基本完成六、七、八中段勘探和矿山生产系统。

康家湾矿床得以发现及快速勘探和开发，主要是：矿山与勘探队紧密配合，运用先进的地质手段和成矿理论，根据矿区地质特征，进行成矿预测，在勘探和开发中，共同研究工程布置，共同解决施工中出现的技术难题和资金困难，及时提出探采结合方案，缩短了勘探和建设周期，为中国矿山与勘探队共同进行盲矿体勘探提供了经验。

第三节　矿山自身勘查

为延长矿山生产年限，水口山矿务局、锡矿山矿务局、黄沙坪铅锌矿、宝山铜矿、瑶岗仙钨矿、新晃汞矿、香花岭锡矿、桃林铅锌矿、湘西金锑矿等省属 13 个矿山（矿务局）从 1970

年开始组建矿山自营的勘探队，到 1972 年，组建了 13 个勘探队，总人数 1000 多人，有 300 米以上主钻 30 多台，多类水平钻 50 多台，实行专业勘探与矿山自身勘探相结合、钻探与坑探相结合、资金自筹与国家补助相结合的办法，加强对生产矿区的边部、深部、外围的探矿和成矿规律的研究。仅 1972—1984 年，年均坑探（含地探、生探）54000 多米，钻探 74000 多米（立钻 13000 多米、水平钻 60000 多米），获取各种金属储量年均达 52000 多吨，新增储量可抵偿消耗储量 1/3 强，有的矿山还使储量消长有盈。如黄沙坪铅锌矿、瑶岗仙钨矿、香花岭锡矿、安源锡矿区等探获的储量翻了一番或数番。1984—2000 年，矿山自身勘探共提交 6 个地质储量报告，并经湖南省矿产储量委员会审批，均可作为建设依据。瑶岗仙钨矿从 1984 年开始至 2000 年年底，为确保资源接替，延长矿山服务年限，先后投入 1000 多万元进行深部开拓探矿工程，新增 20、21、22 共 3 个新的中段，新增地质储量 26.15 万吨。

一　勘查实例

（一）锡矿山矿务局

锡矿山矿务局 1973 年设立矿山地质专业机构，南、北两矿均设立地测科。矿务局制定了完善的有关地质、勘查、找矿等规章制度。20 世纪 70 年代以来，对生产区及近围力所能及的范围内，开展边角、空白区盲残矿找矿和老采区结束中段地测资料调查整理与综合研究，先后进行了老矿山矿床四窿道区、五窿道区、六窿道区、物华矿床、童家院矿床南端七里江区的找矿勘探，寻找盲残矿体，扩大储量。1981 年完成老矿山矿床四窿道区的地探工程，之后又开展了对老矿山矿床五窿道区、六窿道区和物华矿床及童家院矿床七里江区的地质探矿。

老矿山矿床六窿道区位于矿床北部，是解放初期的主要生产基地之一，1954年由于安全问题而被冶金部下令停采。1970年由冶金部批准作为北矿建设的后备基地，同时被列为“七五”规划重点探矿区。1987年8月，编制了1/500开拓探矿设计，1988年投入施工。

老矿山矿床五窿道区，1980年从童家院3中段32穿脉向西开拓勘探，完成进尺367.2米。1992年，有色总公司下达“老矿山矿床3号矿体赋存条件和找矿前景研究”的项目。1993年年底进行五窿道区西部3号矿体勘探设计，1994年下半年投入施工。

物华矿床解放前是民窿开采区，采空范围达4万平方米。1985年，局勘测处编制《物华矿区开拓探矿初步设计》报请有色总公司批准投入地探。1986年年末，北矿地测科对该区71—113线进行了探矿技术设计，并投入实施。勘探初期进展迅速，一年内打通石门，进入探矿区。后因老江冲段民采和居民的严重干扰，1989年1月4日停工封窿，累计投入坑探1874.9米，钻探503.5米。1994年，根据北矿生产与资源状况，又对该区重新进行开拓勘探设计方案对比，绕道而行，于1995年重新开始勘探物华矿床中部，但民采的干扰仍未排除。

童家院矿床南端七里江区，1958年冶金二三四队结合整个矿床的普查找矿工作，在该区F3下盘施工13个钻孔。70年代初，在该区杉山里段施工坑探1000余米，大致控制了主要构造线。1986年对该区编制了勘探设计并投入施工，至1994年年底完成地质坑探4724.1米、钻探6598.2米。累计探明工业矿量19.017万吨、锑金属量5277吨，远景矿量12.334万吨、锑金属量3838吨。

锡矿山矿务局于70年代初连续3次向省冶金局提出《关于加速和加强锡矿山矿区及近外围地质勘探的报告》。1989年，提出《关于请求加强为锡矿山矿务局寻找锑矿资源接续基地的报告》，向中国有色金属工业总公司要求开展锡矿山锑矿田北端陈家冲隐伏背斜钻探验证。以此作为突破口，展开矿田外围勘探工作，寻找接替矿区。

1995年10月，湖南省地质学会、中国有色金属工业长沙公司组织省内有关专家和教授，召开研讨会并形成《锡矿山锑矿研讨会纪要》，在充分肯定锡矿山前期找矿研究方向与成果的基础上，明确提出了下步找矿的方向：在原有矿田内部开采区挖潜，在矿田南北两端及西部拓沿，在矿田外围拓新。

1995年12月，在中国有色金属工业长沙公司的协调下，锡矿山矿务局与中南工业大学合作找矿，《锡矿山矿务局接替矿区探矿工程合作协议书》签字。工程投资160万元，其中自筹资金50万元，在矿田南北两端和已知四大矿床的深部以及F75上盘地质成矿有利地段，采用地质地球物理方法实施探矿，1996年1月投入运作，1998年全部完成。“锡矿山接替资源矿区探矿工程研究”项目获有物探异常5个，成矿靶区6个，提交《锡矿山锑矿接替资源前景研究》报告。

（二）瑶岗仙钨矿

1981—2000年，瑶岗仙钨矿黑钨矿床勘探沿用20世纪70年代末的勘探手段，以坑勘为主，辅以水平钻探、立钻和天井探矿。截至2000年年底，共掘进水平坑道93993米，其中生探72553米，地探4103米，天井15409米，水平钻孔11024米，立钻1500米。

以“钻”代“坑”。加快深部501、510-1号脉脉组的勘探步伐（700米以下标高），为深部开拓延伸提供可靠设计依据。

探采结合。为进一步调整采探比例，提高探矿巷道有效进尺率，1981—1998年，矿山平均年万吨采矿掘进量为418.56米，比1965—1980年平均454.13米降低35.67米；巷道无效进尺率由70年代的12%～15%降低至90年代的5%～8%。

纵深超前。矿山地质勘探针对上部主干脉开采消失的状况，进行两步跨越。即1981年后实行第一步纵深跨越至19中段，一步超前9个中段。探出501、510、228、230等脉组，焕发了矿山生产生机。1989年后实施的第二步继续跨越至25中段，增加6个中段，并提出对马塘、杨梅岭、蛤蟆石进行探部的勘探。

强化地质综合研究。20世纪80年代以来，瑶岗仙钨矿根据矿脉"成组成带，带中有组，组中有主脉，主干有脉王"的成矿规律、"五层楼"成矿模式①地质学说以及力学地质构造等观点开展边邻找矿、深部找矿、重点区域找矿的方法，收到了见效快、减少探矿无效进尺、避免盲目性开采的效果。

先易后难，横向延伸。各中段在形成开采系统的同时，对其边邻可能成矿地段实行横向跟踪探矿，彻底摸清该段所有储存资源情况。

白钨矿床，是矿山开采的后备基地。1990年后，除有部分无证开采的个体户在其地表（720米）乱采滥挖外，矿体尚未系统设计开发利用。

勘探方法及勘探质量：白钨矿床以钻探为主，用少数坑探对钻孔质量进行检查。露头部分采用以槽、井为主结合钻探的方法，钻探方法可靠。勘探网度根据第二类矿床勘探B级储量，网度100×400—60米，C1级储量网度为100 × 80—120米，C2级储量网度为200×200米或更大，符合规范要求。

（三）湘西金矿

湘西金矿自1953年以来，为保证矿山生产的持续和稳定，扩大矿山生产能力，延长矿山寿命，开展矿山的找矿和探矿工作，1953年组成矿钻探队，配合中南钨矿局钨锡钼预查队，开展矿区的找矿和评价勘探工作。1953年4月6日在沃溪首先开钻。

---

① "五层楼"成矿模式：从地表向下为"线脉带、细脉带、薄脉带、大脉带、无矿带"的"五层楼"矿脉垂直分带模式。

1954 年钻探重点转到桃安，同时开展桃安和沃溪两矿区的钻探工程。1955 年完成桃安矿区钻探，次年转入西安矿区。

1956 年 5 月，为扩大勘探力量，加速勘探进程，根据中南钨矿局的指示，在原钻探队的基础上，增加设备，补充人员，组成湘西金矿勘探队。工作任务主要是对沃溪、西安和桃安矿区进行地表揭露，深部追索，为生产建设设计提供可靠的依据和足够的工业储量。

随着生产的发展，为扩大外围找矿，在矿区范围或外围发现新矿体，以便扩大生产能力，湘西金矿于 1956 年 12 月呈文申请组织正规勘探队，在 1957 年进行系统的地质勘探工作。1958 年省冶金局批示，将矿勘探队改由省有色局勘探公司领导，改称“湖南有色局勘探公司湘西勘探队”，负责区域普查勘探和沃溪、西安、桃安坑口的矿山勘探。

1958 年，矿勘探队移交成立二三七队后，湘西金矿仍保留一台 100 米水平钻机，配备钻探工 4 名，组成水平钻小组，解决各坑口坑内钻探。1958 年后，时开时停。1967 年西安矿区储量紧张，为加强找矿，由长沙有色金属工业学校调进一台 100 水平钻，1968 年又由二三七勘探队调一台 KA—2M—300 型钻机，在西安红岩湾等地补充钻探，这时水平钻组增加到 13 人。

1975 年，为满足沃溪黄金扩建的需要，进行矿山地质综合研究，经省冶金局批准又重建矿山钻探队，主要钻探目的是为扩大黄金生产，对沃溪矿区过去生产锑、钨时的残矿、贫矿地段的检查探矿和西安矿区扩大探矿找矿，以及矿山地质综合研究。重建矿钻探队几年来，在沃溪、西安两矿区生探获得矿量增长明显。1980 年在沃溪矿区钻探获得储量：矿石量 33.5 万吨，金 2108 公斤，锑 5972 吨，钨 3770 吨。

（四）香花岭锡矿

香花岭锡矿自 20 世纪 50 年代以来，先后采用地质坑探与生产坑探。1957 年采用坑内钻勘探甘溪坪砂锡矿床；1958—1960 年，采用槽探及井探勘探地面老矿堆废石矿；1959 年年底，试用坑内水平钻，1960 年全面推广；1971 年，地面与井下采用立钻钻探；1975 年，采用 KD—100 型坑内钻机，进行全方位（水平方向 360°，垂直方向 360°）"斜钻"钻探。截至 1980 年，共完成各类勘探工程 29.91 万米。其中坑探（包括地探与生探）49400 米，槽井探 846 米，钻探（包括地面与井下地质钻探与生产钻探）24.88 万米。获得各类金属矿石量 844.45 万吨。其中锡矿石量 191.00 万吨，锡金属量 27700 吨，钨矿石量（包括黑钨矿与白钨矿）220.05 万吨，钨金属量 19400 吨；铅锌矿石量 433.40 万吨，铅加锌金属量 21.48 万吨。

香花岭锡矿地质勘探队 1979 年划归地质测量科管理，1981 年独立为二级机构。1984 年新增一台钻石 -100 地质钻机，当年完成钻探掘进 7039 米，创历史最好纪录。1987 年，安源工区、香花铺工区钻探工作归口到地质队。在水文地质上，利用坑内钻探孔探放水，基本上查明了新风矿区西部暗河的水量，中部暗河在 431 中段分布形态，以及东、中、西 3 条暗河在 431 中段以上的水力状况。通过掘进超前孔，使安源工区 320 中段 2500 米的主要开拓巷道，较安全地穿越大小 40 条含水和泥石的裂隙，施工水文地质孔，查明了岩溶较发育的东部尾砂坝水文地质问题。在工程地质上，突出的作用表现在施工新风矿区大竖井中心孔、太平溜矿井中心孔以及东部尾砂坝基孔等，使其顺利施工与安全通过危险地带。从 1988 年开始，该矿用钻探探矿工程代替部分坑探以及开拓、采准工程，节省坑探与坑道进尺 6500 米，节约开支近 70.5 万元。1988—2002 年，地质钻探工作逐步发展，由年探获生产矿量 4 万 ~ 5 万吨之间发展到 8 万 ~ 9 万吨之间。

（五）新晃汞矿

新晃汞矿主要生产矿区有新晃酒店塘矿区和凤凰茶田矿区。

1. 新晃酒店塘矿区勘探

生产勘探：1951—1979 年，酒店塘矿区先后施工坑道 68600 米，其中生探 26000 米，施工坑内钻 27800 米。共探获 12 个工业矿体，累计地质储量是 C1 级矿石量 99.95 万吨，金属量 3177 吨；C2 级矿石量 17200 吨，金属量 22.9 吨。地质生产坑探获矿指标：C1 级矿石量 25 吨 / 米，金属量 0.08 吨 / 米。

储量管理：20 世纪 70 年代初以来，酒店塘矿区矿产规模较大，矿石量约 115.95 万吨，金属量约 4537 吨。这些储量是在勘探和开采过程中逐步查明的，其中 16 万吨矿石量和 1300 吨金属量是根据 1950 年以前采矿老窿估算出来的。1974 年以后，生产勘探获矿甚微，出现储量危机，产量下降。新晃汞矿于 1978 年申请酒店塘矿区闭坑，经省矿产储量委员会、省冶金局和有关单位现场调查后，省冶金局以〔1978〕湘冶地字第 028 号文批复，同意酒店塘矿区 327 米标高以下闭坑。1981 年 4 月，正式提交《新晃汞矿酒店塘矿床闭坑报告》，经省矿产储量委员会、省冶金局和省冶金系统 24 个单位来矿现场审查，同意闭坑，批准文号为省冶金局〔1981〕湘冶地字 041 号。

储量报销：至 1978 年共采出矿石量 96.40 万吨，产汞 3353.2 吨，产朱砂 253.2 吨，总回收率 79.7%。矿床最终报损矿量：C1 级矿石量 35500 吨，金属量 59.11 吨；C2 级矿石量 17200 吨，金属量 22.91 吨。

2. 凤凰茶田汞矿区地质勘探

茶田汞矿区自 1955 年以来，地质工作进入发展阶段，在该区从事过汞矿地质工作的单位有：西南地质局五〇五队（1955—1957 年）、贵州地质局铜仁队（后改为一〇三队）、湘西土家族苗族自治州地质局综合队（1956—1960 年）、湖南省地质局澧北队（1959—1962 年）、四一〇物探队（1959—1961 年）、湖南省地质局四〇五队（1962—1980 年），矿区内的汞矿床全部由四〇五队所勘探。

茶田汞矿区共有 7 个矿床（点）。

（1）牛豆坪矿床：1958 年 5—12 月，贵州地质局铜仁队在本区进行 1:10000 地质测量，施工普查钻孔 9 个，其中汞矿品位大于 0.04% 的 3 个，矿化孔 3 个。1959 年 8 月澧北地质队（后改为四〇五队）在该区进一步普查，1960 年钻探，1965 年初勘结束，先后施工钻孔 128 个，总进尺 15531 米，掘进坑道 1920 米，勘探网度相当于 120×80 米—60×40 米。1965 年 6 月提交《湖南省牛豆坪汞矿床储量报告》，同年 12 月经湖南省矿产储量委员会批准 C2 级汞金属储量 454 吨。

（2）茶树喇矿床：1951—1956 年，矿在原民窿边缘采用坑道探矿，未发现新富矿体。1958—1962 年，凤凰县汞矿在该区边采边探。1963 年湖南省地质局四〇五队正式进行勘探，1966 年年初勘结束，施工钻孔 71 个，总进尺 6562 米，掘进坑道 179 米，勘探网度相当于 120×40 米。当年 8 月提交《湖南凤凰茶田汞矿床茶树喇矿段储量报告》，同年 12 月经湖南省矿产储量委员会批准 C1 级 +C2 级汞金属储量 465.13 吨（其中 C1 级 122.21 吨）。勘探投资 49.24 万元，每吨汞储量探明成本 1060 元。

（3）白岩壁矿床：隐伏在地表下 200 余米，矿体位于湖南和贵州两省接壤的地方。1964 年湖南四〇五队在该区进行 1:10000 地质测量，发现有控矿构造。1966 年，贵州一〇三队在普查谷坳白岩壁地区时，在该矿床范围内的 CK8 号钻孔见到了矿体。1967 年，四〇五队正式上钻勘探，1975 年年初勘结束，共施工钻孔 81 个，总进尺 23100 米，勘探网度 60×60 米—100×60 米。1977 年提交《湖南凤凰县茶田矿田白岩壁矿段汞矿地质勘探报告》，经湖南省储量委员会〔1977〕储字第13号决议书，批准表内C2级汞金属量2061.39吨(平均品位0.191%)，表外C2级汞金属量978吨。总投资72.14万元，每吨汞储量探明成本350元。

（4）头坡脑矿点：1965年，湖南四〇五队开始上钻，至1980年底已施工钻孔155个，其中49个钻孔见到矿体，勘探网度已达到60×60米—120×60米，1981年结束初勘野外工作，1982年提交勘探储量报告。

（5）亭子关矿点：主矿体位于湖南和贵州两省接壤的湖南境内。1976年，贵州地质局一〇三队在该矿床打普查钻，证实有矿体存在。1977年，湖南四〇五队上钻勘探，到1980年年底，已施工钻孔53个，其中11个钻孔见工业矿体，勘探网度已达到120×80米，已初步查明属于中型矿床。

（6）李家坡矿点：1956年，西南地质局五〇五队进行普查，动用了少量地表山地工程。1958年，贵州铜仁地质队进行钻探普查，1959年，由于该队任务改变，将该矿床移交给湘西自治州地质局第二普查勘探队继续普查。1961年结束野外普查工作，完成钻探工作量为6259.16米，坑道为117.4米。1963年编写出《湖南凤凰茶田汞矿田李家坡矿段详细普查报告》，计算地质储量表内汞金属量11.88吨，表外汞金属量22.91吨，只经本队审批。1972—1978年茶田公社社办汞矿进行开采，主要矿块含汞品位较低。1977—1978年，四〇五队钻探复查，补充加密钻孔38个，进尺3970.4米，坑道213米，普查钻探网度已达120×40—20米。1979年编写出《湖南省凤凰茶田矿区观音塘—李家坡矿段汞矿普查地质报告》，综合历史资料计算D级地质储量汞金属66.71吨，预测储量21.31吨。

（7）井水湾矿点：1956—1958年，西南地质局五〇五队进行普查，地表施工了较多的山地工程，深部施工了27个钻孔，钻探进尺 2421.92 米，网度达到 240×80 米—120×40 米。编写了《大洞喇矿田牛豆坪矿床地质报告书》，计算 C2 级地质储量汞金属量 105.5 吨。1960 年，湘西自治州地质局第二普查勘探队，对开采民窿区作过少量工作，资料残缺不全。1965 年，湖南四〇五队整理前人资料，编写了《湖南凤凰茶田井水湾汞矿床地质工作总结》，未进行正式复制。

茶田汞矿区生产勘探局限于牛豆坪、茶树喇两个矿床。自四〇五队提交了这两个矿床的勘探报告后，矿于 1965 年组织牛豆坪、茶树喇两工区进行生产勘探，其目的在于通过坑探，进一步查明矿体的分布规律，正确圈定矿体。根据矿体产状和开采技术条件，采用开拓与生产探矿相结合的方法，先在矿体底板按 40 米的线距掘进开拓平巷，沟通运输系统，再按 40×40 米网度在平巷中打天井，揭露矿体。经历七年生探，于 1973 年 7 月提交《湖南凤凰茶田茶树喇矿床牛豆坪矿床生产勘探储量报告》，经湖南省冶金工业局〔1973〕湘冶勘字第 008 号文批准：牛豆坪矿床工业矿石量 29.3 万吨，汞金属量 433 吨；远景矿石量 26.3 万吨，汞金属 417 吨。茶树喇矿床工业矿石 30.9 万吨，汞金属量 415 吨，远景矿石量 11.6 万吨，汞金属量 114 吨。1973 年以后，继续进行勘探，开拓和少量采矿，探获了一些新的矿块，升级了一些矿块储量，削减了部分矿块储量。到 1980 年年底，年报储量为：牛豆坪工业矿石量 20.3 万吨，汞金属量 315 吨，远景矿石量 16.9 万吨，汞金属量 276 吨。茶树喇矿床工业矿石量 27.8 万吨，汞金属量 326 吨，远景矿石量 94000 吨，汞金属量 112 吨。

1965—1980 年，牛豆坪矿段，掘进坑道总进尺 10948 米（其中开拓 3178 米，生探 6217 米，采准 1553 米）。生探获矿指标，C1+C2 级矿石量 65.9 吨 / 米，金属量 0.12 吨 / 米。茶树喇矿段，共掘进坑道 19032 米（其中开拓 1685 米，生探 14071 米，采准 3276 米），查明了Ⅰ、Ⅱ、Ⅲ号矿体，生产探矿获矿指标：C1+C2 级矿石量 30.9 吨 / 米，金属量 0.03 吨 / 米。

茶树喇矿段在勘探以前，就进行局部采矿。1954—1980 年底，共采出矿石量 16.4 万吨，产汞 97 吨，产朱砂 13.8 吨，消耗汞金属储量 146 吨。牛豆坪矿段自 1964 年正式成立工区以来，至 1980 年年底共采出矿石量 38000 吨，产汞 26.6 吨，产朱砂 9.4 吨，消耗金属储量 57.6 吨。

（六）湘东钨矿

1. 黑钨矿石英脉矿床的勘探

1954 年 9 月，湖南冶金二一四队对湘东钨矿邓阜仙矿区进行预查，10 月转入勘探，以坑探为主，钻探为辅的方式进行。探矿坑道系平窿（沿脉、穿脉）加天井组成。先由地表开穿脉，见脉后沿脉探矿。然后从沿脉平巷每隔 100 米，向左或右开探矿小穿脉。各主脉之间每隔 200 米以大穿脉贯通。地质勘探网度 100×50 米，用钻探控制矿体的深边部，中段间距为 50 米左右。

对邓阜仙矿区的勘探，湖南冶金二一四队曾三次上山，其间，以最好的矿化带南组脉为主，对南、北两组脉进行详细勘探，对中组脉进行附带勘探，共掘地探坑道 10197 米，生探坑道 6569 米。至 1958 年年末，工业储量达 121 万吨，远景储量 41.5 万吨，于 1958 年提交了《湖南邓阜仙钨矿地质勘探工作总结报告书》。

1962—1966 年，以钻探圈定南组脉十中段以下及东西延展的矿化情况，进行坑探沿脉揭露，共掘地探坑道 1943 米，生探坑道 12508 米，找出并探明了三号、一号脉带。1966 年，二一四队提交了《邓阜仙钨矿第二期地质勘探工作总结报告》。至 1966 年年底保有地质储量 194.4 万吨。

第一二期勘探效果良好，坑探每米可获矿石 128 吨，钻探每 10 米可获矿石 1633 吨，每吨矿石勘探成本 1.5 元，每吨金属勘探成本 132 元。1967 年以前，除当年消耗矿石量以外，平均每年新增工业储量 50000 吨。

1968—1975 年，勘探效果逆转，获矿指标大减，连年吃老本，地质储量直线下降。为改变这种被动局面，1975 年湘东钨矿自办小型勘探队，在矿区内部深部及外围进行勘探，开动一台立钻，一台水平钻，至 1980 年累计钻探进尺 13905 米，虽获矿不多，但基本摸清了矿区地质情况。

鉴于上述情况，1977 年湖南冶金二一四队再次上山，进行第三期勘探，其目的是对矿区东南部进行普查评价，对矿区内部地质情况进行综合分析。

1954—1980 年，累计探明工业储量 205.8 万吨，金属量：钨 27697 吨，铜 17242 吨，锡 4352 吨；累计消耗矿石量 162.5 万吨，金属量：钨 23047 吨，铜 15065 吨，锡 3595 吨；平均每年消耗矿石量 6 万吨，金属量：钨 854 吨，铜 550 吨，锡 133 吨。至 1980 年年末，仅保有工业储量 43.3 万吨，其中可利用的只有 35.8 万吨。

2. 花岗岩浸染型钽铌矿床的勘探

1973—1974 年，在湖南冶金地质研究所、南京大学地质系等单位的协助下，通过综合研究，发现金竹垅细粒白云母花岗岩中含有稀有金属钽、铌。1978 年 5 月，该矿进行正式勘探。该钽铌矿床属简单勘探类型，按有色及稀有金属矿床分类标准划分为第二勘探类型，其勘探手段应以钻探为主、坑探为辅。但考虑矿区地势陡峻，比高大，供水困难，且矿床又位于生产区内，结合钨矿生产布置坑探，可利用原有 7000 米坑道，故选择以坑探、水平钻为主，地表钻探为辅的勘探方法。勘探网度 100×35 米。经一年勘探，于 1979 年 10 月提交了《湘东钽铌矿区金竹垅矿段详细勘探地质报告》，该报告业经湖南储委批准，确认为大型钽铌矿床。此期勘探费用约 33 万元，平均每吨矿石量勘探成本 0.015 元，每吨金属量勘探成本 22 元（不包括矿体中利用原坑道 7000 米的费用）。

根据成矿规律分析，矿区北部的鸡冠石、墨庄、下严塘一带，还可能有新的钽铌矿床，有待今后勘探。

黑钨矿石英脉矿床主要有用金属矿物，以黑钨矿、白钨矿、锡矿、黄铜矿、辉铜矿、闪锌矿、方铅矿、辉钼矿为主，黄铁矿、黝锡矿、磷铁锰矿、毒砂次之。

花岗岩浸染型钽铌矿床主要有用矿物有富锰钽铌铁矿，富铪锆石，日光榴石，黄铜矿，黑钨矿。钽、铌、铜、钨有用组分可回收。伴生组分锂、铷、铍、铯稀土元素，尽可能综合利用。

3. 勘探资料与开采资料验证对比

1978 年 4 月至 1979 年 5 月，湖东钨矿和长沙有色冶金设计院、湖南冶金二一四队联合组成探采对比小组，对南组 3、5、4、东 6、7、8、9、10 号脉与北组 45、68 号脉进行地质勘探资料和开采资料验证对比。

经过一年的探采对比，该矿在勘探中有以下经验教训：

（1）关于勘探网度和手段。根据探采对比误差情况，基本可以说明该矿所确定的勘探网度和手段是合理的，即按确定的勘探网度与沿脉坑探控制的矿块，所圈定的 C1 级以上储量，除个别矿块因开采困难或老窿不清而引起超差外，绝大部分矿块的误差均在允许标准之内。凡不按确定的勘探网度与沿脉坑探控制的矿块，即用穿脉工程控制或用地表不完整的资料推断所圈定的 C1 级以上储量，绝大部分矿块都超过了允许误差标准。

（2）关于勘探程度。该矿经冶金二一四队 3 次上山勘探，做了大量的工程和研究工作。但由于条件限制及认识方面的问题，在对主要矿脉的勘探方面，存在工程控制不够，对矿山建设和生产带来一定的影响。3 号脉，由于地表呈细脉产出，研究不够，1954—1958 年，未做勘探工程，没有提交储量，直至五中段以上各脉的开采都基本结束，矿山考虑该脉情况仍然不清，1964 年在六中段八号线布置穿脉探矿，结果发现 3 号脉情况很好，1966 年才由下返上，重建工区，对上部进行坑探和开采。5 号脉、4 号脉也造成了反顺序探矿的被动局面。虽然增加了储量，但在探矿工作中造成了浪费。由于勘探不细，资源不明，建成 250 吨 / 日选厂后，发现 3 号、5 号、4 号等主要矿脉，储量成倍增加，又将选厂扩建为 600 吨 / 日，再扩建为 1000 吨 / 日。

（3）提交地质储量要考虑生产的利用条件。该矿地质储量绝大部分能为生产所利用，但有少量储量无法利用。中组脉提交 12 号、15 号两条脉的工业矿石量 1.4 万吨，钨金属量 120 吨。1522 矿块，钨平均品位为 0.803%，提交金属量 38.6 吨，将高品位处理后，钨平均品位只有 0.273%，实为表外储量。开采中组脉需要做大量工程，初步预算至少要亏损 40 万元，故不能利用。老山里组脉包括七条矿脉，一般按地表不完整的资料圈定，提交工业矿石量 5.1 万吨，据钻孔资料，绝大部分无价值，开采这些稀散而又不够可靠的储量，需要做大量工程，且施工相当困难，实际上不能利用。上级同意，这部分储量列入平衡表内，但不参加保有年限的计算。

（4）关于勘探中段高度。该矿七中段以上中段高度 50 米左右，一般是沿老窿开拓中段。开拓八至十中段时，仍沿用上部中段高度。因围岩多不稳固，采矿时往往回采 30 ~ 40 米高，上下盘围岩即大量片帮，难于继续上采，一是不安全，二是损失大，后在五至六、六至七、八至九、九至十中段之间，各增开一个腰中段，使中段高度降低到 25 米左右。从实际生产情况看，该矿的中段高度以 35 米左右为宜。由于勘探中段高度不合理，造成每 100 米高度内，多开了一个中段，相应地增加了采准、切割工程。

（5）生产地质和综合研究工作。该矿生产地质工作基本上满足了生产发展的需要，只是对部分必要的探矿工程缺乏研究，如中组脉开拓及南组西南部的探矿没有及时研究，统筹安排，予以解决。

（七）汝城钨矿

汝城钨矿于1954年建立五等三角网，面积30平方公里，三角点17个，绘制全矿1:1000坑道平、断面图，按上级规定建立交换图制度。至1961年，完成的地质测量基础资料有：1:1000坑道平、断面图（原图）、1:200坑道地质平面图（原图）、1:2000坑内外对照图、1:1000储量计算图、刻槽取样登记表、矿石测定登记表、井下测量成果表、地表三角点成果表。同时，全面开展生产探矿和综合研究工作，对过去遗留下来的民窿坑道进行广泛的调查和测量，为深部探矿提供依据。1955年以后，矿山采掘技术计划中的地质坑探和生产探巷由地质测量部门提出设计及全部图纸资料。在贯彻采掘技术计划的过程中，开展了损失贫化计算、监督验收、矿量计算等经常性业务，并建立制度，从此，生产地质测量工作有一套正常的工作秩序。

1960年，为扩大生产基地，对头天门和大围山等区面积2.5平方公里的范围内进行地表勘探，并提交了地质报告，为设计开拓泗水珑1180中段提供地质资料（后因资料不全，在审批采掘计划时未获批准，施工中止）。到1961年完成的地质工作量：地质坑探3003米，生产探巷12236米，坑道地质编录18900米，刻槽取样9128个，全分析2个，组合分析1800个，化验元素27300个。

1961年，冶金勘探公司二〇六勘探队来矿勘探，矿队结合，重点勘探大蒲、将军寨两个坑口，到1964年完成的主要工作量：坑道地质编录14500米，地质坑探6595米，生产探巷5122米，刻槽取样8100个，组合分析810个，化验元素26100个。

1964年对全矿地质测量基本原图按《煤炭系统矿山测量规范》要求统一图例，重新进行了绘制。由于冶金勘探公司二〇六队先后在大蒲、将军寨两坑口已探明的地质储量基本上可供矿山 15 年开采，因此生产地质测量工作主要是在充分利用已探明储量的基础上，加强开采过程中的管理，减少损失，降低贫化。同时加强对生产坑口开展深部和边部以及外围的勘探工作，为延长矿山寿命，保证矿山持续均衡地生产创造条件。1968 年对头天门区的含多金属花岗岩墙浸染型矿床进行可选性试验，1972 年对大山区的白钨石英方解石脉状矿床进行可选性试验。两次可选性试验，都是由地质测量部负责采样和加工，并将样品送湖南冶金研究所。通过试验，证明这两个类型的矿床可以作为这两个坑口的生产后备基地。1976—1977 年对大山区的白钨石英方解石脉在原有的基础上作了进一步的补勘工作，提出补勘工作报告。1977 年筹建小型勘探队，在大蒲区的深部、边部和将军寨坑口的西部以及这两个坑口之间的空白地带进行普查钻探找矿工作，完成钻孔 15 个，钻探进尺 3108 米，其中在大蒲井下七中段 9 线穿脉坑道中施工钻孔 2 个，于 1020 米标高遇脉幅 0.1 米以上矿脉 11 条，为 1978 年竖井延伸提供了依据。1979 年在将军寨区的西部发现 522 号矿脉，脉幅 0.4 ~ 0.5 米，平均品位 WO_3 1% 以上，已控制矿脉走向延伸 500 米，倾斜延伸到标高 770 米，为 1980 年将军寨坑口 810 中段的开坑设计提供了物质基础。

1965—1980 年完成的工作量：地质坑探 3424 米；生产探巷 58619 米；坑道编录 84153 米；取样 24204 个，其中刻槽取样 1942 个，数理取样 22262 个；组合分析 300 个；化验元素 7768 个。

（八）川口钨矿

1.1963 年年末通过生产探矿，在赤水工区发现了脉幅较大、品位较高、延伸较深的 19-2 脉及其邻近矿脉。该脉长 300 多米，平均幅宽达 1 米多，最宽部位达 2.96 米，平均品位 0.654%，最高单个品位 18.2%，采深 160 米左右。该脉从一中段到四中段全部揭露后，获工业储量 12.1199 万吨，金属量 793 吨。

2. 三角潭矿区虾子岭矿点矿床构造复杂，而品位甚高。1964 年该地开始机械凿岩时，在西部约 80 米处探获矿体，仍相应开采 380 中段（三中段）的探矿，获得品位甚高的工业矿体。

3.1972 年大皂工区已面临钻机无处安排，工作面无地布置的被动局面，川口钨矿果断在芋冲 35 脉附近的二中段部位开展探矿工程，探出一组矿脉，获矿石量 2.6424 万吨，金属量 255.2 吨。

4.1975 年在地质资料综合整理过程中，发现花岗岩在空间位置上的隆起对成矿有利。在冶金勘探公司二一四队钻孔指导下，对赤水脉组东部边缘地段开展探矿，并相继在芋冲 380 系统开展工作，通过掘进 3087 米坑道，获工业储量矿石量 16.3813 万吨，金属量 1016 吨。

5. 虾子岭矿点断层构造十分发育，1976 年根据该地有脉就有矿的特点，采用改装的 LD-100 型坑内水平钻机，配以人造金刚石钻头进行水平钻找矿，效果非常理想。累计钻进尺 55287.88 米，获 C1 级矿石量 38.34 万吨，金属量 2425 吨。1980 年末工业储量的保有量矿石量 52.91 万吨，金属量 5769 吨，为 1965 年批准建简易选厂时保有金属量的 8.66 倍。

6. 为寻找后备基地，1975 年冶金勘探公司二一四队再度来矿，在对老区的边、深部进行补勘的基础上，一致认为老区勘探程度甚高，资源已濒临枯竭，唯一办法只有跳出老区，在临近地段寻找发展。二一四队在进行了初步工作并分析研究后，于 1978 年 6 月在杨林坳试钻，第一孔见矿良好，第二钻刚及一半，见矿又好，川口矿根据这一个半钻孔的资料，进行地探设计，并得到冶金工业部和省冶金局大力支持，矿队配合，二一四队完成槽探 28000 立方米，竣工钻孔 49 个，总进尺 17392 米；川口矿完成坑探进尺 4853.5 米，使这个沉睡的大型黑、白钨共生矿床，终于被发现。虽然矿床赋存条件不同，采、选工艺各异，但找到了接替川口的后备基地。

（九）潘家冲铅锌矿

潘家冲铅锌矿于1969年12月成立小型勘探队，经过培训和设备材料的准备，于1970年7月正式在13号脉30线开始钻探，第一个钻孔就见到了矿，从而提高了自办勘探的信心。

1970—1980年，矿勘探队对主脉南北两端及深部和邻近1号、2号、13号、16号、17号脉进行了钻探，对栗山坝石灰岩盆地打了4个结构钻孔。石景冲、土王坪矿脉又有新的发现，预计有开采新工区的价值。自办勘探10年，共计钻探进尺30000余米，获得新的矿石量近200万吨，潘家冲矿获得了新的地质资源，得到了冶金工业部、省冶金局的表彰，并多次要该矿介绍自力更生办勘探的经验。1976年，冶金部直接下达50名招工指标，充实潘家冲矿勘探队的力量；1978年省冶金局给勘探队定额补贴。

矿勘探队在钻探的同时，进行了大量的地质普查工作。1970—1980年，查遍矿区40余平方公里的地表，取样上万个，槽探近20000立方米，坑探500多米，获得了大量有价值的地质资料，同时对矿区地形进行了详细测绘。

经过勘探，矿区地质情况如下：

1. 地层：矿区地层较为简单，均为元古代板溪系千枚岩板岩所组成，常夹有泥质砂石层，呈灰黑、深灰色，含多量绢云母，其产状倾向为300° ~ 330°，倾角20° ~ 40° 之间。

2. 构造：（1）折皱，矿区地层产状在李家湾所见走向北60° ~ 80° 西，倾向北东；封洞一带所见则为走向北40° ~ 60° 东，倾向北西，倾角20° ~ 40° 为一轴，近南北之倾覆背斜构造，矿区位于背斜轴部。（2）断裂，矿区断裂构造较为发育，主要为成矿前之断裂矿体即沿潘家冲至封洞之大破碎带充填交代而成。位于大背斜的北部与背斜轴成10° ~ 30°

交角，并切断穿背斜轴，破碎带的北东起，走向均呈 30° 。自李家湾经潘家冲再到银洞坡转折为 15° ，全长 3000 余米，伴随着该断裂带还有很多大小不一的破碎带，位于主断裂带之上下，从未出露地表，形成盲矿体，成矿区的断裂主要是沿脉断层。（3）节理，该矿区中较为发育的主要有二组：其一，走向近南北；其二，走向近东西。其次要的有三组：其一，走向北西；其二，走向北北西，倾角一般为 60° ~ 90° ，其三，走向北北东，其中北北东两组节理与成矿有关。

3. 矿床：该矿床成因类型属于中低温热液矿床，赋存于深大断裂带，成裂隙充填和交代矿脉。围岩蚀变：（1）矽化为矿区围岩蚀变最普遍发育的一种，多沿破碎带形成矽化角砾带，矽化强烈地段几乎全为石英所交代；在见铅锌矿体的顶板，绝大部分有一层强矽化板岩，层厚 10 ~ 20 米。（2）绿泥石化，则见在矿脉两侧的围岩中，可能为矽化强烈而致。（3）褪色化，出现在石英脉两侧及被胶结矽化角砾带中，由于矽化的作用而引起。

4. 矿体形态：该矿赋存在深大的破碎带中，围岩受到破碎系统的控制，矿体也常有分支、复合、尖灭现象；潘家冲矿区的矿体是由规模不等的透镜体所组成，其中为矽化破碎带连接；矿体是萤石、石英和矽化角砾等组成，该矿脉长度已控制在 3200 米，深部 450 米。

5. 矿石类型：（1）铅锌萤石型，铅锌萤石为主矿石。（2）铅锌矿石，铅锌为主，次为萤石的矿体。（3）萤石型矿石，以萤石为主，少量铅锌零星分布其间。

6. 矿石物质成分：矿体的矿石以石英、方铅矿、闪锌矿、萤石为主，次为少量方解石，又次有少量含镁、锰碳酸盐。有用矿物为方铅矿、闪锌矿、萤石，其次为黄铜矿，钨锰铁矿和黄铁矿，氧化物为白铅矿氯磷铅矿、矽锌矿，其他还伴生稀散元素银、镉等。

第二章 勘探技术

20世纪50年代，地质部所属湖南物探小分队先后在水口山、桃林、黄沙坪等铅锌矿区应用磁法、自然电场法作有效性实验，开展矿区及外围物探找矿。有色冶金系统主要开展重点矿区外围小比例尺大面积找矿物探测量。1958年夏，省地质局在原地质部南方物探大队和北方物探大队四〇八队的基础上组建湖南第一支专业物探队伍。同年8月，湖南冶金地质勘探公司成立湖南冶金地质物理探矿队。20世纪60年代以来，湖南冶金物探队在省境范围内开展铅、锌、汞、稀有、放射性元素及钨、锡等矿产的物理勘查，使用的方法有磁法、自然电场法、电测法、电测井、联合剖面、激光电位、充电法、放射性伽马测量等。

1978年以来，技术方法亦全面提高，尤其是电子技术的引进大幅度提高了物探成果质量，找矿效果显著，科学研究相应加强，冶金物探队改进的电法野外施工方法和异常解释方法在桃林铅锌矿普查勘探中发挥了重要作用。20世纪80—90年代，湖南冶金地质勘探公司所属各队使用磁法地面仪器、重力仪器、电法仪器开展测量测绘、物探化探等工作。

第一节 测量测绘

测量工作按其属性可分为大地测量、地形测量与工程测量。

地形测量：20世纪70年代前，勘查区地形测量普遍采用经纬仪视距配合小平板联合操作或大平板测图工艺。1972年开展陆地摄影大比例尺成图方法，测绘悬崖陡壁地区地形。1975

年开始引进航空测量成图新工艺，施测 1:10000 和 1:25000 地形图。之后，又配备瑞士产 B8S、东德产 Topocart–D2 型精密测图仪，使航测技术应用到更高精度的大比例尺测图。80 年代中期，测量队分别配备常规航测成图设备，大比例尺成图周期大为缩短，工效提高。

1953—1955 年，重工业部中南地质勘探公司调集从事测量工作的 30 多名技术人员组成测量组，又调入重工业部有色局测绘训练班师生 110 多人，组成一支 150 人的测绘队伍，为在赣、湘、粤、桂四省区境内所属地质队（当时有 30 个野外地质队）施行勘探工作的矿区进行必要的地形测量和工程测量。

1956—1958 年，湖南冶金地质勘探公司测量技术人员 120 余名，组建天文三角组和 3 个地形测量队。

20 世纪 70 年代，湖南冶金地质勘探公司测量技术力量增强，专业测绘人员及仪器设备均有所增加。在测量工作中，大力推广物理测距、航测法成图和电子计算机在测量中的应用，这是常规基线测量的一大改革，累计完成 1000 多个大地点测量和 14000 多平方公里不同比例尺（1:1000 ~ 1:10000）的工作矿区地形测量，测量精度和质量不断提高。

随着计算机技术、航天航空技术的发展，测量技术大为提高。1980 年冶金地勘测量队伍开始配备多种型号的程序型计算器和 PC–1500 微电脑，引进陆地资源卫星影像处理技术和航空测量成图新工艺。在测量工作中，逐步摆脱三角网平差计算的繁重劳动，用计算机绘制各种应用图件。

1978—2002 年，省有色地勘局附属各队共完成 1070 个大地点测量，14011 平方公里地形测量，测绘了地质报告中的各类图件数十万幅。

在仪器设备方面，手持式 GPS 定位仪具有轻巧、方便、快捷的特点，可减轻劳动强度，加快工作进度。普遍使用电子经纬仪、

GTS-2R 红外测距仪、大平板仪、ETS-3 水准仪、GTS-335 全站仪等多种现代化电子仪器。在工程勘察中配有工程检测仪、土建工程质量仪等设备。在室内绘图工作中，配备清华同方台式电脑及其他办公电脑，电脑基本已普及。利用日产夏普、惠普、罗兰 3700 等多种品牌和型号的绘图仪及 AUTOCAD、MAPGIS 作图软件，可完成大多数地质平面、剖面及综合图件的绘制。

工程测量，是地质矿产勘查中不可缺少的一项常规工作。湖南省有色地质勘查局工程测量工作贯穿于踏勘、普查、详查、勘探的全过程，包括钻探、坑探、槽探、井探工程及地质路线剖面测量等。1978—2002 年完成上百万个工程点的坐标测量。工程测量要求及时准确地测定工程的方位、距离、高程、倾斜、点位、坐标等内容，以满足工程设计与施工的需要。随着水文、工程与环境地质工作的发展，工程测量在沉降观测、变形监测等方面逐步加强。在社会市场中，承担了省内外水利水电、道路、桥梁、房屋建筑、国土规划等有关工程测量任务。1995 年，地勘局二四七队测绘队改制为测绘院，有职工 17 人，取得甲级测绘资质，以市场经济为导向，开展大地测量、工程测量、地籍测量、地形测量等业务项目，1995—2002 年完成产值 810 万元。测绘业成为该队的支柱产业之一，业务范围由省内扩展到粤、桂、川、浙等省区。

第二节　物探化探

有色金属物探涉及矿种多，投入工作量大，使用的方法全。1954—1980 年，冶金物探队采用磁法、自然电场法、直流电阻率法、充电法及井中测井。开展铅、锌、铜、锡、钨、汞、钼等物种的普查和详查。1978—2002 年，冶金地勘系统采用以磁法、激发极化法、自然电场法、地球化学土壤、岩石测量为主，辅以直流电阻率法、充电法、自然电位法、放射性测量、水系沉积物测量及化学等多种综合方法。取得明显找矿效果的有：多金属矿 28 处，如桂阳宝山、浏阳龙王牌、宜章界牌岭；铅锌矿 22 处，如醴陵潘家冲、临湘桃林外围、水口山、蓝山太平等；铜矿 13 处；钨矿 7 处，如浏阳蕉溪岭、汝城白云仙外围、临武香花岭东山、新化狮子山等；稀有金属矿 9 处，大都属伟晶岩型及花岗岩型。

地球化学勘查（统称化探）是系统地测量天然物质（岩石、土壤、水系沉积物、水、空气或生物）中某些元素的微迹含量，以发现与矿化或矿床有关的地球化学异常，达到找矿目的。中华人民共和国建立以来，地球化学勘查队伍的形成、发展以及工作的开展，是与地球物理勘查相辅相成的，地质系统和有色冶金系统从物探队伍组建的初期就有化探专业人员及相应设备。在早期阶段（1953—1957 年）主要是作为矿产勘查的辅助方法，开展地球化学土壤测量。20 世纪 60 年代初期，施行 1:50000 ~ 1:500000 水系沉积物测量和部分矿床（田）外围土壤测量。1979 年始，在全省范围内开展第二代区域化探扫面，为完成这项巨大的“地球化学工程”，研究成功 40 余种元素的测试方法，制备相应的二级标样，研制或购置相应的先进仪器设备。

省内固体矿产地球化学勘查始于 20 世纪 50 年代。初期工作重点是开展矿区或重要成矿区及其外围大比例尺小面积土壤或岩石测量，辅以水系沉积物测量，1956 年，在桂阳黄沙坪矿区开展土壤测量以后，有色冶金系统所属物探队专业人员相继在全省 70 多个县近千个矿点、矿区内开展各种化探的试验和勘查，发现有找矿意义的异常 566 处，新发现具有进一步工作价值的锑、金、钨、锡、铅、锌、银、重晶石等矿产地 8 处及一批有色、稀有、贵金属的找矿远景区。

1959 年，湖南地质局物探队首次在花垣、保靖、辰溪、新化、安江、芷江等地区开展 1:50000~1:200000 水系沉积物测量，面积 6800 平方公里。至 1978 年，寻找有色金属、稀有金属及特种非金属为目的而完成的 1:50000~1:200000 第一代水系沉积物测量面积达 70000 平方公里，占全省面积 31.1%。

试样中微迹元素含量的测定，是化探工作的主要组成部分。初期配置的专用分析仪器多为苏联 30 型光谱仪，1960 年之后配备野外用现场冷提取分析箱，X- 荧光分析仪、测汞仪。20 世纪 70 年代，化探专用分析仪器不断得到改善，逐步配置了 1 米、2 米光栅摄谱仪、原子吸收分光光度计、极谱仪、原子荧光分光光度计、X- 荧光光谱仪、式样采用Ⅰ、Ⅱ级标样控制，测试转向“全定量”。分析灵敏度较以往提高 n ~ nX102 个数量级，精密度和准确度得到提高。20 世纪 80 年代以来，采用地质部勘探技术研究所和天津探矿厂研制的 10 米轻型采样钻机。其后广泛采用 30 米、50 米取样钻，在浮土掩覆区采取基岩样。样品加工也从简陋的手工操作，到逐步采用无污染磨样加工机械。

对钨、锡、铅、锌、铜等元素分布规律与相应矿种成矿关系的初步分析，全省划分为 7 个构造地球化学成矿区，即（1）湘东南钨、锡多金属构造地球化学成矿区；（2）常宁—郴州铅锌多金属构造地球化学成矿区；（3）桃江—新化—城步和白马山—龙山锑金多金属构造地球化学成矿区；（4）黔阳—靖县金矿构造地球化学成矿区；（5）沅陵—安化金、锑、钨构造地球化学成矿区；（6）花垣—凤凰铅、锌、汞、银构造地球化学成矿区；（7）湘东北—湘东铜、金、银构造地球化学成矿区。省有色地勘局二〇六队、二四七队等地质队使用微机质子磁力仪、抗耦双频激电仪等开展地面高精度磁测和综合电剖面法，使用平面光栅摄谱仪进行光谱半定量分析，采用化学光谱法、撒抖光谱法、冷原子吸收法等开展定量分析。在临武县香花铺锡铅锌矿田、宜章县长城岭铅锌银矿田、江永县铜山岭铅锌矿田、锡矿山锑矿田、水口山铅锌矿田及其外围以及茶陵、攸县、醴陵等地矿区开展物化探工作。1995 年提交《锡矿山锑矿田二轮找矿物化探总结报告》。1995 年设立的湖南有色地质勘探院，获地球物理勘查、地球化学勘查甲级资质。

1984—2002 年，湖南省有色地勘局二四七队承担省内湘南、湘东北、湘中、湘西南成矿区带物化探勘查任务，圈定多元素综合异常近 1000 处，找矿靶区 200 余处。在湘南水口山、欧冲、洞尾、龙形寨、荷花坪、雷坪等地，在湘东北何家坝、官桥、戴公岭、雁林寺等地，在湘中罗家塘、游家等地均开展了对优选靶区的物化探详查工作并取得成果。

一 湘南区带物化探主要成果

1984—2002 年，二四七队开展物化探工作范围为北纬 26° 以南的省境内地区，面积 27000 平方公里。区内出露最老地层为震旦系，通过 1:200000 重磁立体填图，测得与元古界地层相近的高密度体（2.74 × 103 公斤 / 立方米），获得深部岩石同位素年龄值为 1840~1860 百万年，故认为湘南深部上地壳岩石属中元古代，下部尚有更老的基底。认为永兴—桂阳—江永一线属晚古生代活动大陆边缘断裂带，为幔坡—幔槽过渡带，对区内岩浆活动及大中型矿床定位起双重控制作用，对前泥盆系矿源层及古生代后沉积相的展布及变形亦有重要影响。在区内圈定综合异常 338 处，找矿靶区 56 处。划分 4 个成矿带：铜山岭—岩口铺 金—银—铜—锌（钨—锡）带；坪宝—欧冲铜—银—金—铅—锌（钨—锡）带；香花岭—柿竹园钨—锡—铅—锌—金—银带；汝城—桂东钨—锡—铅—锌—铜—金—银带。提出了区内红土型金矿，火山——热泉型银多金属矿，泥盆系碎屑岩——碳酸盐岩过渡层找矿的新思路。计算预测资源量：金 191.60 吨，银 13000 吨，铅和锌 1033.46 万吨，锡 208.35 万吨。

二 湘东北区带物化探工作成果

二四七队 1994 年开始在衡阳以北，京广铁路以东的省内地区开展物化探工作，面积 2 万平方公里。通过对区域遥感影像特征及重、磁地球物理场特征研究，厘定 24 条断裂及其方位与切割深度，表明构造与矿床（点）的空间关系。对区域地球化学研究，分析了以金为主的 13 个元素的地球化学场，指出了主要成矿元素的地球化学分区。综合地、物、化、遥特征分析，建立了以桃江—安仁、安仁—萍乡、平江—岳阳断裂为主的湘东地体构造体系，进一步对矿床研究，确定了地体边缘韧性剪切带型金矿的成矿模式。在区内划分 5 个矿带，10 个找矿远景区，9 个找矿靶区和 7 个大中型金铜矿床靶位。7 个矿床靶位是：大官冲金 30.95 吨；团山背金 44.22 吨；雁林寺金 31.20 吨；正冲金 18.79 吨；戴公岭金 22.56 吨；指泉岭金 15.2 吨；柳家冲金 17.14 吨，并具铜铅锌银找矿潜力。湘东北为金铜铅锌成矿区，预测资源量：金 452 吨，铜 87.74 万吨，铅锌 263.63 万吨。

三 湘中区带物化探工作主要成果

湘中区以世界著名的锡矿山锑矿田为核心，进行以锑铅锌多金属区带地球化学勘查。1985 年规划面积 11500 平方公里，后因工作重点转入湘南、湘东北后，至 1995 年实际完成化探扫面 3834.5 平方公里。圈定单元素异常 1943 个，综合异常 108 个，划分 15 个异常带，18 个找矿预测区。建立了区域地层、岩类的元素丰度值及元素组合，确定了锑元素高背景值层位。进行了大乘山背斜层控铅锌矿带找矿地球化学研究、湘中地球化学特征及锡矿山锑矿地球化学异常模式及湘中隐伏构造研究。

四　湘西南区带物化探工作成果

1997 年首选靖州地区开展化探扫面。翌年由省有色地勘局地勘院接替二四七队工作。获单元素异常 767 个，综合异常（以金为主元素占 70%)20 个，构成太平界—平茶、周界脚—李子坳、飞仙水库—新寨 3 个异常带，进一步划分出 8 个找矿靶区。认为该区以靖州——溆浦深断裂为界，其西部为雪峰山加里东变形带，其东部为陆壳增生体，是截然不同的两个地球化学分区。指明区内优势矿种是金，最佳成矿类型是构造蚀变岩型，次为石英脉型。发现锶元素常伴随金、锑、砷组合，构成异常外带，指示金矿化或隐伏金的存在。据硫、氧同位素测定，显示该区金矿床硫源、氧源均与岩浆活动有关。

第三节　探矿工程

探矿工程是钻探工程和坑探工程的统称。在地质勘查工作中，通过探矿工程揭示地质界线，了解地质构造，查明矿体产状，取样鉴定化验等，是了解地质情况和矿产评价的最直接、最重要的手段。

从空间角度讲，钻探和坑探是深部探矿工程，占用成本高。槽探和井探是浅部工程，或称轻型山地工程，占用成本较低。依时间顺序，在矿山建设以前为地质勘探，矿山开发以后为生产勘探。

中华人民共和国成立后，钻探队伍发展迅速。1952 年，地质部中南地质局在湖南组建茶陵队、水口山队，开动钻机 20 台。20 世纪 60 年代后期，天然金刚石钻头制作工艺达到实用水平，并开始进行人造金刚石的研制工作。20 世纪 70 年代，机械岩心钻探呈现出向小口径发展的趋势，从 1970 年开始，省冶金勘探公司开始组织人造金刚石的研制。此后，针状合金块钻进、天然金刚石和人造金刚石钻进在全省推广。

20世纪70年代，地质找矿进入“理论找矿”的新阶段。在瑶岗仙钨矿总结出“五层楼”成矿模式，在水口山、黄沙坪、宝山矿区总结出“倒转背斜加一刀断裂加接触带”成矿规律，配合物化探综合找矿，提取各种有用信息，探明禾青、康家湾、宝山西、财神庙、界牌岭等大型隐伏、半隐伏的铅、锌、金、银、铜、锡多金属矿床。此时的探矿工程多用于验证找矿及矿床评价勘探，预测及提交资源储量所需。

20世纪80年代以后，有地表矿化的点均已作过地质调查或普查，已探明的地下矿藏多已开发，大批老矿山已面临资源枯竭，找矿难度越来越大。地质工作经历由面到点、由点到面的多次反复，根据各种构造成矿及矿床成因理论开展区带地质物化探综合调查，划分金属成矿域或矿化集中区，进行区域资源总量预测。另一方面，加强深源地质研究——深源构造、热源、矿源。所谓深源，包括壳源和地幔源，对于探矿工程的使用更为谨慎，要求也更高。

湖南省有色地勘局1984—2002年的探矿工程，完成钻探47万米，坑探4万多米，浅井12.5万米，槽探约45万立方米，在比例和数量上倾向于普查和基础工作。详查和勘探都是在各队工作的矿区进行的延续性项目。勘探项目又多属补充勘探，而非系统性勘探。车江铜矿补充勘探Ⅰ、Ⅲ号矿体，为矿山开采提供依据，属生产勘探性质；龙王山金矿、康家湾8中段以上、8—11中段都是补充勘探；老鸦巢7—8中段金矿，以水平钻和坑道调查为主，也属生产勘探性质。

由于地勘费投入资金不足，湖南省有色地勘局努力扩大其他渠道的资金来源。塘官铺铅锌锡矿勘查为中外合作项目，吸收了韩国资金。二四六队在铃山金矿和古台山金矿勘探，吸收了合作单位申请的黄金勘探基金。20 世纪 80 年代，探矿工程的投入虽然减少，但探矿技术研究从未停止。二〇六队江永铜山岭矿田庵堂岭矿区钻孔纠斜研究、临武泡金山破碎层取芯研究、宜章李家塘矿区钻探纠斜研究和铜山岭矿止水研究均取得效果。二三八队 1984 年完成《钻孔坍塌综合治理研究》，获省地勘局乙等成果奖，1986—1988 年与中南工大合作完成《MPK冲洗液研究与应用》《S 形瞬凝水泥在钻孔中的应用》和 1990年独立完成的《S 形瞬凝水泥及速凝早强水泥干洗护孔堵漏的生产试验》获中国有色金属工业总公司“七五”科技成果二等奖。1988 年以前，台月效一直只有 200 ~ 300 米。二四六队针对锡矿山矿区地层复杂，软、硬、脆、碎俱全，常发生夹钻、烧钻、埋钻等事故，于 1989 年开展《提高硬岩钻进效率研究》，采用绳索取芯分反钻具，解决破碎层取芯难的问题；改进大水口钻头，解决软硬互层烧钻问题；科学配制泥浆，解决夹钻和漏水问题。1989 年，在童家院施工台月效 375 米，一级孔率由 1988年的 38% 提高到 75%。1990 年台月效达 443 米，1991 年为 518 米，1992 年为 683 米。一级孔率分别为 89.5%、96%、93.5%。

第四节　分析测试

根据湖南有色、稀有金属矿产的特点，分析测试使用最多的是容量法和比色法，如铜、铅、锌、锡等主要采用容量法。比色或光度分析法最早用于测定钨、钼、铋、锑等有色金属。

全省岩矿分析中的仪器分析经历了从无至有、从简单到复杂和从一般仪器至大型精密仪器基本齐全的发展过程。仪器分析成为岩矿化学成分的主要手段。

电化学分析：20 世纪 50 年代中期，省内地勘行业开始应用电化学分析测定矿石中铅、锌、铜、镉。20 世纪 60 年代，开展极谱催化波研究和应用，在岩矿分析上，较早应用此技术测定钴、镍、钨、钼、钒、砷、锑、铋、硒、碲、钍、铍、锂、锡、镓、铊、锗、铟等20余种元素。电化学分析使用的仪器主要为极谱仪，最初使用的为照相式捷克产V301型和LP-55型，后为自动记录的英国Tinley型极谱仪。再后普遍使用国产JP-1和JP-2型示波极谱仪。

原子吸收分光光度分析：20世纪70年代初期，已将SP-500型分光光度计改装为原子吸收分光光度计，用于分析锌、铜、铁、锰、钙、镁等元素。1975年后，使用日立508型和国产GGX-1型原子吸收分光光度计，测定的元素进一步增多。80年代以后，又引进带石墨炉和塞曼效应校正背景值的日立180-70型、美国PE460型等新型仪器，测定金、银、铋、钴、铅、铊、稀土金属等20余种元素，痕量元素分析绝对灵敏度也大为提高。一般原子吸收光谱分析在大多数地质队实验室得到推广。

光谱分析：20世纪50年代后期开始应用。由于发射光谱分析可以同时给出多元素信息，光谱分析成为第一代区域地质调查和地球化学勘查多元素定性和半定量分析的主要手段。20世纪60年代中期，使用自装的撒料摄谱自动装置，加快光谱半定量分析的速度，减轻操作人员的劳动强度。通过实验研究，锡、稀土元素等的定量分析方法也逐渐建立。20世纪80年代，随着1:200000、1:50000区域化探样品分析的开展，光谱分析成为重要的测试手段之一。1984年，省地质局区调队率先引进化学—光谱法测定痕量金的方法。

X光荧光光谱分析：20世纪60年代中期，开展X光荧光光谱分析，使用的仪器有荷兰菲利浦PW122等型号仪器。20世纪80年代初，对这类仪器进行改造，配以微型计算机，仪器性能提高，用于化探样中钡、锌、铜等10个元素的测定。20世纪80年代中期，引进美国ARL8680型多道X光荧光光谱仪。

除分析上述10个元素外，还可以同时测定镉、铝、磷、铅、钍、钛等20余种元素，成为化探样品测试的主要手段。

分析测试工作直接关系到地质报告中矿体边界的确定，不同品级矿块的圈定和最终的矿产储量计算，湖南省有色地勘局自20世纪60年代起，在下属各野外地质队配有专业技术人员，购置磨片机、切片机及各类型偏光显微镜，完成岩矿鉴定任务。配置相应的破碎机、球磨机、棒磨机及分析天平、示波极谱仪、分光光度计、光栅摄谱仪等试样加工和分析测试仪器设备，建成化验室，完成各工作矿区样品的基本分析项目。

湖南有色地质研究所化学分析室和岩矿研究室创建于1954年，承担各野外队全部样品的分析测试工作，在各队自有岩矿鉴定和化学分析条件下，仍然承接各队岩矿鉴定和多数样品的分析测试任务。

1984—1995年，有色地质研究所岩矿研究室有技术人员30多人，有各类进口及国产显微镜29台，费氏旋转台等其他光学仪器5台；有切片、加工、重砂选矿等设备26台；有X光粉晶分析、差热分析、激光分析、包体测量等仪器设备7台。先后完成炎陵县萤石矿及双峰县铃山金矿的可选性试验研究；完成铜山岭、禾青、宝山、黄沙坪、水口山、康家湾等大中型有色多金属矿床的物质成分研究；完成板溪锑矿、锡矿山锑矿及湘南地区多金属矿成矿温度及找矿方向研究；完成湘南多金属矿同位素特征研究及湖南主要钨、铜、铅、锌、金矿床的硫铅同位素特征研究；完成成因矿物学在铅、锌、锡矿床找矿中的应用研究；完成湖南省宝玉石及工艺矿物的产出特征，应用前景的调查研究。

岩矿研究室主要进行显微镜下的光、薄片鉴定。拥有各类显微镜30台及X光粉晶分析仪、差热分析仪、激光分析仪、气相摄谱仪等设备，20世纪70—80年代，建有爆裂法矿物包裹体测温、同位素年龄测定、包体成分分析及均化法测温等设备装置，以适应“理论找矿”对矿床成因、成矿温度、矿液流动 方向及找矿预测研究。

有色地质研究所化学分析室于1990年正式挂牌成立“湖南有色地质测试中心”，同年12月通过国家计量认证和行业认证，由省计量局颁发计量认证合格单位证书，由中国有色总公司地质局评审（行业）“二级实验室”认证合格单位资质证书，有效期均为5年。分别于1995年、2000年12月二次通过计量复审。

化学分析室（测试中心）完成的主要分析测试技术成果：铵盐溶样——无色散测定化探样品中的砷、锑；泡沫塑料吸附——石墨炉原子吸收测定化探样品中微量金；钾盐溶样——直流等离子体发射光谱测定硅酸盐岩石中各元素；直读光谱测定硅酸盐岩石中主要成分；气相色谱测定样品中结晶和二氧化碳；焙烧富集、分离硒、碲及样品中微量硒碲的连续测定；冷原子吸收分光光度法测定样品中痕量汞；催化极谱法测定化探样品中微量钨、钼；砷、碲、镓、铟、锗、铊、硼、铍的光谱定量分析；直读光谱测定化探样品11个元素；光谱水平电极撒样定量测量锡、铋、钨、铜、铅、锌、银、钴、铬元素；野外快速分析金试验；野外快速分析银试验。

测试中心承担各类地质样品测试，也面向社会市场提供测试服务。

1993年，测试中心完成野外快速分析金方法的试验，1994年该方法在有色地质系统得到推广。

测试中心拥有美国PE-460型、日立Z-8000型原子吸收分光光度计，美国SMI-ⅢA型DCP直读光谱仪，北京产2202E型双道原子荧光仪，其汞、砷检出灵敏度为0.01×10-6，北京产平面光栅摄谱仪，工作波段200～800纳米，上海产721型分光光度计，CS-13碳硫分析仪，F732-G型测汞仪，德国产

MD-100 测微光度计及电子天平等仪器设备 78 台（套）。1995 年以后，测试中心对外报出结果的合格率为 100%。

1996 年 6 月，测试中心与省商品检测公司签订进出口金属及矿产品检测合同。分析样品主要有硫酸锌、金属锰、工业硅、铬铁等，合金产品分析元素含锌、锰、铅、镉、铁、铝、钙、铬、锑、铋、硒、砷、汞、磷等。几年来赢得商检局信任，获省商检局授权挂牌为商检资格单位。

1997—1999 年，测试中心承担中外合作普林赛斯鑫湘矿产公司的地质样品分析，主要分析金、银含量，完成分析样品 1 万多件，经抽样送澳大利亚外检，证实合格率为 100%。

2001 年，测试中心与湖南海辰矿业公司签订检测合同，主要分析金、银、铜、铅、锌、砷、硫等元素。

1995—2002 年，测试中心累计完成直读光谱 11 元素 23000 件，光谱 5 元素分析 20058 件、砷、铅分析 12612 件、汞元素分析 5087 件、金分析 17450 件、银分析 27452 件、岩石全分析 54 件、多元素分析 6547 件。共报出分析数据 840 多万个。

第三章 主要矿种勘探

第一节 钨 矿

一 瑶岗仙钨矿

瑶岗仙钨矿位于湖南南部，属宜章县管辖。据《现代中国实业志》记载："我国钨矿发现甚晚，始于民国3年（1914），而最先发现钨矿之地点为湖南宜章、郴县、资兴三县交界之瑶岗仙。""该钨矿之发现，为我国钨业之起源，民国3年时，长沙高等工业学校学生，于瑶岗仙拾得钨一方，误以为方铅矿而送于华昌公司，该公司乃向省政府领得铅矿之矿照，后知之为钨，即行换取之。""唯当明朝时，该处土人，于此采砒石为肥料，泥堆之中，弃置精钨甚多。"

民国19年（1930）出版的王晓青、许原道、粟显球著的《湖南资兴瑶岗仙钨矿报告》记述："钨矿发现在我国仅十余年间事耳，民国3年，欧战爆发，各国置军备之故，锑价陡涨，于是矿商四处寻觅，冀得大利，至是有裕厚公司得土人之引导至此，遂以黑铅呈请立案，后在长沙化验始悉为钨一罕贵之矿质，乃以十文一斤之代价收买风化堆积沟中及由土人因采铅砒而弃山之钨砂，转运出口，获利极巨，是为湘省发现钨矿之蒿始。"

民国30年（1941）8月，陈章杰编著《湖南之钨》记述："民国3年，湖南华昌公司曾在湖南郴、汝、宜、资四县交界之瑶岗仙探采铅砒砂，砒内混杂一种矿物，质重色黑，初不知为何物，因炼砒发生障碍，唯想弃之不尽，及经公司主办人罗泽春见其比重甚高，携归长沙化验，始悉为稀有金属之钨，此吾湘发现钨矿之始源。”

瑶岗仙钨矿是中国首批发现的重要钨矿产地之一。钨矿发现后，华昌公司即派罗泽春开办裕阜公司，收购钨砂，转运经营。民国4年—民国5年（1915—1916）又先后兴办几家公司，民国6年—民国7年（1917—1918）开采极盛，每月产量达百吨以上，公司达数十家。几经兴衰，于民国36年（1947）10月12日成立瑶岗仙工程处。

1954年4月，省冶金地勘公司组成二〇六队到矿，开始系统的地质勘探工作，对黑钨生产区大岩门至蛤蟆石的黑钨石英脉矿床，以坑探为主要手段进行勘探。编著有1955年、1956年年度储量报告，两年探获钨（WO_3）储量26500吨，平均品位（WO_3）1.21%。1956—1963年暂时停止了对黑钨区的勘探工作，由矿山自探自采。

1954 年，黑钨矿区的勘探工作开始不久，二〇六队即着手和尚滩白钨矿区的勘探，以钻探为主要手段。1954 年 3 月至 1958 年 2 月，全面完成了矿区的勘探任务，开动钻机 13 ~ 19 台，最多的时候达 21 台。总投资 512.64 万元，投入钻探 41659 米，坑探 751 米，探明白钨（WO_3）储量 20.4446 万吨。

瑶岗仙钨矿在勘探过程中多次得到苏联专家的帮助。1954 年 11 月，1955 年 10 月、11 月，米涅耶夫 3 次到矿山考察并提出建议；1955 年 11 月，拉尔钦科到矿考察，并提出建议；1956 年 9 月，1957 年 8 月，贝波契金两次到矿山考察，提出了建议；1957 年 10 月，水文地质专家马斯洛夫对瑶岗仙水文地质工作提出了建议。

1964 年，二〇六队第二次上山，对黑钨矿区作补充评价勘探。1964—1966 年对荒山段进行勘探，著有报告。1964—1967

年对刘王殿区进行评价，著有报告，同时还对天鹅塘一炭厂进行了评价工作，著有报告。第二次上山，在黑钨区钻探2437米，1967年以后，矿区的地质勘探工作，由矿山自主进行。

黑钨矿区1954—1980年期间，共探明矿脉185条，其中152条计算了储量。投入坑探13.59万米（其中地质勘探坑道28600米），投资581.8万元，探明工业储量钨（WO_3）37300吨。

随着黑钨矿床数十年的开发利用，主要矿脉的保有储量日渐减少，出窿矿石品位逐渐降低，20世纪80年代初期，生产上开始出现资源不足的矛盾，故在1981年曾考虑逐步开发白钨矿区，且修复白钨矿区坑道，补采样品进行选矿试验，耗费资金四五十万元，选矿试验由湖南冶金研究所负责。后因为发现501号脉，黑钨区生产与资源的矛盾缓和，开发白钨之议又搁置起来。

20世纪80年代后期，矿山为开辟原生产区下部中段新的运输系统，开凿2号竖井，于工业广场的下面公路桥旁700米标高的位置，向北开掘一主平巷与2号竖井相通，在平巷掘进过程中，意外地发现了501号黑钨石英脉，厚度大，品位富，经很短的时间勘探，增加了7000吨（WO_3）工业储量。除501脉之外，在501脉邻近的位置，还发现了3条含黑钨矿的大脉和501脉旁含钨细脉带。这一发现为瑶岗仙黑钨石英脉矿床地质评价提供了新的认识，对瑶岗仙钨矿生产起了很大的作用。

二 白云仙钨矿

白云仙钨矿又名汝城钨矿，位于广东乐昌、仁化与湖南汝城三县交界部位，属汝城县管辖，距汝城约30公里。矿区面积110平方公里，包括大蒲、大山、将军寨、头天门、山塘、狮形、杉木洞等矿段。主要为黑钨石英脉矿，其次还有大山的石英方解石白钨脉矿和头天门花岗岩浸染型钨矿，区内钨矿化极为普遍，并伴生有多种有色金属。

民国5年（1916）夏，乐昌九峰人罗德有登白云仙，路过马迹岭，发现乌黑发亮石块，送往广州化验得知为钨。同年秋，罗德有与粤商郭聪天首先在乐昌杉木洞开设大中华公司，陆续到山开采的有20多家，至民国7年（1918）平均年产达1180吨。民国19年（1930），国际市场钨砂畅销，湖南省政府设汝城钨矿局。民国23年（1934），湖南地质调查所廖友仁、刘祖彝到山作地质调查，著有《汝城白云仙附近钨矿的调查报告》。1950年，中南地质局袁在枢、靳凤桐二人曾两次来矿对黑钨石英脉状矿床进行工作，并编有万分之一地质图和文字报告各一份。1951年2月，建立汝城钨锡矿管理处，1953年改为汝城钨矿。

1957年湖南冶金地勘局二〇六队组成白云仙分队，正式开展白云仙矿区地质勘探工作，首先工作的地段为大山，对象为含白钨的石英方解石脉和黑钨石英脉。1958年年底为配合大炼钢铁，加强大坪铁矿的勘探和铁矿普查，该区的工作中断。1961年二〇六队再次上山，继续对该区各矿段进行系统的评勘工作，勘探的矿段有大蒲、将军寨、头天门，救活了已经因无矿可采而停产的将军寨坑口。其余矿段如大岭背、车轮坑、黄竹坑、大小围山、两水夹一尖、清江、东茫江、砖头坳、五指峰等处都一一作了不同程度的评价。工作持续到1966年年末，基本查明了各矿段地质构造特征与储量分布，证实白云仙为一大型钨矿。二〇六队总投资641.54万元，投入钻探48799米，坑探9162米，评勘矿床（点）10个，提交各类地质报告14份，获得钨（WO_3）储量36999吨。

三　邓阜仙钨矿

邓阜仙钨矿，又名湘东钨矿，地处赣湘边境，属茶陵县管辖。

民国8年（1919）秋，茶陵县商人陈锡麟到邓阜仙一带，商请仁源谢氏宗族在瓦子坪建造清源寺，破土奠基时，发现色黑质重、乌光夺目的石块，疑为乌金，辗转送省化验，方知为钨。事闻长沙，士绅粟戡时于是年冬赴山勘察，认为有开采价值。民国9年（1920）8月，粟戡时组织仁记公司，经湖南省政务厅批准，在瓦子坪、清凉山设权正式开采。

1947—1952年，先后有王文彬、袁在枢、靳凤桐等对该矿做过概略的调查。1954年9月，湖南冶金地勘局二一四队到矿工作，以南组脉为主进行勘探，提交了第一期勘探报告，探获钨（WO_3）储量1.96万吨。1962年6月到1966年12月，二一四队重新上山，主要任务是勘探南组脉深部和对北组脉试探，北组脉工作效果不佳，所得储量主要在南组脉深部，提交了第二期地质报告，探获钨（WO_3）储量0.83万吨。1978年，矿山储量不足，生产被动，二一四队第三次上邓阜仙，目的在于保矿山生产，探求新的储量，以延长矿山寿命。先后对矿区内的东山、鸡冠石、墨庄等矿段开展了评价，同时对全矿展开了研究、预测工作，结果都不理想，难以达到目的。三次上山，共投资512.55万元，投入钻探21628米，坑探15644米。

1973—1974年，由湖南冶金地质研究所与南京大学地质系合作，发现矿区细粒白云母花岗岩含铌、钽。1978年由矿山自行勘探，经一年多时间，完成了金竹垅铌、钽矿床的勘探，获得了铌、钽储量4885吨，铌、钽储量报告得到省矿产储量委员会批准。

1980年，矿区主要地段南组脉开拓到13中段后，矿脉规模变小，品位降低，产量逐年减少。截至1983年年底，全矿区累计探明储量钨（WO_3）34563吨、保有钨（WO_3）4253吨、锡661吨、铜877吨、五氧化二钽2587吨、五氧化二铌2298吨。按钨的储量计算，生产只能维持3~4年，资源接替不上，矛盾非常突出。省冶金局自1983年起采取措施，裁减员工，全矿职工从2800多人减少到2200余人，缩小其生产规模，年限产钨精矿500吨，如此可稍延长生产年限，但根本问题仍未解决，是省内资源危机矿山。铌、钽矿因品位不高，销路不畅，尚未开发利用。

四　川口钨矿

川口钨矿位于湖南衡南县花桥，西距衡阳55公里。矿田范围包括川口、三角潭、塘江源、砂子坡、高日塘、柳树塘，蕉园、荒垅、坳上屋、黄泥垅、豹泉、杨林坳12个钨矿床，主要生产区为川口和三角潭，其他矿点于20世纪50年代曾进行过生产，条件具备时可继续予以开发，杨林坳区作为后备基地予以勘探。

川口钨矿发现于民国30年（1941）2月。衡阳县颜松谷在其宅外菜园围墙上拾得一块白色含有闪光黑色条纹的石头，发现其中黑色金属物很多，颜松谷的父亲颜天亚是学矿业出身，他认定是钨矿，送长沙化验，结果证明确是钨矿石，含量达72%。颜松谷当时在湖南省建设厅任科员，民国37年（1948）失业在家，曾到屋后山去找矿，经过80多天，找得钨矿700多公斤，乃下决心筹集资金，申请包采权。同年6月15日成立锡祥钨矿公司，对大焯、小焯、芋冲等区进行包采，先在大焯开第一个窿口，开采14个月，工人多达500人，月产6~12吨，获利甚厚。同年12月，杨铸人、李志刚也上山找矿，先后在塘江源、福王祠、砂子坡等地找到了钨矿脉，立即申请包采。之后，地方豪绅见有利可图，闻风而至，争相成立采矿公司达14家之多。到1949年10月，整个矿区产钨砂140余吨，工人多达1100人。

川口钨矿在20世纪40年代没有进行过任何地质勘探工作，资源不清。自湖南省人民政府接管之后，矿山依靠自身力量开始勘探工作，1950年完成坑探1242米，1951—1955年期间，探矿工作做得不多。1956 年又着重抓生产探矿工作，但不系统，资源不清的局面仍未改变。

1958 年 1 月，湖南冶金地勘局二一四队对三角潭区的黑钨矿床进行评价工作，5 月又在川口本区对赤水 9 号、2 号两条主脉进行评勘工作，于 1959 年 6 月提交三角潭矿区的中间报告。同年 12 月提交川口矿区的评价报告。1963 年 3 月，二一四队重组力量上山，工作对象为川口本区，目的为核实矿区储量，1963 年 12 月提交了报告。川口黑钨矿包括川口和三角潭两矿区，勘探共投资 215.33 万元，投入钻探 29451 米，坑探 2985 米。至 1983 年，累计探明钨（WO_3）储量 17806 吨（其中矿山探获 6906 吨），保有储量 9418 吨，保有储量主要分布在三角潭矿区，川口本区很少。1980 年川口本区只保有钨（WO_3）1099 吨，以后几年只有消耗，没有增长。

20 世纪 70 年代，川口本区资源不足的矛盾已十分尖锐。1977 年 3 月，二一四队再次到山工作，对川口区进行补勘的同时，积极向近围找寻新的矿源。1978 年 6 月，在紧邻老生产区的西侧发现了杨林坳钨矿。经过 5 年时间的评勘工作，证实属石英细脉网脉型，黑、白钨共生，以白钨为主的钨矿床，矿石品位（WO_3）0.4% ~ 0.5%。共投资 452.19 万元，投入钻探 36552 米，坑探 40 米，初获钨（WO_3）储量 16 万余吨。水文地质条件简单，开采条件优越。杨林坳钨矿的发现，解除了矿山资源危机的问题。在杨林坳钨矿的评价和勘探过程中，矿山与二一四队工作密切配合，当第一个钻孔见矿之后，第二个钻孔见矿还没有竣工，矿山立即向杨林坳开掘坑探，当地面钻探才完成 49 个钻孔，进尺 17392 米的时候，在杨林坳的坑探已掘进了 4859 米，对准确评定矿床工业价值，加快评勘速度，起了重要的作用，全部坑探费用均由矿方负责承担。矿山与勘探队配合如此紧密，这是加强生产矿山勘探和建设的一条重要经验。

第二节　锡　矿

香花岭锡矿位于临武城北30公里，属临武县管辖。矿区发现于明代万历年间（1581–1598年），据《同治桂阳直隶州志》记载："前人生产以铅锌为主，次为砒锡，及次为锡钨。"解放前为资本家窃据，各依窿道建立小型采、选、炼生产系统，生产力甚低，但颇具声誉，最盛时有几十家公司同时开采，矿工超过万人。1951年，湖南省工业厅将私办窿口收为国有，属地方国营，以生产锡砒为主。

民国18年（1929）5月，郭绍仪、刘基磐到山作地质调查，为该矿地质工作最早的一次。民国20年（1931）8月，王晓青、田奇携、粟显球三人到矿调查。民国24年（1935）8月，孟宪民、张更二人奉国民政府资源委员会之命及江华矿务局的委托到矿调查，写有《湖南临武香花岭锡矿地质》，同年王晓青、靳凤桐再度到矿工作。民国32年（1943）10月，王晓青、李铭德到矿山再作地质调查。1954年，北京矿业学院教授高文泰到矿山作矿物研究。1955年6—8月，中南地质局香花岭普查队以南京大学教授张祖还率领的实习队为主，对矿区进行了180平方公里的1:10000的区域普查，并对香花岭、香花铺、茶山、甘溪坪等重点地段进行了调查，发现香花岭的矽卡岩含铍较高，同年10月至1956年年初，中南地质局四七五队洪思敬、余成甫等到矿进行地质矿产踏勘工作，主要目的是了解含铍矽卡岩。1956年6—8月，地质部矿产研究所杜绍华等对含铍矽卡岩作了进一步研究。

1957年5月，湖南冶金地勘局普测队孙希贤、吴光全到香花岭、香花铺开展预查工作，确认该区为一勘探基地，由茶陵勘探队到矿区进行工作，该队后改制成香花岭勘探队，1958年又改为二三八队。同年夏，地质部矿产研究所所长孟宪民率该所岩矿室人员到香花岭，作进一步研究，最后确定了该区含铍条纹岩的岩石定名。主要含铍矿物为金绿宝石和塔菲石，并于1958年发表中国首次发现的新矿物——香花石。尔后中南地质局湘南地质队在香花岭区域内开展了地表评价工作，并在香花岭、香花铺、铁砂坪、热水坳4个区段，对条纹岩进行了系统的取样分析，根据分析结果，氧化铍含量一般均在0.1%以上，圈定了含铍条纹岩的范围。1958年后，曾有苏联地质专家弗拉索夫、金兹堡、别乌斯、伊万诺夫、莫宁以及中国地质专家孟宪民、司幼东、郭宗山、徐克勤、涂光炽等，先后到矿作地质调查研究。

1958年，二三八队陆续在香花岭、香花铺等区开展工作，在普测队第四预查队的工作基础上，发现1号断层中似层状锡石硫化物矿体，随即投入勘探工作，对矿区17.34平方公里进行1:2000详细地质测量，除详细圈定了似层状锡石硫化物矿体外，还发现并圈定了岩体接触带的含铍条纹岩、白钨矿和断层带控制的铅锌矿体、磁铁矿体。1959年基本完成锡石硫化物矿体的勘探。同年还作了含锡磁铁矿条纹矽卡岩及硫化物交代岩的勘探和癞子岭岩体中的含锡云英岩、含铍条纹岩、岩体内绿柱石矿等的评价工作。1960年又勘探Ⅱ、Ⅲ号铅锌矿体，并提交了中间性勘探报告。伊万诺夫、莫宁等苏联地质专家1960年到香花岭考察，提出使用水平钻勘探管状矿体的建议，从1960年10月到1962年，使用水平钻共探得230个管状矿体，于1963年10月提交了管状矿体储量计算说明书，对矿山生产起了极为有益的指导作用。1965年6月提交《香花岭矿田似层状锡石硫化物矿床地质勘探总结报告》，全面总结了1957年上山以来的工作成果。

1962年5月，二三八队大队部从香花岭迁至桂阳，香花岭的野外地质工作停止。1966年年初，为扩大矿区铅锌矿远景，二三八队重派分队上山，着重研究地层和构造及其与控矿的关系问题，收到了较好的效果，发现了1号断层东部的锡铅锌矿体，1967年8月提交了《香花岭铅锌矿床中间性储量报告》。1968年继续勘探新风铅锌矿，同年5月坑道突水（中部暗河），最大流量达到一小时万余吨，暴露了水文地质问题的严重性，矿床勘探被迫暂时停止，转入了水文地质勘探，1973年提交了水文地质勘探报告。1972年，在初步探明暗河的情况下，8月开展了4号断层以南浅部的铁、铅、锌矿体的评价。1973年开展了1号断层深部铅、锌、锡矿体补勘工作。1974年借试验金刚石钻头，对癞子岭花岗岩体深部接触带的产状形态进行了探索。1975年12月，提交了《香花岭新风矿段地质勘探报告》，实际上也是1966年第二次上山以来评勘工作总结，重点是计算了1号、3号、0号3个断层中已控制的矿体中的锡、铅、锌储量。

1968年，二三八队稀有金属找矿组发现尖峰岭、癞子岭的细晶岩含铌钽较高，进而发现了尖峰岭"430"钽铌矿床，经详细勘探，于1974年6月提交了《湖南临武香花铺区尖峰岭铌钽矿床地质勘探总结报告》。1975年5月又开展了细晶岩脉型铌钽矿床的深部评价工作，于1976年2月提交了地质评价报告。1981年黄蕴慧、杜绍华两人到香花岭，对含铌钽细晶岩脉体进行了研究，并定名为香花岭岩（见1981年9月11日地质报）。

1978年8月19日，在新风矿段发现暗河后，省冶金局于1979年5月在香花岭召开了水文地质工作会议，专题讨论矿区地下水防治问题，成立了矿队结合的防治水领导小组，二三八队负责的物探、钻探工程在1981年已结束，矿山负责的坑探和水平钻工程尚在进行中，1988年年底结束防治水工程。

1977年，当地农民刘希高发现牛角坑的白钨矿，白钨矿产在泥盆系天子岭下段竹叶状灰岩内的深色萤石交代岩中，后来在新风矿区坑内局部地段也发现有类似的白钨矿化，1981 年年底提交了牛角坑白钨矿的评价设计，由于施工力量不足，钨矿销路不畅等原因，没有进行评价工作。

1 号断层西延的砂岩地段即塘官铺地段，经香花岭锡矿开掘的沿脉坑道和临武民窿采矿揭露的情况，证实局部有很富的锡、铅、锌矿体，1983 年编制了评价设计，对深部进行探索。

香花岭矿区历年共投资 698.17 万元，投入钻探 14.32 万米，水平钻 25500 米，坑探 3871 米。

截至 1983 年年末，全矿累计探明储量：太平、新风两个区段，锡 33600 吨，保有 24600 吨；铁砂坪、炮金山、太平、新风、香花铺、茶山等区段，铅 13.27 万吨，保有 10.76 万吨；锌 15.53 万吨，保有 12.11 万吨；东山、深坑里两区段，白钨（WO_3）27100 吨，保有 17000 吨。

第三节 锑 矿

一 锡矿山锑矿

锡矿山的地质调查工作最早是民国 4 年（1915），美国地质学家丁格兰等应北洋政府农商部的邀请，对锡矿山作了一般性地质调查，著有《湖南新化县锡矿山锑矿调查记》，并附有《湖南新化县锡矿山锑矿图》，为锡矿山最早的一张地质图。丁氏估计矿石品位至少为 6%，推算锡矿山锑储量为 150 万吨。认为七里江、江冲等区储量有限，没有计算。

步丁氏之后到锡矿山作地质调查的有钟巍，著有《新化锡矿山之调查》，民国 6 年（1917）发表在《矿业杂志》一卷二期。

民国 18 年（1929），湖南地质调查所地质学家田奇携、王晓青、郭绍仪作过调查，合编有报告。田奇携当时计算锡矿山、七里江、江冲、毛家氹四个区的锑储量为 213.84 万吨。已采的约占 1/5，留下的大约 4/5。

民国 20 年（1931），实业部地质调查所蒋国钧到山进行调查，对锡矿山锑储量估计为 150 万吨，已采去 40 万吨，尚留有 110 万吨。

民国 23 年（1934），实业部地质调查所王曰伦、张兆瑾到山进行地质调查，并编有报告，计算全山锑储量 223.5 万吨，除去已采的 50 万吨外，尚余存 173 万吨。

民国 26 年（1937），湖南地质调查所王晓青、许原道、刘国昌等到山进行调查，合著有《湖南锑矿志》。其中《新化锡矿山锑矿》为王晓青所著,他在报告中详细论述了锡矿山的地层、构造及矿床，并评价和介绍了前人所计算的储量情况。他将矿山分为 6 个区段重算了储量，结果为 131.66 万吨，除去已开采的 35 万吨，尚余 97 万吨。他认为西部大断层为矿床生成之后的构造，其西侧应有含锑石英岩存在，深度 500 米左右。

民国 35 年（1946）9 月，国民政府资源委员会锑业管理处刘基磐（地质专家）同美国冶炼专家鲍曼、选矿专家赫克德到锡矿山考察。

民国 36 年（1947）3 月，国民政府资源委员会矿产勘测处与第二区特种矿产管理处签订《勘探锑矿合约》，同时，矿产勘测处派王植、杨庆如到山进行地质调查，当年王植、杨庆如测制了 1:15000 的《湖南新化锡矿山锑矿地质图》，第二年王植、杨庆如又和周泰昕、蓝保瑾等共同测制了 1:5000 的《湖南新化锡矿山锑矿地质图》。王植、杨庆如合著有《湖南新化锡矿山锑矿纪要》，王植在实地调查中提出，锡矿山锑矿主要含矿层为矽化灰岩而不是石英砂岩，并定名为“七里江系”，矿床成因属低温热液矿床。

民国 37 年（1948）10 月，刘国昌通过实地考察并综合前人意见，发表了《锡矿山锑矿地质及钻探意见》一文。同年1—2月清华大学教授孟宪民和助手任泽雨在山作了12天考察。4月28日，资源委员会矿产勘测处谢家荣和武汉大学工学院曹胜之院长（冶金专家）、美国钻探师戴维斯等到山研究地质勘探事宜，谢在同年写了一篇《锡矿山的秘密》，并预测鸡叫岩可能有锑存在。同年8月，矿产勘测处接受了第二区特种矿产管理处的委托，按约从美国进口两台金刚石钻机（300米型），同时请美国钻探师戴维斯到山指导钻探，12月上山，12月11日第一孔（欧家冲以东的坝塘山）开钻，第二孔于12月28日开钻，到民国38年（1949）春两孔完工，第一孔未见矿化，第二孔见到矽化和微弱的矿化。同年年底第三孔开钻，后因故停止。人民政府接管矿山之后，利用上述两台钻机，自行组成钻探队继续进行钻探，1950—1953年共完成19个钻孔，3297米。1953年后，地质人员及钻探设备外调，支援国家的建设重点，矿区钻探停止。1954—1956年，矿山设有地质测量科，拥有地质人员17人，系统地开展了生产勘探和储量管理工作。

1955年10月，省冶金地勘公司派出地质、行政人员11名，组成锡矿山工作组，到山进行勘查，编制勘探计划。1956年3月，冶金地勘公司组成二三四队上山，开始对矿区作系统的地质勘探。1959年12月，提交《锡矿山锑矿地质勘探中间报告》，主要勘探南矿区，其次对物华、童家院两矿段进行了评价工作，1960年6月提交了童家院矿床的评价报告。探获锑储量43.83万吨，经上级审查实际批准36.8万吨。为适应钢铁工业发展的需要，二三四队转向铁矿普查与勘探，除留一部分人员在矿区七里江地段进行铁矿勘探外，大部分力量都向外转移，大队部在1960年迁移到邵阳田家栗山，锡矿山组成一个分队，锡矿山锑矿的找矿与勘探暂告停顿。1962年10月，为确保锡矿山生产，二三四队又迁返锡矿山，恢复锑矿勘探，首先在童家院进行勘探，同时对南区飞水岩矿段开展深部勘探。

1966 年 5 月，二三四队奉命调离锡矿山后，省冶金地勘公司为了保证锡矿山勘探工作连续进行，紧接着成立了一所半工半读技工学校和一个勘探队，以校办队，1967 年正式改制为二四六队，接替二三四队未完成的工作，接收二三四队的全部地质资料。1969 年提交了《湖南新化锡矿山锑矿田童家院矿床地质勘探总结报告》，获得锑储量 18.09 万吨。从 20 世纪 70 年代开始，二四六队全力以赴在锡矿山矿田内，以锑为目标进行了深入找矿和勘探，70 年代后期加强了对矿田地质的综合研究，先后提出了《锡矿山地层系统的订正》《锡矿山锑矿田矿床构造及西部大断层带状矿体的新认识》《锡矿山构造特征》《锡矿山锑矿田矿床地质特征》《锡矿山锑矿田成因探讨》等 17 篇有关矿床、构造、地层、岩相、矿物及矿床成因等方面的论文。

1980 年 1 月到 1983 年 5 月，湖南省地质局地质科学研究所锑矿专题研究组对锡矿山锑矿田进行了详细研究，著有《湖南省锡矿山锑矿田地质特征及成矿规律研究报告》。

1983 年 5 月，湖南冶金地质研究所为配合二四六队在矿田内部深入进行找矿，开展了以《湖南锡矿山锑矿田含矿系的沉积相、含矿性及其原岩恢复》为题的专题研究。

截至 1983 年，冶金二三四、二四六两队在锡矿山共投资 1313.14 万元，共施工 479 个钻孔，投入钻探 11.42 万米，坑探 11200 米。

从 1950 年开始，锡矿山矿务局自身也进行了大量的地质探矿和生产探矿工作，到 1983 年年底，用于生产探矿的坑探累计 11.21 万米，钻探 37400 米（主要为坑内水平钻）。

经过两个勘探队和矿山自身的勘探，截至 1983 年年底，全山累计探明锑储量 91.27 万吨（其中矿山探获 90400 吨），保有 35.11 万吨。

二 板溪锑矿

板溪锑矿位于湖南桃江县松溪村，为湖南省重要锑矿产地之一，早在20世纪20年代就已驰名全国。据田奇㻪、刘基磐民国17年（1928）调查记载，矿床于清光绪二十二年（1896）当地农民发现，经日商三井洋行鉴别始认为锑。民国17—27年（1928—1938），湖南地质调查所田奇㻪、刘基磐、熊永先、程裕淇、王晓青、许原道、刘国昌等先后进行过地质调查。

1972年，湖南省地质局区测队在进行1:200000填图时作过概略的调查。1975年，冶金二三七队开始系统进行评价工作，先后进行了地质填图、地表揭露、老窿调查和深部坑、钻探稀疏控制，1979年结束评价工作，完成主要工程量：1:5000地质图7.5平方公里，钻探19100米，坑探1335米，投资199.9万元，获得锑储量43000吨。1980年3月著有《湖南省桃江县板溪锑矿地质评价报告》。到1983年年底，保有锑储量35200吨。该矿明显的特点是品位高，含锑高达20%。

三 渣滓溪锑矿

渣滓溪锑矿位于湖南安化县云台区奎溪坪，北距安化县城65公里。据传说矿区发现较早，但无法考证。据文字记载，该矿自清光绪三十二年（1906）正式开采，先后有华昌锑业公司和阜康矿产公司经营。民国36年（1947）10月王晓青、许原道、靳凤桐等到山调查，估算储量锑14136吨、钨（WO_3）50吨。著有《湖南安化县渣滓溪、江溪冲、石板冲锑矿简报》和《湖南安化渣滓溪锑、钨矿报告》，这时矿床中伴生的白钨已发现。民国36年（1947）夏和民国37年（1948）春，黄汉烈两次到山作调查，著有《湖南安化渣滓溪锑矿》，为解放前矿区地质调查内容比较详细的一份报告。

1958年湖南省地质局雪峰山地质队普查组在矿区工作5个月，主要工作对象是白钨矿脉，并写有评价意见。1959年北京大学地质地理系实习小组在矿区内做过踏勘，写有调查报告。

1975年5—10月，省冶金地勘公司二三七队刘振辉、孙蓬运等人到矿区普查，对矿区的地层、构造、矿脉分布和矿化情况进行了调查，完成了1:10000地质测量5平方公里，1:2000地质测量1.5平方公里，认为该矿属中低温热液脉状锑矿，矿脉多，品位高，杂质少，可望发展为中型锑矿，估算锑储量50000吨，白钨矿规模小，可作副产。

1977年8月，省冶金地勘公司二四五队组织力量上山，全面展开评价工作，主要对象为锑矿，兼顾白钨。到1983年年底评价工作结束，完成钻探23924米（52个钻孔），坑探885米，1:2000地质图3平方公里。投资419.21万元，获得锑储量11.62万吨，已经批准，但尚未列入1983年平衡表。白钨储量因工作不系统，没有计算。

四 湘西金锑钨矿

湘西金锑钨矿包括沃溪、鱼儿山、西安等矿区。

沃溪原属沅陵，1962年划归桃源县管辖。清光绪初年，当地农民耕种山土时发现黄金。据1987年出版的《矿志》记载，清光绪二十四年（1898），有万益公司在老湾、田香湾开采锑矿，相继有元丰公司、湖南省矿务总公司西路矿局开采锑矿，绍兴、均富、均安、惠同、富华等公司在红岩溪、鱼儿山采锑。民国7年（1918）双利公司成立，初期在老湾采锑，后拓展到土地坳、鱼儿山、红岩溪。民国20年（1931）锑价低落而停采。抗日战争爆发后，锑外运困难，转以生产黄金为主。

民国35年（1946）桃源东安发现白钨矿。同年10月，由双利公司包采，后与有利公司合采。1950年，由有色金属管理局湖南分局收归国营，改为沅陵工程处，1952 年改为沅湘管理处。1953 年 1 月，桃湘管理处与沅湘管理处合并成立湘西钨矿。

1954 年 5—7 月，中南地质勘探公司普查队在沃溪、西安、东安、桃安共进行了两个半月的工作，著有《湘西钨矿地质勘探报告》。1957 年，冶金地勘公司又派普查队对沃溪至唐家园进行 1:50000 地质测量 400 平方公里，将矿区划分为沃溪、西安、黄金坪 3 个矿带。

1953—1957 年，湘西钨矿自行组建了一支小型勘探队，完成 1:2000 地形测量 4 平方公里，钻探 24000 米（96 个钻孔），坑探在十六棚公掘进到海拔标高 40 米中段，栗家溪到 115 中段。

1953 年赣南粤北地质勘探大队在沃溪矿区工作两个月，投资 15300 元。中南钨矿局从 1953—1957 年用地质投资 117.09 万元，完成坑探 7806 米。1957 年 5 月，二三七队开始在该矿工作。1960 年 10 月，二三七队提交了一个中间性勘探报告，查明了矿床基本特征及控矿条件，肯定了沃溪为一大型金矿床，1965 年提交了储量报告。二三七队从 1958—1965 年共投资 533.15 万元，完成钻探 83855 米，坑探 11202 米，1:2000 地质图 3.86 平方公里。

1970 年，二三七队又对矿区开展工作，到 1979 年编入基建工程兵黄金指挥部为止，共投资 435.34 万元，采取分段勘探的办法，完成钻探 93600 米，坑探 3640 米。

鱼儿山矿段：因以前几次勘探工程质量不高，矿段被作出了无工业矿体的结论。1973 年，二三七队再次上山，检查总结过去的工程质量，重新进行系统的评勘工作，到 1977 年结束钻探工程，探明储量锑 10800 吨，钨（WO_3）3387 吨，金 5.881 吨，肯定了鱼儿山具有工业价值。在进行鱼儿山工作的同时，对红岩溪也进行了钻探评价，证明深部矿化微弱。

上沃溪段：1975 年 12 月开始评价，完成钻探 14600 米（钻孔 34 个），仅获储量钨（WO_3）19 吨和金 16 公斤，得出否定的结论。

沃溪矿区（十六棚公）：深部评价始于 1972 年 7 月，1980 年 12 月结束，前后断续工作时间近 8 年，勘探深度达到海拔标高负 500 米，矿体仍然很好。探明远景储量：金 4.829 吨，锑 1.51 万吨，钨（WO_3）606 吨。

从 1975 年 4 月起，二三七队先后两次对矿区外围作 1:10000 找矿普查和地质填图，面积 154 平方公里，对矿区附近的黄竹界、金盆湾、拖茅岭、楠木潭、李家、张家、窑湾、两溪口、曹家坪、沉木潭、大偏、田家溪、堰塘冲、安家冲、牛栏冲、上院子、马心桥、唐浒坪等 22 个矿床（点）都作过不同程度的普查、评价工作。

1970—1980 年，二三七队共投资 968.49 万元，完成钻探 17.74 万米，坑探 14800 米；加上赣南粤北地质勘探大队、中南钨矿局共用地质事业费 1087.08 万元，完成钻探 17.74 万米，坑探 22.65 万米。截至 1983 年年底，全矿累计探明储量（包括鱼儿山和十六棚公）：锑 15.427 万吨（其中矿山探获 64870 吨），金 39.047 吨（其中矿山探获 21.607 吨），钨（WO_3）40734 吨（其中矿山探获 10134 吨）。1983 年年末保有储量：锑 77586 吨，金 28.026 吨，钨（WO_3）13968 吨。

第四节　汞　矿

新晃酒店塘汞矿是新晃汞矿主要矿区之一，距新晃县城 7 公里。

民国 8 年（1919）李希霍芬（德国人）作过一般地质调查，同年翁文灏进行过统计分析，民国 24 年（1935）至解放前夕，先后有王曰伦、熊允先、田奇㑺等人作过调查。1949—1952 年有黄懿、罗绳武、周德忠和苏联的克莫日阿、费多丘克等做过调查工作。1953—1955 年，地质部西南地质局五〇五队从事矿区区域地质测量。1956—1958 年冶金部地质局川鄂分局六〇二队对该矿从事地质勘探。1959—1978 年先后由冶金地勘公司二三九队、二三七队、二四五队继续勘探。在矿区投资 1007.51 万元，完成钻探 10.41 万米，坑探 16100 米。

矿山在勘探队工作的基础上，自 1951 年到 1979 年进行生产探矿，完成坑道 26000 米，坑内钻 27800 米。

截至 1979 年年底，前后共探获 12 个工业矿体和 2 个矿化带，累计探明汞储量 3541 吨，勘探深度（标高）460 米 ~ –54 米，开采深度（标高）430 米 ~ 140 米。至 1980 年，所探明的 12 个矿体全部采完，虽经努力在矿区近围找矿，但无所收获。1981 年 4 月正式提出闭坑报告，省矿产资源储量委员会、省冶金局组织 23 个有关单位共 62 人，在新晃汞矿对酒店塘区闭坑报告进行了审查。1981 年 7 月 6 日，省矿产资源储量委员会批准了申请注销该矿区残存地质储量的报告。

第五节　铅锌矿

一　水口山铅锌矿

水口山铅锌矿位于湖南常宁县北东约 30 公里，相传发现于宋代，宋神宗时即有人在水口山南部的龙王山采铅炼银。

水口山的地质工作起步较早。民国4年（1915），湖南地质调查所徐懋儒、邝荣先、顾三路合著《水口山铅锌矿报告》。民国16年（1927），刘季辰、田奇携、欧阳额远合著《水口山铅锌矿报告》。民国20年（1931），钟伯谦等著《湖南水口山铅锌矿专刊》。民国21年（1932），王恒升、南延宗著《水口山铅锌矿报告》。同年，李栖凤著《水口山铅锌矿报告》。民国22年（1933），谢家荣、程裕淇著《湖南中部铅锌矿地质》。民国23—民国33年（1934—1944），先后有南延宗著《水口山铅锌矿显微镜下研究》；王竹泉著《湖南水口山黄铁矿报告》；李善帮、秦馨菱著《水口山铅锌矿试用扭称方法探测结果》；黄汲清、岳希新、叶连俊著《水口山铅锌矿之新探》；刘国昌著《水口山地质论述》。

1950年，湖南地质调查所徐瑞麟、廖士范、童之中、刘万熹等来山作短期地质测量，有1∶10000地质图65平方公里，包括水口山、龙王山、老盟山，九月开始在新冲试钻，有沙文钻机2台，1952年又增加立根式钻机1台，在新冲共打钻孔23个，进尺4753米，见铅锌的2孔，见黄铁矿的21孔。1952年冬，上级决定加强水口山的地质勘探，并组成地质部中南地质局四〇六队上山工作，由王晓青负责技术领导，从此开始了有计划的地质工作。1953年二季度，苏联地质专家莫什尼柯夫来山帮助工作，指出勘探方法失误，不应全用钻探，后改为坑探与坑内水平钻配合。自1953年至1954年，四〇六队共施工68个钻孔，进尺6808米（包括1952年的共计11971米），手摇钻975米，坑探9448米，中南钨矿局的地探坑道1037米，勘探投资141.60亿元（币制改革前）。1955年1月提交了《湖南常宁水口山铅锌矿综合地质报告》，提交储量铅11690吨，锌14670吨，硫87000吨（黄铁矿25.68万吨）。四〇六队下山之后，储量保有年限不足四年，矿山依旧处于资源紧张状态。

1955 年 2 月 5 日，苏联专家 A.C. 瓦良佐夫到山，认为前面所作的勘探工作没有弄清矿床全部远景，矿床总的远景很大，有许多钻孔没有打到矿体而得出无矿的结论是错误的，5 月 3 日又同 II.K 克莫日阿再次到山，建议重工业部组织勘探队，并调拨 6~10 台钻机。根据专家建议，省冶金地勘公司于 1955 年在水口山组建二一七队。首先着重对老鸦巢区花岗闪长岩体与矿体的产状及裂隙构造等进行调查研究，以坑钻结合为手段，终于证实了岩体超覆部位接触带囊状、筒状矿体的存在，1959年提交第一期地质勘探报告，完成1∶50000地质图616平方公里，1∶5000地质图1.6平方公里，1∶1000地质图2.91平方公里，钻探28451米。投资325.06万元，提交储量黄铁矿140万吨，铅53137吨，锌68480吨，伴生金8.656吨，银167吨，铜3063吨，从而初步满足了矿山生产的需要，1958年扩建到800吨/日的规模。1961—1963年，根据矿山生产资料对地质勘探报告进行核实，并在五、六中段对4号矿体，九中段对4、11、12、13号矿体进行勘探，增加了部分储量，包括核实后储量共计探明铅锌矿石量210万吨（原为185万吨），黄铁矿136万吨。1973年针对新开拓的11中段见矿情况，对老鸦巢深部进行控制，根据416、417两孔在–615米标高（相当17中段）当冲组角岩中见到铅锌矿体，厚7.25米，锌品位2.78%，又在–650～–100米标高处，两次见到黑云母闪长花岗岩脉，说明13中段以下矿液活动仍然活跃，锌矿体和金矿体可能延伸到13中段以下。

1956年，按照苏联专家瓦良佐夫的意见，二一七队在老鸦巢区工作的同时，开展了矿区外围普查和矿区地质构造与成矿规律的研究，根据岩体超覆控矿规律，利用磁法圈定岩体分布，推测岩体形态，综合自电和化探异常，沿接触带布置钻孔，寻找盲矿体。1958年2月，在矿区西部岩体的北部接触带施工148号孔，打穿地表出露的岩体后，经过一段围岩又进入岩体，上部接触带没有见到矿，经过研究决定继续钻进，终于在526米深处打穿了岩体，发现了铅锌矿体，厚度5.32米，铅品位7.9%，锌品位7.76%。继148号孔见矿之后，150、133号等孔也相继见矿，由此发现了鸭公塘矿段。矿山根据钻孔见矿情况，立即从老区九中段向西掘进地探坑道，长达千余米，证实了钻孔所见矿体属实，随后又开拓了五中段和七中段，使鸭公塘与老生产区形成了统一的地下开拓系统。

鸭公塘矿段的发现，增强了找矿信心，创造了找盲矿的经验，进一步加深了对水口山成矿规律的认识，从“超覆成矿”进一步总结为“三角地带成矿”，即矿体主要受倒转背斜特别是倒转翼的控制，岩体沿背斜轴部侵入，超覆于栖霞灰岩或当冲组下段灰岩之上，顶部有斗岭组的砂页岩作遮挡层覆盖的“三角地带”矿体最富集。根据这一规律分析研究后，曾被前人否定了的百步町，发现其与鸭公塘成矿条件类似，通过工程验证，于 1969 年证实百步町（中区）是另一个有工业远景的铜、铅、锌矿床。

1958 年四季度，矿山从九中段向鸭公塘掘进探矿平巷时，见矿之后遇到大量高压涌水，被迫停止施工，引出了严重的水文问题。1963 年，为了查清矿床水文地质条件，二一七队与水口山铅锌矿联合组成专业队伍，进行水文地质勘探和放水试验，组织国内大水矿区有经验的水文地质人员和水文专家到现场会诊，于 1965 年提交了水文地质勘探报告。

1966 年开始七中段以上疏干工作，水位降低到七中段以下之后，二一七队开展了鸭公塘五、七中段坑探，九中段因仍在水面以下，矿体圈定则依靠钻探。1969 年结束地质勘探，提交了《湖南水口山铅锌矿鸭公塘地质勘探储量报告》。探获金属储量：铅 62900 吨，锌 14.79 万吨，铜 23300 吨，黄铁矿 317 万吨（1981 年省储委复核批准）。历时 12 年，共投资 776 万元，钻探 30300 米。老鸦巢与鸭公塘两矿区坑探共 27900 米。

1969—1972 年，矿山为了加速矿床开发利用在地质勘探的基础上开掘了三、四、六 3 个中段，加密了对矿体的控制。在此期间，发现了鸭公塘 1 号矿体含铀，并进行了专门的勘探工作，提交了铀矿的地质勘探报告。

1970 年，为治理鸭公塘地下水，矿山采取帷幕注浆堵水的办法，在 1971 年时开始发现帷幕生效，原来井下涌水量为每小时 1500 ~ 2000 吨，1971 年降为每小时 1000 吨左右，截至 1980 年，帷幕工程使用钻探 24800 米，注浆用水泥 15400 吨。

由于坑内放水引起地面塌陷，给矿山生产带来了一定困难。1964 年年初，坑内负 145 米标高试放栖霞组灰岩的岩溶水时，地面白泥冲谷地发生两个塌洞和一些裂缝。1964 年 9 月正式开始放水试验，经过 133 天，地面曾家桥地区发生 9 个塌洞。1965 年 11 月进行放水降压，放水量 3000 ~ 4000 吨 / 时，塌陷活动又发生，白泥冲以北出现一个直径 10 米的大塌洞。1966 年 5 月，九中段开展大规模放水疏干工作，最大泄水量 350 吨 / 时，塌陷范围急剧扩大，产生曾家桥、桥头、香花坪 3 个塌陷区。从 1964—1980 年地表塌洞共 850 多个，影响面积 1.4 平方公里，由于放水破坏了地下水承压作用和地压的平衡，造成了局部性轻微地震和震响。

1969 年，鸭公塘勘探工作结束之后开始中区（百步町）矿段的勘探，手段仍为钻探与坑探结合，坑探主要在五、七中段进行，由于担心水害，又因中区矿种以铜锌为主，与矿山生产系统不对口，每年计划坑探任务都落空，因此没有最终勘探成果。1969—1972 年投资 148.15 万元，钻探 12600 米，坑探 284 米。

冶金地勘公司二一七队从 1955 年到 1980 年在水口山工作 20 多年，除了对矿山生产老区勘探外，还对近围的新盟山、老盟山、石头排、大市、大渔湾、仙人岩、龙王山等多个矿点进行了普查、评价、初勘工作，投资 500 多万元，钻探 37000 米，坑探几十米。由于矿山采选冶规模不断扩大，已取得的矿量又受到一些客观条件如水的问题、含铀的问题等的限制，矿山生产的后备资源仍处于紧张状态。1974 年下半年，二一七队集中全队四分之一的地质人员，全面系统地综合研究矿区积累的资料，重新分析矿田构造，总结火成活动规律和控矿因素，开展矿田找矿预测，提出了2个Ⅰ级预测区和3个Ⅱ级预测区，康家湾即Ⅰ级预测区之一。经过反复实践、反复认识，终于找到了康家湾这个大型的隐伏较深的铅锌金多金属矿床，解除了矿山资源危急的矛盾。

康家湾位于老生产区的北东部，直距约2公里，地面全被白垩系红层和侏罗纪煤系地层覆盖，1973年测制1:10000地质图时，填图组的同志曾认为在康家湾深部可能有隐伏的倒转背斜构造存在，指出豆山冲到康家湾等处成矿条件较好，可以进一步找矿，并在豆山冲设计了钻孔。后来综合研究组在1:10000地质图的基础上，进一步分析了水口山矿田火成岩体分布和演化规律，推测康家湾可能存在隐伏岩体，认为康家湾成矿诸因素均已齐备，有望确认为Ⅰ级预测区。为了增强预测可靠程度，二一七队沿着22号断层进行了构造地球化学调查，发现22号断层部位铅、汞丰度高出地层中铅、汞丰度几倍至数十倍；对红层覆盖厚度也作了地质和物探的推测与研究，预测红层厚度大致为200 ~ 300米，已有钻机能力有可能穿透盖层，达到验证的目的。

1975年，为满足矿山生产的需要，二一七队决定提前验证康家湾预测区。1976年，二一七队为验证康家湾预测区设计的2条剖面，10个钻孔，最初施工的F–F剖面4个钻孔和B–B1剖面两侧的2个钻孔，均因红层深度太大，穿透红层进入斗岭组砂页岩后，孔深已达六七百米，虽然见到强烈的铅锌黄铁矿化也只好停钻。最后剩下一个328孔（24号机施工），1976年9月6日开工，于孔深390米处见到了铅锌矿体，矿体总厚24.4米，铅平均品位4.46%，锌5.07%，黄铁矿体总厚16.24米，硫品位13.82%。328孔见矿，揭开了康家湾找矿的序幕。冶金地勘公司为加快康家湾找矿评价速度，先后集中12台钻机，按200×100米的工程密度，系统控制了整个康家湾矿段。自1976年10月见矿到1983年12月提交《湖南常宁水口山矿田康家湾铅锌金矿区评价地质报告》，历时6年多，投资886.81万元，完成钻探136孔，进尺71800米，槽探22900立方米，1:2000地质图23.5平方公里，采样1867个，化验7746个元素，物探化探17平方公里，电测深4平方公里，电法联合剖面5平方公里，在地质评价的同时开展了详细的水文地质评勘。通过上述工作，提交了一个大型铅锌金多金属矿床。获得储量：铅65万吨，锌75万吨，黄铁矿270万吨，金46吨，银1652吨，其他伴生金属镉4378吨，砷87874吨，铜12690吨，铟8.7吨，镓18.1吨，硒487.5吨，碲71.2吨，铊28.5吨。

康家湾找矿获得显著效果。1983年，二一七队获冶金部找矿成果三等奖，综合康家湾地质勘探的投入和产出，其找矿效果和经济效益都是显著的。距水口山生产老矿区很近，只要将已有老区生产坑道延长，即可对该区进行开发，可节省大量基建投资。该矿区矿石品位高，可选性良好，其主要矿体的铅、锌、金品位分别为3.29%、4.5%和3.65克/吨，是一个大而富的易选矿床，被国家列为“七五”开发项目。

截至1983年年底，水口山全矿区共投资2713.4万元，钻探18.04万米，坑探28400米。累计探明储量：铅87.66万吨，锌111.06万吨，金64.42吨，银1998.86吨。保有储量：铅72.87万吨，锌89.60万吨，金47.49吨，银1974吨。按当时生产规模矿石40万吨/年推算，可以维持生产50年以上。

二 清水塘铅锌矿

清水塘铅锌矿位于祁东县北西约40公里，属祁东县管辖。相传在明末清初已开采，矿区地表老窿遍布。

1951—1952 年，湖南省工业厅探矿队曾进行坑探揭露工作。1957—1959 年，省冶金地勘公司二一七队到山进行找矿评价，对 1 号、10 号矿脉作了稀疏的钻探揭露，完成钻探 1780 米，坑探 2382 米，获铅锌储量 54000 吨。当时认为矿床规模小，品位变化大，未作详细勘探。

1968—1970 年，省冶金地勘公司二一四队调查研究矿山生产坑道所揭露的地质情况，认为矿区远景应该重新评价，因而上山进行勘探，完成钻探 12400 米，通过工作，储量确有增长。1970 年，矿区的重新评勘工作又移交给二一七队继续进行，1971 年提交中间性勘探报告，获得铅、锌储量 22.5 万吨。工作到 1980 年，评勘地质工作面积达 16 平方公里，20 个脉组，大小矿脉 103 条，完成钻探 44400 米，坑探 356 米。该矿前后断续经过 16 年工作，共投资 373.77 万元，完成钻探 58600 米，坑探 2738 米，探明储量铅 16.4 万吨，锌 32.2 万吨，1980 年提交了《清水塘铅锌矿段初步勘探地质报告》。

1971—1980 年，二一七队在勘探清水塘铅锌矿同时，在其外围猎马寨也进行了勘探，投资 124.01 万元，完成钻探 16400 米，坑探 1432 米。探获储量：铅 70300 吨，锌 65500 吨。清水塘铅锌矿包括猎马寨共投资 497.78 万元，完成钻探 75000 米，坑探 4170 米，探获铅储量 23.4 万吨，锌储量 38.7 万吨。

矿山生产逐步发展，已经建成投产的选厂有 2 个，一个规模为 200 吨 / 日，另一个为 500 吨 / 日。截至 1983 年，矿山已生产铅精矿 16400 吨，锌精矿 41900 吨。保有铅储量 17.96 万吨，锌储量 24.91 万吨；铅品位 2.61%，锌品位 5.07%。按当时生产规模可保证生产 30 ~ 40 年，是一个比较理想的地方国营矿山。

三　禾青铅锌矿

禾青铅锌矿位于冷水江市南约 10 公里，是一个隐伏盲矿床。

1966—1969年，省冶金地勘公司二四六队在勘探洪水坪铁矿时，先后两次派人到禾青进行踏勘，发现有零星褐铁矿分布，因为地表褐铁矿规模不大，且分布不集中，没有及时做进一步工作。1970年，为扩大洪水坪铁矿远景，二四六队再次到禾青开展铁矿普查，在钻探施工过程中，连续在3个钻孔中发现铅锌矿化，因而展开了进一步工作。1971年1月至1973年1月，采用以钻探为主，结合地质填图和物化探手段，全面地开展了禾青铅锌矿的评价工作，工作范围2.4平方公里，施工钻孔85个，进尺20400米，见矿孔56个，坑探54米。

1976年，冷水江市决定在禾青建矿开采，为满足矿山要求，二四六队于1976年6月到1977年1月对矿区1～7线之间（长393米），标高80～180米，斜深150～200米的范围内，以坑钻结合的方法，进行加密控制，施工钻孔13个，进尺1923米，坑探295米，获得部分工业储量。

截至1983年年末，全区勘探投资110.16万元，钻探22300米，坑探349米，探获铅储量73820吨，锌储量39.867万吨。保有铅储量73630吨，锌储量39.778万吨。

四 黄沙坪铅锌矿

黄沙坪铅锌矿位于桂阳县城南西9公里。据《古矿录》记载，“该矿始于唐，盛采于明清，停采于民初。”《桂阳直隶州志》记载：“康熙五十二年，朝议贫民，取矿自给，征税什二，于是大凑山（今宝山），黄沙坪二矿兴焉，乾隆中最盛。”“湘抚派员坐山征税……黄沙坪年税银二三十万两。”

民国5年（1916），湖南矿务总局所辖常桂筹备处处长翁乃伟曾到矿“履勘”清界立碑。1917年王震东测量绘图，同年7月设立黄沙坪探矿工程处，从事老窿清理，后因管理不善而停工。1932年，湖南地质调查所田奇携、王晓青、刘基磐等在该区调查地质与矿产。据湖南经济调查所丛刊《湖南之矿业》记载，1934 年，湖南建设厅派人山进行过勘察，著有《桂阳黄沙坪银铅锌矿报告》，但工作甚少，记载不全。1941—1943 年 10 月，桂阳县建国公司、同兴源公司曾在矿区开采，并绘制了 1:5000 采区图。

从矿区附近以及方元圩、上银山一带分布的炉渣、废石堆积情况估计，前人采出矿石约百万吨，金属约数万吨，老窿开采深度达到地表以下百多米。

1952 年，湖南省工业厅小矿管理处探矿队来矿选取老窿废石，写有总结报告，仅对老窿矿石和积水情况作了简单地叙述。1954 年 1 月，地质部中南地质局派王家庆等来山踏勘，著有《桂阳黄沙坪宝岭铅锌矿地质调查报告》，并测有矿区东南部 1:2000 地质草图。

1954 年 4 月，中南地质局四〇八队上山正式开展地质普查工作，重点是石英斑岩接触带地段。1955 年 5 月，中南地质局工作组和苏联专家兹维列夫来矿指导工作。1955 年下半年在矿区东部探到了厚度大、品位高的铅锌矿体。1956 年转为勘探，1958 年结束勘探工作，1959 年 6 月结束外围勘查工作，编写了《湖南省桂阳县黄沙坪铅锌矿地质报告》。1954 年 4 月至 1959 年 6 月，四〇八队在矿区投入的主要工作量：钻探 90900 米，坑探 7356 米，共投资 557.33 万元。勘探深度达到负 88 米标高。提交铅储量 36.08 万吨，锌储量 57.936 万吨，铅平均品位 4.55%，锌平均品位 6.75%。此外还提交了矽卡岩铁矿的远景储量 174 万吨，钨（$W0_3$）的远景储量 99500 吨（品位 0.19%）。伴生矿产储量：硫 89.34 万吨（10.42%），铜 22900 吨（0.26%），镉 1353.9 吨（0.016%），锡 13000 吨（0.15%），银 579 吨（67.47 克 / 吨）。1962 年湖南省储委对上述报告进行了复审，批准的储量为铅 36.0796 万吨，锌 57.9361 万吨，其他如铁、锡、硫、铜等一律未予批准。

1954—1956 年，为了配合四〇八队对矿区的勘探工作，中南地质局先后派出四二五队、香花岭队在矿区外围进行普查，填制有 1:5000 ~ 1:50000 的各种比例尺地质图 l427.04 平方公里，并编有普查报告。四〇一物探队对矿区内的 2.04 平方公里和外围的 190 平方公里进行了物化探工作，除磁法测量有一点结果外，其余方法的测量均无效果。

1966—1968 年，冶金二三八队对矿区近围及外围进行了研究，将四〇八队划分的下石炭统石磴子组的 5 个岩性段重新划分为石磴子组、测水组、梓门桥组等层位，把原认为的不对称背斜改为倒转背斜，从而总结出含矿有利部位为“背斜加一刀”（即背斜加逆断层的通俗概念），宝岭倒转背斜向北延伸倾没部位的曹家一带，以前没有工程控制，地表有铅锌原生晕异常，钻探验证结果发现了小矿体及矿化。

1973 年，二三八队根据冶金地勘公司编制的《湘南普查找矿总体设计》，进行了坪（黄沙坪）—宝（宝山）区的构造、岩浆岩调查研究，研究结果认为矿区内磁铁矿有重新评价的必要，经过采样研究，证明矿区的磁铁矿为低磷、低硫、高锡的易选矿石，估计远景有 1700 万吨。为了满足省内发展钢铁工业的需要，经上级批准，1974 年二三八队第二次上山，以评勘铁矿为主要任务，1978 年 10 月，编写有《湖南省桂阳县黄沙坪铅锌矿区南部铁矿地质勘探报告》，经省储委批准的储量有铁矿石 2093 万吨，伴生的萤石 302.4 万吨（品位 14.44%），钨（$W0_3$）91000 吨（品位 0.1%），钼 17300 吨（品位 0.02%)。省冶金分储委审查后要求补打几个钻孔，二三八队于 1979 年 4—9 月补充施工钻探，证实原报告的结论是正确的，矿体连接无大的出入。

1976—1980 年，二三八队在勘探铁矿期间断续施工探铅锌矿的钻孔，连同勘探铁矿的钻孔，所见铅锌矿体共 66 段，其中达到工业要求的铅锌矿体 22 段，总厚度 109.75 米，最大单层厚 23.71 米，一般铅品位 2.81%，锌 8.29%，最高的“铅 + 锌”品位达 5.55%，新增铅锌储量只有万余吨。西部的上银山打了 9 个找矿孔，只有 2 孔见矿。

1966—1968 年和 1973—1980 年，二三八队在黄沙坪勘探铁矿和找铅锌矿共投资 406.92 万元，钻探 63400 米，坑探 504 米。

1977 年，黄沙坪铅锌矿成立探矿队，主要从事铅锌矿的勘探，到 1980 年钻探 5633 米，多数是在二三八队原见矿钻孔之间加密验证。至 1980 年，矿山投入的坑道累计达 43800 米，坑内水平钻 15.80 万米，钻探 5633 米，在 200 米标高以上。除储量升级外，还新增铅锌储量 42.8 万吨（铅锌品位 11.67%），新增储量都在原评勘区内。截至 1983 年年底，黄沙坪累计探明储量铅 51.80 万吨，锌 87.77 万吨；保有储量铅 37.14 万吨，锌 60.84 万吨。

第六节　铜　矿

一　宝山铜矿

宝山是一个铜、钼、钨、铋、铅、锌多金属矿，位于桂阳县城南西 1 公里。在民国时期，当地俗称宝岭，古称虎形山（又名虎爪山），属大凑山的一部分。《桂阳志》记载：“大凑矿久矣，开自唐代，封禁于元明，开禁于清初康熙，定于雍正，密于乾隆，停于嘉庆。”“清康熙五十二年户部复准桂阳大凑山、黄沙坪等处产铅，准其开采。”铜矿于清雍正年间（1723—1735）开始生产，清乾隆年间（1736—1795）更盛，当时开采全为私人经营。《桂阳州志》记载：“邓希金者，城北人，雍正时采银大凑山，日千斤，积数年，累数十万。”“曹祖礼者，开大凑山万景窝积资产巨万。”“何植苕者，居城南，乾隆初，采银大凑山……倚为生者数千人，家致十余万金。”1932年省《经济地质志》记载：“……据传此曾盛产银铅，自唐以来，即有土人从事开采，至清乾隆嘉庆年间，矿业最盛，矿厂林立，虽均为土法采挖，规模狭小，因窿道众多，产量也颇可观。当时所产矿砂，在县城附近用土法冶炼，所留炉渣遍布四郊，吾人一望而知其为旧日采冶业之中心点。”一说：“明清时代桂阳曾设官专管矿产课税，凡附近数十百里所出之砂，均须运至县城冶炼，非仅虎形山所产，以故炉渣遗留特多，延至光绪末叶，矿业乃完全停顿。民国肇造有议开者，卒以阻于风水之说，未克实现。”

1932年，湖南地质调查所刘基磐、田琦携、王晓青到桂阳虎形山调查地质与矿产。

20世纪50年代，省地质局四二五队、四〇八队、四三六队、四〇一队、物探队等单位到山开展过普查与勘探工作。

1956年10月，冶金地勘公司二一七队上山，在前人工作的基础上，根据古人采矿情况，以铅锌为重点进行找矿，测有1:5000地质图14平方公里，发现山顶有矽卡岩，并见钼、钨矿化，因此重点转入钼钨铜矿评价，随即成立了二三六队，由二三六队承担评价任务。1959年12月，二三六队奉命迁往湘潭，宝山的工作由二三八队继续进行，到1960年年底，共完成施工钻孔42个，进尺13005米，坑探4190米，1:10000地质图62平方公里，1:2000地质图1.8平方公里。1960年2月，提交了《湖南宝山钨钼铜铋矿地质勘探储量总结报告（第一期）》，这一报告没有被批准。

1964年，二三八队重上宝山，重点对3 ~ 6线的矽卡岩型铜钼钨铋矿体进行勘探，重新圈定矿体，为矿山设计提供可靠依据。1964年4月至1966年，采用“会战”的方法，调集力量进行施工，投入钻探25595米，坑探3651米，获得铜钼钨铋储量 12.9 万吨，铅锌储量 19000 吨，另获附产金 6.8 吨，银 198 吨。1966 年初提交了储量补充报告，并得到湖南省储量委员会批准。

宝山“会战”之后，二三八队在宝山矿区近围的工作持续在进行中，1966—1969年，在宝岭背斜的东西两端找铅锌矿，5线以东施工11个钻孔，进尺7068米，获铅锌储量93000吨；3号断层以北施工12个钻孔，进尺4682米，获铅锌储量9000吨；西区施工钻孔17个，进尺7068米，获铅锌储量70000吨。合计获铅锌储量17.2万吨，铜储量7000吨。1969年10月提交了《桂阳宝山东区（5—11线）补充勘探报告》。

从 1971 年开始，矿山在露天开采范围内进行了基建补勘工作，1973 年年底补勘结束，共施工钻孔 62 个，进尺 4971 米，获得了一部分高级储量，由于剔除氧化矿和矿体形态改变等原因，矿石量比原来少了 109 万吨。

1973 年，为开展坪宝地区深部铜铁找矿任务，二三八队三分队地质组着重研究了宝山、黄沙坪两矿区的地层、构造、火成岩与成矿关系，并提出宝山倒转背斜加 0 号断层是矿体赋存的有利部位，花岗闪长岩是成矿母岩，而且有良好的封闭构造，年底提出在宝山西部找矿，当时设计 3 个钻孔，目的是为查明花岗闪长斑岩体形态、规模，探索深部铜钼矿远景。后来在野外进一步研究 0 号断层，发现其西段与东段一样，同是一个大的逆掩断层。14 线 2 孔施工结果，在测水组砂页岩及石凳子组中共见铅锌矿 4 层，总厚 49.6 米，其中在孔深 100 米处所见的一层矿，厚度 19.11 米，含铅 16.5%，锌 25.2%，最底部一层矿厚度 11.6 米，含铅 6.4%，锌 6.2%。该孔于 1975 年 5 月钻机转移到黄沙坪之前，因故在矿层中停钻，这一见矿信息为后来扩大矿区铅锌远景提供了重要依据。

1977 年，冶金地勘公司向二三八队提出三年之内在坪宝地区找到 50 万吨铅锌的任务。二三八队根据 14 线 2 孔资料，修改了矿区地质剖面图，改变了勘探线方向，进一步对宝山矿区的宝岭背斜和0号断层作了研究，并提出了宝山西部深部找矿评价设计书。1979年首先施工165线5孔，目的是探索背斜中铜铅锌矿化情况，控制花岗闪长岩体及21号断层，施工结果不但证实了地质构造的推想，而且在21号断层下盘梓门桥组下段黑色白云岩中，见到了角砾状、细脉状、团块状、浸染状等复杂结构的铅锌矿体，引起了有关部门的重视。经多次采样研究，共圈出矿体15层，总厚113.83米，平均品位铅3.38%，锌2.9%。1980年，二三八队集中力量，采用钻探对所发现的矿体进行追索，到1982年年底，完成钻探39221米，坑探100米，在西部地区梓门桥组白云岩中，探获铅锌远景储量70万吨。这一发现打开了坪宝地区在特定的向斜构造内白云岩中找铅锌的新门路，应用此规律在黄沙坪的外围和宝山的外围找矿，如柳塘岭、杉木岭、财神庙等处，已初见成效。

1982年3月29日12时17分，桂阳锰矿在宝山开凿的铅锌矿坑道315号坑放炮后发生突水现象，最初流量很大，每秒1.4立方米，19天半以后逐渐减少到每秒45升。矿区这一突发水文现象，引起了矿山和二三八队以及有关上级领导的重视，采取措施，加强水文地质评勘工作。到1983年，已投资78.54万元，完成钻探3900米，同时进行了水文地质评勘。

宝山铜矿的建设从1966年10月开始，1976年竣工投产，采矿能力为1000吨/日，选矿能力为2500吨/日。截至1980年，累计基建投资5486.66万元，固定资产原值5283万元，净值3676万元，全矿职工2066人。

省冶金地勘公司（主要是二三八队）在宝山工作20多年，到1983年年末，共投资1489.21万元，完成钻探10.05万米，坑探7941米。累计探明储量：铜95290吨，铅51860吨，锌70460吨，钨（$W0_3$）10003吨，钼15390吨。保有储量：铜

91080 吨，铅 48750 吨，锌 68870 吨，钨（WO_3）7592 吨，钼 12080 吨。以上统计数据未含西部梓门桥白云岩中的铅锌储量，另有伴生的金、镉、铼、硫可以综合回收利用。

二　铜山岭有色金属矿

铜山岭矿位于江永县城北东约 20 公里，以铜山岭岩体为中心，分为东、南、西、北 4 个区，面积约 96 平方公里。原名银山岭，《道州志》记载："银山在州南 25 里（实际上 29 公里），极高峻，与宜山对峙。"1958 年冶金二四四队在此进行地质工作时，借附近的桐山岭的谐音，改银山岭为铜山岭。

铜山岭的东区和北区古人遗留炼渣分布甚广，在猫崽湾、背后山一带发现古代采矿老窿多处，在背后山的 66 号探硐中，遇到深达 10 多米的老窿，窿内发现瓷灯碗一个，经湖南省文史馆鉴定为晋代产物，产地在浙江温州。1973 年矿山基建时，在猫崽湾炼渣堆中挖出古人冶炼的砖形金属块，重 10 余公斤。据《永州府志》记载："道州永明（今江永县）银，贞元九年六月敕：五岭以北银坑，令百姓开采。"《唐书地理志》："某年六月，诏曰：其天下自五岭以北，见采银坑，并宜禁断。恐所有坑户不免失业，各委本州府长吏劝课，令其采铜，助宫中铸作"。说明晋代就有人开采，至唐代前后铜山岭确有过采、冶的兴旺时期。

1958 年 4 月，据群众报矿，省冶金地勘公司九嶷山普查队派员上山调查。同年 6 月，二一七队的普查分队亦派人到山工作，年末正式成立二四四队，全面开展矿区普查，投资 156 万元。1960 年年底提交《铜山岭东区地质勘探总结报告》，未获批准，根据湖南省储量委员会审查意见补做工作，1962 年又提交了报告补充说明，经上级审查，将原总结报告降级为评价报告。1965 年到 1966 年 12 月，二三五队通过实地勘查，对前人资料进行全面整理核实，编有核实评价报告。

1966年12月至1975年，由二〇六队进行复勘工作，1970年年底提交储量报告，因化验质量不合要求，未获批准，再次补勘，到1975年9月完成铜山岭东区铜铅锌矿地质勘探工作，1978年11月提交铜山岭报告补充资料，得到省储委批准。

1966年年底到1975年5月，二〇六队在勘探东区的同时，先后对铜山岭周围其他区段进行了地表工作与钻探工程，对铜山岭矿田全面进行1:10000物化探测量，各区段分别作1:5000物化探详查。见到工业矿体的：北区庵堂岭接触带黄铁铅锌矿和外接触带铅锌矿。见矿化的：水口脚深部有一个孔见到含铜矽卡岩，厚度品位不符合工业要求；西区剪复湾和白马，见铅锌矿化未见矿体；南区鲁子田见有厚度10余厘米的钼矿；木林与罗坪之间，深部祺子桥组下段与跳马涧组过渡部位见到铅锌贫矿；牧南岭地表矽卡岩虽局部钨铜品位达到了工业要求，但矿体小而零散，没有工业意义。岩体中心部位磁异常经检查验证，属无矿异常。

铜山岭找矿勘探最终成果主要在东区，为一中小型铜铅锌生产基地，其伴生的银、铋矿储量达到大型规模。其次是北区的铅锌和黄铁矿，虽属小型，已为地方开采利用，其特点是铅锌品位很高，含银镉丰富，矿石含银200克/吨以上。

截至1983年年底，全矿区共投资1438.2万元，完成钻探20.15万米，坑探32900米。累计探明储量：铜52400吨，铅71800吨，锌73700吨，铋5518吨，银456吨。保有储量：铜50500吨，铅67900吨，锌71100吨，铋5518吨，银456吨。

第七节　钒　矿

钒矿地质工作始于1959年，由省地质局四〇三队、湘西自治州地质局第一地质队和冶金二三五队分别对桃源县大水洞、永顺县施溶溪——麻渣溪和岳阳县新开塘矿区进行普查。20世纪60年代，开展钒矿地质勘查的队又增加省地质局澧北队、四一四队、区调队和冶金二三六队，这一时期的勘查工作仍属起步阶段，尚未开展正式勘探。70年代，钒矿地质工作进一步加强，省地质局系统增加四〇一队、四一四队、四一八队进行工作，湖南地质科学研究所亦开展专题研究；冶金系统增加二三四、二三七等队开展普查，至70年代末，提交一批可供工业利用的储量报告。1971年，省地质局四一八队完成溆浦134地区110矿区的勘探，探明储量27万吨，提交正式勘探报告。1979年，省地质局四〇一队完成岳阳新开塘钒矿和石煤的勘探，提交钒矿储量193.38万吨，占全省钒矿总储量的52.3%，是省内最大的钒矿床。同年，省地质局四一四队完成益阳县泥江口石煤和钒矿的勘探，探明储量75.81万吨，成为省内第二个大型钒矿床，为泥江口石煤发电厂的建设提供依据。80年代，国际钒价高涨，每吨价由5000美元上涨到16000美元，进一步促进钒矿的勘查。四〇五队完成吉首红岩坡钒矿和凤凰东方红钒矿勘探；四〇七队在黔阳（今洪江市）、靖州境内也勘查几处矿区，提交可供开发利用的地质报告。至此，全省钒矿资源及其远景基本查清，共计有钒矿床（点）74处，其中探明储量的15处，包括大型2处，中型4处，小型9处。

省内钒矿的主要成矿时代为早寒武世，矿床成因类型属浅海相沉积型。在寒武系底部的石煤层及其上下层位的黑色页岩和板岩中都含钒，V205品位一般在0.5% ~ 1%之间，是主要的工业开发对象。

表 1-3-1 1988 年年底湖南省主要钒矿区储量

矿区名称	探明储量（万吨）	品位（%）	规模	勘查单位	开发情况
岳阳新开塘	193.98	1.0	大型	地矿局四〇一队	乡镇企业开采炼钒
益阳泥江口	75.81	0.745	大型	地矿局四一四队	泥江口石煤发电厂开采
安化大福坪	27.73	0.97	中型	冶金二三七队	地方开采炼钒
溆浦 110 矿区	27.30	0.96	中型	地矿局四一八队	铀钒兼采
石门东山峰	11.89	0.73	中型	地矿局四〇三队	未开采
宁乡天井冲	11.78	0.672	中型	地矿局四一四队	未开采

省内可供工业开发利用的钒矿，一般都有多种元素伴生，主要为石煤和磷矿，其他有铀、钼、镍、银、铜、钯、锇、钇、镧、镓等。益阳泥江口石煤钒矿，在利用石煤发电时顺便回收钒；岳阳新开塘钒矿也是与石煤共生；东山峰钒矿则与磷矿共生；溆浦 134 地区 110 矿区为铀钒共生；大庸天门山及慈利大浒等矿区，则有钼、镍等伴生，天门山矿区还伴生有铂、铼、锇、金、银、钇、铀、硒等元素。综合回收利用的潜力很大。

岳阳新开塘钒矿矿石类型为石煤钒矿石，或称炭硅泥岩型钒矿。矿石可选性好，易冶炼，流程简单，除石煤和钒以外，还有铀、银、钼等元素伴生，铀可以构成独立矿床。采用钠化焙烧—水浸—沉淀法，选冶回收，原矿品位 1 %，精矿品位 99%，选冶回收率 65.3%，属易选矿石。矿床开发条件好，水文地质条件简单。该矿区 1959 年由冶金二三五队发现并普查。1974 年，地质局四〇一队进一步勘查，并于 1979 年 12 月提交井田勘探报告，探明储量 193.98 万吨，为省内最大的钒矿床。

第二篇

资　源

第一章 矿产资源

至2000年年底，省内已探明的有色金属矿产有铜、铅、锌、钨、钼、铋、锑、金、银、锡、汞、钒、镍、钴、钽、铌、铍、锂、铷、铯、碲、砷、铪、铼、磷钇矿、独居石、锆英石、金红石和钛铁矿（钛）等。矿床大多是共生矿，伴生元素多，综合开发经济价值大。

截至2000年年底，湖南累计探明主要有色金属资源储量（金、银除外）2546万吨，共中钨、锑、铋储量居全国第一位，锡、铅、锌、汞、钒、钽及伴生金的储量均居全国前五位（见表2-1-1）。

湖南有色金属主要矿产钨、锡、钼、铋、铜、铅、锌主要集中在郴州、衡阳和湘西地区；锑矿主要集中在娄底和益阳地区；汞矿主要集中在湘西地区；钒矿主要集中在湘西和岳阳地区；稀土矿主要集中在永州和岳阳地区。

郴州是湖南有色金属矿产资源最富集的地区。区内分布着5条金属成矿带，范围约1万平方公里，占全区总面积的一半多。已发现有色金属矿床（点）几百处，探明钨、锡、铜、铅、锌、钼、铋等主要有色金属储量近1000万吨。其中钨、铋储量居全国第一位，占全省储量的90%；锡居全省第一位和全国第三位，占全省储量的60%；锌居全省第二位和全国第四位，占全省储量的30%；铅占全省储量的40%；钼、铜储量分别占全省储量的80%和60%。此外，普遍共生和伴生有金、银、镓、钴等贵重稀有金属和其他矿物100多种。被赞誉为“世界有色金属博物馆”的柿竹园有色金属矿，多金属储量达119万吨，其中，钨、铋的储量为70万吨和26万吨，分别占世界已探明储量的10%

表 2-1-1 1999 年湖南省主要有色金属矿保有储量及在全国的地位一览表

矿产种类	储量计算单位	矿区数（个）			1999 年年底保有储量				全国保有储量（工业）	占全国储量比例（%）	储量在全国排名
		总数（个）	已利用数（个）	已利用矿区占有储量及占有率（%）	A+B+C（工业）	D（远景）	合计	潜在价值（亿元）（工业）			
钨矿	WO_3 万吨	51	30	125.58（69.62）	96.79（白 93.72）	83.6（白 77.95）	180.39（白 171.67）	430.58 231.01	528.19 223.57	34.15	1
铋矿	Bi 万吨	10	7	27.76（96.21）	21.93	6.92	28.85	109.62 83.33	46.79 24.22	61.66	1
铅矿	Pb 万吨	67	39	195.59（74.71）	76.94	184.87	216.8	11 3.23	3496.56 1089.83	7.49	4
锌矿	Zn 万吨	66	42	441.34（66.90）	160.58	499.15	659.73	45.52 11.08	9212.1 3288.51	7.16	4
铜矿	Cu 万吨	42	25	42.40（87.74）	35	25.84	60.84	32.24 18.55	6281.23 2641.48	0.97	17
锑矿	Sb 万吨	21	18	44.40（69.69）	22.94	27.66	50.6	6.33 2.87	239.45 79.08	21.13	1
锡矿	Sn 万吨	36	17	21.10（59.25）	21.32	14.29	35.61	33.47 20.04	354.69 169.65	10.04	3
钼矿	Mo 万吨	14	8	11.93（70.84）	8.55	8.29	16.84	32 16.25	833.81 328.25	2.02	13
钽矿	Ta_2O_5 万吨	4		正在开发	0.54	0.18	0.72	57.72 43.13	8.42 3.61	8.55	4
铌矿	Nb_2O_5 万吨	5		正在开发	0.53	0.22	0.75	7.11 5.04	384.57 99.2	0.2	8
汞矿	Hg 万吨	15	3	0.25（52.97）	0.064	0.408	0.47	0.71 0.1	8.05 1.99	5.86	4
金矿	Au 万千克	39	24	10.84（76.04）	4.48	9.78	14.26	42.77 13.43	413.41 120.3	3.45	13
离子型稀土矿	TR_2O_3 万吨	4	1	2.37（22.44）	2.51	8.05	10.56	1.02 0.24	352.18 89.41	3	8
合计					452.17		1321.42	810.09 448.3			

说明：数据来源于《湖南有色金属工业五十年》，湖南省有色金属工业总公司，2001 年 6 月

和 42%（占全国的 14% 和 63%）。黄沙坪铅锌矿、宝山铅锌银矿、瑶岗仙钨矿、香花岭锡矿等都是生产铅、锌、锡、钨等矿产品的重点矿山。

娄底地区锑矿储量丰，质量优，产品多。位于冷水江市北郊的锡矿山，是世界最大的辉锑矿山，是中国锑生产的主要基地。锡矿山矿区开采 100 多年，至 2002 年保有储量 24.34 万吨，约占全省锑储量的一半。

衡阳地区的常宁、衡东、衡南是有色金属及贵金属重要矿区，有闻名中外的水口山矿务局，其康家湾矿区的铅锌储量分别为 65.84 万吨和 74.93 万吨，水口山也是湖南重要的金、银矿产基地。

第一节 锑 矿

锑矿是湖南的优势矿种，截至 2002 年年底，湖南锑矿保有储量 50.6 万吨，占全国储量的 38.5%。

一 矿床类型

（一）按地质形成，湖南锑矿石可分为三种类型

1. 锡矿山式，锑矿生于泥盆纪的矽化灰岩及黑色矽质页岩中，围岩受地压影响，产生裂隙及空洞，上升矿液沿节里裂缝或层面而积聚成脉状，沿空洞多呈袋状。此类矿床特征为似层状，生于背斜轴部，与原生岩层充填交代而成。

2. 板溪式，为一种石英脉，生于志留纪以下地层，沿层面节里或裂隙聚积而成，脉厚有变异，或呈凸镜状，有的是滑石片状构造，有的是毒砂绢云母等矿物。

3. 长城岭式，锑矿生于石炭纪的石灰岩中，其特征为矿体由交代作用而成，分布不规则。辉锑矿为长柱状结晶，或为针

状而聚集成团。

（二）按矿物组成，湖南锑矿石可分为五种类型

1. 单一型锑矿，以锡矿山锑矿为代表，主要是辉锑矿。

2. 锑金钨石英脉型，以湘西金矿沃溪矿区为代表，矿体中的金属矿物是辉锑矿、白钨矿和自然金等。桃江西冲金矿、浏阳中岳锑矿也属此类。

3. 锑钨石英脉型，矿体主要有辉锑矿、白钨矿，其次为黄铜矿、闪锌矿、黄铁矿。此类矿床主要分布于安化渣滓溪、柑子园和溆浦曾家溪等地。

4. 锑金共生的锑金矿，如安化的符竹溪金矿、邵阳的龙山金锑矿等。

5. 与铅锌多金属共生的锑矿，如衡东东岗山和吊马垄等。

二　资源分布

湖南锑资源分布在 24 个矿区，锡矿山、安化渣滓溪、桃江板溪、沅陵湘西金锑矿、新邵龙山锑金矿等都是重要的锑矿田。锡矿山锑矿田是碳酸盐岩地层中似层状锑矿床，矿床位于湘西雪峰山复成背斜南东翼，分布在南北两个矿段，包括 4 个矿床（北矿段：老矿山矿床，童家院矿床；南矿段：飞水岩矿床、物华矿床）。锡矿山以储量多、产量大、品质优，被誉为“世界锑都”。桃江板溪锑矿于清光绪二十二年（1896）被当地农民发现，经日本商人三井洋行鉴别始认为锑。民国 5—27 年（1916—1938）曾有多批中外地质专家进行过地质调查。1972—1980 年，湖南省地质局和湖南有色地质勘探公司先后进行过评价。该矿的明显特点是品位高，含锑高达 20%。安化渣滓溪锑矿自清光绪三十二年（1906）正式开采，民国 36 年（1947）发现矿床中伴生有白钨矿，当时地质学家估算锑储量 14100 吨，钨（$W0_3$）50 吨。1975 年地质学家对矿区的地层、构造、矿脉分布和矿化情况进行调查，认为该矿属中低温热液脉状锑矿，矿脉多，品位高，杂质少。湘西金锑矿包括沃溪、鱼儿庄、西安等矿区。清光绪二十四年（1898），有万益公司开采锑矿，随后有元丰公司，省矿务总公司西路矿局开采锑矿。民国35年（1946），有地质学家在沃溪发现白钨矿和金矿，至此，沃溪金锑钨矿才被人们完全认识。新邵龙山锑金矿是锑和金共生的中型矿床。

三 主要矿床简介

（一）新化锡矿山锑矿田

该矿田位于冷水江市东北15公里，地处白马山—龙山东西向隆起带北缘之涟源盆地中。矿田呈北北东向展布，长9公里，宽2公里，面积18平方公里，由老矿山、童家院、物华、飞水岩四个矿床组成。主要构造型式为北北东向的地垒式穹状背斜，并由其派生出一系列走向北18°~20°东的次级褶曲和断层，矿田西部F75为一区域性大断裂。上泥盆统佘田桥组是矿田内锑矿产出的主要层位；大多数锑矿体均赋存于已强烈硅化的“七里江灰岩”段内，从上到下有Ⅰ、Ⅱ、Ⅲ 3个主要矿体。工业矿体产出形态以层状、似层状为主，兼有条带状、侧羽状和管状，总的趋势变化，自西部F75断层向东，由复杂趋于简单。矿体规模大，沿轴向延伸数百至1000多米，厚度稳定，其中Ⅰ矿层平均厚2.5米，Ⅱ矿层厚4～5米。品位高，Ⅰ矿层锑4.65%；Ⅱ矿层锑3.67%。辉锑矿是唯一的原生矿石矿物，偶有少量黄铁矿伴生。锑的氧化物有红锑矿、锑华、黄锑华、锑赭石。脉石矿物以石英为主，重晶石、萤石、石膏等少有之。硅化与锑矿化关系最密切，而又是最广泛的蚀变现象，其他如碳酸盐化、重晶石化、萤石化仅局部出现。

（二）桃江板溪锑矿

该矿位于桃江县城以西37公里，地处雪峰弧形构造带东端。区内广泛出露上元古界板溪群五强溪组上段纹带状板岩、砂板岩夹变质粉砂岩、细砂岩及层凝灰岩、凝灰岩、凝灰质板岩。其间灰绿色板岩夹凝灰质板岩、凝灰岩为赋矿层位，厚130 ~ 150米。区内成矿前构造为轴向近东西的复式褶皱——天树山背斜，在其转折处常出现平行轴向的纵张断裂，每为含锑石英脉充填。北北东向的断裂，是为储矿和导矿构造。已知矿化脉及蚀变带21条，按产状和形态分为东西向和北东向两个脉组。北东向脉组分布于蒋家冲和舒家庵矿段，有含锑石英脉和含锑破碎带两类型之分，以1、2号脉规模为大，1号脉有大小矿体9个，呈透镜状、扁豆状、囊状和脉状，单矿体长10 ~ 120米，厚0.1 ~ 6.6米，垂深大于420米，锑品位0.02% ~ 5.32%，属含锑破碎带型；2号脉由3条近乎平行的含锑石英脉组成，长130 ~ 750米，脉幅宽0.02 ~ 1.88米，控制垂深大于450米，锑品位18.68 ~ 22.9%。东西向脉组主要见于小港段，有矿脉15条，成群展布。矿体规模小，最大长160米，脉幅宽0.05 ~ 0.95米，多呈透镜状、藕节状产出，锑品位0.02% ~ 10.95%，普遍含金，可达1 ~ 3克/吨。矿石矿物以辉锑矿为主，伴生有毒砂、黄铁矿及微量自然金、黄铜矿；脉石矿物主要为石英及少量绿泥石、方解石等。围岩蚀变以毒砂化、硅化、黄铁矿化，绿泥石化为著。

第二节 铅锌矿

湖南铅锌矿资源丰富，据2002年统计，湖南铅保有储量256.8万吨，居全国第三位，锌保有储量689.7万吨，居全国第四位。全省有30多个县发现铅锌矿点800多处，其中大型矿床10处，中型矿床15处。主要分布在郴州、衡阳、湘西、邵阳等市州，如在湘西的龙山、保靖一带，发现了巨大的铅锌成矿带。

一　矿床类型

省内铅锌矿床类型可分为接触交代矿床、裂隙充填矿床和沉积——热液再造矿床三种类型：

（一）接触交代型

矿体主要产于花岗岩体外接触带附近的矽卡岩（矽卡岩型）和碳酸盐类（充填交代型）围岩中，在空间或成因上与酸或中酸性花岗岩关系密切。形成方式以交代为主，亦有产于远离岩体（1000米左右）外接触带碳酸盐类岩石中的容矿断部位，形成似层状、透镜状、脉状、筒柱状矿体。这类矿床具有矿体数量多、成群出现，形态变化大，矿石品位相对富集，矿物成分复杂，围岩蚀变种类繁多等特点。属这一类型的矿床有桂阳黄沙坪、常宁水口山、江永铜山岭及桂阳宝山铅锌矿等。

（二）裂隙充填型

矿体产于硅铝质岩石中，受断裂构造控制。生成方式以热液充填为主。矿体形态多呈大脉状、脉状（或脉群）产出。矿物成分、围岩蚀变较简单。代表性矿床有临湘桃林、醴陵潘家冲、郴县铁屎垅、衡山东湖町铅锌矿。

（三）沉积—热液再造型

矿体产出受地层层位控制，主要产于震旦系、寒武系、奥陶系及中上泥盆统的碳酸盐类岩层中。成矿富集与成岩后脆性变形产生的层间破碎及地下热水环流叠加改造有关。矿体以层状、似层状为主，脉状次之。矿物成分和围岩蚀变简单。矿石矿物一般锌多于铅。代表矿床有花垣李梅—渔塘寨，沅陵董家河、凤凰桐木槿。

湖南铅锌矿床一个明显的特点是共（伴）生元素多，共（伴）生的有色金属、贵金属、稀有金属以及非金属（萤石）等有用矿产30多种，有的伴生金属矿产达到大型规模。从品位来看，铅锌矿石品位相对较低，全省平均品位铅 1.71%、锌 2.4%，铅、锌合计品位为 4.11%，保有储量中的富矿只占 26%。另一特点为矿床中往往锌大于铅，据 15 个矿区统计，只有 2 个是铅大于锌的，其余都是锌大于铅，其铅锌比一般为 1:1.24 ~ 1:3.95。水口山铅锌矿就是最明显的锌大于铅的矿山，其铅锌比为 1:2.52。而水口山康家湾矿区则是一个大而富的多金属矿床，其主要矿体的铅、锌、金品位分别为 3.29%、4.5% 和 3.65 克 / 吨。矿石品位高，可选性良好。

除水口山外，湖南主要铅锌矿区还有桃林铅锌矿、黄沙坪铅锌矿、柿竹园多金属矿、清水塘铅锌矿、潘家冲铅锌矿、凤凰铅锌矿、宝山铅锌银矿、江永铅锌银矿、邵东铅锌矿、桥口铅锌矿等矿区。

二 主要矿床简介

（一）桂阳黄沙坪铅锌矿

该矿位于桂阳县境内，北东距郴州市 44 公里。矿山建设始于 1963 年，2002 年形成日采选矿石 1500 吨的生产能力。

矿床处于南岭有色金属成矿带中段北缘，区内褶皱、断裂发育，岩浆活动频繁。主要矿体产出于燕山早期（同位素地质年龄 146 百万年 ~118 百万年）浅成—超浅成石英斑岩接触带附近的石炭系下统石磴子组含生物屑和砂屑的不纯灰岩中。有大小铅锌矿体 347 个，其中具工业意义的矿体 144 个。在空间分布上与石英斑岩关系密切，成群赋存于岩体接触带及其附近。矿体形态、产状变化取决于控矿构造类型及岩体形态、产状等因素，有呈复杂的脉状、柱状、透镜状、囊状及似层状等。在工业矿体中主要矿体 7 个，其中Ⅰ、Ⅱ号矿体规模最大，储量约占全区总储量的 49%。矿体已控制走向长 400 ~ 700 米，斜深 95 ~ 800 米以上，厚度 2.95 ~ 80 米。矿石组分复杂，已知矿物达100余种，主要矿石矿物有方铅 矿、（铁）闪锌矿、黄铁矿；次为磁铁矿、磁黄铁矿、白铁矿、锡石、黝锡矿、白钨矿、黄铜矿、赤铁矿及毒砂等。脉石矿物有石榴石、透辉石、锰菱铁矿、透闪石、阳起石、长石、绿泥石、萤石、石英、方解石、白云石等。矿石品位：铅3.01%、锌5.74%、硫19.94%、铜0.8%。近矿围岩蚀变种类较多，常见的有矽卡岩化、绿泥石化、绢云母化、硅化等。

（二）临湘桃林铅锌矿

该矿位于临湘县城南西20公里处，是一个大型铅锌矿床。矿区出露地层主要为板溪群千枚岩、变质砂岩及板岩，厚度8500米；次为白垩——第三系红色砂、砾岩层，不整合于板溪群之上。矿区为一单斜构造、裂隙发育。

铅锌矿体赋存在板溪群与幕阜山花岗岩体外接触带100~200米处的破碎角砾岩化带内。分两个矿段，即东部银孔山矿段，矿体长850~1300米；西部上塘冲矿段，矿体长800~1500米。矿化带沿倾斜延深约1000米，平均厚度10米。矿体产状和形态严格受断层控制，总体走向北东75°~80°，倾向340°，倾角45°左右。全区矿石平均品位铅1.13%~1.24%，锌1.17%~1.85%。矿体形态以脉状为主，次为似层状、透镜状及扁豆状。主要金属矿物为方铅矿、闪锌矿，次为黄铜矿、黄铁矿、辉银铅铋矿、辉银矿等；脉石矿物主要为石英、萤石、重晶石和方解石，次为绿泥石等。与成矿关系密切的围岩蚀变主要有硅化、绿泥石化、萤石化。

（三）花垣县李梅—渔塘寨铅锌矿田

该矿田位于花垣县城南西15公里，属李梅—渔塘寨铅锌矿田的一部分。矿田含矿面积50平方公里。主要构造线为东北、北北东方向，褶皱平缓开阔，断裂构造发育。下寒武统清虚洞组是矿田内铅锌矿的控矿、容矿层位。矿床产出受岩相、构造和热液改造 3 个条件综合控制。相对富集的矿体受北西向次级褶皱控制。

渔塘区工业矿体有 7 层，呈似层状、扁豆状、透镜状、囊状、筒状，产出于寒武系下统清虚洞组之异形石灰岩、藻灰岩中。矿体规模：走向长 300~1500 米，延深数米至 600 米，厚 2.45~14 米。矿石品位一般“铅 + 锌”2%~3%，有部分锌在 5% 以上相对富矿。金属矿物以闪锌矿、方铅矿为主，次有黄铜矿、黄铁矿、脆硫锑铅矿、辰砂；脉石矿物有方解石、白云石、重晶石、石英。围岩蚀变有白云石化、硅化、碳酸盐化、黄铁矿化、重结晶—褪色化。

（四）常宁水口山铅锌矿田

该矿田位于常宁县城东北 35 公里。矿田内有老鸦巢、鸭公塘、中区（百步蹬、白泥冲、仙人岩）、龙王山、康家湾等矿区。水口山为世界闻名的铅锌矿，相传盛采于明万历年间（1573—1620），时以采铅提银和炼硫磺为目的，故亦称为银矿。

矿田居耒阳—临武南北向褶断带北端，衡阳“红色”盆地南缘。区内出露石炭系至白垩系地层。容矿层位主要为下二叠统当冲组下段硅质岩中偶夹的碳质灰岩和栖霞组上段灰白色含燧石不纯灰岩，厚约 150~180 米。近岩体处每接触变质成砂卡岩或重结晶为大理岩。岩浆活动强烈，出露大小岩体 64 个，总面积约 4.5 平方公里。可分别为花岗闪长（斑）岩、花岗斑岩、火山角砾岩、英安玢岩、流纹斑岩、石英斑岩等中性、中酸性、酸性岩石。岩体呈岩盆、岩床、岩墙和岩枝状超覆产出，与围岩接触面倾角 20~80 度，每成为老鸦巢、鸭公塘及中区产出的铅、锌、铜、黄铁矿（伴生金银）的赋存部位，即所谓“超覆式成矿”。而康家湾铅、锌（金、银）矿体主要产于侏罗系与石炭—二叠系不整合面附近的硅化破碎带及二叠系下统当冲组硅质岩中。矿田内产出的矿体可分别为产于花岗闪长岩接触带上的矽卡岩型铜、铅锌矿，主要金属矿物为方铅矿、闪锌矿、黄铜矿、黄铁矿、自然金；外接触带碳酸盐岩中充填、交代铅锌、黄铁矿；破碎带中充填、交代型铅锌、金、银矿；爆破角砾岩型铅锌、金、银矿等类型。矿体形态为筒状、囊状、不规则状、透镜状、似层状。规模大小不等，以康家湾为大，矿化带长 2500 米，宽 150~700 米，主要矿体 7 个。Ⅰ ~ Ⅴ号矿体分布于硅化破碎带中，呈似层状产出，长 316~1490 米，宽 50~520 米，厚 3.07~9.86 米。主要金属矿物为方铅矿、闪锌矿、黄铁矿。平均含铅 3.92%，锌 4.50%，硫 13.39%，金 2.68 克 / 吨，银 86.8 克 / 吨。已探明的矿体均为隐伏在地表出露的白垩系红层以下 159 ~ 590 米深处的盲矿体。

第三节　钨　矿

湖南钨矿资源丰富，主要分布在郴州、衡阳、湘西、株洲等地。在已探明的 40 余处钨矿床中，大型钨矿 7 处，中型 18 处。矿床类型主要以矽卡岩型白钨矿床及高—中温热液石英脉黑钨矿床为最多，储量也最大；中温热液型矿床次之；云英岩型及花岗伟晶岩型矿床又次之。较为富集的矿区有郴县柿竹园、宜章瑶岗仙、汝城白云仙、湘东邓阜仙、衡南川口，其次为临武的东山、香花铺白钨矿区和东安县钨矿区。沅陵的沃溪、桃源的西安、鱼儿山，桃江的西冲等处是钨与锑、金共生矿区，钨是附产。柿竹园已探明钨金属储量 74.7 万吨，占全国已探明储量的 49%，占世界已探明储量的 20.7%。湖南钨矿资源的特点是白钨储量大，占全国白钨储量的 60% 以上，但只有瑶岗仙柿竹园等少数几家矿山在开采；其次是共（伴）生金属多，多数钨矿伴生有钼、锡、铜、铋、锑、金、铅、锌、铍、钽、铌等金属以及萤石，大多可综合回收。有的伴生矿产具备独立开采价值，如柿竹园钨矿中伴生的钼、铋、锡、萤石等均属大型矿床。

一 矿床类型

省内钨矿划分为矽卡岩型、热液裂隙充填型、层控型和冲积型砂矿四类：

（一）矽卡岩型

矽卡岩型系指矿体产于酸性花岗岩类岩体与碳酸盐岩或含钙碎屑岩经接触交代形成的矽卡岩或附近的围岩中。矿体呈似层状、透镜状、扁豆状，产状与矽卡岩或围岩的产状近于一致，规模大者延长、延深达数百米至千余米，小者可为数十米。该类矿床以含大量石榴子石、透辉石、钙铁辉石、绿帘石、硅灰石等矽卡岩矿物为特征，有用矿物成分复杂，主要金属矿物为白钨矿、辉钼矿、辉铋矿、锡石、黄铜矿及部分黑钨矿。矿石品位多为中—贫矿，局部可较富。矿床规模小—特大型均有。围岩蚀变主要为矽卡岩化、大理岩化、角岩化、萤石化、硅化等。按矿体产出部位、成矿复杂程度和生成方式，又可分为接触交代矽卡岩型、层状矽卡岩型、云英岩—矽卡岩复合型三亚类：接触交代矽卡岩型矿床，如郴县新田岭钨矿，层状、似层状矽卡岩型矿床，如新邵县曹家坝钨矿、分水坳钨矿；云英岩—矽卡岩复合型钨矿，如郴县柿竹园。

（二）热液裂隙充填型（石英脉型）

热液裂隙充填型成矿主要与燕山期酸性花岗岩关系密切。含钨石英脉大都呈脉状，亦有呈细脉带状，产于花岗岩体内或岩体外接触带围岩构造裂隙中。矿脉常成群、成组、成带分布，严格受构造裂隙系统控制。单脉大者，长可达千余米，幅宽 0.15 ~ 2.5 米，延深 500 余米；小者长仅数十米，幅宽数厘米，延深 100 余米。矿石矿物成分以黑钨矿或白钨矿为主；脉石大部分为石英及部分方解石。按矿石矿物组合不同，分别为石英脉型黑钨矿，宜章瑶岗仙、茶陵邓阜仙等钨矿属之；石英脉型白钨矿，安化司徒铺、芙蓉，新化杨家山等钨矿属之；石英、方解石脉型白钨矿，汝城白云仙大山矿床属之。

（三）层控型

层控型矿体产出受层间破碎带控制，多以矿化蚀变带的形式产于中上元古界浅变质岩中，总体产出形态呈似层状，倾向延伸长度常大于走向延伸长度，形成板柱状矿体。矿物成分主要为白钨矿、辉锑矿和自然金等。近矿围岩以褪色化、硅化、绢云母化、绿泥石化、高岭土化等中低温热液蚀变为特征。以沅陵县沃溪、西安溪钨矿为代表。

（四）冲积型砂钨矿

冲积型砂钨矿大多数围绕原生钨矿床分布，为近源砂矿。一般赋存于第四系河谷冲积层中，如川口矿田外围的砂钨矿点。黑钨矿品位颇高，但规模小。

上述几类钨矿，以矽卡岩型或云英岩—矽卡岩复合型钨矿和石英脉型钨矿两个亚类最重要，是湖南主要钨矿类型。

二 主要矿床简介

（一）柿竹园钨、锡、钼、铋多金属矿

该矿是中国乃至世界上规模最大的钨多金属矿床。矿区位于郴州市。地处中国南岭有色稀有金属成矿带中段北缘。

矿床形成于上泥盆统佘田桥组泥质灰岩与燕山期千里山花岗岩侵入体接触带东南侧之矽卡岩和云英岩内。产出的矿体呈近南北走向，倾向东，倾角 10° ~ 15°，长 1000 ~ 1200 米，宽 600 ~ 1000 米，厚 150 ~ 500 米。按矿物组合，矿石结构构造，自上而下分为四种矿石类型，一是网脉状大理岩锡矿石；二是矽卡岩钨、铋矿石；三是云英岩网脉——矽卡岩钨、钼、铋矿石；四是云英岩钨、钼、铋、锡矿石。已查明的各类矿物 143 种。

主要金属矿物有白钨矿、黑钨矿、黝锡矿、锡石、辉钼矿、辉铋矿等；脉石矿物为石榴石、透辉石、透闪石、符山石、萤石、方解石等。此外在晚期花岗斑岩墙西侧尚产矽卡岩型锡钼矿和碳酸盐岩中裂隙交代充填的铅锌矿，矿石中主要有用组分含量：钨 0.26% ~ 0.63%，锡 0.1% ~ 0.26%，钼 0.09% ~ 0.12%，铋 0.07% ~ 0.15%，氟化钙 5.72% ~ 25.58%。由于多期次岩浆活动和成矿作用，显示着自伟晶岩期—矽卡岩期—云英岩期—硫化物期矿化的全过程，引起的围岩蚀变现象，既广泛强烈，又复杂多样，常见者有矽卡岩化、云英岩化、绢云母化、萤石化、钾化、钠化、电气石化，绿泥石化、硅化等。已探明金属总量 169.19 万吨，其中钨 74.48 万吨，锡 48.6 万吨，钼 13.28 万吨，铋 30.53 万吨。另有萤石 4000 万吨，伴生铜、铅、锌、黄铁矿均可回收。

（二）瑶岗仙钨矿

该矿位于宜章县与资兴县交界处。矿床处于南岭有色金属成矿带中段北缘。富矿围岩主要为中泥盆统跳马涧组砂岩、寒武系浅变质砂岩、板岩，次为侏罗系砂页岩。区内以北北西、北西及北西西3组次级断裂最为发育，为本区的主要容矿构造。瑶岗仙复式花岗岩体出露于矿区中、南部，属燕山早期产物（178百万年 ~ 169百万年），为矿床的成矿母岩。由于岩浆多期次活动，使围岩产生强度不等的角岩化、矽卡岩化、黑云母化、云英岩化、黄玉化及绿泥石化等蚀变。瑶岗仙钨矿属黑钨矿石英大脉型矿床，特点是矿脉成组成带分布。全区主要矿脉有三组：

1. 北北西组：走向325°~355°，倾向南西，倾角80°左右，长数十米至千余米，延深几十米至300余米，脉幅0.15~0.6米，最厚可达1.2米，$W0_3$含量在2%以上。

2. 北西组：走向 310° ~340°，倾向南西，倾角 60° ~86°，长

数十米至1200米，延深几十米至800米，脉幅0.2~0.45米，最厚可达1.8米，$W0_3$含量大于1%。

3.北西西组：走向280°，倾向南西，倾角80°左右，长数百米至1400米，延深数百米至1300米，大多为隐伏、半隐伏矿脉。产于花岗岩中的脉体厚度一般0.2~1米，而进入围岩中的脉体则显著变厚，最厚可达2.4米。$W0_3$含量在1.5%左右。

全矿区有近400条矿脉，属大型钨矿床。矿石中已知矿物有60余种，其中金属矿物主要有黑钨矿、白钨矿、黄铜矿、黝锡矿、方铅矿、闪锌矿、黄铁矿、毒砂、磁黄铁矿、银黝铜矿及锡石等；非金属矿物主要有石英、长石、白云母、绢云母、黄玉及萤石等。

截至2000年年底，黑钨资源储量不断积累，共探出矿脉249条，其中列入储量计算的183条。黑钨矿保有工业储量178万吨，金属量22300吨，品位1.26%。远景矿量58.1万吨，金属量7903吨，品位1.37%。工业矿量保有19.6年；远景矿量保有6.4年。伴生元素铜、锡、银、砷保有工业矿量73万吨，铜金属量2895吨，锡金属量2447吨，银金属量39.3吨，砷金属量16700吨。远景矿量104.9万吨，铜金属量4091吨，锡金属量3504吨，砷金属量23300吨。

经探明白钨矿床为特大型矽卡岩和砂岩细脉（浸染）型砂矿床，其储量：B级矿量1498.7万吨，品位0.31%，金属量46500吨；C级矿量5075.8万吨，品位0.27%，金属量13.7万吨；D级矿量819.6万吨，品位0.26%，金属量21000吨。“工业+远景”[(B+C)+D] 7394万吨，金属量20.44万吨，品位0.28%。

（三）沅陵县沃溪钨锑金矿

该矿位于沅陵县城东，地处雪峰隆起带北东段转折端。区内广泛出露元古界冷家溪群、板溪群浅变质碎屑岩系，上元古界板溪群马底驿组紫红色常含凝灰质绢云母板岩夹钙质板岩为主要赋矿层位，厚630～810米。矿区为一单斜构造，岩层走向近东西，倾向北或北北东，倾角30度左右。含金、钨、锑石英脉赋存于沃溪断裂下盘马底驿组层间破碎带中。规模较大的破碎带有6条，其中4条赋存工业矿体。一号矿化破碎带长5300米，有矿体11个，单矿体长35～220米，延深180～1900米，平均厚0.47米，平均品位：金5.45克/吨，锑2.58%，$W0_3$0.22%。二号矿化破碎带长650米，有矿体2个。单矿体长40～70米，延深320米，平均厚0.29米，平均品位：金7.59克/吨，锑5.39%，$W0_3$0.27%。三号矿化破碎带长1100米，有矿体6个，单矿体长75～190米，延深550～1500米，平均厚0.25米，平均品位：金10.35克/吨，锑3.10%，$W0_3$0.24%。四号矿化破碎带出露长50米，有盲矿体4个，单矿体长50～350米，延深500～1700米，平均品位：金10.35克/吨，锑5.55%，$W0_3$0.76%。矿体中主要金属矿物有自然金、辉锑矿、白钨矿、黑钨矿；主要脉石矿物为石英。与金矿化关系密切的围岩蚀变为硅化、黄铁矿化、褪色化。

第四节　铜铝矿

一 铜 矿

湖南铜矿资源主要集中在湘西北、湘中和湘东南，绝大多数为硫化矿。湘西北地区以含铜石英脉型为主；湘中地区主要为中温热液形成的矿床，以含铜砂岩型为主；湘东南地区以矽卡岩型铜矿、高中温热液填充或交代含铜多金属矿床为主。如茶陵邓阜仙、汝城白云仙、桂阳宝山、宜章瑶岗仙、江永铜山岭等地含铜矽卡岩型矿床；桂阳大顺窿、临武香花岭、江永大白水等地为铜、铅、锌矿床；常宁柏坊、衡南车江等地为含铜砂岩矿床。至1999年年底，全省有铜矿床42处，开发利用25处，已探明的有桂阳宝山、常宁柏坊、衡南车江、江永铜山岭、麻阳九曲湾、新化杨家山等处。

省内铜矿可划分为矽卡岩型、热液充填型、砂（页）岩型及风化淋滤型等四种类型。

（一）矽卡岩型

矽卡岩型主要产在燕山期或印支期中酸性、酸性火成岩与上古生界碳酸盐岩接触带或附近围岩。矿体大部或一部分系交代矽卡岩体形成。矿物组分复杂，形态为扁豆状、似层状及不规则脉状。按矿体形成部位和矿物组合的不同，有产于矽卡岩体中铜钨钼铋矿床，如桂阳宝山铜矿；有叠加于矽卡岩体中铁铜矿床，如浏阳七宝山铜矿；有产在矽卡岩附近围岩中的铜钨铋硼矿床，如常宁县烟竹湖铜矿；有靠近矽卡岩体产出的铜锌锡砷矿床，如桂阳绿紫坳铜矿等不同类型。

（二）热液充填（交代）型

热液充填（交代）型矿体产出受断裂或断裂破碎带的控制，以裂隙充填为主。矿体多呈脉状，囊状及各种不规则的脉状，少数为透镜状，多产在脆性岩层中。如茶陵邓阜仙含铜黑钨石英脉矿床、新化杨家山含铜白钨矿石英脉矿床、临湘桃林含铜锌铅萤石石英脉矿床等。

（三）砂（页）岩型

砂（页）岩型产出时代多、层位多，已知有元古界板溪群马底驿组、震旦系下统南沱砂岩、寒武系下统牛蹄塘组、泥盆系上统黄家磴组、二叠系上统斗岭煤组、三叠系巴东组、白垩系上统及下第三系等，主要分布在沅麻和衡阳二个中新生代红盆地内。矿床受沉积构造盆地控制，矿体产出与浅色岩层有关，呈层状、似层状及扁豆状，矿化较均匀，如衡阳盆地的衡南车江铜矿、沅麻盆地的麻阳九曲湾铜矿等。

（四）风化淋滤型

风化淋滤型属上述各类铜矿的次生矿床。埋藏浅、规模小、多具铁帽的外表特征，如衡东尹家湾铜矿。

上列几类铜矿床，以矽卡岩型铜矿规模为大，储量最多，砂岩铜矿规模较小，但品位较富（如铜鼓塘铜矿），亦是铜矿资源的主要来源；热液脉状铜矿以矿点、矿化点居多，具有工业意义的矿床尚未发现。

至2002年，全省有国营主产矿山8个，副产矿山7个，乡镇集体矿山17个。有铜选厂5个，年采矿石70. 69万吨。以截止1988年底《湖南省矿产储量平衡表》列入的40个矿区计，正在开采和基建的矿区20个，占50%；停采停建的3个，占7.5%；尚未利用的17个，占42.5%。已利用的储量占53.99%，尚未利用的储量占46.01%。已利用的详勘矿区15个，初勘矿区1个，详查矿区1个，初查矿区3个；尚未利用的详勘矿区5个，初勘矿区3个，详查矿区4个，初查矿区5个。

二 铝 矿

省内铝矿产仅湘西泸溪县李家田和湘中湘乡县连山两处。前者为中型铝土矿；后者为小型提铝用的粘土矿。两处矿床均为一水型沉积铝土矿。截至 1988 年年底，累计探明铝土矿矿石储量 731.0 万吨，保有储量 689.4 万吨，居全国第 13 位。

李家田矿区是湖南冶金勘探公司二三九队于 1958 年发现的，继而进行普查与勘探，并于 1964 年编写《湖南省泸溪县李家田铝土矿区总结报告》，提交表内储量 700 万吨。后由于矿石技术加工试验、物性测定、内外检及水文资料不足，湖南冶金二四五队又于 1974 年 5 月进行补勘，1976 年 12 月提交《湖南省泸溪县李家田铝土矿浅部补充报告》，提交工业储量 500 余万吨。湘乡县连山提铝用黏土矿是省地质局水文队于 1972—

1973年进行勘探的，分别提交该矿的一井田和二井田地质勘探报告，探明储量218.7万吨。

李家田铝土矿，未正式开采利用，仅有农民自发采矿供泸溪县浦市耐火材料厂制耐火材料用。湘乡县铝土矿于1979年投产，生产能力达1.7万吨/年，其中一井田于1988年年底停产关闭。

三 主要矿床简介

（一）浏阳县七宝山铜多金属矿

该矿位于浏阳县城东北，矿区内出露地层有中元古界冷家溪群、下震旦统莲沱组、下石炭统大塘阶、中上石炭统壶天群。矿区构造为一近东西向的不对称向斜。沿矿区南缘横山一古港断裂有呈蘑菇状的燕山早期石英斑岩株侵入。经查明，区内产出的矿体有两类：一为产于壶天群碳酸盐岩，与其下覆地层间的不整合面或层间破碎带的裂隙充填型富硫富铜矿体；另为产于岩体与碳酸盐岩接触带的矽卡岩型矿体，多为中低品位的硫铜矿。

1958年二机部三〇九队十六分队于矿区内发现一梯度很大的航磁异常，尔后，湘潭专署综合地质队及湖南省地质局物探大队开展地质调查。1959—1971年由湖南省地质局四〇二队施行 评价、勘探。探明金属储量：铜28万吨，黄铁矿89100吨，铅56200吨，锌51.93万吨，铁矿石922万吨。

全矿区有大小矿体200多个，呈层状、似层状、透镜状或不规则状产出。金属矿物原生的有磁铁矿、黄铁矿、黄铜矿、磁黄铁矿、方铅矿、沥青铀矿；次生的有辉铜矿、铜蓝、褐铁矿、菱锌矿、异极矿。围岩蚀变有矽卡岩化、硅化、绢云母化、高岭土化、铁锰碳酸盐化、碳酸盐化等。

（二）麻阳县九曲湾铜矿

该矿位于沅麻中新生代红色盆地中段的东南侧。于1958年发现，经多年地质工作证实，是一个国内外罕见的共、伴生有10种自然金属元素的自然铜型砂岩铜矿床。

矿区内含铜岩系包括白垩系第三岩组上部及第四岩组底部砾岩附近的矿化浅色层，以泥质粉砂岩为主，由“深色层”与“浅色层”间互组成，韵律十分发育，厚640米，“浅色层”及主矿体多集中于含铜岩系之中上部。矿体严格受浅色砂岩层的控制，一般无穿层现象。矿体形态的变化要比含铜层的变化大得多，一般呈透镜状或似层状，大小悬殊。在平面上由南东向北西方向（沿古动力方向）呈边幕式排列。

铜矿化不均匀，品位变化大，呈星散状浸染；局部可见团斑状或沿裂隙注入呈细脉状。原生含铜矿物主要是自然铜（占95%），偶见黄铜矿、斑铜矿、锌铜矿、砷黝铜矿及红硒铜矿等。氧化矿物为赤铜矿、辉铜矿、孔雀石及黑铜矿、蓝辉铜矿。自然铜的产出有3种方式：1.充填在砂岩胶结物中；2.产于岩（或砂）屑中；3.产于后生裂隙及沿下伏岩层层理贯入，具强烈次生交代。与铜矿物共生的自然金属元素组合，包括自然银、自然锌、自然铝、自然锡、自然钨、自然铬、自然铅、自然铁及以铅为主的铅锡合金等9种，加上自然铜共计10种。这些自然元素主要出现在贫矿化或无矿化粒度较粗的岩石中，富矿体中量少。矿床的成因属同生机械沉积后经成岩期还原改造富集成矿。

1959—1974年，省地质局四〇七队勘探提交铜金属工业储量52917吨，远景储量47823吨。

（三）常宁县柏坊铜矿

该矿区位于衡阳盆地南缘。含铜层位，主要为白垩系下统浅色砂岩和石炭系中上统白云质灰岩。有大小矿体10余个，主矿体为Ⅰ、Ⅲ号矿体，次为Ⅳ、Ⅴ号矿体。主矿体产于白垩系下统浅色层断裂发育地段（Ⅰ号）和石炭系中上统白云质灰岩与二迭系上统龙潭组煤系之间的断层破碎带内（Ⅳ号），拥有储量占全区的 72%。已探明的各个矿体总的展布方向近东西，但彼此之间互不联系，分别隐伏在地表以下 10 米 ~ 230 米之间。其中Ⅰ号矿体产出明显受近东西向的 F2 压扭性断层控制，矿体形态呈不规则透镜状，沿走向长约 250 米，宽约 140 米，最大厚度 26 米许，平均厚度 7.33 米。矿物成分以辉铜矿为主，孔雀石、赤铜矿次之。铜平均品位为 6.10%。伴生有铀。是一个小而富的多因复成矿床。

1954 年，湖南冶金二〇二队对砂岩铜矿进行普查，1956 年由中南三〇九队航空放射性测量发现，尔后由省地质局大义山队开展评价，省地质局四一七队于 1970 年完成勘探，提交铜矿石工业储量 5555 吨，远景储量 53840 吨，铜品位 4.99% ~ 6.93%。

第五节　钼铋矿

一　钼　矿

截至 1988 年，省内钼矿独立产出的工业矿床很少，大多与钨、锡、铜、铅、锌及镍矿等共生或伴生，共有产地 40 处，探明储量的 14 处，其中 11 处为伴生矿。主要分布在湘南的郴县（今苏仙区）、桂阳、汝城，慈利、大庸市（今张家界市）天门山地区及长沙市境。截至 1988 年年底，探明和保有钼矿储量 17.49 万吨，居全国第 13 位。

钼矿床类型有矽卡岩型钼多金属矿床，矽卡岩——云英岩复合型钨锡钼铋矿床，含（钼）钨锡石英脉矿床以及沉积型镍钼矿床 4 类。其中矽卡岩——云英岩钨锡矿床的钼储量所占比例在 50% 以上，钼品位一般在 0.034% ~ 0.698%。

按照 1988 年年底列入《湖南省矿产储量平衡表》的 14 个

矿区计，省内钼矿正在开采和基建的矿区7个，尚未利用的矿区7个。以保有储量计，已利用的储量占19.30%，尚未利用的储量占81.70%。截至1988年，开采钼矿的矿山有桂阳宝山铜钼矿、汝城钨矿、川口钨矿、柿竹园多金属矿、新田岭有色矿（见表2–1–2）。

表2–1–2 1988年年底湖南省大中型钼矿产地简况一览表

矿区名称	矿床成因类型	矿床规模	勘查单位	报告提交时间
慈利县大浒镍钼矿王家山矿段	沉积型	中型	省地质局四〇三队	1971年9月
柿竹园钨锡钼铋矿区	云英岩—矽卡岩复合型	大型	省地质局湘南队	1985年9月
桂阳黄沙坪铅锌矿南部铁矿（含钼）	矽卡岩型	中型	省冶金二三八队	1978年9月
桂阳宝山铜矿（含钼）	矽卡岩型	中型	省冶金二三八队	1966年1月
汝城钨矿（含钼）	石英脉型	中型	省冶金二〇六队	1966年
大庸天门山矿区大坪矿段镍钼矿	沉积型	中型	省地质局四〇五队	1975年8月

二 铋 矿

省内铋矿均与钨矿和铜多金属矿共生或伴生，已发现含铋矿产地24处，主要分布在湘南的苏仙区、桂阳、资兴、汝城、常宁、桂东县境。截至1988年年底，省内已探明和保有的铋矿储量29.60万吨，其中郴县柿竹园钨多金属矿区，铋矿探明和保有储量占全省总储量的88.81%。

铋矿均系伴随钨矿、铜多金属矿地质勘查的开展而进行，大多是从20世纪70年代中期至80年代初进行和完成的。

铋矿以共生组分产出的有柿竹园钨锡钼铋多金属矿区，为大型矿床，新田岭钨锡钼铋矿为中型矿床，其余均系与钨、铜多金属矿相伴生的小型矿床。矿床类型主要为矽卡岩型，次为裂隙充填交代型，铋矿品位一般为0.1% ~ 0.2%。

铋矿开采利用主要取决于主产金属的开发利用，大部分是作为钨矿副产品予以综合回收。截至1988年列入《湖南省矿产储量平衡表》的10个矿区，正在开采和基建的5个，占50%；停采停建的2个，占20%；尚未利用的3个，占30%。已利用的储量（含停采停建的）占7.37%，尚未利用的储量占92.63%。从工作程度来看，已利用的详勘矿区3个，详查矿区4个；尚未利用的详勘矿区1个，初勘矿区1个，初查矿区1个。

第六节 锡 矿

截至1988年，省内锡矿保有储量33.41万吨（工业储量19.94万吨），居全国第四位。已探明储量列入《湖南省矿产储量平衡表》的产地37处，其中大型矿床3处，中型矿床12处，小型矿床22处。主要分布在常宁、郴县（今苏仙区）、衡东、临武、宜章、江华、桂阳等县。

锡矿是发现和应用最早的矿产之一。1977年11月在衡阳市郊包家台子出土一件商代青铜器——铜牛尊，确证锡在青铜器时代已被发现并作为冶炼青铜的原料。

一 矿床类型

湖南锡矿按成因分为岩浆气化热液型锡矿和砂锡矿两大类。

（一）岩浆气化热液型锡矿

岩浆气化热液型锡矿按成矿地质环境、蚀变矿化特征和矿物组合又可再分为矽卡岩型、云英岩型、锡石硫化物型及锡石石英脉型四类。

1. 矽卡岩型：成矿受岩浆作用控制，矿体多赋存于花岗岩体外接触带矽卡岩中，呈似层状、透镜状、小囊状、柱状产出。金属矿有白钨矿、锡石、磁铁矿、黝锡矿、辉铋矿、毒砂等；非金属矿物有石榴石、透辉石、符山石及萤石、石英、方解石等。围岩蚀变以矽卡岩化为著。矿床中锡与其他金属共生或以伴生组分产出。郴县柿竹园钨锡钼铋矿及江华河路口、桂阳绿紫坳、郴县天鹅塘等锡矿即是。

2. 锡石硫化物型：矿体主要产于花岗岩体外接触带碳酸盐岩围岩中，受构造控制。矿体形态呈脉状、管状、囊状，少数为似层状。锡石与金属硫化物紧密伴生，成分复杂，主要金属矿物为磁黄铁矿、磁铁矿、黄铁矿、毒砂、锡石、方铅矿、闪锌矿等。与成矿有关的围岩蚀变为绿泥石化、电气石化、萤石化、大理岩化、绢云母化等。临武香花岭、郴县安源等锡矿属之。

3. 云英岩型：包括云英岩化花岗岩和云英岩化石英斑岩二类。云英岩化多形成于岩体顶部、边缘或遍及整个斑岩体。原岩普遍受到白云母、黄玉、萤石等富含挥发份矿物的交代，同时伴有锡石矿化。含锡云英岩矿体成脉状、皮壳状、筒状或不规则状。矿体大者长 100 ~ 300 米，宽 50 ~ 115 米，延深 300 米，规模小者长、宽仅数米，这类矿床以郴县柿竹园 IV 矿带及野鸡尾 30 号矿体为代表。

4. 锡石石英脉型（裂隙充填型）：赋存于花岗岩体外接触带铝硅酸盐围岩中，矿体产出受构造裂隙控制，主要呈脉状、细脉带或网脉。金属矿物以黑钨矿、白钨矿、锡石、黝锡矿为主，按矿石矿物组合及产出状态，可分别为：锡石硫化物石英脉；锡（铍）网脉大理岩锡矿；（锡）钨石英脉锡矿，郴县红旗岭四号脉属之。

（二）锡砂矿

锡砂矿多属冲积型或洪积型砂矿，少数为残坡积砂矿。重矿物除锡石外，尚伴生有钛铁矿、锆石、独居石等。矿物颗粒较粗，易选剥离比小，品位较高。主要分布于常宁太义山东部和江华河路口等地。

以截至1988年年底列入《湖南省矿产储量平衡表》上的37个矿区计，已开采的矿区有15个。已利用的保有储量占26%，尚未利用的储量占74%。

表2-1-3 1988年年底湖南省大中型锡矿产地简况一览表

矿区名称	矿床类型	矿床规模	勘查单位	报告提交时间
常宁白沙砂锡矿	冲积洪积型砂锡矿	中型	省地质局大义山队	1961年1月
常宁县西岭砂锡矿区	冲积、洪积型砂锡矿	中型	省地质局大义山队	1961年2月
常宁县邵家桥砂锡矿区	冲积、洪积型砂锡矿	中型	省地质局大义山队	1961年3月
常宁县双安砂锡矿区	冲积、洪积型砂锡矿	中型	省地质局大义山队	1960年7月
常宁县花亭子砂锡矿区	冲积、洪积型砂锡矿	中型	省地质局大义山队	1960年8月
常宁县庙前砂锡矿区	冲积、洪积型砂锡矿	中型	省地质局四〇六队	1963年2月
常宁县七里坪砂锡矿区	冲积、洪积型砂锡矿	中型	省地质局四〇六队	1962年12月
郴县柿竹园—野鸡尾铜锡多金属矿区	矽卡岩型	大型	省地质局湘南队	1986年8月
郴县红旗岭锡钨多金属矿区	石英细脉带型	大型	省地质局湘南队	1987年7月
郴县柿竹园钨锡钼铋矿区	云英岩—矽卡岩复合型	大型	省地质局湘南队	1985年9月
郴县安源锡矿	锡石—硫化物型	中型	省冶金二三八队	1976年
郴县野鸡尾矿区锡多金属矿	锡石—云英岩型	大型	省地矿局湘南队	1986年8月

续表

矿区名称	矿床类型	矿床规模	勘查单位	报告提交时间
桂阳大顺窿含铜锡多金属矿	充填交代型	中型	省地质局四〇八队	1980年7月
宜章县瑶岗仙钨矿（含锡）	石英脉型	中型	省冶金二〇六队	1986年12月
临武县香花岭锡矿	锡石硫化物型	中型	省冶金二三八队	1965年6月
江华县河路口钨锡矿	矽卡岩型	中型	省地矿局湘南队	1983年10月

二　主要矿床简介

（一）临武县香花岭锡矿

该矿位于临武县城北。由太平和新风二矿段组成，太平矿段位于矿区西南部，以锡石硫化物矿床为主；新风矿段位于矿区东北部，是以铅锌为主的铅锌锡矿床。

香花岭锡矿始采于明万历年间（1573—1620），清代至民国时期均设有官、商办矿厂开采，盛时达数十家，是一个已有400余年历史的老矿。1957年由湖南冶金二三八队施行勘探，提交金属量：锡33600吨，铅13.27万吨，锌15.53万吨，钨（$W0_3$)17000吨。

脉状锡石硫化物矿体赋存于癞子岭花岗岩体外接触带的泥盆 系碳酸盐岩中。矿体呈似层状和管状。脉状、似层状矿体受七涧冲断层控制，走向北北东—北东，倾向南东，倾角35°　~ 45°　。长约1600米，平均厚度0.89米，延深一般为86米，最深710米，管状硫化物矿体赋存于似层状矿体的上盘，斜交岩层层面和似层状矿体。矿石品位一般含锡1% ~ 2%，最高达8.20%。矿化以产于碳酸盐岩中者较富，产于硅酸盐中者较贫。主要金属矿物有磁黄铁矿、磁铁矿、黄铁矿、毒砂、闪锌矿、方铅矿等；非金属矿物以接触变质矿物为主，种类繁多，达数十种。

铅锌锡矿体产于花岗岩体接触带，呈似层状、筒柱状、扁豆状、不规则脉状等，共有9个矿体，锡矿化产于1号矿体中，长180米，平均厚3.11米，平均品位：铅1.73%，锌2.22%，锡0.66%。

（二）野鸡尾锡多金属矿

该矿位于郴州市东南，东坡矿田东侧，西与柿竹园钨多金属矿区相接，面积约1平方公里。

正规地质勘探工作始于1956年，由省地质局四〇八队施行，1986年由省地质局湘南队提交勘探报告。探明金属量：锡11.3万吨，铜63000吨，钨（WO_3）37000吨，锌83000吨，铋16000吨。

矿床产出于鸡尾背斜轴部南段，花岗斑岩墙西侧的泥盆系中统棋梓桥组云灰岩与石英斑岩的内外接触带，由30、31、32号3个矿体组成，总体形态呈筒柱状产出，东西长100~300米，南北宽50~115米，向北西倾伏，倾角45°。地表出露最高标高920米，向下延深至510米标高被花岗斑岩墙分割为北西和南东两个部分。其中30号矿体为云英岩化石英斑岩锡多金属矿体；31号矿体为矽卡岩（含部分大理岩）型锡多金属矿体，产于云英斑岩的接触带上，呈不规则的环带状分布；32号矿体为产于花岗斑岩墙北西侧的矽卡岩型锡多金属矿体。矿石中矿物组分复杂，已知矿物63种。主要金属矿物有锡石、白钨矿、黄铁矿、磁黄铁矿、黑钨矿及黄铜矿，次为辉钼矿、辉铋矿、毒矿，方铅矿、闪锌矿等；脉石矿物主要有石英、黄玉、萤石等。

第七节　汞　矿

湖南汞矿的开采有300多年的历史，经历了民办、官办、商办三个时期。中华人民共和国成立前，未进行过详细勘探，仅做过一些地质调查工作。1911 年，德国人李希霍芬著的《中国》和 1918 年瑞典人丁格兰氏著的《中国汞矿纪要》两书，对湖南汞矿均有论述。1919 年，翁文灏在《中国矿产纪要》中对湖南汞矿作过统计分析。经 1953—1985 年的普查勘探，探明湖南 6 处汞矿：凤凰、新晃各两处，保靖、衡东各 1 处，其中凤凰茶田保有储量最多，占全省汞矿的 87.5%。截至 2002 年年底，湖南汞矿保有储量 4700 吨，占全国储量 80500 吨的 5.86%，居全国第四位。

一 矿床类型

汞矿按成矿作用方式及产出状态分为两种类型：

（一）裂隙充填交代（层带）型汞矿

主要分布在铜仁—麻栗坡大断裂南东侧。已探明大、中、小矿床 13 个。全省已探明的汞矿储量大多属此类型。控矿层位为寒武系中统敖溪组顶部及下统清虚洞组顶部，岩性为结晶白云岩。矿床产出受Ⅱ级复背斜控制，更低序次的断裂及层间破碎带控制含矿体与矿体的分布。矿体呈似层状、扁豆状、透镜状产出，倾角平缓与岩层成缓倾斜整合接触。矿石矿物组分简单，以辰砂为主，次为闪锌矿，伴生有辉锑矿、黄铁矿、雄黄；脉石为白云石、方解石。与成矿有关的围岩蚀变为硅化、褪色化、重晶石化。以凤凰茶田、猴子坪，保靖水银厂等汞矿为代表。

（二）裂隙充填型矿床

散见于湘北龙山、慈利、石门及湘南新田、嘉禾、郴县（今苏仙区）等地。有工业意义的矿床少。矿化围岩分属元古界至中生界上白垩统各个层位。矿体产出受断裂控制，皆作脉状，一般延伸长仅数米至数十米，厚 0.2 ~0.5 米。矿石矿物以辰砂为主，伴生有少许雄黄、黄铁矿、黄铜矿、方铅矿、辉锑矿；

脉石为方解石、白云石、石英、重晶石。围岩蚀变为硅化、碳酸盐化。

二 主要矿床简介

主要矿床为凤凰茶田汞矿田，分布于凤凰茶田至猴子坪一带，位于凤凰县城西南。矿田地处湘黔汞矿带中段，吉首—铜仁向斜的东南翼，南北长 9.5 公里，东西宽 10 公里，面积 95 平方公里。已探明头坡脑、白崖壁、天星堂、猴子坪等大中型矿床。

矿田内出露地层以寒武系为主，震旦系局部出露。平缓褶皱和断裂发育，规模不一，与成矿关系密切，不同级序的褶皱构造分别控制矿田内矿化带、矿床、含矿体和矿体的形态及分布。主要容矿层是寒武系中统敖溪组上段结晶白云岩，次要容矿层是寒武系下统清虚洞组上段的结晶白云岩。按矿体产出形态分为两种类型：一是受层间构造破碎控制的层带状矿床，含矿体和矿体赋存在容矿层下部，产出具多部位，含矿体形态复杂；二是产于敖溪组顶部的层间剥离型矿床，含矿体呈似层状及形态较规则的透镜状、扁豆状。含矿体中单个矿体一般延伸不远，长几米至数十米，厚多在 0.2 米 ~0.5 米之间。矿物成分简单，金属矿物以辰砂为主，伴生少许雄黄、黄铁矿、黄铜矿、方铅矿及辉锑矿；脉石矿物为方解石、石英、重晶石及萤石。围岩蚀变多沿断裂角砾岩产生硅化、碳酸盐化。

1950—1985 年省地质局四〇五队进入矿田开展汞矿勘查，先后找到和探明大型矿床 2 个，中型矿床 3 个。

第八节 金矿、银矿

一 金 矿

湖南位于中国重要的金矿成矿带上，具有形成大型、特大型金矿的成矿条件，省内黄金资源丰富，矿石类型较齐全，潜在资源量大。金矿主要分在雪峰山弧形隆起区（即靖县—会同—溆浦—沅陵—桃源—常德—益阳）金，（钨、锑）成矿带，湘东北（即平江—浏阳—醴陵）金矿成矿带，湘中（即新化—安化—新邵—双峰）金矿成矿带及湘南（即衡阳—郴州）多金属成矿带。

截至1988年，全省已知金矿产地272处，其中砂金39处。列入《湖南省矿产储量平衡表》的矿区（段）27处（岩金12处，砂金10处，伴生金5处），有大型矿床2处，中型矿床14处，小型矿床11处。主要分布于雪峰山区、沅水流域、资水下游、湘东、湘南等地区。

（一）矿床类型

金矿按产出状态分为脉金、伴生金、烁岩金、砂金四类。

1. 脉金（含金石英脉）系热液充填而成，是历来开发的重点。按脉体产出形态及规模分为大脉型、小脉型、细脉带型及网脉型。大脉型，单脉最大长可达1000~2000米，宽0.4~0.8米，倾斜延深400~600米。中晚元古界冷家溪群、板溪群是脉金产出的专属地层，集中分布于雪峰弧形构造、湘中穹隆构造、湘东新华夏构造等隆起区。按脉金矿床中有价矿物或元素组分不同，可分别为单产含金石英脉，以自然金为主，其他硫化物低贫；金、钨、锑共生石英脉，三种元素在矿床中皆具工业价值，以沅陵沃溪为代表；金、锑共生石英脉，以安化符竹溪，溆浦浆溪垄为代表；金、钨（铜）共生石英脉，有不同的矿物组合：其一，以自然金—黄铁矿—大量白钨矿组合为特征，桃源东安溪则是；其二，以自然金—黄铜矿—黑钨矿组合为特征，以浏阳焦溪岭为代表；金铅共生石英脉，以产铅和金，特别是“包金”而著称，以龙山穹窿西侧虎形山为代表。脉金矿最常见的围岩蚀变为硅化，绿泥石化、绢云母化、黄铁矿化。

2. 伴生金：金作为伴生组分，多以分散状态，少数呈独立矿物状态产于多种类型金属硫化物矿床。主要有：金—铅锌、金—铜、金—黄铁矿、金—多金属、金—锑、金—钨锡、金—铁、金—多元素等矿石建造。金、银含量在不同的矿床、矿体、矿石类型中变化很大。热液充填矿床含金较高，铁矿石中金、银含量最低。金属硫化物矿床伴生金经氧化可形成氧化带铁帽中伴生金。如浏阳七宝山、桂阳宝山、常宁水口山、龙王山等多金属矿。

3. 砾岩金：为成岩作用前的古砂金，以底部砾岩含金性最具工业意义。砾岩同生金以自然金的形式赋存于胶结物中，个别金颗粒填塞在某些砾岩表面的溶蚀孔隙内。砾岩金主要产出于震旦系江口组、莲沱组、南沱组；泥盆系跳马涧组；石炭系壶天群；白垩系漆家河组、分水坳组七个层位底部砂砾岩或底砾岩中。此类金矿迄未发现工业矿床。矿化点密集分布在湘西北地区，少数分布在湘东北，个别见于湘中、湘东及湘南。

4. 砂金：是省境内另一个重要矿床类型及开发对象，形成于第四纪沉积全过程，大部以麸状自然金（61% 的颗粒在 0.1 ~ 0.5 毫米之间）富集于第四纪松散沉积物底部砂砾中。按成因和地貌形态特征可划分为：残坡积砂金；河流冲积砂金；细谷砂金；岩溶砂金；冰碛砂金。其中以河流冲积砂金为主，集中分布于沅水流域及湘、资二水系部分河段及洞庭湖滨。重砂矿物组合最常见的是锆石、磁铁矿、金红石、独居石，沅水中下游则与金刚石伴生。此类矿床（点）多、面广、埋藏浅、易采选、见效快，利于群众采金。

（二）主要矿床简介

1. 平江黄金洞金矿

含金石英脉分布于金塘、桃树洞、芙蓉窝、小沟、局门口等处，均产出于冷家溪群千枚状板岩、千枚状含凝灰质粉砂质板岩和变质粉砂岩中，成矿受东西向断裂构造控制。金塘矿段是黄金主要产出地段，金矿体赋存于矿脉带中，较大规模的脉带有：一号矿脉带，总体走向东西，倾向北，倾角40° ~45° 。脉带由含金石英脉和矿化破碎带板岩组成，其间金矿化断续分布，全脉含矿系数为0.45，无矿地段长25~75米，最长210米，单个金矿体长40~150米，平均厚0.96~2.24米，平均品位：金5.23~7.89克/吨。二号矿脉带，由Ⅰ、Ⅱ、Ⅲ号破碎带和蚀变带组成，总体走向受近东西向断裂控制。其中Ⅱ号含金破碎带规模最大，全长2020米，厚0.1~5.25米，蚀变带厚4~32.8米，中段赋存有主要矿体，长390米，厚0.8~14.07米，金矿化强；Ⅰ号含金破碎带位于Ⅱ号含金破碎带之上3~12米之间，断续延长1450米，金矿化多集中于蚀变板岩中，极不均匀；Ⅲ号含金破碎带位于Ⅱ号含金破碎带之下8~11米之间，断续延长1450米，金矿化极不均匀。三号脉带共有矿体13个，由含金石英脉、网状含金石英脉夹破碎板岩、含金蚀变板岩组成，多呈不规则状、透镜状、豆荚状，单个矿体平均品位：金4.08~7.88克/吨。主要金属矿物有自然金、毒砂、黄铁矿；脉石矿物为石英、绢云母。与金矿化有关的围岩蚀变为硅化、黄铁矿化、毒砂矿化。

1963—1987年，先后有省地质局四一二队、四〇二队进行过勘查。

2. 新邵龙山金（锑）矿

该矿区位于新邵县太芝庙乡与涟源县芭塘乡交界处岳坪南坡。出露地层为震旦系下统江口组深灰色、灰 绿色含砾砂质板岩和长石石英砂岩，总厚2000余米，近底部含砾砂质凝灰质板岩富含锑矿。断裂发育，有北西西、北东、北北东、北西向四组。已发现矿化破碎带22条，锑矿体即赋存于断裂破碎带中。其中最主要的控矿断裂为虎形山压扭性断裂，长约7000米，破碎带宽几米至20余米，总体走向北50° 东，倾向北西，倾角70 ~ 80° ；另一为龙山—宝塔坪东西向断裂，长3000米，硅化破碎带宽数米至数十米。已圈定的矿脉规模大者为1号脉，走向长1380米，平均厚0.64米，延深460米，由7个矿体组成，平均品位：锑11.39%（I号矿体），7.07%（II号矿体）；金6.13克/吨（Ⅰ号矿体），5.11克/吨（Ⅱ号矿体）。2号脉，走向长900米，平均厚度0.68米，由4个矿体组成，平均品位：锑3.51%，金4.29克/吨。4号脉，走向长950米，厚0.1 ~ 0.94米，平均品位：锑1.54%，金0.64克/吨。矿石矿物主要为自然金、辉锑矿，次为毒砂、黄铁矿、黄铜矿、闪锌矿、硫锑铅矿；脉石矿物主要为石英，次为绢云母、白云石、方解石等。围岩蚀变，主为绢云母化，次为硅化、黄铁矿化等。

该矿于清光绪二十三年（1897）被发现。1970年冶金二四六队普查。1983年12月武警〇〇五三五部队勘探。锑、金均为中型规模矿床。

二 银 矿

截至1987年年底，省内银矿保有储量居全国第七位。已知产地116处，探明有一定储量的矿区47处，列入《湖南省矿产储量平衡表》的有17处，皆为伴生银矿，无开采的独立工业银矿床。

方铅矿是银的主要载体，此类伴生银矿床的类型及特征类同铅锌矿。湘西北地区沉积型银矿与镍、铜、钒等伴生，产于下寒武统黑色页岩中。麻阳九曲湾砂岩铜矿的银则以类质同象赋存铜矿物中。浏阳七宝山风化壳残积型矿床中，银与金伴生，主要银矿物为辉银矿。1984年，在醴陵石景冲发现一处可构成独立工业价值的银矿床，含银矿物主要为银黝铜矿及深红银矿。

银的开发利用与铅锌并举，唐以后历代设立的银场皆系采铅炼银，丰富的铅锌却被弃置。至清末，西方各国谋求战略物资，铅锌始为生产，银作为副产回收。湖南银资源大部分是铅锌矿的伴生组分，故银的开发利用则取决于铅锌的开发及选冶技术水平。铅锌矿中银储量约占全省银储量的80%以上。水口山、黄沙坪、桃林3个铅锌矿区是全省伴生银的主要产区。

醴陵石景冲银矿是省内20世纪80年代发现的一个以银为主的银矿床。矿床处于湘东裂谷带内，北东、北西及东西向次级构造发育。含银围岩为晚元古界马底驿组底部细砂岩、灰绿色砂质绢云母板岩及绢云母板岩。印支—燕山早期丫江桥复式花岗岩体出露于矿区南部。银矿体产出受走向北西，倾向南东，倾角75°~85°，长约2公里的潘家冲压剪性断裂控制。主矿体分布于断裂中段约700米长的硅化角砾岩中，延深达400米以上。矿化不均匀，由一系列沿硅化带断续分布的，长10余米至40多米，厚0.8~6米和单个小矿体群所组成，含矿率65%。围岩蚀变与矿化关系最密切的是硅化，其次是褪色化、绿泥石化、碳酸盐化等。矿床中已知矿物20多种，主要有黄铁矿、毒砂、闪锌矿和方铅矿，次为黄铜矿、铜蓝、蓝辉铜矿和硫锑铅矿等。含银矿物主要为银黝铜矿，少量深红银矿，偶见辉银矿、自然银。

1984年湖南地质研究所王甫仁等在研究石景冲一带铅锌矿化过程中发现独立银矿物，并初步圈定银矿化规模远大于不具工业价值的铅锌矿体，而且各类金属矿物中含银都很高，是由晚期形成的银黝铜矿沿微裂隙叠加充填的结果。

第九节 稀有稀土金属矿

湖南是中国稀有、稀土金属重要成矿区。中华人民共和国成立后，在全省范围内陆续发现稀有、稀土矿床，从而成为中国稀有、稀土资源主要产区之一。

一 稀有金属

（一）铍矿

省内铍矿集中产出于湘东北的幕阜山、连云山及望湘地区；湘南地区的临武、郴县（今苏仙区）、宜章等地亦有产出。经1988年检查评价的矿产地29处，初步勘探的矿床17处。累计探明工业加远景储量居全国第八位。

湖南省境内已知铍矿按产出状态及矿物组合分为：

1.花岗岩型：或称含绿柱石花岗岩。已知矿床为数少，含矿岩体为面积1～10平方公里的小岩株、岩瘤。普遍有白云母化和微斜长石化，局部发育有钠长石化和云英岩化，并伴有铌、钽、铷和铯的矿化。含矿岩体多为中细粒白云母钠长石化花岗岩。湘阴吊井湾、晋家山，平江羊河坪，临湘虎形山等区属此种类型。

2. 伟晶岩型：分布广，构成有工业意义的含铍（铌、钽）伟晶岩矿床，大部分产于幕阜山、天井山、连云山地区；越城岭、苗儿山、衡山、九嶷山、桃花山等地虽亦有伟晶岩产出，惟其中所含稀有金属矿物为数甚少，多不具工业意义。含稀有金属伟晶岩，呈形体不甚规则、分枝复合的脉状产出。单脉长可达2000余米，短者数十米；宽数米，狭者仅米许。每成群或密集成带分布于岩基体内外接触带。形成年龄在110百万年~90百万年之间。与之有成因联系的母岩，主要为黑云母二长花岗岩或二云母花岗岩。

含绿柱石伟晶岩有分异型和交代型两种：前者具带状构造，由外及里为花岗细晶岩带→文象变文象带→块体带，分异完善者并有石英核形成，铍、铌、钽矿化富集于石英核和块体微斜长石带之间，分异差者，不具找矿意义；交代型伟晶岩与铍、铌、钽矿化关系密切，按交代和所含稀有金属矿物种类的差别，分为钠长石伟晶岩，以含绿柱石为主；钠长石—锂辉石伟晶岩，以含绿柱石为主并含有锂辉石；钠长石—锂辉石伟晶岩，除铌、钽、铍矿化外，尚富含锂辉石。幕阜山、望湘、连云山等地区，上述二类伟晶岩均有产出。

3. 条纹岩型：以条纹构造发育而得名。矿床中铍—锡品位高，远景储量大，已知有临武香花岭、香花铺，郴县（今苏仙区）柿竹园，宜章界牌岭等处。按矿物组合及产出特征分为两类：其一，以柿竹园Ⅰ矿带为代表，铍、锡矿化与锌尖晶石叠加在大理岩中经变形成弯曲而平行的条纹状斜长石细脉之上，铍矿化与金云母化，锌尖晶石化及萤石化相伴。铍矿物以硬羟钙铍石为主，次为金绿宝石、塔菲石、日光榴石、硅铍石及微量羟硅铍石、铍榴石等；其二，以香花岭、香花铺为代表，是省内乃至全国仅见的非常特征的铍矿床。

4. 石英脉型：此类矿床见于平江礼门、湘阴天井山、汝城白云仙将军寨。矿体呈脉状产出于花岗岩体内、外接触带。按矿物组合分：绿柱石—黑钨矿石英脉，绿柱石为伴生组分，富集在黑钨矿石英脉壁云母线或晶洞发育的部位；绿柱石—石英脉，以绿柱石为主，且含有白钨矿、辉钼矿、泡铋矿、毒砂、黄铜矿、黄铁矿等硫化物。矿床规模小。

（二）铌、钽矿

省内已发现的铌、钽矿床主要有四种类型：

1. 伟晶岩型：富铌、钽伟晶岩是钠长石化、云英岩化、锂云母化交代作用强烈发育的伟晶岩，脉体的产出条件及基本特征类同含铍伟晶岩。唯含铌、钽伟晶岩的规模大小，内部分带明显或不明显，可有很大差别，通常内部分带明显，且交代发育者，则铌、钽富集。含铌、钽伟晶岩以望湘、连云山、幕阜山等地区为发育，据统计，分布在花岗岩体内的占63%，其余产在外接触带浅变质千枚岩或片岩中。已探明的有平江传梓园、秦家坊、临湘断峰山等地，均属中小型矿床。此类矿床因矿物颗粒粗大，易手选，是铌、钽金属的重要来源。

2. 花岗岩型：是50年代末期，在湖南境内发现的一种产自地壳深部，富挥发分、富碱、富铌、钽的特殊花岗岩浆，通过结晶分异作用形成的新类型铌、钽矿，具有很大的潜在资源量。

3. 风化壳型：此类矿床是铌、钇或铌、钽矿化花岗岩，经长期风化作用，在发育的面型风化壳中再富集而成，含矿花岗岩控制着矿床的产出。由于风化强弱的差别，在垂直剖面上具分层结构，自上而下分为残坡积层、全风化层、半风化层。各层发育程度、厚度、结构与地貌关系密切，低缓山丘，风化壳厚度大，壳层结构全，陡坡及沟谷部位，风化壳不易保存，厚度薄，壳层也不全。全风化层是褐钇铌矿、铌铁矿、细晶石的主要富集层，随保存程度不同，可构成规模大小不等的矿体。此类型矿化均匀，易采选，有重要经济意义。江华河路口红花园一带褐钇铌风化壳型矿床是为代表。

4. 冲积型砂矿：形成于源自各类含铌、钽矿化花岗岩分布区水系之河床或河漫滩阶地底部砂砾层中。江华河路口林家附近冲积砂矿，湘阴古培塘细谷砂矿是为代表。铌、钽资源开发利用，因矿床类型不同而别。

二 稀土金属

省内已发现的稀土金属矿床，主要有三种类型：

（一）冲积型砂矿

冲积型砂矿形成砂矿的物质，来自水系向源侵蚀的富稀土花岗岩，经长期剥蚀、搬运、分选、沉积在河床（细谷）近基底的砂砾层中，构成规模不等矿层。容矿层的结构，大抵是上部为砂质黏土层、泥砂层，下部为砂层、砂砾层。砂矿体一般呈层状、板块状、透镜状，河谷上游河床坡度大，水流摆动小，形成的矿体窄而薄；中游或中下游几条水系汇合处，矿体多，规模大；下游不利砂矿形成，少有工业矿体。此类型矿床，以独居石规模大，品位较高，矿物组分除独居石外，磷钇矿、锆石、金红石、钛铁矿、磁铁矿、石榴石均具有回收价值。主要产区为新墙河流域各水系，湘江下游洋沙湖东部孙家坪、袁家铺、徐家段、文家铺、古培塘等细谷，华容三朗堰、吴家咀。冲积型褐钇铌砂矿规模较小，仅分布于潇水上源的鱼头源、红花源、林家等地。

（二）离子吸附型稀土矿

离子吸附型稀土矿是在稀土矿化原岩经表生风化作用，稀土元素次生富集的基础上形成的。在风化壳中，稀土元素呈阳离子吸附于黏土矿物表面，故风化壳愈发育，稀土含量愈高，与其厚度成正比。在垂向上，稀土元素的富集具分层性，主要富集于全风化层。风化壳中黏土矿物粒度愈细，含量愈高，愈有利于稀土富集，矿化愈好。江华姑婆山札头源，是已探明属此类型唯一的工业矿床。

（三）风化壳型稀土

风化壳型稀土特征类同风化壳型褐钇铌矿，因褐钇铌是钇族稀土和铌的共生矿物，既属铌钽类矿产，又属稀土矿产。代表性矿床同为江华河路口红花园一带之褐钇铌风化壳型矿床。

稀土矿产的开发利用，亦因类型不同而别。冲积型砂矿虽拥有巨大储量，但因矿体皆处于河谷河漫滩或超河漫滩阶地下部，此等地带大多是当地人民赖以生存，发展农业的良田沃野，存在采矿毁田的矛盾。1960 年，平江县 121 矿小规模开采南江桥附近河谷中独居石砂矿，后因产品滞销而停采，由附近个体农民在枯水期于河床中取砂淘取。

离子吸附型稀土因便于开采，且混合稀土提取方法流程简易，效益高，1985—2002 年，铜山岭有色金属矿对江华姑婆山扎头源一带稀土矿进行开采。

第二章 再生金属

中国再生有色金属有着悠久的历史。明末科学家宋应星在其著作《天工开物》中对再生铜、再生铅和含银废料的再生利用技术作了详细描述。

中华人民共和国成立后，废杂有色金属的回收利用工作得到重视。从 20 世纪 50 年代开始，湖南的物资回收部门在全省各地建立了众多的回收网点，湖南省供销社建立了废旧物资的回收网络，对社会上产生的废金属进行回收。废金属的回收利用主要分为两个大的系统，即回收系统和利用系统，其中回收系统负责废金属的回收，企业性质有国有企业和集体企业及个体户；利用系统以国有企业为主，也有一些集体企业和民营企业。

1987 年，湖南有色金属研究所从物资回收部门收购的废牙膏皮中回收铝获得成功。试验表明，从废牙膏皮中回收 1 吨铝，比铝厂生产 1 吨电解铝少耗电 1700 千瓦时，不仅节约能源和矿产资源，而且省去了繁杂的采矿、选矿等过程。

在废旧金属规模化回收方面，湖南起步早、发展快的是汨罗再生资源工业园，其次是衡东工业园。

在湖南，从“三废”[①]中回收利用有色金属上规模和档次的只有永兴县。永兴地无金矿银矿，却能利用“三废”回收、生产黄金、白银等有色金属，成为“中国银都”。

① 三废，指废料、废渣、废液。

第一节 废旧金属回收

一 汨罗再生资源工业园

20世纪80年代，汨罗的农民走南闯北，拾荒收废。90年代中期，汨罗的废品收购业发展迅速，自发形成了废旧物资交易市场，呈现出“户户经营，人人收购”的局面。从1996年开始，汨罗市委市政府着手规范市场，培育产业，提出“建立专业市场，培植壮大产业”的思路，全力挖掘“城市矿产”，先后引资5000多万元，至2000年建成占地5万平方米的中南再生资源交易市场。

中南再生资源交易市场建成后，一跃成为中南地区最大的再生资源交易市场，被誉为“不需开采的矿山”。

有色金属的循环再生，不仅可以有效缓解资源短缺，还可以极大地降低能耗，减少环境污染。例如：冶炼1吨铜，需要消耗135吨铜矿石、54吨标准煤，并产生134吨尾矿和99万立方米废气。而汨罗市一年从回收废铜中产出17吨铜材、相当于23家日处理1000吨矿石的生产能力，等于少耗用2400万吨铜矿石和近1000万吨标准煤，也避免产生2400多万吨铜尾矿和1800亿立方米废气。

2002年，中南再生资源交易市场内的回收企业和个体户3500家，联合全国各地1800个收购网点，形成覆盖全国30多个省市、涵盖再生资源各个门类的回收网络体系。2002年，废旧物资回收交易量超过80万吨，其中再生铜15万吨，铝16万吨，交易额突破60亿元。

二 衡东工业园

衡东工业园从 1992 年建园以来，至 2002 年园内有企业 45 家，形成铜业、钨业两大自主产业。金虎铜业、领欣铜业、寰欣铜业、合林铜业、聚鑫铜业 5 家铜业企业通过废旧金属回收公司回收废铜材，形成了年产 30 万吨铜阳极板的生产能力，年创产值 30 多亿元，利税过亿元。该县钨资源匮乏，通过从江西、广西、云南和湖南郴州等地收购钨砂回衡东粗选，然后进行加工，使该县成为省内最大的钨砂集散地，年产钨砂 2000 多吨。2002 年，从事钨化工的企业有钨业集团、春昌集团等 9 家企业，主要产品除钨精矿外，有 APT、蓝钨、白钨、黑钨、钨铁、钨条、钨酸铵、硬质合金等数十种，部分产品还远销中东、日本、欧美等国家和地区，拥有自营进出口权的企业 3 家，年创产值过 10 亿元，创税收过 5000 万元。

第二节 从“三废”中回收金属

1978—2002 年，省内从“三废”中回收黄金、白银等有色金属的只有永兴县，成为中国主要的白银回收、生产和出口基地。

20 世纪 80 年代初，永兴县柏林镇的潭笃福、李江兴、陈日升等成为改革开放后县内第一代个体冶炼人。他们最早是回收医院、照相馆的定影水和废胶片，并从中提炼白银。由于一桶一桶的定影水从各地流入永兴，因而永兴县人用“走水”来形容金银回收冶炼这一行业。“走水”技术通过亲带亲、朋传朋，很快在柏林镇和周边乡镇扩散发展。随着技术的成熟完善，国营有色金属冶炼企业的废坩埚、阳极泥以及车间垃圾等废料，废渣都成为永兴人收购的原料，永兴的“走水”大军遍及全国，县内冶炼厂（作坊）也遍布以柏林为中心的周边乡镇。1984 年，柏林镇有“三废”回收小冶炼厂21家，冶炼专业村14个，从事有色金属冶炼的专业户1740户，从业人员2170人。当年生产白银5吨多，铜310吨、铝342吨、铅98吨，产值516万元。冶炼纯收入逾万元的达104户，还出现了年纯收入达20万元的大户。

由于金、银产品的特殊性，也由于“三废”回收的特殊性，注定了永兴金银产业发展的曲折性和艰巨性。1988年，永兴县金银回收公司成立，从而保证了冶炼户收购“三废”原料以及金银流通的合法性。20世纪90年代以来，永兴县从“三废”中回收有色金属的产业迅速发展，冶炼企业遍布全县25个乡镇的14个乡镇，冶炼企业（户）达4000余家，从业人员3万多人。人民银行从永兴县收购白银最多的1996年达19.8吨，收购黄金最多的1997年达2.4吨。

1999年9月至2000年3月，永兴县黄泥乡汶村和柏林镇马桥村发生两起冶炼环境污染事故。县委、县政府总结教训，决定在金银企业比较多的乡镇建立工业园区，引导企业集聚，扩大规模，规范发展。开展环境专项整治行动，关停3000多家小冶炼企业（户），在柏林和塘门口建立两个工业园区，并开展工业园区环境影响评价工作。到2002年，柏林、黄泥、塘门口三个以金银企业为主的工业园区的环境影响报告书通过省环保局审批。通过整治，永兴冶炼企业走向了规模、规范、健康发展的轨道。

1999年，中国人民银行批准永兴县金银回收总公司自行销售回收金银，并实行优惠税收政策。永兴县的金银产业是一种典型的循环经济产业。金银产业所需原料主要来自工业废渣、废料、废液，除从中提炼金银外，还综合回收铅、钯、铋、铂、镍等20多种稀贵金属，同时通过大力发展精深加工，开发生产了硝酸银、925白银、化工银、超细银粉、银基触头等一批深加工产品，拉宽拉长循环利用的链条。2002 年全县共生产白银 1510 吨，黄金 5 吨，其他有色金属 15 万吨。其中白银年产量超过全国总产量的 1/4。全县共有规模金银企业 131 家，其中产值过 5000 万元的 21 家，过亿元的 10 家，纳税过 1000 万元的 5 家。

附：永兴县“三废”回收主要企业及产品简介

1. 湖南省鑫达银业有限公司成立于 1996 年，下辖白银精品厂、顺达冶炼厂等企业，是一家从“三废”中回收白银、黄金并进行提纯、加工，现货及网上金银交易的企业。

2. 湖南兴光冶炼有限公司创建于 1993 年，是一家从“三废”中回收多种有色金属的骨干民营企业。年产粗铅 1.3 万吨、电铅 15000 吨、白银 300 吨、粗铋 200 吨、黄金 300 公斤、海绵钯 10 公斤。生产工艺技术先进，成为一家现代科技环保型冶炼企业。

3. 永兴县西河铅业有限责任公司的前身是成立于 1994 年的永兴西河冶炼厂。年产白银 400 吨，电解铅 10000 吨，同时加工回收金、铜、铋、铟、锑等有色金属。

4. 郴州永星有色金属冶炼有限公司成立于 1998 年 5 月，是郴州与香港合资兴办的企业。公司拥有精银、精铟、精铋三个分厂，年产精银 200 吨、精铟 40 吨，精铋 400 吨。其产品均达到和超过国家 1 号标准。精铋于 2002 年获湖南省高新技术产品称号。

5. 郴州意水铅业有限公司成立于 1999 年，主要生产“永箭”牌国标 1 号电解铅、电解银、年产电解铅 10000 吨、电解银 60 吨、黄金 170 公斤。

第三篇

生　产

1950—2002年，湖南有色金属企业技术改造（基建）共投入93.63亿元（其中“一五”至“五五”期间投入18.05亿元；“六五”期间投入3.92亿元；“七五”期间投入9.77亿元；“八五”期间投入21.99亿元；“九五”期间投入25.80亿元；2001—2002年投入14.10亿元）。实施一大批重点基建和技术改造工程，这些工程项目的投产达产为全省有色工业的发展壮大打下了坚实的基础。铅、锌、锑、铋、硬质合金、氟化盐等主要产品的生产技术和装备水平、产能、产量及主要技术经济指标处于全国领先地位。仅以“九五”期间为例，2000年与1995年比，年生产能力有较大增加，采矿由709万吨增至1036万吨，选矿由836万吨增至1055万吨，电锌由17.4万吨增至32.8万吨，电铅由11.7万吨增至17.1万吨，电铜由21000吨增至26000吨，电铝由22000吨增至45000吨。据中国有色金属工业协会2002年度统计，湖南十种有色金属产量为92.70万吨，占全国总产量的9.16%，居全国第二。湖南有色产品产量居全国第一、第二位的有铅31.01万吨，占全国铅产量的23.41%，居全国第二；锌及锌品48. 38万吨，占全国总产量的22.45%，居全国第一；铋305吨，占全国总产量的43.70%，居全国第二；锑及锑品55000吨，占全国总产量的44.64%，居全国第一；硬质合金4242吨，占全国总产量的39.04%，居全国第一；常用有色金属合金11.52万吨，占全国总产量的19.50%，居全国第二；常用有色金属加工粉13700吨，占全国总产量的57.19%，居全国第一；氟化盐11.10万吨，占全国总产量的65.06%，居全国第一。

第一章　采　矿

从自然资源中提取金属的第一步是采矿。有色金属矿采矿有两种方式，即露天开采和地下开采。露天开采又有两种基本方法，即台阶式开采和条带剥离式开采。湖南有色金属矿山中，只有原宝山铜矿是以台阶式开采的露天矿山，桃林铅锌矿和湘西金矿也有部分露天矿。其他矿山全部是地下开采。地下开采方法的选择取决于矿床的深度、构造、范围、矿体品位等。

1978—2002年，湖南有色金属矿山的地下开采技术和装备水平逐年提高。各矿山根据地质勘探资料和矿体赋存条件、开采程度等方面的实际情况，因地制宜，采用合适的开采方法。归纳起来，湖南有色金属矿山地下采矿方法有留矿法（包括浅孔留矿法、电耙留矿法、丛柱留矿法、垛积井框留矿法、水杆柱留矿法）、空场采矿法、矿柱采矿法、崩落法（包括中深孔崩落法、有底柱中段崩落法、矿块崩落法、自然崩落法）、充填法（包括胶结充填法、干式充填法、下向和上向水平分层胶结充填法、机械化盘区胶结充填法）、VCR采矿法、高阶段大直径深孔采矿法、溶浸采矿法、束状深孔阶段崩落连续出矿等采矿方法。

湖南有色金属矿山在采用和改进采矿方法的同时，注重抓好矿山采掘剥充比例关系的协调和矿山提升、运输、充填、通风、排水、供风、供电、供水八大系统的配套完善以及计算机的应用，从而提高采矿效率和效益。

第一节 水口山康家湾矿采矿

一 矿床开拓

（一）提升系统

20世纪90年代，康家湾矿二期工程的开拓方案为副井、斜坡道、1号及2号斜井组成的联合开拓方案，主要开拓工程：位于矿床东翼105勘探线附近的副井，辅助斜坡道；位于矿区东南翼109勘探线的1号斜井，坡道30°；位于矿区东北翼119勘探线的2号斜井，坡度30°。

2000年9月，随着二期扩建工程的完工，副井经过改造，建成国内先进的全数字化电控系统，提升能力增大，可达30万吨/年提升提力，每年可分担15万吨的矿石提升任务。

（二）运输系统

康家湾矿坑内运输采用多溜井集中运输，八中段以上矿石、废石由各中段使用ZK3-6/250型电机车牵引0.7立方米“U”型矿车运输至辅助斜坡道集中溜井，七中段部分采用WJD1.5铲运机运至集中溜井或直接装车。

九中段矿石、十中段部分矿石，使用ZK3-6/250型电机车牵引0.7立方米“U”型矿车由采场直接运输，经1号斜井提升到地面。

十、十一中段矿石集中于十一中段，使用ZK3-6/250型电机车，牵引1.2立方米非标固定式矿车运输，经副井提升到地面。九中段以下废石集中于十一中段，使用ZK3-6/250型电机车牵引0.7立方米“U”型矿车运输，经副井提升到地面。

地面使用4.5吨东风自卸汽车运矿至选矿厂。

（三）风、水、电系统

1. 井下排水

井下设置主排水泵房两个，分二段接力排水。第一水泵房于 1991 年 4 月投产，第二水泵房于 1992 年 4 月投产，至 2002 年排水系统仍然未变。

2. 井下通风

通风系统原设计为副井、斜坡道、9300 双巷进风，1# 斜井、2# 斜井回风的中央进风、两翼回风的对角抽出式通风系统。由于 1 号斜井一直作为矿石提升井，因此实际形成副井、斜坡道、1 号斜井进风、2 号斜井回风的中央抽出式通风系统。2001 年 7 月，为改善九中段以下二期工程各中段生产作业的通风状况，在 9300 双巷建立两级辅扇机站的临时通风系统，以接力方式将部分污风经 9300 双巷排至铅锌矿井下，再由铅锌矿通风系统排出地表。2 号斜井地表安装一台 K55–4NO22.5 型轴流式风机，叶片安装角度为 45° ，风机电机功率原为 245 千瓦，转速 734 转 / 分。随后，矿山对 2 号主扇进行技术改造，安装变频调整装置，并将电机更换成 355 千瓦的 6 级电机，对风机进行无级调速，白天（7：00—21：00）风机转速为 800 转 / 分，以增加风量，晚上由于作业人员和作业面减少，转速降至 500 转 / 分，以达到节能效果。

3. 井下供风

井下与地面都由一个压风机站统一供风。压风机站位于副井附近，主风管从副井井筒而下。

4. 井下供水

井下供水由九中段泵房的水泵排至矿办公楼南面山头两个 500 吨串联储水池。供水管路由副井而下，进入各个中段，中段井口设有减压装置，供水管道由大至小。2 号充填站用水从井下排水系统至储水池的管径 219 毫米，在副井地面分支供给，管径为 108 毫米。

5. 矿区供电

1990 年，康家湾矿区建成了永久性 35 千伏 /6 千伏主变电所供电。

（四）采矿方法及效果

康家湾矿一直采用上向水平分层胶结充填采矿法。

主要采矿工艺有切割拉底、回采、出矿和充填四大工序。

采矿效果：自1989年投入试生产，1995年达产30万吨/年，1999年达产38万吨/年，2002年出矿突破39万吨。事实证明，上向水平分层胶结充填法技术成熟，效果显著，适宜于康家湾矿大型水体下采矿要求。

（五）采掘设备

为提高矿山井下机械化水平，该矿采用国内较先进的采掘设备（见表3–1–1）。

表3–1–1 2002年康家湾矿主要采、掘设备一览表

序号	设备名称	型号规格	数量（台、辆）	生产能力
1	装岩机	Z–30	3	60立方米/小时
2	铲运机	WJC–1.5	4	
3	铲运机	WJC–1.5	2	
4	电机车	ZK7–6/250	2	
5	电机车	ZK3–6/250	25	
6	电耙绞车	2DPJ–55	7	
7	电耙绞车	2DPJ–30	49	
8	电耙绞车	2DPJ–15	5	
9	钻机	SG2–LA	1	
10	钻机	KD–100A	1	
11	钻机	钻石–100A–D	1	
12	钻机	KD–150	1	
13	凿岩机	7655	55	
14	凿岩机	YSP–45	25	
15	矿车	U型0.7(F)	150	

续表

序号	设备名称	型号规格	数量（台、辆）	生产能力
16	矿车	固定式 1.2(F)	50	
17	振动放矿机	FZC-2.3/0.9-3	35	
18	翻车机	双向 1.2(F)	1	810 吨 / 小时
19	汽车	东风 4.5t	22	

（六）采掘指标

1996—2002 年产品产量及技术经济指标情况见表 3-1-2。

表 3-1-2 1996—2002 年康家湾矿产品产量及技术经济指标情况表

项目	单位	1996 年	1997 年	1998 年	1999 年	2000 年	2001 年	2002 年
采矿量	吨	305306	293165	303930	385085	372834	373214	393580
掘进量	米	8150.3	9045.5	11576.1	14725.7	12684	12442.4	12791.4
出矿量	吨	316130	302532	341723	400455	400970	415079	412408
出矿含量	吨	34582.99	33313.9	33274.27	33272.3	34440.0	37546.0	36360.15
充填量	米	90322.8	91840	99085	106049	121639	138289	130642
钻探量	米	3528.81	3399.12	2444.99	3254.54	3969.89	4619.74	4607.95
出矿品位	铅 %	4.85	5.23	4.57	4.10	4.25	4.16	4.07
	锌 %	6.09	5.28	5.17	4.21	4.34	4.88	4.74
矿石贫化率	%	6.09	6.88	6.59	6.12	3.82	5.60	3.59
采矿损失率	%	0.76	1.60	1.02	0.79	0.20	0.87	1.21

续表

项目	单位	1996 年	1997 年	1998 年	1999 年	2000 年	2001 年	2002 年
掘采比	米 / 万吨	266.96	308.55	380.88	381.88	340.21	333.39	325.03
采掘电耗	千瓦时 / 吨	34.14	31.50	33.20	26.95	29.41	28.50	27.34
采矿台效	吨 / 台班	71.50	71.12	71.87	71.48	72.11	71.28	71.47
采矿工效	吨 / 工班	42.60	41.38	40.98	39.63	40.30	39.64	39.88
掘进台效	米 / 台班	1.45	1.46	1.46	1.45	1.47	1.45	1.46
掘进工效	米 / 工班	0.54	0.49	0.47	0.48	0.49	0.48	0.48
矿山全员劳动生产率	吨 / 人·年	341.05	338.25	376.49	419.31	485.71	474.65	476.89
井下工人劳动生产率	吨 / 人·年	602.25	636.62	662.84	683.58	821	861.20	734.83

二 充填系统

康家湾矿有自然分级尾砂充填和全尾砂胶结充填两大系统。下面着重介绍全尾砂胶结充填系统。

（一）充填系统的建设和运行情况

为满足生产发展的需要，扩大充填规模，提高充填效率，在位于矿区 119 勘探线附近，建有 750 立方米的立式砂仓 2 个，容量 100 立方米水泥仓 1 个，系统设计充填能力 10 万立方米 / 年，由长沙有色冶金设计研究院设计。

1993—1995 年为基建期，施工单位为常宁市建筑工程公司。

1996—1997 年为设备安装、仪表调试阶段，安装、调试单位为局建安公司、局计控所。

1998—2000 年为全系统的试运行和全尾砂胶结充填实验阶段。

2001—2002 年为全尾砂胶结充填系统投产达标阶段。

（二）充填材料及充填配比

充填材料采用全尾砂水泥胶结充填，全尾砂来源于铅锌矿选厂，水泥为普通 425# 硅酸盐散装水泥，灰砂比有三种：即 1:5、1:8、1:10（重量比）。

（三）充填工艺

全尾砂的输送采用直径 273 米 ×10 无缝钢管，全程管线长 3626 米，输送量 150~170 立方米 / 小时，2 个立式砂仓储砂，放砂在砂仓底部，采用多孔等阻力自动卸料，当卸料重量浓度控制在 65% 以上时，其有效卸料率可达 78%，造浆后进入直径 2.0 米搅拌桶，水泥经双螺旋输送机送入搅拌桶，充分搅拌后经集浆漏斗进入直径 108 米充填孔，自溜输送至采场。

在输砂过程中通过添加“聚丙烯酰胺”絮凝剂，成功实现了仓内尾砂动态沉降，提高了充填效果，日充填量可达 416 立方米。该系统的建成达产为康家湾矿年产 40 万吨矿石的生产能力提供了可靠保障。

三　安全与防护

1995 年以来，矿山将安全管理放在重中之重的位置，树立“谁抓安全都不越权，怎么抓安全也不过分”的理念，努力营造“持之以恒抓安全，万无一失稳大局”的安全氛围。进一步完善安全管理制度，构建立体安全防范网络。1999 年，推行“三级顶板管理制度”，按急、难、险三个管理档次，有效保证了采场的安全生产，连续三年实现安全年目标。

第二节 水口山柏坊铜矿采矿

柏坊铜矿创建于1958年，其中，一坑经过40多年的开采后，于1998年1月经有色长沙公司同意闭坑。随后生产的有二坑铜鼓塘矿体、刘家湾残矿体以及其他零星残矿体。

一、铜鼓塘矿段

（一）1996—2002年铜鼓塘开拓系统变化情况

1. 提升系统

铜鼓塘矿段原有两个提升系统，即1号和2号竖井。1998年一坑闭坑，1号竖井作为第二安全出口仍在运行，并担负少量残矿提升及水泵工上下任务，将双层单罐改成单层单罐配平衡锤。2号竖井同时担负铜鼓塘矿段和刘家湾矿段提升转运任务。

2. 通风系统

铜鼓塘矿段原有三个既相互联系、又相对独立的分区通风系统。继1992年1号系统停止运行后，3号系统也于1998年结束其历史使命。1996—2002年使用的只有2号系统，其主扇型号4–72–11No20B，电机型号JR125–8型，功率90千瓦，负压1180帕，风量32.65立方米/秒。

3. 供风系统

1990年新增一台103立方米/分的日产压风机。

其他各系统包括运输、排水、供水、供电、充填等系统没有变化。

（二）1996—2002年矿山作业量

详见表3–1–3。

表 3-1-3 1996—2002 年铜鼓湾矿段矿山作业量情况表

年份	掘进量（米）	采矿量（吨）	出矿量（吨）	出矿品位（%）	充填量立方米	钻探量（米）
1996	2179.6	45601	50620	4.03	14778	2493.1
1997	2075.4	45811	48583	4.29	10787	2437.3
1998	1826.8	39959	41302	5.29	8176	1257.6
1999	862.3	28110	29328	9.07	5265	1148.7
2000	992.4	23801	25990	10.05	5473	
2001	596.4	24393	25530	10.59	6247	191.5
2002	763.4	26262	27902	9.62	7224	268.8

二 刘家湾矿段

（一）开发概况

刘家湾矿段是 1990 年 7 月经水口山矿务局组织有关人员论证后批准开发的。经过几年的工作后，发现矿体变化大，1995 年 8 月又进行了补充勘探，通过探获的地质资料，发现各矿体规模均有不同程度的缩小，矿量和铜含量分别减至 7.17 万吨和 1897 吨，尤其是原评价报告提供的具有开采价值的小矿体，因其厚度变薄，空间形态缩小，没有实际开采价值。有开采价值的矿量仅 5.97 万吨，金属量 1747 吨。根据这些情况，矿务局决定不再开拓十三中段及通风工程，只是利用已有工程并辅以少量工程组织刘家湾生产。至 2002 年，刘家湾矿段主要核算体已顺采完毕，累计回收矿石量 38100 吨，铜含量 1795 吨。其边角及下延部分残矿体以及零星小矿体开采仍在继续进行。

（二）采矿方法

刘家湾矿段主要由十中段的两条脉状矿体和十二中段 53 号矿体组成。十中段脉状矿体采用全面法采矿；53 号矿体采用房柱法和无底柱矿房留矿法采矿。使用以上两种空场法方案，较好地实现了对刘家湾矿段的回采。刘家湾矿段采矿方法研究于2000年获中国有色金属工业长沙公司科技进步奖。

第三节　水口山铅锌矿采矿

1995—2002年，铅锌矿井下生产步入一个较快的发展时期，针对鸭公塘区涌水量大、排水费用过高的实际情况，进一步加大鸭公塘区的开采力度，实施强采强出的策略，逐年增加鸭公塘区的出矿量。同时，铅锌矿井下的生产重点转向老鸦巢区铅锌残矿资源和4号金矿体的开采。井下出矿量有所增加，2000年出矿量突破20万吨。

一 提升系统

1995—2002年，矿石的提升主要由二坑担负，正常的生产能力为1000吨/日，采用双箕斗，底卸式曲轨卸载方式，箕斗容积为1.4立方米。五坑已延伸至十三中段，主要作提升废石用，副井七坑和盲井六坑，除运输人员、材料外，六坑担负深部矿石的提升。

二 井下运输

1995—2002年，全矿有五个溜井系统，井下运输已形成了一个比较完善的运输系统，采用电机车多中段溜井集中运输。井下矿石集中经二坑箕斗提升至地面，再经地面2号斜坡道运至铅锌选厂。二坑出窿矿石经3号斜坡道提升到万吨矿仓进入选矿厂。废石主要由五坑提升至地面。

三　矿井通风

1995—2002 年，全矿有老鸦巢区及鸭公塘区 2 个不独立的分区通风系统。八坑为鸭公塘区的回风井，新老三坑为老鸦巢区回风井。二坑、五坑、七坑、忆苦窿为两区的公共通风井。3 台主扇风机均为地面抽出式，其中新三坑系统没有反风装置。

四　井下排水

1995—2002 年以来，井下排水分三段进行，第一段由十一中段将水排至九中段（扬程 75 米）；第二段将水排至五中段（扬程 156 米）；第三段由五中段将水排至地面（扬程 233 米），总扬程 464 米。并在 3 个水泵站设有水仓，其容量分别为 300 立方米、5500 立方米、7600 立方米。另在十三中段设临时泵房排至十一中段。

第四节　锡矿山南矿采矿

一　南矿开拓系统改造与完善

（一）南斜巷建设与排水系统调整

1978 年 9 月，在审定南矿 15 中段开拓设计时，为适应深部中段和浅部保安矿柱同时开采，决定在 15 中段建立深部中段集中排水站，采用大流量、高扬程水泵排水，掘进专用管路通地表。根据这一决定，1979 年 6 月南矿提交了南斜巷设计方案，即南斜巷从 15 中段水泵房至二号竖井南侧玄山河西侧地表，全长掘进 547 米，主巷净断面为 3.8 米 × 2.9 米，坡度 25 度 40 分 ~ 28 度 41 分不等。斜巷与 9 中段、13 中段连通。排水系统调整如下：4 中段及其以上井下水，仍由 4 中段放水巷流出地表；7 中段水仓报废，井下水流入9中段水仓，9中段与南斜巷连通，排水管单独直通地表；11中段排水管，途经9中段石门进入南斜巷；13中段与南斜巷连通，排水管单独通地表；15中段排水管采用大直径管路，由南斜巷直通地表。设计经锡矿山矿务局审定后，上报省冶金局批准，于1981年5月开始施工，1982年10月井巷工程结束，1983年12月排水系统投入运行。

根据水文地质资料，15中段以下深部中段的排水，除19中段涌水量达1200立方米/日外，以下各中段涌水量均在1000立方米/日左右。故深部排水系统采用集中建站排水方案，即在26中段靠近竖井旁，设计建立两个1000立方米水仓和300立方米沉砂池，安装4台大型水泵，将水排至15中段水仓，再由15中段水仓经南斜巷排至地表。19中段及其以下各中段涌水和工业废水，经石门、绕道水沟进入深部盲斜井，引入26中段水仓。

（二）四号风井建设及通风系统调整

1. 中部通风系统改建

南矿中部通风系统的主要回风巷道及部分进风巷道，全处在5中段以上保安矿柱开采设计范围内，其中部分风巷将被保安矿柱开采设计所利用或受开采施工所破坏，中部机房也在此内。5中段以上保安矿柱一旦开采，中部通风系统将遭受全面性破坏。为适应保安矿柱开采，1981年6月南矿提交《南矿深部通风系统调整初步设计》。它是南矿9中段以下深部中段的中部分区通风系统，由9中段卸矿硐室掘一风巷（即四号风井）通放水巷水库西侧地表，全长368米，采用料石支护，净断面为3.0米×2.8米，主扇机房选择在9中段卸矿硐室，主扇型号为2K60–4A18号，采用电子计算机技术对主扇实行监控和风量调节。设计会审后，报省冶金局批准，于1982年7月开始施工，1983年7月完成四号风井和井下主扇硐室的掘支工程，1983年

8 月进行主扇和电气设备安装，1984 年竣工投入运行。

2. 东部通风系统改造

东部主扇（即 3 号主扇）运行时间长、工况差、能耗高、效率低，加之生产中段往深部发展，通风线路长，已不能满足生产对通风的需求。1990 年 10 月审定了南矿提交的《南矿 3 号扇风机改造设计》。设计主扇机房由地面迁往井下 9 中段东部 64 风巷处，更新主扇为 FSA140–50 型轴流式扇风机。工程于 1991 年 1 月开始施工，年底竣工投入运行。

3. 浅部通风系统建设

南矿 5 中段以上保安矿柱及邻近区域之残矿，1986 年开采以来通风成为急待解决的问题。当时为解决通风问题，曾临时利用 4 中段放水巷作为风巷，在放水巷内安装 1 台型号 为 50A11–9 号辅扇。随着浅部保安矿柱和残矿开采的发展，通风问题更为突出。因此，1992 年 4 月，锡矿山矿务局审批了南矿《浅部通风系统初步设计》。设计主扇为 FSB160–60 节能风机，安装地点选择在 2 中段平巷与原东翼风井交汇处。工程于 1992 年 6 月开始施工，1993 年 5 月竣工投入运行。

（三）压风机房南迁与供风系统调整

南矿压风机房设置在一号竖井旁，1984 年以前没有划定专门矿柱保护，机房下有部分矿柱被回采，造成压风机房墙体开裂及机座向西倾斜。同时，由于生产中段向深部发展，供风管路长（主风管 2400 余米）、管耗大，深部中段风压低。压风机房工业场地狭小，原有压风机服务年限长达 12 ~ 32 年，曾计划增安一台压风机却没有安装地点。根据上述情况，南矿 2 ~ 5 中段矿柱开采初步设计提出了压风机房南迁方案，经报冶金工业部、省冶金局审批同意。1984 年 12 月南矿提交压风机房搬迁方案设计，经多方案比较确定压风机房建在放水巷水库附近，采用集中建站、分区供风方案。整个工程建筑面积 565 平方米。

其中：压风机房320平方米，水泵房40平方米，集中控制室122平方米，变压器房25平方米。另设风包平台、水池与设备基础等。工程于1985年3月动工，1987年年底建成。

压风机房的南迁和南斜巷深部排水系统的建立，为深部供风系统调整创造了有利条件。1988年年初开始进行供风系统调整，在原设计中确定采用集中建站、分区供风方案，即深部供风由空压站经南斜巷进入17中段，浅部供风由空压站经放水巷进入4中段而直通盲斜井（开采上部保安矿柱的新盲斜井）。分区供风，原有供风管路不能利用，投资大且建设工期长。因此，在施工设计中改为集中供风方式，即由压风站经南斜巷，进入15中段、石门、东沿脉中央通路处与原供风管连通，采用直径325×9毫米无缝钢管，全长1100米，1988年6月投入使用，工程总投资115.6万元，其中自筹资金86.6万元。

（四）二号竖井延深

南矿二号竖井净直径4.5米，主井兼副井装有两套提升设备。1977年，延深至19中段，增掘一个废石仓，并将箕斗改为既提矿石又提废石，建成了13中段运输提升系统。1985年随着生产中段逐步下移，能利用二号竖井提升矿石的只有17中段没有开采，因此延深二号竖井迫在眉睫。当时，负责矿区勘探的二四六队尚未提交7中段以下勘探报告。经研究，抽调地质人员，利用生产探矿资料和二四六队钻探资料，于1985年上半年整理出17中段以下地质资料作为二号竖井延深设计依据。

1985年6月14日，省冶金工业厅组织有关专业人员召开《南矿17中段以下开拓工程设计方案》审查会。根据地质资料，17中段以下（含17中段）工业储量424.525万吨，其中17~23中段279.24万吨，占总储量63.3%。二号竖井现有卷扬机最大容绳量可下放到25中段。会议认为：南矿17中段以下开拓工程可分两期进行，第一期工程将二号竖井和矿石仓、废石仓延深至25中段；第二期工程在23中段开凿盲竖井解决23中段以下矿石提升问题。省冶金工业厅于1985年7月审定《南矿17中段以下开拓工程方案设计》。南矿根据审定的开拓方案设计，进行《南矿二号竖井延深19~25中段开拓设计》。延深设计包括：南矿深部几大系统布置，竖井与矿石仓、废石仓的相互衔接，卸矿系统布置和施工方法等。通过多方案比较，选择了南侧盲斜井、西端矿石仓、东端废石仓，在矿石仓和废石仓南侧先掘17~26中段盲斜井，解决几大系统布置，再反掘矿石仓、废石仓和竖井的延深方案。

二号竖井井筒从19中段延深至25中段以下19米，延深127米，井底标高负161米，整个井筒深度524米。井筒净直径4.5米，200#混凝土支护。安装形式与19中段以上相同，装载硐室布置、装载形式与19中段一样，粉矿回收采用小箕斗提升。矿石仓、废石仓从不同平面坐标延深至25中段，延深108米。不使延深工程施工与现有生产相矛盾，在19中段水平，矿石仓和废石仓中心线向南平移7.6米（与原矿石仓、废石仓中心距），命名为19中段矿石仓和19中段废石仓，直径均为3.8米，200号混凝土支护，矿石仓深度72米。在23中段水平，矿石仓和废石仓则向北平移10.2米，命名为23中段矿石仓和23中段废石仓。为增加贮矿量，矿石仓直径增至4.5米，废石仓直径仍为3.8米，200号混凝土支护，矿仓深度36米。南侧17~26中段盲斜井，倾角30°，斜长354米，净断面为2.6米×2.2米，在延深工程施工中作措施提升井，在延深工程投产后作通路和布置供风、供水、供电、排水、排泥管线之用。

《南矿二号竖井延深19~25中段开拓设计》，1986年7月审定并报有色长沙公司批准，1987年3月开始延深施工。因二号竖井延深施工与矿山生产同时进行，劳力不足，决定掘进工程承包给浙江苍南井巷公司，支护工程承包给锡矿山矿务局建安公司。工程掘进进尺2234米，掘进量32148立方米，支护量6710立方米，实际总投资580.46万元。1994年1月8日，二号竖井延深提升系统与放矿系统竣工投产。其他相关的排水、排泥、供风、供电、供水系统扫尾工程，由内部承担，于1996年年底基本结束。

二　采矿方法试验与改进

1982年前，南矿的采矿方法主要有房柱采矿法、胶结充填采矿法等。20世纪80年代后，开采中段逐步深移，矿体赋存条件变得复杂,原有采矿方法难以适应,必须寻求新的采矿方法。1982—1996年间，进行了以下采矿方法试验研究。

（一）杆柱砂浆胶结充填采矿法推广

在胶结充填采矿法基础上，南矿根据矿体变薄的具体条件，于1978年2月提交了《南矿薄矿体采矿方法试验设计》方案。

垂直矿体走向划分条带式采场，采场跨度为6米，分两步间隔式回采。第一步采矿壁，出完矿后采用水泥加分级尾砂浆充填空区形成人工矿壁，取代原生矿壁。第二步回采矿房，矿房采空区采用全尾砂充填。矿房、矿壁的顶板安装锚杆，防止软弱层冒落以保证作业人员安全和降低贫化。

采区及单个采场的回采顺序大体与杆柱房柱法相同，不同的是先采矿壁，待两侧矿壁充填后方能回采矿房。凿岩爆破、杆柱安装、采场运搬与杆柱房柱法相同，只是杆柱长度为1.8米，网度为1.0平方米。

1978年6月在南矿11中段28～36采场进行试验，1981年5月召开阶段性技术鉴定会并决定扩大试验。1978年6月至1982年6月共采完采场34个（其中矿壁25个，矿房9个）。1983年11月29日在南矿召开薄矿体杆柱砂浆充填采矿法技术鉴定会。鉴定认为：（1）这种采矿方法，用水泥、分级尾砂浆胶结体代替原生矿壁、锚杆维护顶板、全尾砂处理采空区的办法，开采顶板有 0.5 ～ 1.5 米厚的软弱层的薄矿体，平均回收率达 81.1%、贫化率为 27.8%，与原杆柱房柱法相比每吨矿增利 10.74 元，因而技术上是可行的，经济效益是好的，保证了采场作业安全。（2）这种采矿方法，可在地质情况和开采技术条件相似、品位一般为 2% 以上的薄矿体中使用。1983 年南矿将试验成果上报锡矿山矿务局，矿务局组织技术鉴定后，在南、北矿类似的薄矿体中推广使用，基本上取代了杆柱房柱采矿法。1984 年获省冶金局科技成果二等奖。

（二）粗颗粒水砂充填采矿法试验

为降低充填采矿法的充填成本，谋求新的途径，为缓倾斜中厚矿体寻找适合、先进的采矿方法，南矿于 1986 年 3 月与北京矿冶研究总院共同立项，在缓倾斜中厚矿体中进行粗颗粒水砂充填采矿方法试验。同年，此项目经中国有色金属工业总公司、国家科委批准，列入国家“七五”重点科技攻关项目。试验的采矿方法设计为：

1. 采场构成要素

采场沿矿体走向布置，长度 60 米左右，采场跨度（沿倾斜方向）8 米，回采高度 8 米。当矿体厚度超过 8 米时，实行分层回采。

2. 回采顺序

先从矿体倾向靠下部零分段开始，此分段采完后采用胶结充填，作为下一个中段回采的人工顶柱。再依次向上一个分段接一个分段进行回采。

3. 凿岩爆破

凿岩采用南京工程机械厂生产的 CTC–14 型轮胎式单机采矿台车，配用 YGE–90 型导轨式独立回转凿岩机，直径 65 毫米的柱齿钎头，钎杆长 1.2 米，采用接杆凿中深孔，为扇形孔布置。

爆破使用自制的铵磷粉状炸药，装药机装药，采用多排多向微差爆破。

采场矿石运搬采用 WJD-75 型电动铲运机，矿石由铲运机从采场装运卸到放矿溜井，由电机车牵引 1.2 立方米侧卸式矿车装矿，通过中段运输平巷，石门转运卸入主矿仓。

试验在南矿 15 中段两翼进行，1987 年 2 月开始采准工程，1989 年进行回采作业。于 1991 年 1 月通过技术鉴定。鉴定认为：此采矿方法试验取得成功并达到预期效果，采场综合生产能力达 192 吨 / 日，采矿损失率降至 8.45%，贫化率降至 6.83%，为使用充填采矿方法的矿山开拓了一条新路。

第五节　东波有色金属矿采矿

20 世纪 60 年代初采用普通留矿法进行采矿。1961 年在野鸡尾一中段开始采用木漏斗浅孔留矿法采矿。20 世纪 70 年代初开始推广电耙出矿浅眼留矿法。1973 年，铅锌生产全部改用电耙留矿法。矿山从 1977 年开始推行机械化作业，到 1987 年，全矿拥有两条装备先进的平巷机械化作业线，配备有 20 世纪 80 年代的先进设备——电动天井爬罐 3 台，PYT-2C 型双机液压凿岩台车 10 台，CCZ-100 型铲装机 2 台，XSD-4 型梭式矿列车 12 台和装载斗车 10 台。所有的生产中段、水平巷道和大部分天井已经实现了机械化作业。采掘机械化作业率由 1977 年的 15% 提高到 1987 年的 96.42%，为矿山连年超额完成国家计划发挥了积极作用。1988 年 4 月 26—27 日，中国有色金属工业总公司长沙公司、湖南省冶金工会在湘东钨矿召开 1987 年度机械化竞赛评比表彰大会，东波矿分别获湖南省有色矿山平巷、天井机械化作业竞赛第一名、第二名。

随着开采年限的增长，矿产资源日益减少，品位降低，正规机械化掘进采矿难度增大。为了降低生产成本，采用了打破常规的作业方法，组织人员开展残矿回收，机械化作业从 1985 年开始压缩。所保留的机械化作业线在铅锌系统主要应用在 640 大巷、柴观大巷、550、500 中段主巷和东波山探矿工程，利用凿岩台车打钻，梭车出碴。步入 20 世纪 90 年代后，铅锌生产基本以柴山工区为主，生产中段集中在 600、550、500 中段，直到 20 世纪 90 年代后期柴观矿区、450 中段开始正式开采。随着开采的不断深入，横山岭矿区、蛇形坪矿区资源逐渐衰减,探矿向百步窿矿区和柴观矿区深入,并成功取得资源接替。2001 年，正规矿体和上万吨矿量的矿体进一步减少，开采只能向边部、端部、难采小矿体和残采方向发展。开采区主要为横山岭—百步窿—蛇形坪矿区，铅锌采矿从正规化采矿，转向矿柱和边角残矿开采。1981—2002 年，采矿总量约 300 万吨。

第六节 柿竹园多金属矿采矿

一 采矿方法

柿竹园多金属矿床原开采方法为分段凿岩阶段矿房采矿法。1985—2002 年，多金属矿体的开采局限在Ⅲ矿带 315 米 ×313 米 ×68 米范围（490 ~ 586 标高）富矿段，开采水平范围从西到东划分 P1、P2、P3、P4 4 个盘区，每个盘区由北向南划分 Z1、Z2、Z3、Z4、Z5、Z6、Z7、Z8、Z9 九个矿块。每个矿块中的矿房长 64 米、宽 20 米、高 68 米，盘区和矿房间柱均为 15 米宽。490 中段矿房采用分段上向扇形孔凿岩阶段矿房法开采，分段高度 11 米，凿岩设备为雪橇式 YGZ-90 钻机，采矿炮孔直径 60 毫米，最大孔底距 2.4 ~ 2.6 米，排距 1.2 米，炮孔采用 BQF-100 型装药器输送粘性多孔粒状铵油炸药，每米炮孔崩矿量5吨。西北角558空区以上Ⅲ矿带富矿用QZJ-100B型潜孔钻机钻凿水平扇形深孔落矿，炮孔直径100～110毫米，最大孔底距3～3.5米，排距2～2.5米，每米炮孔崩矿量15～20吨。矿房出矿底部结构有铲运机和电耙底部结构两种。采准凿岩平巷断面尺寸为2.7米×2.7米，行人天井断面尺寸为L5米×2.5米，矿房采矿爆破每次爆破药量较大，一般为10～20吨。井下采用非电导爆管雷管和导爆索爆破网络起爆。采场崩落的矿石经铲运机运到主溜矿井。矿房生产能力700吨/日。原设计地下开采只采矿房，不采矿柱。矿房回采后一次充填。这些矿柱将留待第二期露天开采时一并采出。

采矿方法比重：连续阶段崩落法占66.66%，日采矿生产能力3000吨；无底柱分段崩落法占33.34%，日采矿生产能力1500吨。

平均损失率23.5%（包括存窿矿石）；平均贫化率12.5%；平均出矿品位三氧化钨0.392%、钼0.070%、铋0.139%；平均年产金属量：三氧化钨5945吨、钼1099吨、铋2074吨。

柿竹园多金属矿前期地下开采的Ⅲ矿带富矿段，矿体赋存条件较好，但爆破性极差。随着1000吨/日工程的建设，生产规模达到1800～2000吨/日，采矿方法存在的主要问题如下：

一是设备配套效率低，满足不了生产能力的需要；

二是分段高度小，采准工程量大，工程费用高；

三是大块产出率高，二次破碎工作量大，炮烟污染严重；

四是房间矿柱和盘区矿柱失稳垮落；

五是作业过于集中，相互干扰影响严重。

1996年9月，柿竹园矿在“九五”科技攻关时进行了高分段采矿工艺技术的试验、CS-100型环形钻机深孔凿岩工业性试验和爆破工艺试验。试验中充分吸取世界高分段采矿的优势，创造良好的技术经济效益。2000年12月，矿山应用“Ⅲ矿带高分段采矿技术研究”成果，使柿竹园矿特大型、特难爆矿体的开采步入了新的技术水平。与国内外同类研究比较，柿竹园高分段采矿技术在多方面有所发展和创新：一是利用模糊数学综合评判进行高分段采矿方案的优选，选择方法科学先进；二是采用国产环形钻机将分段高度由过去的 11 米提高到 55 米，一个采场可减少采切工程量 630 米，万吨掘采比由过去的 56.5 米降低为 27.8 米（按立方量计，总工程量降低了 14.85%)。而且由于作业集中，简化工艺，方便管理，填补国内井下回采技术在该领域的空白，达到国际先进水平；三是高分段采矿工艺技术采用 55 米的高分段凿岩、大孔径柱状药包爆破、低成本的粘性粒状铵油炸药、大孔距小抵抗线梯段微差爆破等先进独特的回采工艺技术，取得良好的技术经济效果，其综合技术达到国际先进水平；四是解决直径 105 毫米下向有水炮孔和上向垂直深孔的机械化装药技术难题。该项成果的推广应用使柿竹园多金属矿特大型、特难爆矿体的开采步入了新的技术水平。

二 爆破工艺

柿竹园在多金属矿采掘生产中，1990年以前采用孔口起爆技术。由于爆破效果不好，其结果一是采矿大块多，二次爆破频繁，影响出矿功效，恶化作业环境，增加通风排烟的负担。二是采场悬顶和采幅缩小的现象日趋严重，造成采矿损失大。三是孔口起爆因采场悬顶和采幅缩小现象，采场514和536两分段均开掘南北凿岩巷以控制采场边界，进尺投入多，出碴难度大，采准周期长。通过对采矿爆破工艺的深入分析研究，1990年采用孔底起爆新技术，实施扇形中深孔爆破。经孔底起爆现场试验证明，孔底起爆用于采矿爆破，具有爆破冲击波小，爆炸能量利用率高，大块产出少，采场轮廓控制好，施工工艺简化等特点。为此，矿山分别在多金属Kl-3、K3-2、K4-3、

K3-3等采场推广应用，取得了良好的效果，大块产出率降低20%～25%，出矿功效提高。孔底起爆使同排孔间分段爆破成为现实，促进了采矿工艺的简化。孔底起爆技术在柿竹园中深孔采矿中是一个采矿技术的新突破，经济效益明显。使用孔底起爆后，取消孔内导爆索和孔口堵塞，每年可节约导爆索和木材费用10.7万元；采矿大块的减少，每年可节约用于二次爆破器材成本18.2万元；采矿工艺简化后，每个采场减少进尺200米，每年可节约掘进成本19.5万元。同时，作业工效的提高，以及大块减少后通风费用的降低，作业环境的改善所带来的间接经济效益更为可观。

第七节　桃林铅锌矿采矿

桃林铅锌矿（简称桃矿）的采矿由长沙有色设计院承担设计。

长沙有色设计院根据桃矿上塘冲、银孔山矿体特点：矿体厚、品位低，倾角缓，矿体和下盘稳固，上盘极不稳固等因素，先后提出分层崩落法，充填法，假顶式分层崩落法等。桃矿为了配合分层崩落法的采用，于1957年11月派技术人员4名去安徽向山硫铁矿实习假顶式分层崩落采矿法。由于大跃进和学习苏联深孔凿岩技术在大中型矿山试用经验，又考虑到本地坑木困难和湘东采掘促进会对高强度采矿的要求，设计院于1960年1月又提出有底柱分段崩落法和进行阶段强制崩落法试验的方案，同年6月，设计院按此方案作了100万吨矿块施工图设计。

1960年7月，为了寻求更高效率的采矿方法，桃矿派技术人员数人去河北寿王坟铜矿参观，回矿后自行设计了大空场联合崩落法，并在生产中按此进行了大量采准工作。

1962年11月，冶金部工作组来矿，会同长沙有色设计院和桃矿共同研究采矿方法，同意基本恢复 1960 年 6 月长沙有色设计院提出的采矿方法，对已施工的采矿工程进行修改补充。1963 年，在北京矿冶研究院的协助下，经过深孔凿岩爆破工艺试验，肯定了有底柱分段崩落法，1968 年在生产过程中又逐步演变为中深孔阶段强制崩落法，作为桃矿井下开采的主要采矿方法。

一　小露天开采

1957 年，长沙有色设计院提出两个露天开采方案。

第一方案：上塘冲 86 米标高以上，银孔山在 75 米标高至 93 米标高为露天开采。

第二方案：上塘冲矿体 105 米标高以上，银孔山矿体 80 米标高以上为露天开采。

第一方案基建投资多 17 万元，但经营费却可节约 79 万元，此外露采回收率可提高 4%，能多回收金属量铅 222 吨，锌 180 吨，萤石 1177 吨。桃矿同意采取第一方案。

1958 年 1 月成立露采工区，分为上塘冲、银孔山两个管理区。全区 1100 多人（银孔山 400 多人、上塘冲 600 多人）。

1958 年 2 月，上塘冲、银孔山破土剥离，开始采用锄头挖、扁担挑的土办法。几个月后，逐步改用 0.75 立方米“V”型侧翻式矿车装碴，轨道运输卸载；上塘冲也曾试用过土索道运输；OM-506 风钻打眼爆破剥离，随后又采用“峒室大爆破”和“蛇穴爆破”剥离，其效率比原方法高 3 ～ 4 倍。

上塘冲露采工作面沿走向长 500 米，宽 90 米、高 35 米。标高从 86 ～ 128 米，采矿量 70 余万吨，品位：铅 1.81%，锌 1.35%，萤石 11.64%。顶板边坡角 55 度，底板边坡角 65 度，剥离系数 2.64，开采损失率 3 %，贫化率 5 %。

银孔山露采工作面沿走向长 300 米，宽 20 ～ 30 米，高 20

米左右，采矿量 14.68 万吨。品位：铅 1.49%，锌 1.47%，萤石 13.79%，顶板边坡角 55° ，底板边坡角 70° ，剥离系数 1.78，损失率 3%，贫化率 5%。

开采方法：设计为 6 米一个台阶，从上而下开采。但剥离后为了多开工作面，多出矿，便逐步改为“溜槽式”自下而上开采，即站在矿堆上清理出工作面，用下向风动钻机打眼爆破采矿，采矿工效为 20 ～ 30 吨 / 工班。

装运方法：一般用扒子、篼箕人力装车，经斜坡卷扬提升到主运输道，用 10 吨架线式电机车运到卸矿点——上塘冲大漏斗，再用火车运到选厂；银孔山也是人力装车，架线电机车运到汀畈火车站卸矿平台，直接翻倒入 60 吨车皮，火车运至选厂。

上塘冲开采 89 米水平时，曾将原 86 米探矿巷道改造为运输大巷，沿巷道安装木漏斗，将上面浅孔采矿放至漏斗，人工装车推出坑口，用斜坡道提升至 90 米运输水平，由架空线电机车运至大漏斗。

二 井下采矿方法试验和发展

桃矿井下采矿方法试验种类较多，各有优缺点，但最后仍以“有底柱中深孔阶段强制崩落法”为主要采矿方法。

（一）117 矿块联合中深孔分段崩落法

1962 年 3 月，北京矿冶研究院与桃矿合作，在 +40 米中段东翼 117 矿块作“分段崩落法试验，共同提出了联合中深孔分段崩落”法设计，即将矿块分为两个分段，上分段为水平扇形中深孔落矿，下分段为垂直向上平行深孔落矿，先爆上分段，后爆下分段。于 1962 年 6 月按回采设计施工，1963 年 4 月进行中深孔接杆凿岩，同年 7 月 4 日进行上分段中深孔爆破，这是桃矿第一个矿块进行第一次井下中深孔大爆破。

爆破后测定大块率为 15% 左右，电扒道扒矿效率平均为

120 吨 / 台班，贫化率 16.4%，损失率 15.7%。

试验证明：在采准、切割施工方面，都可达到基本要求；深孔凿岩爆破工艺可以过关。但是施工复杂，上分段爆破对下分段炮孔和顶板稳定性有明显的破坏，有待改进。

（二）109 矿块水平中深孔分段崩落法

109 矿块原设计为沿走向布置浅孔矿房阶段崩落法，并做好全部采准工程。1963 年 10 月，北京矿冶研究院建议改为水平扇形中深孔分段崩矿法。该矿块崩矿量 2.5 万吨，布置 2 个分段，4 个凿岩天井。1964 年 1 月开始中深孔凿岩，于同年 7 月进行大爆破，鉴于 117 矿块分段爆破的教训，决定该矿块两个分段同时爆破，为桃矿第一个阶段强制崩落法的开始。该矿块回采率 82.7%，贫化率 17.2%，损失率 17.26%，大块率 20% 左右；电扒道出矿最高达 10500 吨 / 月。

（三）122 ~ 124 矿块大空场崩落法

1960 年派人去河北寿王坟铜矿学习参观，回矿后自行设计“解放式”大空场阶段崩落法。其特点：1. 大补偿空间，补偿系数为 30%；2. 第一层水平补偿空间少留临时矿柱暴露面积达 2100 平方米，矿房跨度达 30 米左右，矿房留六面矿柱；3. 大漏斗，进路间距 7 ~ 8 米，漏斗颈 2.5 米；4. 混合深孔落矿。主要落矿部分采用 BA–100 潜孔钻机，打水平扇形深孔；第三层以上采用中深孔落矿。该矿块于 1961—1964 年作采准切割工程，1965 年 1 月进行深孔凿岩，于同年 11 月进行大爆破，为上塘冲 +40 米中段第一个深孔大爆破矿块。

大爆破时，除北京矿冶研究院参加外，还邀请了寿王坟铜矿技术人员到矿指导，并用飞机从该矿调来毫秒电雷管 1 ~ 7 段，进行毫秒雷管和延期雷管联合起爆，这是桃矿第一次采用毫秒雷管爆破。此次爆破炸药量为 34.5 吨，爆破设计由省冶金局组织技术会审批准。

（四）126 矿块上向中深孔分段崩落法

此矿块作为中厚缓倾斜矿体开采的典型布置。采用 01–45 钻机打上向中深孔，爆破顺序由西向东分段超前爆破，每分段一次爆破 4 ~ 5 排，每爆破两次挖切割槽一次。

（五）224、226 矿块垂直扇形炮孔侧面多次挤压分段崩落法

此采矿法是作为开采端部 10 米以下厚度的小矿体试验。采用沿矿体底盘布置倾斜电扒道，在堑沟拉底巷道内打上向中深孔，向事先形成的立槽，从上而下分段逐次挤压崩矿。

此采矿方法的优点：切割工程量小；采掘比小；回采工艺简单；木材消耗少。其主要缺点：顶板漏斗的围岩极易混入，造成大量贫化；爆破效果差，经常发生“贴大饼”“留残孔”“悬拱”等爆破质量事故；每次爆破准备工作量大。因此，224 矿块（崩矿量 5.8 万吨）全部结束共用了 5 年时间。226 矿块最后 3 个分段，因爆破质量太差，无法再进行爆破，不得不重新打天井，改为水平扇形中深孔（原上向深孔全部报废），采用一次爆破，才结束整个矿块的回采。

（六）231 矿块上向中深孔挤压爆破分段崩落法

投产以后，水平中深孔落矿大块率高达 20% 左右，为此，1964 年 4 月冶金部指派北京矿冶研究院、湖南省有色金属工业管理局派技术工作队协助桃林矿解决崩矿的“大块”问题，确定在 231 矿块进行上向深孔挤压爆破试验。

该矿块采准工程基本完成，试验从回采工艺开始。矿块中间布置一个切割天井，两侧布置三排深孔，崩落矿量 3390 吨，形成切槽。挤压爆破采用垂直扇形中深孔，总孔数 1619 个，孔深 1.33 万米。每次崩矿面积 220 ~ 300 平方米。崩矿厚度 5.2 ~ 8.6 米。崩矿体积 1200 ~ 1840 立方米，可挤压松散系数 1.2 ~ 1.53，补偿空间系数 16% ~ 18%，局部放矿量 350 ~ 400 立方米，爆

破顺序：一组（立槽）→二组和局部出矿（1 ~ 3 排）→三组和局部出矿（4 ~ 7 排）→四组（8 ~ 12 排）。

四次爆破于 1966 年 8 月爆完，其主要效果是：大块率为 3.1%，出矿能力平均达到 160 吨 / 台班，最高达 300 吨 / 台班，二次炸药消耗量由原来 0.37 公斤 / 吨降低到 0.04 公斤 / 吨。

（七）419 矿块无底柱分段崩落法

20 世纪 70 年代，“无底柱采矿法”在国内盛行，因此有人建议试验此采矿法。考虑到负 80 米以下原矿品位下降，矿体分支复合严重等问题，桃矿在 419 矿块进行试验。省冶金局也于 1973 年 7 月下达试验任务，并邀请中南矿冶学院参加试验。

1975 年 3 月开始作“无底柱”采矿方法设计，并组织试验小组。设计提出后，由一工区施工负 40 米以上工程，整整一年，停停打打只完成掘进任务 300 余米。为了加速试验进程，于 1976 年 4 月成立“419 矿块试验队”。

1979 年年初，为了顺利开展试验，减少试验与生产的矛盾，试验队与一工区合并，由生产工区统一管理。

419 矿块是负 80 米中段东翼较大的矿，总回采矿量 42.3 万吨，深孔崩矿量 32.7 万吨，掘进副产 96000 吨，不可采的低品位矿量 52000 吨；设计采准掘进量 3617 米，深孔量约 15 万米。

截至 1980 年，共掘进 3596 米，深孔量为 13.75 万米，崩矿量 16.72 万吨，出矿量 13.76 万吨，五层、四层崩矿、出矿已全部结束；三层正在崩矿，出矿；二层开始崩矿。整个试验工程，掘进量全部结束，深孔量完成 90%，崩矿和出矿完成 50% 左右。

三　主要采矿法的布置

采矿场井下采矿法基本上是崩落采矿法，其中，桃矿井下主要采矿方法为水平扇形中深孔阶段强制崩落法，占总矿块的

70.2%，特别是负 40 米中段全部采用此采矿法。

此采矿方法的特点：在矿块底部进行大面积的水平拉底，并形成一定容积的补偿空间，在崩落矿体上进行大面积的水平扇形中深孔凿岩，在阶段全高上进行一次大爆破，并在覆盖岩石下进行大量放矿。

水平中深孔阶段崩落法虽有采矿强度大，效率高，安全性强，生产成本低的优点，但也有缺点：一是矿石损失率、贫化率大；二是矿块生产周期长，一个矿块从采准到出矿结束，一般要 4 ~ 5 年，其中采准切割需要 2 ~ 3 年。为了缩短生产周期，在采准、切割布置和施工上作了一些改进：

（一）采用探采结合

探矿设计时尽量与采准工程结合起来考虑，做到大部分探矿工程能用作采准，以减少纯探矿巷道数量，缩短采准周期。

（二）简化采准结构

电扒道和漏斗间距尽量避免采用 9 米和 4.5 米；在溜井结构上，改一层的双闸门斗为单闸门，二层以上溜井尽可能开分支溜井，少打巷道。

（三）改进切割位置

1979 年，在采准设计中改进了切割平巷的位置，对二层以上电扒道的切平，由原来布置在北侧的矿体内，改为布置在南侧的废石里，并在施工切割的同时，向南边扩邦 1.5 ~ 2.0 米。采取这一技术措施后，1980 年从切平、切采中剔除废石达 20000 吨。

（四）错开分段布置

从设计上把高凿岩天井改为错开分段布置，使每段高度控制在 10 ~ 15 米，并使天井之间有较好的联络平巷，改善工作条件，提高掘进速度。

（五）修改补偿系数

将补偿系数由 25% 改为 18% ～ 20%，减少切割工程量，同时调整凿岩爆破参数，提高大爆破破碎质量，降低大块率。

（六）恢复矿块长度

在矿块长度上，原设计为 50 米，通过两个中段的生产实践，发现了损失矿量和采准工程量大的问题。1970 年针对这一问题作了 3 个方案的比较（即矿块长 50 米、75 米、100 米），经过讨论分析，认为 75 米长的矿块可解决上述问题，建议在负 80 米中段实施。通过负 80 米中段几年的生产实践，暴露出生产周期长，衔接紧张；矿块采准、切割平行作业，则施工困难；扒矿运距长，则扒矿效率低，钢绳消耗大等问题。因此，负 120 米中段又恢复 50 米一个矿块。

通过实践，水平中深孔阶段强制崩落采矿法在桃林矿应用基本上是成功的，满足了生产需要。

第八节　湘西金矿采矿

湘西金矿矿山开采已久。明初，曾用过火烧土法采矿；清代，即有人用火药爆破方式采矿；至中华人民共和国成立后，始注重研究应用各种适合的方法进行采矿。

沃溪矿区：1954 年 6 月以前，对坑内的采矿还无一定的采矿方法，只是见矿采矿。有的似巷道掘进，有的似硐室开凿。同年 6 月，始着手研究采矿方法。于 1955 年年初第一次制定该区坑内采矿方法：对极薄矿脉采用上向阶段分别开采法，分别崩落矿石和围岩；对薄及中厚矿脉采用上向阶段部分支柱充填法。这是该区最早制定的采矿方法。

20 世纪 70 年代，按矿体形态，该区矿床有层脉、节理脉和网脉，厚度由极薄、薄至中厚。对极薄矿脉的采矿方法一直沿用削壁充填法；对薄至中厚矿脉则采用支柱间隙充填法、房柱法、胶结尾砂充填法，20世纪80年代改进为密接尾砂充填法；对节理矿脉采用留矿法。

一 极薄矿脉的开采

1955年年初，开采极薄矿脉正式命定为削壁充填采矿法。由于矿脉极薄，不开挖围岩，达到一定操作空间的要求，人就不能进入采场工作，同时，如矿岩混采，则将降低采出矿的品位，增大贫化率，从而增加选矿成本。因此，须将矿岩进行分采，以采下的围岩全部或大部就地充填于采空区中，以达到降低贫化率，支撑采空区，控制地压的目的。此即削壁充填采矿法。

选用此法，是基于下列原因：由于矿体上部有河溪及大量的建筑物和构筑物，不允许陷落，需采后充填，以维护安全；且矿脉与围岩接触明显，容易识别与分离，为分别回采和场内分选提供条件；再是在现有的开采技术条件下，不采部分围岩，无法进入场内工作，以采下围岩留于场内充填，具有安全和经济上的双重意义。

（一）采准与回采的改进过程

当沿脉平巷掘进后，使用两个沿脉天井圈定矿块，矿块沿走向长为20～50米不等。回采时，采用不留底柱，在沿脉平巷内先向上回采数米后，用木支架与废石充 填而制成假底柱，并设置数个漏斗口，恢复平巷以畅通运输。尔后，正式向上面回采。

20世纪60年代初期，使用上述方法，假底柱坑木的消耗太大。于是改用在矿块内布置切割巷道，保留底柱，在底柱内设一定数量的漏斗口，然后开始回采，上部保留顶柱。

20世纪60年代末期，顶底柱的回采条件与效果较差，安全威胁大。为了解决这些矛盾，又改用在沿脉平巷底盘的同一水平上，相距12米，平行补开底盘运输平巷。在底盘运输平巷，按回采设计的要求，向上设置漏斗口。这样，场内回采为布置不留顶底柱，即从沿脉平巷起向上回采。从而避免了顶底柱回采的繁重作业，使整个矿块可以向上一次采完。

20 世纪 70 年代末期，为了实践早年已经设想过的在开凿底盘运输平巷的进程中，用超前切割巷道来指导底盘运输平巷的掘进。这样布置，可节省一道中段沿脉平巷的掘进。同时，超前切巷经揭露矿体后，既可指导底盘运输平巷的掘进，又可为今后回采时作为切割巷道使用，起到了“一箭双雕”的作用。虽然过早施工了底盘运输平巷会积压部分掘进费用，但从最终经济效益来看，可节省一道中段沿脉巷道，能减少建筑和维修费。同时，这种沿脉平巷断面按切割巷的要求，只作侧山巷掘进就能避免多掘废石，有利于降低附产矿石的贫化，意义重大。就是否会增添施工技术上的难度和满足地质工作的要求，经 1979 年在二平巷东进展开此项工作的初步试验，从开凿 50 米的坑道中证明，如此布置施工新设计的沿脉平巷，为矿块回采的采准工作减省一道巷道工程是可行的，是符合地质与采矿技术要求的。

（二）回采工作面推进形式的发展演变

最初使用的方法，主要是锯齿形工作面上向回采，不留房间矿柱和底柱的削壁充填采矿法，及阶梯形工作面上向分别回采，不留房间矿柱和底柱的削壁充填采矿法。它们的区别，只是工作面形式不同，后者是在前者的基础上改进的。后者的回采强度较高，使用较广。

1960 年 4 月，在中南矿冶学院采矿科研队的协同下，对工作面的推进形式与场内运输两大问题作了广泛的研究，寻求该法的合理方案，首次使用了自制电耙。改进回采工作面，即由原来的向上阶梯工作面发展为上向单斜、上向“V”字形、上向人字形和沿走向长壁式的多样工作面的推进方式。新方案除了工作面方式、回采方向以及矿块沿走向长度略有差异外，采准布置、回采及充填工作几乎都是相同的。通过不断实践后，认为工作面的推进应以沿走向与倾斜相交一定角度（30° ~ 45°）较为合理。尤以上向单斜工作面和上向人字形工作面为优。

1965—1979 年，场内开始广泛采用和发挥电耙效率。用大功率（30 千瓦）电耙，使用上向单斜工作面的推进形式更具优势，进而演变倾向于矿块以单个漏斗口为圆心，从切割巷开始与走向成夹角，由小而大，作放射形工作面推进。其优点是：漏斗少而集中，简化扒运与充填作业。

（三）充填工作

充填准备：围岩爆下前，先清除场内的矿石，并将爆破附近的出矿耙道口尽可能用旧木材拦住，以防废石大量落入出矿耙道。场内充填：围岩爆下后，一直沿用人力搬运，按照工作面的推进形式及场内出矿耙道布置的要求进行充填，充填面随着回采工作面不断推进，每隔 1 ~ 2 米用大块废石堆筑一道较为完整而结实的陡墙，内部用碎石充填，使其靠近顶板。待沉降后，再回充第二次。在矿脉较厚的局部地段，当充填量不够时，则采用间隙充填；在矿脉较薄的地段，尽量控制采幅，避免多余废石无处充填；或压缩出矿道，来增大充填空间；再遇无法处置时，将多余废石由出矿耙道外运。50 年代末期回采富矿时，为防止矿石爆入充填料内增大损失，采取在砌体的外壁加上棕垫遮蔽，效果良好。

（四）通风防尘及安全管理措施

采场借助于矿井负压进行贯串式通风，新鲜风流自下部沿脉平巷经电耙人行道和顺路天井进入回采工作面，污浊风流经先进天井、上部平巷进入回风平巷。采场爆破通风后，于 1956 年起建立了由专职喷雾工用高压水进行洒水喷雾，将爆下的矿石全部喷湿并将顶板和回采工作面冲洗干净，以利降尘。

采场的安全管理：主要是由于顶板不稳，采后要加维护，系利用废石及时充填采空区,使采场的顶板暴露面积不至过大,充填工作面与回采工作面之间的距离控制在 2 ~ 2.5 米以内。必要时，还要用立木或水泥垛支撑，以维护顶板安全；充填搬运工进入工作面工作以前，首先由有经验的松石工进行顶板检查和松石处理。安全条件较差的采场，每个班要进行两三次以上的顶板检查和松石处理工作。

（五）劳动组织及作业循环

采矿工区下分若干作业组：每个凿岩爆破组由两名凿岩工、一名爆破工组成，担负 2 ~ 3 个采场的凿岩爆破工作；每个充填组由 8 ~ 12 人组成，担负 1 ~ 3 个采场的运输和充填工作。采矿作业采用两班制。为创造较好的安全条件和使两个作业班之间互不影响，通常是运输、充填上中班，凿岩、爆破和喷雾上早班，晚班无人作业。这样做的好处：白天人精力充沛，劳动效率高，不易发生事故。另外，采场在爆破后，有一段较长时间的稳定期，有利于顶板管理。

该采矿方法在生产实践中获得了较大的改进，日趋完善，效果较好，基本上适合该矿区矿床的地质条件。该区削壁充填采矿法占有比重达 70% ~ 80%，成为该矿区的基本采矿方法，是国内首创将分层采矿法合理地采用为放射形工作面推进的削壁充填采矿法，技术工艺先进，1978 年冶金部长沙矿山研究院等编、冶金工业出版社出版的《充填采矿法》一书中有载述。

二　薄至中厚矿体的开采

20 世纪 60 年代，采用间隙充填法加部分木头支撑，劳动强度大，效率低，安全性差。为了增加间隙空间上部充填体的稳定性，构筑挡墙，仿照西安矿区 60 年代初期创新的新型代用支架——预制钢筋混凝土垛，此混凝土垛是由哑铃型钢筋混凝土预制件装配组成，一般架成四方形。根据采场顶板暴露面大小和采幅高度等的具体情况，可架成菱形、六方形、八方形及长柱形，在混凝土垛内常用废石充填满，可加强牢固性，在混凝土垛的接近顶板处，垫上 0.2 ~ 0.3 米厚的半圆木，并打入木楔，使混凝土垛与顶板接触紧，以缓冲顶压和防止顶板岩石移动时受剪切力破坏。在个别情况下，也利用掘取采场底板废石充填采空区，以弥补充填料的不足。对于开采相邻矿脉时，其开采顺序上，是先采底板矿脉，再采顶板矿脉。采底脉时，要求充填质量致密，不允许间隙充填。

1970 年，开始采用房柱法开采，只是在一般低品位的网脉型中厚矿体内进行。其矿房间距为 8 米，矿房净跨度为 5 米，房间矿柱尺寸为 3×4 米，矿柱间距为 5 米，不留顶柱，上中段的底柱留给下中段最后回采。用分次浅孔崩矿。场内矿石用 30 千瓦电耙运搬，集至漏斗由平巷装车运出。最后，房间矿柱仅作部分选择回收。使用该法虽损失率较大，但具有矿块回采强度大，坑木消耗低等优点。至 1980 年，应用此法已采出 8 个矿块，累计采出矿石量约 18 万吨，出矿量占本区总量的 22%，最高年份达 30%，仅次于削壁充填法。

鉴于占储量比率 1/3 的薄至中厚矿体的开采，曾采用削壁间隙充填法、胶结充填法和房柱法，其适用范围有限，且各具有一定的缺点，难以广泛推广，为寻求更合理的方案，经采矿技术人员初构想用倾斜分层推进，紧靠工作面以尾砂密接充填的新方案来取代削壁充填法解决该类矿体的开采。能使暴露面积小，作业安全，较削壁充填法效率高，且较房柱法回采率高，较胶结充填法简单而又经济。但由于当时对尾砂充填体的自稳性担心在回采作业时，易崩落而造成矿石贫化，迟延未予试验。后来从国外资料中获悉：对此已进行过类似试验，并取得了良好效果。

从 1980 年 7 月起，着手对上述采矿新方案展开了初试，当年8月15—16日由湖南省金属学会采矿学组对此方案的试验召开了一次专题学术讨论会，会中对脉厚在1.2米以上的层间脉和网脉的薄至中厚矿体的采矿法以及空区处理问题等进行广泛深入的探讨。与会者一致认为：该类矿体用削壁充填法，是存在着生产能力小、效率低、劳动强度大、充填损失高的弊端，与矿山日益发展的生产规模已不相适应。经会议讨论，统一了意见。指出采用分条密接尾砂充填法取代削壁充填法是合理和可行的。应根据矿块的地质条件，分别选用竖分条或倾斜分条的方式，并对分条宽度及锚杆护顶的方式与参数作了选定，以此开展试验。并指出房柱法和胶结充填法，今后也可逐步用此方法代之。1980年下半年，为按照不同角度充填面的自稳性及适应该方法的回采方式和工艺，分别在5个采场按垂直或倾斜分条的推进方式以及护顶方法、爆破方向、脱水方式等进行对比试验，计采出矿石8700吨。试验证明：在采幅高度3.5米以内的尾砂充填体能够保持自稳，并经对其作挤压爆破不会坍塌。因此，采用密接尾砂充填法取代削壁充填法，在技术上是可行的。对该类矿床的开采可以不再削取围岩充填，而代之以尾砂充填，效率高、损失小，且充填致密、沉降率小，能更有效地控制地压。同时，顶板采用杆柱护顶，作业安全。通过该采矿法新方案的初步试验，获得良好的成效，湖南省金属学会1981年出版的《充填采矿法文集》上作了选登和推介。

第九节 瑶岗仙钨矿采矿

一 采矿方法

瑶岗仙钨矿（简称瑶矿）自1980年以来在应用浅眼留矿法的过程中，不断对其变形方案进行探索运用。其中有间柱留矿法、分段留矿法、短矿房留矿法、假底木质留矿法、钢筋混凝土假底留矿法、爬罐天井中深孔留矿法、振动放矿漏斗留矿法、固定漏斗留矿法、过路漏斗留矿法等，短矿房留矿法所占比例较大。一般在一条矿脉中，只布置一个有中央天井矿块，其他矿块大部分用短采区布置。钢筋混凝土底柱留矿法在 501 号脉 17 中段 1、2 采、18 中段 2 采以及 1 号脉 17 中段 1 采的运用也收到较好的经济效果。1991 年，八工区于 16 中段采用的固定漏斗留矿法，在平行矿脉、采幅宽、岩石相当风化的情况下，顺利地完成该富矿采场的回采工作。爬罐天井中深孔留矿法试验成功，同年写出试验报告。由于该法运用技术装备较复杂，使用范围受限，矿山未能推广。

矿床开采顺序：按矿床分布空间采取自上而下，按同一水平中段一条矿脉矿块划分先里后外后退式回采。

开动台钻及同时回采采场个数：1992 年前，根据采矿作业量多少安排钻机台数和采场数，20 万吨作业量开动台钻 25 台，同时回采采场 8 ~ 9 个。1992 年后，压缩了采矿量。开动台钻 14 台，同时回采采矿场 4 ~ 6 个。

采场构成要素：中段高度 40 ~ 53 米，采区长度一般为 80 ~ 100 米。短采区留矿法有 40 ~ 80 米，顶底柱各留 2.5 米，漏斗间距 4 ~ 5 米，阶梯造型梯段长 10 ~ 15 米，阶高 1.3 ~ 1.5 米，留矿面坡度不小于 25° 。

凿岩主要设备及配件：凿岩机为 01–43、YT- 45。钎杆组为 0.6、1、1.4、1.8 米配套，钎头为“一”字形直径 38~40 毫米合金钻头。

二　矿床开采步骤

矿床开采步骤包括采准、切割、回采、最终放矿、矿柱回收和空场处理。

（一）回采工艺

回采工艺包括凿岩爆破、喷雾洒水、通风、松石平场、部分出矿和顺路天井架设。凿岩爆破采用 YSP–45 仰钻，眼深 1.4 ~ 1.6 米，间距 0.8 ~ 1.2 米，行距 0.6 ~ 1.4 米，炮眼倾角 65 ~ 75°。采幅控制：单一矿脉 0.8 ~ 1.4 米，多条平行矿脉以确保采下矿脉为原则，最宽有 4 ~ 8 米。爆破采用连续柱状装药法，药包直径 31 毫米，长 200 毫米，单重 0.15 公斤。装药量 65% ~ 85%，炮泥堵塞 5 ~ 8 厘米。用火雷管单个或连接块分组点火起爆，炸药系矿自制铵松腊安全炸药。为提高回采工艺的总体操作水平和采矿效率，总结出深打眼、合理排眼、搞好阶梯造型、松石平场、喷雾洒水、严防漏斗悬空、严格控制采幅、防止丢脉、及时跟上顺路天井和风水管、加强通风防尘、提高放矿率等方法和经验。

进入 20 世纪 80 年代后，采矿生产采取集中优势人力、财力，组织强化开采，强化通风，由原来昼夜一个作业循环提高到 2 ~ 3 个循环，劳动组织采用综合工作队。风钻、爆破及准备工同时进班，由每天工作 8 小时增加至 12 小时。采取平行作业方式，一边凿岩，一边放矿平场，爆破点火时停止其他工种作业，暂时离场。这一措施的实行，使原来一个百米采矿场回采时间 3 ~ 6 个月缩短至仅需一个月或更短时间。矿山凡出矿品位达到 0.5% 以上采场，大部分采用这一有效方法。采场回采强度由月上升 5 ~ 6 米提高到 30 ~ 40 米，台班工效由原 25 ~ 30 吨上升至 80 ~ 150 吨，人为损失率由原有的 10% ~ 15% 降低至零。

（二）最终放矿

矿岩的松散系数为 1.5 ~ 1.6，在回采过程中，局部放出率为 35% ~ 40%。回采工作结束后，存留 60% ~ 65% 矿石及时移交运矿工区进行最终放矿（大放矿）。要求做到安全放矿、难易兼放、合理配矿，使采出矿石在采场放出率达 90% 以上，减少残留积压浪费。

（三）采空区及地压活动情况

黑钨矿区除原有部分手工开采老洞废坑外，据 1955—2000 年的不完全统计，已形成空区（采场）408 万立方米，坑道 29300 米，空区 146.5 万立方米。由于采空区留有顶底柱和房间壁柱，且岩石较稳固，单一矿房暴露面积不大，一部分空场得到废石填充，因而未发现大的地压陷落现象。局部地压征兆采取临时措施加以防患和处理。为避免地压活动造成大的自然灾害，从 20 世纪 70 年代开始，地测科、生产技术科专门安排地质、测量人员分管地压观测预报工作，对地面重点厂房及井下主要地质构造带设点观测。采取群众性同专业组相结合的地压预报监察。

（四）残矿、矿柱回收

据 20 世纪 80 年代末地测科调查资料显示，瑶矿 1955—1990 年井下开采采场难放积压矿石达 14 万吨以上。从 1990 年开始，该矿先后成立井下残矿砂回收工区（四工区、六工区、七工区、九工区、十工区），挖掘生产潜力。1990—2000 年，共回收残矿砂折合精矿量 4033.1 吨。

残矿回收主要以回收老采场积压矿石为主，辅以回收部分采场矿柱。采取就地就近用简易的生产机械化作业流程（打砂机破碎—跳汰）为主、手工庠槽为辅的回收方式回收残矿砂。

第十节　新晃汞矿采矿

新晃汞矿采矿方法有空场法和房柱法两种。20 世纪 50 年代至 80 年代，在整个采矿生产中，空场法所占的比例为 81%，房柱法占比 19%。

一 空场采矿法

空场采矿法的使用条件是，围岩为白云岩，普氏硬度系数8~10，局部系数12，较为稳固；矿体厚度不大于5~7米，一般为2~4米；矿体倾角18° ~20° ，局部25° ；汞金属品位沿走向的分布极不均匀。

标准矿房构成要素：据上述矿体赋存条件，空场采矿法的实施是实行分阶段回采。在阶段沿脉坑道上，向上开凿切割天井，或利用中段探矿天井作为切割天井。自切割天井沿矿体底板开凿切割平巷，联通各个切割天井。并自切割天井，沿矿体底板，逆矿体倾向，开凿采准上山，与上中段贯通，切割天井脉外部分作漏斗，脉内部分作矿房回采的自由面。

矿体厚度小于3米时，按全厚一次回采。矿体大于3米时，先拉底，后以向上梯段式工作面回采。

据围岩条件，并考虑断层裂隙和品位高低等因素，留不规则矿柱，控制顶板暴露面积。矿柱直径一般为3米，间距一般为10~15米。

标准矿房阶段斜长32米，矿块长度与矿体走向宽度相等，或控制不超过40~50米，顶底柱厚度2~3米，采区间不留间柱，漏斗间距10米。

采准工作：采准工程大部利用采矿工程，反按10米间隙补足放矿漏斗，或完成人行安全通风巷道。

万吨采掘比：采切采掘比为112.8米/万吨，开拓采掘比为97.2米/万吨，探矿采掘比为290米/万吨，采掘比斜为500米/万吨。

落矿与采场运搬工作：回采工作由切割上山开始向两侧全面推进，回采工作面分六段阶梯进行，阶梯长度5米，一次推进1.8米。

采场落矿用轻型手持式水平钻机，浅眼落矿，眼深2米，火雷管铵油炸药爆破。采场运搬采用电耙扒矿至漏斗。

采场支护：采场支护办法是在回采过程中留不规则矿柱（矿柱尺寸为3×3平方米，间距10 ~ 20米），局部辅以木质立柱和钢质杆柱，杆柱网度1.5×1.5平方米，柱长1.8 ~ 2.0米。

二　房柱法

房柱法的使用条件：房柱法只用在以围岩为夹泥质白云岩、不稳固、厚度不大的矿体，当暴露长度沿走向尺寸超过15米，就会发生自然崩落。矿体厚度不大于3米，平均1.5 ~ 2米，矿体倾角18° ~25° 。

标准矿房构成要素：据矿房的构成要素，房柱法的实施过程是从漏斗开始逆矿体倾向开凿切割上山，沿走向开凿切割平巷，联通各矿房，沿矿体一次落矿，先回采矿房，后回收矿柱。

标准矿房阶段斜长63米，沿走向每15米划分一个矿块，其中矿房净跨12米，矿柱宽度3米，顶底柱厚度3米，漏斗间距15米。

三　采准回采工作

回采工作从切割上山开始，沿堑沟全长进行，向两边扩大，逐渐形成阶梯工作面，随回采工作的推进在矿房两侧留矿壁，矿壁厚3米。矿房采完时再切割矿壁，留规则矿柱并回收60%的矿石。采场落矿和运搬与空场法、房柱法相同。

矿柱回采和采空区处理：采区一般分两个步骤开采，即先采矿房，后采矿柱。在矿房采完后遗留有一定的矿柱，一般空场法留有矿量8% ~ 12%，矿柱法留有矿量17% ~ 20%。为提高全采区的综合技术经济指标，充分利用地下资源，因而必须对采区的矿柱进行回采。

选择矿柱回采方法的因素是经济、工作效率较高，贫化损失较低。

矿柱回采和消除采空区是结合一起进行的，其方法：

用人工矿柱代替自然矿柱，支承采空区，回收全部自然矿柱，不崩落顶板。

在采场中首先布置人工矿柱（矿体厚度小于 3 米时，采用块石砌筑人工矿柱；矿体厚度大于 3 米时，采用混凝土砌筑人工矿柱，人工矿柱尺寸一般为 3×3 平方米），然后用浅眼爆破法回采自然矿柱。当矿体厚度小于 3 米时，沿自然矿柱全高一次回采；当矿体厚度大于 3 米时，则用下向阶梯法分段回采。首先将矿柱和顶板切开 2 米左右，处理顶板后，再向下逐步回采矿柱。回采上部矿柱的办法是当矿柱小时，架临时工作台，矿柱大时，利用预留矿石堆作工作台。

为了保证回采矿柱时的工作安全，常采取的措施有：加强临时支护工作，顶板管理；从矿井边界按后退式进行；加强回采速度；保证良好照明；组织回采专业队专人负责进行。

人工矿柱支承采空区的经验数据为：矿柱面积 3×3 平方米，每个矿块内矿柱四个。混凝土抗压强度 44 公斤 / 平方厘米。每个矿柱承压能力 3960 吨，总能力为 15800 吨。采区总面积 1500 平方米，每个矿柱承担的面积 375 平方米。每个采场的地压总和约 6747 吨。安全系数 2.34。

此法优点：安全好，生产率高，贫化率低，回收率高，矿柱回采率可达 85% ~ 95%。其缺点：准备工作时间长，成本较高。

此法主要用来回收全面法回采中品位较高的矿柱，金属量较多的矿壁，以及矿体较厚，采空区较高的矿壁、矿柱。

回采部分自然矿柱后，崩落顶板充填采空区。

房柱采矿法回采矿房时，最初留下连续矿壁矿柱，随着矿房回采的进行，按后退式的顺序缩减矿壁矿柱大小，直到矿柱能在短时间内支持顶板为限（控制矿柱尺寸为1×3平方米，间距8～10米），在回采工作的最后阶段，在残留的矿柱中凿眼爆破并在破坏矿柱的同时使顶板崩落，使之松散膨胀后平衡地压，支承采空区。

四 坑道掘进方法的分析

对于地下开采的矿山，井巷掘进是开发矿山的基本工程，井巷掘进的快慢，对确定矿山基建周期的长短，实现矿山持续稳产高产有着决定性的作用。

从1963年开始，新晃矿多次组织快速掘进会战，不断创快速掘进的新纪录，于1976年3月创全国平巷独头月掘1056.8米的纪录。经过多次“快掘”实战，为掘进工作积累了经验，摸索到打眼钉道，放炮通风，出渣接管，设备维修，组织管理等多工序平行交叉作业的一些规律。主要有：

快速掘进组织法；多机分区定位同时打眼法；多工序平行交叉作业规律法；偏钢轨枕加速钉道法；二抽一吹快速通风法；平巷快掘装运、卸机械一条龙法。

以上的方法虽然使矿的平巷独头掘进速度跨入了世界先进行列，但是快掘的掌子工效仅为0.386米/工班和0.355米/工班。这与平日正常生产相近。这充分证明每次快掘的机械化程度低，用劳动力多，是打人海战术。同时，这种“会战”快速掘进法不能保持稳产，只是突击式，花的代价太大。

要想掘进速度快、工效高，必须实现机械化。如“127”和“124”快速掘进工程的区别仅是装岩设备不同，前者为华—型装岩机装岩，人力运卸，后者为装、运、卸机械化一条龙，结果“127”工程比“124”工程少掘349.5米。相反，“127”工程的劳动强度却比“124”工程大十余倍。

第十一节　香花岭锡矿采矿

自 1957 年以来，香花岭锡矿井下作业由土法逐步转为机械化生产。

一　太平工区采矿

太平工区由原太平里工区和砂子岭工区于 1958 年合并而成，为单一井下采掘工区。

（一）开拓方法

采用平窿盲斜井开拓。

（二）井筒位置及规格

大斜井布置在太平里 7 ~ 9 勘探线之间的似层状矿体中。井口标高 579 米，与通往选厂的平峒 579 联通。井底标高 419 米，与 419 中段联通，全长 279.5 米；斜井倾角 35° ，井筒断面 15.21 平方米（高 × 宽为 3.9 × 3.9 米）。

（三）主要运输平巷及规格

太平里井下开拓了 611、579、547、 515、483、451、419 等 7 个中段，中段垂高 32 米，斜长 56 米左右：砂子岭井下开拓 645、615、588、547 等 4 个中段，中段垂高 27~41 米。砂子岭与太平里在 547 中段联通。各中段平巷都是利用初期沿脉探矿巷道扩大而成的。其断面规格按 3 吨电机车单轨巷道和 1.5 吨电机车单轨巷道的要求而定。各中段运输平巷直接与斜井联通，并凿绕道供调车和人行用，采矿方法主要是电扒留矿法，其次为浅眼留矿法、全面法、房柱法，同时作业中段依矿体形态不同分为 2 ~ 3 个，中段高度 32 ~ 41 米。采掘矿山生产能力 15 万吨 / 年。

（四）八大系统

1. 提升运输系统：井下各段的矿石废石，都要通过大斜井提升到579平巷，再用3吨电机车牵引0.7立方米侧卸式矿车运到250锡选厂或地面废石场。斜井口至选厂平距为810米。

斜井采用2ZY-824/1600型提升机，配用的电机55千瓦，单台车配双矿车带平衡锤提升。提升能力已达设计要求（400吨/日）。

2. 排水系统：采用两段排水。483中段井底设有泵房和水仓，419中段设有泵房水仓。井下正常涌水量40～70立方米/小时，用GC-8×5型、55千瓦的两台水泵和4DA-8×8型、40千瓦的水泵将419中段的水排至483中段水仓，再排至547或579流出地表。排水时，开动1台，备用1台。

3. 供水系统：采用集中供水。容积50立方米，标高610的高压水池设在砂子岭。从荷叶冲引水至高压水池，从高压池水引进大斜井，用3号的主管，2号的分管和1号的支管，分配到各中段。用开关降压。

4. 通风系统：在矿区南翼窿口，安装2ZY-16-12型75千瓦主扇1台，采用从大斜井进风，两翼回风道及回风天井出风的双翼抽出式通风系统（太平北翼即太平与新风矿区中间有一风井出风）。

5. 供风系统：压风机房设在裕旺窿窿口，标高555米，安有4L-20/8型空压机2台，开动1台，备用1台。用5号～6号的主风管，3号～4号的分风管，2号的支风管，分送井下各中段。

6. 供电系统：由自备电厂发电，架设6.3千伏高压线，通过3台变压器降到400伏供给井下各机械设备。

7. 安全出口：砂子岭、太平里井下都有两个以上通地表的窿口，每个采场都有两个天井，供人员安全出入。

8. 充填系统：对已经采完，不需充填的砂子岭区段，任其崩落；对需要充填的区段，则采用废石充填和尾砂充填。

二　安源工区采矿

1958 年，安源保管处并入香花岭锡矿。当时主要是手工开采管状矿体和手工选矿。1959 年后，逐步转为半机械化生产。1980 年年底，井下采掘和地面选矿已为机械生产，具有独立的供电、供水、供风等系统，成为采选综合生产工区。

（一）开拓方法及井筒布置

采用平峒盲斜井开拓。主斜井布置在灰岩中，井口标高 458 米，断面 2.6 米 ×2 米。

（二）主要运输平巷布置及规格

从 1958 年建区以来，共开拓了 460、458、422、410、350、370、320、280 等 8 个中段。中段高 40 米左右。主平巷一般布置在脉外，规格分单轨巷道和双轨巷道，单轨巷道高 2.4 米 × 宽 2.2 米，双轨巷道高 2.5 米 × 宽 3.3 米。

（三）采矿

该区有锡石——独砂形管状矿体及氧化残余管状矿体。1960 年之前，采矿方法是用单轨卷扬下向全面法；1960 年以后，逐步改为上向全面法和留矿法。

（四）提升系统

1978 年以前，采用多段斜井提升；1978 年以后，进行主斜井改造，采用一段斜井提升。提升能力设计为 200 吨 / 日。实际能力为 120 吨 / 日，各中段采用甩车道调车。

（五）排水系统

排水系统采用集中排水。水仓及泵房设在井底 280 中段，用泵扬至 320 平帘流出地表。

（六）供水系统

供水系统采用集中供水。高压水池（50 平方米）分别设在溪边帘和羊角町，用 3 号和 4 号主管由 458 石门进入主斜井再分配到各中段作业面。

（七）通风系统

原为自然通风，1969 年改为局部通风与自然通风相结合的通风系统。

（八）供风系统

压风机原设在葛滕牌 460 帘口，后迁到 480 帘口，安有 3L–10/8 型 75 千瓦压风机两台，进风主管从主斜井进入，用 5 号主管和 3 号与 2 号支管送到各工作面。

（九）供电系统

有自备电站 1 座，安装了柴油发电机组 3 台，两台 200 千瓦，1 台 120 千瓦，供生产生活用电。

第十二节　汝城钨矿采矿

汝城钨矿矿床类型有五种：网状细脉带型黑钨矿床、冲积层砂钨矿床、石英方解石脉白钨矿床、花岗斑岩墙多金属矿床、石英脉黑钨矿床。

网状细脉带黑钨矿床和冲积层砂钨矿床主要分布在狮形、山塘、杉木洞一带。

石英方解石脉白钨矿床分布在大山至冬芒江沿线，根据二〇六队的勘探资料，经汝城钨矿 1977 年补勘，C1+C2 级矿量为 237.38 万吨，钨金属量 9728 吨。

花岗斑岩墙多金属矿床分布在大蒲坑口南部至头天门一带，二〇六队初步勘探获得 C1+C2 级矿量 291 万吨，钨金属量 7544 吨，可作为大蒲坑口的后备开采基地。

石英脉黑钨矿床主要分布在：白云仙矿区的大山、将军寨、大蒲、头天门、车轮坑，大坪圩矿区的笔架山、大扒坑，桂东县境的青硐等地。

一　矿床开拓

大蒲坑口主平窿五中段（1222 米水平）双道运输和将军寨坑口主平窿四中段（930 米水平）以上各中段，均用平窿开拓，深部则分别采用盲竖井、盲斜井与平窿联合开拓。

大蒲盲竖井布置在 109 脉与 116 脉之间，按垂距 40 米划分中段，各中段开拓东西向石门连接各脉组。1222 米水平以下已开拓五个中段，第六、七、八中段的开拓布置是：由竖井掘平巷横穿北东组脉，在脉组下盘，开拓脉外运输干线，沿走向每 50~100 米间距布置穿脉，再掘进沿脉平巷，竖井向西穿 109、101 脉，在 109 脉沿脉平巷北端再向西穿红头垅脉组。各沿脉均以 50 米的间距，向上掘采准天井，用后退式布置采场。竖井附近分别设有矿石和废石溜井。

将军寨主平窿四中段单轨运输，从地表用穿脉开拓，遇 44 号脉后，掘进沿脉坑道作下盘运输干线。每隔 100 米由干线开穿脉平巷，与各平行脉连接，矿石集中于沿脉干线。上部中段用天井贯通，形成运输系统。四中段向下开一 30° 斜井至五中段（890 米水平），再掘东西穿脉和沿脉平巷。各沿脉巷道每隔 100 米布置天井，用盘区后退式安排采场。

1980 年在塘垢地表 810 米标高，开拓七中段穿脉平巷，横截将军寨坑口各脉组及外围的塘垢脉组，设计全长 1820 米。

（一）井巷规格

平巷：1956 年以前，人工挑运的巷道断面为 1.8 米 ×1.2 米或 1.8 米 ×1.5 米，手推车运输的巷道断面为 2 米 ×1.8 米。1965 年，开始使用装岩机和电机车装运，巷道断面为 2.2 米 ×2.0 米和 2.3 米 ×2.4 米（梯形）。主平窿采用三心拱顶，井底车场和双轨大巷断面为 2.5 米 ×3.8 米或 2.5 米 ×3.4 米。

天井：20 世纪 50 年代为 1.5 米 ×1.2 米或 1.8 米 ×1.2 米

的矩形断面。60 年代起，断面改为 3.2 米 ×1.2 米，用吊罐掘进的天井断面为 1.75 米 ×1.5 米。

斜井：将军寨坑口四中段双轨盲斜井断面为 1.8 米 ×3.9 米。大蒲坑口八中段至十中段斜井断面为 2 米 ×2.2 米。

竖井：大蒲竖井井筒直径为 3.8 米。

（二）凿岩爆破

手工作业，用单手锤打眼，看自由面布置炮眼，打眼工具是 6 磅手锤和 19 毫米六角实心钢钎，刃口“一”字形，刃宽 28 ~ 40 毫米，风箱火炉，土法锻制。1952 年以前，用铁引针和铁筑棍装炮，曾多次发生爆破事故。1953 年改用笋壳包扎土引，淘汰引针，并改用杂木棍筑炮，保证了装炮安全。爆破材料，主要是黑硝土引，在浸水较大和岩石坚硬的巷道中，使用少量硝化甘油炸药，用 6 号铜壳雷管起爆。1954 年推广青城子铅锌矿爆破手专业制。1955 年改用硝铵炸药，仍用少量甘油炸药。1956 年钢钎刃口由一字形改为“凸”字形，手锤炮工工班工效由 0.06 米提高到 0.09 米。

机掘作业，最初使用 OM-506 凿岩机带固定支架，用 25 毫米的中空碳素钢钎，锻制成 32 ~ 44 毫米的“十”字形钎口。1957 年改用气腿子，开始使用 BK-15 合金钻头，一字形刃口宽 40 毫米。1958 年曾使用 KuM-4 凿岩机，用 32 毫米空心圆钢，钻头刃宽 38 ~ 42 毫米，掘进天井使用 Tπ-45 型凿岩机，以后发展为 OT-38、7655， YT-30 和 YSP-45 等型号凿岩机。炮眼排列 1956 年用锥形掏槽、楔形掏槽，爆破率约 60%。1957 年以后，采用直线掏槽，使用硝铵炸药，底板和有浸水的炮眼，用塑料防水袋避水，8 号纸壳雷管起爆，推广华铜矿一次点火经验，爆破率提高到 80% 以上。机掘初期的劳动组织按单一工种组合，主要工种有凿岩、爆破、捣毛、推车、送钎等。1957 年后改为综合作业队，一般的劳动配备是：风钻工 2 人，爆破工 0.65 人（三班 2 人），推车工 2 人，准备工 1 人，单机多面，工时利用率提高 27%，台班工效由 0.6 米提高到 1 米左右。1965 年，平巷先后使用华 –1 型装岩机装载，电机车牵引矿车，炮眼排列也不断改进，掘进台班工效逐步提高到 2 米以上。

1966 年，在将军寨坑口 930 中段 48 号脉开始用吊罐掘进天井，天井规格 1.75 米 ×1.5 米，46 个台班（64 个循环）贯通 86 米高的天井。与原来用支柱法掘进天井比较，掌子工效由 0.2 米提高到 0.5 米，并能节约木材，加速进度，减轻劳动强度。950 中段 48 号脉吊罐掘进天井的技术资料如下：

设备：吊罐、游动绞车各 1 台、8 千瓦局扇 2 台、凿岩机（OT–45 型）2 台、25 毫米钢钎 4 套。

天井断面：1.75 米 ×1.5 米；岩石：花岗岩普氏硬度系数 10 ~ 12；中心孔一个，直径 120 毫米；小直径炮眼 22 个，平均眼深 1.6 米。

爆破材料：铵油炸药（硝铵炸药作起爆药包），8 号火雷管、胶引。

劳动组合：半综合工作队形式，风钻工 8 人，爆破工 4 人，卷扬机工 3 人，装岩工 3 人。

作业循环：四班交错制，各组互相交错 2 小时，昼夜作业循环 5 ~ 6 个。

1974 年以来，双机液压凿岩台车与斗式列车、侧卸矿车配套，形成平巷机械化作业线。由 2 ~ 4 人组成一专多能的综合作业队，八小时内完成 1 ~ 2 个循环。

（三）井巷支护

20 世纪 50 年代初期，各坑口掘进作业大部分在风化或半风化岩石中，支护工作量较大，因当时坑木来源较易，同时巷道服务年限不长，一般都用杉木支护，支护形式分为不完全棚子、完全棚子和加强棚子。60 年代以后，随着井巷下延，岩石较稳定，支护工作量减少，对局部需要支护的地方，因木材供应紧张，根据巷道服务年限，采用混凝土砌镟，水泥预制支架或金属支架。支柱法掘进天井，仍用木材支护，材质以松木为主。大蒲坑口的盲竖井用水泥预制砖浆砌，马头门及各硐室则用钢筋混凝土支护。1972 年，在将军寨坑口盲斜井首先应用喷锚支护，后来又应用于大山尾砂坝排水隧道中的破碎带和其他小型硐室工程的支护。

二 采矿方法

20 世纪 50 年代初期，以掘代采。1954 年，在大山一号窿应用横撑支柱法，并推广到大水垅、青硐等地。其工艺是：先在平巷挑顶，每隔 1 ~ 1.5 米支一横撑，并铺上木板作为回采工作台，以后每上采 1.5 ~ 2.0 米，架设横撑一层，矿石由溜井放出。由于这种采矿方法木材消耗太大，1955 年部分采场改用选别回采充填法。在回采工艺中脉石与围岩分别爆破，爆破脉石前垫以木板、竹摺或薄铁皮，收集矿石，搬运到溜矿井放出，围岩充填采空区。这种方法工艺复杂，1956 年以后逐步为留矿法所代替。

（一）人工假底留矿法

由沿脉运输平巷直接向上挑顶 4 米后，全部用木材支撑，形成假底，漏斗距 5 米，1958 年后改为密集漏斗无底柱留矿法，即将斗距加密到 2.5 ~ 3 米，采幅控制在 0.8 ~ 1.2 米之间，劳动组合按综合作业队形式，50 米长的采场配备风钻、爆破工 4 人，准备工 3 人，支柱工 2 人，作业循环是第一班打眼，第二班爆破，第三班放矿平场，并为下一个循环做好准备。

技术经济指标如下：

凿岩工工班效率：10 ~ 12 吨 / 工班。

每吨采矿量消耗：木材 0.007 立方米，炸药 0.74 ~ 0.93 公斤。

贫化率：70% ~ 75%。

损失率：10%。

（二）留顶底柱密集漏斗留矿法

此种采矿方法 60 年代初就基本定型，一直应用到 20 世纪 90 年代末期。

1. 采场构成要素：

长：50 ~ 100 米

高：（中段高）40 米左右

采幅：1 ~ 1.2 米

顶底柱高：3 ~ 3.5 米

漏斗间距：3.5 ~ 4.5 米

2. 切割施工：首先在漏斗位置向上掘 2 ~ 3 面炮，打好漏斗颈，刷大喇叭口，再向上打一面炮，待装好漏斗再爆破。漏斗颈高 1.5 米，宽 1.3 米，采用简易木质漏斗，漏斗底坡为 35° ~ 38° ，容许通过块度 0.35 米。

3. 回采工艺：（1）利用中央先进天井通风，并可作爆破自由面。随着回采面的上升，两端架设顺路天井。（2）上向式凿岩机打眼，工作面梯段长 15 米左右，高 1.2 ~ 1.5 米，眼深 1.6 ~ 1.8 米，炮眼倾角 65° 左右，呈“之”字形或梅花形排列，间距 0.6 ~ 0.8 米，每个炮眼负担的面积 0.3 ~ 0.4 平方米，崩落岩石 1 吨左右。使用铵油炸药、火雷管、胶引等爆破材料，分组连接，一次点火爆破。（3）放矿平场。每次爆破的矿量，约放出 40% ~ 50%，然后进行平场处理大块，为下一个循环做好准备。

4. 劳动组合：一个 50 米长的采场，派钻两台，配备风钻工 2 人，助手 2 人，支柱 2 人，平场洒水准备 2 人，放矿 2 人。爆破作业由爆破组担任。

5. 作业循环：第一班凿岩，第二班爆破，第三班平场准备。

根据多年生产实践证明，留矿法较适合该矿生产特点，但仍有不足之处，其中突出的问题是贫化率高，损失大。1980年的采矿技术经济指标如下：

台班工效：40吨/台班

掌子工效：10吨/工班

坑木消耗：0.0042立方米/吨

炸药消耗：1.1公斤/吨

贫化率：83.65%

损失率：5.93%

三 工艺系统

（一）运输与提升

20世纪50年代初期，各脉单独开掘窿口，相邻矿脉之间与同一矿脉上下中段之间均无坑道及天井连贯，不能形成运输系统，矿石在窿口锤砂棚手工拣出花砂，由人工挑运至工棚复选。随着矿山井巷设施的发展和适应集中选矿的要求，1956年实行风钻凿岩以后，逐步实现各脉组相互连通，上下中段用采准天井改造为溜矿井，才逐步形成运输系统。

大蒲坑口：20世纪50年代末和60年代初，矿石集中由三中段出窿（50吨/日重选厂在三中段窿口）。因三中段平巷坡度大，断面小，单线运输不能满足生产需要，曾将101脉及109脉一、二中段的矿石改由地面木溜槽运送到选厂。

1964年，三中段平巷用蓄电池机车运输，101脉及109脉上部中段矿石统一由三中段出窿，废除木溜槽。1965年，五中段平巷建成，原有50吨/日选厂废除，在五中段窿口新建125吨/日重选厂，各脉组在三中段以上部分的矿石，改由五中段平巷集中出窿，用架线机车运输，各组、中段之间均有平巷、天井连通。五中段以下，用盲竖井开拓六、七、八3个中段，设计年提升能力 16.5 万吨，1970 年建成投产，实际提升能力 12.6 万吨。六中段以下矿石，用溜矿井集中到八中段矿仓，然后用罐笼提升到五中段出窿。1973 年将平行于五中段主平窿的回风道延伸到竖井口并改造为运输复线。1978 年到 1979 年 5 月，竖井延伸到十中段，在十中段设矿仓。将原来的双罐笼提升改造成单罐笼带平衡锤、单箕斗带平衡锤混合提升。六中段以下矿石，通过溜矿井集中于十中段矿仓用箕斗提升，人员、废石、材料用罐笼提升。改造后的年提升能力达到 20 万吨。

1967 年，四中段主平窿建成，形成新的运输系统 . 原有选厂扩迁到距窿口二华里的丫杈垢，矿石用架线电机车由四中段主平窿运到选厂。四中段以上 101 线以北的矿石通过穿脉坑道集中 44 脉沿脉干线，四中段以下矿石，由盲斜井用直径 1.2 米的双筒卷扬机提升至四中段，年提升能力 12 万吨。1980 年从塘垢山谷由地表 810 米水平开拓七中段主穿平巷，设计全长 1820 米。

（二）通风

1966 年以前井下通风以自然通风为主，个别延伸较长的巷道，在手工作业时期曾使用木制手摇或脚踏风鼓辅助通风，1966 年进入机械化作业以后，逐步使用局部扇风机进行局部通风。全矿有局部扇风机 24 台，当年独头掘进 100 米以上的平巷 19 条，80 米以上的天井 2 处，全部依靠局扇通风。由于窿道逐年深入，两坑口先后建设以机械通风为主的通风系统。经多年的改造完善，1980 年的通风概况：

大蒲坑口：按脉组分为两个独立的分区通风系统，实行分区通风。101、109 脉由五中段窿口的 110 千瓦主扇采用压入式通风（1969 年 11 月投产），利用上部采空区与端部脉外井回风。北东脉组和红头垅脉组由五中段主平窿经盲竖井进风以装于西部平巷窿口的 240 千瓦主扇抽出式通风（1976 年 5 月投产）。

呈对角式布置。

将军寨坑口：沿矿床走向以平窿为中心划分南北两个不独立的分区通风系统。由主平窿进风，沿矿脉分南北两翼末端的脉外风井回风，呈中央对角式。主扇工作方式，均为抽出式。

（三）供水

1963年以前，利用井下积水，灌入金属水箱加压，供凿岩用水。1963年，大蒲坑口在茶叶垅建扬水站，安装75千瓦水泵两台（七级、八级各1台，扬水能力30立方米/小时），经过460米的三号管道，扬到三包岭水池，水池容量30立方米，然后分配到各脉组，分别在各中段设水池降压。现三中段以上的采掘作业已结束，扬程可以降低，特别是管道敷设年长日久，表面被风雨侵蚀，管壁日渐剥落，急待改造。枯水季节，六中段以下用水，利用八中段井下水扬到五中段，经沉淀再用于凿岩。

将军寨坑口于1963年在牛头山溪建筑水坝及水泵站升压60米，扬到1140米水池，供应一、二中段凿岩使用。随着中段下延，逐步改水泵供水为利用自然水源供水，形成分段供水系统，即从牛头河沟用管道引水供三中段，在二中段99线57脉筑储水池供四中段用水，在三中段61脉筑水池供五中段用水。

（四）供风

1956年，该矿所用空压机全部是由各兄弟厂矿调拨的小型设备，用柴油机驱动，分散在各坑口使用。60年代初期，小垣柴油发电机组和750千瓦汽轮发电机组先后建成，柴油压风机逐步改换为电动压风机。

大蒲坑口压风机房1969年以前建在三中段窿口，总压风能力80立方米/分。由机房敷设6号风管到三中段101沿脉平巷，再分两条供风管路，其中一条用5号风管经天井送到二中段，再由二中段的上山送到一中段，最后用4号风管分送到109脉和北东脉组。另一条用4号风管经三中段穿脉送到三中段的北东脉组，管道全长约 2500 米。由于分风管道多，漏风损耗严重，工作面终压均在 5 公斤以下。1969 年压风机房迁至五中段窿口，总压风能力增至 90 立方米 / 分。由机房到五中段 101 脉敷 8 号风管，然后用 5 号风管分送北东脉组和红头垅脉组，竖井以下用 6 号风管送入各中段再分送各脉组，终压保持在 5 公斤以上。

将军寨坑口压风房 1965 年以前设在二中段窿口，用 4 号风管输送入窿，供一、二中段凿岩用风。1966 年压风机房迁到四中段窿口，总压风能力为 70 立方米 / 分，用 6 号风管从四中段平巷并经 44 脉天井送至上部中段；经盲斜井送至五中段平巷，再分送到各作业面。1980 年在丫叉垢安装 20 立方米 / 分电动压风机 1 台，供开拓七中段用风。

（五）排水

1968 年以前两坑口井下水均由平巷旁侧水沟自流排泄。

大蒲坑口 1968 年从五中段用盲竖井开拓下部中段，在施工过程中，用小型水泵扬水。1970 年开拓到八中段，在八中段掘井底水仓 280 立方米安装 75 千瓦水泵 3 台，用两条 4 号水管，扬到五中段排出，每台水泵的排水能力为 108 立方米 / 小时。坑内涌水量随季节变化，干旱季节昼夜排水量约 100 立方米，春雨季节的涌水量亦未超过水泵的总排水能力。1978 年竖井延伸到十中段，另掘井底水仓，有效容积 150 立方米，安装 3 台 55 千瓦水泵，用 3 号水管直接扬到五中段排出。干旱季节，十中段的水量极少，只需开动 1 台水泵，每昼夜排水 4 ~ 5 小时，昼夜排水量约 250 ~ 300 立方米。1974 年 5 月，因地面水灌入井下，又未及时排出，曾发生淹井事故。1980 年 5 月山洪暴发，红头垅河床被民工打砂破坏，大量地面水灌入井下，最大水量每小时竟达 500 立方米，发生淹井事故。经采取堵塞措施，防止了类似事故发生。

将军寨盲斜井底水仓 288 立方米，安装 3 台水泵，其中

3DA8×5 型 2 台，80Dl2×9 型 1 台，水泵总扬水能力 100 立方米 / 小时，春雨季节最大排水量约 80 立方米 / 小时，干旱季节排水量约 15 立方米 / 小时。

各水仓沉积淤泥，定期用人工清理。

（六）供电

1962 年以前，大蒲坑口井下由坑口自备电厂供电。1963 年改由 750 电厂供电，在一中段窿口安装 100 千伏安变压器 1 台，供井下用电。随后，在三中段压风机房附近安装 320 千伏安变压器 1 台，供二、三中段用电，在五中段井口安装 180 千伏安变压器 1 台，供 四、五中段用电。

1964 年开始在大蒲三中段和将军寨二中段分别建立 100 千伏安和 180 千伏安井下变电站。1965 年分别在大蒲五中段 116 脉和 101 脉二天井附近建立 180 千伏安和 100 千伏安变电站各 1 个，后又将 100 千伏安变压器更换为 180 千伏安。将军寨二中段 180 千伏安变压器更换为 320 千伏安。1966 年在将军寨四中段建立 180 千伏安变压站。

大蒲竖井投产后，在竖井卷扬机房安装 320 千伏安变压器 1 台，撤掉 116 脉变电站。1968 年在红头垅安装 100 千伏安变压器 1 台，以后因安装 75 千瓦主扇，更换为 180 千伏安变压器。1977 年主扇更换为 240 千瓦，增加户外式 320 千伏安变压器 1 台。将军寨三中段平窿投产后，二中段 320 千伏安变压器下迁到三中段，1978 年四中段井下变电站发生雷击事故，井下由三中段变电站供电。

1980 年井下变电站的位置如下：

大蒲区有五中段红头垅井下 180 千伏安变电站，红头垅主扇 320 千伏安变电站，五中段窿口主扇房 180 千伏安变电站，五中段竖井卷扬机房 320 千伏安变电站，八中段水泵房 180 千伏安 ×2 变电站，十中段 180 千伏安变电站。

将军寨区有三中段 320 千伏安变电站，四中段 180 千伏安变电站，牛头 99 线风井 180 千伏安变电站。

各坑口均采用 6 千伏电缆向井下变电站供电，变压器全部为矿用式，竖井变电站为双回路供电，动力电压为 380 伏。

第二章 选 矿

湖南有色金属矿选矿方法有重选、浮选、磁选、电选、拣选、化学选6种常规方法。由于湖南有色金属矿共（伴）生的金属多，以柿竹园、水口山康家湾、宝山为代表的复杂多金属硫化矿和氧化矿的综合分选技术，铜、铅、锌、金、银等金属的堆浸、就地浸矿、坑下浸矿等先进的原矿直接提取技术，电化学控制和自动控制浮选技术，以重介质和磁、光、电为手段的矿石预选技术，以浮选——选择性团聚选矿工艺为代表的细颗粒嵌布矿物的分选技术等选矿工艺技术在矿山得到推广应用。

在选矿设备上，容积从0.13~38立方米的规格齐全的充气式和自吸式浮选机、大直径稀土永磁磁选机、SQC式磁选机、Slon立环高梯度磁选机、离心选矿机、旋转螺旋溜槽、圆锥螺旋选矿机、新型螺旋溜槽、锯齿波跳汰机，旋转细筛和高频细筛等一大批高效节能选矿设备的应用以及新品种黄药、螯合物类新捕收剂和高效组合药剂等高效低毒选矿药剂的应用，提高了矿山选矿效率和综合回收率。

第一节 水口山铅锌矿选矿

一 铅锌精矿的选取

水口山铅锌选厂是中国最早开办的选厂之一，在宣统元年（1909）已建成机械化重力选矿厂，1952年改建为200吨/日的浮选厂。历经不断革新、改造和扩建，至1980年成为一座设计能力为60万吨/年的浮选厂，主要产品有铅精矿、锌精矿和硫精矿。

（一）矿石来源

水口山铅锌选厂所处理矿石分为自产矿石和外购矿石。自产矿石包括康家湾铅锌金银矿和水口山铅锌矿，康家湾矿体主要由铅锌金银硫成分组成。

（二）选矿流程

1996年以前，一直采用原有的浮选流程。

1997年1月，优先选铅区流程进行了改造，粗选增加1台8立方米浮选机，并增加一次扫选作业，精选区由三次精选改为二次精选，精Ⅰ由原来的6A浮选机改为1台8立方米浮选机。

1998年5月，锌/硫分离Ⅰ支流程进行了改造，取消了精扫作业。改造后，精Ⅰ、精Ⅱ由原来的各5.6立方米容积增大为8.4立方米容积。

1999年3月，优先选铅区、锌/硫分离区流程进行了改造。优先选铅区精Ⅰ由原来的8立方米浮选机改为3台6A浮选机，并将精选第一槽去掉，锌/硫分离区在精Ⅰ侧旁增加了2台6A浮选机作为粗Ⅰ。

2002年10月，选厂工艺流程进行了较大的改造，优先选铅区粗选恢复4台8立方米浮选机，精Ⅰ由3台6A浮选机改为2台4立方米浮选机，锌硫分离区粗选改为4台8立方米浮选机，精Ⅰ改为2台8立方米浮选机，精Ⅱ改为1台8立方米浮选机。锌/硫混选区精Ⅰ和扫Ⅰ都改为3台8立方米浮选机。

（三）废水废渣的处理

1. 废水

铅锌矿石、金硫矿石、铜矿石3个部分选矿废水由1套设施治理。

1999年，选矿废水处理系统实行了改扩，2000年8月1日全部竣工，该工程分别为“选矿分区回水复用系统”和“选矿废水治理系统”，工程处理能力为 300 立方米 / 小时，废水治理浓密池溢流水一部分作为脱水工序的冲洗水，余量（50 ~ 100 立方米 / 小时）外排。

2. 废渣

选矿废渣主要是大量尾砂，大多堆存于斋家冲尾砂库，部分用于康家湾矿井下充填。

二 铜精矿的选取

铜精矿的选取在柏坊铜矿选厂进行。该选厂 1969 年建成投产。选厂设计年处理能力 250 吨 / 日、8.25 万吨 / 年。投产以来先后进行了磨浮设备的更新改造，至 1980 年实际生产能力可达 300 吨 / 日，因矿山出矿能力达不到要求，实际处理能量约 200 吨 / 日，1997—2001 年矿山出矿能力降至 4 万吨以下，选厂为节能、降耗、减员，改开 3 个班，2002 年改开 2 个班，生产能力为 120 吨 / 日左右。选厂产品铜精矿运往该矿铜冶炼系统。

（一）原矿性质

矿区由Ⅱ、Ⅳ、Ⅴ、Ⅵ号矿体及刘家湾矿体组成。Ⅵ号矿体是矿区主矿体，其矿石量占全矿区的 70% 左右，于 20 世纪 80 年代初期开始采出矿；刘家湾矿体于 1991 年开始开拓建设，1997 年采出矿。

Ⅵ号矿体和刘家湾矿体的金属矿物主要有：辉铜矿；其次为蓝辉铜矿，黝铜矿，砷黝铜矿，斑铜矿，黄铜矿，黄铁矿，沥青铀矿自然银，孔雀石等；脉石矿物主要有石英，方解石。

各种铜矿物多呈粒状、块状、脉状、细粒浸染状、纤维状、烟灰状嵌布于脉石中，以中细粒为主（0.03 ~ 0.5 毫米），细粒（小于 0.05 毫米）次之；矿物间共生关系密切，辉铜矿是铀和银的主要赋存体。

（二）碎矿流程及变革

流程变革：1995 年 1 月，经改造碎矿实现了闭路破碎流程，1997 年 12 月重新改为开路流程。

碎矿生产流程：两段开路破碎、三段洗矿脱泥流程；矿泥经两段沉淀后沉砂进磨矿螺旋分级机，溢流送尾砂库。

（三）磨矿流程

1995—2002 年一直沿用一段闭路磨矿流程。

（四）浮选流程及变革

1. 从 1995 年开始，原矿氧化率降至 15% 以下，1996 年 7 月和 1997 年 4 月，分别将 2 号、1 号浮选系统由氧化矿、硫化矿分选流程改为混选流程，具体流程为一粗一精两扫，每个浮选系统减少浮选机 8 台。

2. 2000 年，矿山出矿品位上升，浮选流程出现短路现象，增加快速浮选作业，有效解决了问题。

（五）脱水流程

铜精矿脱水一直为两段脱水流程：第一段浓缩，用 1 台直径 12 米浓密机；第二段压滤，用 1 台 SZY-20 自动压滤机。

第二节　柿竹园多金属矿选矿

柿竹园多金属矿为大型矽卡岩矿床，工业类型属云英岩矽卡岩复合型多金属矿床，1978 年，有用矿物检测到 73 种，主要有价元素或矿物以钨为主，共生有钼、铋、铁、硫、萤石、石榴石等。其中主要元素钨、钼、铋、萤石均已达到单独开采的工业品位。

矿石中矿物组分复杂，有用矿物粒度细、含量低，各矿物之间共生密切，嵌镶关系复杂。1992 年北京矿冶研究总院对Ⅲ

矿带富矿工艺矿物学研究结果表明，钨矿物以不规则半自形和他形晶为主，呈分散浸染状嵌布在矿石中，白钨矿与萤石、黑钨矿、石英等关系较密切，属细粒为主的中细不等粒不均匀嵌布。钼矿物呈自形、半自形片状，以浸染体嵌布于脉石中，分布不均匀，部分与白钨、黑钨、辉铋矿呈接触嵌镶或包裹嵌镶，属中细不等粒不均匀嵌布。辉铋矿一般呈他形晶，以不规则粒状、柱状、点状浸染嵌布于脉石中，分布极不均匀，属微细粒不等粒不均匀嵌布。据测定，6 种能够回收的主要矿物平均粒度依次降低的顺序为：石榴石（0. 167 毫米）、磺铁矿（0.097 毫米）、萤石（0.078 毫米）、黑钨矿（0.030 毫米）、白钨矿（0.026 毫米）、辉钼矿（0.029 毫米）、辉铋矿（0.010 毫米）。

钨矿物中，白钨矿占 70%，黑钨矿占 30%，黑钨矿粒度比白钨矿稍粗，相互共生交代。

含钙矿物多，萤石品位高，萤石、方解石、磷灰石等矿物与白钨矿可浮性相近，增加了浮选分离的困难。石榴石含量达 30% 以上，比重大，坚硬难磨，影响磨矿和重选效率。

这种成分复杂且矿物嵌布粒度非常细密的矿石，是中国地矿界公认的最难选矿。从选矿技术角度看，钼、铋等硫化矿比较容易从矿石中分选出来，关键是硫化矿物之间的分选。钨矿物的问题在于最大限度地回收黑、白钨并把黑、白钨分开。萤石和石榴石的回收关键是提纯、除杂。

一 选矿工艺

多金属选矿先后建设有三八〇选厂的 200 吨 / 日选厂、野鸡尾选厂的 500 吨 / 日选厂、多金属选厂的 1000 吨 / 日选厂和 2000 吨 / 日选厂、经改造转产的柴山选矿厂的 500 吨 / 日选厂。这些选厂的选矿技术是在生产实践中不断探索、不断总结得到提高发展的。

（一）200吨/日选厂工艺流程

200吨/日选厂是柿竹园1988年以来进行多金属生产的选矿厂。矿石破碎采用二段一闭路流程，磨矿采用三段三闭路流程，选别作业采用“重—浮—磁—浮”流程；脱水作业采用“浓缩—过滤—干燥”三段脱水。1996—1999 年，北京矿冶研究总院、广州有色金属研究院的“CF”法、“GY”法，先后在该厂试验成功并应用于生产，解决了多年来黑钨矿和白钨矿必须用不同选矿方法回收、自然pH值下黑、白钨混合浮选的难题。“柿竹园法”应用后的选矿工艺流程描述为：原矿由井下溜矿井通过电机车运卸至选厂粗矿仓，最大矿石粒度为350毫米，经两段一闭路流程破碎后进入磨矿，给矿粒度为负16毫米。粗碎采用400×600毫米颚式破碎机，细碎采用直径900毫米中型圆锥破碎机与直径1250×2500毫米惯性振动筛构成闭路，筛下产物进入磨矿作业。磨矿采用三段两闭路流程，第一段为直径1500×3000毫米棒磨机开路；第二段为直径1500×3000毫米格子型球磨机与直径1500毫米单螺旋分段机构成闭路；第三段为直径1500×3000毫米格子型球磨机与直径1200毫米双螺旋分段机构成闭路。分级机溢流经浓密机浓缩后，其沉砂进入硫化矿浮选。入选原矿浓度为40%，细度负200目占85%以上。硫化矿浮选及白钨浮选均采用5A浮选机。钼铋分离、铋硫分离、白钨加温精选均为2A浮选机，铋精矿脱硅为1A浮选机。最终产品有白钨精矿、黑钨精矿、钼精矿、铋精矿、铋中矿、硫精矿。铋中矿进水冶厂生产氯氧铋。

选厂用电由梅子垄变电站 214 屏经 6 千伏架空线送至选厂的两台 630 千伏安配电变压器，配电变压器将 6 千伏电压降为 0.4 千伏后送到各用电设备。

三八〇选厂尾矿库 20 世纪 80 年代建筑在畜牧场的乌龟塘处，先后建有 3 个小库。尾矿经 5.2 公里长的管道输送到尾矿库后，采用“漂白粉法”进行净化处理。经处理后的尾水有害杂质含量达到国家规定的GBJ4-73排放标准。由于该库库容较小，其中占地3万平方米的一号库1996年7月停用闭库，当年投资20.7万元进行复土复垦，植树绿化，年底竣工。其他2个库在1999年3月1000吨/日选厂建成后停用闭库，复垦绿化。三八〇选厂的尾矿通过管道输送到1000吨/日选厂尾矿排放系统，改排到1000吨/日选厂尾矿库内。

（二）野鸡尾500吨/日选厂工艺流程

2000年以前，500吨/日选厂原采用“733”法进行钨的浮选，2001年改为“GY”法。2002年因地制宜在钨精选作业上综合“GY”法与“CF”法两种方法的长处，启用0S-2药剂并加以推广应用。原矿经碎矿层、球磨层、分级机层进行等浮和混浮后钼铋分离产出钼、铋。钼铋的尾矿硫化浮选后进行磁选，选出强磁性矿物，然后进行脱水浓缩进行下一步的钨粗选、加温、精选。浓缩脱水作业脱除了部分硫化矿浮选时添加的起泡剂和捕收剂，提高了作业浓度，钨粗选作业受硫化矿浮选作业的影响小，操作相对稳定。

野鸡尾500吨/日选厂的生产工艺流程是：原矿用汽车从多金属采矿场运卸至选厂粗矿仓，最大矿石粒度为350毫米，经三段一闭路流程破碎后进入磨矿，给矿粒度为负16毫米。粗碎采用400×600毫米颚式破碎机，中碎采用直径900毫米标准圆锥破碎机，碎矿产物进入直径2500×3000毫米单层惯性振动筛，筛下产物进入磨矿作业。筛上产物经直径1200毫米短头圆锥破碎机破碎后又返回振动筛。磨矿采用球磨机与螺旋分段机构成两段闭路流程，第一段为直径2700×2100毫米格子型球磨机与直径1500毫米单螺旋分段机构成闭路，分级机溢流进入第二段为直径1500×3000毫米的螺旋分级机分级，沉砂进入直径2400×1200毫米格子型球磨机再磨后又返回分级机中。第一段负 200 目为 65% 左右，第二段负 200 目为 80% ~ 85% 左右。第二段分级机溢流浓度一般为 32% ~ 36%，浮选工段采用硫化矿全浮后的尾矿进行磁选，选出强磁性矿物，然后进行脱水浓缩。钨粗精矿脱水浓缩后，白钨精矿进行加温精选。白钨粗选的尾矿再用摇床回收黑钨矿。硫化矿全浮、铋硅脱硫作业及白钨粗选作业均采用 6A 浮选机。钼铋分离、铋硫分离、白钨加温精远均为 3A 浮选机，细泥浮选采用 2A 浮选机，最终产品有白钨精矿、黑钨精矿、钼精矿、铋精矿、铋中矿、硫精矿。铋中矿进水冶厂生产氯氧铋。

野鸡尾 500 吨 / 日选厂的供电由东波区变电站向野鸡尾选厂供电，其中 203、204 线路分别供钼铋系统和白钨系统，用电量大约 58 度 / 吨。选厂生产、生活用水主要是从东波河里经水泵抽至二队四方池，还有一部分生产、锅炉、生活用水是利用管道从木头盖山引水到四方池及锅炉储水，不仅节约了成本，而且水质也得到了较大的改观。

野鸡尾 500 吨 / 日选厂的尾矿库位于距选厂约 500 米的牛角垄山沟，原库容为 150 万立方米，尾矿为自流输送。1985 年 8 月 25 日被特大山洪冲毁，为了保障残存的约 40 万吨尾矿不下河造成污染，矿山于 1987 年采取安全环保措施砌筑 3 层防护大堤，这项安全环保措施工程于 1988 年 1 月 18 日经原中国有色金属工业总公司长沙公司组织，有原郴州地区、郴县政府等有关部门参加的验收会议现场检查后，认为符合安全环保要求，同意验收。野鸡尾选厂 1987 年改建投产后，尾矿通过输送管道输送到柴山烟冲沟尾矿库。2001 年，为了减轻烟冲沟尾矿库压力，野鸡尾尾矿库重建，4 月 21 日投入使用。选厂尾矿经自流输送到库内。重建的野鸡尾尾矿库设计总库容 121 万立方米，总坝高 38 米，为三等库，防洪标准为 500 年一遇洪水，库区汇水面积 3.9 平方公里。尾矿库配有班长 1 人，值班巡逻尾矿工 7 人，负责尾矿的排放和日常管理。子坝的堆积由柿竹园综合厂负责，厂部对该坝堆积实行监管。

（三）1000 吨 / 日选厂工艺流程

1000 吨 / 日选厂设计流程采用广州有色金属研究院的扩大试验流程，主干流程按“重—浮”方案进行设计。

1. 碎矿采用三段一闭路流程，原矿最大块度 500 毫米，最终碎矿产品粒度小于 15 毫米。

2. 磨碎采用三段磨矿流程，最终产品细度为负 200 目 90%。第一段为棒磨开路磨矿；第二段和第三段均为螺旋分级机闭路。

3. 前段重选处理第二段球磨机排矿。流程结构为螺旋溜槽粗选，粗精矿两次摇床精选。

4. 第三段磨矿的合格产品进入钼铋及铋硫等可浮作业，钼铋混合精矿和铋硫混合精矿各自分离精选后产出合格的钼精矿、铋精矿和硫精矿以及少量的铋中矿。铋中矿送水冶厂处理。铋硫浮选尾矿进入黑白钨矿物混合浮选，产出的钨粗精矿进行加温精选得白钨精矿；加温精选尾矿进行黑钨细泥浮选得浮选黑钨精矿和钨中矿。钨中矿送水冶厂处理。黑白钨混合浮选尾矿进入萤石浮选排除最终尾矿，萤石粗精矿再磨精选后得萤石精矿。浮选是流程中的基本方法和主要手段。

5.精矿脱水：白钨精矿、黑钨精矿、钼精矿、铋精矿采用浓密、压滤、干燥3段脱水流程。萤石精矿采用浓密、压滤两段脱水流程。硫精矿、铁精矿用沉淀池自然沉降脱水。

（四）2000 吨 / 日选厂工艺流程

2000 吨 / 日选厂设计的选矿工艺流程基本上与 1000 吨 / 日选厂工艺流程相同。

1. 碎矿采用三段一闭路流程，给料机选用 CZP1560 平板带棒条筛的振动给料机，采用变频器控制给料量。筛分设备选用国内较先进的 YKR 型圆振筛。

2. 磨矿采用两段连续闭路磨矿流程。

3. 浮选流程采用“磁—浮—重—浮”主干流程。

二 选矿新技术

（一）钨钼铋复杂多金属矿综合选矿新技术——柿竹园法

20 世纪 90 年代，该技术由柿竹园有色金属矿联合北京矿冶研究总院、广州有色金属研究院等单位完成，是经过“八五”“九五”科技攻关研究成功的中国独创的选矿新技术。采用主干全浮流程，在国内外首次采用自主开发的高效选择性螯合捕收剂 CF 和 GYB 作黑白钨矿物和黑钨细泥浮选的捕收剂；独创出“钼铋等可浮—铋硫混浮—组合抑制剂钼铋分离—氧化法铋硫分离”的钼铋浮选新工艺；联合使用硫化钠和水玻璃的钨精矿加温精选工艺，改进了彼得洛夫法；用组合抑制剂和选择性捕收剂的萤石浮选—强磁选脱硅新工艺，为矿石中萤石资源的开发利用提供了技术保障，是对世界钨选矿技术的重大突破。用“柿竹园法”应用于柿竹园生产，工艺选择性好，浮选指标高，药剂费用低，使钼精矿品位提高 1.77%，回收率提高 2.86%；铋精矿品位提高 9.02%，回收率提高 12.64%；钨总回收率提高 22.33%。这种钼铋等可浮、铋硫等可浮新工艺与 CF—GY 联合法浮钨新工艺相结合的工艺技术，在上报国家奖励审批时，申报单位以“柿竹园法”上报获得批准。“柿竹园法”成为国内第一次以一家企业命名的一项选矿新技术。2001 年 12 月 19 日，国务院给柿竹园有色金属矿颁发了（J-210-2-03-D01）国家科学技术进步奖证书，“钨钼铋复杂多金属矿综合选矿新技术——柿竹园法”获二等奖。

（二）浮选黑白钨矿的新方法——CF 法

柿竹园多金属矿是一个特大型钨、钼、铋、萤石多金属矿床，有用矿物种类多，矿石物质组分复杂，由于综合回收各种有价元素的选矿技术不过关，一直制约该矿大规模的开发利用。国内外白钨浮选大多采用烧碱法或石灰法。用水玻璃、烧碱（或纯碱、石灰）作调整剂和脂肪酸类作捕收剂浮选白钨矿，不能有效浮选黑钨矿和微细粒白钨矿，钨回收率低。20 世纪 90 年代研发的“CF 法”浮选钨不同于传统的“烧碱法”和“石灰法”，而是采用新研制的一种钨浮选药剂“CF”，在矿浆自然 pH 值下浮选黑白钨矿。这种新办法具有钨粗精矿品位高，回收率高，产品脱水，尾矿水处理简单等优点。此方法为国内外首创，对复杂难选黑白钨共生矿的选矿具有普遍推广意义。

“CF 法”浮选钨具有的优点：

1. 可同时浮选黑白钨矿，对钨矿物有极好的选择性捕收作用，钨粗精矿品位高、回收率高。

2. 减少操作繁琐、操作条件恶劣的加温精选的工作量，节约能源。

3. 矿浆自然 pH 值浮选，解决了钨粗精矿浓缩脱水的难题，钨金属损失从 1.78% 降到 0.39%。

4. 低温适应能力强，矿浆温度在 5℃ 时即能获得很好的浮选结果。

5. 萤石回收率可提高约 10%，节约萤石浮选药剂。

6. 流程简单，生产操作管理简单方便，基建投资少。

柿竹园多金属矿选矿厂采用“CF 法”浮选钨，年增经济效益 830 万元，节约投资 12%。总计年产经济效益 1460 万元。萤石回收率提高的经济效益也在 1000 万元以上。该技术分别获 1996 年度国家“八五”攻关重大科技成果奖和 1997 年有色金属总公司科技发明二等奖。

（三）旋流微泡浮选柱的应用

1000 吨 / 日选厂在钨粗选部分采用北京矿冶研究总院生产

的 JJF-8 型和 SF-8 型两种浮选机进行生产。由于矿石性质发生了很大的变化，处理量也提升到 1600 吨 / 日左右，使钨粗选出现操作不稳，涨槽现象严重且有时达到不可控制的地步；粗精矿品位低，粗选精矿品位只有建厂初期的一半左右，不但增加操作工的劳动强度和作业时间，还加大水、电、药剂、煤等物质的消耗，影响选厂钨的技术经济指标的提高。

1000 吨 / 日选厂钨粗选作业系统原先由 18 台 8 个立方的 JJF 型和 SF 型浮选机组成，继续使用新的浮选机生产，必须建厂房，占地面积很大。针对这种情况，选厂于 1990 年开展使用浮选柱进行白钨粗选的分流试验。旋流微泡浮选柱组成 的新系统只有一粗一精 2 个柱子，即可达到比浮选机系统更理想的生产指标。试验成功后，采用旋流微泡浮选柱代替浮选机进行工业生产，经过 1 年多的生产，取得良好的经济效益。

浮选柱最早产生于 20 世纪 60 年代，自 20 世纪 80 年代后期解决了气泡发生器以后，深受国际矿业界的广泛重视。特别是 2000 年以来，由于浮选柱结构简单、占地面积小、成本低、建设周期短和精矿质量好等众多优点而倍受选矿界的青睐。

旋流微泡浮选柱包括浮选段、旋流段和气泡发生器 3 个部分。气泡发生器是该设备实现浮选的关键部件。利用循环矿浆加压喷射、吸入空气和粉碎气泡，并通过压力释放析出大量微泡，然后沿切线进入旋流段。气泡发生器在产生合适气泡的同时，也为旋流段提供旋流力场。浮选柱的浮选段下部为中矿出口，中矿浆由此被泵抽出，加压后通过微泡发生器充气混合，从旋流段的上部切向给入，其重产品沿旋流段锥壁下降经尾矿口排出。旋流段的工作是扫选回收浮选段未分选的精矿颗粒，以提高精矿回收率，增加浮选尾矿灰分。气泡在柱体内上升矿化并不断受到清洗，清除夹带的高灰物，上部较厚的泡沫层以及冲洗水的喷淋作用使精矿的品位大大提高，从而使旋流微泡浮选柱具有很高的精矿回收率和选择性。旋流微泡浮选柱除具有逆流浮选柱的特点外还具有如下优点：

1. 集浮选与重选于一体，强化分选。该浮选柱实质是在旋流器上方安一逆流式浮选柱，利用泡沫浮选，又与旋流力场中的重选相结合。

2. 由于浮选柱采用了数个外置型自吸式气泡发生器，产生的微泡特别有利于微细颗粒的浮选，这就是微泡浮选具有良好的浮选选择性及较高精矿回收率的原因。

3. 浮选柱产生的气泡分散度高、微细气泡多，与矿物颗粒的碰撞及黏附机率大，高灰细泥污染小。由于结构设计独特新颖，柱体短，且动力消耗小，节能明显，维修量小，运行稳定可靠。

使用旋流微泡浮选柱进行钨粗选作业的优点：

1. 占地面积小，可以不建厂房，基建投入小。

2. 运营成本低。经统计分析，用浮选柱进行钨粗选作业每处理一吨原矿可节约药剂成本 0.716 元，电费 0.7795 元。现场反应水消耗的节约效果明显。

3. 钨的经济技术指标与浮选机相比，精矿品位由原来的 7% 左右提高到 15% 左右，回收率也提高将近 1%，为后续作业降低劳动强度和劳动时间，减少成本消耗提供了有力的保障。

旋流微泡浮选柱与长沙有色设计院的 CPT 浮选柱相比，虽然内部结构复杂，带有中矿循环系统，但这正是为了适应难选氧化矿石的选别，且能耗也要比 CPT 型浮选柱低，其优势比较明显。使用浮选柱进行钨粗选作业的生产，能改善生产环境，减少现场扬尘，有利于职工的身体健康。

第三节　柿竹园铅锌矿选矿

柿竹园铅锌矿选矿是在不断改进和完善的进程中发展起来

的。1955 年 8 月在金船塘矿区建设了一座半机械化的重力选厂，处理能力为 50 吨 / 日。1959 年 12 月 30 日建成一座 100 吨 / 日浮选厂。1960 年 12 月 30 日在柴山工区建成了一座 50 吨 / 日的浮选厂。1965 年 2 月 9 日柴山选厂扩建改造竣工，生产能力达到 100 吨 / 日。1966 年 12 月 17 日在野鸡尾工区建成一座 200 吨 / 日的选厂，1970 年 8 月经过技术改造，使生产能力达到 570 吨 / 日。1972 年 12 月 22 日对柴山选厂进行第二次扩建改造，将金船塘工区闭坑后的选厂设备搬迁与柴山选厂设备合并为 2 号机组，并增建 3 号机组，使生产能力达到 380 吨 / 日。1981 年对柴山选厂 1 号系统又进行了一次技术改造，于 1982 年 1 月投产，生产能力达到 430 吨 / 日。全矿铅锌选矿生产能力当时达到 1000 吨 / 日。1986 年由于野鸡尾工区转产铜锡，铅锌选厂停产。柴山选厂为了扩大生产能力再次进行技术改造，设计选矿生产能力 24 万吨 / 年，日生产能力扩大到 800 吨。1986—2002 年，铅锌选厂没有再进行大的改造，主要从加强管理上挖掘潜力。

一 矿石矿物组成

铅锌矿石均属中至高温热液裂隙充填交代矿床，矿体小而分散。其中有含磺铁矿为主的铅锌矿体，也有含磁磺铁矿、毒砂为主的铅锌矿体，主要金属矿物有方铅矿、闪锌矿、铁闪锌矿、磺铁矿、磺铜矿、磁磺铁矿等，脉石矿物以碳酸盐矿物为主，主要是方解石、白云石等。

二 工艺流程

碎矿原设计为两段一闭路碎矿流程，原矿最大粒度控制在 200 毫米以下，由 250 × 400 毫米颚式破碎机及直径 600 × 300 毫米对辊机两段破碎，900 × 1800 毫米自定中心振动筛控制最终产物粒度到 10 毫米。

选矿系统的主干流程为重选—浮选。选矿工艺流程为球磨机与螺旋分级机构成一段闭路磨矿和先浮铅后浮锌的优先浮选流程及浓缩、过滤两段脱水流程，原矿细度为负 200 目占 65% ~ 68%，最终产品精矿为铅精矿、锌精矿。磨浮工段有平行的四个机组。其中 1 号机组磨矿采用直径 1500 × 3000 毫米格子型球磨机与直径 1500 毫米单螺旋分级机构成闭路。铅锌系统均采用 5A 浮选机，选铅为一粗、三精、三扫中矿循序返回，选锌为一粗、两精、三扫中矿循序返回，处理量为 50 吨 / 日左右。2 号机组采用直径 1500 × 1800 毫米格子型球磨机与直径 1200 毫米单螺旋分级机构成闭路。铅锌系统均采用 5A 浮选机，选铅同 4 号机组，选锌为一粗、两精、三扫中矿循序返回，处理量为 135 吨 / 日左右。3 号机组采用直径 1500 × 3000 毫米格子型球磨机与直径 1500 毫米单螺旋分级机构成闭路。铅锌系统均采用 5A 浮选机。选铅为两粗、三精、三扫，粗选二的精矿经两次粗选后与粗选一的精矿合并进入铅精三，中矿返回前一作业。选锌为一粗、两精、三扫流程，处理量为 240 吨 / 日左右。4 号机组采用直径 2700 × 2100 毫米格子型球磨机与直径 1500 毫米双螺旋分级机构成闭路。铅锌系统均采用 6A 浮选机。

选矿药剂制度：选铅捕收剂为 25 号黑药、丁黄药；选锌捕收剂为丁黄药。选铅抑制剂为氰化钠、硫酸锌，用石灰调节 pH 值，起泡剂为 2 号油；选锌时用硫酸铜作活化剂，用碳酸钠作调节剂。

选厂产品经 9 个平方的过滤机过滤脱水后，形成的精矿产品放入精矿池，精矿出厂计量是用载矿汽车在 X045 线八公里过磅房采取总重减去车身自重的办法。尾砂则是用一 台 75 千瓦砂泵输送到尾砂坝。

三 尾砂排放

铅锌选厂尾砂排放到烟冲沟尾矿库。烟冲沟尾矿库 1965 年由长沙有色冶金设计院设计，1966 年 9 月建成投入使用。该库距选厂 625 米，设计采用尾矿堆坝方案，坝底标高为 500 米，初期坝为黏土斜墙堆石坝，高 14 米，利用高差自流输送。排水系统由排水井、排洪隧道组成，初期库容 30 万立方米。后经 1973 年、1979 年、1982 年 3 次扩容，将溢洪道往烟冲沟里延伸，利用尾砂堆坝加高，由 535 米标高堆至 588 米标高，增加有效库容 350 万立方米。 汇水面积为 1.91 平方公里。1985 年 8 月 25 日，野鸡尾尾矿库遭受特大山洪灾害被冲垮， 1987 年，野鸡尾 500 吨 / 日铜锡选厂的尾矿也通过管道排到这里，致使该坝承担了 1350 吨 / 日的尾矿堆放。为了保障烟冲沟尾矿坝的安全，1989 年 6 月进行安全技措工程，主要工程有主隧道 900 米，排洪支隧道 331 米，渗水井 10 座及渗水管 1300 米。后随生产的发展进行了扩容。

第四节 锡矿山锑矿选矿

锡矿山矿务局有两个选矿厂，即南选厂和北选厂。

一 南选厂选矿

南选厂自 1968 年投产以来，通过不断地改进与完善，至 1981 年综合生产能力已达 1200 ~ 1400 吨 / 日。生产工艺流程为手选、重介质、浮选联合流程，三种作业处理矿石的比例为 35.5 ∶ 5.4 ∶ 59.1。原矿经二段闭路破碎，其中 + 35 毫米、品位约为 1.7% 的矿石，经两次手选获得品位为 7% 左右的块精矿直接出厂。手选尾矿品位 0.11% ~ 0.17%，手选作业回收为 94% 左右。重介质选矿所产贫精矿经细碎后，与原矿中 –10+0 毫米矿石一并进入一段闭路磨矿浮选。浮选原矿品位为 3% 左右，浮选流程结构为一次粗选、三次精选和三次扫选，获得品位为 48% 的精矿。浮选尾矿品位为 0.20% ~ 0.22%，浮选作业回收率为 93% 左右。浮选精矿经直径 18 米浓密机脱水并再经过滤，成为含水率 18% ~ 20% 的过滤产品，用皮带运至自然干燥仓堆存，然后用抓斗装车运去制粒送冶炼厂。

随着矿山开采向深部发展，原矿品位已由 1981 年的 2.49% 降至 1995 年的 2.028%。为适应入选原矿变化和提高选矿经济效益，1982 年以来南选厂不断进行技术改造及科研工作。经过 20 年的发展，2002 年形成的选矿工艺流程：手选只产少量高品位块精矿（青砂），低品位块精矿经新的破碎系统破碎后进磨浮系统再磨再选。

（一）主要技术改造工程

1. 手选块精矿处理改造工程

20 世纪 70 年代，南选厂手选块精矿再破碎返回磨浮系统加工，虽为提高手选精矿品位创造了条件，但增加磨浮作业量既提高成本又降低回收率。1983 年 11 月，增加 23 号和 24 号皮带，将通过小老虎口破碎后的块精矿，重新返回 7 号皮带去进行手选、重介质作业而不再进细碎和磨浮。该措施于 1983 年 12 月 15 日完成。据计算可提高手选作业率 5% 和选矿回收率 0.17%，年可节约选矿成本 40000 元、选矿用电 13 万千瓦时，并消除了以往块精矿过大块（60 ~ 100 毫米）进入短头圆磨（允许给矿最大粒度为 60 毫米）损坏基座的弊端。

选厂手选精矿品位逐年降低，导致炼厂焙烧炉回收率由 1982 年的 89.55% 降至 1990 年的 76.22%。从精料方针和技术角度看，手选低品位块精矿没有必要保留。1992 年 3 月 21 日，在南选厂召开审查取消手选块精矿设计方案会议，同意手选块花砂进磨浮的三段一闭路破碎流程技术方案。施工设计由工管处负责，生产处和南选厂配合。该工程投资 84.4 万元，于 1992 年 5 月动工，1993 年 1 月竣工投产运行，使综合精矿品位由改造前的 15.77% 提高至 47.95%，选矿回收率由改造前的 92.1% 下降至 90.20%。1996 年，根据矿山直拨炼厂花砂中 30 毫米以下粒级较多，影响焙烧炉生产能力和经济技术指标，南炼厂扩大鼓风炉和重建两眼焙烧炉及南矿增加出矿量等情况，从采选炼平衡出发决定扩大南矿选矿磨浮能力，即增加一台 2.1×2.2 米格子型球磨机及相应的配套浮选设备、厂房。该技改项目 1996 年 8 月动工，1997 年 4 月竣工投产，共耗资 200 余万元。

2. 药剂自控添加技改措施

1983 年春节放假期间，安装 DS- Ⅱ型电子数码控制给药机，同年 2 月 28 日投入使用。由于给药量实行自动控制和调节，对浮选指标的稳定和药剂消耗的降低起了一定作用。一段时期使用情况良好，能稳定药剂流量和降低药剂成本，1983 年 1—6 月平均药剂成本仅 1.5 元 / 吨。同年 7 月，因插线板、给药阀无备件，加上操作不得要领，插线板及线圈常烧坏，又恢复使用杯式给药机。

1986 年 5 月 1 日，恢复使用数码给药机，药剂消耗比计划有所降低。1992 年，更新浮选给药机，用单板给药机替代了电子数码控制给药机。

3. 钢球试用

为降低钢球消耗，1986—1996 年做了许多工作，先后与 10 多家钢球厂签订合同联合进行钢球试验。1987 年选用工业公司电机修理厂生产的轴承钢锻球，年平均球耗由 1986 年的 2.07 公斤 / 吨降低至 1.45 公斤 / 吨。1988 年采用邵东铁合金厂生产的钢球，试验球耗为 1.4 公斤 / 吨，生产球耗为 1.47 公斤 / 吨。1990 年选用湘潭市钢球厂生产的钢球，试验球耗为 1.17 公斤 / 吨。1996 年 9 月试验武汉金马特种材料制造公司生产的多元耐磨合金球，球耗为 1.27 公斤 / 吨，11 月生产球耗 1.2 公斤 / 吨，月节约钢球成本 35000 元，取得良好经济效益。

4. 选矿用水系统改造

南选厂自投产以来就使用回水，但装机容量小且无回水贮存池，故回水水质不太好，回水利用率不高（58%～60%），500吨沉淀池尚有大量废水下河造成环境污染和金属流失。1982年决定新建500立方米的高位回水贮存池，安装D127和D152泵各一台（一台备用），将回水扬送至高位水池，使矿泥在回水贮存池中沉降，并定期把沉砂放入直径12米浓密机进行浮选处理，经沉淀后的回水再入车间使用。该回水系统改造工程，自筹资金20万元，环保投资95000元，1982年8月完成设计，1983年上半年开始施工，将溢流总出口500立方米沉淀池扩大150立方米（建成后实际为139立方米），并扩建水泵房和新建500立方米高位回水池，安装用水管路和改进龙王池尾砂库回水系统管道。工程于1984年全部建成投产，使生产回水利用率达83%，从而防止了废水下河，减少了金属流失，改善了回水水质，降低了选矿成本。

（二）主要科研项目

1. 浮选新药方（添加硫酸）试验

南选厂辉锑矿浮选采用硝酸铅作活化剂，由于硝酸铅的添加,使铅吸附在辉锑矿表面进入浮选精矿而影响炼厂精锑质量。1985 年，科研所选矿试验室对硝酸铅代用品进行小型研究试验获得成功。它不需添加活化剂，粗选只加捕收剂和起泡剂，扫选补加少量硫酸，即能获得与采用硝酸铅活化的常规药方回收率相近且质量甚优的技术指标。锑精矿杂质含铅由 0.1% 左右降至 0.02% 左右，铅锑比由 0.2% 降至 0.02% 左右。1992 年 6 月，南选厂试验室用矿山现产物料，对照小型试验提供的工业条件和参数，进行认识性验证试验，再次证明科研所 1985 年提交的小型试验报告是可靠的。硝酸铅代用品（硫酸）的工业试验从 1992 年 8 月 11 日开始，持续至 1993 年 4 月 20 日，后因页岩油无货没有推广应用，也没有提交工业试验报告。

1993 年，由于页岩油生产厂家无货供应，致使浮选指标下降而经济效益受损。南矿选矿科在 1993—1994 年期间，先后对茂名重油、涟钢煤焦油、晏家铺煤焦油、古塘煤焦油等进行小型试验，均远不及添加页岩油的选别指标，说明这类重油和焦油不能取代页岩油。后又沿用硫酸替代硝酸铅的试验结果，对新药方的用量进行调整探索，终于取得较好的选别效果。1994 年 9 月 1 日至 1995 年 1 月 14 日，三个阶段的工业试验结果表明，新药方指标优于常规无页岩油生产指标，回收率高出 2 个百分点，减少硝酸铅用量 20%，降低了铅锑比，提高了精矿质量。

2. 浮选分支串流试验

1987 年 9—11 月，由南选厂和局科研所选矿试验室组成联合试验组，在生产现场进行分支串流浮选试验初获成功。与同期常规浮选（即现流程）试验相比，回收率提高 1%，药剂费节省 0 ~ 17 元 / 吨，精矿品位为 48.67% 而达到冶炼要求（较常规低 1.91%)。但是，要使这一新工艺应用于生产尚需解决以下问题：一是必须加强粗选柱液面的稳定性，在粗选柱上安装一个泡沫稳定器,同时将机上二次扫选前一部分泡沫返回粗选柱，后一部分泡沫返回本系统为粗选柱液面稳定创造条件；二是将浮选机第三次粗选槽(分支未用)，用于低品位精矿的再次精选，以提高最终精矿品位。1992 年，又进行分支串流浮选工业试验，因场地有限和柱、机配置困难而未能推广应用。

3. 难选硫化锑矿试验

对南区难磨难选硫化锑矿石进行浮选探索性试验的实践中，多次遇到可选性差的硫化锑矿石，引起选矿指标波动和选矿经济效益下降。1991 年 1—2 月，科研所选矿试验室负责跟踪试验。结果表明：最佳的磨矿细度为 80%-200 目，回收率达 91.75%，传统的磨矿细度（-200 目占 65%) 回收率只有 85%，应适当增加硝酸铅及页岩油用量。

4. 矿浆品位浓度测定仪研制

X荧光矿浆品位浓度测定仪，是南选厂与湖南省技术物理研究所共同合作研制的。该项试验从1986年7月开始，至1988年10月结束。首先，从粉矿开始进行小型探索。粉矿试验分别做了南选厂浮选原矿、精矿和尾矿3个样，粉矿试验结果表明仪器检测误差能达到标准。然后，将粉矿配成矿浆溶液，小型试验表明检测误差同样能达标准。最后，进行仪器产品定型及现场工业试验。1988年10月，在南选厂进行工业试验，仪器的探测部分安装在浮选机系统搅拌槽内，探测部分距搅拌槽液面高度200～300毫米，仪器的主机部分安装在浮选药剂室。现场试验表明：矿浆品位浓度测定仪能够检测浮选分级机溢流浓度，而原矿品位的检测有待进一步研究。后来，由于下列原因试验中断：（1）检测仪探测部分安装地点不十分合理；（2）检测仪误差大；（3）仪器信号接收器焊接质量差，经常迫使球磨机停车来检修仪器信号接收器。

5. 选矿药剂替代试验

在小型试验的基础上，1982年9月19日至10月23日，生产中试用乙基黄药代替丁基黄药。试用结果表明：指标相近，完全可以代用。1982年11月，在生产中进行丁基醚醇代新松醇油的工业试验。试验结果表明：丁基醚醇作辉锑矿浮选起泡剂完全可行，指标与新松醇油相当，但药剂成本比新松醇油略高。

1984年上半年与北京矿冶研究院合作，对BSN-10、PSN-1药剂进行小型探索性试验研究。结果表明：上述药剂对辉锑矿有较好的捕收能力。在此基础上进行条件试验，试验结果认为对降低药剂成本有一定效果。

1989年，进行新松醇油2号的小型试验，给该药剂在生产上的使用做好了准备。

6. 高效起泡剂试验

1996 年 6 月，FX-127 高效起泡剂工业试验效果良好，无页岩油提高选矿回收率 1.89 个百分点，有页岩油可提高回收率 1.77 个百分点（原矿品位比无页岩油低），一年可多回收金属量 100 吨以上而增利 90 余万元，使药剂成本下降 0.18 元 / 吨而节约近 40000 元。

（三）主要革新技术

1. 直径 18 米周边传动式精矿浓密机采用钢轮在钢轨上滚动的传动方式，当负荷稍重或下雨天，就出现打滑停止运行而影响生产，经常要人去推或在钢轨上铺砂。1982 年国庆期间检修，拆除原有钢轨，把钢轨轮换成解放牌汽车胶轮，增大其摩擦系数和接触面积并降低转速。改进后效果良好，一年可增产节约 20000 余元，节约用电 14 万千瓦时。

2. 1982 年，乙硫氮代替丁黄药，代用率由 52% 提高至 80%，使浮选指标有所改善，比 1981 年节约药剂费用 30800 元。

3. 1983 年，将直径 1200 短头圆磨定锥灌铅锌合金改为灌混凝土，一年可节约 5000 元。

4. 1983 年，将矿仓卸入板式给矿机的泥砂改为自流进入分级机，效果良好。

5. 1983 年，采取加长 600 × 900 毫米颚式破碎机衬板座，克服了拉杆螺丝易断难题。

6. 1983 年，将重介质车间直接振动筛激振器的滚动轴承改机油为黄油润滑，每年可节约 2000 元。

7. 1983 年，将重介质原矿仓卸矿皮带（600 × 700 毫米）改为溜槽卸矿效果良好，节约一根皮带每年可节约 2000 元和节约用电 30000 千瓦时。

8. 1984 年，在重介质选矿操作台增加一个 2 立方米清水桶，作为调节比重的补偿措施，在突然停水或水压不足时，可用这桶清水调节比重，不致造成重介质尾矿品位突然升高而无法控制，实践证明效果良好。

9.1984年，在1000立方米生产水池、500立方米回水池和调度值班室安装水位自动显示系统，给节约用水和联系打水创造了条件。

10.1985年，手选工段在1号皮带尾部安装一台直径500毫米螺旋脱泥分级机，返砂进1号皮带，减少1号皮带打滑现象而保证正常生产，减轻直径12米浓密机负荷而减少了金属流失。

11.1985年，手选工段将破碎闭路筛孔由10毫米宽条形筛孔改为14×14毫米方形筛孔，使破碎产品粒度由原来的-14毫米粒级占80%左右增至91%以上，大大降低了磨矿成本。

12.1989年，矿山出矿块度变化，造成手选作业减少和浮选作业增大。同年3月，对1号、3号振动筛筛孔进行调整，从而调整手选、浮选作业比，提高了选矿经济效益。

13.1992年，将重介质CRT750X-1800型电磁式磁选机改为湿式永磁筒式磁选机，满足重介质生产工艺和能力要求，节约了维修费用。

二 北选厂选矿

北选厂自1975年4月投产至1981年的6年内，就遗留问题对工艺流程、设备进行调整和改进，使生产水平和各项技术经济指标逐步稳定，形成日处理能力达500吨和采用手选—跳汰—浮硫—摇氧联合选别流程的中型氧化锑矿选矿厂。

由于矿山原矿品位逐年下降，各项技术经济指标需要优化，北选厂的一些工艺流程和设置对上述变化和要求不相适应，有必要继续进行改进和完善。

1982—1983年，在原有泥砂分选设施基础上，将摇床车间跳汰尾矿脱水的双螺旋分级机搬迁，增加平面摇床 7 台和 5A 浮选机 8 槽而实现了泥砂分选。1981 年 12 月至 1982 年 3 月，安装直径 1200 毫米螺旋分级机一台，用于跳汰、摇床精矿脱水，以代替固定格筛与倾斜浓密箱。

1982 年，安装 5 号、6 号皮带，实现分级手选，扩大了手选生产能力。1983 年，增建了 140 平方米烘干溢流事故池。1985 年，安装了 20 平方米圆筒过滤机。1987 年，完成压团工艺改制粒工艺工程，成球率由 50% 提高至 85%。1989 年，新增钢漏斗、球磨给矿皮带及 12–1 号、12–2 号皮带，增大了粉矿仓有效容积及重浮选之间矿仓的缓和能力。为适应外购锑矿砂增多的情况，1994 年年底建成了外购锑砂处理系统。通过上述改进与完善，北选厂日处理能力提高至 600 吨水平。

为充分利用回水，降低新鲜水耗，1983 年完成北炼厂冲渣水回收，1986—1988 年建立宝大兴至文化宫回水利用系统，之后经过逐步完善使宝大兴回水成为生产用水的主要来源。

（一）主要技改措施

1. 重浮选泥砂分选

1983 年 1 月，省冶金局组织水口山、黄沙坪、汝城、宝山、桃林、香花岭、瑶岗仙等矿的选矿工程师，对北选厂现行流程和重浮流程改进方案进行“会诊”与研讨，一致认为泥矿和砂矿应进行分选。

为实现泥砂分选，跳汰尾矿先摇后浮，1982 年 8—9 月，首先将摇床房双螺旋分级机搬迁至摇床房下，并相应改 14 号平皮带为斜皮带，分级溢流由进磨浮浓密机改进为直径 12 米浓密机。1982 年 10 月至 1983 年 3 月，又在原有泥砂分选设施基础上，安装 5A 浮选机 8 槽和 6S 平面刻槽摇床 7 台，实现泥砂分选。据测定，泥砂部分回收率可达 75%，尾矿品位可降低 0.1% ~ 0.15%，重浮回收率可提高 2% ~ 3%。

由于泥砂分选系统受10号、14号皮带漏下的粗颗粒矿石及渣滓（导爆管、木屑、草纸等）的干扰，泥砂分选流程于1985年停开，恢复为泥砂混选。1987年7月，在摇床车间安装直径1200毫米螺旋分级机，对原次生矿泥磨浮沉砂及直径20米浓密机沉砂进行脱粗脱渣，磨浮浓密机基本上没有发生堵塞、堆死现象。

2. 完善粉精矿脱水系统

原精矿磨矿流程是一段闭路流程。三级跳汰的粗颗粒精矿，经固定斜格筛脱水，筛上至漏斗进球磨机，筛下至倾斜浓密箱脱水再进球磨机。棒磨后跳汰精矿和摇床精矿，进磨矿闭路中的螺旋分级机，粗粒返入球磨机，溢流入砂泵池。由于三级跳汰精矿脱水不干净，磨矿浓度太稀，磨矿效率不高，棒磨后跳汰精矿和摇床精矿有时直接进入砂泵池，大量水进入螺旋分级机，溢流细度无法控制（一般为-200目40%，有时粗达2～3毫米），造成精矿砂泵管道和精矿浓密机经常堵塞、精矿恶性循环和流失。1981年12月至1982年3月，安装直径1200毫米螺旋分级机一台和2PS砂泵一台，跳汰和摇床精矿均经分级机脱水入漏斗，再进球磨机磨矿，分级溢流细度达-200目90%。

为使精矿浓密机溢流和过滤机冲槽水及时得到沉淀回收，消除精矿恶性循环和流失，1983年11月新建70立方米沉淀池两个，安装2PS砂泵和2PSC吊泵各一台，沉淀池沉砂扬送至精矿浓密机，溢流至浮选事故池再次沉淀，取得了明显效果。

为解决过滤能力不足、设备陈旧、效率不高等问题，1985—1986年，安装一台20平方米外滤式圆筒过滤机取代两台9平方米圆盘式过滤机，安装两台节能型650SSB水射流真空泵取代原水环式、往复式真空泵，更换后的精矿过滤系统能满足生产需要。

3. 粉精矿压团工艺改球团工艺

北选厂重浮选粉精矿脱水后，原设计工艺是经压团机压成团块，自然干燥后进入冶炼鼓风炉。压团工艺成团率低（50%以下）、返粉多，使团块品位下降，冶炼焦耗升高，生产能力降低，冶炼成本升高。北选厂提出对原压团工艺进行改造，并于1982年3月至1983年2月进行球团工艺可行性试验，提交了《硫氧混合锑精矿球团工艺可行性试验报告》。试验成果鉴定会认为，"试验报告可作为压团工艺改球团工艺的设计依据"。1983年11月，完成球团工艺方案设计，并报上级主管部门批准。该工程总投资108万元，于1986年4月动工，1987年5月竣工投产，成球率达85%以上。其制粒工艺原则生产流程：重浮选粉精矿→回转窑烘干→干精矿→（加石灰）配料皮带→鼠笼破碎机→（加水）圆盘制粒机→分级筛→团矿筛→隧道窑烘干→干粒子→粒矿仓储存待用。该工程投产后移交北炼厂管理。

4. 完善手选工艺流程

原设计手选矿石入选级别为 –150+28 毫米，范围宽没有进行分级选别，手选作业生产能力有限，尾矿品位高而回收率低。为此，1983 年春节期间，将原手选洗矿筛由 900 毫米 ×1800 毫米单层自定中心振动筛改为 1250 毫米 ×2500 毫米双层自定中心振动筛。1983 年 9—11 月，安装 5 号、6 号皮带，并将筛面由 45 毫米 ×400 毫米条格筛改为直径 60 毫米圆孔筛，使手选实现 –60+28 毫米、–150+60 毫米两个级别的分级选矿，改善了手选作业的技术指标，为提高处理能力创造了条件。

为进一步降低手选尾矿品位，1990 年 6 月至 1991 年 3 月，利用北矿原骨料充填破碎站皮带走廊，安装 B650 运输皮带和 B800 手选皮带各一台，并新建花砂漏斗一个，建成了手选尾矿的复选系统。1991 年 4 月投入生产，每年可回收金属 20 吨以上，提高选矿回收率约 0.5%。

1979 年 3 月，将手选块精矿（低品位精矿，其品位约 1% ~ 1.5%) 破碎至重浮作业处理。因重浮作业较手选作业成本高、回收率低，故于 1982 年 4 月将原细碎闭路筛（2 号）由单层改为双层，使块精矿经破碎、筛分后的第一层筛上矿石经新增 B500 皮带返回手选台再选。该措施实施后，可提高手选作业比和选矿回收率，按当年作业量计算一年可多回收金属 60 吨左右，但手选块精矿返回较之全部进入重浮的精矿品位有所下降。

5. 细碎老虎口替代圆锥破碎机

北选厂采用日本 4806 型液压圆锥破碎机作为细碎设备。经过 10 多年的磨损，圆锥破碎机的主要部件、电气线路均已老化，油耗和备件消耗逐年增高，检修周期缩短经常影响生产，圆锥破碎机更新改造势在必行。1992 年 3 月，北选厂组织人员，进行以 PEX150 × 750 细碎老虎口替代圆锥破碎机试验，试验证明替代圆锥破碎机可行。1992 年 10 月完成圆锥破碎机的拆除和 PEX150 × 750 细碎机、振动筛的安装。该技改方案的实施，一次性节约投资 20 多万元，并可减少油耗、备件消耗和维修工作量，年节约电耗 12 万千瓦时。

6. 提高主要设备运转率

1988 年 5 月，就北选厂日处理能力由 500 吨扩大至 600 吨和改善技术经济指标问题进行现场研究，决定采取下列措施减少中间环节的影响以提高主要设备运转率：（1）在 11 号皮带后加一段开路破碎，降低跳汰给矿粒度；（2）加两条短皮带，将 500 吨粉矿仓堆积的一半利用起来，增大手选和重浮之间的调节余地；（3）扩大棒磨和球磨之间的矿仓容量；（4）增设球磨机给矿皮带等。至 1989 年 7 月，完成后三条措施，使日处理能力基本上达到了 600 吨水平。

7. 完善摇床选矿工艺

北选厂原设计采用水力分级箱分级、给矿摇床选别。由于设备流程等方面的原因，分级箱基本上废弃不用，而采用长溜槽进行给矿没有进行分级，因此摇床给矿量、粒度均无法控制，使摇床作业回收率、精矿品位均较低。1987年3月，经研究决定，采用耗水小的云锡式水力分级箱对摇床给矿粒度分级。1988年8月完成浮选尾矿砂泵管道改装和20台分级箱安装，投产后基本上实现了分级给矿。此次改造尚未解决引起分级箱堵塞的脱粗脱渣问题。1991年5—9月，在手选浓密机、磨浮浓密机给矿、棒磨分级机、双螺旋分级机溢流处，安装固定直径5毫米圆孔筛进行脱粗脱渣，在双螺旋房安装筛孔为2毫米X100毫米条格筛、1250毫米 × 2500毫米自定中心振动筛各一台及4PS砂泵两台，对浮选尾矿（即摇床给矿）脱粗脱渣，并做好摇床给矿再摇方案施工准备。该措施实施后，原次生细泥流通渠道畅通，摇床给矿粒度得到控制，为摇床分级给矿工艺完善创造了条件。

8. 完善回水利用工程

北选厂自投产至1981年，基本上形成了内部回水利用网络。为继续降低新鲜水耗（资江水）和提高回水利用率，1983年4—8月建立北炼厂冲渣水回收系统，清理50吨水池一个，新建隔渣池两个，利用原有水泵及管道，投产后每年回收水量约6万吨。

完善宝大兴回水利用工程，解决北选厂较长时期内的用水问题。宝大兴水泵房距北选厂1公里，水源充足水质好。厂里原有一套回水系统，1982年下半年因输水管破损而一度停止供水。1986年7月，完成宝大兴第一期取水工程，即在宝大兴水泵房安装125型多级泵两台和125毫米管径的管道2000多米，使宝大兴的水扬送至北炼厂冲渣水回收水池，再经水泵扬送至800吨水池。1988年8—11月，宝大兴第二期取水工程又新安装125型多级泵两台和125毫米管径的管道2000多米，使宝大兴至文化宫回水系统，每天有两套125型多级泵（备用一套）扬送至800吨水池，保证了选厂生产用水。1989年9—10月，完成用铁管取代宝大兴回水系统已破损的尼龙管道工程。其后，由于长龙界、肖家湾河沟里的生活垃圾等在宝大兴回水池堆积无法打水，又几次搬迁水泵安放位置。1995年4—5月，在宝大兴井下新建500吨水池两个（一个沉淀池，一个回水池），该措施实施后满足了生产用水需要。

9. 外购矿砂处理系统建设

1994年年底以前，北选厂处理外购矿砂，均由人工挑入9号皮带，通过2号振动筛筛分后，分别进入手选和重浮选作业。为满足外购矿砂逐年增多的需求，1994年10—12月新建堆砂棚近500平方米，安装B500活动皮带一台，利用原有破碎块精矿的250×400老虎口和2号振动筛及150×750细碎老虎口，形成外购矿砂处理系统，可处理小于200毫米块花砂及粉矿，日处理量达50吨以上。

10. 建立中间精矿仓

因北炼厂鼓风炉处理能力不够及要停炉检修，致使北选厂的正常生产受到一定影响，在研究北选厂技术改造中提出增设过滤精矿中间矿仓的方案。1987年8月至1991年，在过滤机房旁建立360立方米矿仓，安装耙矿机、B500活动皮带和5吨抓斗各一台，并将21号过滤精矿运输皮带分设为斜皮带与平皮带，另还安装机械皮带秤一台。

11. 浮选机增容与粗跳抛废改造

为提高浮选回收率和精矿品位，1996年10月开始对浮选机进行增容改造，增加四台5A浮选机，将原来的一粗一精一扫改为一粗二精二扫浮选流程，同年12月25日完工投产。为实现早收早丢，减少磨浮量，提高浮选入选砂品位，1996年11月投资30万元，开始粗跳抛废改造工程，同年12月25日投产，每年增利90余万元。

（二）主要科研活动

1. 氧化锑矿浮选研究

该项目自1982年开始，1983年被冶金部列为重点科研项目，与中南工大协作攻关。历时6年，至1988年8月，由中南工大提出《锡矿山北选厂难选细粒氧化锑矿浮选研究报告》。该试验采用浓浆搅拌、低转速浮选的新工艺，获得具有突破性进展的试验指标。试验结果如下：原矿品位3.5%，氧化率55%，浮选硫化锑精矿品位55%，回收率46%；浮选氧化锑精矿品位17%～19%，回收率35%；综合精矿品位28%～30%，综合回收率80%～83%。

2. 氧化锑细泥离心选矿机与横流皮带溜槽选矿试验

1988年7月，由湖南有色金属研究所主持、北选厂参与，进行氧化锑细泥离心选矿机和横流皮带溜槽组合工艺流程的分选试验，在原矿品位2.0%、锑氧化率76.32%的条件下获得了氧化锑精矿品位20.84%、氧化锑回收率40.13%的指标。

3. 硫氮9号与页岩油代用试验

1982年11月26日至12月24日，在重浮工段磨浮班进行新药剂代用工业生产试验。使用硫氮9号、页岩油替代黄药作比较，在原矿品位接近时选矿回收率与尾矿品位基本一致而精矿品位稍低。试验证明，新药剂可代替传统药剂，且可降低药剂成本25%，降低硝酸铅用量有利于降低粉精矿铅锑比。

4. 硫氧混合锑精矿球团工艺可行性试验

1982年3月至1983年2月，北选厂组织试验小组对重浮选粉精矿进行制粒工业试验，在磨矿细度-200目75%以上的情况下，粒子成球率可达85%以上，粒子强度和粒度均可达生产要求。通过鉴定，该试验报告作为压团工艺改造设计依据。

5. 旋转塔型溜槽回收尾矿中氧化锑半工业试验

1984 年 5 月 13 日至 6 月 12 日，与中南工大在北选厂进行直径 600 毫米旋转塔型螺旋溜槽对浮选尾矿、摇床尾矿的分选试验。浮选尾矿脱泥后（1.26%)，经旋转塔型溜槽一次分选所得精矿再入摇床精选，可获精矿产率 0.53%、品位 52.9%、回收率 19.57% 的指标。摇床尾矿脱泥后（0.59%)，经旋转塔型溜槽一次分选所得精矿再入摇床精选，可获精矿产率 0.63%、品位 20.5%、回收率 19.09% 的指标。

第五节　湘西金矿选矿

一　机选一厂

1957 年国务院、冶金工业部关于增加黄金生产指示下达后，湘西金矿在机选厂增加溜金床和增多溜金床洗布次数。对浮选机内的沉积砂实行溜金，同时溜金床面采用格子板形式，溜得金砂进行混汞、蒸馏得海绵金。在手选安装摇床收金。同年 6 月改进流程，将 2 级台洗改为 3 级台洗。增加摇床 1 台，摇床尾砂增设脱水筛。

1958 年 6 月，再次进行流程改进，增装矿砂摇床 1 台。浮选尾砂增装矿泥摇床 4 台，溜金床 2 台，直径 3 米浓密机 1 台，新修厂房 108 平方米。同时，在杜家冲尾砂坝新建溜金间 1 栋，面积 240 平方米，安装铺布溜金床 10 台，以回收尾砂中的黄金。

1959 年 10 月至 1960 年 6 月，矿山自行设计施工，修建厂房 1 座，面积 180 平方米。安装 Φ2.1 米 ×2.1 米调浆桶 1 台，法连瓦尔德 18 浮选机 12 槽。公称能力为 100 吨 / 日，实际稳定在 80 ~ 90 吨 / 日之间，以增产锑金精矿。

1964 年又进行流程改革，安装 240×400 毫米老虎口 1 台、

Φ680×350 毫米对辊机 1 台、600×1200 毫米平摇筛 1 台、皮带运输机 2 台。于年底建成投产。

1965 年对重选产品毛精矿加工流程再次改进，以使摇床选矿连续机械作业。安装米哈诺布尔 A 浮选机 8 槽、溜金床 1 台、6–S 型摇床 1 台，与主流程构成连续闭路作业。

1969 年冬，因机选二厂碎矿能力不够，采取选矿破碎设备集中的办法，将机选一厂破碎设备全部迁移至钨粗选厂。

1975 年 5—6 月，恢复安装机选一厂的破碎设备，以处理地面堆积的黄末砂。

从 1954 年建厂到 1980 年的 26 年间，一厂进行两次重选毛精矿加工流程改进和一次碎矿流程改进。厂房总建筑面积 952 平方米。安装设备 61 台。处理能力由 50 吨 / 日提高到 100 吨 / 日。历年年平均工作日在 300 天以上，是一座运转正常的选厂。

二 机选二厂

1959 年 10—11 月，为扩大黄金生产，在机一厂西面新建二厂（又称黄金厂），厂房面积达 1200 平方米。以收金为主。按单一重选流程安装直径 900×1500 毫米棒磨机 1 台、直径 900×1200 毫米球磨机 1 台、320×450 毫米双斗跳汰机 2 台、H 型摇床 8 台。于 1960 年建成投产，达到处理能力 50 吨 / 日，选金回收率 25%。

1962 年进行技术改造，按重选加浮选流程，增加磨浮系统。安装直径 900×2400 毫米球磨机 1 台、直径 1.5×1.5 米格子型球磨机 1 台、直径 900 毫米螺旋分级机 2 台、米哈诺布尔 3A 浮选机 20 槽。按 100 吨 / 日能力设计，实际达 75 吨 / 日。选金回收率 45%。同年，在上部增加破碎流程，增装 240×380 毫米老虎口 1 台和 250×400 毫米老虎口 1 台、直径 680×350 毫米对辊机 1 台、600×1200 毫米摇动筛 1 台、皮带运输机 1 条。

修建厂房 1 座，面积 195 平方米。

1964 年又在下部增修浮选厂房 1 栋，面积 172 平方米。安装法连瓦尔德浮选机 10 槽。在浮锑金后进行白钨浮选，处理能力稳定在 80 ～ 90 吨 / 日之间。

1970 年扩建，由 90 吨 / 日增加到 300 吨 / 日。由矿山设计施工，安装直径 1.5×3 米棒磨机 1 台、直径 1.5×1.5 米格子型球磨机 1 台、革新组装直径 900 毫米双螺旋分级机 2 台、自制 6–S 型双层摇床 5 台、自制法连瓦尔德浮选机 10 槽、装配直径 1.8×6.5 米天方地圆浮选柱 4 个、米哈诺布尔 5 A 浮选机 4 槽。年底建成投产，处理能力达 300 吨 / 日以上。

1973 年，选金回收率 82.65%，选锑回收率 96.61%，选钨回收率 85.4%。锑金浮选、白钨浮选首次应用浮选柱选别。据同一测定：浮选柱选锑金回收率，锑达 64.68%、金达 73.65%。

1977 年第三次扩建。增装直径 1.5×3 米格子型球磨机 1 台、直径 1.5 米双螺旋机 1 台、6–S 型双层摇床 2 台、6–S 型单层摇床 1 台。新建球磨机厂房 332 平方米。总投资 15.8 万元。处理能力达到 400 ～ 420 吨 / 日。

1955 至 1980 年，先后扩建 3 次，厂房总建筑面积 1816 平方米，安装设备 58 台。处理能力由建厂投产时的 50 吨 / 日提高到 420 吨 / 日。

三 手选厂

（一）锑手选厂

1952 年建于伍家堡，面积 119 平方米。处理井下出窿锑原矿石。1954 年扩建。1955 年 9 月，在手选棚内增装 240×180 毫米老虎口 1 台，把大块花砂破碎后再拣选。

1957 年增装平摇筛、木质跳汰机。手选粒级降到 25 毫米。

1958 年又增装皮带运输机 1 台。手选台按大于 50 毫米窿拣，

50~20 毫米、20~13 毫米在手选台手拣。小于 13 毫米末砂用跳汰选收。

1964 年，因井下不再单独出锑原矿，锑手选厂即停开，厂房设备移作他用。

（二）钨手选厂

1957 年 1 月建于机选一厂东北面，建筑面积 500 平方米。内装 240×400 毫米老虎口 1 台、直径 610×305 毫米对辊机 1 台、皮带运输机 1 台、手选台 5 个。同年 7 月 25 日竣工投产。处理井下出窿钨原矿石。按大于 40 毫米、40 至 20 至 13 毫米三级手选，分别选出上钨、钨砂、锑砂与围岩。

1961 年流程改进，增设手拣台 12 个、240×400 毫米老虎口 1 台。以加强一次破碎，后用平摇筛分级拣选。

1964 年，根据矿山工作计划和冶金部对黄金生产的要求，对机选一、二厂有 200 吨 / 日的手选合格矿石的处理而进行扩建改造。由长沙有色冶金设计院帮助设计，厂房扩建到 630 平方米。添置皮带运输机 3 条，900 ~ 1800 毫米振动筛 1 台、直径 3.6 米中心传动浓密机 1 台、直径 750 毫米单螺旋分级机 1 台、直径 1.0×1.0 米调浆桶 2 台、米哈诺布尔 1A 浮选机 14 槽。按洗矿、分级手选、矿泥单独浮选回收的办法，设计处理能力 300 吨 / 日，废石选出率 15%，粗选钨回收率 95.8%，锑回收率 99.31%，金回收率 87.94%。投产后，处理能力实际在 300 吨 / 日以上，选钨回收率达 95.44%，选锑回收率 96.52%，选金回收率 88.69%。

1969 年，为提高黄金回收率，缩小手选围岩种类，而选出率（2% ~ 3%）太低，矿山决定取消手选作业。将机选一、二两厂上面的各自 100 吨 / 日破碎流程进行彻底更变，其设备集中迁装厂内，作为新的破碎车间。由此而组合成 400 吨 / 日破碎能力，按三段开路，即虎口（250×400 毫米）1 台→虎口

（240×400毫米、240×380毫米、180×250毫米）3台→对辊（直径680×350毫米）2台，进行破碎。总破碎比10（原矿粒度300毫米，产品粒度30毫米）。1970年建成投产。但二段虎口破碎分矿不匀，有堵塞现象，看管复杂。

1971年将人工进矿改为皮带机进矿，第一段破碎机改用400×600毫米虎口，取得处理能力的平衡。

1975年，机选一厂改为处理地面黄末砂，将车间240×400毫米虎口1台、直径680×250毫米对辊机1台拆迁到一厂。车间处理能力保持在300吨/日。

1977年机选二厂处理能力由300吨/日扩建提高到400吨/日，至1979年车间再补装240 ×400毫米虎口1台、直径600×350毫米对辊机1台，从而恢复到400吨/日能力。

四 浮选白钨粗精矿砂精选加工厂

1963年6月，低度白钨粗精矿精选和加工投产。嗣后在小型试验和工业性试验的基础上，在机选一厂北面、厂房下部，新建日产4吨白钨精矿的浓浆加温、水玻璃解析、精选和盐酸浸出脱硫联合作业系统、半机械化白钨精选厂1座，面积250.7平方米。安装粗、精矿过滤池3座、解析用调浆桶3台、精选用法连瓦尔德18号浮选机4槽、白钨精矿过滤池1座、搅拌捅1个、废酸溢沉淀池2座。采用断续解析、单槽浮选、单槽酸浸的间断作业，中矿单独处理。投产后，白钨精矿中三氧化钨含量由原来的45%提高到65%以上，精选加工回收率达90%以上，选钨总回收率提高1.5% ~ 2%。

1972年底着手改建，以适应粗精矿加工能力。新装直径3.6米浓密机2台、增装法连瓦尔德18浮选机4槽、调浆桶2台。并实行连续解析→连续浮选→间断酸浸、中矿送回解析作业闭路循环。投产后情况良好，但解析条件较难控制，水玻璃用量偏大。

1978 年又将连续解析改为闭路解析。增装直径 1.5×1.5 米调浆桶 1 台，沿用连续浮选、间断酸浸作业。精选加工回收率提高 4% ~ 5%（绝对值），质量稳定，水玻璃消耗降低，解析条件易于控制。

五 锑金精矿过滤干燥车间

1965 年 8—12 月，结合生产实际，新建处理能力 7000 吨 / 年锑金精矿浓液过滤干燥加工车间，面积 216 平方米。安装直径 9 米中心传动浓密机 1 台，TZG 筒形五平方米真空过滤机 1 台、PMK-3 水环式真空泵 3 台、皮带运输机 1 台、焙烧灶 1 座。耗资 7.3 万元。1966 年投产后，解决了锑金精矿原来用沉淀池脱水浪费大的问题。

1978 年，利用废旧球磨机机筒自制土回转窑 1 台，代替人力干燥减轻了劳动强度。1980 年，新建 500 吨 / 日机选厂，又增装直径 9 米浓密机 1 台、TZG 筒形五平方米真空过滤机 1 台、PMK-3 水环式真空泵 2 台。设计精矿加工能力 9450 吨 / 年，比初建能力提高 35%。

六 500 吨 / 日新机选厂

根据湖南省委 1975 年 8 月 20—22 日关于发展黄金生产座谈会的精神与要求，矿山于 10 月提出扩大黄金生产的初步设计书，报冶金部、省冶金工业局审批。冶金部、国家计划委员会、财政部《关于下达 1976 年黄金生产建设计划的通知》，同意矿山扩建。

1976 年 4 月，再次编制扩大建设设计书上报。省冶金工业局受冶金部委托，于 4 月 16 日至 20 日对扩大建设进行会审后，省冶金工业局批复同意新建500吨/日机选厂1座。

厂房选建于田香湾山坡上，建筑面积6853平方米。安装大小设备189台计507吨。全部投资394万元。于1979年10月完成设备安装，11月开始定载和联动运转调试，效能良好。

扩建工程始终由矿山设计施工。采用两段一闭路的碎矿流程：第一段用600×900毫米老虎口1台，第二段用直径1750毫米中型圆磨机1台、SZZ-2双层振动筛2台、皮带运输机2条与圆磨机组成闭路。原矿粒度400毫米，产品粒度25毫米，总破碎比16，碎矿流程因考虑配合老选厂的碎矿流程，故设计按900吨/日能力选用设备。磨矿流程两段闭路进行，选用重浮联合流程、分段选别。最后浮锑金获锑金精矿和重选产锑金精矿合并浓缩过滤干燥后送冶炼厂。

第六节　瑶岗仙钨矿选矿

一 简　介

1979—1983年，瑶岗仙钨矿根据地质资源情况对井下开拓系统进行调整改造。同时对选矿厂粗选工段进行扩建改造，将原宝塔溪破碎工段和蛤蟆石破碎工段搬至19中段窿口新建的粗选厂，于1983年1月投产。原宝塔溪和蛤蟆石破碎工段厂房均用于回收残矿砂。

2000年年末，选矿厂共有6个工段，即粗选工段、重选工段、精选工段、尾砂工段、综合回收工段、修配工段。20年中完成选矿科技项目30多项。经过对选矿厂生产设备和工艺流程进行多次革新、挖潜和技术改造，已发展形成有处理出窿矿石2000吨/日（实际生产能力1300吨/日）的粗选厂，处理合格矿石600吨/日的重选厂，24吨/日的精选厂和20吨/日的综合回收厂。

选矿厂主要产品有黑钨精矿、锡精矿、铜银混合精矿和砷精矿。1981—2000 年，平均年产黑钨精矿 1051.66 吨（品位 65%WO_3），锡精矿金属量 68.68 吨，铜精矿金属量 46.22 吨，银金属量 474.5 公斤，砷精矿 2517 吨。

选矿运输：选矿厂原矿用电机车从井下溜矿天井处运至粗选工段粗矿仓，手选废石用索道运至附近山谷堆积。合格矿石用索道运至重选工段细矿仓，重选尾矿经地溜槽自流至尾砂坝堆积。重选毛精砂用斜坡卷扬运至精选工段矿仓，精选硫化矿经砂泵扬至综合回收工段处理。

选矿供水：选矿供水分两段。粗选厂以 19 中段汇流井下水为主，丰水季节利用部分山溪水引入蓄水池，枯水季节利用直径 12 米浓缩机的溢流水。重选厂、精选厂和综合回收厂以回水为主，其回水主要由直径 24 米浓缩机处理的溢流水、老尾矿坝回水、水洞尾矿坝回水组成。选矿厂生产的回水利用率达 88%。

选矿供电：由瑶岗仙 110 千伏变电站供给。

二 选矿工艺

（一）粗选

粗选工艺流程为两段开路碎矿、两级手选、螺旋脱泥、原生细泥处理等。经手选抛弃原矿量 50% 左右的围岩（即废石），合格矿石富矿比达 2 以上。经过粗碎、中碎，矿石粒度一般均小于 50 毫米，细泥采用刻槽摇床一粗一扫选别流程，合格矿石用索道运至重选工段。

1979—1982 年完成了激光光电选矿机的研制。1982 年 9 月 24 日，湖南省冶金工业局主持的全国 6 省激光技术鉴定会在瑶矿召开，会议鉴定：瑶矿研制的 YC-40 型激光光电分选机，是国内首次应用于钨矿生产的一种预选新设备，结构紧凑，制造成本较低，具有国内先进水平，可在生产中推广应用。

（二）重选

重选工段是选矿流程中的主体。入选矿石粒度为10~0毫米，主要设备为跳汰机与摇床。生产工艺包括圆锥闭路碎矿、两段一闭路磨矿和三个选别循环。

闭路碎矿合格矿石经洗矿分级筛分。大于10毫米粒级进圆锥破碎机细碎后返至筛分构成闭路碎矿，小于10毫米粒级经螺旋分级机脱泥进入细矿仓。

两段一闭路磨矿根据黑钨粗粒嵌布的特点，入选矿石经双层振动筛分为10 ~ 6毫米、6 ~ 2毫米、2 ~ 0毫米三个级别，分别进入跳汰机处理。其粗粒、中粒跳汰尾矿经螺旋脱水后进入两段磨矿。每段棒磨机后配一台跳汰机，形成后两级跳汰。第二段磨矿与单层振动筛构成闭路磨矿。细粒级跳汰尾矿进水力分级机，分成四种粒级分别进入矿砂摇床分选。摇床选别为一粗一扫两段作业。扫选摇床中矿返回双层振动筛。经磨矿、跳汰、筛分小于2毫米粒级矿石进水力分级机分成四级，其中2 ~ 0.5毫米粒级单独进摇床选别，其他三级矿石均与原矿中同级别粒级矿石混合进摇床选别，形成贫富兼选。

次生细泥集中处理。以刻槽摇床为选别设备，采用一粗一扫选别流程。

三个选别循环：

1. 粗粒级矿石的选别循环。主要有筛分、跳汰、磨矿、磨矿后跳汰再选。

2. 细粒级矿石的选别循环。主要有水力分级机、摇床、摇床中矿扫选。

3. 矿泥的选别循环。主要有浓缩、刻槽摇床、摇床中矿扫选。

重选工段工艺流程采用五级跳汰、五级摇床、泥砂分选、贫富兼选、摇床中矿再选等工艺。特别是 1991 年瑶矿成功开发研制了 DT4560 型跳汰机，并投入选矿生产流程运行，重选跳汰作业回收率由 68.64% 提高到 79.12%，年创效益 52.5 万元。

（三）精选

精选工段采用浮、重、磁、电和焙烧的联合工艺。分为粗精矿、钨细泥和锡砂3个处理系统。主要作业有抬浮、浮选脱除硫化矿；磁选分离黑钨与锡石白钨；摇床排出脉石；电选和浮选进行锡石与白钨的分离；焙烧脱除残余的硫、砷、锡。磁选一级品和焙烧后的精矿经配比掺和即为商品钨精矿；电选生产粗粒锡精矿、浮选生产细粒锡精矿分别掺和后得商品锡精矿。

精选工段硫化矿进入综合回收厂处理。

1985 年引进直径 600 毫米平环精选工段湿式强磁选机用于钨细泥的精选生产流程，对提高产品质量，选矿实收率起到了重要作用，精选工段回收率稳定在 96%，钨精矿一级品率连续 34 年保持 100%。

（四）综合回收

1966 年设计为脱药—磨矿—浮选—重选的生产工艺。1984 年综合回收工艺改为两段磨矿、铜铅混选，摇床分离铜和铅，再经浮选得出铜精矿。铅精矿因含砷较高未成为产品销售。铜精矿品位 18% ~ 19%，含砷 4% ~ 5%，选矿回收率铜 48%、银 45%。1988 年进行技术改造，用硫化钠脱药，两段闭路磨矿，浮选作业采用一粗一扫和三次精选，更新了设备，于 1989 年 3 月竣工。经调整、改进和完善，生产指标稳定，铜精矿品位 17% ~ 27.6%，含砷小于 2%，选矿回收率铜 78.42%、银 66.95%。

1957—2000 年矿山累计回收锡金属量 2437 吨，铜金属量 1030 吨，银金属量 10600 公斤，压电水晶 213 公斤，熔炼水晶 4668 公斤，铅金属量 8.82 吨，砷精矿 78700 吨。

第七节 桃林铅锌矿选矿

一 铅锌优先浮选流程

桃林铅锌矿选矿厂于1958年建成投产，原设计铅锌均为一次粗选、两次精选流程。建矿初期，采场以小露天出矿为主，矿石氧化程度高，并夹带大量原生矿泥，矿石可选性差，铅锌精矿质量达不到产品标准，回收率徘徊在65%～85%之间。于是1960—1962年逐步将铅锌浮选流程改为一次粗选，两次扫选，二次精选，缩短粗选时间，加强扫选，采用重抑重拉的操作制度；锌浮选改为一次粗选，一次扫选，二次精选，取消原粗选泡沫入精选的砂泵。改进后的流程操作比较方便，产品质量和回收率有较大的提高。为了降低铅精矿含锌，以提高铅精矿质量和锌的回收率，1962年改亚硫酸钠代氰化钠作为锌的抑制剂。

1965年初，小露天采矿结束，转为坑内出矿，原矿性质较好（即没有氧化矿），选矿指标有所改善，但还不够理想，经流程查定，扫选的泡沫品位只有1%左右，占回收率不到1%。因此调整流程，去掉扫选，加强粗选，增加精选，将铅浮选流程改为一次粗选，一次扫选，二次精选，延长粗选时间，采用轻抑轻拉的操作制度，锌浮选增加一次精选，为一粗、一扫、三精，此流程使铅、锌产品质量和回收率都超过了设计水平，药剂消耗较改进前降低了30%。

20世纪70年代，原矿品位逐年下降，原矿中含铅由1%左右下降到0.6%～0.7%，含锌由2%左右下降到0.9%～1.1%，而原矿中含铜却仍保持在0.085%～0.12%，从而改变了原矿中铜、铅、锌原有比例。由于原矿品位逐渐下降，铅、锌粗选时间显得过长，故将铅扫选浮选机减少 4 槽；锌浮选去掉扫选，加强粗选，减少浮选机 8 槽，一个系统共计减少浮选机 12 槽。由于原矿品位变化，氰化法铅、锌优先浮选流程不能适应变化了的矿石特性，致使约 40% 的铜富集在锌精矿中，造成锌精矿产品降级，甚至出废品。通过选矿试验室的试验摸索，提出了铜铅部分混合浮选流程方案，增加铜铅分离流程。该流程于 1978 年 11 月 1 日投入生产，保证了锌精矿质量，铜、铅精矿也都达到一级品。

1979 年，由于入选的外购铅锌原矿石逐年增加，矿石性质复杂，为适应外购矿石的选别，第二系统铜铅混选增加为二次扫选，第一、三系统铜铅混选仍为一次扫选。

二 铜铅部分混合浮选流程

1978 年 2 月 16 日开始，选厂试验室进行了低品位原矿的浮选流程探索试验工作，同年 7 月提出“铜、铅、锌综合回收小型试验报告”，随后提出设计方案，经省冶金局同意批准，着手自建铜、铅分离工程。管路和机械安装工程由磨浮工段负责施工，土建工程于同年 9 月竣工，机械安装工程于 10 月竣工。11 月 1 日铜铅部分混合浮选药剂制度进行了改变，即原氰化物与硫酸锌抑锌，改为硫酸锌配合硫代硫酸钠加以微量的氰化钠抑锌，让铜矿物最大限度地富集在铅精矿中，成为铜、铅混合精矿泡沫，送入铜铅分离浮选区，以重铬酸钠法抑铅浮铜，得出铜、铅精矿产品。

铜铅分离浮选，两次搅拌。第一次搅拌内添加活性炭对铜、铅混合精矿表面脱药，第二次搅拌内添加重铬酸钠，附着铅矿的表面，得以抑制。12 槽 3 A 浮选机，一次粗选 4 槽，一次扫选 4 槽，两次精选各 2 槽。

1979 年年底，第二系统铜铅混合浮选，增加 8 槽浮选机，由一粗一扫改为一粗二扫二精共 28 槽 6A 浮选机。

三 萤石浮选流程

1959 年 12 月第一系统投产，原设计的萤石流程为 54 槽 6A 浮选机，三次搅拌，一次粗选，六次精选。第一次精选，精尾用砂泵打入水力旋流器，溢流进入总尾矿，沉砂进萤石第一搅拌桶。第二次精选 4 槽，第三、四、五、六次精选各 2 槽。由于旋流器工作不稳定，粗选波动大，故指标不稳。

1960 年 6 月，第二浮选系统竣工投产，萤石流程为 54 槽 6 A 浮选机三次搅拌，一次粗选，二次扫选，二次控制浮选，五次精选。

1962 年处理浙江省金华高品位萤石，将二系统萤石改为贫富分选流程。54 槽浮选机不变，将两次扫选改为三次扫选，五次精选改为六次精选。同年 2 月底，对第一萤石系统设计流程进行了改进，取消了中矿返回和水力旋流器，减少了一次搅拌，增加了一次扫选和一次控选，改六次精选为七次精选。

1964—1966 年，第一萤石系统粗选作业区减掉 6 槽浮选机，其流程不变。

1964 年年底，对第二萤石系统进行改进，去掉 24 槽 6A 浮选机，由原来粗选、扫选与精选分别配置在两个小跨间，改为集中在一个跨间，方便了操作，节约了劳动力，并取消扫选和控制浮选，其流程为 30 槽 6A 浮选机。两次搅拌，一次粗选 10 槽，泡沫入第一次精选，最终尾砂进砂泵扬送至尾砂坝。六次精选（第一次精选 6 槽，第二次 4 槽，第三、四次为 3 槽，第五、六次各 2 槽）。

1960 年年初，第一萤石系统减掉控制浮选作业。其流程为 34 槽 6A 浮选机。两次搅拌，一次粗选 6 槽，一次扫选 6 槽。泡沫入粗选，最终尾砂进入砂泵扬送到尾砂坝。七次精选 22 槽。

1966年冬，第一、二萤石系统两次搅拌改为一次搅拌。第二萤石系统粗选10槽减为8槽，其流程不变。

1975年年初大修，利用1970年铅、锌浮选机流程改革节省下来的浮选机调整了第三铅、锌系统，用原第三锌系统浮选机24槽加6槽共30槽6A浮选机自建了第三萤石系统，一次搅拌，一次粗选8槽，七次精选22槽，此流程沿用至1980年。

从此，三个一段闭路磨矿机组，与三个铅锌浮选系统，三个萤石浮选系统全部配套。

1978年，萤石三个系统全部取消扫选，为一粗七精（其中二系统不便配置，为一粗六精）流程，共计浮选机88槽，较原来两个系统共计浮选机108槽，减少了20槽，降低了动力消耗。

第三章 冶 炼

有色金属冶炼是有色金属工业生产中的主体环节。尽管有色金属冶炼在湖南已经有悠久的历史，但是中华人民共和国成立前还非常落后。在改革开放以前，经过近30年的建设，有色金属冶炼有了很大发展，然而其规模还是较小，特别是技术和装备水平不高，与国际同期先进水平相比差距很大。改革开放以后，国家大力支持有色金属工业的发展，一方面企业认真开展自主科技攻关和开发，另一方面又积极引进国外先进技术和装备，同时注重消化吸收和创新。1978—2002年，湖南有色金属冶炼不仅在产量上位居全国前列，而且在技术和装备上达到国内先进水平，有的达到同期国际先进水平。

有色金属的冶炼方法较多，概括起来有火法和湿法两大类。火法冶金是生产有色金属的主要方法。矿产铅约75%是采用烧结焙烧—鼓风炉熔炼流程生产的，约10%是用铅锌密闭鼓风炉生产的，约15%是用直接熔炼法生产的。锑的冶金生产方法也分为火法炼锑和湿法炼锑两大类，火法炼锑主要是挥发焙烧（挥发熔炼）—还原熔炼法；湿法炼锑主要分为碱性浸出炼锑和酸性浸出两种。锡的冶炼大多采用“锡精矿还原熔炼—粗锡火法精炼—焊锡电解或真空蒸馏—锡烟化炉处理”的工艺流程。稀土金属生产：一是用火法生产稀土硅铁合金及硫酸焙烧法处理稀土精矿，二是酸法处理稀土精矿、氯化法处理混合型稀土精矿及电解法生产稀土金属。钨冶炼包括苏打烧结工艺和蒸汽压煮工艺等。

至2002年年底，湖南有色金属主要冶炼企业有株洲冶炼厂、株洲硬质合金厂、水口山矿务局、锡矿山矿务局、湘乡铝厂、柿竹园有色金属矿、平江黄金洞金矿、湘西金矿、长沙锌厂、桃江稀土金属冶炼厂、长沙特种硬质合金工业公司、香花岭锡矿冶炼厂、湖南三立集团股份有限公司、郴州冶炼厂、湖南创元铝业、泸溪县铝厂、湖南莱孚铝业公司、双排铝厂、湖南辰州矿业股份有限公司、湖南华昌锑业股份有限公司、湖南桃江久通集团板溪矿、益阳鸿源稀土公司、衡东县有色选冶厂、郴州怡丰锡业公司、常宁市长城冶炼厂、临武县汾市冶炼厂、浏阳锌厂、保靖县毛沟有色金属冶炼厂、吉首市冶化总厂、永兴县太和电解铝厂、江永县银铅锌矿、长沙县有色金属精炼厂、湖南宇腾有色金属股份有限公司、溆浦县有色金属冶炼厂、新邵冶炼厂、湖南富虹锌业公司等年销售收入500万元以上的国有和非国有冶炼企业87家。

第一节　株洲冶炼厂主要产品的生产

株洲冶炼厂（以下简称株冶）以生产锌、铅及其合金产品为主，并综合回收铜、金、银、铋、镉、铟等多种稀贵金属和硫酸等产品，2002年铅锌的年生产能力42万吨，其中锌32万吨，在中国排名第一；铅10万吨，在中国居第三位。此外，株冶还拥有25万吨/年的硫酸生产能力。

株冶严格按照现代企业制度规范运作，已通过ISO 9001国际质量体系，ISO 14001国际环境体系和OHSMS 18001职业健康安全体系认证，是中国铅锌行业首家通过三大管理体系认证的企业。“火炬牌”锌锭、铅锭、银锭先后在伦敦金属交易所成功注册，为中国唯一铅、锌、银均获国际认证的企业。锌锭、铅锭、银锭、热镀锌合金还获国家金质奖。

一 主要产品的生产工艺

（一）铅生产

铅冶炼分为粗炼和精炼两个步骤。

粗炼过程包括烧结机焙烧，使硫化铅精矿氧化脱硫；鼓风炉还原熔炼，并实现渣铅分离，产出精铅。粗铅一般含铅95% ~ 98%。

精炼过程分为火法精炼和电解精炼两个部分。火法精炼包括：利用铜在铅液中的溶解度随着温度降低而下降，以及铜能与砷、锑生成难溶于铅的砷、锑化合物这两个原理进行熔析除铜。如果原料含铜过高，或砷、锑过低时，则继续进行加硫除铜的操作，以保证把含铜量隆到0.04% ~ 0.05%。如果粗铅含锡超过0.25%，那么就把氧化铅加到铅液中，利用锡对氧的亲和力大于铅对氧的亲和力这一特点，把铅液中的锡氧化成易于除去的浮渣，从而把锡控制在0.25%以下。

经过火法精炼后的粗铅被铸成阳极，送到电解车间进行电解精炼，进一步提高铅的纯度，同时使贵金属和其他有价金属留在阳极泥中，以便对它们进行综合回收。

（二）锌生产

锌生产采用传统的沸腾焙烧—浸出和净液—电积工艺。

焙烧是在数台沸腾炉中进行的。锌精矿在炉内被自下而上鼓入的空气吹动，相互分离，呈悬浮状态，与空气充分接触，从而尽可能地将锌精矿中的硫化物氧化为氧化物，同时生成烧料硫酸盐，并尽量减少铁酸锌、硅酸铅的生成，以便满足浸出对焙砂的成分和粒度要求，补偿系统中一部分硫酸的损失，同时获得可用于制酸的二氧化硫浓度较高的烟气。

浸出分成中性浸出和酸性浸出，完成焙砂锌溶解的除杂质的双重任务。在中性浸出过程中，焙砂中的锌、铁等成分溶入酸性溶液，并且随着酸度逐渐减弱，铁、砷、锑等杂质发生水解沉淀。酸性浸出则是在允许的条件下，最大限度地使中性浸出渣中的锌化合物继续溶解，同时控制杂质进入溶液。

浸出液含有铜、镉、钴、砷等多种杂质，既会影响锌电积的正常进行，也会影响产品的纯度，因此需要进行净化。由于株冶的锌系统被分成新老两个部分，净液工艺有些不同。老系统采用两段净液，一次净化加锌粉除铜镉，二次净化用黄药除钴；而新系统采用三段净液，一次净化加锌粉除铜镉，二次净化则在较高的温度下，加入锑盐，用锌粉置换钴，三次净化加入锌粉，以保证溶液中的镉不超标。

经过净化的溶液被称为新液，与电解废液混合到一起后进行电解，产出析出锌。

（三）综合回收产品的生产

1. 金银：原料为铅厂的阳极泥。经过还原熔炼和氧化精炼后，产出金银合金阳极。通过电解，首先产出银粉，然后用硝酸分解阳极泥，产出粗金粉，铸成阳极电解，产出黄金。

2. 铋：原料为银吹炼转化渣。通过转炉熔炼产出粗铋，重熔后通空气除砷碲，通氯气除铅，加锌除银，通氯气除锌，最后经过高温精炼、铸型，产出铋锭、铋针、铋粒。

3. 铟：原料为锌厂产出的铟锗富集渣。通过浸出、萃取获得富有机相。反萃后用锌粉置换获得海绵铟。压团铸成粗铟阳极，电解后除去镉和铊并铸成铟锭。

二 企业技术进步情况

1996 年，株冶完成了 10 万吨新增能力的改造，使锌生产能力从 15 万吨 / 年一跃为 25 万吨 / 年。在以后的几年中，通过继续改造和扩建，不断提高锌的生产能力，直到 32 万吨 / 年。

2000 年，从瑞典引进波利顿烟气脱汞技术，投产运行后，大幅度提高了硫酸的生产质量。

2000 年，从丹麦引进托普索 WSA 低浓度二氧化硫制酸技术和装备。该工艺于 2002 年投入运行，从而结束了株冶铅烟气不能制酸的历史。

1996—2002 年，株冶承担了 3 项省部级以上重大科技项目，企业自主开发科技项目达到 200 项左右。

2002 年，株冶进一步加强“三废”的治理工作，从奥托昆普公司引进第二套波利顿烟气脱汞设施。

第二节　株洲硬质合金厂冶炼工艺

一　钨冶炼

株洲硬质合金厂（以下简称株硬）采用先进的碱压煮工艺，针对钨资源由黑钨精矿为主逐步向白钨精矿的低品位矿为主的转化趋势，将株硬发明专利技术——“一种白钨矿和黑钨矿碱分解的联合分解工艺”应用到生产中，实现了同一生产线上同时使用黑钨精矿、白钨精矿以及混合矿。采用的白钨精矿的氟化盐分解新工艺，具有试剂用量低，浸出液杂质含量低，以及易于工业应用等优点，能适应白钨精矿的质量越来越差的状况。这两种钨矿物分解的新工艺是中国钨冶炼领域在钨矿分解方面的新进展，已投入大规模的工业应用中；与中南工业大学联合研究，解决了钨冶炼深度除锡难的问题，填补了钨酸钠溶液中除锡技术的空白；以“发展循环经济”和“清洁生产”的理念为指导，将白钨精矿、黑钨精矿、混合矿和各种含钨废料联合分解，实现了各种分解方法的优势互补，最大限度地利用钨资源。该项技术实施后，取得了良好的技术经济效益，废钨渣中的三氧化钨（WO_3）含量由 2.5% 的平均值下降到低于 1.5%；自主开发的三硫化钼沉淀法除钼的优化工艺，大大提高了除钼效率，能够应用于高钼（钼＜1%）钨矿物的处理。1998 年由株硬和中南工业大学联合攻关，开发出用仲钨酸铵煅烧成紫色氧化钨粉，再用紫色氧化钨经过经典的还原碳化法生产优质超细钨粉的碳化钨粉的技术，成为国内首创。

二　钼冶炼

随着中国钼工业的发展，各大钼矿企业向后延伸，生产的钼酸铵均已达到制粉的要求，株硬的钼冶炼加工仅对特殊用途的原料进行净化和掺杂处理，按照少而精的思路发展，淘汰浸取等钼湿法冶炼生产线，改进经典的钼酸铵煅烧制取氧化钼，再经过四管还原炉和十四管电炉还原成钼粉的工艺与装备，改造了氢气净化系统，保证了产品质量的稳定性。

三　钽铌冶炼

原料钽矿铌矿经球磨，酸分解，调酸，萃取，反钽反铌得到纯钽纯铌溶液，再经过鼓氨中和，调洗，真空抽滤，烘干，煅烧，得到氧化物。1998 年，研制成功了多模拉伸工艺生产电容器钽丝的新工艺，用该工艺生产的电容器钽丝达到了国际先进水平。2001 年，确定了钽铌技改一期工程，以自主开发的钽产品科研成果为基础，引进国内外的先进技术，采用新工艺、新设备，对钽铌制品及其深加工进行整体技术改造，将钽制品迁往株洲市石峰区霞湾，使钽铌生产集中起来。设计年生产规模为 265 吨，产品品种、规格、质量都达到了国际先进水平。

四　钴冶炼

2000 年通过招标课题的研究攻关，较系统地对国内外超细钴粉工业生产现状与技术特点进行了认真的调研，系统地研究了关键工序工艺参数对钴粉粒度大小和形貌特征的影响规律，通过对钴冶炼中结晶等工序的工艺改进，成功研制出超细专用钴粉和超细常用钴粉，具有近球形、高松装比、低费氏粒度等特点，为生产超细硬质合金等特殊要求的制品提供了优质钴粉。随着环境污染治理要求的提高，钴冶炼湿法部分的产量在逐渐减少，主要用于有特殊要求原料的处理。

五 工业三氧化钨生产

1985—1987 年，株硬工业三氧化钨生产完全维持传统的苏打烧结工艺，钨精矿经 24 号回转大窑烧结和以盐酸分解制成工业钨酸，钨酸分流一部分通过干燥煅烧制工业三氧化钨，另一部分转入高纯生产线精炼。

1987 年年底，钨湿法冶炼技术改造第一期工程竣工。两台 10 立方米压煮槽投产，以碱压煮工艺取代苏打烧结工艺处理钨精矿，直接生产钨酸钠溶液供后续工序提炼。其工艺效果与苏打烧结法相比较，钨精矿处理量增大 18%，精矿分解率由 96% 提高到 98.5%，钨渣中三氧化钨的含量由 4.72% 降至 2.5%。1988 年，工业三氧化钨年产量达到 2308.2 吨，为原设计生产能力的 2.88 倍。

六 纯三氧化钨的生产

纯三氧化钨包括化学纯、高纯三氧化钨和开发作为商品出售的仲钨酸铵（APT）以及仲钨酸铵经密闭煅烧制成的蓝色氧化钨，原设计年综合生产能力 143 吨。

1981 年以来，纯三氧化钨生产系统在开展以“压煮—萃取”新工艺取代苏打烧结法的钨冶炼技术研究过程中，逐步对传统生产方式进行局部和整体改革改造，主要经历以下三个阶段：

（一）第一阶段

1981—1982 年由工业三氧化钨生产系统转入部分钨酸，经氨溶→净化→结晶→干燥，制成中间产品仲钨酸铵，再经煅烧制成纯三氧化钨。此期间，仲钨酸铵、纯三氧化钨综合年产量达到 800 吨，为原设计生产能力的 5.6 倍。

（二）第二阶段

1982 年，钨冶炼系统在以“压煮—萃取”法生产仲钨酸铵、蓝色氧化钨的工艺研究成功的基础上，建成年产 1000 吨钟钨酸铵的萃取生产线。采用水平箱式混合沉清萃取槽和竖式反萃柱等设备，以叔胺萃取钨和氨水反萃钨取代钨酸钙沉淀、酸分解、氨溶等工序，直接将粗钨酸钠溶液转化成钨酸铵溶液，转入蒸发结晶工序制取仲钨酸铵。该新工艺经历两年时间边运行边调整，对萃取剂成分配比，设备取型等项目的技术攻关取得关键性突破，至 1984 年生产能力达到设计水平。

1985 年，为实现后续工序与萃取新工艺系统的生产规模相配套，对纯三氧化钨系统实施蓝色氧化钨一条线的改造建设，主要项目包括改 1.5 立方米不锈钢蒸发结晶槽为 5 立方米搪瓷蒸发结晶槽，仲钨酸铵料浆的过滤洗涤以翻斗洗涤器取代平板吸滤器；仲钨酸铵湿料干燥建立起包括远红外线干燥炉、物料输送带及配电部分的远红外带式干燥系统；仲钨酸铵的煅烧自行制作和安装直径 450 × 6000 毫米回转管电炉，替代已经运行 6 年时间的试验规模蓝色氧化钨煅烧炉。

生产线改造后，使蒸发结晶、干燥、煅烧的设备规模与萃取系统相衔接配套。此阶段仲钨酸铵、蓝色氧化钨综合月生产能力达到 70 吨。

纯三氧化钨是工厂内部转移的冶炼中间产品，以不同的煅烧工艺分别获得高纯氧化钨（黄色）和蓝色氧化钨。高纯氧化钨按内控考核指标分为 WO_3-1 级、WO_3-2 级。

蓝色氧化钨分为蓝钨1级，蓝钨2级两个等级。

（三）第三阶段

1987年11月，碱压煮新工艺系统投入运行，生产能力达到年处理钨精矿7000吨，在此基础上24号回转窑于1988年7月8日停炉熄火，压煮系统除投产两台压煮槽外，并引进美国M48F-61型自动压滤机对压煮料浆进行固液分离，设备过滤面积为61室137平方米，日出渣能力10695公斤，压滤渣含水量低，渣中可溶性三氧化钨含量不大于0.5%。

在压煮系统形成稳定的生产能力的前提下，1988年年底实施萃取系统扩大生产能力的改造，更换萃取槽和反萃等设备。在不扩大容积的基础上，改进设备结构，通过调整有机相配比和采用多级分相等工艺手段，提高萃取剂对钨化合物的富集能力，使萃取生产能力增大3倍。工艺过程采用计算机集中控制，运用射线快速监测仪器测定负载有机相中的三氧化钨浓度，微电脑控制流量和液位，使工艺参数处于最佳状态，从而提高金属实收率和产出率。改造后的萃取工艺系统生产规模达到年产仲钨酸铵4000吨。

1989年，更新改造结晶系统的工艺设备。引进美国连续蒸发结晶塔，使加热蒸发、浓缩结晶、排料、补充溶液和母液循环由分段操作变成连续自动的过程。同期对原有的间歇结晶系统调整布局，建立起连续结晶和间歇结晶两套工艺系统，设计生产能力为日产仲钨酸铵结晶12吨。

干燥系统配置多层履带式远红外干燥炉，主要将仲钨酸铵湿结晶通过运输履带送入远红外炉干燥脱水，制取仲钨酸铵。

1989年10月，“碱压煮—萃取—连续蒸发结晶”新工艺全线投产，所产仲钨酸铵主要作为钨冶炼中间产品转入煅烧系统制取蓝色氧化钨，部分产品进入商品市场。

仲钨酸铵按技术标准分为特级、1级、2级。

1990年，煅烧系统更新设备，在上半年相继投产两台直径300×6000毫米回转管蓝钨锻炼炉。同年2月起，氧化钨生产系统全线转产蓝色氧化钨。

钨冶炼工艺设备整体更新改造是在工厂的溶剂萃取和蓝色氧化钨生产研究试验取得成功的基础上，融入了美国的“碱压煮—萃取”工艺诀窍，使金属回收率由91.61%提高到94.07%；同时连续蒸发结晶器能制得粒度均匀的仲钨酸铵结晶体，自行设计制作的蓝色氧化钨煅烧炉确保了各类钨粉所要求的原料晶型，全线生产能力达到仲钨酸铵、蓝色氧化钨综合年产4000吨。

七 钴氧化物生产

钴氧化物传统生产工艺是以工业氧化钴为原料，经过还原、溶解、草酸钴沉淀、干燥、煅烧各工序的精炼提纯，制成合金原料纯氧化钴。由于工业氧化钴原料供货困难的原因，1980年，全部使用钴片、棒、粒等金属材为原料，直接溶解精炼制纯氧化钴，生产流程中的工业氧化钴经四管炉还原工序已经停运。1981年，纯氧化钴年生产能力为300吨。

传统氧化钴生产工艺沿袭至1986年。同年，在生产八〇三厂所需的高密度合金专用原料钴粉的工艺研究试验中，采用草醆钴直接还原制成功特殊粒度要求的钴粉，以此作为氧化钴工艺设备更新的技术基础。

1988年1—8月，对钴生产系统实施“草酸钴直接还原取代纯氧化钴还原”制取金属钴粉的工艺技术改造。改造工程分两部分，第一部分为采用远红外干燥技术制取合格草酸钴作直接还原制金属钴粉的原料。第二部分为双管炉取代四管炉还原制金属粉。

新工艺革除了草酸钴经回转炉煅烧制成纯氧化钴的工序，

湿草酸钴脱水改四管电炉第一温度带干燥为远红外干燥，配置了以链板式履带输送机进料、远红外炉干燥脱水的配套设备2台（套）。远红外干燥技术利用红外线穿透使物料自内部发热，提高干燥物理水的效果。工艺由高温煅烧制氧化钴改为低温干燥草酸钴，装机容量由230千瓦降至90千瓦，实现物料静止输送而减少了因旋转煅烧物料飞扬造成的金属钴损失，同时避免了煅烧工艺使氧化钴夹粗的弊端。

第三节　水口山矿务局系列冶炼产品的生产

一　粗铅的生产

从事粗铅生产的单位主要有三厂、柏坊铜矿粗铅系统、金信铅业公司和第八冶炼厂。

粗铅生产工艺采用传统的烧结锅——鼓风炉还原工艺。

采用此工艺生产的单位为三厂、柏坊铜矿粗铅系统、金信铅业公司。这里以三厂为代表介绍传统的烧结锅生产工艺。

1996年，三厂有直径2.3×1.8立方米的烧结锅27口。1998年以来，该厂生产超设计能力发挥，烧结的生产能力难以与鼓风炉配套，2002年8月，在烧结车间增加了2口烧结锅，至此，三厂有径2.3×1.8立方米的烧结锅29口，每锅每次装入量为7.5～8吨，每锅操作周期为3小时；熔炼工序有鼓风炉1座，风口面积为5.6平方米，床能力在1996—1997年为55～58吨/平方米·日，从1998年开始，床能力增至68～80吨/平方米·日。

2002年，由于新增两口烧结锅，烧结焙烧产生的烟气量由原来的21.9万标准立方米/小时增加到23.52万标准立方米/小时。

进入20世纪90年代中期，随着生产能力的扩大和烧结锅的增多，原有落后的烧结锅工艺一直未得到改造，加上鼓风炉收尘设施的逐步老化，排烟收尘能力与生产规模极不配套。虽然经过 1992 年改进鼓风炉下料方式，1994 年在鼓风炉炉顶增设了排烟管和 1995 年改进烧结新布袋室三通阀的三次改造，一定程度上改善了作业环境和减少了铅尘危害，但铅尘毒害仍较严重。2002 年，对烧结、熔炼收尘系统再次进行改造，在两个车间布袋室共增加收尘面积 2700 平方米，对控制铅烟尘污染、降低职业危害起到了一定的防护作用。

2002 年，三厂粗铅产量达到 5.8 万吨，创历史最好水平。

二 电铅（精铅）的生产

从事电铅生产的单位主要有三厂（年产能力 7.1 万吨）和金信铅业公司（年产能力 8 万吨）。

（一）生产工艺及变革

用粗铅生产电解铅分为两大工序：一是火法初步粗炼；二是电解精炼。1986 年以来，电铅的生产方法和工艺流程未作变更。2000 年开始，三厂在保证析出铅质量的同时，通过技术攻关，拉大电解电流，使电流密度由原来的 160 ~ 170 安培 / 平方米增大到 180 ~ 190 安培 / 平方米，同时电效由原来的 70% ~ 80% 提高到 90% ~ 92.5%。

（二）电铅技改扩能工作

1986 年，三厂电解工序有 3800 × 1200 × 800 厘米的电解槽 166 个，产量为 0.5 ~ 0.6 吨 / 槽 · 日；阳极熔铅锅 4 口，每锅每次装入量为 45 ~ 50 吨；阴极熔铅锅 1 口，每锅每次装入量为 15 吨；精铅熔铅锅 2 口，每锅每次装入量为 50 吨，每锅操作周期为 2 ~ 4 小时。从 1996 年以来，通过历年基建扩产和技术改造，到 2002 年年底，三厂共有电解槽 310 个，其中西头 3800 × 1200 × 800 厘米的 166 个，东头 3500 × 1200 × 800 厘米的 144 个，相配套的阳极熔铅锅为 4 口 100 吨，精铅锅为 3

口 100 吨，阴极熔铅锅为 2 口 15 吨。三厂电铅年生产能力达到 71000 吨。

（三）环保治理

电铅火法系统铅尘、铅烟危害较大，产出源较分散。1986 年以来采取了一些有效措施，降低污染源和烟尘的浓度。

1987 年建成的处理能力为 2000 立方米 / 日的综合水处理站，继续发挥处理废水、治污环保的作用，废水排放达到了国家标准。1992 年建成的鼓风炉、烟化炉、反射炉三炉冷却用水复用系统和原熔炼、烟化炉冲渣水循环利用，形成了年循环量 160.05 万立方米的复用水工程，从而使全厂工业用水循环复用率由 44.98% 达到了 81.8%，每年节约水资源 160 余万立方米，减少了废水外排量，降低了水污染。2001 年，将精铅锅灶原有倾斜式阶梯炉排改为梁式炉排，将螺旋式火膛改为直通式火膛，提高了热利用率，加快了铅熔解速度，也改善了作业环境。

在废渣治理方面，除烟化炉这个回收铅熔渣中锌的环保效益车间外，2001 年，将冰铜车间反射炉的炉床面积由 8 平方米扩大到 10.5 平方米，与原老反射炉一起大大提高了铅浮渣和铅杂料的处理能力。

三　副产氧化锌的生产

副产氧化锌是用鼓风炉熔渣为原料生产出来的，属“三废”利用综合回收的附属产品。

其方法：将鼓风炉电热前床内的炉渣放出来吊运入烟化炉内，将空气和粉煤吹入熔渣中，使渣中以化合物或以游离状态存在的氧化锌及氧化铅还原成锌和铅的蒸气，随烟气上升到炉子上部空间，再度氧化成氧化锌和氧化铅，并以烟尘状态被收集下来。收集下来的氧化锌粉经包装后出售。

其主要收集设备是冷却烟管和布袋收尘室。三厂有烟化炉 1 座，风口面积为 5.1 平方米。床能力在 1995 年以前为 16.5 ~ 18.5 吨 / 平方米・日，1998 年以后床能力为 26.5 ~ 32 吨 / 平方米・日，日处理熔渣约为 150 吨，年产副产氧化锌 6853 吨。

三厂烟化炉自 1989 年开炉生产以来，副产氧化锌含锌一般为 55% ~ 65%，含铅为 10% ~ 15%。1997 年，通过不断摸索改进，弃渣含锌由原来的 2% 左右降至 1.5% 左右，锌回收率由原来的不到 80% 提高到 82% 左右。1998 年，随着熔渣量增大和操作不断熟练，烟化炉日吹炼炉数由原来的 6 炉提高到近 10 炉。

四　锌系列产品的冶炼

1986—2002 年，水口山锌系列产品的冶炼和生产的品种主要有电解锌、等级氧化锌、次氧化锌、精铟和硫酸等。

电锌产品是公司的主要产品。“水口山牌”锌锭 2001 年获得湖南省产品质量奖，“飞轮牌”等级氧化锌 1991 年 4 月获北京第二届国际博览会金奖，同年 10 月获中华人民共和国产品质量金奖。1998 年 3 月，“飞轮牌”等级氧化锌被湖南省工商局授予“湖南省著名商标”证书。

（一）电锌的生产

从事电锌生产的单位主要有第四冶炼厂（二厂在 2001 年 5 月以前曾用电炉生产粗锌，1998 年 10 月投入生产，设计年产量 3000 吨）。

1. 生产工艺

四厂电锌生产系统自 1991 年 5 月建成投产以来，曾先后采用过两种生产工艺：

（1）锌精矿高温焙烧—高温高酸浸出—锌精矿还原—针铁法沉铁工艺

1994 年年初，改针铁矿沉铁为喷淋除铁，取消了还原工艺，其他工序未变。此工艺一直沿用到1998年年底。该工艺设计年生产能力为20000吨，但从1991年投产以来，一直到1996年年底，长期未达产达标，亏损严重。1997年，产量达到20050吨，首次实现达产达标，生产扭亏持平。

（2）常规浸出工艺

1999年年初，为扩大电锌生产规模，提高效益，通过扩大试验，将高温高酸浸出工艺改为常规浸出工艺。采用的常规浸出工艺流程：首先将烘砂与电解废液、酸性浸出上清液、氧化锌中性上清液、贫镉液冲矿混合进入中性浸出，并借水解法除去铁、砷、锑、锗等部分杂质，中浸矿浆经浓密澄清后，上清液送去净化，中浸底流送酸性浸出，在高温和较高酸度的条件下，用锌电解废液和硫酸将中浸底流中未完全溶解的氧化锌和难溶的铁酸锌等锌化合物中的锌大部分浸出来，矿浆经浓密澄清后，底流压滤，滤渣送挥发窑处理，滤液和酸浸液送去焙砂冲矿。挥发窑所产次氧化锌与电解废液进入氧化锌中性浸出，矿浆经浓密澄清后，酸性上清送去氧化锌中性浸出，底流经压滤得到铅铟渣，铅铟渣送稀贵分厂提铟并回收铅，滤液与氧化锌酸性上清液送去氧化锌中性浸出。

中性上清液含铜、镉、钴、镍、砷、锑等杂质，需进一步净化方可进入电解。净化采用一段高温锑盐除钴，二段低温除铜镉工艺。1998年以来通过对铜、镉渣综合回收扩大试验，于2000年建立铜、镉渣处理系统，不仅回收了锌，也使铜、镉有价金属得到了分离富集。

电解为中酸中电流密度电解法，电流密度为480～630安培/平方米，剥锌周期为24小时。析出锌片经工频感应电炉熔化，铸成锌锭。

2000年将熔铸电炉结构由整体式改为分体式，投入运行后极大降低了电炉事故率，延长了炉寿，提高了电炉实际功率，使电锌直收率得到了提高。

2. 技改与环保治理

1999 年年初，浸出工艺流程由热酸浸出改为常规浸出流程，电锌产能由 20000 吨 / 年跃升到 70000 吨 / 年。为此进行了一系列的技术改造和环保治理工作。主要有电锌酸浸渣综合利用工程，水污染治理四厂制酸工艺改造工程，渣过滤异地建设工程，净化扩槽工程，电锌扩槽工程，清污分流和废水处理总站工程，制酸预处理工程等。

（1）电锌酸浸渣综合利用工程

1997 年电锌产量达到 20000 吨产能。为配合电锌生产，搞好综合回收，1997 年 8 月开工建造 2 号挥发窑、多膛炉等综合回收工程。工程总建筑面积 2512 平方米，投资金额 1300 万元。2 号挥发窑于 1998 年 8 月 2 日投产，多膛炉于 1998 年 10 月 6 日投产。

3 号挥发窑于 2001 年 3 月份开工建设，2001 年 9 月竣工投产，工程总投资 550 万元。

（2）渣过滤系统异地建设工程

渣过滤系统建设作为 5 万吨 / 年电锌填平补齐改造工程的重要子项目，于 1999 年 9 月开工建设，2000 年建成投产，工程总投资 550 万元。

（3）净化扩槽工程

净化扩槽工程作为 5 万吨 / 年电锌填平补齐改造工程的重要子项目，于 2000 年 8 月开工建设，2001 年 2 月投产。该工程是在原净化车间向西延伸，新建 3 个 100 立方米净化槽，3 个 56 立方米的铜镉渣处理反应槽。总投资 280 万元。

（4）四厂制酸工艺水污染治理工程

四厂 10 平方米沸腾炉建于 20 世纪 70 年代，采用水洗净化一转一吸接触法工艺，因工艺落后，设备陈旧，废水排放量大，是水口山的主要水污染源之一。1998 年水污染治理四厂制酸工艺改造工程，列入湘江流域水污染治理的重点工程。工程规模为建设 42 平方米沸腾炉及其配套的焙烧烟气制酸系统（拆除原有的 10 平方米沸腾炉），工艺采用稀酸洗涤半封闭循环净化两转两吸接触法工艺，生产规模为产酸 60000 吨 / 年。该工程总建筑面积 6400 平方米，投资金额 8000 万元。工程于 1998 年 11 月开工建设，2000 年 1 月投产。

（5）废水总站和清污分流工程

废水总站和清污分流工程于 2000 年列为湘江流域水污染治理的重点工程。该工程于 2000 年 6 月开工建设，2002 年 3 月建成投产。工程总建筑面积 4200 平方米，投资总额 1800 万元。

（6）电锌扩槽削峰填谷工程

为了提升电锌产能，同时搞好分时用电工作，作为 7 万吨 / 年电锌填平补齐主要内容的电锌扩槽工程于 2002 年 2 月 22 日开工建设，2002 年 8 月竣工投产。该工程总建筑面积 2329 平方米，投资 1800 万元。

表 3-3-1　1996—2002 年水口山四厂产品产量表

单位：吨

产品＼年份	1996	1997	1998	1999	2000	2001	2002
电锌	15503	20050	22513	32077	41009	56797	53867
精锌		383	69	3205	1312		
间接氧化锌	1509	1286	1455				
锌粉	1501	1060	1088	1253	1296	1043	
析出锌	16081	20778	23329	33365	42660	58812	55684

（二）次氧化锌的生产

次氧化锌又称副产氧化锌，是四厂在湿法炼锌工艺浸出渣中综合回收的附属产品。

1. 生产工艺

次氧化锌的生产是在 1200℃以上的高温下，将浸出渣中的锌、铅、铟、锗等有价金属（主要呈氧化物状态，部分呈硫化物状态存在）用一氧化碳还原，使之成为金属气体挥发，进入烟气，在烟气中又被重新氧化成氧化物。随烟气离开挥发窑，被收集在收尘器内。挥发窑产出的次氧化锌经多膛炉焙烧脱除其中的氟、氯，并烧去碳、硫及所含有机物，以满足锌电解生产中对氟、氯等杂质含量的要求。混合氧化锌的锌品位为62.5% 左右。

2. 主要设备及生产能力

生产次氧化锌的主要设备为挥发窑和多膛炉，四厂有 76 立方米挥发窑 1 台，94 立方米挥发窑 2 台，140 立方米多膛炉 1 座。日处理酸浸渣 1.1 吨 / 立方米，次氧化锌年生产能力为 16400 吨。

3. 技改与综合利用

（1）1997 年通过对挥发窑次氧化锌综合利用研究，于 1998 年 10 月建成多膛炉并投入运行，使次氧化锌中的砷、氟、氯脱除，次氧化锌全部进入主系统，不仅回收了锌，铟也得以富集。

（2）2002 年对次氧化锌浸出系统的铅铟渣进行提铟的试验，同年稀贵分厂铟生产线进行改、扩建工程并投入生产，使铅铟渣中的铟得以回收。

（三）精铟的生产

1. 精铟生产工艺流程

采用的是四厂氧化锌浸出所得铅铟渣用硫酸浸铟，通过 P204 萃取提铟，反萃液经置换、中和得海绵铟，萃余液经处理生产七水硫酸锌，海绵铟经铸型得粗铟，再经过二次电解得精铟。精铟的纯度达 99.99% 以上。

2. 生产精铟的设备及生产能力

四厂有 10 立方米浸出槽 6 个，4200 × 2000 × 750 毫米 PVC 萃取箱 1 台，4540 × 2050 × 780 毫米 PVC 萃取箱 1 台，1.153 立

方米电解槽2个。精铟生产能力为6吨/年。精铟自开展综合回收以来，2002年共产出精铟3035公斤。

（四）硫酸的生产

硫酸是锌烟气（SO_2）通过治理后综合回收的附属产品，至2002年，有12.2万吨的生产能力（其中四厂92000吨，二厂30000吨），主成分含量93% ~ 98%。二厂“飞轮牌”工业硫酸曾被评为湖南省优质产品。

（五）等级氧化锌的生产

从事等级氧化锌生产的单位是二厂。

1. 等级氧化锌的生产工艺

等级氧化锌生产采用直接法工艺。1997年建成硫化锌精矿再选矿设施，生产其原料用于生产含锌73%的高品位灰色饲料级氧化锌。

2000年，9号锌氧炉炉床面积由10平方米/台改造为12.5平方米/台，由生产低级氧化锌改用烘砂为原料生产等级氧化锌。

2. 产品标准

级 别	主成分含量
X一级	≥99.5%
T一级	≥99.5%
二 级	≥99%
三 级	≥98%

3. 生产等级氧化锌所用原料

氧化锌生产对锌精矿的要求如下：

锌≥53%　铅≤1.2%　铜≤0.3%

铁≤6%　硫≥29%　二氧化硅≤3%

其中饲料级氧化锌对锌精矿要求：

锌≥56%、砷≤0.15%、镉≥0.35%，其余均同上。

4. 主要设备生产能力

焙烧工序：20 平方米的沸腾炉 1 座，炉料制备和收尘设备全套。生产能力为处理锌精矿 120 ~ 130 吨 / 日。

制酸工序：有两转两吸制酸设备全套，设计能力为年产工业硫酸（100% 计）27000 吨。

制团工序：有制团设备全套，生产能力为 130 吨 / 日。

氧化锌工序：有韦氏炉 9 座，3 座炉炉栅面积 10 平方米，生产能力为 5.5 吨 / 日，6 座炉炉栅面积 12.5 平方米，生产能力为 6.8 吨 / 日。每座炉都附有冷却和收尘系统，其中有二座炉配有余热锅炉。

烘粉工序：1.5 × 15 米回转窑 1 座，烘粉生产能力为 20 吨 / 日。

5. 技改扩能和环保治理

1999 年对 4 号、1 号锌氧炉，2000 年对 5 号、9 号锌氧炉进行扩能改造，炉膛面积由 10 平方米 / 台，扩大到 12.5 平方米 / 台。其中 9 号锌氧炉进料系统由人工进料改为机械进料，并改用烘砂为原料生产等级氧化锌，全厂氧化锌生产能力由 16000 吨增加到 20000 吨。

2000 年改造 5 号、6 号、7 号锌氧炉废气收尘设施，2001 年对锌氧炉废气收尘系统进行完善，1 ~ 4 号炉废气收尘系统 7 月投入使用，5 ~ 7 号废气收尘系统 12 月投入使用。每年回收废气中的锌粉量 100 吨，并改善了生产环境。

2000 年沸腾炉大修，余热锅炉增加水冷壁面积、乙炔脉冲吹灰装置；同时制酸干吸工序排管浓硫酸冷却器改为阳极保护浓酸冷却器，净化工序增设阿法拉伐板式稀酸冷却器；改进制酸污水处理站的石灰浆化池，增设污渣干化池，污水处理后供锌氧炉冲渣，对外零排放。2002 年沸腾炉及硫酸系统改造，扩大炉气出口面积，硫酸净化工序采用泡沫柱洗涤器取代冲击洗涤器，干吸塔采用槽管式分酸器。制酸净化工艺流程由冲—泡—间—电改为一级泡沫柱洗涤器—气体冷却塔—二级泡沫柱洗涤器—电除雾器，稀酸经板式酸冷器冷却。

五 铜系列产品的生产

1980—2002 年，水口山铜产品的品种为粗铜、电解铜、硫酸等。其中：粗铜的年生产能力由 1996 年的 7500 吨提高到 2002 年的 12000 吨；电解铜的年生产能力为 10000 吨；硫酸的年生产能力为 10000 吨。

水口山生产的电解铜曾以优良的质量标准进入深圳有色金属交易所。

（一）粗铜的生产

从事粗铜生产的单位为柏坊铜矿铜冶炼厂。

1. 粗铜生产工艺流程：混合铜精矿→密闭鼓风炉→转炉→粗铜。

1990—2002 年，由于柏坊铜矿矿山铜资源临近枯竭，铜冶炼能力扩大，外购铜精矿的比例逐渐增加。主要从韶关地区的大宝山铜矿外购铜精矿，湖南、福建、海南等地的一些矿山也有一定的数量供应，有时也处理进口的铜精矿。

2. 粗铜系统主要设备：

密闭鼓风炉 1 座，炉床面积 8.77 平方米。

前床 1 座，容积 13.5 立方米。

转炉 2 台，容量 15 吨 / 炉。

电收尘器 1 套，其结构为双室卧式三电场，有效气流面积 18.5 平方米。

3. “三废”治理与综合利用

废气主要是密闭鼓风炉排出的烟气，由于其二氧化硫浓度太低，无妥善办法回收。

转炉排出的烟气，经收尘净化后送去制酸。

废水主要是鼓风炉的冲渣水和硫酸冷却水，无多大危害。

废渣主要是鼓风炉产出的水淬渣，这种废渣经筛分后可用作喷砂除锈的商品砂出售。

4. 技术改造与革新成果

（1）密闭鼓风炉二次扩建改进

2000 年，密闭鼓风炉进一步扩大至 8.77 平方米，炉基础、炉底板、炉顶水箱、加料斗、上部炉壳、炉支架、上下 水汽管、汽泡、梭式皮带、加料平台、主风管、操作台等均作了相应的改变，为冶炼生产能力的扩大创造了条件。

（2）转炉的改进

2000 年对 1 号转炉进行了改进扩大，由 10 吨 / 炉扩大至 15 吨 / 炉。

2001 年对 2 号转炉进行了改进扩大，由 10 吨 / 炉扩大至 15 吨 / 炉。

转炉扩大后为铜冶稳产高产创造了有利的条件。

（二）硫酸的生产

1. 生产工艺

硫酸是铜冶炼所产生的烟气（SO_2）通过综合治理后回收的附属产品。其生产工艺：转炉在生产粗铜的过程中，吹炼排出的烟气，采用热浓酸洗净化，一转一吸工艺流程制成硫酸。

2. 制酸系统主要设备生产能力

热浓酸洗流程制酸设备全套（包括电收尘器 1 套，有效气流面积 10.8 平方米）年产能力为 10000 吨（酸浓 93%）。

六　稀有稀贵金属的生产

1980—2002 年，水口山从事稀有稀贵金属冶炼和生产的单位为第六冶炼厂。生产的品种主要有铍系列产品、精铋、锆以及金银等。

（一）铍系列产品的生产

从事铍系列产品的冶炼和生产的品种主要有工业氧化铍、高纯氧化铍、金属铍、铍铜合金等。其中：工业氧化铍的年生产能力由1996年的80吨提高到2002年的120吨；铍铜合金的年生产能力由1996年的400吨提高到2002年的800吨。

铍系列产品是该企业的特色产品。“宇宙牌”金属铍珠1980年曾获国家银质奖，“水口山牌”铍铜合金于2002年获湖南省产品质量奖。

1. 工业氧化铍的生产

（1）生产工艺及变革

采用硫酸法生产工业氧化铍。将铍矿石熔融，破坏其铍、铝、硅氧化物的结晶结构。以硫酸作溶剂，使氧化物溶解成硫酸盐，然后采用一系列的湿法分离提纯方法，以氨水作中和剂，把铍提取出来成氢氧化铍，然后烘干煅烧分解成工业氧化铍，冶炼回收率为76%。

1980年在中和除铁过程中，加硫酸钠复盐除磷获得成功，使工业氧化铍中含磷量低于0.05%。

1982年，对沉淀的氟氧化铍采取氢氧化钠打浆洗涤以除去氢氧化铍中的氟和铝等杂质试验成功，使该工艺能适应于高氟铍矿生产。

1996年，新建工业氧化铍生产车间建成投产，产量80吨/年。

1998年，在酸化工序中加水洗料除磷试验成功，解决了高磷矿应用于生产的难题。

2000年，工业氧化铍扩产成功，产量达到120吨/年。

2002年再次扩产，生产能力达到150吨/年。

（2）工业氧化铍原料来源

该产品所需原料主要来源于中南等省和新疆的绿柱石块矿。

（3）主要设备生产能力

1993年总投资861.8万元，设计年生产能力80吨的工业氧化铍改造于1996年5月竣工，同年8月6日投产，设计建筑面积4140平方米。后经2000年和2002年两次扩产，生产能力达150吨/年。

2. 高纯氧化铍的生产

1966年，在北京有色研究总院协助下，将工业氧化铍生产过程中中和除铁后中和液加碱沉淀，获得无定型氢氧化铍，用氢氧化钠溶解，水解除去硼。水解氢氧化铍经硫酸溶解，再加EDTA络合沉淀，获精制氢氧化铍，经烘干煅烧成高纯氧化铍。1975年改用氢氧化铍为原料，以硫酸溶解过滤除硅后再加EDTA络合沉淀出氢氧化铍，烘干煅烧成高纯氧化铍（即BeO-2）。1990年为了满足出口的需求，将EDTA络合沉淀的精制氢氧化铍，以CPH2SO4溶解过滤除杂质，再加硫酸析出硫酸铍，用有机试剂洗涤烘干煅烧获得BeO-1高纯氧化铍，生产能力为8吨/年。

3. 氧化铍陶瓷生产

1980年建成氧化铍陶瓷生产线，1981年投产，生产99%的氧化铍陶瓷产品，采用热压铸成型工艺。2000年采用升降式电炉取代氢炉，原料的预处理能力提高了一倍。

4. 铍铜合金的生产

（1）铍铜合金生产工艺流程及变革

铍铜合金生产工艺采用碳热还原法。1985年新合金车间建成，采用三相电弧炉取代单相电弧炉生产铍铜合金，炉产量为300公斤左右；2000年收尘系统改造完成；2002年扩产完成并投入生产，生产能力1200吨/年。

铍铜合金生产是将氧化铍、碳、铜按照配料比例混合，置于电弧炉中加热至1900℃~2000℃，氧化铍被还原成金属铍，并溶于铜的熔体中生产合金，去渣后，浇铸成合金锭，由重熔调节成分，最后浇铸成合金出厂。

（2）主要设备及生产能力

20世纪80年代初期，随着铍铜合金国内、国际两个市场的开拓，原生产能力和设备均不能满足市场和生产的要求。1984年新建铍铜合金车间，改单相电弧炉为三相电弧炉，年生产能力达到400吨，1985年建成投产，原铍铜合金车间停止使用。

改造后的铍铜合金车间，经不断的技术改进、扩大产量，单炉产量由设计时的300公斤提高到350公斤，年产量达到600吨。2000年，根据市场需求决定增加1座三相电弧炉，同时对收尘系统改造。整个改造工作于2002年8月底完成，产能达到1200吨/年。

（二）精铋的生产

1. 生产工艺流程

精铋生产始于1999年。将氯氧铋与碳酸钠、粉煤、萤石粉、铁屑等按照一定的比例配料，置入反射炉内进行高温熔炼，待炉内物料充分反应完全后，放出上层渣水，然后放出粗铋。粗铋含有一定的杂质如砷、锑、铜、铅、碲、银等，故需进一步精炼以提高铋的纯度。粗铋在精炼锅内加热熔化，捞去上层的熔化渣，铋中大部分铜析出进入熔化渣而除去；利用压缩空气插吹氧化除去铋中的砷、锑；加固体氢氧化钠除去铋中的碲；通氯气除去铋中的铅；加锌除去铋中的银；加固体氢氧化钠的硝酸钾进行高温精炼除去铋中残留的氯、锌、砷、锑、铁、铅、碲、铜等微量元素。最后铸锭成精铋产品。

2. 原料来源

提炼精铋的原料为氯氢氧铋。来源于六厂金银生产中的氧化铋渣，经处理后得氯氧铋。

3. 主要设备及生产能力

1996年4月，投资280万元将原氧化铍车间改造成氯氧化锆车间，1997年3月产出合格产品，生产仅半年后因销路不畅，于1998年年初转产高纯硫酸锆，又因销路的原因，年底停产。1999年下半年，从金银生产中的氧化铋渣中提出的氯氧铋，冶炼成精铋，铋车间取代氯氧化锆车间。

生产精铋的主要设备是反射炉，炉膛有效面积2平方米。年生产精铋能力为160吨。

（三）锆产品的生产

1. 硫酸锆钠复盐（锆鞣剂）生产工艺

将锆英石与碳酸钠按一定比例配料，在反射炉中烧结，然后球磨，水洗除去剩余碳酸钠，再用硫酸酸化浸出，过滤除去硅渣，滤液蒸发结晶分离获得硫酸锆钠复盐。

2. 锆镁合金生产工艺

2000年，外购锆氟酸钾生产锆镁合金。该工艺是将镁锭和锆氟酸钾按一定比例酸化还原，经过冲煮、重熔、铸锭，获得锆镁合金。

合金锭的表面应具有金属光泽，合金锭表面熔剂及夹渣不超过合金锭表面积的10%。

3. 锆产品原料来源

锆英石来源于广东、海南等地。

（四）金银的生产

1996—2002年，黄金年生产能力由1996年的600公斤提高到2002年800公斤；白银年产能力由1996年的80吨提高到2002年的150吨。“水口山牌”银锭2001年被评为湖南省名牌产品。

1. 金银生产工艺及变革

从1983年开始，在柏坊铜矿铜冶炼厂利用典型火法传统流程从铜阳极泥中提取金银。1987年8月，三厂年产25000吨电铅车间建成投产，铅阳极泥送铜矿与铜阳极泥一并处理，使铜矿金银车间生产能力不足。又因铜矿所处地理位置偏僻，金银车间场地狭小，腐蚀严重，不具备发展的条件。为使金银生产布局合理，加强稀贵金属生产的集中管理，1991 年决定将铜矿金银车间易地建设到六厂内。1992 年 7 月正式动工，1995 年 5 月 2 日熔炼和电解两部分竣工投产。后因生产需要，1997 年之后的几次收尘，扩能改造，至 2002 年形成年产 200 吨电银的生产能力。

2. 原料来源

1983 年，主要原料是铜阳极泥。1987 年，三厂电铅车间建成，之后主要原料则来自铅阳极泥，以及利用品牌优势，外购银粉、银锭进行加工。

3. 金银车间收尘系统的改造和完善

（1）1997 年 9 月 23 日，金银车间贵铅炉收尘系统全面改造成功，试运转正常，10 月份收集砷、铅烟灰 20.36 吨。

（2）1999 年，针对分银炉中后期烟灰汞含量高的情况，在原有收尘系统的基础上配备二次收尘系统，12 月正式使用。

（3）2002 年 10 月，因金银扩产，再次对金银收尘系统进行改造，改造后的新老系统衔接完成，调试成功，烟灰收集量为 6 吨 / 日。12 月 20 日通过验收。

4. 金银生产的综合回收项目

（1）氧化铋渣的综合回收处理

氧化铋渣为金银生产贵铅灰吹产出的氧化渣，主要有价金属成分为金、银、铋、铜、铅。年处理铋渣规模 350 ~ 450 吨。

氧化铋渣为重要的金银物料。金银生产中相当于银产量 10% 的银含量需要从铋渣中分离出来返回贵铅炉还原熔炼。因此，从铋渣中有效分离各有价金属，实现金银的富集和铋铜的综合回收是完善金银冶炼的一项极为重要的配套项目。

（2）生产工艺流程及变革

从铋渣中富集金银，提取铋铜采用水冶法将球磨后的铋渣用盐酸浸出获得铋铜浸出液，金、银、铅富集在浸出渣中返回金银冶炼，浸出液碳酸钠水解实现铜铋分离产出氯氧铋，沉铋液加铁粉置换回收海锦铜。

经多年生产实践，不断对工艺条件进行改进完善：1999—2000 年成功将浸出配料进行优化；合理调整盐酸、食盐、氯酸钠配比，对浸出液实现了净化（除锑、砷）。2001 年又成功调整水解条件，并设置碱液流量控制器和确定最佳碱液落点，改善了氯氧铋水解沉淀晶型，使氯氧铋品位由 50% 左右提高到 65% ~ 70%，有效降低了精铋冶炼成本，提高了金属回收率。

（3）主要生产设备配置及生产能力

破碎机、球磨机、浸出、水解、置换各类搅拌槽及压滤机等主要设备经多次调整完善，具备年处理 500 吨铋渣生产能力，与年产 240 吨银产量配套。

第四节　柿竹园有色金属矿铋钼冶炼

柿竹园冶炼厂厂区地处东河东岸，东面为高山，南、北向为开阔的丘陵地带；西面为冲积平地。距柿竹园机关南向 1.5 公里有公路相通；北向毗邻郴州市有色金属产业园区。1990 年 8 月 29 日铋冶炼厂成立，1994 年 11 月 13 日更名为冶炼厂。冶炼厂占地面积约 11.08 公顷，建筑面积 9204 平方米，其中工业建筑面积 8219 平方米，生活、办公等民用建筑面积 985 平方米。建厂以来，冶炼厂从一个工艺简单、技术薄弱、规模较小的小厂发展成为亚洲乃至世界规模最大的铋冶炼厂，厂区厂貌发生了巨大的变化。生产规模：年生产高纯铋 1800 吨，氧化钼 1200 吨。主要产品有高纯铋（99.995%）、氧化钼（钼大于或等于 51%）。高纯铋的年平均生产量在 700 吨以上，氧化钼的年均生产量在

1000 吨以上。每年冶炼厂处理的铋精矿、钼精矿（实物量）分别在 2800 吨和 1200 吨以上。

一 铋冶炼

柿竹园冶炼生产始于 1991 年铋冶炼厂建成投产。经历 10 多年的发展，建设了铋冶炼、钼冶炼和粗铅冶炼系统，参股联合建设了钨冶炼系统。其中粗铅冶炼工程（又称金银富集工程）于 1994 年 11 月点火试生产。

1990 年，柿竹园出资 3 万元引入了铋冶炼工艺设计技术，开始了向冶炼发展的步伐。铋冶炼生产从 1991 年铋冶炼厂建成初创到 2002 年，经过了 3 次大的建设和发展。第一次是 1990—1991 年的建设。1990 年 7 月经有色长沙公司批准，设计能力为 100 吨 / 年的铋冶炼厂动工建设，同年 12 月主厂房及反射炉等配套设施竣工，当时建造的反射炉为 5 平方米。1991 年 1 月 1 日投料试生产，其他辅助设施是边生产边施工，到 1991 年下半年全部竣工。共完成投资 118 万元，其中建筑工程 1657 平方米，初期主厂房建筑面积 1188 平方米，安装工程完成设备工器具 47 台套。1991 年生产铋锭 86 吨。1992 年铋冶炼厂进行第二次建设改造。3 月，投资 40 万元的扩建工程竣工，5 平方米反射炉扩大为 10 平方米反射炉（1 号炉），年生产能力扩大到 300 吨，当年生产铋锭 192 吨。1998 年 10 月 11 日，年产 800 吨规模的铋矿浆电解车间动工建设，1999 年投入工业试生产，因生产中遇到诸多难题，于 2001 年年底停止生产。2001 年 3 月，铋冶炼厂进行第三次扩建改造，增加 10 平方米反射炉 1 座（2 号炉），年生产能力扩大到 600 吨。

生产高纯铋的主要设备有 1 座 30 平方米、2 座 10 平方米的铋熔炼反射炉和 4 个容量为 8 吨的精炼锅，1 座 500 平方米的布袋除尘器。

柿竹园铋冶炼生产工艺经历了不断改进的过程。1991 年刚开始冶炼生产时，从直接火法处理方案、选矿—冶金联合流程方案、湿法—火法联合方案中选用了选矿—冶金联合流程。与直接火法处理方案相比较，是在冶炼之前，即在选矿时添加了脱硅工序。先采用选矿手段脱硅，使二氧化硅小于 5%，以减少熔炼时纯碱的用量，提高反射炉的生产能力。脱硅后的铋精矿再加上熔剂、还原剂、铁屑、返渣等配料后进入反射炉混合熔炼。在熔炼过程中，对烟气带走的铋及其他有价元素进行综合收尘。生产出来的粗铋采用火法精炼提纯，一般包括熔化、氧化除砷锑、碱法除碲、加锌除银、通氯除铅锌、最终精炼、铸型等工序。主要设备为反射炉、精炼锅、收尘设备（主要有淋水冷却器、烟管、袋式除尘器、收尘排风机、烟囱等）。冶炼厂最初的烟囱高 40 米，出口内径 1.4 米。

冶炼生产时尾气排放中的主要有害元素为铅、硫、砷，其含量均不高。反射炉料中的铅，其中 1% ~ 5% 以金属微粒或铅的硅酸盐、铁酸盐入渣；25% ~ 40% 以硫化铅或金属铅状态熔入冰铜；50% ~ 70% 以金属铅状态入粗铋；仅 5% 以铅蒸气或硫化铅、氧化铅的挥发入烟气，从炉尾烟道排出。炉料中进入烟气的铅小于 0.2%。反射炉料中的砷，约有 70% 以上进入粗铋；5% ~ 10% 以硫化砷进入冰铜；10% ~ 15% 以五氧化砷组成砷酸盐入渣；5% 以三氧化砷状态挥发入烟气。由于铋精矿中砷的含量小于 0.2%，炉料中进入烟气的砷小于 0.01% ~ 0.02%，含量极其微小。柿竹园的铋精矿为硫化矿，硫含量 20% ~ 25%。反射炉料中的硫约有 90% 以上以硫化物状态组成冰铜；在 5% ~ 10% 挥发入烟气的硫化物中，一部分是以金属硫化物粉尘进入烟尘的，一部分是以二氧化硫、三氧化硫状态入烟气。一般反射炉烟气中含二氧化硫小于 0.2%。反射炉产出的烟气经过除尘和布袋收尘等烟气治理措施管理，达到国家排放标准。

由于铋精矿含铍、氟、硫高，火法冶炼时铍、氟挥发并产生大量的二氧化硫，严重危及工人健康和周围环境。反射炉熔炼对精矿中含硅要求严格，需增加选矿除硅工序，使金属回收率降低，消耗增加。根据柿竹园铋精矿原料特点，通过对国内外同类矿物处理生产实践和研究的调研，北京矿冶研究总院提出了矿浆电解法处理柿竹园铋矿的研究方案。在“八五”攻关小试和扩试的基础上，“九五”期间进行了铋矿浆电解工业试验研究。1997 年组建 100 吨 / 年铋矿浆电解实验生产车间进行了全流程试验。通过两年时间的摸索与总结，各项技术经济指标达到和超过攻关指标的要求，取得了满意的结果。随后柿竹园投资近千万元在厂区内建造铋矿浆电解生产车间并于 1999 年投入工业试生产，扩大生产规模到 800 吨 / 年。

二 钼冶炼

1994 年年初，经中国有色金属工业总公司长沙公司批准，钼冶炼厂动工建设。1995 年 4 月钼冶炼厂竣工投入生产，主要生产设备为 15 平方米焙烧炉。该项工程投资 90 万元，规模为年产钼铁 300 吨。1996 年生产钼铁 211 吨，超额完成年度生产计划，产品全部外销，出口创汇 70 万美元。第二次建设是 1999 年 8 月 23 日，800 吨 / 年的氧化钼转炉焙烧车间建成投产，把生产中最后一道酸浸工艺改为萃取工艺，降低硫指标含量，消除有毒有害气体的排放。由于该工艺有不足之处，如萃取汁起火等原因，此工艺停用，取而代之的是硫化沉淀法。

生产氧化钼的主要设备有 1 座 15 平方米的钼焙烧反射炉，1 座 20 平方米的钼焙烧反射炉，1 座麻石脱硫除尘器。生产钼铁的主要设备有 1 座炼钼 3 立方米的熔炼炉。

冶炼厂氧化钼焙烧车间主要生产设备为反射炉（两台反射

炉炉膛面积分别为15平方米、20平方米)。供热方式为块煤供热，热传递方式以辐射为主，同时辅以对流、传导方式。处理物料为柿竹园选厂自产辉钼精矿，平均含钼量为40% ~ 47%，含硫量通常为20% ~ 30%；物料年处理能力约为1200吨。

钼精矿回转炉操作过程为：钼精矿采用人工将精矿倒入精矿加料仓内，通过螺旋加料机加入回转窑。钼精矿焙烧车间设有1台内热式回转窑，采用燃煤直热式热风炉产生的热风作为热源，风量及热风温度均为可控。加料系统采用调速螺旋控制给料量，钼精矿在回转窑内完成氧化焙烧过程。辉钼精矿的焙烧过程，实际是硫化钼的氧化过程，在600℃至650℃的温度条件下，硫化钼与氧气发生化学反应，钼化合物由硫化态转化为氧化态，其中氧化态钼产品以三氧化钼为主，伴有少量二氧化钼以及微量的其他价态钼的氧化物。硫化钼的氧化过程是一个放热反应，燃煤量消耗不大，有些炉型的钼焙烧过程还需要冷却降温。由于反射炉的热利用率较低，要维持反应的连续性，必须要保证足够的外部供热。

钼精矿反射炉操作过程为：钼精矿从最后一个炉门人工投料，然后逐一往前翻料，物料含硫量逐步降低，直至合格后，从1号门出炉。整个过程的物料转移操作全部由人工完成。

为了保证产品质量，回转窑每班必须检验3次，使焙砂在炉前含硫控制到0.1%以下。回转窑生产的钼焙砂产品温度较高，约为500℃，经自然冷却，焙砂温度降到60℃ ~ 80℃后，检验合格的焙砂送至成品仓，直接进入工厂原有破碎细磨系统进行破碎。不合格焙砂，送至加料螺旋上方的加料仓内，通过加料螺旋重新加入回转窑。

钼焙烧工序废气的主要有害物为二氧化硫，炉尾烟气的含硫量约为2% ~ 3%，不允许直接外排。钼焙烧车间自投产以来，一直重视废气的治理与达标排放工作。首先在焙烧操作方面制定了严格的操作规程，禁止高温焙烧，以防物料氧化入烟气。其次是强调物料的翻动操作，要求轻翻、轻扒，防止物料扬尘，同时设置电动烟道闸门，减少物料翻动过程中的扬尘。对不可避免产生的烟尘，通过多级沉降设施加以回收。内热式回转窑产生的约400℃的烟气，经过外保温的旋风除尘器除去大量的粉尘后，进入热管换热器，与自然空气换热，烟气温度降至约200℃，然后进入布袋除尘器二次收尘，最后将净化除尘后的烟气送麻石塔脱硫系统。在二氧化硫的处理方面，先后采用过湍球塔处理方式与麻石塔处理方式，麻石塔运行状况相对优于湍球塔方式。在用的麻石塔废气处理系统运行正常，废气排放达标。氧化钼工艺流程：钼精矿—反射炉焙烧脱硫—球磨机磨研、配料—产品包装。

第五节　锡矿山矿务局锑冶炼

20世纪80年代以来，锡矿山锑冶炼能力大幅度提高。1981年，北炼厂有2.4平方米鼓风炉、4眼焙烧炉、8.2平方米生锑炉各1座及12.5平方米反射炉4座和5.4平方米锑白炉2座。1996年，北炼厂已拥有3平方米鼓风炉、五眼焙烧炉、10平方米生锑炉、1平方米鼓风炉各1座及14.5平方米反射炉4座和5.4平方米锑白炉5座。冶化厂新建5.4平方米锑白炉8座和4套锑白收集系统，还新建了锑酸钠生产线。1981年年底，南、北炼厂固定资产原值共913.737万元，其中南炼厂为308.327万元，北炼厂为605.41万元。经过15年的改造扩建，3个锑冶炼厂的固定资产原值增至6873万元，其中南炼厂1679万元，北炼厂1460万元，冶化厂锑白及锑酸钠生产系统3734万元。锑品生产能力由1981年的12000吨扩大至1996年的31000吨，实际锑品产量由1981年的12234.02吨增至1996年的20110吨。

锑品结构不断调整。以精锑为主的老三样传统锑品（生锑、精锑、锑白）结构被打破，锑白成为主导产品，其他锑系列新产品的产量也在逐年增加。1981年，锑品总产量12200吨，其中：精锑7935.775吨，占64.87%；锑白4109. 345吨，占33.59%；生锑188.9吨，占1.54%。1996年，锑品总产量20100吨，其中：精锑只有1695吨，仅占8.43%；锑白上升至15600吨，占77.74%；锑酸钠1326.25吨，占6.59%；生锑280吨，占1.39%。

锑冶炼技术不断进步。1982年后，通过技术改造，冶金炉结构逐渐合理，筑炉材料不断优化，操作技术不断提高，使冶金炉的寿命不断延长。鼓风炉炉龄由70天左右延长至245天；反射炉炉龄由180天左右延长至360天左右；锑白炉炉龄由70天左右延长至120天左右。鼓风炉烟气余热得到利用。1982年，南炼厂应用喷流式换热器，利用鼓风炉烟气余热预热入炉空气，使鼓风炉焦耗有较大幅度降低；之后，北炼厂亦推广使用。1985年后，超细锑白、“三九”镑白和超细高纯锑白相继在自热式工业锑白炉上研制成功，标志着锑白生产技术达到了一个新水平。1985年，锑酸钠生产线建立及生产能力逐步扩大，标志着锑的深加工产品正在崛起。鼓风炉原料制备系统不断改善。1986年，北炼厂对鼓风炉原料制备系统将压团工艺改为制粒工艺，成球率由原来的50%提高至85%。1995年年底至1996年年初，南炼厂的制粒系统亦进行改造。冶金炉进一步向大型化方向发展，建成的3平方米锑鼓风炉、14.5平方米锑反射炉、五眼一联焙烧炉均是最大型锑冶炼炉。操作技术不断科学化。对反射炉精炼除硒与加碱量进行回归统计分析得出经验公式，制定完善了各工序的技术操作规程。1994年，PC单板计算机在鼓风炉计量配料系统中应用，使锑冶炼的计量检测技术有新的发展。同年，除铅剂在生产中应用，使锑冶炼技术又有新的突破，增强了冶炼对原料的适应能力。为提高锑金属回收率，对粗炼生产流程作了较大调整。精锑冶炼总回收率由 1981 年的 92.77% 提高至 1996 年的 95.14%，锑白冶炼总收率由 1981 年的 87.52% 提高至 1996 年的 89.55%。

产品质量稳步提高。精锑、锑白分别于 1980 年、1981 年获国家银质奖，经 1985 年、1988 年、1990 年复评，再次获国家银质奖，锑白于 1994 年、精锑于 1995 年先后评为湖南名牌产品。为了进一步提高“闪星牌”锑品的市场竞争能力，增强企业发展后劲，组织开展了全面提高三氧化二锑物理、化学品质的科研攻关。1995 年 10 月，成立以局长、总工程师为正、副组长的全面提高三氧化二锑理化品质科研攻关领导小组，制订科研攻关方案，由总工程师、分管副总工程师负责组织实施。从生产处、北炼厂、冶化厂、冶化研究所、计检中心抽调专业技术人员成立中心课题组，开展三氧化二锑生产新工艺、新技术、新设备、新品种及控制技术的研究；在北炼厂、冶化厂、科技处、计检中心、销售处分别成立现场攻关组、软课题组、检测技术组、改进包装组，开展各项专题研究。经过一年的科研攻关活动，至 1996 年年底，先后研制出了高立方晶型三氧化二锑、超高纯三氧化二锑、微粒三氧化二锑、粗粒三氧化二锑，能根据用户需要，提供不同档次的锑品，完成了锑白后处理新工艺开发，同时完成了锑白生产杂质行为—元素分布研究。上述研究成果在国内处于领先水平，并先后转化为生产力。

一　南炼厂

南炼厂是火法冶炼生产重点之一，担负着精锑产品和部分锑白原料的生产任务。1982 年以来，对生产工艺不断进行技术改造。20 世纪 90 年代初，根据原矿品位下降、焙烧炉回收率较低的状况，对南选厂生产工艺进行调整，将块花砂进磨浮制成粉精矿入南炼厂鼓风炉。从 1993 年 3 月起取消焙烧炉，粗炼只保留鼓风炉，从而使冶炼回收率由 1981 年的 92.83% 提高至 1995 年的 96.59%(自产锑砂为 96.77%)。

1993 年以来，根据锑品使用结构变化的情况，实施减少初级原料直接出口、扩大锑化合物出口的策略，对产品结构进行调整，南炼厂生产精锑和锑白原料的比例随之发生变化。

（一）反射炉两次搬迁

1988 年前，南炼厂四座反射炉建在大六坪。为保持 8000 吨 / 年的精锑生产能力，1986 年决定在厂北端 360 米处易地新建反射炉车间。经有色长沙公司批准，该工程于 1986 年 8 月开工，1988 年 12 月竣工投产。工程投资 510 万元，其中贷款 400 万元。新反射炉车间投产后，劳动环境改善，劳动强度减轻。

1994 年，转产项目精锌工程确定上马，厂址选在南炼厂新反射炉车间地段，南炼厂反射炉车间进行第二次搬迁。在南炼厂原焙烧炉地段五坪新建 4 座反射炉，与 2.4 平方米鼓风炉连成一线，并拆除旧厂办公楼建除衣加工间及产品包装库，使鼓风炉、反射炉、产品包装形成配置合理的生产线。经过几个月的紧张施工，于 1995 年完工投入生产。

（二）粗炼系统改造

经有色长沙公司批准，南炼厂粗炼系统改造工程于 1988 年 3 月动工，1990 年完成大修改造任务，整个工程改造费用 300 万元。改造的主要项目：

1. 焙烧炉增加 4 个水冷却器和 2 套露天表面冷却器，采用偏心机械摇动式钢结构布袋室将粗氧集中输送，以减少粉尘飞扬而改善环境和提高回收率。

2. 鼓风炉主体厂房从 15 ～ 20 柱屋面升高 2 米，布袋室移至四坪并采用偏心机械摇动式钢结构。

3. 其他辅助设施相应大修。

（三）焙烧炉取消与恢复

由于南矿原矿品位不断下降，手选块花砂品位随之降低，致使焙烧炉冶炼金属回收率由 1981 年的 90.15% 下降至 1993 年的 75.66%。为提高经济效益，决定取消南选厂的块花砂产品，1992 年年底将南炼厂焙烧炉由四眼减至两眼，1993 年 3 月全部取消焙烧炉只保留鼓风炉。

北炼厂焙烧炉既要处理北选厂的块花砂，又要处理南、北矿的直拨花砂，存在块花砂常被积压的问题，虽将北炼厂 14.8 平方米焙烧炉扩建至 18 平方米仍无法解决。后经综合考虑，于 1995 年年底在南炼厂重建两眼焙烧炉，1996 年 7 月建成投产。

（四）鼓风炉技术改造

1979 年，南炼厂将 1.6 平方米鼓风炉扩建至 2 平方米，仍不能解决浮选砂积压的问题。从 1989 年 8 月 26 日开始，利用 25 天的修炉时间，将鼓风炉由 2 平方米扩建至 2.4 平方米，提高炉日处理能力，为南选厂取消块花砂、全部生产浮选砂作了准备。1996 年 7 月 6 日至 8 月 8 日，又利用鼓风炉大修改造期间，将鼓风炉由 2.4 平方米扩大至 3 平方米。

1982 年，为提高鼓风炉的生产能力，在鼓风炉系统中增设喷流式辐射换热器，利用鼓风炉产生的高温烟气对鼓风炉入炉空气进行预热，收到了较好的节能效果。但喷流式辐射换热器内套制作困难、费用高，1987 年又采用环缝式辐射换热器，环缝式辐射器内套制作费用较低且使用效果好。

1992 年，以节约大修费用和燃料为目的，对 2.4 平方米鼓风炉传统工艺，进行取消前床的工业性试验。1993 年 1 月至 1994 年 1 月，采用活动炉缸实行两侧进料、炉顶抽风等措施，在无前床基础上进行技术改造。经过实践，节约了修炉费用，活动炉缸克服了修炉对生产的影响，但设备故障频繁，零星材料超支严重，职工对新工艺一时难以适应，金属回收率和炉日处理量不够理想，加之生产任务繁重，深度改造压力较大，故于 1994 年 1 月又恢复了前床。

（五）除铅剂工业性试验

1993 年，科研所试制除铅剂成功。1994 年 1—9 月，在南炼厂进行多种型号除铅剂工业试验获得成功，开创了除铅剂在工业生产上应用的先例。

（六）烘干制粒系统技术改造

南炼厂供干制粒系统是 20 世纪 60 年代开始建立并经多次改造形成的，设备老化且工艺上也存在极不合理的环节：

1. 物料运输采用轨道加矿车的两手化作业，劳动强度大且沿途金属流失较严重。

2. 粒矿质量无法保证，成球率低（82% 左右）且粒度在 20 毫米以上的仅占 25.6%。

3. 设施利用率低，粒矿自然干燥时间长，储量 300 吨的粒矿仓利用率仅 2/3。

1995 年年底，决定对烘干制粒系统进行技术改造。以皮带运输取代轨道加矿车的运输方式，改善职工劳动强度和工作环境并减少金属流失。以直径为 3000 毫米圆盘制粒机取代直径为 2000 毫米圆盘制粒机，提高生产能力并保证成球时间。干浮选砂和黏结剂石灰，均采用 KR10 型给料机自动给料。增加双轴搅拌机，提高粒矿成球率和强度。基础工程于 1995 年 12 月施工，设备安装利用 1996 年 4 月 7 日至 5 月 1 日鼓风炉中修期间进行，整个技术改造于 1996 年 5 月 1 日完成投产。

二 北炼厂

北炼厂经过不断改造和发展，至 1981 年已成为配套比较齐全、整体布置比较合理、以生产锑白为主的多流程、多品种的锑火法冶炼厂。其中，有 4 眼 14.8 平方米焙烧炉锑氧生产系统，2.4 平方米鼓风炉锑氧生产系统，4 座 12.5 平方米反射炉精锑或锑白原料生产系统，2 座 5.4 平方米锑白炉和收尘配套系统，8.2 平方米生锑炉生产系统，碱渣湿法处理系统。

1982 年以来，北炼厂又有长足的发展，冶炼系统进一步完善，能力不断扩大，生产技术更为先进。1985 年，增建 3 号锑白炉。1987 年，鼓风炉原料制粒工段由北选厂移交北炼厂管辖。1989 年，2.4 平方米鼓风炉扩建成 3 平方米鼓风炉。同年，对老锑白收尘包装系统进行改造。特别是 1994 年以后，在市场锑价暴涨形势下总投资 1064 万元，进行了以扩大生产能力、调整产品结构、提高对原料适应能力为主要内容的第三次大规模技术改造。锑白炉由 3 座增至 5 座，并增加 1 套锑白收集包装系统和次氧收尘系统，增建 1 平方米鼓风炉系统，将焙烧炉由 4 眼增至 5 眼，生锑炉由 8.2 平方来增至 10 平方米，4 座 12.5 平方米反射炉均扩大至 14.5 平方米，使锑冶炼生产能力全面提高。锑白生产能力由 1981 年的 5000 吨提高至 1996 年的 1.1 万吨，锑白冶炼回收率由 1981 年的 87.52% 提高至 1996 年的 89.55%。经过 15 年的改造和发展，北炼厂已成为装备水平较高、配套齐全、生产技术先进的锑白冶炼厂。

（一）鼓风炉原料制备技术改造

1987 年前，鼓风炉处理浮选锑精矿，原料制备采用较简易的压团工艺。其原则工艺流程：浮选锑精矿 →回转窑烘干 →加石灰 →双轴螺旋机混捏 →双辊压团机压团 →团矿 →立窑烘干 →干团矿 →团矿仓储存备用。

团矿入炉前过筛，约有 40% ~ 50% 的粉料返回压团，入炉后鹅颈灰的产出量也多，成球率低，浪费很大，造成恶性循环。为此，1986 年 4 月至 1987 年 5 月，在北选厂球团工艺可行性试验基础上，将压团工艺改为制粒工艺。其原则生产流程：浮选锑精矿 →回转窑烘干 →干精矿加石灰 →配料皮带 →鼠笼破碎机 →加水 →圆盘造球机 →辊轴筛 → 粒子筛 →隧道窑烘干 →

干粒子 →粒矿仓贮存备用。

改造后使返粉大为减少，成球率由 50% 左右提高至 85% 以上，但鼓风炉日处理量由 46 吨降至 40 吨，过渣道寿命由 150 天缩短至 90 天左右，焦率由 39% 上升至 41%。为便于管理，确保粒矿质量，1987 年将制粒工段由北选厂划归北炼厂管理。

1995 年，1 平方米鼓风炉担负外购锑粉精矿的处理。为节省投资，采用藕矿机做藕矿的工艺。其原则生产流程：锑粉精矿 + 石灰 + 水 →双螺旋混料机 →藕矿机压团 →藕团矿 →堆积自然干燥 →藕团矿成品。

（二）鼓风炉生产系统改建

1. 喷流式换热器的采用

1983 年，为利用烟气余热降低焦耗，根据南炼厂使用喷流式换热器的经验，在 2.4 平方米鼓风炉火柜后安装两台换热器对入炉空气进行预热，入炉空气温度提高至 200℃左右，使焦耗降低而电耗有所提高。

2. 鼓风炉扩建

为提高生产能力，决定将 2.4 平方米鼓风炉扩大至 3 平方米。其配料系统、表冷及布袋收尘系统维持不变，只对鼓风炉至表冷前的系统及抽风机进行扩容。3 平方米鼓风炉于 1989 年 2 月 5 日建成投产。这次扩建作了如下改进：

（1）采用小前床进行虹吸放冰铜获得成功，杜绝了烧眼放冰铜伤人事故的发生。

（2）在安装过程中，提高烟气出口高度，对减少鹅颈灰有好处。

（3）将下料钟改为单个猪腰子形，使布料合理均匀呈现两侧高、中间低，但使用一段时间后，因变形大、密封性差又恢复使用两个圆锥下料钟。

（4）选用的 Y5-47 锅炉引风机经常振动，过两三天就要停机清理风机叶片上沾的锑氧，后对叶轮结构进行改造使问题得到解决。

（5）为提高空气预热温度，将预热器与炉气出口相接而取消火柜，但锑氧含硫偏高(平均含硫0.6%，最高至1.85%)，后来又恢复火柜消除了红氧。

3. 鼓风炉计量配料系统改造

3平方米鼓风炉配料系统是沿用2.4平方米鼓风炉的，从1977年投产至1993年已经16年，其游标式计量秤严重腐蚀而误差大，因此决定进行改造，并由计检中心提出设计。改造采用悬挂传感器，通过单板机处理后，进行自动退皮计量配料准确度高。这是鼓风炉计量配料的一大进步。1994年投入使用效果良好，后在1平方米鼓风炉推广使用。

4. 鼓风炉炉龄延长

鼓风炉炉龄长短是制约鼓风炉生产的关键要素，它取决于过渣道的结构、材质、入炉原料、操作技术等因素。在入炉原料和操作技术相对稳定的情况下，主要决定过渣道的结构和材质。1982年，设计“下坡—平流—上坡”的过渣道结构形式，并采取加高前床渣封高度、加强配料、严禁搞大风操作等措施，使2.4平方米鼓风炉炉龄由1981年的63.7天延长至1982年的186.9天。

1989年2月5日，3平方米鼓风炉建成投产。1989—1990年间，炉龄最高为117天，平均只有77天，生产处于被动状态。1990年10月，北炼厂提出《3平方米鼓风炉炉龄突破150天的技术方案》，针对过渣道结构不合理、铬渣质量差等主要原因采取改进措施，使炉龄延长至1991年的185天和1994年的245天。

5. 重建1平方米鼓风炉

2.4平方米鼓风炉建成后，原1平方米鼓风炉随之废弃。

为处理外购高铅复杂锑原料，决定重建1平方米鼓风炉。该生产系统于1994年6月提出设计，1995年投入生产。其原则生产流程与3平方米鼓风炉相同，但原料制备采用藕矿机压团，渣通过斗式提升机提至渣斗再由汽车运至渣场。1平方米鼓风炉系统废气进入上山废气烟道，并将上山抽风机由9-35型改为Y4-73-11型，功率由135千瓦加大至220千瓦。Y4-73-11型风机易沾氧、振动，难以维护，检修频繁，后经改制叶轮部件和导风口，使之得以正常运行。

（三）焙烧炉技术改造

1988年，将焙烧炉的有效高度提高2.5米，对提高冶炼回收率产生了有利影响。

1993年3月，南炼厂取消焙烧炉。1993年6月，南、北选厂划归南、北矿。为提高综合效益，南、北矿直拨炼厂的花砂剧增，且全部集中拨至北炼厂。因此，决定增建第五眼焙烧炉，使焙烧炉由14.8平方米增至18.5平方米。该扩建工程于1994年10月动工，1995年建成投产。投产后，每年可多处理外购低品位块矿4420吨、含量442吨，多产锑氧含量310吨。

（四）反射炉技术改造

1. 经验公式的建立

1986年，北炼厂系统收集有关反射炉精炼除砸和碱耗的生产实践数据，并进行回归分析得出精炼除砸与加碱量经验公式：Y=10.90+0.26X1-0.34X2，这对准确地推算碱耗量有重要作用，特别是对改变北炼厂精炼除硒纯碱消耗占整个精炼碱耗60%以上的状况更有重要的经济意义。

2. 烟气出口改造

1988年前，烟气出口由五个砖砌鼻孔并联一个砖砌火柜，再串一个砖砌烟道与汽化冷却器相连。1988年，改为四通铁烟道由炉尾顶直接与汽化冷却器连接。其中，三个烟气出口，一个冷却风口，一个连接口，既便于封密防止结氧，又减轻了工人的劳动强度。

3. 反射炉扩容与改进

为改善劳动条件和技术经济指标，1994 年初北炼厂提出反射炉扩容方案，即将 12.5 平方米反射炉扩大至 14.5 平方米，并对连接火室顶与熔池顶的过渡顶进行改进：一是向熔池方向适当延长，二是改变过渡顶压火角的度数，三是过渡顶向炉子两侧加宽。还针对围板易断裂问题，增加了加强筋。扩容改造首先在 3 号反射炉大修时进行，竣工投产后效果良好。

锑氧和锑白生产能力扩大后，反射炉成了生产中的卡壳工序，于是决定将 1、2、4 号反射炉在 1995—1996 年先后扩容，使 4 座反射炉均由 12.5 平方米扩建成 14.5 平方米。

4. 冷凝收尘系统改进与变化

1983 年，将 2 座反射炉的 2 台抽风机并联入布袋室改为单独的系统，避免了炉子之间的相互影响。20 世纪 70 年代建成的反吸风收尘系统，由于电磁阀等易锈蚀不能及时灵活动作，反吸风自动清灰功能很难实现，1983 年起被人工摇布袋所代替，反吸风系统只起输氧作用。表冷器下的反吸风管道，亦用人工放氧所代替。

5. 反射炉炉龄延长

北炼厂进行技术改进，使反射炉炉龄由炼锑 1500 吨左右提高至 2000 吨左右。炉底砖拆除改为与大修一起进行，大修周期由 4 年延长至 5 ~ 6 年，节约了修炉费用。

（五）锑白生产技术革新与扩建

1. 锑白炉炉龄延长

1981 年，针对锑白炉炉龄短的问题，由科研所进行攻关研究。经分析，在工业锑白炉上，主要采取将黏土砖改为三级高铝砖和采用磷酸盐泥浆的措施，使炉龄由 30 ~ 50 天延长至 70

天左右。1984 年，北炼厂对锑白炉进行改进试验，又使炉龄由 70 天左右延长至 120 天左右。

针对锑白炉坩埚寿命只有 15 ~ 30 天的问题，1984 年选用磷酸盐坩埚代替黏土坩埚，使坩埚寿命延长至 30 ~ 70 天，由于延长舀底水周期和减少舀底水次数而有利于延长炉龄。

2. 酒石酸不溶物控制技术研究

1982 年，为提高化验的准确度，将锑白主成分三氧化二锑的化验由碘直接滴定法改为减杂质法，并列为国家标准。其中，酒石酸不溶物 (TAL) 是最主要的杂质，占杂质量的 65% 以上。常常开炉后 7 ~ 15 天，因 TAL 过高使锑白质量达不到国家标准。尤其是 1984 年，2 号锑白炉因炉型改变，连续一周 TAL 均高 (最高达 0.94%) 而达不到零号锑白标准。经采用 TAL 控制技术，在 2 号锑白炉生产条件下反复进行生产性试验，取得良好效果。

第四章　加 工

有色金属加工和深加工乃至终端产品的生产是有色金属工业的核心环节，也是有色金属产业增值的重要环节。

1978 年以前，湖南有色金属一直依据湖南省矿产资源特点走加工之路，在“铅、锌、钨、锑”4 个品种中，铅锌深加工余地不大，钨、锑属稀有，是市场概念的“小金属”。国有企业长期围绕这几种金属转，始终无法做强做优。1978 年以来，民营股份制等有色金属企业在加工和深加工方面不断发展壮大。至 2002 年，全省有色金属加工和深加工的企业有 100 多家，除株洲硬质合金厂、株洲冶炼厂、锡矿山矿务局、水口山矿务局等国有企业外，有 90 余家地方、民营及股份制企业从事有色金属加工、深加工和新材料研发。

常德创元铝业于 2001 年形成年产 11 万吨电解铝能力，并进行铝的加工和深加工。湖南金天铝业高科技股份有限公司 2000 年成功引进中科院重大科技攻关成果“氮气雾化法”微光级球型铝粉生产技术，具有技术含量高、安全、环保、低能耗的工艺特点，实现了我国微细球形铝粉生产产业化，拉动了高档汽车涂料，新型陶瓷材料及太阳能光伏等下游新兴产业的发展。常德市耀弘纳米科技有限责任公司主要从事金属纳米粉体新材料、新技术、新工艺的研究开发与产业化生产，是湖南省高新技术企业。自主研发、设计制造了制备纳米氧化铋、纳米氧化锑、纳米氧化锌的关键设备“等离子弧汽相反应炉”“等离子汽相法生产氧化铋的方法”“等离子喷雾生产金属粉末的方法”等研究成果获得国家发明专利。湖南金旺实业有限公司是一家从事铋冶炼与精深加工的企业，“金旺”牌高纯铋被评为“湖南名牌产品”，“金旺”牌铋深加工产品氧化铋及铋盐在国内外享有较高声誉，产品远销美国杜邦、德国BASF等企业。

第一节 锑加工

1978年以来，各锑厂矿纷纷采用新技术、新工艺，开发新产品。中南工业大学以硫化锑为原料，用氯化—水解法研究出生产锑白的新工艺，很快在全省推广使用。益阳锑品冶炼厂试制锑酸钠，研究除砷脱硅，取得成果，其主要产品零级三氧化二锑1981年被评为省优产品，1982年被冶金工业部评为部优产品，1983年获国家外经贸部产品质量优良荣誉证书，并取得湖南省商检局出口产品的免检权。锡矿山矿务局除生产精锑、锑白、生锑等老产品外，相继生产出焦锑酸钠、细粒氧化锑、醋酸锑、胶体五氧化二锑、微粒氧化锑、高纯氧化锑、无尘氧化锑、阻燃母粒料等锑系列产品。有10余项锑的生产技术获国家专利，“闪星牌”商标先后在日本、美国等国注册。

一 锑白生产

（一）超细锑白生产

阻燃工业的发展对锑白粒度提出更高的要求，锡矿山矿务局为进一步稳定和开拓市场，决定研究超细锑白的生产技术开发超细锑白。1988年10月5—10日，在2号锑白炉进行生产超细锑白的工业性试验，设计适应超细锑白生产条件的装置，产出二级超细锑白获得成功。这种生产超细锑白的技术，通过改进完善后在冶化厂进一步试验取得令人满意的效果，产品质量达到世界先进水平并申报了国家专利。

（二）高纯超细锑白生产

1990年10月，为满足国外用户的特殊需求，锡矿山矿务局抓住控制酒石酸不溶物这一关键，研制出三氧化二锑达99.81% ~ 99.87%、费氏平均粒度 0.82 ~ 0.98 微米的高纯超细锑白。北炼厂研制的 99.85% 高纯锑白在工业上取得成功，并于 1996 年转入生产。

（三）粗颗粒锑白生产

1991 年，国外用户需要费氏粒度大于 1.8 微米的粗颗粒锑白。锡矿山矿务局北炼厂通过生产过程中的判断性试验，提出了粗颗粒锑白生产方案。1991 年 11 月，在 2 号锑白炉进行试验，试验结果达到费氏粒度 1.86 微米的良好效果，1992 年转入生产。

二 锑系列新产品研制

锡矿山矿务局 1982 年开始将含锑新产品的开发列为科研所的主要任务。1982—1995 年，有 10 项含锑新产品研制技术获得突破，并根据市场需求及时将科研成果转化为生产力。

（一）锑酸钠

1982—1990 年，锡矿山矿务局根据中国有色金属工业总公司下达的计划，开展锑酸钠的试验研究。先后开展火法流程（硝化法）、湿法流程（碱性间接法）、直接法流程（从硫化锑精矿直接制取）及酸法流程（盐酸浸出、氯气氧化）研制，均获得合格产品，圆满地完成了试验研究任务。

1984 年，火法流程生产的锑酸钠获省优秀新产品奖。1986 年，火法流程和碱法流程研制的锑酸钠项目通过中国有色金属工业总公司组织的技术鉴定，1987 年获中国有色金属工业总公司科技成果三等奖和中国有色金属工业总公司长沙公司科技成果二等奖。1989 年，直接法流程研制锑酸钠项目，通过中国有色金属工业总公司长沙公司组织的科技成果鉴定，1990 年获中国有色金属工业总公司长沙公司科技成果二等奖。

冶化研究所继湿法炼厂 1989 年 10 月建成 1500 吨 / 年碱

性介质双氧水氧化生产锑酸钠生产线后，于1994年11月建成1500吨/年酸性介质生产锑酸钠生产线投入试生产，使科研成果及时转化为生产力。1995年6月投产，当年产出锑酸钠92吨。1996年根据市场需求，共生产428吨。

（二）超细三氧化二锑

普通锑白粒径、粒度不能完全满足阻燃行业需要，研制生产超细三氧化二锑（超细锑白）成了当务之急。1986年，锡矿山矿务局科研所完成超音速内循环气流粉碎工艺研制并获得合格产品13吨，经用户检测试用符合要求。1986年通过中国有色金属工业总公司长沙公司组织的技术鉴定，1987年获中国有色金属工业总公司科技成果四等奖和中国有色金属工业总公司长沙公司科技成果三等奖，1987年在半工业试验线上批量生产超细锑白。

1988—1989年，科研所、湿法炼厂、北炼厂，在现有锑白生产装置上，进行技术改造和攻关，研制出超细锑白，其粒度、能耗等均优于气流粉碎工艺。从1989年起，超细锑白的生产均在锑白炉上进行。

（三）醋酸锑

醋酸锑是涤纶合成的反应型催化剂。锡矿山矿务局于1984—1987年进行试验研究，其工艺为间接合成法，建有小批量生产线并得到合格产品30吨。1987年，该项目通过了中国有色金属工业总公司长沙公司组织的技术鉴定。1988—2002年根据市场需求组织生产。

（四）催化剂三氧化二锑

催化剂三氧化二锑用于化纤工业的聚酯合成。科研所于1986—1987年进行了试验研究，建有40吨/年的半工业试验装置。试验工艺为氯化—水解—中和法，试验得到合格产品1.1吨。1987年，该项目通过有色总公司组织的技术鉴定，1989年获中国有色金属工业总公司长沙公司科技成果三等奖。

（五）胶体五氧化二锑

胶体五氧化二锑是一种超微粒状稳定无机阻燃剂。科研所1988—1989年完成试验研究，采用双氧水氧化流程得到两种不同性能的产品。1990年，该项目通过有色总公司委托有色长沙公司组织的技术鉴定，获有色总公司科技成果四等奖和有色长沙公司科技成果三等奖。湿法炼厂于1993年建成年产300吨胶体五氧化二锑的生产装置，至1996年累计生产胶体五氧化二锑97.9吨。

（六）无尘氧化锑

为克服普通粉状氧化锑产品在使用过程中扬尘和分散性不好的缺点，湿法炼厂于1989—1990年开展粒状无尘氧化锑的试验研究。试验采用混合—制粒—筛分工艺得到湿状无尘氧化 和干粒状无尘氧化锑两种产品。该项目1990年通过有色总公司委托有色长沙公司组织的技术鉴定，1991年获有色长沙公司科技成果二等奖、有色总公司科技成果三等奖和湖南省新产品奖，并利用扩大试验线生产了10吨粒状无尘氧化锑。

（七）阻燃母粒料

1991—1992年，为扩大锑白在阻燃塑料电缆中的应用，开展PVC阻燃母粒料的研制，完成小型试验及扩大型试验，湿法炼厂于1993年建成了年产PVC阻燃母粒料500吨的生产线。该生产线采用机械混合—塑化混炼—造粒工艺，主要设备有开炼机等，1994年2月正式投料生产。

此外，1987—1990年，完成微粒三氧化二锑研制，并于1990年通过省科委组织的技术鉴定。1995年，进行了氯化法五氧化二锑试制并获得成功。

第二节　铅锌加工

1978—2002年，湖南铅锌产业形成了从矿产品、冶炼产品到加工产品的产品系列，并逐步呈现出向深加工、高附加值产品领域延伸的势头。铅系列产品的加工主要为铅锌、铅钙系列合金、铅砷合金、铅锑合金、新型铅基等；锌系列产品的加工主要有热镀锌合金、压铸锌合金、电池锌饼、锌基合金、锌粉等。“水口山牌”锌基合金1997年被评为湖南省著名商标。2000年，水口山在衡阳兴建新材料有限公司，主要生产无汞锌粉和扣式电池锌粉，2001年8月被湖南省科委认定为高新技术企业。

一　无汞锌粉的生产（含扣式电池锌粉）

从事无汞锌粉生产的单位为衡阳水口山新材料有限公司。该公司坐落在衡阳市华新开发区，是专业生产碱性电池负极材料的企业。2001年1月3日该公司首条生产线投入生产，2001年8月被湖南省科委认定为高新技术企业。

公司主产品无汞锌粉2001年12月被科学技术部、国家税务总局、国家对外贸易部、国家质量监督检验检疫总局、国家环保局认定为国家重点新产品，公司是中国电池工业协会会员单位，系ISO9001：2000质量体系认证单位。

（一）生产工艺

首先将锌锭通过高温熔化炉熔化，提纯炉蒸发、经冷凝器冷凝生产出高纯锌锭，然后将高纯锌锭通过中频炉熔化，保温炉保温，雾化器吹粉，再通过雾化桶沉降、分级斗分级，最后经过筛粉机筛粉，生产出合格锌粉。

采用电加热提纯方式生产高纯锌锭，其工艺属国内首创。高纯锌纯度达到99.999%，产品质量达到国际先进水平。无汞锌粉产品质量达到国内同行业领先水平。2002 年该公司研究开发的扣式电池锌粉，其产品质量达到国际先进水平，占领国内市场份额 60% 以上。

该公司已经开发出高纯锌锭、无汞碱锰电池锌粉和 IPH-6-200、IPH-6-320、IPH-3.5-200、IPH-3.5-320、IPH-2-200、IPH-2-320 扣式电池锌粉以及无汞扣式电池锌粉等一系列新产品。

2002 年，公司在中国电池工业协会支持下，参与起草了无汞锌粉行业标准。

（二）原料来源

高纯锌锭生产的主要原料来源于水口山四厂的 0 号、1 号锌锭。无汞锌粉和扣式电池锌粉生产的主要原料来源于自产的高纯锌锭。

（三）主要设备及生产能力

公司占地面积 9.7 万平方米（约 7.13 公顷），固定资产原值 2338 万元。建有提纯车间、制粉车间，内有提纯炉 2 座，制粉炉 1 座。设计能力为年产电池锌粉 2500 吨，高纯锌 5000 吨。

二　锌基合金的生产

锌基合金是水口山产品深加工产量最大的一个品种，年生产能力达 30000 吨。“水口山牌”锌基合金 1997 年被评为湖南省著名商标。

（一）生产工艺及变革

锌合金是以锌为基本金属，再加铜、铝、镁等金属元素而形成的一种混合物。其生产方法：将一级以上锌锭和合金所需的各金属元素按一定的比例加入电炉内，待完全熔化后进行充分搅拌，使合金各元素均匀分布在锌液中，然后铸锭成型。

1998 年 2 月 15 日，用中频炉试产压铸锌合金获得成功。

当月产出合格压铸锌合金 114.012 吨。11 月又增加一台 3 吨工频电炉投入生产，当年共产出锌基合金 2082.1061 吨。年生产能力达 10000 吨。

1999 年 1 月开始生产热镀锌合金。3 月、9 月成功试产锌铝和锌锑合金，全年生产锌基合金 4600 吨。

2000 年 4 月，对 2 号工频电炉进行了电器系统的配套，使两台 3 吨工频电炉能同时投入生产，具备了 16000 吨年生产能力。

2000 年 5 月 29 日，六厂接管四厂精馏塔车间为六厂八车间。该车间将粗锌通过蒸馏除杂提纯工艺产出精锌，生产热镀锌合金，其年生产能力为 8000 吨。

2001 年 1 月，六厂成立九车间，该车间生产能力为 20000 吨。

2002 年 3 月 14 日，精馏塔因炉况太差和精锌成本太高而停产。同时筑建一座煤气反射炉，4 月份投入生产。至此，六厂锌基合金年生产能力 30000 吨。

（二）主要设备及生产能力

1998 年 2 月 15 日，水口山矿务局决定将原由四厂生产的锌基合金转入六厂生产、经营，将六厂原设备仓库用作锌基合金生产场地，购置 1 座 3 吨工频电炉，11 月再添 1 座 3 吨工频电炉，锌基合金设计能力 20000 吨 / 年。

三　铅系列产品的加工

水口山铅系列产品的加工主要为铅砷合金、铅锑合金、铅钙合金、铅硒合金。主要生产单位为六厂。1990—2002 年共生产铅系列合金 28.14 万吨。

第三节　钨钼加工

钨钼的加工主要在株洲硬质合金厂、株洲市钨钼材料厂、湖南钻石硬质合金公司等企业进行。株洲硬质合金厂从1963年起生产高纯钨条、钼条，1975年又增加了钨钼异形产品和钼酸铵等。经过生产实践和不断的技术改造，至2000年已发展成为以硬质合金生产为主体，集钨、钼、钽、铌产品生产于一体的加工企业。主导产品有金属切削工具、矿山及油田钻探工具、硬质材料、钨钼制品、钽铌制品、稀有金属粉末制品六大系列产品。“钻石牌”商标被认定为中国驰名商标，两次被认定为“中国名牌”。

株洲市钨钼材料厂1982年引进日本东芝公司钨丝生产线，1984年产出钨丝，1990年钨丝产量达到2亿米，W31超细钨丝于1989年获省优秀新产品奖。同时生产钼丝、钼杆等，成为电光源工业配套的钨钼材料专业生产厂家。

一　钨加工产品

株洲硬质合金厂（简称株硬）钨产品包括化合物偏钨酸铵，初级产品钨粉、钨粒、钨条、板、管坯、钨坩埚、钨结构加工材料圆片、阳极、高比重合金、钨杆、喷嘴、钨基合金电极材料等，共20个品种50个规格型号。

（一）偏钨酸铵

偏钨酸铵生产工艺研究是1984年国家科委下达给株洲硬质合金厂“钨冶炼及中间制品研究”的一个子课题。工厂在1984—1985年进行了“热离解法”和“萃取法”生产偏钨酸铵的工艺研究，申报“萃取法”通过中国有色金属工业总公司组织的技米术鉴定，获得科技成果二等奖。

偏钨酸铵作为钨型石油催化剂，于20世纪80年代中期正式进入市场。由于产品供需所形成的固定格局，工厂的偏钨酸铵萃取工艺经技术鉴定后，一直停留在扩大试验阶段。至1989年，市场供求形势发生变化，工厂确定偏钨酸铵工业性生产作为紧急项目，简易上马，迅速批量投放市场。

1989年8月，对原有20吨/月的蓝色氧化钨试验生产线调整改造，建成偏钨酸铵临时生产线，迅速形成向长岭炼油厂批量供货的能力。同年9月起，便以热离解法制取合格偏钨酸铵投放市场，月产能力达到10～12吨。

紧急上马偏钨酸铵产品，旨在迅速形成批量供货能力占领市场，所以生产线工艺设备比较粗糙。1990年1—7月，对热离解工艺和设备进行调整改造。以回转管电炉替代远红外线烘箱对原料仲钨酸铵热离解，设备容量增大，工艺过程封闭连续，使月产能力达到20吨，为原工艺设备能力的2倍。用喷雾干燥取代蒸发结晶，将浸出液浓缩后经喷雾干燥即获得偏钨酸铵产品，比原工艺“蒸发—冷却结晶—离心甩干—低温干燥”减少三道工序，缩短生产周期且提高了产品实收率。所投入的QZ-25型喷雾干燥机月产能力达到12吨以上。

（二）钨金属初级产品

钨粉分为3个质量品级：FW-1、FW-2、FWP-1，0.6～40微米范围内11个粒度等级。

1981年，沿袭传统的两阶段还原工艺，以高纯三氧化钨原料经回转管电炉一次还原成二氧化钨，经十三管电炉二次还原成金属钨粉，年生产能力为200吨。

钨粉按工艺要求分半成品和商品两个类别，半成品粉用于作金属坯和制品的原料，商品钨粉根据用户所需技术条件经筛分后直接投放市场。

1983年，完成国家冶金工业部和国防科工委下达给工厂的钡钨阴极专用钨粉的研制和生产任务，该品种钨粉用于压制电真空管阴极骨架，提高了电子发射能力和延长电真空管使用寿命，填补了国内钡钨阴极专用钨粉生产的空白。该研制项目获中国有色金属工业总公司科技成果三等奖。

1984 年，研制成功高比重合金钨粉，并通过工艺试验，使工厂对钨粉的晶形、密度、粒度等物理性能指标达到自如控制，形成批量生产高比重合金钨粉的生产能力。产品通过湖南省科委、中国有色金属工业总公司长沙公司、国家机械委兵器发展司联合组织的技术鉴定，获中国有色金属工业总公司科技成果一等奖。

1985 年，还原系统增配 300×70×6000 毫米四管马弗炉 1 台，该炉种采用氧化钨直接还原制成金属钨粉，单炉年生产能力达到 100 吨，比较传统十三管电炉两阶段还原工艺，产量提高 54%。投入运行后使还原系统生产能力增长 50%。

钨条坯、板坯、管坯等模压产品为常规定型产品，随着钨粉生产能力增大，压制产量逐年增加。1984—1990 年，钨产品综合产量共计 1264.3 吨，最高年产量达到 215 吨，平均每年递增 6.6%。1990 年合格率为 99.93%，比 1984 年提高 0.1%。

（三）钨金属加工材

工厂在 1980 年已经定型钨杆、钨片等钨金属加工材的生产工艺。同年，试验成功以粉末冷等静压成型直接生产钨阳极的加工工艺。钨阳极是取代炭精棒作白炽灯光源的理想材料，国内有关单位以金属模压工艺生产阳极材料存在金属实收率低和加工困难等缺点，且产品纯度不高，使用过程中早期发黑。工厂以“等静压型—车削—烧结”工艺制取钨阳极，区别于国内外以钨棒经机械加工的各种工艺，产品硬度大、纯度达到 99.98%、组织结构均匀、制灯后无高温溅射和早期发黑现象，平均寿命达到 1520 小时，畅销国内市场，产品于 1983 年通过中国有色金属工业总公司长沙公司的技术鉴定。

1984 年，为扩大生产规模，满足市场需求，配置两台 BPS160/2500 型中频感应炉用于烧结。1985 年，扩建 300 平方米钨钼制品加工厂房，配套安装 HG28 型车床和 MG12 型磨床等设备，形成年产钨阳极 50000 支的设备能力。产品分 XY-1、

XY-2两个型号，L30 ~ 50毫米、直径9 ~ 25毫米、功率0.5 ~ 7.5千瓦范围内15种规格。国内市场占有率在90%以上。钨阳极1988年获国家银质奖。

1988年，针对300吨硬质合金生产线原辅材料国产化的问题，工厂组织了铜钨电极材料的试验研制。通过对进口电极的金相结构观察和成分分析，了解材质的成分和物理性能，探索以粉混法、浸渍法和粉混→浸渍法三种工艺方式生产铜钨电极，定型以粉混浸渍法成功生产了用于电脑冲切割和冲孔和铜钨电极棒。自产电极加工性能好、组织结构均匀、被腐蚀后表面光滑，已批量用于模具的加工，质量性能均优于进口钨铜电极，每年单纯满足厂内200公斤的需求量就可节省外汇15000美元。产品通过中国有色金属工业总公司长沙公司组织的技术鉴定。

工厂在完成了300吨合金生产线所用钨、铜含量比例为75 ： 25的铜钨电极研制生产后，又着眼市场需求，研制成四种不同比例规格的铜钨电极材料，用于触头开关片和电火花加工设备。

二 钼加工产品

株洲硬质合金厂具备从钼精矿通过火法、湿法冶洽炼生产金属钼粉和加工钼金属条、片、丝、板及其合金制品的全套工艺技术，综合生产能力达到年产仲钼酸铵500吨、钼金属产品250吨的水平。并运用溶剂萃取和离子交换工艺从钼精矿中回收铼制成高铼酸、铼酸铵及铼酸钾，综合年产能力折合成金属铼为200公斤。

钼产品有18个品种60个规格型号，铼产品有3个品种。

（一）仲钼酸铵

1981年，采用氧化焙烧和硝酸催化—氧压煮两套工艺处理钼精矿制取仲钼酸铵。基于传统的氧化焙烧工艺存在钼的分解率低，粉尘和二氧化硫污染严重，同时与钼矿共生的铼金属在焙烧过程中随烟尘排入大气层，工艺选择不适应有价金属的综合回收。20世纪80年代，主要致力于扩大氧压煮的生产能力和完善工艺技术，旨在以氧压煮工艺取代传统的焙烧工艺。

1981年，已配置1台3立方米压煮釜，单机运行最大生产能力为年处理钼精矿220吨，产仲钼酸铵170吨，金属回收率达到96%，比焙烧法高6%。氧压煮工艺形成批量生产能力后，于1982年将试验规模的临时供氧装置拆除，建筑50平方米单层砖混结构配氧厂房，单独设置氧气汇流排岗位，预储存总体积550立方米的氧气向压煮釜送氧。

1983年1月，压煮釜由于自然事故使内衬严重受伤，被迫撤出生产线。同年8月，投资19.32万元购置第二台压煮釜投入运行。

1987年3月，对高压釜安全泄压装置进行改进。原装安全阀在强酸高压气氛中工作，密封可靠性能差，使釜内含酸混合气体外泄，影响钼精矿分解转化，使氧压煮不能完成全过程的化学反应而中止生产。工厂针对安全阀的密封材质结构采取改进措施，在安全阀芯体金属密封面间加装聚四氟乙烯密封垫，改善其灵敏性和可靠程度。经株洲市劳动局组织安全鉴定后投入运行。

1987年4月，针对钼精矿压煮分解率不稳定的问题，选择以硝酸钠取代硝酸作催化剂进行生产试验。硝酸钠在参与压煮的化学反应过程中生成含钠化合物，对钼精矿颗粒表面黏附的选矿油具有脱脂作用，能加速压煮反应过程中二硫化钼的分解转化，稳定和提高钼精矿分解率。1987年4月起，改工艺原辅材料为硝酸钠代替硝酸作催化剂。

1989年3月19日，2号压煮釜釜体裂纹，压煮工艺暂时停运，两台釜同时大修，启动两台焙烧炉处理钼精矿，维持仲钼酸铵的生产。同年6月，对仲钼酸铵系统氧压煮工序进行技术改造。投资30.59万元，改建和维修160平方米生产厂房，以钢筋混凝土构筑二层平台，设计配置3台压煮釜及其附属设备，形成以压煮工艺为主体生产仲钼酸铵的原则流程，进而淘汰有毒气体污染严重的氧化焙烧工艺。

1号、2号压煮釜相继于1989年12月和1990年5月投入运行，两台釜同时生产年处理钼精矿的能力达到540吨，能满足钼金属生产系统对原料仲钼酸铵的需求量。1990年6月，焙烧炉熄火停炉。同年8月，全部拆除氧化焙烧工艺设备，为钼冶炼服役27年的氧化焙烧工艺从此退出生产线，完全被氧压煮新工艺所取代。

（二）钼金属初级产品

1981年，金属钼粉、钼条、板坯、管坯、坩埚等初级产品完全沿袭传统的生产工艺。

1982年，开发用于汽缸内壁喷镀的钼粉品种，采用作为回收处理的钼粉筛面料经“破碎—烧结—过筛”三道工序，制成-1601-+ 320网目的喷镀钼粉，每100公斤筛面料经加工能获得20公斤喷镀钼粉。

1986年，调整喷镀钼粉生产工艺为“焙烧—破碎—过筛”，提高金属实收率15%，每100公斤筛面料能制得35公斤喷镀钼粉，质量达到法国进口的喷镀钼粉技术标准。工厂每年向市场提供3 ～ 4吨喷镀钼粉。

1988年，维修改造1台钨制粉技术改造中撤出的四管马弗炉，用于仲钼酸铵第二阶段还原制金属钼粉，炉台年产量达100吨，比较13管电炉还原能力高54%。

（三）钼金属加工材

1. 粉冶态钼合金顶头

1981年，以1台中频感应烧结炉及附属设备的规模，生产

DM 牌号、直径 20×50～直径 150×300 毫米范围内 3 种尺寸规格的钼合金顶头，年生产能力为 10 吨。

粉冶态钼合金顶头作为一种新型高强度结构材料，质量性能和使用寿命优于其他金属结构的顶头，热穿管效率达到模具钢顶头的 100 倍，为铸态顶头的 2 倍。产品于 1984 年获得国家银质奖，市场需求量逐年增大。

1984 年，为扩大生产规模，增建 300 平方米生产厂房，增加 2 台中频感应烧结炉及其发电机组，设备于同年 6 月和 10 月分别投入运行，1984 年生产 24 吨产品。

1985 年，为进一步提高钼合金顶头的高温工作性能，开发生产 TZC 牌号产品。

1988 年，由碳化钨生产系统转移 2 台中频感应烧结炉至钨钼制品生产系统，经维修改造后已有 1 台用于钨钼制品烧结，粉冶态钼合金顶头形成 3 台烧结炉的设备规模。1990 年生产能力达到 30 吨 / 年，产品由试制的 1 个牌号、3 种尺寸规格发展到 2 个牌号、直径 28×60～直径 220×300 毫米范围内 15 种尺寸规格。

2. 高温钼丝

1981 年，工厂和上海钢铁研究所联合研制特种电光源灯泡的电极引出线，成功地采用钼掺杂工艺生产新材料高温钼丝。产品具有良好的延折性和抗张强度，替代纯钼丝应用作电真空管和照明灯中的电极引出线，解决了高温条件下与石英封接时断裂严重的问题，使制灯的成品率提高 10 倍。产品通过上海市冶金局和湖南省冶金厅联合组织的技术鉴定，获湖南省科技成果二等奖。

三 硬质合金深度加工

硬质合金深度加工项目主要包括合金毛坯的刃磨、涂层和合金工具的镶焊配套等内容。

株硬从开工投产起至 1984 年生产的硬质合金产品 95% 是以毛坯作为成品出厂,产品结构主要为常规产品,包括切削刀片、常用模具和钻采钎头等合金的毛坯。模压烧结产品所占比例大,而随工业技术发展、为市场需求量日益增大的切削、地质矿山工具和复杂几何形状的硬质合金制品所占生产比例不足 5%。

从 1981 年开始，工厂经过局部的加工工艺试验，分期对切削刀片研磨涂层、矿山工具配套、合金模芯镶嵌以及顶锤、轧辊的磨削加工等项目进行工艺技术改造和设备更新。

（一）合金毛坯研磨

1979 年 9 月，工厂建立第一个硬质合金毛坯研磨工序，配置周边磨床、端面磨床、负倒棱磨床及钝化机、分选机等研磨设备，主要对切削刀片毛坯进行研磨加工。工艺项目包括毛坯端面、周边研磨，倒棱钝化和硬质合金棒材包括牙轮钻合金球齿的研磨加工。以试验生产规模使研磨产品投入 市场推广应用。

基于同期国家机械工业水平不高，工厂固有的机加工设备精度低、型号不全、生产能力不足，而随着市场对研磨刀片的需求量和精度要求日益增高，国内设备及现有的工艺技术已不能满足生产要求。1983 年，工厂从瑞士阿格顿公司和西德万特公司引进一部分研磨设备，包括周边磨床、端面磨床、负倒棱磨床共计 6 台全自动精密机床，设计生产能力达到年产研磨刀片 20 吨，使深加工作业初具规模。1984 年下半年，引进设备安装调试竣工投入试运转，当年加工成品研 磨刀片 1.23 吨，除向国内市场供货外，并销往罗马尼亚等国家，首次打开了硬质合金深加刀片出口的大门。1985 年，研磨刀片转入正式生产，当年加工硬质合金刀片 7.41 吨，创产值 183 万元。

为了与引进硬质合金生产线的工艺技术设计和设备生产规模相匹配。1985 年，工厂从瑞典山特维克公司引进数控编程

CNC 周边磨床、负倒棱、无心磨床和手工磨床共 21 台（套）研磨设备，引进研磨新工艺技术，并配套引进切削刀片、钻采合金钎片和球齿刃口钝化、圆化的钝化装置 18 台(套)，形成年产 100 吨研磨产品的设备能力。新增钝化流程采用不同粒度的碳化硅作磨料，氧化铝作钝化介质，在钝化机旋转振动过程中，磨耗、圆化和抛光刃片的凸出部分，获得符合标准要求的产品。1989 年，研磨产品产量达到 27.50 吨，按国标 ISO 标准检测产品，当年出口量达 16 吨，为深加产品跻身国际市场打下了良好的基础。

（二）涂层

1979 年，工厂将涂层硬质合金扩大试验作为重点科研项目，开始设计制作工业性生产规模设备。于 1981 年建成由气体净化、四氯化钛挥发、沉积炉、尾气处理和控制中心五个工序组成的硬质合金涂层系统，选用韧性良好的 YT5、YW1、YW2 牌号硬质合金作涂层基体，在合金表面涂覆高耐磨性的氮化钛材料。涂层合金同时保持有氮化钛涂层固有的硬度、耐磨性和基体材料的韧性，具备良好的抗冲击性能，特别适用于各种条件下的高速切削，被加工件光洁度高。涂层合金使用寿命达到钨钴合金 2 倍以上。

1982 年，进行氮、碳化钛复合涂层和碳化钛、氮化钛双涂层试验，生产供钢铁高速切削、有色金属及其合金精加工和半精加工的 CN15、CN25、CN35 三个涂层牌号合金。1983 年又试验生产碳化钛—氧化铝双涂层的 CA15、CA25 牌号涂层合金，该牌号合金应用范围广，在高切削速度下具有极强的耐磨性，适用于淬火钢、高温合金、钛合金及非金属材料的连续加工。同年 6 月，从瑞士柏列克斯公司引进一台 250 型涂层炉及配套附属设备和部分检测仪器，定型比较完整的工艺制度，形成年生产能力 10 吨的涂层合金线，增加 YG6、YG8 牌号涂层合金基体材料和开发碳化钛—碳氮化钛—氮化钛三涂层工艺，开发CN16、CN26涂层合金牌号。此阶段涂层生产初具规模，产品填补了国内空白并远销罗马尼亚。CN25牌号产品获得湖南省优质产品奖。

1985年，在新建300吨硬质合金生产线的同时，从瑞典山特维克公司引进硬质合金牌号28个，其中含5个涂层合金牌号，并配套引进GCA型涂层炉和全套技术标准及其检测手段。品种主要有机夹刀片，硬质合金螺纹梳刀包括七齿梳刀、扇形梳刀和部分合金制品。使涂层产品品种齐全，编制成系列，按国际ISO标准组织生产，设备能力达到30吨/年。新的涂层工艺分设四套完整的流程，生产从瑞典引进的碳化钛单涂层GC315、GC1025、GC135三个牌号，碳化钛—氧化铝双涂层GC015牌号和碳化钛—氧化铝—氮化钛三涂层GC415牌号和自行设计开发的GC435三涂层牌号。

1988年1月，引进设备投入运行，生产能力达到设计水平。1989年产涂层合金10.89吨，涂层刀片通用性好、切削速度快、使用寿命长，比未涂层刀片切削速度提高20% ~ 30%，使用寿命提高1 ~ 5倍。在国内市场为大型发电、采煤、冶金机械、汽车制造等行业提供高精度可转位刀片200种型号。在国外市场，涂层产品销往美国、英国、罗马尼亚等国家。

（三）合金制品和刀具

20世纪80年代初期，工厂已组织进行硬质合金小件制品的深加工试验，拥有试验规模设备包括车床、磨床、铣床、刨床共计10台（套），试加工小模数滚轮齿刀、旋锻模、拉伸模等产品，产量不足0.5吨。由于计划经济所形成的固定产业结构格局，工厂的合金制品深加工在1984年以前一直维持试验范围，品种少、数量小，大路产品合金顶头以毛坯投入市场，制约了经营效益和加工技术的发展。

根据工厂“市场向国外开拓，产品向深加工延伸”的经营决策，1985 年投资 40 万元动工建设深度加工生产线。建筑单层砖混结构厂房 455 平方米，厂内调拨 M2120 内孔磨床和 M7130 平面磨床共两台，经四个月的筹备建设，于 1986 年 4 月简易上马深度加工生产线，除继续进行小件合金制品精加工外，同时开发轧辊、顶锤和异型产品的磨削加工。加工工艺按产品几何形状区分为三大类：

1. 环形产品（轧辊）

毛坯→平面磨削→内孔磨削→外圆磨削→倒角切削→开槽→镶套→精磨→入库

2. 顶锤

毛坯→外圆磨削→平面磨削→粗磨→入库

3. 异型产品

毛坯→平面磨削→工具磨削→镶套→精平面磨削→入库

1986 年下半年，新配置四柱液压机、高精度磨床、万能外圆磨床、轧辊磨床等设备 19 台（套），试制成功三维轧辊、针布轧辊、大定型模等 30 种深加工产品。该年加工产品产量包括合金顶头达到 22.90 吨。

1987 年，根据国内钢铁线材需求量急增，各大钢厂以外汇进口轧制设备的耐磨部件——合金轧辊环的情况，工厂投资 80 万元，配置万能工具磨床、高精度平面磨床、高速外圆磨床、电解磨床、卧式短台平面磨床和线切割机床、车床等机械设备共 13 台，建成硬质合金辊环毛坯—精加工—开槽—镶套的生产线，同年产合金辊环 11.8 吨，创利 97 万元。

1987 年，研制成功新产品硬质合金圆盘切刀，该产品 1989 年通过中国有色金属工业总公司长沙公司组织的技术鉴定。并获有色总公司长沙公司科技成果二等奖。

1990 年，深度加工生产线累计产量 242.54 吨，创利 429.59

万元；合金辊环产量达到72吨，覆盖国内95%以上的辊环市场，实现了辊环国产化；深加工产品产量达到112.4吨，比1985年增长10倍。

1990年，为了满足硬质合金深加工产品市场日益增长的需求，工厂拟定硬质合金深度加工车间建设方案和初步设计。同年10月，中国有色金属工业总公司批复深加工车间建设方案，设计深度加工生产能力为127吨/年，工程总投资510万元。1990年12月2日动工基建。

在“七五”期间技术改造中，硬质合金刀具配套的工作由于投资和建设能力的局限，至1990年才进入实施阶段。5月份设置株洲硬质合金厂刀具分厂筹备处，投资4950万元，选址株洲市湘江西岸高科技经济开发区，建设硬质合金刀具生产线，工程项目在实施之中。同年，投资20万元建设简易刀具生产线，适应市场的需求进行内、外螺纹刀，内孔刀，切断刀4个品种车刀的试制和刀杆生产。1990年下半年，调拨和采购万能铣床、平面磨床、工具磨床、数显工具铣床和53.52大立铣床等机械设备共计8台（套），因陋就简上马刀具生产线。1990年底已生产各种刀具7000把，包括4个品种的硬质合金车刀、3个品种11个规格的陶瓷车刀，为发展刀具生产奠定良好的基础。

（四）模具

金属成型模具按结构区分为合金模、钢圆模、钢平模、机夹刀片模4个类别。1981年，工厂已定型生产55个品种904个规格型号的标准模具和包括菱形、圆型、U钻、切刀、重型车刀五种类别2042个型号规格的非标准模具，总产量达到7872套，为原设计生产能力的3.8倍。

1981年，模体加工已采用电脉冲和线切割技术，以电脉冲成孔和数控切割成型技术部分取代苏联提供的研磨成孔和刨铣成型，使模体加工工效平均提高2倍。同期，已部分淘汰和革新传统设备和工艺技术。至 1982 年，拥有各种型号磨床、电火花数控线切割机床、电脉冲加工机床及刨床、铣床等主要生产设备 65 台（套），产品技术标准以工厂颁发的模具验收标准取代苏联国标。

随着工业结构的变化，对复杂几何形状的产品和耐磨零件需求量大幅度增长。同时机夹不重磨刀具迅速发展，大量采用高精度机床和自动控制工艺，对机夹刀片的精度要求越来越高，模具加工在工业技术发展中面临材质、精度、工艺 3 个关键的课题。

1983 年，工厂从西德引进多斯特压力机 15 台，该机所用压模——TPA 模具结构复杂，对平行度、垂直度、同心度、光洁度和尺寸精度要求高，加工难度大，引进单价达到 10000 元 / 套。为使引进的压力机顺利投产，并实现 TPA 模具国产化，同年工厂派员赴联邦德国学习模具设计与制作。1985 年，投资 40 万元，对模具生产系统进行设备技术改造，增配三台高精度平面、内孔磨床和一台电脉冲机床，同年，自行研制成功 TPA 模具 52 套和沉孔模具 11 套，初步定型 TPA 模具生产工艺。

1985 年 12 月，进行瓢形齿、牙轮钻压模内孔成型的沉型模具试制。选择先进的电加工设备，采用多根电极和新型 3R 夹具，重复定位加工同一型腔，首次加工出几何形状与电极精加工工艺效果完全一致的底垫腔，使原来无法用常规工艺制作的瓢形齿、契形齿等高难度模具得以批量生产。

1986 年，为保证新产品硬质合金轧辊尽快投入批量生产，工厂组织研制轧辊压模。当年制成功轧辊模具投入批量生产，使工厂所产硬质合金轧辊取代进口。先后共生产了 31 个不同规格型号的轧辊模，满足了国内钢铁线材生产中耐磨机械部件的需求。

1988 年，配套 300 吨合金生产线的建设，投产美国引进的模具 CAD/CAM（计算机辅助设计）系统。该系统根据已设计好的合金刀片成品图，向计算机输入尺寸和角度参数，由计算机自动组合预储存的点、线、圆等绘图基本元素，在荧屏上显示压模设计图。设计按模体内腔形状区分为负压模、正压模、正负压模、双重锥形负压模四种形式，图纸转入加工线后，由计算机根据编排的程序控制数控机床进行铣削割型加工，从设计到制造的精度误差为 0.2 微米，平均周期为 35 天，比较原工艺提高工效 2 倍。

1990 年，组建模具设计 CAD 微机室，配置主机 US386 计算机和对应的外部设备及附属件，形成国内有色金属行业中第一个模具设计 CAD 系统。该系统应用开环模块化结构，实 现国内少见的参数化模具设计，模具型号设计周期由人工十几小时缩短至 15 分钟，适应了硬质合金产品向多品种、小批量方向发展的市场需求。

第四节 铜铝加工

为发展湖南铜铝材加工业，1967 年，湖南有色金属工业管理局决定长沙有色金属加工厂转产加工铜铝材。1970 年建成铜材加工线，年产铜管、铜棒 2000 吨，试生产一次成功，质量符合国家标准。1971 年正式投产，接受国家订货。至 1985 年，该厂生产的品种有铜管、铜棒、铝管、铝棒、铝合金等 5 类，共计 15 种规格的铜铝加工材。从 20 世纪 80 年代中期开始，该厂先后进行了大规模技术改造，从英国、美国和日本引进技术和设备，到 2002 年，该厂能生产 40 个合金牌号、1000 多种规格的铜、铝及铜、铝合金管、棒、线、板、型材。产品广泛用于能源、电力、船舶、机械、轻工和军工等工业部门。主导产品有热交换器铜及铜合金管；空调机、电冰箱用铜管；电冰箱、汽车空调用连续挤压铝管和铝合金多孔管带等。该厂生产的康风铝管，1989年获国家银质奖；铜冷凝管1991年获国家银质奖，1998年被评为湖南省名优产品，国内市场占有率达40%，并成功为国产第一台60万千瓦火力发电机组提供了性能优良的铜冷凝管产品；铜盘管打进格力、美的、远大等空调生产厂家，并成为“美的”空调定点供应商，国内市场占有率达60%以上。长沙市金属压延厂于1964年试产铝线成功，1965年建成线材车间、板材车间，生产铝线、铝板。1970年，该厂成材率90%左右，月产量100吨。长沙铝厂从1965年开始生产16 ~ 17平方毫米的裸铝胶线及钢芯铝胶线，年产量达1000吨。

1978—2002年，湖南各铜铝材加工厂逐步由生产型转为生产经营型，生产市场需要的适销产品。长沙市金属压延厂开发了铝制卷闸门等新产品。长沙铝厂扩大铝胶线生产能力，达到2500吨/年。汨罗市长江铜业有限公司和衡联铜材有限公司都是利用再生铜生产铜杆、铜丝等产品的企业；湖南金龙国际铜业集团则是一家铜、铝材精深加工企业，主要产品有电工用铜杆、铝杆、电线电缆等。湖南经阁投资控股集团、长沙新振升集团、邵东县铝业公司、创元铝业、湖南金天铝业高科技股份有限公司等企业都是从事铝型材、铝管、铝板、铝带、铝线、铝粉生产的企业，其中湖南金天铝业高科技股份有限公司2000年引进的“氮气雾化法”微米级球形铝粉生产技术，实现了我国微细球形铝粉生产产业化，起草制定的《氮气雾化铝粉》成为国家标准。湖南晟通科技集团主要生产铝箔、高档铝板带等加工和深加工产品。

一 铍铜合金的深加工

铍铜合金的深加工产品主要包括铍铜无火花工具、铍钴铜结晶器内套、铍铜模具、铍铜模具环料等机加工产品。生产单位为水口山矿务局六厂。

（一）铍铜铸锻件生产工艺及变革

该产品所有的原材料主要有铍铜母合金、金属钴、电解铜。根据产品的用途不同，按照一定比例配制而成。

（二）产品分类

按产品成分不同，可分为 BeA-275C、BeA-245C、BeA-20C、BeA-165C、BeA-10C、BeA-50C。

根据产品的用途不同，可分为：

1.用作模具材料：主要有铍青铜塑胶模具、铍青铜压力模具。

2. 用作耐磨材料：主要有各种轴瓦、套；水平连铸结晶器的铍青铜内套；压射头等。

3. 用作耐蚀合金。

4. 用作电极材料：主要有各种电阻焊中使用的点焊头、电极轮。

5. 用作安全工具：主要用于各种矿山、油田、化工等有防火、防爆要求的场所使用的安全无火花工具。

（三）年生产能力

20 世纪 80 年代初期，水口山六厂开始试制铍铜无火花工具和铍铜机加工产品至 1985 年。经过 1986 年以来的发展、改善，至 2002 年，铍铜合金深加工产品已形成年产 100 吨的生产能力。

二 铜系列产品的加工

（一）铜系列产品

铜系列产品的加工主要为铜基合金，包括砷铜合金、钴铜合金、镍铜合金、硅铜合金。主要生产单位为水口山矿务局二厂和六厂。从 20 世纪 70 年代开始，二厂生产的“飞轮牌”砷铜合金产品畅销海内外市场。生产能力为 600 吨 / 年。

（二）其他铜系列产品的加工

无氧铜杆产品：1993 年在柏坊铜矿铜材加工车间生产，设计能力为年产无氧铜杆 2000 吨及各种规格型号电线。1999 年扩产至 4500 吨 / 年。

第五节　砷系列产品的加工

砷系列产品主要分为金属砷、砷铜合金、砷系列化学试剂（五氧化二砷、三氧化二砷等）。主要生产单位为水口山矿务局二厂。“飞轮牌”金属砷于 1982 年 10 月获冶金部优质产品，之后又被湖南省和中国有色总公司评为优质产品。年产量 400 吨，是国家唯一定点生产金属砷的厂家。产品 90% 外销于美国、英国、日本、德国、荷兰、加拿大等国。主要成分砷含量 99% 以上。“飞轮牌”砷铜合金（砷含量 30%）畅销海内外市场。

一　生产工艺及变革

2001 年完成三氯化砷生产工艺改造，建成粗砷—氯气氯化—三氯化砷—多级蒸馏—氢气还原—真空脱氧—充氩包装的高纯砷生产工艺。

二　原料来源

提炼金属砷的原料是三氧化二砷，俗称白砒，采用湖南石门雄黄矿、常宁白沙白砒为原料。

三　主要设备生产能力与技术改造

粗砷工序：有 90 千瓦工频感应炉 3 座，附有炼罐、冷凝器和收尘系统，生产能力为 320 ~ 350 公斤 / 日。

合金工序：有生产能力 600 吨 / 年的合金生产设备 1 套。

2000 年二厂实业公司砷品车间中频合金炉投产成功，2001 年砷铜合金试产成功。2001 年完成年产 60 吨三氯化砷生产工艺改造，并取得国内独家生产权，通过国家禁化武组织核查，2002 年 7 月通过国际禁化武组织（OPW）核查。

第六节 稀土金属加工

1970年6月，湖南冶金研究所在桃江建设第一试验厂，该厂于1975年7月投料试车，生产出氯化稀土8.6吨，附产磷酸三钠5.2吨。1976年1月正式转入生产，填补了湖南有色金属工业的一项空白。1976年9月，经湖南省冶金工业局批准，工厂更名为桃江稀土金属冶炼厂，并从长沙有色金属加工厂调入打火石生产设备，建成年产打火石10吨的车间，采用浇注法工艺、单孔挤压法生产。几经技术改造，桃江稀土金属冶炼厂1980年独居石精矿年处理能力达到600吨，产品质量符合国家标准，生产的打火石被湖南省政府命名为“优质产品”，氯化稀土为商检一类产品。

湖南进行稀土分离冶炼和加工的企业有桃江稀土金属冶炼厂、益阳鸿源稀土公司、永州稀土冶炼厂、耒阳稀土冶炼厂、汨罗华鑫稀土公司等几家中小型冶炼企业。益阳鸿源稀土公司对独居石矿分离冶炼加工具有国际领先水平。

截至 2002 年，湖南稀土金属矿产品有离子吸附型稀土矿和独居石稀土矿；稀土冶炼和加工产品有氧化钪、氧化铕、高纯稀土氧化物、混合氯化稀土、单一稀土氧化物、稀土合金材料、稀土功能材料、稀土轻合金型材、稀土永磁和稀土耐热合金材料等。

湖南从事稀土金属材料研制和技术开发的单位有湖南稀土金属材料研究所、中南工业大学、国防科技大学、湖南大学、南华大学等，湖南农科院在稀土农用微肥的应用研究方面也取得了进展。

湖南稀土金属材料研究所在氧化钪与金属钪、铝钪中间合金、高纯中重稀土氧化物、稀土超细微粉、高纯稀土金属和合金型材（棒、片、粉、粒、丝、管、箔）、稀土贮氢材料、六硼化镧阴极材料、稀土激光晶体材料、稀土磁致伸缩材料等方面研究处于国内领先水平。

中南工业大学在稀土轻合金型材加工方面处于全国领先地位，在稀土发光材料、稀土高纯金属、稀土贮氢材料等方面均取得重大成果。

国防科技大学在稀土永磁和稀土耐热合金材料方面的研究在国内处于领先水平。

湖南农科院在稀土农用微肥的应用研究方面独具特色，其产品具有十分广阔的市场。

1959 年，湖南冶金研究所根据国家下达的任务，首先试制成功打火石，并以每炉 5 公斤的规模进行生产，1960 年投放市场，从此结束了我国打火石靠进口的历史。该所从 1959 年至 1963 年年底，先后试制出不同规格的稀土金属产品 32 种、稀土中间合金 66 种、稀土氧化物 36 种、打火石 0.13 吨，稀土产品销售利润累计 938.65 万元。该所研制的稀土产品在国防、军工生产和国民经济建设中发挥了重要作用。近百个单位使用该所研制的稀土产品制造稀土球墨铸铁、生产汽车、拖拉机曲轴、钢锭模等。稀土铝合金成功地用于长沙汽车发动机的零件制造，其硬度、强度、高温性能、产品成品率均得到提高。

由于稀土产品在国防尖端技术和国民经济建设中的推广应用，国家对稀土原料的需求愈来愈迫切。桃江稀土金属冶炼厂 1976 年生产出氯化稀土，填补了湖南的一项空白。1978 年后，企业由“以产定销”改为“以销定产”，由计划调节转变为市场调节。该厂的氯化稀土等稀土合金产品以物美价廉争取了用户，并出口日本等国。

湖南稀土金属材料研究所在20世纪90年代初就研制出钕铁硼稀土永磁材料，产品出口法国、德国、美国等国。在稀土加工产业中，钕铁硼永磁材料是产值最大的产品。该所研制生产的稀土荧光粉、稀土三基色节能灯和LED灯市场销售良好。

第七节　钽铌加工

湖南从事钽铌冶炼加工的有株洲硬质合金厂、水口山矿务局、衡阳莱孚新材料有限公司等企业。

1958年2月，冶金工业部决定在株洲硬质合金厂建设钽铌冶炼车间，列入国防尖端确保项目。同年5月，该厂用中心试验室的炉子开展从钨渣中提取钽铌的试验研究工作，接着又开展从钽铌矿石中提取钽铌混合氧化物和以熔盐电解法制取金属钽粉的试验研究。同年10月，湿法、电解两部分同时进行扩大试验，年底基本完成从钽铌矿石中提取钽铌混合氧化物和单一氧化物的试验研究工作。1959年7月，提出了从褐钇钶矿中提取钽铌氧化物的试验报告，同时采用盐熔电解法试制出小批量的金属钽粉。从1959年到1980年，株洲硬质合金厂钽铌生产形成从钽铌氧化物制取钽铌金属及加工成材的完整的生产体系，经历了一个不断改进、逐步完善的过程。

1966年，该厂相继用间接还原法、自身还原法、直接还原法开展电容器铌粉的研制，1968年直接还原法制出电容器铌粉，1970年形成生产线。从1980年起，采用连续注钠搅拌氟钽酸钾制取金属钽粉的新工艺，钽粉实收率达94%以上，回收率达96%以上，达到制造军用电容器质量要求，获得国务院、国防工业办公室和冶金工业部的表彰。

到1985年年底，株洲硬质合金厂主要产品有钽铌氧化物、钽铌金属粉末、条、锭、丝、板、材等31个品种136个规格牌号，共生产钽铌产品229吨，销往全国22个省、市130多个单位。钽产品有五氧化二钽、氟钽酸钾、电容器钽粉、冶金级钽粉、钽条、钽棒、钽丝等共14个品种84个牌号。铌产品有五氧化二铌、碳化铌粉、金属铌条、铌材等共17个品种52个牌号。年产钽铌产品25吨。其中，1988年生产五氧化二钽6.061吨，1989年生产五氧化二铌13.455吨，1990年生产氟钽酸钾28.735吨，这三年分别是企业生产钽铌产品的最高年产量。

到2002年，株洲硬质合金厂钽金属产品有8个品种70个规格型号，包括钽粉、钽棒、钽条、钽锭、丝、板及碳化钽，碳化钽铌固溶体。先后研制生产了薄壁钽管、冶炼坩埚、高温发热体等新技术钽材料,为合理利用钽金属不断开辟了新领域。该厂铌金属包括初级产品碳化铌、铌粉、铌条、铌锭和铌基合金条、铌基合金锭、铌金属制品棒、管、丝、片及商品铌酸锂单晶等共计13个品种49个规格型号。其中，铌酸锂单晶1985年获湖南省和冶金工业部优质产品称号。

一 钽铌氧化物

钽铌氧化物是株洲硬质合金厂钽铌金属生产的中间产品，品种有五氧化二钽含6个技术规格,五氧化二铌含6个技术规格，氟钽酸钾1个技术规格。

20世纪80年代，株洲硬质合金厂沿袭“N503-HF-H2S04体系”萃取分离钽铌的定型工艺，制取五氧化二铌、五氧化二钽和氟钽酸钾。

常规工艺处理的原料钽铌矿含五氧化二钽和铌的技术标准为60%，1989年，工厂接受了低品位钽铌矿冶炼的外委加工，该矿含五氧化二钽和铌17% ~ 21%，与常规原材料技术标准相差甚远。工厂以常规工艺为基础，将钽铌矿在进入萃取流程之前进行烘干和焙烧预处理，且提高氢氟酸分解的酸度和温度，使工艺进程中萃取有机相内钽铌元素含量充分饱和。工艺试验中，低品位钽铌矿冶炼回收率五氧化二钽达到82%，五氧化二铌达到85%。1989年以新工艺处理该批低品位矿共76吨，工厂获利76万元，同时为非标准钽铌矿源的加工处理定型一条较完整的工艺路线。

由于以N503萃取分离钽铌的工艺需要使用二乙苯作有机相稀释剂，此种试剂对人体毒副作用大且货源紧俏，1989年下半年，工厂组织技术力量针对新的萃取有机相组成体系——“仲辛醇—HF—H2SO4体系”萃取分离钽铌进行研究试验，旨在为钽铌冶炼系统技术改造提供工艺设计依据。1990年上半年，采用仲辛醇作萃取剂的新工艺试验应用于工业性规模的生产获得成功。在此基础上，1990年4月，工厂上报《株洲硬质合金厂钽铌湿法冶炼车间技术改造可行性研究报告》，改造内容主要包括钽铌的萃取分离工艺改“N503—HF—H2SO4体系”为“仲辛醇—HF—H2SO4体系”，改造扩建氧化钽生产线和新建高纯氧化铌生产线，并改造、改进工艺设备和工艺控制手段，完善辅助生产设施。同年7月，中国有色金属工业总公司批准该改造方案。自此，钽铌湿法冶炼系统除正常承担额定生产任务以外，同时拉开了技术改造的帷幕。

二　钽

株洲硬质合金厂生产的钽金属产品有8个品种70个规格型号，包括钽粉、钽棒、钽条、钽锭、丝、板、碳化钽、碳化钽铌固溶体。

（一）钽粉

钽粉分冶金级钽粉和电容器级钽粉两个类别。冶金级钽粉按技术标准分两个质量等级，主要作半成品原料转入钽金属材生产系统，部分产品直接进入商品市场。电容器级钽粉按工作电压区分为 A、E、B、C 四个系列，作为工厂的成品进入市场，用于电子工业部门生产钽电解电容器。

1981 年，采用“氟钽酸钾搅拌钠还原”工艺取代传统的“陶瓷过滤混合装料纳还原”工艺制取金属钽粉。新工艺分为连续注钠还原和混合注钠还原两套流程，分别生产中、高比容钽粉。该工艺比较传统工艺具有炉次合格率高、金属实收率高、质量稳定等优点，实收率提高 4%，生产成本降低 7%，原粉粒度均匀，最高比容值可达到 8000 微法·伏/克，使用性能接近和相当于国外同类产品的先进水平。除作为加工钽材的原料外，同时通过后续工序精炼成不同量值的电容器钽粉。同年，已定型三套工艺制度生产电容器级钽粉。采用“高温热处理法”（BT 工艺）制低压钽粉，“垂熔法”（AT 工艺）制中压钽粉，“垂熔—电子轰击法”（DT 工艺）制高压钽粉。

1983 年，工厂的钽产品改企业标准为国家标准，以 AT 和 DT 工艺生产的钽粉因击穿电压和漏电流值达不到国家标准而影响供货。为此，工厂总结修正传统的直接碳还原工艺，设计出“碳还原—高温真空烧结法”生产高压钽粉，解决了传统直接碳还原产品中碳、氧含量不稳定的问题，使耐压值、漏电流及容量范围等技术指标达到国家标准。该工艺于 1987 年通过省级技术鉴定，FTA-28 钽粉获湖南省优质产品奖，同年投入工业性规模生产。

“碳还原—高温真空烧结法”存在生产效率低、能耗大的缺点，产量不能满足市场需求；1988—1989 年，企业开展“碳还原—电子轰击法”的工艺研究试验。直接将预烧结钽条进行电子轰击制成钽粉，大幅度提高了生产能力。产品通过高温、高真空熔化处理，具有纯度、耐压值高的特点，金属回收率达到 89.6%。该工艺 1989 年通过中国有色金属工业总公司长沙公司组织的技术鉴定，FTA-80、FTC-20 电容器级钽粉获中国有色金属工业总公司优质产品奖，同年转入批量生产。

1989 年 6 月，对钽粉生产系统进行技术改造，改造更新的设备包括钠还原衬镍复合反应器、钨网炉、镁处理炉等共计 25 台（套），投入资金 180 万元。

同年 8 月，衬镍复合反应器开炉试车。1990 年 6 月完成冶金级和电容器级钽粉的工艺条件试验，转入批量生产。改造后还原设备投料量增加 40 ~ 50 公斤，年增产钽粉 9 吨，产量提高 2 ~ 3 倍。主要辅助材料金属钠的用量降低 14.4%，能耗降低 50%，且有效提高了产品质量，满负荷生产每年增利 90 万元。

（二）碳化钽和碳化钽（铌）固溶体

1. 碳化钽

碳化钽分 FTaC-1、FTaC-2、FTaC-3 三个质量等级，1981 年，株洲硬质合金厂已经配备年产能力达到 4 吨的碳化钽生产线。

1986 年 4 月，投资 18 万元，将工厂已废弃的二水源水泵房改造成建筑面积 497.7 平方米的碳化钽生产厂房。同年 10 月竣工投产，改建后生产线碳化钽年产能力达到 10 吨，并新增 FTaC-01 规格的产品。

随着 300 吨合金生产线投产，对碳化钽的需求量增大，原有生产线不能满足需要。1988 年，投资 30 万元扩建 600 平方米双层砖混结构生产厂房，增添 15 台（套）生产设备。1990 年又增加投资 12.5 万元，建成收除尘系统，并对工艺操作控制部分进行合理调整，形成同时生产 3 个规格型号、年产能力达到 20 吨的碳化钽新生产线，FTaC-2 碳化钽粉评定为湖南省优质产品。

2. 碳化钽铌固溶体

300 吨硬质合金生产线设计以碳化钽铌固溶体作四元系合

金的添加剂，而生产线未配套引进固溶体的生产工艺及装备，国内尚无该种材料的生产厂家。

1986 年，根据引进厂提供的碳化钽铌固溶体技术条件，工厂组织研制开发攻关。以碳化钽生产设备和参考碳化钽生产工艺进行小试及批量生产工艺试验，1987—1989 年，共为合金生产线提供 80 ：20 和 60 ：40 两种规格的碳化钽铌固溶体 8113.67 公斤，产品质量达到引进厂所提供的技术标准。

经两年的生产试验，工厂确立了一次氢气碳化、二次真空碳化制取碳化钽铌固溶体的定型工艺，生产了碳化钽、碳化铌比例为 50 ~ 90 ：50 ~ 10 范围内 5 种比例规格的产品。

（三）钽金属材

钽金属材料除常规生产棒、管、丝、片 4 个品种 37 个规格型号的产品以外，还根据特殊需求生产钽加热器、辐射隔热屏、坩埚等深加工产品。1981 年已配置等静压机、旋锻机、拉丝机、轧机及各型冶金炉等金属加工配套设备 30 台，常规生产能力达到 2 吨 / 年。

80 年代初已定型钽丝的粉末冶金工艺，生产 STa 牌号 0.6 毫米规格的固体电解质钽电容器钽丝，产量和质量居国内首位，被评定为国家冶金工业部优质产品和国家银质奖产品。

1983 年 1 月，国防科委、中国有色金属工业总公司向工厂下达“液体电解质电容器用钽丝”研制课题，工厂在粉末冶金工艺生产丝材的工艺基础上，增加对钽丝机械旋转磨削、表面电化学抛光等工艺手段，制成功电性能、力学性能、抗氧脆性能和表面质量均达到技术标准的液体电解质电容器用钽丝，经三次组织联合鉴定，确认质量已达到西德同类产品的水平，从而结束了液体电解电容器钽丝依赖进口的局面。研制项目获得中国有色金属工业总公司科技成果三等奖。1985 年，工厂各种规格钽丝产量达到 55 吨，占国内市场需求总量的 70%。

1986年，工厂根据市场对细径钽丝需求量大幅度增长的形势，重点组织直径0.3 ~ 0.1毫米钽丝的研制生产。采用细钽粉掺杂工艺，快速升温烧结；丝材拉制过程中多次中间退火；使用聚金刚石拉丝模，缩小道次加工率。通过系列工艺技术改进，相继研制成功直径0.3毫米、直径0.25毫米、直径0.2毫米、中直径0.15毫米、直径0.1毫米的细径钽丝，质量、电性能和力学性能等指标均达到国家标准要求，产品成材率和金属回收率指标分别达到72%、90.5%，满足了市场的特殊需求。

1988—1990年，先后研制生产了薄壁钽管、冶炼坩埚、高温发热体等高新技术钽材料，为合理利用钽金属不断开辟新领域。

三 铌

株洲硬质合金厂生产的铌金属包括初级产品碳化铌、铌粉、铌条、铌锭和铌基合金条、铌基合金锭、铌金属制品棒、管、丝、片及商品铌酸锂单晶等共计13个品种49个规格型号。

（一）铌初级产品

铌金属初级产品生产沿用两阶段碳热还原工艺，第一阶段制成中间产品碳化铌，第二阶段真空还原制成铌金属条，经氢化破碎和脱氢制成铌粉。

冶金级铌粉按质量等级分FNb-1、FNb-2、FNb-3和高纯铌粉FNb-01计4个规格型号。

1981年，试验成功铌粉生产过程中还原炉真空冷却改氢气冷却，定型烧结铌条炉内氢化的工艺，缩短了生产周期。

1982年，研制成功以轰击铌锭制高纯铌粉的生产工艺并转入批量生产，使铌粉品种增加高纯级别FNb-01一个技术规格。

电容器级铌粉含5个规格型号，电容器铌钽合金粉含4个规格型号。

基于中国“钽少铌多”的资源特点，工厂相继试验了“间接还原”“自身还原”工艺制电容器级铌粉，最后定型直接碳还原工艺生产中、低压电容器铌粉，在“铌代钽”的研究中获得较大的进展。

1982 年，与相关单位联合研制成功以轰击铌锭制高纯铌粉，用作电容器生产，各项技术质量指标在国内居于首位，产品通过湖南省电子工业局和株洲市科委组织的技术鉴定。

局限于铌、钽元素本身化学性质所存在的特性差异，电性能指标始终未能达到互相替代的目的。20 世纪 80 年代中期，钽铌市场不景气，加上国家不断发现和开发新的钽资源，以铌代钽的试验和生产虽然做了大量的工作，但没有取得进展。电容器铌粉及铌钽合金粉共 9 个规格型号的产品于 1984 年停产，所配套的生产工艺也于同年下马。

（二）铌酸锂单晶

铌酸锂单晶定型生产中直径 40 毫米、直径 50 毫米、直径 76 毫米三种直径规格的晶体、切割晶片毛坯、抛光晶片和各种角度的特殊切型晶片，工艺完全沿用经典的“晶体提拉法”。1981 年，生产线已配置拉晶炉、退火炉、极化炉、切割机和定向仪等工艺设备，形成晶体生长、热处理和加工检测较完善的半自动控制系统。

1983 年，生产线第二次局部改造，购置 6 台单晶炉并改进炉型结构使之与浮称控制工艺相匹配，使铌酸锂单晶体工艺过程中能自动控温同时自动控制晶体等径生长，基本实现生产线全自动控制。同年，增置 4 台抛光机，磨片抛光能力达到 2 平方米，产量和质量均大幅度提高。1984 年产铌酸锂单晶 201 公斤，检验其插入损耗、带内波、抗外干扰和伴声平台等项指标均达到日本同类产品的水平。

1985 年，铌酸锂单晶获湖南省和国家冶金工业部优质产品称号。

（三）铌铁

铌铁产品于1987年2月开工投产。投资15000元购买北京有色金属研究总院的铌铁技术专利，利用钽铌冶炼闲置设备试生产NbFe79和NbFe50两个规格型号的产品。工艺采用铝热还原法，以铝元素还原五氧化二铌、四氧化三铁、生产成铁、铌单质，同时在化学反应中释放热能，补偿全工艺过程的热损耗。铁和铌在热反应过程中化合成铌铁。

从开工投产至1988年，按专利技术参数生产200批物料。由于理论配料计算数据与工艺实践存在差异，试验产品的碳硫杂质含量高，按国家标准《铌铁》（GB7737-1987）检验，合格率仅为30%。1988年，建成铌铁生产体系，针对铌铁中碳硫含量超标的问题组织工艺试验，调整理论配料量，使杂质元素与铌铁产品分离。1989年4月，批量出炉符合国家标准的产品，合格率达到95%。

第八节　半导体材料

湖南半导体材料的科研和生产起源于1958年。是年，在中南矿冶学院内建立了湖南半导体材料研究所，从事锗单晶和硅单晶的研究。

1960年2月，冶金工业部给中南矿冶学院下达湖南单晶硅车间设计任务书，称此任务为“七三〇”工程，初期规模年产单晶硅300公斤，产品质量要求纯度达到“六个九”以上，电阻率大于30欧姆·厘米。同年4月在学院内动工兴建，1962年建成厂房3368平方米，完成水电安装，并购置了部分仪器设备。同年，冶金工业部批准将“七三〇”工程改为高纯金属半导体冶金教研室，从事半导体冶金方面的科研和教学工作。

1963年3月，中南矿冶学院利用半导体冶金教研室的厂房、设备和库存材料，建立生产单晶硅的工厂——七四三厂。

1967—1969 年，中南矿冶学院和长沙玻璃厂参加了国家科委组织的硅烷法制取超纯硅的“会战”。长沙玻璃厂采用硫酸分子筛系统提纯硅烷，用硅烷法多晶拉制出高阻单晶，送上海无线电十四厂和长沙硅整流器厂试用，效果良好。同时，用自己区熔的高纯锗拉制出合格锗单晶，供长沙晶体管厂等单位试用。

1969 年，中南矿冶学院七四三厂更名为长沙半导体材料厂。1972 年 10 月，该厂从中南矿冶学院划出，隶属湖南省冶金工业局管辖。

长沙半导体材料厂以生产单晶硅为主，同时生产锗单晶，试产过硅外延片和可控硅元件。1974 年开始试产氟化镧单晶片、氟离子电极等。1981 年 12 月建成银锌纽扣电池生产线并投入批量生产。各种产品的年生产能力：硅单晶 1.32 吨，锗单晶 200 公斤，氟化镧单晶片 3000 片，扣式电池 1200 个，氟离子电极 1000 个。1969—1981 年共生产多晶硅 2.73 吨，硅单晶 3.135 吨，锗单晶 0.33 吨，硅外延片 1051 片，可控硅元件 200 公斤，氟化镧单晶片 8103 片，氟离子电极 3101 个。其中，春花牌 CSB-F-1 型氟离子电极于 1980 年和 1981 年分别被湖南省政府和冶金工业部评为优质产品，行销全国大多数省、市、自治区。氟化镧单晶片主要用户在上海和江苏；硅单晶销售范围包括湘、粤、鄂、桂、赣、苏、滇、黔、豫、川、青、陕、甘、鲁等 10 多个省、自治区；锗单晶也销往湘、粤、鄂、桂、赣、苏、浙、豫、沪等省、市、区。

从 1981 年开始，市场上硅、锗单晶滞销，长沙半导体材料厂以生产扣式电池、氟离子电极、氟化镧单晶片为主，硅、锗单晶为辅，取得较好的经济效益。随着市场经济的发展，该厂经过转换经营机制，调整产品结构，1990—2002 年企业转产，初步形成以硬质合金、超硬材料为主，传感器、电池、金属粉末为辅的多元化生产格局，企业更名为长沙特种硬质合金工业公司。

第五章　安全生产

第一节　概　况

中共十一届三中全会以来，安全生产被提到工业管理的重要位置。1980 年年初，省政府确定每年 5 月为全省“安全月”。是年，湖南省冶金工业局和有色冶金企业组织开展了首个“安全月”活动。株洲冶炼厂、水口山矿务局、锡矿山矿务局、黄沙坪铅锌矿等企业以典型事故为活教材,大讲违章作业的危害，大讲违章违规操作对国家和人民生命财产造成的重大损失，让历史的教训警钟长鸣。从 1980 年开始，全省有色金属企业设有专门安全管理机构，配备专职安全员。每个企业都建成“纵向到底，横向到边”的安全组织体系，形成党、政、工、团齐抓共管的安全工作氛围。同时建立和完善安全生产制度、安全操作规程，增加对安全工作的必要投入，定期检查，消除事故隐患，提高安全生产管理水平。

1984 年，湖南省政府在工业生产中推行目标管理责任制，包括安全设备在内的 16 项指标被纳入对各工交厅局和地（州）市的考核。湖南省冶金工业厅和中国有色金属工业总公司长沙公司也照此办理，对下属单位和企业实行目标管理责任制，加强安全设备管理。中国有色金属工业总公司长沙公司于 1984 年 12 月颁发安全生产职责条例，从 1985 年开始，定期组织安全生产检查（安全检查是保证安全生产的重要手段，通过检查，及时发现问题，排除事故隐患，制定整改措施，促进安全生产），下达事故隐患整改通知，同时组织全行业开展“安全月”活动，负责重大伤亡事故的调查分析并提出处理意见，督促企业制定预防重大事故措施，建立因公死亡事故档案等。随着安全生产责任制的落实，1985年省有色金属行业安全生产形势继续好转。

1986—1991年，全省有色金属企事业单位在全面实行承包经营责任制中涵盖安全考核指标，承包人经济利益与安全指标挂钩，实行安全考核“一票否决制”。1989年，国务院各工业部、局分别制订出本行业安全性评价标准，在全国组织开展创“安全级企业”活动。有色长沙公司按照中国有色金属工业总公司制定的《安全性评价标准》对企业实行安全性评价。据有色长沙公司统计：全省有色金属企业1990年主要生产设备完好率达到91.7%，较上年提高2.3%，涌现出一批安全生产优秀单位。株洲硬质合金厂把安全生产责任制落实到车间、班组和个人，创造了1981—1990年连续10年无生产性因工死亡事故的好成绩，1991年被中国有色金属工业总公司授予“国家安全级企业”称号。1991年5月，湖南省经济委员会对首批申报企业进行安全性评价后表彰了安全生产先进单位，授予株洲冶炼厂、水口矿务局、黄沙坪铅锌矿、柿竹园有色金属矿为“湖南省安全生产先进单位”。1991年，衡阳有色冶金机械总厂、有色湖南地质勘查局被中国有色金属工业总公司评为安全生产红旗单位。

1992—2002年，全省有色金属企业按照国家要求，结合实际每年定期开展“安全生产月”活动。有的企业开展“百日安全无事故竞赛”“安全隐患大排查活动”，有的企业不定期出版墙报、宣传窗、《安全简讯》刊物，有的企业进行包括法律法规、安全责任、安全纪律、安全制度、事故案例、安全防护、安全操作规程等在内的安全教育。水口山矿务局1996年出台《水口山矿务局职工标准化作业规程》，利用《工厂安全卫生规程》《建筑安装工程安全技术规程》等来规范人的不安全行为、物的不安全状态。1997年在全局范围内开展“反对三违（违章指挥、违章操作、违反劳动纪律），加强管理”的安全生产月活动，举办“安全在我心中”演讲比赛。柿竹园有色金属矿每年对安全生产教育工作进行全面规划，统筹安排，抓好落实。发挥广播、电视的作用，不定期播放安全电教片、警示片，通过建立安全文化走廊、组织群众性的安全宣传专场晚会、组织万人安全签名活动等方式，提高安全质量和效果。衡阳有色冶金机械总厂1989年开展“安全生产标准化班组达标”活动，多次组织开展安全生产“五查”（查安全思想意识、查手持电动工具、查起重吊具、查厂房建筑物和工业炉窑烟囱、查作业场所事故隐患）和对隐患的整改活动。至1990年12月，工厂实现连续1219天无工亡事故，392天无重伤事故，全厂安全生产达标、合格班组277个。1991—1995年，工厂开展“创建安全生产标准化分厂（处室）”活动，并纳入年度安全管理目标考核。2000年7月，按照有色长沙公司安排，衡冶总厂与株洲硬质合金厂进行安全生产互检互查。通过一对一的互相检查，相互督促，取长补短，促进了两厂的安全文明生产。同年，衡冶总厂创造连续7年无工亡事故，连续4年无重伤事故，千人负伤率1.14的好成绩。

第二节 企业安全生产选介

一 湖南省有色地质勘查局

1984—2002年，湖南省有色地质勘查局对安全生产实行“一把手”负总责，“谁主管、谁负责”的安全责任制。各二级生产单位设有安全生产机构，配备专、兼职人员。完善和落实安全制度，定期进行安全检查，消除事故隐患，提高安全管理水平。

（一）施工现场安全管理

1. 施工现场地盘必须平整、坚固，填方不得超过塔基面积四分之一。

2. 机台地板铺设整洁、平稳。

3. 现场用电参照《建筑施工现场用电安全规定》执行。如使用接地电供电，应采用三相五线电缆。照明用36伏电压电源。

4. 在雷雨季节或雷击区施工应有避雷装置。冬夏应有防冻与防暑降温设施。

5. 钻机搬迁及上下班道路要符合安全要求。

（二）安全生产检查

20世纪80年代以来，全局实行定期检查和随机抽查相结合的安全检查制度。一般而言，局每年、队每季、分队或项目部每月、班组人员则每日进行一次安全检查。

定期检查由主管安全的领导率队，对照有关安全检查标准和本单位制定的规章制度进行检查。根据“谁检查、谁负责”的精神，不使检查流于形式，认真听取安全方面的汇报，并到实地进行广泛而细致的查看。发现安全隐患，由检查人员进行登记，根据情况下达整改通知书，如发现危及人身及财产的重大隐患，视情况就地下达停工整改令。接到整改通知的单位按三定（定人、定时、定措施）原则完成整改，并及时将整改结果反馈至主管部门。

（三）安全事故管理

1984年以来，安全事故的报告、调查和处理执行国家和省市有关规定，坚持及时和实事求是的原则，任何单位和个人不得瞒报、虚报和迟报。

1. 事故报告

发生轻伤事故的单位在当月末以报表形式报告至局工程安全处；重伤事故必须3日内报到局工程安全处；发生工亡1～2人，重伤一次3人以上，或直接经济损失50万元的重大事故，24小时内报告至事故发生地的安全生产监管部门，直至中央有关部门、省政府、省安委等部门。

2. 事故调查

事故调查按国家《企业职工伤亡事故调查分析规划》（GB6442–1986）、《企业职工伤亡事故分类》（GB6441–1986）的规定进行。

3. 事故处理

对事故处理坚持“四不放过”原则，即事故原因没查明不放过，责任人没有处理不放过，整改措施没落实不放过，相关人没受到教育不放过。安全事故按上级作出的处理决定，分别给予责任人以行政处分和经济处罚。构成犯罪的，由司法机关依法追究刑事责任。伤亡事故处理工作应在 90 天内结案，特殊情况不得超过 180 天。结案后应宣布处理结果，并将材料报局安全部门归档保存。

二 衡阳有色冶金机械总厂

1981 年，衡阳有色冶金机械总厂成立安全委员会，由厂长任主任委员，分管生产的副厂长和一名厂工会副主席任副主任委员，有关职能部门负责人为委员组成。1989 年，为贯彻执行国务院“管生产必须管安全”的安全生产工作原则，遵照中国有色金属工业总公司和省市有关指示精神，落实各级行政一把手安全负责制。1994 年，根据国务院《关于加强安全生产工作的通知》精神，调整充实总厂安委会成员，各生产单位的安全第一责任人成为总厂安委会委员。

（一）强化安全教育培训

1981 年，分工种进行冶炼、铸造、起重、机械加工、金属热处理等方面的安全知识培训，并在全厂开展环境保护基本知识的普及教育。对 695 名新入厂的学员及代培、实习人员进行三级安全教育。安技科将全厂 87 个工种的安全操作规程编印成册，全厂职工人手一本，供各单位组织职工学习。通过安全教育培训，增强职工的安全意识，促进了企业的安全生产，全年工亡事故为零，杜绝了多人负伤事故，千人负伤率为3.15，全厂487个生产班组有340个（占69.8%）实现全年无事故。此后，工厂的安全教育培训形成制度化。1988年，工厂组织对特种作业人员，重点是电工、起重机械驾驶人员（行车工、吊车工等）进行专项培训和考核发证工作。全厂278名电工经培训和理论、实际考试合格发证255人，起重机械驾驶人员312人经培训考核发证293人。工厂规定无证人员一律不准单独上岗操作。1994年，根据湖南省劳动厅关于提高企业安全职能人员素质，开展安全生产管理人员资格认证工作的要求，总厂举办安全职能人员培训班，对全厂50名专职安全员进行一次全面的培训，总课时达136小时。2002年6月，以开展全国第一个"安全生产活动月"为契机，广泛开展各种形式的宣教培训活动，普及安全生产知识，进一步增强全员的安全意识。

（二）完善安全管理制度体系

1981年之前，工厂建立了门类较为齐全的安全生产管理制度，之后，通过不断健全和完善，逐渐形成体系。1982年，为加强汽油库的安全管理，工厂在对硬件设施进行改造的基础上，制定《汽油库安全管理制度》。1984年，安技环保科设立"厂区安全、卫生监督员"岗位。1987年，制定《关于严格生产现场及厂内交通安全的管理办法》，规定正确穿戴防护用品、机动车辆在生产区域行驶规章以及关于违章作业指挥的惩罚措施。1989年发布《衡阳有色冶金机械总厂安全生产及环保管理标准》。标准分安全管理网络与职责标准，安全生产管理规定，安全生产检查办法，安全生产教育办法，职工伤亡事故管理办法，环境保护管理标准，锅炉、压力容器安全管理规程，安全技术措施管理规定，安全生产奖惩办法，气瓶安全管理办法等10个子标准。从 1994 年起，总厂坚持每年与各相关二级单位签订年度安全环保目标责任书，把安全生产、环境保护的目标、责任层层分解落实。

（三）组织多种形式的安全检查、竞赛、达标活动

1981 年以来，企业贯彻落实“安全第一，预防为主，综合治理”的安全生产方针，除坚持日常的巡回安全检查外，还经常组织开展多种形式的安全生产检查、竞赛及达标等活动，促进企业的安全生产。1982 年，全厂进行了 5 次安全生产专项检查，对查出的事故隐患及时进行整改。1984 年，通过开展安全生产大检查，全厂排查出不安全因素 1629 条（处），1274 条（处）得到整改。年底，15 个车间和 5 个生产性科室中，有 9 个车间和 4 个科室实现人身事故为零。

1987 年，各二级单位共组织 39 个安全检查小组，分单位进行自检，在自检中共查出不安全因素 962 个（处），当即整改 882 个（处）。在各单位自检和整改的基础上，厂安委会组织 5 个专业检查小组，分别对全厂行车、吊具、手持电动工具、电瓶车、消防设施及自检整改情况进行重点检查和专项检查。对查出不合格的 265 副吊具当即作出处理，除少量降级使用，其余全部报废。9 月，根据省政府《关于在全省范围内组织开展安全大检查的通知》精神，成立厂安全检查组，下设生产安全，防火、防爆，保密工作及枪支弹药，治安、交通等 4 个专业检查组，在全厂范围内组织开展以防火灾、防爆炸、防交通事故、防盗窃、防泄密窃密、防破坏为重点的安全大检查。

1988 年总厂组织各二级单位参加衡阳市工交系统开展的第一个“百日安全生产无事故”竞赛活动中，各单位加大安全隐患自查自纠力度，将重点放在对隐患的排查和事故的超前预防上。安技环保处会同机动能源处、公安处、基建办等职能处室组成联合检查组经常深入生产现场，查处“三违”作业和事故

隐患。全厂实现了“六无”（无生产性工亡事故，无重伤事故，无多人中暑，无重大火灾事故，无污染中毒事故，无重大设备事故）竞赛目标，有 11 个生产单位实现人身事故为零，工厂被评为全市工交系统安全生产优胜单位。

1989 年，总厂开展“安全生产标准化班组达标”活动。1990 年 12 月，总厂组织标准化班组达标检查、复审、验收，全厂安全生产达标、合格班组 277 个。至 12 月 31 日，工厂实现连续 1219 天无工亡事故，392 天无重伤事故，年度安全目标全部实现，被有色总公司评为安全生产红旗单位。

1991—1994 年，总厂多次组织开展安全生产“五查”（查安全思想意识、查手持电动工具、查起重吊具、查厂房建筑物和工业炉窑烟囱、查作业场所事故隐患）和对隐患的整改活动。从 1995 年开始，在全厂持续推行安全生产标准化建设。在巩固班组安全生产标准化建设取得成绩的基础上，开展“创建安全生产标准化分厂（处室）”活动，并纳入“九五”期间企业安全管理目标。

三 水口山矿务局

（一）安全教育

1996 年，水口山矿务局开始实行安全标准化作业试点工程，将铅锌矿、第三冶炼厂列为试点单位，利用《工厂安全卫生规程》《建筑安装工程安全技术规程》《职工人员伤亡事故报告规程》来规范人的不安全行为、物的不安全状态、环境的不安全因素，出台了《水口山矿务局职工标准化作业规程》、根据不同工种的岗位，分班前、班中、班后三个部分具体规范职工的工作行为，广泛开展安全生产教育。

1997 年，全局在响应全国第七次“安全生产周”活动的同时，结合局安全生产的现状，于 5 月份在全局范围内开展“增强意识，反对三违（违章指挥、违章操作、违反劳动纪律）、加强管理、保障安全”的“安全生产月”活动，组织职工收看《安全生产教育电视系列讲座》，组织职工参加矿山安全法规知识竞赛考试，举办“安全在我心中”演讲比赛；8 月 26 日至 12 月 3 日在全局范围内开展“查班级安全学习和交接班记录、查车间班中巡检、查生产岗位设备点检，比生产岗位劳动纪律、比班组职工安全操作、比生产单位安全生产效果”的“三查三比”百日安全竞赛活动。在以“安全、生命、稳定、发展”为主题的“安全生产月（周）”活动期间，局安环处与局团委一起组织了“安全教育报告会”，分铜矿、松柏、水口山、二厂四片作了专场报告，由过去各类事故的受害者用自己的亲身经历及事故发生后的感受，告诫大家珍惜生命，注意安全。通过一系列的安全活动，使全体员工安全生产意识得到进一步加强。

1998 年，结合劳动部发《关于开展全国第八次“安全生产周”活动的通知》和全国总工会、有色总公司安全生产电视电话会议精神要求，在全局范围内开展以“落实责任、保障安全”为主题的“安全生产月”活动，并在全局范围内开展“提一条建议，找一处隐患，当一天安全员”的群众性安全活动，共收到安全建议 137 条，查出隐患 93 处（含重复的），有效促进了安全生产的顺利进行。

2000 年，局安环处与人教处和衡阳市劳动局联合举办了 2 期车间（工区）级安全员培训班，参加培训的 58 名安全员均取得了衡阳市劳动局颁发的资格证书。另有 1535 人次新职工、转岗换岗职工参加了安全培训。1882 名特殊工种人员接受了安全技术人复训。

（二）安全管理与整改防范

坚持“安全第一、预防为主”的安全生产方针，切实加强安全管理，确保整改、防范措施步步到位，是实现安全生产的重要保证。为此，矿务局主要做了以下工作：

1998年，共开展铅锌矿西区闭坑、铜矿60米烟囱整改、康矿井下溜井的整治、四厂烟囱避雷针、硫酸地基清浆、松铜Ⅱ号线大修、一泵房电气改造、建安公司办公楼墙严重开裂、楼板漏水的隐患治理，瓦松公路6公里处滑坡等十大整改和治理工程，共投入资金460多万元。

1999年，全局共查出隐患1203项，整改1178项，整改率为97.9%。例如投资40多万元、历时48天对柏坊铜矿二坑进行大修，对康家湾矿一期通风系统的完善，2号斜井回风巷的清理疏通等。全年职工工伤55人次，千人负伤率为5.36。

2000年，自筹资金83万元对斋家冲尾矿库、林果塘尾矿库两处重大隐患进行了整治。全年共查出隐患1309项，整改1275项，整改率为97.4%，全局实现了建矿以来的第四个安全年。

2001年3月7日，在水口山安全生产工作大会上，所属的矿山、冶炼厂、辅助生产单位安全生产第一责任人与公司总经理签订了2001年度安全生产目标责任书。

2002年是国家颁布实施《中华人民共和国安全生产法》《中华人民共和国职业病防治法》的第一年，也是公司安全管理走上法制化建设的重要一年。公司重新修订完善《安全生产责任制》《安全生产奖惩办法》《工伤管理制度》《安全事故管理制度》等6项规章制度和办法，为公司安全生产管理的制度化、规范化奠定了基础。

四　柿竹园有色金属公司

柿竹园有色金属公司通过贯彻执行国家《中华人民共和国安全生产法》《中华人民共和国矿山安全法》《中华人民共和国劳动法》，以及其他有关安全生产的法律、法规，加强安全生产的领导和管理，落实安全生产责任制。坚持“一把手”负责制，加强对职工的三级安全教育，不断加大安全生产的投入。现场安全生产条件不断改善，达到了国家有关法律、法规的要求。按照矿山企业安全生产许可制要求，建立健全安全生产责任制度，完善安全生产条件，使矿山安全生产工作逐年加强和好转，工伤死亡事故、千人负伤率等都有所降低。1990 年 11 月矿山荣获有色总公司“七五”期间安全生产先进单位称号。

（一）安全生产管理机构

柿竹园安全生产委员会最早的名称是安全生产领导小组，在东波矿时期就已成立。1986 年两矿合并后当年进行了调整充实。1986 年 9 月改名为安全生产委员会。安全生产委员会由矿长担任主任，主管生产和安全的副矿长、党委书记担任副主任，基层单位的主要负责人担任委员。各生产单位和基层单位也相应建立了由行政一把手负责，负责生产和安全的副职、生产行政班组负责人和生产班队长参加的安全生产领导小组。生产班队（车间）由班队长和安全员负责安全生产工作。从安全生产委员会到基层单位安全生产领导小组构成了纵向三级安全管理体系。机关有关部门和职能部门构成安全生产横向管理监督体系。

（二）安全生产责任制

柿竹园在组织生产建设中，认真贯彻落实党和国家安全生产方针和法律法规，建立健全并严格落实安全生产责任制。从 1986 年开始，每年年初制订当年的安全生产目标管理办法，对下属单位下达考核指标。各二级生产单位正式以书面形式向矿长递交安全生产目标责任书，20 世纪 90 年代末改为安全环保责任书，明确安全生产目标，完善生产、消防、社会综合治理安全责任制。为确保考核目标的实现，各基层单位将安全工作责任指标层层分解，采取书面形式续签到班队，形成下级对上班的“安全承诺”与上级对下班的“安全一票否决”责任控管机制。矿部经常检查安全生产目标责任书的落实情况，年终进行考核，考核结果与单位的效益、领导的业绩挂钩奖罚，权责清晰，管理到位，推动安全生产的顺利进行。

（三）安全教育及安全活动

柿竹园每年都对安全生产教育工作进行全面规划，统筹安排，抓好落实。教育培训形式主要有：一是组织全体职工参加安全理论考试和知识竞赛。二是举办各类培训班。三是抓好班前会和每周一次的安全教育活动。四是组织特种作业人员培训考核工作。

从2000年开始，柿竹园每年都按照国家规定，结合生产工作实际，组织开展“安全生产活动月”“安全活动周”“百日无事故”“安全生产年”“安全伴我行”等安全活动，并坚持把活动的范围从生产单位延伸到社区和全体居民。

在安全生产中，柿竹园加强对违章指挥、违章操作和各类违反安全生产规定问题的查处力度，力争把事故消灭在萌芽状态。同时对已发生的重大人身伤亡事故、重大机械设备事故，坚决按照“四不放过”（事故原因不查清不放过、事故责任人未处理不放过、安全隐患措施不落实不放过、相关人员未受到教育不放过）原则进行严肃查处。尤其对重复事故、重大责任事故和超过安全控制指标的单位及责任人给予递增处罚；对重伤以上事故单位实行“一票否决”；超过千人负伤率控制指标的单位降低获奖级别；安全生产好坏同单位负责人绩效和全体职工奖金直接挂钩。

五　瑶岗仙钨矿

瑶岗仙钨矿自1981年以来先后完善并出台了安全检查制、安全教育制、安全生产责任制、通风防尘管理制、安全防尘指标分解考核制、安全技术措施计划制、施工组织安全技术措施制、设计审查与工程验收制、文明生产分区责任制、安全标示制、事故分析报告制等制度。1981—2000 年，矿山转发和修订各项安全管理制度 40 多种。

20 年中，矿山用于安措资金总计 570.5 万元，用于劳动保护资金 455 万元，正常通风资金每年为 58 万元。

坚持每周一次安全生产学习活动，加强安全教育。1991 年起，坚持每年的 5 月开展“安全生产月”“安全生产周”活动。1995 年起，矿长代表矿党委、行政与各生产单位签订“安全生产目标管理责任状”，坚持安全生产一票否决制。1995 年 10 月起，每日上午上班前，由矿长进行广播安全教育讲话。矿山年初在安排生产作业时，同时安排好全年安全生产计划。工区、班组在安排生产作业的同时，提出安全生产措施。重视安全宣传，在厂房、开采区、马路两旁、主要交通要道设立醒目的安全警句标示牌。

1988 年，矿山 11 个生产单位 88 名爆破工通过郴州地区公安处统考，全部合格，发给爆破证。1989 年矿电工通过统考，发给电工操作证。1990 年，组织了全矿安全考试，90% 以上职工参考，及格率 85% 以上。2000 年，印发了《瑶岗仙钨矿典型事故案例汇编》。每年都对发生的事故进行原因分析处理，并建立健全安全技术制度和管理措施。

第六章 环境保护

第一节 环保制度建设

一 “三同时”制度

湖南有色金属工业环境保护制度建设起步于20世纪70年代。1973年8月，第一次全国环境保护会议提出：“一切新建、扩建和改建的企业,防治污染的项目,必须和主体工程同时设计、同时施工、同时投产。”这就是影响深远的“三同时”制度。从此，湖南有色金属工业的环保工作从无到有，逐步加强。

1981年6月，湖南省计委、建委、经委和环保办联合发出关于基建项目、技措项目要严格执行“三同时”的通知，要求普遍建立和推行建设项目“三同时”制度、环境影响评价制度和超标排污收费制度，以加强对工业污染的控制和强化管理，逐步建立“以管促治”的工业环保制度。据省冶金厅有关资料介绍，1974—1980年没有执行“三同时”规定而投产的有色冶金工业项目有8项，至1982年已有7项按要求全部补上或部分补上治理措施。1982—2002年，全省有色金属工业建设项目“三同时”执行率达85%以上，大中型项目“三同时”执行率达到100%。

附：锡矿山矿务局新建工程环境保护“三同时”简介

（一）氯碱工程

1990年4月16日，中国有色金属工业总公司下文批准锡矿山矿务局湿法炼厂部分改建10000吨/年氯碱工程。该工程由化工部第八设计院设计。设计总投资2000万元，实际总投资2700万元，其中环保投资270万元。省环保局发文批复：同意环境影响评价报告书中提出的湿法炼厂改产 10000 吨 / 年氯碱工程是可行的结论意见。工程于 1990 年动工，1991 年底完工并进行联动试车，1992 年上半年移交生产。1995 年 12 月 8 日，省环保局组织有色长沙公司和娄底市环保局进行现场验收认为：该工程环保基本上与主体工程同时设计、同时施工、同时投产，“三废”排放物基本符合国家和地方规定的有关排放标准。

（二）精锌工程

1991 年，有色长沙公司下文批准利用南炼厂部分厂房设施建设 21000 万吨 / 年精锌工程。工程分两期：第一期工程为“八五”期间建成年产 10000 吨精锌的焙烧系统及配套设施，第二期工程为“九五”期间再扩建至 21000 吨 / 年精锌规模。工程环境影响评价由省有色金属研究所承担，于 1994 年 8 月提交工程环境影响评价报告书，提出了环境保护措施和污染防治对策。1995 年 1 月 9 日，省环保局下达关于锡矿山矿务局年产 21000 吨精锌环境影响评价报告书的批复：同意工程选址方案，工程环保设施符合环保“三同时”要求，工业“三废”基本得到有效治理。

（三）双氧水工程

冶化厂双氧水工程由省有色金属研究所负责环境影响评价。1994 年 7 月 19 日，有色长沙公司对工程环境影响评价报告表进行了审批，原则同意工程环境影响分析结论意见，同意工程建设施工。1994 年 10 月 12 日，娄底市环保局审查批复了工程环境影响报告表，同意在冶化厂建成年产 5000 吨双氧水项目，要求工程严格执行环保“三同时”。1995 年 6 月 21 日试生产。工程总投资 1400 万元，其中环保投资 30 万元。

（四）锑酸钠工程

1991 年，中国有色金属工业总公司下文批准锡矿山矿务局建设年产 1500 吨锑酸钠工程。该工程设计总投资 604 万元，其中环保投资20.16万元。1991年12月，由省有色金属研究所进行环境影响调查分析，1992年1月4日提交工程环境影响报告表。1992年1月30日，娄底市环保局审查批复工程环境影响报告表同意该工程建成投产。

（五）锑白扩产技改工程

1994年，投资2971万元，分别在冶化厂、北炼厂扩建锑白生产线（合计年扩产锑白10000吨），其中环保投资148万元完善环保设施。环境影响评价报告由机械工业部第八设计研究院完成,经有色长沙公司和娄底市环保局审批,环保效果良好。

二　创建“清洁文明工厂”

1985年2月，株洲硬质合金厂作出创建“清洁文明工厂”的工作安排，并成立创建“清洁文明工厂”领导小组，同时明确资源能源利用、环境管理、污染治理、厂容整顿和绿化4项工作的责任单位。工厂各二级基层单位对照“清洁文明工厂”标准做好内部工作。1985年3月，中国有色金属工业总公司和株洲市人民政府验收组对工厂创建“清洁文明工厂”工作进行验收,授予工厂全国有色金属行业“清洁文明工厂”、株洲市“环境保护清洁工厂”称号。

1986年，湖南省开始在企业中广泛开展创“清洁文明工厂”活动。1988年2月,省人民政府批准实施《湖南省“清洁文明工厂”管理办法》，对“清洁文明工厂”的创建要求、验收申请和验收计分等都作了具体规定。这个文件的实施，对推动省级“清洁文明工厂”的创建起了重要作用。

1987年，湖南省人民政府授予株洲硬质合金厂为省级“清洁文明工厂”。1989年，湖南省环境保护局推荐工厂为首批“全国环境保护先进企业”。

1985年7月3日，锡矿山矿务局制订《创建环境优美矿山

（工厂）规划》，并逐步开展园林绿化工作。成立了以主管生产的副局长为主任委员的绿化委员会，安全环保处环保科组建绿化队，有专职绿化人员 3 人，负责局机关绿化美化工作和全局绿化美化业务技术指导。南、北矿成立绿化队，各有专职绿化人员 2 ~ 4 人。其他二级单位均有专职或兼职绿化人员，负责本单位的绿化美化工作。1988 年，以安全环保处为主，制订《锡矿山矿务局绿化管理条例》，并列入企业管理制度贯彻执行。《条例》明确规定了职工和家属义务植树的职责及对乱砍滥伐树木的处罚措施。1987—1996 年，局机关、南矿、北矿、南选厂、动力厂、职工医院、一中、三中等，先后被娄底市绿化委员会评为园林绿化先进单位。

锡矿山矿务局 1985 年颁发《创建环境优美矿山（工厂）规划》之后，北矿率先行动，成立创建环境优美矿山领导小组，制订规划措施并发动职工投入创建环境优美矿山活动。通过几年努力取得可喜成果：生产经营状况良好，技术经济指标名列前茅，工业污染得到有效治理。“三废”排放符合国家标准，矿容矿貌、环境绿化美化均有改观。1986 年 10 月 25 日，锡矿山矿务局在北矿召开清洁矿山验收会，并认定北矿为清洁矿山。1987 年 1 月 12 日，冷水江市政府组织有关单位对北矿进行现场验收，并认定北矿为清洁矿山。1987 年 9 月 17—18 日，有色总公司组织有色长沙公司、省内部分有色企业及邀请地市环保局等，对北矿创建环境优美矿山进行现场检查验收。1987 年 10 月，中国有色金属工业总公司给北矿颁发环境优美矿山证书（中色环证第 22 号）并授予奖牌。1990 年 7 月 19 日，有色长沙公司受有色总公司委托，邀请省、地、市环保部门及市绿委会、市爱卫会和省内部分有色企业组成复查验收组，对北矿环境优美矿山进行复查验收，经现场复查评议一致同意验收合格。1990 年 8 月 3 日，有色长沙公司发文批复锡矿山矿务局北矿环境优美矿山复查合格。

继北矿获环境优美矿山称号之后，南选厂开展创建优美工厂活动，制定了《南选厂环境保护管理规章制度》和《创建环境优美工厂规划》。1988 年，投资 20 万元，对厂内原有回水设施进行改造，扩大回水能力并改善回水水质，减少直至杜绝选矿废水外排污染河域，加强现场文明生产管理，搞好厂区环境绿化并建有温室、假山、雕塑等美化设施，使绿化饱和率达 90% 以上，1988 年被省爱卫会授予文明卫生单位称号。1990 年 5 月 22 日，中国有色总公司发出验收锡矿山矿务局南选厂环境优美工厂的通知，1990 年 7 月 18—19 日委托有色长沙公司组成验收组，对南选厂进行现场检查验收。检查验收组一致认为：南选厂达到了环境优美工厂标准。1990 年 8 月 4 日，中国有色金属工业总公司发文认定锡矿山矿务局南选厂为环境优美工厂。

三 建立环保责任制度

1989 年，湖南省人民政府环境保护委员会与中国有色金属工业长沙公司签订环境保护目标责任状。目标责任状的内容包括环境管理和污染治理两部分。其中，环境管理考核指标有 5 项，即污染物综合排放达标率，建设项目“三同时”执行率，环境保护设施运转率，环境污染事故处理率和环保指标纳入企业上等级考核率；污染治理项目是指全省有色企业安排治理投资在 10 万元以上的重点污染源治理项目。1990 年 4 月，省人民政府发布《关于加强环境保护工作的决定》规定：“环境保护指标是考核企业上等级、评先进的必要条件，具有否决权。”是年，经进行环境保护指标考核评定和省人民政府批准，中国有色金属工业长沙公司管理的 20 家企业中，有 6 家企业被评为省级先进企业。这六家企业是柿竹园有色金属矿、长沙锌厂、株洲冶炼厂、株洲硬质合金厂、水口山矿务局和锡矿山矿务局。

柿竹园有色金属矿、长沙锌厂、株洲冶炼厂、株洲硬质合金厂、水口山矿务局和锡矿山矿务局6家企业在组织生产建设中，把环境保护、安全生产纳入生产经营管理体系。每年年初制订当年安全生产、环境保护目标管理办法，对下属单位下达考核指标。各二级单位以书面形式正式向矿（厂、局）长递交安全环保责任书。定期检查考核，年终将考核结果与效益、业绩挂钩奖罚，权责清晰，管理到位，推动安全环保工作的顺利进行。

第二节　“三废”治理

工业废气、废水和废渣（简称“三废”）是造成环境问题的主要污染源。20世纪70年代以前，有色金属工业废气、废水、固体废弃物乱排乱放，对环境造成了一定的影响。直到20世纪70年代中期以来，“三废”治理才逐步得到重视，全省有色金属重点企业对污染的治理主要以“三废”综合利用为主。至2002年，企业采取重点污染源治理和“三废”综合利用相结合的办法治理“三废”。

一　废气治理

二氧化硫烟气是一种无色有臭味的刺激性气体，素有“大气污染元凶”之称。矿石燃料燃烧时所产生的二氧化硫，绝大部分从烟囱排入环境，只有少量生成不溶性硫酸盐，留在灰渣中。

（一）株洲冶炼厂和株洲化工厂二氧化硫烟气综合整治

1972年，株化因二氧化硫烟气污染环境，致使附近1733.33公顷禾苗受害，一次赔款12万元。株冶铅系统酸铅烧结工艺过程中产生的含二氧化硫烟气，由于其二氧化硫的浓度较低（0.3% ~ 0.5%），国内当时尚无回收利用的可行技术，每年通过该厂113米高的烟囱排放二氧化硫气体达21000吨，严重影响主导风向下方20多公里范围内的农业生产和人民生活。1988年，省人民政府批准株洲冶炼厂、株洲化工厂二氧化硫烟气整治方案，并上报国家有关部委批准同意。这一方案的实施过程是：株冶投资7284万元对铅系统烧结工艺进行技术改造，由原来的吸风烧结改为鼓风烧结。改造后，烟气的二氧化硫浓度可达2.5% ~ 3.2%；株化投资3400万元，建设年产4万吨硫酸的生产装置，回收烟气中的二氧化硫。由于该设计方案采用由南京化工设计研究院引进日本1000吨规模硫酸厂生产工艺，在未进行工业试验的情况下就盲目放大数十倍，导致株冶二氧化硫烟气整治工程试车1年多后以失败告终，两厂上亿元的投资未能产生应有的效益，设备闲置、生锈。1995年7月，株冶再次投资5657万元进行二氧化硫烟气制酸技术改造，1996年12月竣工投产。由于采用了新技术，这次烟气综合治理终于获得成功，效果理想。1997—2002年一直采用该技术，每年制酸20000吨以上。

（二）长沙锌厂二氧化硫烟气制酸深度治理

长沙锌厂火法炼锌，焙烧过程中产生大量含有二氧化硫的烟气。20世纪80年代初，该厂建成1座10.4立方米沸腾炉，采取“一转一吸”制酸工艺，回收烟气中的二氧化硫。由于该工艺二氧化硫转化率低，一般为95% ~ 96%，致使尾气中二氧化硫浓度仍高达0.3% ~ 0.4%，二氧化硫每小时排放量达102公斤，不仅严重污染大气环境，而且还浪费了大量资源。1990年8月，该厂选用“二吸”制酸工艺取代原有工艺，经两年科学试验，于1992年8月获得成功。经监测，二氧化硫的排放达到企业排放标准的要求。该项工程投资410万元，每年减少二氧化硫排放量达600余吨。

（三）湘乡铝厂氢氟酸生产中二氧化硫废气的综合治理

湘乡铝厂是国内重要的氟化盐生产基地之一，制酸过程中产生的低浓度二氧化硫废气严重污染环境。1966年，该厂对制酸废气进行初步治理，减轻低浓度二氧化硫对环境的污染。1972年，该厂投资33.3万元建成回收废气中的二氧化硫、年产500吨液体二氧化硫生产线，变废为宝。1972—1992年，该厂共生产液体二氧化硫5501.87吨，创产值400余万元、利润40万元。该项目1979年获全国科学大会奖。

（四）株洲硬质合金厂钴冶炼氯化氢废气治理

1991年，株洲硬质合金厂总结前些年治理钨冶炼氯化氢废气的经验，结合钴冶炼实际情况，经多次测验，选用冷凝吸收、淋洗净化多级治理，使钴冶炼氯化氢废气的排放达到《湖南省大气污染物排放标准》中的一级标准，收到较好的经济、环境和社会效益。

（五）水口山矿务局铅烟气治理

为消除铅冶炼二氧化硫烟气对环境的污染，20世纪80年代，水口山矿务局开发出具有自主知识产权的水口山炼铅法。二氧化硫烟气回收率达98%以上，可年生产硫酸10万余吨，彻底解决了铅冶炼烟气二氧化硫对环境的污染问题。1997年投资500万元对六厂金银车间布袋收尘系统进行技术改造，实现了粉尘达标排放。1998年投资6000万元，在四厂新建一座42平方米的沸腾炉，淘汰了落后的一转一吸制酸工艺。同时，投资1300万元对四厂24平方米沸腾炉制酸系统进行改造和电收尘系统进行重建，采用二转二吸制酸工艺，提高了硫的利用率，大幅度地降低了二氧化硫的污染。

二　废水治理

有色金属行业的废水主要有选矿废水、坑道废水、烧结废水、焦化酚氰废水、高炉煤气洗涤水、高炉冲渣水、冶炼除尘废水等。这些废水排放量大，废水中含大量悬浮物及酚、氰、油等各类有机和无机污染物。20 世纪 70 年代，湖南有色金属行业采用沉淀、中和、生化等方法处理这些废水。进入 20 世纪 80 年代，各企业除新建一批废水治理工程外，还对原有废水处理设施进行改造。

黄沙坪铅锌矿矿体伴生铀矿，开采中排出的坑道废水，除含铅、锌、铜、镉等多种重金属元素外，尚含有铀、镭等放射性元素。其中镭和锌都超过国家允许排放标准，特别是镭的含量较高，超过国家允许排放标准十几倍，污染环境，危害极大。1984 年，该矿含铀废水治理工程纳入湖南省第二批限期治理项目，工程总投资 122.25 万元。1987 年 2 月，该废水处理系统投入使用后，对超标排放的镭、锌去除率达到 90% 以上，基本消除了重金属和放射性物质对环境和人体的危害。

株洲冶炼厂工业废水排放量大，废水中含有硫酸、锌、镉、铜、铅、砷等有害物，成分复杂，稳定性差，对湘江霞湾江段构成极大的污染。1978 年，国家经委、国务院环境保护领导小组提出限期治理的要求。1979 年 8 月，冶金部批准该厂总废水处理工程，项目总投资 562 万元。这个项目是国内有色冶金系统第一个大型废水处理工程。该工程 80 年代初投产后，经 1985 年进行改造，1987 年测试湘江霞湾下游水质，与 1983 年相比有害物含量显著降低。1998 年，株冶再次投资 1600 万元，实施废水处理三期工程，每小时处理废水能力达到 1200 立方米，基本消除了废水对湘江水系的污染。

（一）水口山矿务局废水治理

水口山四厂废水处理总站和清污分流工程分别列为 1998 年和 2000 年湘江流域水污染治理重点工程。四厂制酸工艺改造工程于 1998 年 11 月开工建设，投资 8000 万元，2000 年 1 月建成投产。废水处理总站和清污分流工程于2000年6月开工建设，投资1800万元，2002年3月建成投产，每小时处理废水400吨，年减少重金属离子外排量500吨以上。对控制水污染起到了一定作用。

铅锌矿选厂废水处理扩改工程投资103万元，于1999年开工，通过改变原有工艺流程，对铅、锌精矿浓密池废水进行循环利用，利用废水进行洗矿、磨矿，年减少外排废水72万吨，水循环利用率提高了20%。

2000年投资151万元，将二厂和四厂易腐蚀和易漏酸的硫酸冷却排管改造为阳极保护式浓酸冷却器，当年减少外排废水量150万立方米。

2001年投资180万元将二厂废水处理系统进行完善，使工业废水实现了闭路循环使用。

三厂废水处理于1998年进行完善、改进，形成了年循环量160万立方米的复用水工程，从而使全厂工业用水循环复用率由44.98%提高到81.8%，每年节约水资源160余万立方米。同时实行清污分流，极大地减少了废水外排量，降低了水污染负荷。

2001年，在治理工业废水的同时投资60多万元对职工医院病毒废水进行治理，经上级环保部门对医院病毒废水处理站进行监督检测，被检指标全部符合国家环保标准。

1. 选矿废水治理与复用

选矿车间排放的废水有两大股，即精矿溢流水和尾矿水。从铅精矿、锌精矿、硫精矿及洗矿四个浓缩机中排出的溢流水，经沉淀池初步治理后集中进入中和池，总废水的pH值为9.4 ~ 10.0。20世纪80年代采取的治理方法是：先加1/3的矿井水稀释，混合水pH值降为8.0 ~ 8.5；加入硫酸锌100克/立方米水（用硫酸锌作絮凝剂，具有沉降速度快的特点），使之自流进入直径24米浓缩机；再净化1 ~ 3小时，溢流水用水泵扬送至500立方米高位供水池，作为生产循环用水。尾砂水直接用泵送尾砂库，自然净化后外排，浓缩机所净化的沉淀物同尾矿一起排至尾矿库。根据净化水和新鲜水试验情况对比，采用净化水浮选指标有提高，铅、锌、硫回收率分别提高0.64%、0.91%、1.82%。使用循环净化水还具有减少浮选药剂用量，浮选泡沫层厚，操作稳定等优点。经1989年11—12月的六次监测数据证明，经净化处理的水，铅、锌、铜、砷、镉、硫、酚、pH等均低于国家工业废水排放标准。

2. 腐植酸煤吸附法处理制酸污水

四厂锌精矿沸腾焙烧烟气制酸采用水洗流程。废水不仅含有大量的硫酸，而且含有多种有害杂质，其中锌7 ~ 700毫克/升，铅7 ~ 240毫克/升、镉2 ~ 100毫克/升，汞0.3 ~ 0.6毫克/升，砷0.4 ~ 22.2毫克/升。20世纪80年代以前只有简陋的石灰中和措施，中和后连渣带水排入湘江，严重污染环境。

为寻求治理锌冶炼厂制酸污水的合理工艺，水口山矿务局与冶金部建筑研究总院协作，通过试验研究，确定用石灰中和——转型腐植酸煤吸附法对制酸污水进行处理。1980年进行小型试验，选定工艺流程、过程控制的技术条件及煤种。1981年在现场作扩大试验，验证小试验的结果。同年进行设备考察并着手工程设计，次年施工，1983年6月竣工后一直使用至2002年。污水处理的工艺流程：制酸污水→石灰中和→澄清池→砂滤器→转型煤吸附→处理后水→复用。该流程把经典的石灰中和法与含腐植酸煤吸附法结合起来，达到治理废水的目的。腐植酸是一种分子量大的有机物，分子结构中含有多种活性基因，与重金属离子之间有络合和交换的性能。污水通过石灰中和后，降低了酸度，大部分金属离子随着pH的升高而水解。中和处理后的水流经煤吸附柱，通过物理吸附和化学吸附作用把金属离子除去，经处理后的水pH为7 ~ 9。锌、铅、镉、汞的除去率为91% ~ 99%，达到了好的效果。

该工艺在国内第一次用于生产。流程短，处理费用低，材料来源方便，为污水处理提供了一条新的途径。1984年，中国有色金属工业总公司在水口山矿务局召开技术鉴定会，肯定该项研究成果，授予科技成果三等奖。

3. 石灰中和法污水处理工艺的应用

水口山二厂于1971年建成的年产一万吨制酸系统，采用文—泡—文水洗流程。净化洗涤水开路排放污水达50吨/时，经脱吸二氧化硫后，用卧式塑料泵送入中和池，加入石灰乳，鼓风搅拌，然后排入1000平方米的平流沉降池，沉降后再排放。因污水量大，水温低、酸度高、脱吸效率差，污水中仍有二氧化硫气体外逸，排出污水达不到环保要求。

1981年在制酸系统进行改造时，着重对污水进行治理，净化采用冲—泡—文，文氏管及泡沫塔的洗涤水经斜板槽沉降，用列管冷却器冷却后，进入泵槽，用立式不锈钢泵送入泡沫塔循环，泡沫塔洗涤水进入脱吸塔。脱除二氧化硫后，加石灰乳中和，用立式不锈钢泵送入90立方米立式沉降槽进行两级沉降，上清液排放，底流用WL-350卧式螺旋卸料离心机过滤，该流程使污水排放量减少到16立方米/小时。

1988年再次进行完善、合理设置设备布局。滤水返回入中和槽，污水排放基本上达到排放要求。

4. 铍污水治理

铍冶炼厂生产带来大量含铍废水，据六厂1964年统计，六厂每天产出废水1000余吨，pH值为2 ~ 5之间，且成分比较复杂。1965年，建成一座容量为11万立方米的渣坝。各车间的工艺渣水经石灰乳中和，用泵送至渣坝沉积。1973年，部分含铍工业水得到处理。从而使渣坝中污水含铍浓度从以前的4600 ~ 8600微克/升，下降到380 ~ 400微克/升，并且保持持续下降。然而铍废水处理并未过关，根据 1980 年对湘江常宁松柏江段水样检测，超标率为 36%，最高点超标 42 倍。

1981 年，湖南省政府下达含铍废水限期治理项目；由于资金不足，工程限期紧迫，在北京有色金属设计研究总院设计的新建污水处理站施工图的基础上，结合现场情况适当变更原设计，采用经典流程石灰乳中和—沉降—过滤，将已有的渣坝（沉淀面积约 16000 平方米）代替斜板沉淀池，坝上清水利用高差自流回厂砂滤，并充分利用原有设施。变更后的新污水处理站于 1981 年底建成并投产，至 2002 年一直正常运转，处理效果好。据 2000 年取样化验，渣坝上清水平均含铍为 25.8 微克 / 升，比一般沉降池 130 微克 / 升左右低 80%，铍的除去率为 99%；砂滤水平均含铍 11.7 微克 / 升，铍的除去率为 55%，外排水含铍全部低于 20 微克 / 升。2000—2002 年连续三年对湘江常宁松柏江段的水样进行检测，几乎检不出铍，含铍废水基本上不污染湘江，取得良好的环境效益。

（二）锡矿山矿务局废水治理

1. 南选厂废水治理

为治理废水污染，1983 年由局拨款 97400 元，将 500 立方米沉淀池扩大 150 立方米，并新建 500 立方米高位回水池。1988 年又投资 20 万元，新建 500 立方米高位回水池及其配套设施。建成投入使用后，使回水利用率提高至 83%，基本做到废水不下河而减少了环境污染。

2. 南矿充填尾砂外排治理

1973 年，利用两台从日本进口的马尔斯砂泵，将南选厂浮选尾砂输送至井下采空区充填。工程初期运行效果良好，既可防止尾砂外排污染环境，又能利用浮选尾砂作充填物料，降低了充填成本。经过多年运行，马尔斯砂泵功率逐年降低，加之原矿品位下降，导致浮选尾砂增多，马尔斯砂泵不能将尾砂全部输送井下充填。为此，1982年投资54万元（其中自筹资金24.5万元，环保拨款25万元，环保贷款45000元）进行技术改造，增安1台60立方米/小时国产油隔离砂泵，更换部分尾砂输送管道。改造工程于1983年年底动工，1986年年初投入运行，做到了在生产正常、均衡的情况下基本上无尾砂外排。但是，在停电、设备故障、管道堵塞以及生产不均衡等情况下，仍有少量或大量事故尾砂短期外排连溪河。为根治南矿充填尾砂外排污染，娄底市政府在1990年4月召开的环保工作会上，将南矿充填尾砂外排列入限期治理项目，锡矿山矿务局与娄底市政府签订了1990—1992年环境目标管理责任状。1990年7月24日和1991年1月30日，两次组织有关人员召开改造工程方案论证会确定了设计方案，即在马尔斯砂泵房下的事故池旁打两个深115米、孔径250毫米的钻孔与井下南斜巷贯穿，外溢尾砂通过事故池经钻孔和管道自流至15中段采空区充填。改造工程投资65.6万元，其中自筹资金56000元，环保贷款60万元，于1991年7月动工，1992年8月投入试用。1993年6月13日，经省环保局验收合格交付使用，解决了事故尾砂外排污染连溪河的问题。

3. 南矿井下废水利用

1989年7月31日，召开专题会议，研究南矿粗颗粒尾砂充填用水问题。会议认为，资江取水距离远、成本高，而南矿放水巷井下外排水量较大、水质较好，将南矿井下废水自流或用排水泵送至4中段水仓，然后通过放水巷排入坝内，再用圆泵房水泵将水扬送至378米高处水池作为工业用水。会议决定，将南矿放水巷废水利用工程列为1990年环保贷款项目向省环保局申请立项。1990年4月，省环保局发文批准同意建设。工程总投资66.8万元，其中环保贷款35万元，自筹资金31.8万元，于1990年11月动工，1991年10月完工，同年11月2日通过省环保局组织的环保贷款豁免验收。该工程投入运行后，每年减少外排悬浮物 230 吨，提高工业水重复利用率 15%，节约新鲜水约 85 万吨和电力 85 万千瓦时，取得良好的环境和经济效益。

4. 北矿尾砂废水治理

北矿浮选尾砂经立式砂仓旋流分级后，大于 40 微米的由马尔斯砂泵输送至北矿井下采空区充填，小于 40 微米的流入污水井由管道自流排入龙王池尾砂库。由于原尾砂排放工艺存在缺陷以及洗砂无技术措施等原因，导致用水量增大与输砂管堵塞，使尾砂排入启明桥涵洞造成堵塞，不仅每年需花数万元疏理费，而且污染了洞下、朱溪河。为此，经研究论证，于 1994 年确定了北矿尾砂废水治理方案，其中包括污水井改造、尾砂分级站振动筛杂物清运设施建设和部分尾砂管道更换等，并于同年向省环保局申请环保污染治理贷款。省环保局批准贷款建设。该工程 1995 年 11 月动工，1996 年 11 月竣工投入运行。工程投资 52.15 万元，其中环保贷款 40 万元，自筹资金 12.15 万元。工程治理效果达到设计要求，除事故排放外基本上杜绝了尾砂废水下河。据冷水江市环保局 1998 年监测，一年可少向启明桥排放尾砂废水 8000 吨和节约新鲜水 70000 吨。

5. 北矿地面废水利用

1990 年 11 月至 1991 年 10 月，北矿投资 57500 元（其中环保贷款 50000 元），修建地面废水池，将压风机冷却水及生活用废水引入废水池，安装两台水泵供给选厂摇床和井下充填用水，每年可利用废水约 24 万吨。

6. 运输总队洗车废水利用

治理洗车废水污染环境、回收废油和重复使用洗车废水的治理工程，总投资 26 万元，分两期向省环保局申请贷款。1992 年 4 月 27 日，省环保局批准工程环保贷款 15 万元。1993 年 5 月 3 日，又批准环保贷款 11 万元。工程于 1992 年 5 月动工，

1994 年 5 月完工，1994 年 6 月通过省环保局组织的环保贷款豁免验收。工程投入使用后，每年回收废油 5 吨和利用洗车废水 20000 吨。

7. 职工医院污水处理

工程总投资 11.6 万元，其中环保拨款 90000 元，环保贷款 26000 元。1983 年年初开始动工，1985 年年底基本完工。工程主要由次氯酸钠发生器、混合反应器、沉淀池等设施构成。食盐经过次氯酸钠发生器反应生成次氯酸，医院污水经沉淀后与次氯酸共同进入混合反应器，从而使含有毒病菌的废水得到有效净化处理。工程投入使用后效果良好，至 2002 年基本消除了医院废水对矿区环境的污染。

三　废渣治理

20 世纪 60 年代以前，有色金属冶炼矿渣及其他工业固体废弃物主要是由各生产单位征用土地堆存。20 世纪 60 年代开始，有了固体废弃物处置和综合利用措施。20 世纪 70 年代初，废渣的处置和综合利用开始纳入议事日程，各重点有色金属企业纷纷采取措施对固体废弃物进行处置。全省有色冶炼废渣及工业固体废弃物产生量：1980 年 1085 万吨，1985 年 974 万吨，1990 年 853 万吨，1995 年 910 万吨，2000 年 1150 万吨。冶炼废渣及工业固体废弃物处置率：1980 年 20% 以下，1985 年 25%，1990 年 54.2%，1995 年 25.6%，2000 年 15.83%。

（一）株洲冶炼厂高砷灰综合治理

株洲冶炼厂生产中使用的铅、锌精矿等原料中含有一定的砷。生产过程中分别产生出高砷铅烟灰和高砷锑烟灰，年产灰量在 700 ~ 800 吨。此两种烟灰的性质复杂，处理难度大，长期建密闭库封存。至 20 世纪 70 年代末，封存量已达 5000 多吨。1981 年，省政府将株洲冶炼厂高砷灰的处理列入限期治理项目。

1984 年，又被国家科委列为“六五”科技攻关项目。经过 20 种方案的试验，均未获成功。1986 年，该厂采用无锡县玻璃添加剂厂以砷烟灰为主要原料生产 F 型和 E 型玻璃添加剂的办法，虽给高砷灰的综合利用找到了一条新途径，但未能根治。此后，株冶一直努力解决此问题，省政府也将此列为 2000 年限期治理达标排放的项目，国家经贸委先后于 1996 年和 1999 年将该项目列入“双加”项目指导性计划和“双高一优”计划。至 1999 年，株洲冶炼厂累计投入 2 亿元资金，完成各类污染治理项目 40 项，先后建成和完善了 3 个成规模、成体系的“三废”回收分厂和一个硫酸工段，污染源得到根本性治理。

（二）湘乡铝厂利用制酸残渣生产石膏

湘乡铝厂年产氢氟酸 20000 多吨，制酸过程中每年产生残渣（氟石膏渣）10 万 ~ 13 万吨。长年累积的废渣既污染环境又占用土地。1970 年，该厂投资 33 万元建成一套年产 6 万吨氟石膏的干燥系统。该系统将制酸残渣用石灰乳中和或用粘土矿浆处理，干燥过渡后生产氟石膏。氟石膏能代替天然石膏作为水泥生产的缓凝剂，降低生产成本，获得较好的经济效益。1978 年和 1984 年，两次对氟石膏生产装置进行改造，扩大生产能力。1972—1987 年，该厂利用制酸残渣共生产石膏 76.45 万吨。1988—2002 年生产石膏 90.8 万吨。

（三）辰州矿业公司废渣治理

辰州矿业公司锑锍主要由铁锍和铁 - 锑合金组成，在锑锍产率不高的情况下，将锑锍适当搭配在每批炉料中可以使其全部返回鼓风炉处理。但如果锑锍产出率较高不能全部返回鼓风炉处理时，可用焙烧法处理，即锑锍经破碎、焙烧脱硫后，再把焙砂配入团矿返回鼓风炉处理。由于辰州矿业公司的锑精矿含铁较高，所以锑锍产率较高。公司 1980 年建立了一套回砖窑系统处理锑锍，至 2002 年锑锍主要是返回选厂处理。

（四）瑶岗仙钨矿废渣治理

瑶岗仙钨矿为治理废渣，先后建设了三坝（老尾矿坝、水洞尾矿坝、垅下废石坝）。为加强其管理，矿山于20世纪80年代在选矿厂设立尾矿工段，并安排专人三班守护，负责回水利用、技术筑坝以及新老尾矿坝区域安全巡回检查，发现问题及时整改。1981—1999年，原老尾矿坝溢流井、新尾矿坝460米方形溢流井混凝土挡墙及盖板，先后多次出现险情，矿山多次组织人力、物力进行抢堵，及时消除隐患。1982—1998年，先后对老尾矿坝和水洞尾矿坝15000平方米、18000平方米、7000平方米坝面进行了覆土固砂，开设排水沟并进行植被绿化，总投资28万元。1981—2000年，对总长2.1公里的辉绿岩铸石溜槽进行3次更换，总投资60万元。1984—1986年，投资24.4万元，续建垅下废石坝，加高坝基8.07米，使设计库容增加至140万立方米。1987—1989年6月，投资29.8万元，将水洞尾矿内方形溢流井延伸改建成695米的岩洞溢流井。1989年冬至1991年年底，投资111万元，清理因洪灾带来的砂石25666立方米，兴建三座总库容为32600立方米的拦石坝，修筑人工渠道500米。2000年，矿投资25000元，协同长沙有色冶金设计研究院，对矿区范围内民办采、选、冶环境影响综合治理进行了评价，提出矿东、西两尾矿库治理设计方案。投资95万元，在丝茅坪河谷修筑了库容约109万立方米的拦石坝，修筑排洪道500余米。

附：香花岭锡矿“三废”治理

1981年，在“大矿大开，小矿小开，有水快流”这一口号的鼓动下，矿区附近一些农民采用种种手段，从国家银行贷取资金或民间集得资金，蜂拥至香花岭锡矿矿区， 打窿采矿，乱采滥挖，经营矿产品。队伍逐年增大，疯狂破坏矿产资源。1987年湖南省郴州行政公署环境保护局曾对香花岭矿矿区的环境污染问题作了一次近两个月的专题调查。调查结果显示：至1987年5月，有来自全国9个省108个县的3万余名农民，涌入香花岭锡矿矿区内的荷叶冲、棕叶冲、南吉岭、下塘官铺、上塘官铺（又称36湾）等矿段无证开采，狂炸乱挖。这些农民个体采矿者，在这一块不足10平方公里的矿区内开办了大小采矿选厂（点）127个之多，这些民采点的矿主们，为了使低投入高产出的欲望变为现实，在办矿过程中，既不搞环保设施建设，也不顾及自然生态的平衡，更无除污能力，导致尾砂漫天飞，污水四处流，青山遭毁容，瘴气满矿区的恶劣生存环境出现。

1981—1990年是民采热的高峰期，在这十年间，国家和地方政府三番五次下达文件，要求治理整治香花岭锡矿区内的农民滥采乱挖，却屡禁不止，愈演愈烈，使矿区山山岭岭覆盖着一块块黄白色废渣和一注注从山洞里窜出来的灰黑色污水。

香花岭锡矿区域内的水流流向面广，涉及的地区和人口较多，因而水的污染造成的危害也大。

因为水的污染祸患，引发了毗邻香花岭锡矿的湘江水系和珠江水系流域区农民与矿方的矛盾。1981—2002年，这类农矿矛盾连年不断，且愈演愈烈。临武县的三合乡甘溪村、童子村，宜章县的麻田村、梅田村，临武县的葡萄湾村等矛盾尤为突出。据这些地方村民反映，这些地方的部分田地里常因矿区废水污染而造成农田荒芜，杂草不生。香花岭锡矿每年要给这些村民一定数额的农田赔偿费。这些地方的部分村民为多索赔偿，对香花岭锡矿实施挖路、堵路、拦车禁行、群访造势等过激行为的事件时有发生。

废气之祸害主要是选矿药剂味。由于众多农民在矿区内采选矿和焙烧精矿，矿区四周几乎全部弥漫着刺鼻的黄药味，毒气使这里没有蚊虫，没有鸟雀，有的山岭草木枯黄无绿。

香花岭锡矿于1982年成立专门负责环境监测与环境保护的

机构——香花岭锡矿环境保护科。有专职工作人员10余人，配有一套完整的环保检测、监控、试验设备系统。从20世纪80年代初至2002年，矿山投资1000余万元用于建设环保设施和购买环保设备仪器。

1981—1985年，建设大小环保项目31个，投资650余万元。通过这一时期的环境污染治理，香花岭锡矿的环保指标基本达标，各项“三废”排放指标也均达标。

香花岭锡矿废渣污染主要有两个：一是农民采矿点开采遗弃的废石和尾砂；二是香花岭锡矿冶炼厂的炉渣。香花岭锡矿冶炼厂所产生的炉渣，矿里已作适宜的处理；而农民采矿遗失的废石和选矿尾砂，给香花岭锡矿区造成严重污染和危害。本有一条10余米深的小河穿过，河水清澈，可是从20世纪80年代起，这条小河不断被山岭冲下的泥砂和废石淤塞，河床逐年抬高，至1990年，这条小河被淤塞得只有一两尺（1尺为33.33厘米）深了。山岭上的废石有时经暴雨袭击形成泥石流，在矿区肆虐。1993年6月8—9日，香花铺工区因连降暴雨，山洪暴发，造成泥石流，使工区内的南风河河床一夜之间升高1.2米，生产厂房、学校、家属住宅不同程度遭受破坏，造成工区直接经济损失24万元，间接损失36万元。1994年6月16日香花岭锡矿矿区内连降暴雨，导致山洪暴发，山上因乱采滥挖而久积的废石和尾砂淹没了部分厂房和职工宿舍，致使香花岭锡矿遭受经济损失1000余万元。

香花岭锡矿1981—2002年兴建了多个环境保护工程，其中主要有：

1. 尾砂东坝：该工程兴建于1979年，1981年竣工。工程坐落在颜家村与甘溪坪之间的半山腰上。该尾砂坝设计库容为150万立方米，因工程建设，迁移坝区附近村民住宅区5560平方米。该尾砂坝自1981年投产，至2002年一直是香花岭锡矿选矿尾砂的主要收纳库。该尾矿库自建成以来，矿方派专人进行管理与维护，1995年以后，香花岭锡矿每年采用干打垒方式，逐步加高主坝，从而扩大了库区的容量。尾砂库每年的维护费用大约在15万~20万元之间，维修和新增设施费用最多时高达60余万元/年。尾砂东坝为消除矿山尾砂污染和废水下河发挥了巨大作用。20余年间，因为有了此坝，香花岭锡矿所在的矿部区域里杜绝了废水、废渣下河。

2. 安源工区尾砂坝：该坝坐落在郴州北湖区芙蓉乡香花岭锡矿安源工区内。于1982年动工兴建，1983年竣工投产。建有主坝1座，泵站2座，库容55000立方米。

3. 香花铺矿区尾砂坝：该坝坐落于香花铺工区的480窿口下方，距480窿口约400米。于1983年动工兴建，1985年竣工投产。1985年9月16日《湖南日报》以《香花岭锡矿建成一座新型尾矿坝》为题报道了该工程的有关情况。报道称：全省第一座浆砌支墩混凝土多跨连拱体尾矿坝最近在香花岭锡矿建成。这座尾矿坝由一个主坝和两个副坝组成。大坝全长430米，其中主坝轴线全长270米。主坝由27个庞大的浆砌混凝土拱体组成。坝体最高处高出地面27米。

4. 环保监测站：该工程兴建于1983年，1984年竣工，建成楼房一栋，面积325平方米。大楼建成后，购置一套较为完整的环保监测设备，检测仪表、仪器，安装于室内。

5. 职工医院污水处理系统工程：该工程于1989年7月动工，1990年竣工。1990年4月经湖南省环保局验收合格，投入使用。

6. 新风井下水环保综合治理工程：该工程1991年10月动工，1992年经湖南省环保局验收合格，投产使用，新风工区井下水实现达标排放。

7. 尾矿东坝物尘环保治理工程：该工程动工于1994年6月，1995年1月经湖南省环保局、郴州市环保局验收合格，正式启用。

8. 香花岭锡矿香花岭矿区尾矿库东西两坝合围工程：该工程的作用在于将尾矿东坝和尾矿西坝两库合围为一坝，以扩充库容量，防止因东坝尾砂盈满而导致尾矿下河。该工程动工于1998年，1999年竣工投产。

9. 香花岭锡矿冶炼厂配套环保工程：香花岭锡矿于1993年投资814万元动工兴建锡冶炼厂，1994年6月3日砌炉完工，1994年6月13日正式点火烘炉，1994年7月20日投料试生产，1994年8月12日炼出第一炉合格湘锡牌锡锭。

在锡冶炼建设期间，香花岭锡矿投资213万元用于该厂配套的环保工程建设。1998年1月16日，经郴州市环保监测站现场监测，该厂外排废气符合国家和省颁布的大气排放标准，除尘效率达99.6%以上，该厂成为湖南省花园式工厂。

10.冶炼厂废渣处理工程：该工程自1998年1月启动至2002年，主要是对冶炼厂的炉渣进行综合治理，防止造成空气污染和水质污染。工程的主要作用：按规划堆放形成废弃煤渣库，然后对废渣进行植被复垦。具体操作：对按规划已堆放满的渣库，马上盖泥土，植草皮，种树栽花。1998年1—12月，冶炼厂煤渣复垦率达45.2%，高于全国复垦率15%的指标；绿化率和绿化覆盖率分别达到了90%和34%。

11. 太平工区尾矿充填工程：鉴于香花岭矿区250尾矿东坝已基本达到设计容积，为防止尾砂外泄污染环境，香花岭锡矿于2002年启动了太平工区尾矿充填工程建设。修整了太平工区井下419、547、579中段的采空场，进行尾砂充填。2002年9月竣工投产。

连年不断的环保工程建设，为香花岭锡矿净化和美化环境，提供了坚实的物质基础。1985—2002年，香花岭锡矿杜绝了废水废渣下河，杜绝了废气外排，在省、市、县三级环保部门定期和不定期的监测、考察、检验中，香花岭锡矿的环境保护工作和环境保护成果均获得肯定和赞扬。《中国环境报》《湖南环境保护报》《中国有色金属报》《湖南日报》《中国有色金属工业》等报纸杂志，多次报道了香花岭锡矿治污成果和先进经验。

第三节　“三废”综合利用

20世纪70年代以来，全省有色金属企业“三废”综合利用工作不断取得新进展，工业固体废弃物综合利用率和“三废”综合利用创造的价值逐步提高。1980年，全省有色金属企业“三废”综合利用产品产值4500万元，回收铜、铅、锌、锑、金、银等金属1600多吨；1990年全行业“三废”综合利用的企业增多，回收的产品增多，产品产值达2.07亿元，工业固体废弃物综合利用率29.85%；2000年从“三废”中回收的有色金属产值达9.26亿元，创造的利润达2.5亿元，工业固体废弃物综合利用率46.86%。

株洲冶炼厂以生产铅、锌为主，年生产能力达到33万吨。由于原料中伴生有金、银、铜、硫等多种有价元素，生产中排放出来的废水、废气、废渣也往往含有多种重金属，污染环境。1978年株冶完成“三废”治理项目12项，全厂工业用水减少48%，回收重金属上千吨。1979年，开展废渣综合利用，不仅对排放的废渣进行回收，而且从外面运回废渣近4000吨，回收锌700多吨。1982年，利用试验设备浮选白银，从当年废渣中回收白银5000公斤。1989年和1990年，株冶投资7800万元治理“烟龙”，使金、银、铋等伴生稀有金属的综合回收率，在原有基础上提高40%，每年多回收黄金150公斤、白银10吨。株冶每年从“三废”中综合回收产品的利润超过3000万元。到1996年，株冶累计投资1.5亿元，完成66个综合利用项目，回收有价金属 7.08 万吨。

1970—1985 年，水口山矿务局每年生产过程中产生工业废渣 15 万吨，选矿尾砂 30 万立方米。为了规范工业废渣管理，该局从 1986 年开始在二厂和松柏建设了两座专用渣场，对废渣进行贮存和分类处置。在柏坊铜矿、水口山铅锌矿建成三座尾砂库，对尾砂实行集中处置。康家湾矿还建成尾砂充填站，利用尾砂回填，既减少环境污染又得到综合利用。1996—2002 年，对有回收价值的废渣进行综合利用，三厂反射炉共处理铅浮渣和杂料 12050 吨，三厂烟化炉对鼓风炉水淬渣全部进行处理，生产副产氧化锌，处理后的水淬渣再用作水泥的生产原料制水泥。1997 年 8 月和 2001 年 3 月四厂建造 3 台挥化窑和 1 台多膛炉处理浸出渣，年处理能力达 50000 吨左右。恢复了铟生产线，每年可从废渣中提炼铟 6 吨。六厂从稀渣和烟灰中回收金、银、铅、铋等有价值金属，对废渣进行综合利用，发展循环经济。

锡矿山矿务局在提炼精锑过程中产生大量含砷有害物料砷碱渣。1981 年，该局对砷碱渣的综合利用进行研究试验，从炼锑砷碱渣中回收锑金属和制取无水砷酸钠混合盐获得成功。1988 年 3 月，砷碱渣处理工程竣工投产，每年可获利润 160 万元。锡矿山矿务局的北炼厂，每年排放数千吨含多种有害物的鼓风炉渣，1983 年，锑都水泥厂利用鼓风炉渣做掺和料生产水泥获得成功，每年利用废渣 15000 多吨，创造价值 25 万多元。

辰州矿业公司的鼓风炉每月产炉渣 1500 吨左右。炉渣是各种脉石和焦炭灰分氧化物的熔体，含有由氧化物形成的各种低熔点硅酸盐和少量的金属等杂质，炉渣中的锑主要是以机械夹杂的锑锍和粗锑的形态存在。在熔炼过程中创造锑锍和精锑与炉渣的分离条件，是降低炉渣含锑的有效措施。这就是该公司自 20 世纪 90 年代以来在鼓风炉炉膛一则设置前床的缘故，前床的另一个重要功能是进行粗锑捕金。炉渣含锑一般低于

1%，经水淬后可用作制作水泥的原料。将锑鼓风炉水淬渣与高炉水淬渣掺和作混合料，配制300号普通水泥，供矿井内胶结充填用。其水泥配料比：鼓风炉水淬渣28%～30%、高炉渣35%～37%、立窑煅烧熟料28%～30%、石膏5%～6%。利用鼓风炉挥发熔炼的水淬渣制造水泥，不仅可消除渣害，减少环境污染，而且可降低生产成本。鼓风炉水淬渣含 有微量砷，经环保监测站化验，没有超过生活饮用水标准，可以配制高标号水泥浇筑生活设施。

辰州矿业公司的泡渣产率为15%。泡渣中含有金属锑、锑酸钠、亚锑酸钠、亚砷酸钠、硅酸钠和铝酸钠等成分。采用鼓风炉熔炼法处理，即将泡渣按一定比例配入炉料内进行挥发熔炼，以氧化锑的形态回收其中的锑。能耗较低，金属回收率高。1990年建立小型鼓风炉处理泡渣，从中回收锑。

辰州矿业公司精炼所产碱渣，其产出率由锑液含砷量多少和碱渣含砷高低而定，该公司月产400吨。碱渣是加碱精炼除砷过程的产物。碱渣是高砷有毒物料，过去只单纯考虑回收其中的锑，用反射炉进行处理。由于处理过程中没有把砷从冶炼流程中除去，从而形成闭路循环，砷在过程中积累，致使碱渣和其他中间产品的含砷量不断增加，这不仅降低了生产经济技术指标，更为严重的是操作人员的劳动条件不断恶化，车间和厂区环境受到污染，又由于碱渣中的砷酸钠和亚砷酸钠是水溶性物质，一旦流失渗入地下，就会严重污染水源。因此碱渣必须妥善保存，及时进行处理，处理碱渣的方法不能只单独考虑回收金属锑，而应着重考虑消除砷害，变害为利，综合利用。2000年，公司碱渣的处理方法采用湿法，其基本原理是利用碱渣中的砷酸钠和亚砷酸钠能溶于水，而亚锑酸钠和锑酸钠不溶于水的性质，分离砷锑。处理方法有钙渣法和砷酸钠混合盐法。钙渣法是利用在水溶液中，砷酸钠能与消石灰作用，生成砷酸钙沉淀的原理，而把砷除去。用钙渣法可解决碱渣中砷锑分离的问题，同时可回收金属中的锑，但产出的钙渣仍是有毒物料，不能利用。因此，公司采用砷酸钠混合盐法。砷酸钠混合盐专供玻璃厂使用，可以代替白砷（As_2O_3）作澄清剂，以生产优质玻璃。混合盐中的主要成分砷酸钠、碳酸钠和硫酸钠不需分离，都能利用，并可相应地降低生产玻璃的碳酸钠和硫酸钠的消耗。因此，砷酸钠混合盐法不产出废物，碱渣的各种成分都相应得到利用或回收，达到回收金属锑、消除砷害、变害为利的目的。

永兴县并没有银矿，从20世纪80年代以来，每年生产白银1000多吨，所产白银都是从工业“三废”中回收提炼的。永兴除了从废渣、废料、废液中再生冶炼回收金银外，还能综合回收铂、钯、铱、铑等贵重金属，以及铅、铜、铋、锑、锡等有色金属。永兴金银冶炼产业大体上可分为三个阶段：第一阶段为20世纪80年初的起步期，该阶段主要是单家独户掌握传统冶炼技术的人，从全国各地把含有金银的“三废”原料拉回本地，提炼回收金银后再出售。短短的几年时间，该产业遍布全县25个乡镇中的14个乡镇，并由此形成了一批专业村、组。第二阶段是20世纪80年代中期至90年代的规范发展期。在经历了“村村点火、户户冒烟”的无序粗放发展之后，通过引导和整治，逐步实现集中规模发展，并呈现出蓬勃发展之势。整治前全县冶炼企业(户)曾达到4000余家，从业人员30000多人。整治后，规划发展了柏林、塘门口、黄泥三个较具规模的冶炼工业集聚区。第三阶段为2000—2002年的产业提升期。2000年，随着国家相关政策的放开，金银冶炼企业发生了质的变化，向规模化、集约化、精细化方向发展。2002年，全县年产白银1510吨，黄金5吨，铂、钯、铅、锡等其他有色金属15万余吨，年产值逾35亿元，其中白银年产量占全国总产量的1/4。2002年9月，在中国首届白银年会上永兴以无可争议的实力被组委会授予“中国银都”称号。

永兴县的再生金银产业提供了巨额的税收，也造就了一大批实力雄厚的骨干企业。由于永兴再生冶炼金银所需的原料均为全国一些大厂矿企业所产生的废料，随着该产业的不断发展，业务网络覆盖全国，国内只要含金银“三废”的地方就有永兴人的足迹。永兴也因此成为全国最大的含金银“三废”再生回收利用地，每年再生回收利用来自全国各地的工业“三废”原料 20 万吨以上，采购来的“三废”提炼金银的同时进行综合回收，从中提炼出钯、铋、硒、铟、碲、锑、铱等多种稀贵金属。对冶炼企业无法回收再利用的废渣进行收集后再球磨，经重选、浮选和磁选后，部分作为原料重新返回冶炼企业生产加工新的产品；对无法再进行提炼有价金属元素的废渣经无害化处理后运往建材企业，生产水泥和墙体砖等建材。冶炼企业各工序产生的废气均通过废气管收集，并进入废气综合处理塔。回收过程中的烟囱灰，经收集处理后，返回冶炼企业重新冶炼加工，生产稀贵金属等产品。对生产场地的水实行清污分流，实现金银产业的水、气、渣外排的无害化。

永兴人把循环经济贯穿于生产、销售、消费、回收、资源化、再利用的全过程，用政策引导产业向园区集中，实现了企业的规模发展、聚集发展和环保型发展。至 2002 年，县内冶炼企业产生的废水、废尘（渣）全部实现了回收再生利用并达到“零排放”，在资源利用上务求“吃干榨尽”。全县金银产业不仅实现了企业内部生产线之间的循环，还建立了企业间、园区间的多次循环体系，实现“三废”原料的高效利用。

第四篇

科学技术

第一章 科研机构、团体、期刊

第一节 科研机构

一 长沙矿山研究院

长沙矿山研究院（简称“矿山院”）是1956年组建的国家重点科研单位之一，原属冶金工业部管辖，1983年划归中国有色金属工业总公司领导，2000年下放湖南省管理，隶属湖南省有色金属工业总公司。

矿山院是从事矿产资源开采新方法、新工艺、新设备和新材料研究、开发和制造的矿山工程技术综合研究院。主要研究任务是金属矿床的露天和地下开采工艺、岩石力学、井巷工程掘进、矿山充填，边坡与尾矿库（坝）监测、海洋采矿、数字矿山、溶浸采矿、矿山机电、检测检验、高压水射流等。经过40多年科研积淀，形成了金属矿山采矿、矿山安全、海洋采矿、检测检验，采矿装备和高压水射流六大重点科研技术领域。开展高效采矿工艺、复杂难采矿床开采、矿山充填，矿山地质灾害防治、矿山防治水等20个重点技术方向研究，先后承担了国家有色行业、冶金行业、黄金行业和大洋协会等有关行业的重点科研项目和企业委托项目共计1500多项，获重大科技成果700余项，其中省部级以上成果奖励431项。

20世纪80年代以来，矿山院始终坚持科学技术是第一生产力的方针，突出技术创新，重视发展科技产业，逐步由一个技术导向、主要创造科研成果的事业型研究机构转变为一个市场导向，不断实现技术跨越，具有一定经营规模的科技型企业。1985 年全院设有采矿研究所、机械研究所、高压水射流技术研究所、电力电子信息工程研究所、岩石力学研究所、海洋采矿研究所、防治水技术研究所、爆破器材研究所、科技信息中心和国家有色冶金机电质量监督检验中心等 10 个二级研究单位，创办了机械厂、钻具厂、特种油缸厂、电焊机厂、自动化仪表厂等一些具有一定生产规模和特色的产业，并将机械产业、电气产业、材料产业、土石方爆破产业逐步联合，建立研发、生产、经营一体化运行机制。1990 年对高压水射流技术研究所、电力电子信息研究所实行企业化管理，按产业模式运行，将科技优势转化为产品优势和产业优势。科技业务遍布有色金属、黑色金属、化工、煤炭、建材等行业。高压水射流技术研究所实行企业化管理后，重视技术创新，逐渐由单项创新转变到强调各种技术的集成，并在集成的基础上，研制成功高压泵，将其应用于“热态除鳞生产线设备成套”中，在企业应用后产生了巨大的经济效益和社会效益。指纹技术系列产品、IC 卡系列产品、高压水射流技术和高气压凿岩机等成为该院新的经济增长点。

2002 年，矿山院有在职职工 1100 多人，其中高级工程师和享受教授待遇的高级工程师 250 多名、工程师 280 多名。

二 湖南有色金属研究院

湖南有色金属研究院（简称“湖南有研院”）是创建于 1958 年的湖南冶金研究所，是当时冶金部在中南地区布局开展有色金属，特别是稀有金属科学研究的重点单位。1984 年 8 月，中国有色金属工业总公司在该所环境保护研究室基础上组建“中国有色金属工业总公司长沙环境保护研究所”，承担总公司系统的环境保护科研任务。1985 年 1 月，湖南冶金研究所更名为湖南有色金属研究所。2000 年转制成为国有科技型企业后更名为湖南有研院，成为一家以矿冶科学和工程建设咨询设计为主的综合性科研单位。主要从事有色金属选矿、冶金、环境保护与资源综合利用，新型合金、材料的技术研究，工程设计和新产品开发。持有国家安全生产监督管理局颁发的安全预评价资质证书、非煤矿山安全评价资质证书；国家环保局颁发的环境影响评价证书（乙级）；湖南省安全生产监督管理局颁发的危险化学品经营单位安全评价资质证书；2002 年获湖南省环保局和省建设厅联合颁发的环境工程设计证书（丙级）。

1958—1985 年，湖南冶金研究所发展成为有色金属采矿、选矿、冶金、环保、合金及其材料研发为主的综合性科研单位。至 1985 年年底，共有职工 585 人，其中专业技术干部 311 人。设有采矿、选矿、冶金、环保、物质成分、分析、热能、情报 8 个研究室和机电维修、金属材料试制 2 个车间，1 个设计室，冶金机电质量监督检验中心等 12 个二级单位。有多专业协同攻关的传统，有承担国家重大科研课题的能力和经验。建所以来至 1985 年完成科研课题 800 多项，有 200 多项经过上级鉴定评议或验收，其中有 100 多项获省部级以上奖励。在稀土科研中更具特色。共开展稀土生产工艺、稀土新材料试制研究课题 52 项，稀土应用研究课题 17 项，其中 2 项获国家科委、国防科工委的奖励，1 项获国家发明奖，7 项获冶金工业部、湖南省科学大会奖。其间，有研院孕育孵化出“两所一厂”，即湖南稀土冶金研究所（1980 年在其第二试验工厂基础上成立）、湖南冶金材料研究所（1973 年在其钢铁冶金研究室基础上成立）和桃江稀土金属冶炼厂（1976 年在其第一试验工厂基础上成立），成为湖南有色冶金科技的摇篮。

1986 年以来，湖南有色金属研究所逐步进行科技体制改革，开始向科技型企业转制发展。成立技术开发中心，加强中试和新产品试制；组建设计室，促进科研成果向生产力转化；开展科研生产联营与技贸结合进行产品加工。1990—2000 年，先后开发了高纯氧化锑、钛酸铋、锌基合金等 10 余种新产品，创办了钨砂加工，联合办矿等实体企业 5 家。年均销售收入稳步增长。2000 年，科技产业的主营产品“钴酸锂”被湖南省科技厅认定为“高新技术产品”。与此同时，重点充实和发展科研优势特色，优化资源配置，科研项目和科研合同总额逐年增多。至 2002 年，湖南有研院已发展成为一家以矿冶科学研究和工程建设咨询设计为主的综合性研究单位，拥有“有色冶金研究所”“环境保护研究所”“资源综合利用研究所”三个专业研究所。三个专业研究所成立的 2001 年，科研合同总额首次突破 1000 万元，达到 1335.9 万元。在取得良好经济效益的同时，取得了丰硕的成果。1986—2002 年共完成各类科研项目 1700 多项，取得科研成果 260 多项，其中国家级、省部级发明奖、科技进步奖 50 多项。

三　湖南稀土金属材料研究院

湖南稀土金属材料研究院（简称“湖南稀土院”）创建于 1958 年，是中国最早从事稀土材料应用研究与开发的单位之一，是中国“两弹一星”成功研制的授勋单位，2000 年 9 月，由事业型院所转制成科技型企业。

湖南稀土院成立初期，冶金工业部投资 14 万元建设中心试验车间，在分析测定独居石精矿中钍、铀、镧等元素的基础上，从化学分析入手，进而采用离子交换法分离获取单一高纯稀土元素。1958 年年底，试制出 15 种稀土元素的氧化物。1959 年，根据国家下达的任务试制出打火石，并以每炉 5 公斤的规模进行生产，1960 年投放市场，结束了中国打火石依靠进口的历史。同年，成功研制出混合稀土棒材，经装管试验，使用寿命超过西德和奥地利进口同类产品的两倍。该研究成果 1961 年获国家科委三等发明奖。从 1961 年起，冶金工业部决定由湖南定点生产混合稀土棒材，对口供应，取消进口。

1958—1985 年，湖南稀土院开展稀土生产工艺、稀土新材料试制研究、稀土应用研究课题和科研项目 293 项，其中 2 项获国家发明奖，1 项获国家优秀产品奖，20 项获部、省科技成果奖。

1985—2002 年，湖南稀土院在经历事业费逐步减拨到位、事业变企业的情况下，闯出一条以科研为主体、市场为导向的"产、学、研、用"一体化创新发展之路。在服务军工科研的同时，进一步带动和拓宽民用产品的研发和生产。取得的可供应用的成果主要有高纯稀土氧化物、高温镀铬添加剂、高纯稀土金属、稀土节能荧光灯、稀土农用化肥、稀土合金、稀土三基色荧光粉等 20 多项。在钪的提取、提纯和应用方面处于 20 世纪 90 年代国际领先水平，享有"世界钪王"的美誉。可供应用的成果主要有高纯钪的研制、氧化钪提纯、金属钪制备、铝—钪中间合金研制等。负责起草制订氧化钪、金属钪、铝钪合金的国家标准。

湖南稀土院于 20 世纪 90 年代建有中国唯一的抗破碎贮氢材料研制线，"抗破碎贮氢材料研究"成果获 1998 年国家发明二等奖。为了更好地完成军工材料的研制任务，2000 年组建"湖南稀土新材料科研生产中心"，主要承担完成军工配套稀土材料的科研和试制任务。承担的军工配套产品主要分为四大类：激光级高纯稀土氧化物、航空用稀土镁铝合金、稀土贮氢材料、中子活化探测材料。1985—2002 年共取得各类科研成果 300 多项，其中有 200 多项获省部级以上科技成果奖，50 余项获授权发明专利。

四　湖南有色冶金劳动保护研究所

湖南有色冶金劳动保护研究所（简称“湖南有色劳保所”）创建于1968年5月，时名湖南有色冶金工业卫生防治研究所，1975年6月更名为湖南冶金防护防治研究所、1984年12月改名为湖南有色冶金劳动保护研究所。其间，中国有色金属工业总公司长沙公司干部培训班于1985年9月迁至湖南有色劳保所，并由湖南有色劳保所管理；1985年4月，加挂中国有色金属工业总公司劳动保护研究所牌子；1989年3月，依托湖南有色劳保所建成中国有色金属工业总公司安全技术培训中心。建所以来至2002年，湖南有色劳保所先后隶属于湖南省冶金工业局、中国有色金属工业总公司、国家有色金属工业局、中国铜铅锌集团、湖南省有色金属工业总公司。

湖南有色劳保所成立时的主要任务是对放射性病、铍中毒、砷中毒等职业病开展预防和治疗研究工作，设病床100张，编制66人。1969年成立职业病室，1970年组建毒理室，开始实验性铍中毒研究工作。1973年开展矽肺病防治研究和对铍及放射性的测试工作，并开展血吸虫病防治工作。1974—1984年开展铍、砷、氟、放射性及选矿药剂等的测试分析研究，开展职业性癌症的防治研究，开展通风防毒（尘）、“三废”治理、监测方法和监测技术的实验研究。至1984年年底，共完成职业病防治及劳动卫生方面的科研课题60余项，有23项科研成果进行了鉴定、推广，其中有14项获省部级科技成果奖。

1985—2002年，湖南有色劳保所随着不同时期的职责职能调整与定位，立足湖南面向全国有色金属系统，承担各有色冶金企业的安全技术、工程防护、工业卫生、职业病防治的科研工作，以及全国有色金属系统干部培训、安全环保技术管理人员培训等任务。湖南有色劳保所于1997年获得国家劳动部授予的安全卫生评价资质，1999年获得国家经济贸易委员会首批颁发的建设项目（工程）劳动安全卫生预评价单位资质证书。至2002年，湖南有色劳保所形成了职业病防治研究（职业健康）、教育培训、安全生产、环境保护等业务，科研工作形成了以劳动保护为主体研究体系。在通风防尘设计、环境评价和“三废”治理、工业卫生和职业病防治等领域形成特色。2002年承担并完成的国家科技部公益性专项资金项目“呼吸性粉尘吸入剂量与尘肺发病关系研究”和中国铝业公司“工作场所呼吸性粉尘危害程度调查与评价”项目为领导决策提供了科学依据。同时，湖南有色劳保所发挥中国有色金属学会安全学术委员会主任委员单位（1984年挂靠）、中国有色金属工业总公司安全卫生情报网网长单位、中国有色金属工业总公司尘肺诊断中心协作组办公地址所在单位的平台作用，有力推动了有色金属工业安全卫生国际国内学术交流研讨。

1985—2002年，作为社会公益型事业单位的湖南有色劳保所虽然没有减拨事业费数额，但随着科技体制改革的深化和市场经济体制的建立，科技人员深入生产一线进行调研、试验研制、设计施工，先后完成500多项科研课题，取得60多项科研成果，其中有32项获省部级奖励。取得实用新型专利和发明专利6项，主持及参与制定的国家标准10项，有140多篇学术论文在国内外学术刊物或学术会议上发表。

五　湖南有色地质研究所

湖南有色地质研究所（简称“湖南地研所”）是成立于1954年的重工业部中南有色局长沙检验所，是当时重工业部在全国布局的三大有色地质科研单位之一。1965年扩建并更名为湖南冶金地质勘探研究所，1984年更名为中国有色金属工业总公司湖南地质研究所。设有矿床研究室、岩矿研究室、化学分析室、探矿工程研究室、科技情报室等科室。至1985年共完成各类科研专题报告100多篇，取得科研成果13项，其中“湖南花岗岩型稀有、稀土矿床成矿特征及找矿方向”“人造金刚石及人造金刚石钻头、扩孔器镶制工艺研究”“桂阳坪宝地区内生多金属矿床成矿预测”等7项获省部级以上奖励。

1990年，单位名称变更为湖南有色地质研究所。6月，设立“湖南有色地质测试中心”，1990年12月通过计量认证和行业认证，获湖南省“计量认证合格单位和二级实验室”认证资格。自此以后，单位名称沿用至2002年。

“七五”（1986—1990年）期间，国家发布人造金刚石的新标准，从1986年起，湖南地研所组织技术攻关，探索新的合成工艺，研制高精度人造金刚石、高耐磨性人造金刚石烧结体（聚晶）及高密度粗颗粒人造金刚石，1989年金刚石质量抽查合格，通过了质量评审。1993年人造金刚石产量达到44.83万克拉，成为该所开发出的科技含量高的盈利产品。

1990年开始与湖南农业大学合作开展麦饭石地质物理化学性质研究、生物活性实验研究、卫生学评价及农业应用等一系列研究，首次开发出麦饭石新产品，通过湖南省科委技术鉴定。1991—1998年累计销售麦饭石粉1000多吨，获经济效益20多万元。同期开发出养鱼灵产品，亦通过湖南省科委鉴定，于1993年获科技新产品证书。该产品填补了省内空白，技术达到国内先进水平。

1986—2002年，湖南地研所结合科研工作的特点和企业需求，主要开展省内外地质科研、固体矿产资源调研、矿物成分的查定和矿物赋存状态的分析研究，岩石矿物样品的加工、鉴定和分析测试等工作。共完成湖南省政府、中国有色金属工业总公司、湖南省科委、湖南省有色地质勘查局下达的科研项目100多项，其中，获省部级以上科技进步（成果）奖15项。

第二节 湖南有色金属学会

1985年3月17日，中南矿冶学院黄培云、陈新民、陈国达，中南有色金属工业总公司长沙公司胡兆瑞、刘赣生，长沙矿山研究院吴统顺，长沙矿冶研究院陶敏，株洲冶炼厂刘振亚，株洲硬质合金厂王君笃，湖南有色金属研究所张国平，长沙有色冶金设计院张驾，长沙有色冶金勘察公司管锦申等专家学者联名向湖南省科协和中国有色金属学会提交《申请组建“湖南有色金属学会”的报告》。报告称：为加快湖南有色金属工业的发展，调动广大科技工作者的积极性，充分发挥湖南在有色金属行业方面知识密集、人才荟萃的潜在优势，加强信息流通，活跃学术领域，促进国内外学术交流，繁荣科技市场，加速人才开发，努力建设一支具有较高学术水平的有色金属行业科技队伍，为祖国的四化建设多作贡献，特申请组建湖南有色金属学会。经中国有色金属学会和湖南省科协批准，湖南有色金属学会于1985年4月成立。成立大会暨首次会员大会于1985年4月25日在株洲硬质合金厂召开，通过会章，产生第一届理事会。设名誉会长7人、会长1人、副会长12人、秘书长1人、副秘书长2人，委员56人。

学会秘书处设中国有色金属工业总公司长沙公司科技处。

学会密切结合湖南省有色金属工业生产建设及相关学科的发展，组织各种学术活动。接受委托，组织编制行业科技发展规划，进行科技项目认证、科技成果推广鉴定、负责有色金属行业科技成果的奖励工作，开展咨询服务活动，创办以咨询服务为主的科技实体。组织科普活动，普及有色金属科技知识。进行继续教育，培养人才，发现并向有关部门推荐人才。编辑出版学会刊物、情报资料和科普读物，传播有色金属科技信息。

湖南省有色金属学会于1990年3月23—24日在长沙召开第二次会员代表大会。参加会议的有中国有色金属工业总公司在湘企事业单位、地方重点有色金属企业和特邀单位的代表共110多人。会议的主题是：坚持“一个中心，两个基本点”，认真贯彻“经济建设必须依靠科学技术，科学技术必须面向经济建设”的科技工作方针，活跃学术思想，开展有色金属各学科学术交流，促进科技成果转化，推动有色金属工业发展。

本次会议的主要内容：一是修改并通过了湖南省有色金属学会章程。章程设总则、业务范围、会员、组织机构和负责人产生与罢免、资产管理与使用、章程的修改程序、终止程序及终止后的财产处理、附则共8章49条。二是选举产生了新的理事会，第二届理事会设名誉理事长1人，理事长1人，常务副理事长1人，副理事长16人，秘书长1人，常务理事24人，理事56人。三是召开了“湖南省有色金属工业技术发展动向”研讨会。研讨会共收到论文26篇，经评审，择优录用19篇论文汇编装订成册。这19篇论文涉及地质、采矿、选矿、冶金、安全、环保、理化检测、冶金设备、自动化、情报等方面。从中评选出优秀学术论文一等奖3篇，二等奖6篇，三等奖10篇。

湖南省有色金属学会第三次会员代表大会暨十周年纪念大会于1995年12月5—6日在长沙召开，出席会议的有正副理事长、常务理事、理事及会员代表160人。

会议听取了学会第二届理事会理事长景尔德作的工作报告。报告回顾总结了湖南省有色金属学会成立十年来取得的成绩和经验：一是坚持“科学技术是第一生产力”的思想，发扬学术民主，倡导尊重知识、尊重人才，团结和组织全省有色金属行业科技人员密切结合科研生产实际，开展科研攻关，促进科技成果转化。1985—1995年，全省有色金属行业共取得一批重大科技成果，其中获国家科技进步特等奖2项、一等奖9项、二等奖19项，省部级科技成果一等奖14项；二是开展学术交流活动。各专业学术委员会定期或不定期组织技术攻关，技术咨询和技术服务活动。地质、采矿、有色冶金、环保等专业学术委员会围绕各自专业领域中的重点和难点问题，开展多种形式的学术交流活动；三是学会不断发展壮大。学会会员单位由成立之初的35家发展到56家，个人会员由600多名发展到900多名，专业学术委员会由9个发展到14个。会上表彰奖励了一批先进集体和优秀个人。

会议进行了换届选举，新理事会设顾问1人，名誉理事长1人，理事长1人，常务副理事长1人，副理事长17人，秘书长1人，常务理事30人，理事62人。

湖南省有色金属学会第四次会员代表大会于2001年5月22日在长沙召开。这次会议是在全国有色金属工业体制改革、2000年实行属地化管理、2001年2月湖南省有色金属工业总公司成立后召开的一次科技工作者盛会。参加会议的单位有中南工业大学、下放省管的35家企事业单位、原省管企业5家，地县企业39家共79家120多人。

会议的主要议程有两项：一是进行了换届选举。第四届理事会设顾问1人，名誉理事长2人，理事长1人，常务副理事长1人，副理事长20人，秘书长1人，常务理事32人，理事65人。二是通报并讨论了"湖南省有色金属工业'十五'发展规划"。

湖南省有色金属工业"十五"发展规划的指导思想是：深化改革，创新体制，调整结构，提升产业，走环保质量效益型之路，确保湖南有色大省、强省地位。发挥整体功能，以产品结构调整为导向，以资本结构调整为纽带，通过企业组织结构的调整，实现湖南有色金属工业结构的总体优化和产业升级，把湖南有色金属工业做大做强做优。与会代表重点讨论了"十五"

总体目标和重点工作。对技术改造项目、科技攻关项目、高新技术项目进行了论证。最后确定技术改造项目 44 项，科技攻关 38 项，高新技术产业化 26 项，技术开发 24 项。

第三节　《湖南有色金属》杂志

1985 年创刊的《湖南有色金属》双月刊是中国有色金属工业总公司长沙公司、湖南有色金属学会主办的综合性有色冶金技术刊物，国内公开发行。1988 年经国际连续出版物数据系统中国国家中心审查批准，颁发国际标准刊号 ISSN 1003-5540。1997 年全国报刊整顿，重新注册，领取国家新闻出版署期刊登记证国内统一刊号 CN43-1045/TF。

主要刊载全省有色金属采矿、选矿、冶炼、分析检验、节能、环保、金属材料与加工及企业经营管理等方面的技术经验、科研成果和学术论文，介绍国内外最新科技动态，开展技术问题讨论，举办新知识、新技术专题讲座，发表国内外专题述评等。

该刊编辑部设在湖南有色金属研究院内，由湖南有色金属编委会出版。在湖南省科技期刊评比中，1989 年获优秀期刊二等奖，列为国内重点中文科技期刊。1995 年获优秀科技期刊一等奖，2000 年被评为湖南省一级科技期刊。

第二章 技术进步

第一节 勘察、设计、施工技术

一 勘 察

长沙有色勘察设计研究院成立于1964年4月。至2002年，该院已成为拥有资产总计12428万元（其中固定资产4459万元），主要从事勘察设计和工程承包及服务，下辖6个测绘队、8个工程地质队、5个水文地质队、1个工程物探队。长沙有色勘察院从成立以来至1985年，主要承担湖南、江西、广东、广西、福建五省区的有色冶金企业和市政、军工的基本建设工程测绘、工程地质、供水水文地质勘察以及水、土、石材的分析。这一期间在湖南承担并完成了水口山矿务局、东波有色金属矿、株洲冶炼厂、宝山铜矿、桃林铅锌矿、黄沙坪铅锌矿、湘潭钢铁厂、涟源钢铁厂、湘东铁矿、邵东焦化厂、长岭炼油厂等重点企业建设和扩建、改造的勘察任务。

1986—2002 年，长沙有色勘察设计研究院不断拓宽业务，主要从事测绘工程、工程地质勘察、水文地质勘察、岩土工程勘察、设计、治理、监测、监理、地基与基础工程、固体矿产勘查、地质灾害治理工程等，先后承担并完成了张家界观光电梯全天候自动监测，江西铜业德兴铜矿、贵溪冶炼厂、上海宝钢总厂、广西平果铝厂、京珠高速公路、沪昆高速铁路、广州地铁和城际轻轨等一大批有色、冶金、交通和地方城市基础设施等各类工程的测量、勘察、设计、施工任务。为顺应经济特区开发的迫切需要，该院率先进驻深圳、珠海、海南等地，高速度完成深圳蛇口工业区、三亚南山寺等具有标志性建筑的勘察任务，树立起知名度极高的“长勘品牌”，占有经济发达的“珠三角”和中南地区勘察市场大量的份额，跃居中国勘察设计综合实力百强前列。1986—2002 年，获国家级、省部级科技进步奖和优秀工程勘察、设计奖 100 多项。其中，“德兴铜矿一号尾矿堆积坝勘察试验研究”1987 年获国家科学技术进步三等奖。

二 设 计

设计是工程建设的灵魂。湖南有色金属工业设计队伍不仅满足省内有色金属工业建设的需要，而且还承担许多国内外大型有色金属工程设计。

长沙有色冶金设计研究院自 1953 年年初创建至 1986 年，共完成各项工程设计 400 多项，其中矿山采选工程设计 175 项，重有色冶炼工程设计 50 项，硬质合金厂和稀有金属冶炼工程设计 30 项，独立机修厂设计 9 项，其他工程设计 186 项，有 28 项成果分别获 1978 年全国科学大会、冶金部科学大会、湖南省科学大会奖，5 项获省部级科技进步奖。1981 年完成的柿竹园 3000 吨 / 日多金属矿山设计中，引进国外部分先进设备，提高柿竹园矿的装备水平；柿竹园矿 3000 吨 / 日选矿厂设计采用试验成功的重—浮—磁—浮—水冶联合流程，分选白钨、黑钨、铋、钼及萤石等多种产品，回收率达到或超过部颁标准。该院完成的株洲冶炼厂一期施工图设计和二期扩建设计，投产后生产指标达到国内先进水平，第二期湿法炼锌 50000 吨 / 年扩建设计被冶金部评为 20 世纪 70 年代优秀设计项目。

从 1986 年开始，长沙有色冶金设计研究院进一步扩大业务范围和内容，实行设计合同和设计收费制度，拥有采矿、选矿、地质、冶炼、硬质合金、机械、桥梁、隧道、总图、计算机、技术经济、概预算等10多个技术专业，从事工程咨询、工程勘察、工程设计、工程施工、环境评价、科学研究和技术开发等工作。每年完成设计任务50项以上，基建投资额数亿元。设计范围从原有的有色金属行业扩展到民用建筑、客货运索道、压力容器、市政、环保、电力、轻工等领域，从工程设计、咨询扩展到工程总承包、工程监理等领域。1986—2002年，获国家、省、部级优秀工程设计咨询奖、科技进步奖300余项。其中，“铜精矿熔炼反射炉收尘系统技术改造”项目1986年获国家科学技术进步三等奖；“立式多层环形离心破碎机”1989年获国家技术发明四等奖；“大厂现有选厂提高选矿指标的研究”1992年获国家科学技术进步二等奖；“高梯度全尾砂胶结充填新工艺和装备的研究”1993年获国家科学技术进步三等奖；“桂西北地区岩溶堆积型铝土矿的开发应用”1999年获国家科学技术进步二等奖；“钨钼铋复杂多金属矿综合选矿新技术——柿竹园法”2001年获国家科学技术进步二等奖；“大厂高铟锌精矿锌铟冶炼新工艺”2002年获国家科学技术进步二等奖。

三 施 工

中华人民共和国成立后，湖南有色金属行业施工队伍从小到大，从弱到强、不断发展壮大，为省内外有色金属工业的发展作出了卓越贡献。

1953年年初，中南军政委员会工业部有色金属管理局湖南分局在长沙成立中南工程公司，年底又成立中南机电安装公司。1954年12月，中南工程公司改称第一工程公司，并组建了第二工程公司，承担湖南有色工业企业的基建施工任务。1955年，两个工程公司与中南机电安装公司合并，成立重工业部建筑局中南有色冶金建设公司。1964年更名为湖南冶金建设公司，下辖一、三、七工程公司和井巷工程公司。1965年改名为冶金部第十五冶金建设公司，同年 9 月迁至湖北，设留守处于长沙。同时，由十五冶金建设公司所属的第一工程公司和一个安装队组成湖南冶金建筑安装公司。1971 年冶金工业部决定将十五冶金建设公司在湖南的十三井巷公司与湖南冶金竖井工程队合并，改称湖南冶金建设公司井巷公司。1979 年冶金工业部在湖南组建第二十三冶金建设公司，将湖南冶金建筑安装公司和井巷公司都划归该公司领导。1984 年第二十三冶金建设公司改由中国有色金属工业总公司领导，更名为中国有色金属工业第二十三冶建设公司。该公司具有综合施工能力，下辖第一、二、三工程公司。2001 年 1 月划归湖南省管理，更名为二十三冶建设集团有限公司。

二十三冶建设集团有限公司是以建筑施工为主，具有矿山、房屋建筑、机电设备安装、市政公用工程等多项施工总承包一级资质，是全国拥有冶炼工程施工总承包特级资质的企业之一。20世纪80年代以来，该公司先后承建了一大批国家和地方的重点建设项目，其中有色冶金厂矿60多家，能源、交通、建材、化工、市政等大型工程50余项。在有色冶金施工技术方面处于国内领先地位，先后承建了山西铝厂、贵州铝厂、青铜峡铝厂、广西平果铝厂等国家重点项目；在高炉建设中，被业界誉为“中国高炉王”，参与湘钢、涟钢、鞍钢等技改项目建设，圆满完成湖南省最大高炉——湘钢一号高炉技改工程，受到了业主的高度赞誉；在高耸建筑、炉窑施工方面保持领先地位，在甘肃连城铝厂创造了国内炉窑砌筑的两个第一；完成了京珠、山西太旧、辽宁丹本、海南东线等30余条高速公路、一级公路以及20多座单跨30米以上、墩柱70米以上桥梁的建设任务，其中山西太旧高速公路1997年12月获全国建筑行业质量最高奖——鲁班奖。20世纪80年代初，该公司便开始聚焦国际建筑市场，先后承担约旦、巴基斯坦、沙特阿拉伯、文莱、乌干达等国家的重点工程建设。圆满完成总投资9300万美元的乌干达共和国总统府重建项目，成为湖南历史上独立承接大型国际承包工程合同金额最大的工程之一。

二十三冶建设集团公司以“科技领先，精心服务，铸就精品”为宗旨。至2002年，获国家优质工程奖、全国用户满意工程、芙蓉奖、杜鹃花奖、省部级优质工程197项，24项科技成果获省部级奖、国家专利和国家发明奖，8个工法被评为省部级工法，多次被评为全国重合同守信用企业、全国优秀施工企业和全国建筑业科技领先百强企业。

第二节　找矿、采矿、选矿、冶炼技术

一　找　矿

1978—2002年，湖南省有色地质勘查局地质科研工作以地质找矿为中心，既有点上的矿床研究，也有面上的综合地质科研，既有该局独立完成的项目，也有与高等院校和科研单位合作的国家级攻关项目。

由湖南省有色地质勘查局单独完成或与其他省（区）有色地勘局、大专院校、科研院（所）合作完成的地质科研项目获国家级、省部级奖励13项，详见表4-1-1。

湖南省有色地勘局在“六五”至“九五”国民经济计划期间，新发现并探明一批大、中型有色及贵金属矿床。其中获得中国有色总公司颁发的找矿成果奖12项，详见表4-1-2。

表 4-1-1 1985—1996 年湖南省有色地质勘查局地质科研项目获奖情况表

项目名称	获奖时间	获奖单位	颁奖单位	获奖等级
湖南桂阳坪宝地区内生多金属矿床成矿预测	1985 年	湖南有色地质研究所、湖南有色二三八队	中国有色总公司	科技进步三等奖
湖南水口山（康家湾隐伏矿床）铅锌矿田找盲矿研究	1986 年	湖南省有色地勘局	国家科委	科技进步三等奖
南岭地区重点钨、铅、锌矿区及外围成矿预测和典型钨矿物成分研究	1986 年	中南工大、湖南地勘局等	中国有色总公司	科技进步二等奖
南岭地区钨铅锌有色、稀有金属矿床的控矿条件、物质成分与分布规律	1988 年	中国科学院矿床所、湖南地勘局等	国家科委	科技进步二等奖
水口山鸭公塘矿区大型注浆帷幕治水技术研究	1988 年	湖南有色地勘局、水口山矿务局、长沙矿山研究院	中国有色总公司	科技进步一等奖
双频道激电法的研究	1990 年	中南工大、湖南有色二三八队等	中国有色总公司	科技进步二等奖
重点成矿区带找矿信息综合处理方法及应用研究	1991 年	湖南有色地勘局等	中国有色总公司	科技进步一等奖
寻找隐伏矿的物化探新技术、新方法研究	1991 年	湖南有色地勘局、江西地勘局等	中国有色总公司	科技进步二等奖
湖南锡铅锌多金属矿隐伏矿床预测研究	1991 年	湖南有色地勘局、中南工大	中国有色总公司	科技进步二等奖

续表

项目名称	获奖时间	获奖单位	颁奖单位	获奖等级
中国东部主要有色金属矿床中伴（共）生金（银）赋存规律、成矿条件及远景研究	1992年	湖南二四五队、中南工大等	国家科委	科技进步三等奖
湘南有色成矿区带重磁化探资料开发利用及找矿靶区优选	1993年	中南工大、湖南有色二四七队	中国有色总公司	科技进步三等奖
黄沙坪地区铜成矿地质特征及找矿方向研究	1993年	黄沙坪铅锌矿、湖南有色地研所	中国有色总公司	科技进步四等奖
湖南有色金属矿产成矿环境、控矿条件、勘查方法和成矿预测研究	1996年	湖南地勘局二四七队	中国有色总公司	科技进步三等奖

表 4-1-2 1984-2000 年湖南省有色地勘局重大找矿成果奖统计表

找矿项目	颁奖单位	获奖等级
衡南县川口钨矿	中国有色金属工业总公司	找矿成果二等奖
桂阳宝山西铅锌矿		找矿成果二等奖
桃江响涛源锰矿		找矿成果三等奖
水口山康家湾铅锌矿		找矿成果三等奖
康家湾金银多金属矿		找矿成果一等奖
锡矿山飞水岩锑矿床		找矿成果三等奖
安化大溶溪白钨矿床		找矿成果三等奖
水口山老鸦巢金矿床		找矿成果二等奖
临武泡金山锡矿床		找矿成果二等奖
桂阳财神庙银铅锌矿		找矿成果三等奖
锡矿山童家院边深部锑矿		找矿成果三等奖
湖南常宁仙人岩金矿		找矿成果二等奖

二 采 矿

中华人民共和国成立以来，湖南省有色金属矿山在不断改进巷道掘进、矿体回采、矿石运输和提升及矿井通风、充填、供风、供水、供电等系统的同时，各个矿山根据各自矿体特点，不断试验和探索创新采矿方法，使回采率不断提高，贫化率和损失率不断降低。

湘东钨矿从 1958 年起，在有关科研院所协助下，试验了普通留矿法，提出 10 多种留矿法变形方案和分层崩落法，并相应地改革采场结构。通过多方试验和改进，在围岩不稳固的极薄矿脉中成功地应用胶结充填采矿法、水平分层胶结充填和干式充填采矿法，采用金属模板架浇灌的混凝土假巷采区底部结构，从而有效地降低坑木消耗，保证了安全生产，提高了回采率。1960 年，瑶岗仙钨矿革新凿岩和爆破方法，实现月掘进总量 1143.86 米，受到冶金部电贺。1962 年，锡矿山矿务局针对其缓倾斜矿体的特点，使用房柱法、充填法开采，不仅回采率可提高到 86% ~ 95%，而且成功地控制采空区的地压活动，为金属矿山“三下”（建筑物、铁路和水域的下面）开采提供了经验。1976 年新晃汞矿在长沙矿山研究院的帮助下，创独头月进尺 1056.8 米纪录，进入世界先进行列。桃林铅锌矿、黄沙坪铅锌矿在矿山建设的设计过程中不断吸收最新研究成果，两矿均采用天井一次打眼、分段爆破成井技术，提高了天井掘进能力。1980 年，锡矿山试验成功了“块石胶结充填法”，整层回采高度达 16 米，简化了回采工艺，缩短了回采周期，降低了生产成本。1990 年，锡矿山采用“斜壁式粗颗粒水矿充填法”，回采作业和充填料输送实现机械化。2002 年，锡矿山采用“上向连续采矿法”，解决急倾斜薄矿体回采难题，该法是中国难采矿体采矿方法研究的重大成果之一。

长沙矿山研究院自1953年成立以来至2002年，坚持科研工作密切与矿山生产建设相结合的方针，把矿山生产建设中出现的重大技术课题和一些量大面广的技术上的“常见病”“多发病”作为该院的主要科研项目。该院是有色金属行业唯一的采矿专业综合性研究单位，承担重大采矿技术研究任务，在巷道和硐室掘进中采用小直径炮眼凿岩爆破，成功研究了微差爆破、小直径炸药包、铵油炸药、小直径凿岩钻头及机具、并成功进行露天和地下大爆破。在露天陡帮开采工艺技术、露天矿大型成套设备、机械化胶结充填采矿工艺技术、大直径深孔采矿技术、地下矿山主要装备的研制及国产化、阶段崩落采矿技术、软岩掘进与支护技术、高效充填技术等方面取得了一批重大科技成果。

至2002年，长沙矿山研究院建立的国家与部级中心有4个：国家金属采矿工程技术研究中心、金属非金属矿山安全工程技术研究中心、国家有色冶金机电产品质量监督检验中心、国家安全生产长沙矿山机电检测检验中心。并建有海洋采矿、数字矿山、溶浸采矿、充填材料、岩石力学、矿山机电、高压水射流、爆破器材等8个装备先进的实验室；建设有金属矿山地质灾害信息工作站，爆破试验场，采矿装备中试生产线。

长沙矿山研究院在金属矿采矿领域的专业配套齐全，有采矿工艺、采矿装备、自动控制、深海采矿与勘探、溶浸采矿、岩石力学、矿山防治水、爆破技术及器材、安全检测与评价等配套专业，以及高压水射流、电子信息和冶炼厂辅助设备等专业领域，在矿山工程技术研究方面具有专业配套优势，在国内外同行业中处于领先水平，跻身国际先进行列。其中，以采矿工艺、采矿设备和深海采矿与勘探专业的优势尤为突出，具有强大的综合攻关能力和工程化能力。研究开发与技术服务业务范围广，业务辐射范围涵盖有色金属、冶金、黄金、煤炭、化工、核工业、建材、机械、交通等行业，遍及全国各省和自治区。

结合国家、省部和企业科技计划，长沙矿山研究院在采矿工程技术方面开展了大量研究与开发工作，在凿岩爆破、岩石破碎、岩体支护、高效胶结充填采矿、无废开采、深井开采、复杂难采矿床开采、溶浸采矿、露天地下联合开采和数字矿山技术等方面取得一批成果。1978—2002 年，承担完成了 63 项国家计划课题（专题）、29 项省部重点科研课题、400 多项企业委托的研究开发与技术服务项目。其中取得重大技术成果 137 项，获国家科技进步奖 10 项，获部省级科学技术奖 98 项，其中，一等奖 12 项，二等奖 40 项，授予专利 33 项。

三　选　矿

1978—2002 年，全省已经形成一套适应湖南矿产资源特点的选矿工艺技术和新的选矿药剂，不仅满足了矿物组成复杂的特殊需要，而且选别指标在国内遥遥领先，有的接近国际水平。重点企业不但掌握和运用常规选矿方法，而且创造和推广应用不少新技术、新工艺。

（一）选矿工艺改进

20 世纪 70 年代以来，桃林铅锌矿大型铅锌浮选厂实现了粉矿仓卸矿小车自动控制、球磨机恒定给矿和自动加球、矿浆浓度自动调节、自动检测和调节 pH 值、浮选槽液面射流控制、选矿自动取样等操作自动化。湘东钨矿的选厂采用碱浸—离子交换工艺处理难选钨细泥，获得含三氧化钨 99.95% 的优质产品。瑶岗仙钨矿研制成功国内第一台激光拣选机并用于生产，同时采用浮、磁等精选流程以回收铜、铋、钼等金属精矿。由于选矿工艺的进步，矿山综合利用水平得到提高。至 2002 年，瑶岗仙钨矿可综合回收铜、锡、铋、钼、金、银和硫精矿、萤石精矿等 10 多种金属。

铜铅锌复杂多金属矿选矿技术一直是选矿技术领域公认的技术难题。湖南有色金属研究所经过多年攻关，取得了重大突破，其“复杂铜铅锌高效选矿分离技术及工业应用”在宝山铅锌银矿得到成功应用，铜回收率提高 5% ~ 15%、铅回收率提高 3% ~ 10%。中南工业大学、湖南有色金属研究所在重选、磁选、稀有金属选矿和矿产资源综合利用等方面形成了专业优势。中南工业大学“浮选剂结构理论及其分子设计”于 1987 年获国家自然科学三等奖，“硫化矿电位调控浮选理论与实践”于 2000 年获国家科技进步一等奖。湖南有色金属研究所“千枚岩型有色金属选矿尾矿中的绢云母回收利用”于 1998 年获国家科学技术进步二等奖。

（二）生物提取技术

为充分发挥矿物生物提取技术投资成本低、能耗小、环境污染轻的技术优势，发展中国低品位硫化铜矿和难选氧化铜矿生物提取技术，中南工业大学 1997—2001 年开展低品位铜矿和锌矿复合催化剂和改良菌种生物浸出新技术研究。2002 年，研究成果获湖南省科技进步一等奖。该项研究的技术关键是采用诱变菌种和复合催化剂同时强化直接作用和间接作用两个作用过程，以提高浸出速度和浸出率。研究人员先后研究了磁黄铁矿筛选菌种新方法、黄铁矿筛选菌种方法、浸矿用高效菌种的选育技术和细菌浸出的催化剂技术，并针对难浸的黄铜矿型原生硫化铜矿，首次运用磁黄铁矿筛选浸矿优势菌群、紫外—亚硝酸盐复合诱变以及驯化、适应性培养等多种育种方法和手段，从氧化亚铁硫杆菌中选育出具有吸附性强、氧化活性高、耐受性强的 6 种不同用途的高效优良的浸矿菌株，并应用于低品位黄铜矿型原生硫化铜矿的生物浸出，显著提高铜浸出速度和浸出率。研究成果在以下几方面具有创新性：

1. 运用不同晶形结构和不同磁性的磁黄铁矿筛选不同性能

的高效浸矿菌株。

2. 针对浸矿细菌，运用复合诱变技术，得到的六种氧化活性高、耐有毒物质能力强、可用于不同用途的高效浸矿菌株。

3. 针对难浸黄铜矿型原生硫化矿，开发的可溶性金属盐催化剂用于低品位黄铜矿型硫化铜矿浸出，与不同催化剂相比提高铜浸出率 50%。

4. 采用细菌浸出—萃取—电积流程从脆硫锑铅矿—铁闪锌矿—黄铁矿类型的矿石中提取锌，从而达到锌铁高效分离的目的。成果在德兴铜矿和云南银光矿业有限责任公司推广应用，经济效益显著。

矿产资源的生物体提取是现代生物技术在矿冶领域的应用，该技术具有过程简单、成本低、能耗低、环境污染小等优点，尤其适合于处理低品位矿。该技术的广泛应用为改善矿区生态环境，消除传统矿冶工艺带来的环境污染，提高矿产资源综合利用以及矿业的可持续发展具有重要意义。

（三）柿竹园有色金属矿选矿成果

1. 铅锌银回收技术。柿竹园铅锌矿为硫化矿，其选矿方法采用优先浮选法，药剂制度为硫氮 9 号回收银、铅、锌，1995 年前，银、铅、锌回收率在 68%、83%、83% 左右。1996 年，选矿技术人员进行药剂制度改进，用丁铵替代硫氮 9 号，银的回收提高 10% 以上，接近 80%，其后再次改进药剂制度，使铅、锌回收率提高并稳定在 88% 左右。

2. 萤石回收技术。有用资源的综合回收利用，是企业综合效益增长的基础。对于伴生含量巨大的萤石资源的回收，历经国家“八五”“九五”共 10 多年的攻关研究，一直未能解决精矿品位不能达标、回收率低的问题。2001 年开始，与广州有色金属研究院共同开发萤石综合回收项目，取得了较大突破，萤石精矿品位达到 96% ~ 97%，回收率约 32%。

3. 浮选柱浮钨技术。与相关院校进行了浮选柱浮钨试验，在选别技术指标与浮选槽相当的情况下，浮选柱的电耗与工艺优于浮选槽，选矿回收率有所提高。浮选柱选钨技术取得良好的社会效应和企业效益。

四 冶 炼

20 世纪 70 年代以来，全省有色金属冶炼新技术、新工艺采用更加广泛，成果更为突出。特别是 1984 年以来，通过大规模技术改造和引进国外先进工艺，先后淘汰了一批落后的生产工艺和设备，株洲冶炼厂、水口山矿务局、锡矿山矿务局等企业的冶炼技术和装备水平居全国领先水平。

株洲冶炼厂自 1972 年一期工程全部建成投产以来，铜、铅、锌的冶炼技术在国内居领先水平。该厂注重综合回收和“三废”治理工作，除主产品铜、铅、锌外，综合回收金、银、镉、钴、锗、铟、硒、碲、铊、硫等有价元素，在全国同行业中综合回收处于领先地位。有价元素的回收，既提高了经济效益，又治理了“三废”，保护了环境。水口山矿务局针对烧结机——鼓风炉还原炼铅工艺存在严重二氧化硫污染及返粉破碎造成铅污染问题，1984 年由科技部立项，水口山矿务局在有关单位协助下开发了氧气底吹——鼓风炉炼铅（SKS 法）技术，利用原有的底吹炉试验装置生产高铅渣，在水口山一个 1.2 平方米的鼓风炉上进行高铅渣鼓风炉还原试验，取得成功。1988 年通过部级鉴定，2001 年在省内外推广应用。该项目是有色金属行业自主开发的产业化技术进步重大成果之一，能有效解决铅冶炼过程中二氧化硫烟气回收利用问题。该技术已成为中国铅冶炼技术改造的首选技术。

中南工业大学、长沙有色冶金设计研究院、湖南有色金属研究所等单位在重金属冶炼、稀有金属冶炼及其材料加工等方面形成了专业优势。中南工业大学在20世纪80年代初期就提出“无污染冶金”这一战略性研究方向。“无污染冶金”是一个集清洁生产工艺、“三废”治理及资源循环利用、冶金过程的节能降耗在内的一个范围极广的研究方向。保护环境和节约资源已成为中国的基本国策，建设资源节约型、环境友好型社会成为中国社会经济实现可持续发展的必然选择。1989年12月和2002年6月颁布了《中华人民共和国环境保护法》和《中华人民共和国清洁生产促进法》。中南工业大学冶金工程学科自1952年组建至2002年的50年中，承担100多项国家级科研项目，80多项省部级科研项目，共获国家级科技成果奖15项、省部级科技成果奖87项。其中，“仲钨酸铵制取蓝钨、钨粉的研究”“铝电解用阳极糊节能技术”分别于1987年、1992年获国家科技进步一等奖。

锡矿山矿务局在锑冶炼工艺中取得系列技术进步：

（一）挥发熔炼鼓风炉的技术进步

锡矿山矿务局有两座3平方米鼓风炉，一座用于处理硫化锑精矿，一座用于处理硫氧混合锑精矿。从1996年开始，进行了以提高鼓风炉床能力，节能降耗，处理含金、银锑精矿，产生的低浓度二氧化硫烟气处理达国家排放标准为主要内容的技术创新和技术改造。改造后鼓风炉炉龄、处理量、经济技术指标均创历史新高，炉日处理量由45～50吨/炉提高到70～80吨/炉，炉龄由180天延长到300天；处理硫化锑精矿时，焦率由35%降至29%，铁矿石率由25%降至16%，回收率由96.8%提高至97.4%；处理硫氧混合锑精矿和含金银锑精矿时，焦率由55%降至35%，铁矿石率由80%降到40%，回收率由93%提高到95.4%，原料含金20克/吨以下时，金、银回收率均达90%以上。鼓风炉低浓度二氧化硫烟气以碳酸钠—石灰双碱溶液为吸收剂，经高效旋流吸收塔吸收后，二氧化硫浓度可达到国家《锅炉大气污染物排放标准》（GB13271-2001）的排放标准。

（二）粗锑精炼工艺的技术进步

一是1994年发明的除铅剂，能将粗锑中的铅除到30微克/克以下，也正是由于此项发明，使广西的脆硫锑铅矿和其他高铅锑原料中的锑得以利用，加速了锑产量的提高。除铅剂及其工艺技术的出现，推动了中国锑工业的发展，使中国的锑工业迈进一个新阶段。二是2002年发明的快速除砷、除硒剂，能将粗锑中的砷、硒降低到10微克/克以下，而且速度快，时间短，提高了锑的直收率，降低了能耗，特别是将砷高含量地富集，为砷碱渣综合回收利用，解决砷污染问题打下了良好的基础。该技术处于国际领先水平，在全国推广。

（三）三氧化二锑（锑白）生产工艺技术、装备的进步

锡矿山矿务局锑白在20世纪80年代以前一直是以精锑为原料自热法生产，也是中国锑白生产最主要的生产方法，但该法存在产品质量档次低、工艺参数难以控制等缺点。1995—1997年，锡矿山发明了压缩空气离液顶吹法生产锑白的新炉型和新方法，简化了炉子结构、工艺控制参数，对温度、风量、风压等生产主要工艺参数实行计算机网络控制。从而使锑白产品的粒度、白度、主成分等理化性能指标大幅度改善，达到了增加锑白技术含量、提高产品质量档次、增加锑白产品品种的目的。实现了一炉多用，通过调整工艺参数就可实现通用型锑白、超细锑白、粗颗粒锑白、催化剂锑白、超细高纯锑白、高白度锑白等多种高品质特殊用途锑白生产转换。劳动生产率高，能耗、炉修费用低，经济效益显著。劳动强度轻、环境好、投资省，易于推广应用。其工艺技术、经济技术指标、产品质量均处于国际领先水平。

锑白后处理工艺研究解决了锑白真空输送、筛分、混合、

自动计量、自动包装等多项技术和装备难题，在减少锑白黑点、锑白均匀化，防止锑白包装、运输过程中的二次污染等方面具有显著效果，使锑白工艺和装备的技术含量，产品的质量档次进一步提高。

第三节　新材料研发技术

有色金属新材料是国民经济和高新技术发展必不可少的重要原材料。20 世纪 80 年代以来，湖南有色金属加工和深加工产业快速发展，新产品、新材料开发成果较多。锌粉、锌合金、铅基合金、锑化工产品、铜铝材及钨钼钽铌材等深加工产品产量所占比重逐年提高，至 2002 年，新材料及深加工产品产值比例达到 15%。

锡矿山矿务局从 1980 年开始用间接法生产锑白工艺达世界同行业先进水平，随后又研究出湿法工艺生产焦锑酸钠，经国内外多项检测及用户认可，质量优于国内外同类产品。从 1985 年开始，锡矿山锑产品中依纯度开发出高纯和超高纯三氧化二锑；依粒度开发出粗颗粒、超细粒、微粒、纳米粒三氧化二锑；依用途开发出阻燃级、荧光级、电子级、聚酯催化剂三氧化二锑；为适应环保需要开发出无尘系列三氧化二锑、三氧化二锑母粒；开发出用于纺织品阻燃的五氧化二锑胶体和粉末，用于电缆电线阻燃的阻燃母粒料等。锑品的多样化不仅增加了产品的技术含量，满足国内需求，而且冲破国外贸易技术壁垒，促进了产品出口，改变了出口结构，低端产品出口逐年减少，以三氧化二锑系列产品为代表的精深加工产品出口逐年增长。据海关统计，2001 年三氧化二锑系列产品出口量为 3.61 万吨，粗锑出口量为 2.2 万吨，首次突破氧化锑系列产品出口量高于粗锑出口量。1985 年以来，以长沙有色金属加工厂为骨干，全省建成 7 个铝型材生产线，从家用电器用的小口径铝管到各种大、中、小型材均可生产。在铜管、铜棒方面不仅形成了生产能力，质量也位于国内同行业之首。

中南工业大学、湖南有色金属研究所在有色金属加工、有色金属新材料、磁性材料、热喷涂材料、复合粉体材料等方面形成了特色。中南工业大学继“高性能特薄铝板”1986年获国家科学技术进步二等奖后，“图-154M飞机国产粉末冶金刹车副（盘）研究与开发”“汽车换热器用铝合金复合箔的研制”分别于1998年、2000年获国家科学技术进步三等奖、二等奖；湖南有色金属研究所在新型合金、新材料研究和新产品开发方面独具优势，开发出锑、钴、铋系列产品，得到用户认可。该所“钨水冶渣综合利用”1989年获国家技术发明四等奖。

湖南从事稀土材料研制和技术开发的单位有：湖南稀土金属材料研究所、中南工业大学、国防科技大学、湖南大学、南华大学等，湖南农科院在稀土农用微肥的应用研究方面也取得了进展。

湖南稀土金属材料研究所是国内最早从事稀土氧化物、金属、材料、分析、应用研究（含生产）的单位之一，该所建有高纯稀土氧化物生产线一条，年产能300～500公斤，生产纯度为99%～99.999%的各种稀土氧化物；稀土金属生产线一条，年生产能力150～300吨；稀土材料生产线一条，生产稀土合金、片、线、棒、管、粒等材料，在国内是唯一能生产的单位；稀土节能灯生产线一条，年产150万支稀土节能灯，并获得国家首批质量认证。

湖南省稀土农用中心是中国第一家省级稀土农用研究机构，20世纪90年代率先利用稀土的配位络合特性进行复合，研制出一系列针对性强、综合作用效益大的种养业复合添加剂，建有300吨/年高效农用稀土复合剂生产线二条（水剂和粉剂）。

为种养业的发展提供优质高产的新产品，农用稀土复合剂系列产品已获国家发明专利。1990—2000年，共获科技成果奖23项，省部级奖10项。2002年承担的研究项目有8项。该中心已有高效农用稀土复合剂、高能保果素、叶肥王、高效稀土硼肥、高效稀土锌肥、养殖业稀土添加剂等9类产品进入国内国际市场，2个产品转让省外，创社会效益3亿多元，产品先后出口韩国、以色列、马来西亚、越南等国家。其中高效稀土农用复合剂1998年11月被科技部、国家技术监督局等五部局列为“国家重点新产品”，1999年列为国家高新产业化重点项目。

株洲硬质合金厂于1994年作出了《关于开展“科技兴厂”活动的决定》后，逐步完善科技兴厂的制度，实施技术创新，依靠科技进步进行技术改造，工厂的生产工艺和装备达到20世纪90年代国际先进水平。

一　硬质合金制造技术

经过“九五”和“十五”前期的技术改造，株洲硬质合金厂产品结构更加合理，按照生产工艺和用途将产品分成钨钴合金生产、异型合金生产、大制品合金生产、型材合金生产、钻头合金生产、模具合金生产、数控刀片生产、传统刀片生产等专业线，年生产能力达到了6000吨。

在成形技术上，工厂采用了国际先进的精密模压成形、挤压成形、冷等静压及割形加工、注射成形等技术和装备，保证了压坯密度和尺寸精度。在致密化方面，自主研究开发的气氛控制脱蜡烧结一体炉广泛应用脱蜡、预烧和烧结三道工序合并在一炉内完成，各条生产线上都配备具有国际先进水平的低压烧结炉，大大提高了产品质量的稳定性。

硬质合金大六面顶是工厂的拳头产品，1998年1月，研制出了大腔体顶锤系列产品。其中YL20.3牌号的六面顶寿命比

YG8 顶锤提高 20%，两面顶锤牌号 YL10.3 的性能已达到了国外进口产品的水平，填补了国内外采用的低压烧结技术生产大腔体顶锤的空白。经过 1998—2000 年的推广，YL 系列新材质顶锤在全国 18 个省、市 82 家金刚石制造厂家使用，装机面占全国的 40% 以上。

硬质合金大密封环是用于舰船上的密封零部件，具有耐磨、耐腐蚀性好，刚性好，抗压强度高等特点，但是由于产品尺寸大，成型、烧结过程难以控制，经过工厂工程技术人员的攻关已能够生产直径 500 毫米以上的大密封环，为舰船零部件国产化作出了贡献。

超细硬质合金具有高强度高硬度的特性，2000 年 4 月，工厂开发出最小晶粒度达 0.3 微米的 10 余个超细硬质合金牌号，最高的强度为 4500 兆帕，硬度为 HRA93.8。大批量生产中质量稳定可靠，使用性能达到同类产品国际水平。

高性能可转位刀片居国内最高水平。1998 年高精度、高性能硬质合金可转位刀片被科学技术部、国家质量技术监督局授予优质新产品奖。“精密数控硬质合金可转位三维槽型的研究与开发”课题通过了湖南省科技厅组织的成果鉴定。该成果解决了复杂三维槽型的曲面构造和设计关键技术，大幅度缩短了设计周期。经过多年的使用，表明开发的新槽型刀片产品切削效果与国外同类产品相当，整体技术达到了国际先进水平。

二 硬质合金深加工与工具配套技术

硬质合金刀具生产线初建于 1992 年，2002 年通过引进德国和澳大利亚的生产、检测设备和软件，完善了生产线的孔加工刀具和立铣刀的设计能力和检测技术，能够根据用户的要求，设计、制造各种复合刀具，对刀具生产流程系统实施了 ERP 管理系统。

涂层技术是先进刀具材料制造的关键技术，工厂于 2002 年 6 月组建了株洲钻石切削刀具股份有限公司，其涂层刀片的生产水平在原基础上又上一层楼，无论是产量还是质量在国内均处于领先地位，少量品种已接近国际先进水平。通过引进、消化和吸收发达国家的先进工艺技术和装备，快速地建成了具有世界先进水平，国内最大的高精密可转位刀片生产线和高水平、高起点的研发中心，并集传统硬质合金刀片、整体刀具、可转位刀具于一体，成为国内规模最大、最先进的金属切削刀具生产与开发基地。

硬质合金大制品深加工生产线主要针对顶锤、轧辊等产品进行深度加工，其加工技术不断提高，可加工六面顶的尺寸从直径 90 毫米提升到直径 175 毫米，轧辊辊环从直径 210 毫米提高到直径 400 毫米，产量也在快速增长。以辊环为例，1995 年加工量仅为 30 吨，而 2002 年加工量达到了 200 吨。

工模具生产线采用 CAD/CAM 制造技术，使生产线形成制造 TPA 模具 200 套、配件修理 3500 件的生产能力，模具质量达到瑞典山特维克公司的标准要求。

三　完成的国家级项目

1996—1998 年，“超细晶粒 WC 基硬质合金的工业化制备技术”被列为国家“863”计划，由武汉大学、株洲硬质合金厂、清华大学联合承办。该项目所研制的纳米和亚微米碳化钨钴 (WC-Co) 原料粉末的质量完全达到超细晶粒粉末的实用要求，其晶粒度不大于 0.15 微米，达到国际先进水平；完成了超细晶粒硬质合金的烧结工艺研究，所制合金的晶粒度不大于 0.5 微米，洛氏硬度 HRA90 ~ 94，抗弯强度不小于 3200 兆帕。

“稀土硬质合金系列产品产业化”项目是 1999—2002 年由中钨硬质合金集团公司承担的国家高技术产业化示范工程项目，

在工厂成功地建设了稀土硬质合金刀片生产线、稀土钨制品生产线、高技术陶瓷材料制品生产线，工厂获得国家资助600万元。

2000年，“超细硬质合金工业化制备技术的研究”项目再次进入国家“863”计划，此次在株洲硬质合金厂的努力下，对流态化床设备进行改进和完善，使其更适合于制粉的要求。与此同时，改进了原料粉末的制备工艺，确定了原料粉末的技术条件，制备了符合流态化的原料，而且流态化还原碳化工艺稳定，制备的复合粉硬质相晶粒度不大于0.1微米，用复合粉制备的硬质合金晶粒度小于或等于0.5微米，且晶粒均匀。

“超细合金制取工艺的研究与棒材的开发”是国家“863”计划的子课题，研究了原料特性及关键工序参数对超细合金抗弯强度的影响规律，开发出了YF06、YU08两个牌号的新产品，其实用性能达到瑞典山特维克公司同类产品水平。

第四节　环境与劳动保护技术

湖南有色金属研究所在环境保护、环境影响评价、固体废弃物综合利用、安全卫生评价、环境保护技术开发等领域拥有独特优势。该所在废水处理、给水净化、废气治理、固体废物资源综合利用等领域有丰富的实践经验，在生活污水和矿山、冶炼等工业废水处理方面建立了许多成功的工程典范。该所“落差式流量恒定调节装置”2001年获“实用新型专利”；“广东云浮硫铁矿硫酸烧渣综合利用研究”2002年获中国有色金属工业科学技术一等奖。

湖南有色冶金劳动保护研究所形成以工厂及矿山通风防尘技术研究、劳动卫生、职业病防治及工业卫生研究、粉尘检测及分析研究、安全评价等为主的业务体系。1997年，劳动部授予该所安全卫生评价资格后，该所劳动卫生评价中心于1998年

5 月正式成立。1999 年 10 月获得国家经济贸易委员会首批颁发的建设项目（工程）劳动安全卫生预评价单位资质证书。2002 年 9 月和 11 月分别获得国家安全生产监督管理局颁发的危险化学品专项安全评价资质证书和非煤矿山专项安全评价资质证书。从 1982 年至 2002 年的 20 年中，该所先后完成 600 多项科研课题，其中有 60 多项获省、部级以上科技进步奖。主持或参与编制、修订安全生产、职业卫生技术服务等法律法规和行业标准 10 项。在以下领域形成了研究特色：

一　通风防尘设计研究

湖南有色冶金劳动保护研究所对工厂和矿山的通风防尘进行了大量研究、试验和实践。从 1980 年开始，先后在锡矿山矿务局、水口山矿务局、涟源钢铁公司、湘潭钢铁公司、湖南铁合金厂、株洲冶炼厂、长沙铜铝材厂、长沙锌厂、贵州铝厂、兰州铝厂、山东铝厂、洛阳铜加工厂、柿竹园有色金属矿、黄沙坪铅锌矿、金川有色金属公司、白银有色金属公司、大厂矿务局、江西铜业公司、怀化磷肥厂等几十家企业进行了通风防尘试验研究和设计，解决了企业通风防尘技术上的许多实际问题，而且积累了宝贵的实践经验，能承接各种不同生产工艺，不同工作状态，不同粉尘性质的通风防尘工程项目，具备了高难度通风防尘项目的攻关能力。

二　环境评价和“三废”治理

湖南有色冶金劳动保护研究所于 1982 年开展了湖南省第一个环境影响评价工程——“岳阳洞庭苎麻纺织印染厂环境影响评价”。随后先后完成了“七宝山硫铁矿环境影响评价”“长沙钢厂技改工程环境影响评价”等 30 多项环境评价项目，促进了湖南省经济建设和环境保护工作的发展。在“三废”治理方面，先后完成了“浏阳磷矿电炉制磷废水治理工程”“香花岭锡矿饮用水净化处理”“湖南铁合金厂含铬废水治理研究”“浏阳苎麻纺织厂废水治理工程”等多项水处理课题。特别是在氟的深度净化处理研究和废水中氟等有害元素与pH值在线连续监测方面有独特的研究，具有较高的技术水平和治理技术。

三 工业卫生和职业病防治研究

在工业卫生和职业病防治研究方面，湖南有色冶金劳动保护研究所曾完成了有色系统氟害普查、尘肺普查、职业肿瘤调查等工作，并建立了登记制度，制定了《铍病诊断标准及其处理原则》《氟病诊断标准及其处理原则》等国家标准。完成了“电解铝厂防尘防毒工程技术措施综合评价”“铅冶炼系统防尘防毒工程技术措施综合评价”“砷危害防治技术措施综合评价”等项目，并制定出相应的技术管理规程，这些规程已先后由中国有色金属工业总公司颁布执行。

该所在职业流行病学研究、工业毒理学研究和职业病防治研究方面形成特色专业，在有色金属工业系统中具有较高的权威性。1991年后，由单一的职业病防治向综合医疗发展，成立了“湖南有色冶金职工医院”，除继续对职业性疾病进行研究和治疗外，同时对外开放，收治其他各类疾病患者。

四 粉尘检测及分析研究

在众多职业病中，尘肺一直是人们关注的重点。特别是在矿山及粉尘浓度较高的作业场所，由于尘肺具有发病率高、不可治愈率以及死亡率高等特点，使之成为危害职工身心健康的主要职业病之一。在全国职业病上报人数中，尘肺病占了80%，每年给国家造成数百亿元的直接经济损失，严重影响企业的发展和职工的身体健康，成为中国经济发展的潜在危机。

为了找出总粉尘和呼吸性粉尘之间的关系，湖南有色冶金劳动保护研究所于1991年进行了“呼吸性粉尘与总粉尘采样关系研究”,得出了有色金属矿山呼吸性粉尘与总粉尘的相关关系，为制定适合中国呼吸性粉尘卫生标准或管理浓度标准提供了参考，也为这两种测定方法的测定结果相互衔接换算提供了科学依据。

中国有色金属工业总公司为了在有色矿山全面推广矿山呼吸性粉尘监测技术，在劳动部的大力支持下，于1995年在北京、长沙、赣州成立了三个呼吸性粉尘检测中心。其中长沙粉尘监测分析中心建在湖南有色冶金劳动保护研究所，主要承担湖南、湖北、广西、四川、贵州、云南六省区有色矿山的呼吸性粉尘监测分析工作，并于1996年通过了国家计量认证和中国有色总公司的资质认可。中心自成立以来，先后为80多家有色矿山企业提供了粉尘检测分析服务，为企业通风防尘工作提供了科学依据和合理建议，为保护工人的身心健康作出了贡献，获得了企业的好评。该所粉尘检测中心在搞好企业粉尘检测工作的同时，还进行了与粉尘相关的一些研究工作。于2002年承担并完成了国家科技部公益性专项资金项目“呼吸性粉尘吸入剂量与尘肺发病关系研究”，完成了中国铝业公司“工作场所呼吸性粉尘危害程度调查与评价”等项目。

第五节　企业技术进步选介

1978年12月中共十一届三中全会以后，在中央确立的依靠科技振兴经济根本战略思想的指引下，湖南有色金属企业技术进步进入快速发展的新阶段。推动企业技术进步的工作从两个方面迅速发展：一方面，引进技术改造现有企业的工作大规模展开，同这种形势相适应，新产品、新技术开发工作也逐步活跃起来；另一方面，着眼于经济发展全局的长远需要，重点科技攻关的工作迈开了较大步伐。科技人员在有色金属地质、采矿、选矿、冶炼、加工等各个专业领域取得了一批科技成果，仅1978—1985年共有1000多项科技成果获省、部级奖励。

新产品开发是有色金属工业技术开发的一个重要方面。1986—1990年，中国有色金属工业总公司长沙公司21家企业5年中开发新产品119项，其中59项可替代进口，30余项出口创汇。株洲硬质合金厂开发的仲钨酸铵、铸造碳化钨、圆盘切刀、轧辊、涂层合金以及各种型号的硬质合金等数十种新产品，大量出口到欧洲和美国市场,每年为国家赚取上千万美元外汇。氟化盐—铝工业也取得了很大成绩，铝生产能力在不断提高，铝加工也开始起步发展。湘乡铝厂1988年引进瑞士布斯公司无水氟化铝技术和装备，使氟化盐生产工艺技术达到国际先进水平。1990年12月，国产第一台铝工业关键设备混捏机在衡阳有色冶金机械总厂试制成功，宣告中国完全依赖进口混捏机的时代已经结束。至此，该厂在“七五”期间已成功开发出国家急需的高新技术产品16项，其中80%可替代进口，每年可为国家节约外汇支出500万美元。

企业技术中心在新产品开发、新技术研究与推广应用方面发挥了重要作用。如株洲硬质合金厂技术中心历时4年于1996年完成的硬质合金热处理工艺研究，在硬质合金毛坯淬火温度确定、淬火介质选择等方面取得关键技术突破与创新，使新工艺具有流程短、能耗低、无污染、功效高、适应性广、效果显著等特点。截至1998年年底，该厂运用这项新工艺生产出新产品硬质合金顶锤和球齿59吨，创利税639万元。

一 株洲冶炼厂技术进步简介

株洲冶炼厂（简称株冶）以生产铅、锌及其合金产品为主，综合回收铜、金、银、铋、镉、铟等多种稀贵金属和硫酸等产品。株冶的铅锌深加工产品比例达 60% 以上。由于质量好，工厂的产品在国际市场上很畅销，年出口创汇 1.5 亿美元左右，是中国主要的铅锌生产和出口基地。株冶长期坚持实施科教兴厂战略，注重新技术、新工艺、新设备在生产中推广和应用，使工厂的主要技术经济指标、工艺装备水平达到了国内领先水平，锌冶炼技术已达到国际先进水平。1978—2002 年，工厂先后开发了 17 种新产品，共取得科研成果 2100 多项，其中重大科技成果 113 项。

1979年3月，株冶热镀锌合金生产线建成投产，当年产出锌合金2538吨；1980年，锌系统二期技术改造完成，锌产能增加至10万吨，1983年，铅电解改扩，新增电铅生产能力10000吨；1984年，铅合金、铸造锌合金等深加工产品相继投入生产；1987年铅系统进行技术改造，吸收国内外先进技术，改善了环境，粗铅年生产能力提高到60000吨，电铅年生产能力提高到70000吨；1991年，锌基稀土合金研制成功并投入生产。

1995 年，锌一系统“缩距加板”等锌三期技改项目完成，锌产能增加至 15 万吨；1996 年锌二系统 10 万吨电锌工程建成投产，同时增加硫酸产能 18 万吨，该项目引进鲁奇式沸腾炉等国外先进设备，使公司锌生产工艺达到了亚洲一流水平，并成功与一系统实现溶液互串，形成优势互补，为提高原料适应能力和稳定生产提供了有利条件；同年，“缩距加板”成功应用到铅系统，生产能力增加到 80000 吨；1996 年 4 月 22 日，株冶与三湘（集团）新加坡新湘企业有限公司共同兴办中外合资企业湖南火炬有色金属有限公司；2000 年 12 月 4 日，经湖南省人民政府批准，以湖南火炬有色金属有限公司 10 个股东为发起人将公司改制为湖南株冶火炬金属股份有限公司，并开展上市工作；2001 年，精铟、白银火法扩建，产能分别增加到 50

吨和280吨；2002年铅烟气治理（WSA）项目建成投产，新增硫酸产能14万吨，同年，铅钙合金扩建工程完工。

与此同时，株冶经申请、复查、确认、备案，已有锌、铅、金、银、镉、铟、铋、碲、热镀用锌合金、铸造锌合金、电缆护套铅合金、锌粉、氧化钴、冶炼烟气制工业硫酸等14种产品获“采用国际标准产品认可证书”。产品采标率达82%，采标产品产值率达90%以上。

株冶通过制定和实施高于国家标准的企业标准，提高产品质量，把握市场先机，提升产品的竞争力。由于跟踪和采用国内外先进标准，推进企业标准进步，标准化工作与技术创新同步协调发展，促进了企业产品科技含量的提高。同时加快深加工产品开发力度，增加深加工产品产量。铅钙合金品种达101种；热镀用锌合金锭品种达140种，锌产品深加工比例达到60%以上。

二 株洲硬质合金厂技术进步简介

株洲硬质合金厂（简称株硬）是中国“一五”期间建设的156项重点工程之一。建厂以来，工厂在引进和消化瑞典、美国、德国、日本、丹麦、英国等国外先进技术和装备的基础上，提高了整体技术装备水平。湿法生产跳出苏联援建时期的经典苏打烧结工艺，建立了有自主知识产权的世界一流碱压煮—萃取生产仲钨酸铵新工艺；合金生产采用新的塑料成型剂—真空—过压烧结取代了原橡胶—氢气烧结工艺，使合金质量控制有了新的手段，产品质量达到国际八十年代末期的水平；钨、硬质合金深加工有了优质兰钨、超细钨粉、优质碳化钨粉、钨钼异型及大制品，硬质合金涂层新品种，硬质合金孔加工刀具、钻具，微型钻、打印针、大顶锤，大压缸，超细、梯度功能材料、陶瓷等深加工产品，在特大、特小、特长、特薄、特细等特种产品生产技术上有了质的飞跃。

“九五”至“十五”初期是株硬技术进步和技术改造最辉煌的时期，工厂依托重点技改项目建设，发展全面提速，生产工艺、装备水平和自主创新能力全面提升，实现跨越式发展。

（一）钨冶炼技术

按照“两头、三化、四提升”的方针中“一头向资源延伸”的思路，由株硬与郴州柿竹园有色金属矿合资创建了郴州钻石钨制品有限责任公司。该公司生产线采用先进的碱压煮工艺，针对钨资源由黑钨精矿为主逐步向白钨精矿和低品位矿为主的转化趋势，将株硬的发明专利技术——“一种白钨矿和黑钨矿碱分解的联合分解工艺”应用到生产中，实现了同一生产线上同时使用黑钨精矿、白钨精矿以及混合矿。采用白钨精矿的氟化盐分解新工艺，具有试剂用量低，浸出液杂质含量低，以及易于工业应用等优点，能适应白钨精矿的质量越来越差的现状。这两种钨矿物分解的新工艺是中国钨冶炼领域在钨矿分解方面的新进展，已投入大规模的工业应用中；该项技术实施后，取得了良好的技术经济效益，废钨渣中的三氧化钨含量由2.5%的平均值下降到低于1.5%。自主开发的三硫化钼沉淀法由株硬和中南工业大学联合攻关，开发出用仲钨酸铵煅烧成紫色氧化钨粉，再用紫色氧化钨经过经典的还原碳化法生产优质超细钨粉和碳化钨粉的技术，成为国内首创。

（二）钼冶炼技术

随着中国钼工业的发展，各大钼矿企业向后延伸，生产的钼酸铵均已达到制粉的要求，株硬的钼冶炼加工仅对特殊用途的原料进行净化和掺杂处理，按照少而精的思路发展，淘汰了浸取等钼湿法冶炼生产线，改进了经典的钼酸铵煅烧制取氧化钼，再经过四管还原炉和十四管电炉还原成钼粉的工艺与装备，改造了氢气净化系统，保证了产品质量的稳定性。

（三）钽铌冶炼技术

原料钽矿铌矿经球磨，酸分解，调酸，萃取，反钽反铌得到纯钽纯铌溶液，再经过鼓氨中和，调洗，真空抽滤，烘干，煅烧，得到氧化物。1998年，研制成功了多模拉伸工艺生产电容器钽丝的新工艺，用该工艺生产的电容器钽丝达到了国际先进水平。2001年，钽铌技术改造一期工程，以自主开发的钽产品科研成果为基础，引进国内外的先进技术，采用新工艺、新设备，对钽铌制品及其深加工进行整体技术改造，将钽制品迁往株洲市石峰区霞湾，使钽铌生产集中起来。设计年生产规模为265吨，产品品种、规格、质量都达到了国际先进水平。

（四）钴冶炼技术

2000年通过招标课题的研究攻关，较系统地对国内外超细钴粉工业生产现状与技术特点进行了认真的调研，系统地研究了关键工序的工艺改进，成功地研制出超细专用钴粉和超细常用钴粉，具有近球形、高松装比、低费氏粒度等特点，为生产超细硬质合金等特殊要求的制品提供了优质钴粉。随着对环境污染治理要求的提高，钴冶炼湿法部分的产量在逐渐减少，主要用于有特殊要求原料的处理。

（五）硬质合金原料制备技术

随着硬质合金市场和技术的发展，对碳化钨的质量、数量都提出了更高要求。株硬在1996年3月建成了细碳化钨生产线，该车间采用自行消化吸收研制的带有自动定时进料的四管还原炉、中频碳化炉衬板球磨机等设备，为国内先进水平。进口了回转还原炉、钼丝碳化炉、氢气净化等装置及氧含量分析仪、费氏粒度仪等分析检测设备，产品品种增加了06型、04型等超细粉末。2002年，对中粗颗粒碳化钨粉生产线进行了提质扩产改造，推广了新型四管还原炉，淘汰了落后的碳管碳化炉，取而代之的是企业自主研发的高温中频碳化炉，测温准确，并大大改善了生产现场环境，产品品种增加了 30 ~ 40 微米的粗颗粒钨粉、碳化钨粉。生产工艺和装备达到了 20 世纪 90 年代国际先进水平。产品远销美国、日本、韩国、以色列。1997 年，“钻石牌”碳化钨粉先后获得湖南省产品质量奖和湖南名牌产品称号。

湖南省重点科技攻关难题招标项目“优质细钨粉、碳化钨粉及其原料工业化制备技术研究”获得 1998 年湖南省科技进步二等奖。

三 衡阳有色冶金机械总厂科技成果简介

衡阳有色冶金机械总厂（简称衡冶厂）1980—2002 年取得的重大科技成果：

（一）YZ 系列牙轮钻机研制

YZ 系列牙轮钻机是衡冶厂联合鞍钢矿山研究所、长沙矿山研究院等单位，在冶金工业部“引进、消化、移植和创新”精神的指导下，在中国引进国外牙轮钻机的基础上，吸收国外钻机的优点，结合中国国情进行设计研制，经技术鉴定达到国际同类产品水平。1981 年 12 月 3 日，衡冶厂制造的首台 YZ-35 型牙轮钻机开钻试车成功，1982 年通过部级鉴定。1984 年研制成功 YZ-55 型牙轮钻机，1985 年通过国家级鉴定。在有关单位的指导下，衡冶厂于 1985 年自行设计研制成功 YZ-12 型牙轮钻机，1987 年通过部级鉴定。

衡冶厂研制的 YZ 系列牙轮钻机适合于大、中型露天金属矿、非金属矿和建筑工程的穿孔作业，替代了进口产品，改变了中国露天矿山穿孔设备长期依赖进口的局面。

（二）小方坯连续铸钢机研制

发展连铸技术是冶金工业的战略性措施之一。衡冶厂从 1980 年开始联合北京钢铁设计研究总院等单位对从德国德马克公司引进的技术进行消化移植，于1982年制造出国产第一台具有国际20世纪80年代初先进技术水平的R5.25米小方坯连铸机。该机于1983年通过部级鉴定后，企业紧接着进行系列化工作。截至1990年年底，衡冶厂已与全国各冶金设计研究院合作制造了各种规格的小方坯连铸机，经使用证明，工厂制造的小方坯连铸机技术性能及铸坯质量达到了从国外引进的同类型小方坯连铸机水平，给广大钢铁企业带来了巨大的经济效益。

（三）超低头板坯连铸成套设备研制

从1985年开始，衡冶厂联合北京钢铁设计研究总院对从德国引进的超低头板坯连铸先进技术进行消化移植，于1986年为天津钢铁厂制造出第一台具有20世纪80年代初连铸技术国际水平的超低头板坯连铸机。衡冶厂在此基础上，加大国产化研制力度，为南京钢铁厂研制的超低头板坯连铸设备，应用了无氧化浇注、冷中间罐、四偏心高频低幅的结晶器振动，可调板、方坯结晶器、气—水雾化冷却、扇形段多点矫直、窄割缝高速火焰切割、窜动式切割辊道、扇形段分段整体更换等一系列新技术，1991年4月通过部级鉴定。

（四）195-B1型电动挖掘机研制

为满足中国矿山强化开采的需要，1985年衡冶厂在中国有色金属工业总公司的组织下，以技贸结合的方式从美国B-E公司引进技术，并于1989年与之合作制造出第一台195-B1型电动挖掘机。为逐步缩小引进比例，衡冶厂联合湘潭电机厂进行科研攻关，1990年为江西德兴铜矿和金堆城钼业公司各制造了一台195-B1型电动挖掘机（国产化率达80%）。作业情况表明，该机技术先进，机械结构可靠，成本低，生产效率高。195-B1型电动挖掘机通过逐步实现国产化之后，每台可节约外汇约60万美元。该产品于1999年通过国家机械工业局技术鉴定，产品主要性能指标达到国际同类产品先进水平，被评为2001年度国家重点新产品。

（五）922D 型铲运机研制

922D 型铲运机是衡冶厂通过引进、移植美国艾姆科公司 20 世纪 80 年代最新技术的基础上，根据中国采矿业的情况，加以改进完善，并逐步国产化的新型矿山井下作业设备。它集铲装、运输、卸料于一体，在井下作业时，具有多方面的先进性。从 1985 年开始，衡冶厂联合长沙矿山研究院、北京矿冶研究总院进行科研攻关，于 1986 年研制组装第一台 922D 型铲运机在锡铁山矿务局投产。由于该机具有技术先进、坚固耐用、机型小巧灵活机动、操作方便、生产效率高、故障率低等优点，至 1990 年已被金川有色金属公司、铜陵有色金属公司、凡口铅锌矿等 10 余家单位选购使用。该机 1990 年被机电部推荐为替代进口产品（国产化率已超过 80%），每台可节约外汇 10 多万美元。

（六）922E 型铲运机研制

从 1985 年开始，衡冶厂联合长沙矿山研究院、北京矿冶研究总院对 922E 型电动铲运机进行科研攻关，于 1988 年制造出第一台，在张家洼矿山公司投产。使用情况表明，该机技术先进、坚固耐用、机型小巧灵活、操作方便、生产效率高、故障低，能创造良好的经济效益。该机 1990 年被机电部推荐为替代进口产品，国产化率接近 80%，每台可节约外汇 16 万美元。

（七）WG-1700 离心机研制

WG-1700 离心机是衡冶厂联合株洲化工厂从 1983 年开始对法国卢巴特公司的 HER-1700 型离心机进行消化移植，并于 1984 年制造成功的一种高效率分离设备。该机为化工系统中的制碱设备，具有结构紧、运行可靠、附属设备少、出料率高、便于维修等特点。首批两台安装在株洲化工厂，从试运转到正式投入生产一年后，经全国较大化工厂制碱专家对该设备进行检测，各项技术性能均达到法国同类设备水平。该机研制成功使中国卧式离心机性能指标大大提高。该机国产化率100%，替代进口每台可节约外汇10万美元，1987年被中国有色金属工业总公司评为优质产品，1990年被机电部推荐为替代进口产品。

WG-1700离心机于1985年通过省级鉴定后，开始批量生产。此后，工厂对其电气控制系统进行不断改进，使整机技术水平有了更大的提高。至1990年，工厂共制造了10台，用户对其使用情况反映良好。

（八）节能型球磨机研制

1983年国家科委下达“球磨机降低能耗、降低钢耗，提高处理能力的研究”科技攻关课题，衡冶厂承担了球磨机新型部件气胎离合器、静—动压轴承研制攻关任务，1984年攻关取得成功。在此基础上，衡冶厂为青海锡铁山矿务局设计研制QSG-2836节能球磨机。新磨机的特点是：主要参数选择先进合理；采用新研制成功的气胎离合器，实现了磨机的分阶段启动；采用新研制成功的大型静—动压润滑轴承；采用角状螺旋衬板；筒体、端盖、齿轮等主要零部件都作了较大改进，提高了机器性能和寿命。3台新磨机于1985年出厂，1986年9月安装调试完毕投入试生产。与同类型磨机比较，单位磨矿能耗降低15%~20%，钢耗降低50%左右，处理能力提高7%~10%，噪音仅90.5分贝，垂直振动最大振幅小于28.8毫米。1987年10月，中国有色金属工业总公司组织技术鉴定，认为该机结构新颖、参数选择合理、制造精良和性能优越，与国内同类型磨机相比，各项技术指标均处于领先地位，其技术水平已接近国外20世纪80年代初同类型磨机技术水平。

（九）新型热轧带钢地下卷取机卷筒

衡冶厂研制成功的新型热轧带钢地下卷取机卷筒，属于“九五”国家重点科技攻关项目的子课题，企业参加攻关的“薄板坯连铸连轧带钢地下卷取机”研制项目被国家评为“九五”国家重点科技攻关计划优秀成果。该产品于1999年通过国家机械工业局技术鉴定，主要性能指标达到国际同类产品的先进水平，2001年2月又通过了中国机械工业联合会组织的验收。该产品作为卷取机的核心部件，能在高温状态下高速卷取带钢，具有强度高、刚性好、动作灵活、工作可靠、生产效率高、寿命长等特点，被评为2000年度国家级新产品，并获2001年中国机械工业科学技术奖二等奖。

（十）直径4.7米×18米诺兰达反应炉

衡冶厂为大冶有色公司生产的国内第一台具有世界先进水平的“诺兰达冶炼法”大型铜冶炼反应炉于1995年制造竣工，1996年投产。该产品具有产量高、能耗低、提高硫回收率、符合环保要求的特点。由于产品外形尺寸大、制造精度高、工艺性强，企业在制造过程中，从设备加工、铆焊工艺、检测手段、试车及运输等方面都采取了一系列攻关措施，在传动系统、吹炼系统、环保系统设计上采用了大量新技术，达到设计要求，得到专家的认可。1999年通过了国家机械工业局技术鉴定，产品主要性能指标达到国际同类产品的先进水平，2001年被评为国家重点新产品。

（十一）HN40型连续混捏机

为青铜峡铝厂生产的HN40型连续混捏机是生产碳素阳极糊的关键设备，具有生产效率高、物料混捏均匀、热煤加热能耗低、内腔清理方便、维修时间短等特点，在生产率、能耗率、设备维修周期等经济指标上达到青铜峡铝厂引进的国外同类设备水平，是理想的进口设备替代品。该产品于1999年通过了国家机械工业局技术鉴定，产品主要性能指标达到国际同类产品的先进水平，2001年被评为国家重点新产品，并获中国机械工业科学技术奖三等奖。

（十二）YZ-35C型牙轮钻机

YZ-35C型牙轮钻机是在YZ-35型牙轮钻机基础上研制成功的一种新型高效穿孔设备，适用于露天金属矿和非金属矿以及建筑、水利、交通等工程中的露天穿孔作业。钻孔直径170~270毫米，最大轴压力350千牛，一次连续钻孔深度18.5米。产品主要特点：提高了回转速度和压下速度，空压机排量和压力大；采用可控硅静态供电、智能型数字调速系统无级调速；采用电液控制上下多路阀组，使系统更简便；驾驶室的设计符合人机工程学原理，司机视野开阔、操作舒适。经使用表明，该机结构合理、性能稳定、维护方便、穿孔速度快。该机于1999年通过了国家机械工业局技术鉴定，产品主要性能指标达到国际同类产品的先进水平，2000年被评为国家级新产品，并获2001年中国机械工业科学技术奖三等奖。

（十三）电动挖掘机

1991年，与美国B-E公司合作，为准格尔露天煤矿合作制造了5台斗容为26.8立方米的395-B1型电动挖掘机，分包合作制造了起重臂、车架、履带支架、配重箱、回转平台、机棚等主要结构件和支承轮、托轮、履带板等铸钢件；1993年又与B-E公司合作，分别为鞍矿齐大山矿和本钢南芬矿分包制造斗容分别为16.8立方米的295-BⅡ型4台、18.4立方米的295-BⅢ型4台电动挖掘机，合作制造范围包括履带支架、配重箱、机棚等结构件和重型铲斗。通过合作制造，提升了企业高强度中厚钢板箱形结构件的制造、焊接水平，高锰钢铸造技术及其焊接技术上了一个新台阶。通过消化 吸收美国B-E公司技术，B-E公司部分材料标准开始应用到自主设计开发的球磨机大齿轮和大型转炉的滚圈和齿圈上，解决了大型铸钢件调质问题。1998年，总厂与包头钢铁公司白云鄂矿签订195-BL双向作业电动挖掘机的合同，要求铲斗斗容提升到10立方米。为了提高装载能力，对电动挖掘机起重臂进行了修改，电动挖掘机行走机构与提升机构共用一台电机，自主设计了10立方米重型铲斗。电动挖掘机的发电机机组和部分电控元器件从B–E公司进口。

（十四）CY系列地下铲运机

CY系列地下铲运机适用于冶金、煤炭、化工、建材等大中型地下矿山的矿石开采和运输。是地下工程施工中的一种高效、先进设备，具有性能稳定、铲取力大、操作灵活、出矿率高、经济性好的特点。工厂经过多年努力，结束了中国不能制造地下铲运机的历史，并发展成为国内品种最全（共8个品种）、技术水平最高（达到国外20世纪90年代末先进水平）、影响最大的地下铲运机制造厂。铲运机先后五次荣获国家、部级科技进步奖，其中CY–6和CYE–1.5、CY–4型地下铲运机分别被评为1999年、2000年度国家级新产品。

四 水口山矿务局科研成果简介

水口山矿务局（简称水口山）是集有色金属采矿、选矿、冶炼、加工于一体的大型联合企业。主要产品有铅、锌、铜、金、银、铍、锆、砷、无汞锌粉、氧化锌和硫酸等50余种，产品畅销全国各地，并自营出口30多个国家和地区。

水口山拥有一个湖南省级技术研发中心（科研所），拥有各类专业技术人员近200人。1990—2002年开展的科研活动与成果应用主要有：

（一）全尾砂胶结充填研究

水口山康家湾矿与中南大学合作，从1998—2000年，进行了全尾砂胶结充填试验研究，提高了充填体强度，已成功用于工业生产，每年可降低充填成本120万元。

（二）不同采矿方法在铜矿生产中的研究应用

1996年以来，铜矿作为末期矿山，残矿及难采矿体比重日益加大，残、难矿体开采及采矿方法研究纳入了该矿重要议事日程，取得了一定成果。

铜矿传统的采矿方法为胶结充填法，但其边角残矿一般不宜用充填法回采，需根据不同情况设计研究不同的采矿方法。如对地质条件特别复杂、矿岩稳固性极差的残富矿采用沿矿体进路追踪、框架式支护采矿法；对倾斜薄矿体采用自上而下分层全面留矿法等等。使用这些特殊的采矿方法，较好地实现了对铜鼓塘残、难矿体的回采。多次获得局科技进步奖。

针对刘家湾矿段的特点，十中段两条脉状矿体采用全面法；十二中段53号矿体采用房柱法和无底柱房留矿法。使用这两种空场法方案，较好地实现了对刘家湾矿段的回采。累计回收矿石38104吨，铜含量1795吨。

（三）铅锌矿老鸦巢深部探边扫盲地质找矿研究

为维持井下生产，延长矿山寿命，地质技术人员在查阅、对比大量资料后，根据该矿区矿床的成因、控矿因素和赋存规律，以及铅锌矿体赋存于火成岩、大理岩和断裂三者之间的接触破碎带这一重要规律，认为在主矿体周边的小构造破碎带中，有小而富的铅锌矿脉存在。

以此为理论依据，对老鸦巢区九至十二中段8、9号矿体周边进行探边扫盲，在7个预测成矿靶区找到铅锌矿石11万多吨，平均品位铅2.72%，锌3.42%，硫8.63%，金1.99克/吨。

（四）坑探找矿

铜矿1998年完成C4预测区工程验证，投入坑探工程量218.2米，钻探1512.45米，探明小而富的矿体三个，新增矿石量5216吨，铜金属量1051吨，铜品位20.15%。这一成果获水口山科技进步特等奖。

（五）铅锌矿对老采区建闸堵水技术的研究与应用

1998—2000年，对鸭公塘区富水层下老采区闭坑进行铅锌矿综合技术研究，运用 FLAC 对开采深陷区进行数值模拟，建闸堵水技术在国内领先，鸭公塘矿带闭坑顺利完成。

（六）铅锌矿 4 号金矿混磨混选研究

根据铅锌选厂浮选的工艺流程和 4 号金矿原浮选流程的相似性，以及铅锌矿与 4 号金矿的磨矿难易程度的差别，采用混磨混选工艺，使 4 号金矿中的金富集到铅锌矿中去。在不影响铅锌主产品指标的前提下，通过更换浮选设备，调整药剂及其他工艺备件，提高 4 号金矿中的金在铅精矿中的回收率。4 号金矿中的金在铅精矿中的富集回收率达到 65.5%，4 号金矿中铅回收率达到 48.9%，4 号金矿中锌回收率达到 69.71%，成本比单选降低 16.24 元 / 吨。

（七）增加硫酸铜作用时间研究

1998 年 3 月，铅锌矿在选矿中，对硫酸铜的添加地点由 2 号搅拌桶表面改为添加到铅区尾砂箱。这一改动增加了硫酸铜的作用时间，使尾砂中锌、硫的损失明显降低。尾砂中锌的品位由原来的 0.4% 降低至 0.3% 左右，同时使硫酸铜的药剂单耗由 600 克 / 吨降低至 300 克 / 吨左右。

（八）程控加药机的应用

1998—1999 年，经过考查调研，科研所与铅锌矿技术人员共同研究，改造铅锌矿选矿加药系统，推广应用 PLC 程控加药机，不仅可以改善生产环境，稳定操作，还可节约 5% ~ 10% 的选矿药剂，提高铅锌回收率，年效益达 60 万 ~ 80 万元。

（九）分速浮选的应用

分速浮选于 1996 年应用于水口山西 1 号矿体选铜作业，2002 年 10 月应用于优先选铅作业。该项工艺具有早收快收，降低含杂量等特点。

（十）4 号金矿体选金试验

科研所对 4# 金矿体开展了一系列的小型试验和扩大试验。

闭路试验结果表明：采用弱捕收药剂方案和粗选直接出精矿的流程方案，在原矿金品位 3.8 克 / 吨情况下可选出金品位 40 克 / 吨的金精矿，金回收率大于 80%。此方法已于 1999 年应用于生产。

（十一）铜选矿流程结构改造研究

1996 年，科研所进行了选矿流程结构改造研究及工业试验，稳定了铜、银选矿指标，铜精矿含铜大于 32%，铜回收率大于 92.5%，银回收率大于 85%，吨矿药剂消耗比 1995 年降低 22% 以上，吨矿能耗比 1995 年降低 30% 以上。特别是工业试验证明，硫氧混选流程可以满足工业生产的要求，原矿含铜 4.14%，其回收率达到 93.14%，与原流程相比，每年可节电 36.41 万千瓦时，节约电费 16.38 万元，年节约药剂费用 19.23 万元，两项合计年效益 35.61 万元。

（十二）四厂酸浸渣选银试验

1995 年科研所对四厂的酸浸渣进行了浮选回收银的试验。1997 年，配合湿法炼锌中浸流程扩大试验，酸浸渣选银也进行了浮选流程扩大试验。2002 年再次进行选银试验，选矿小型闭路试验指标是：银精矿品位 4472 克 / 吨，回收率 75.97%。

（十三）铜矿选矿技术研究

2000 年 4—6 月，铜矿对高品位铜矿选矿研究及流程实践应用，年创效益 47 万元。2000 年 7—10 月用矿、泥混选法回收处理井下水仓矿泥，回收铜金属含量 48 吨，创效益 55 万元。2001 年 6 月，研究用浓密机溢流水作为磨矿补加水，降低药剂消耗 15%。1996 年 8 月至 1997 年 4 月，把氧化矿、硫化矿由分选流程改成混选流程的研究试验成功，提高了精矿品位与回收率。

（十四）水口山炼铅法

三厂铅冶炼一直采用烧结锅烧结—鼓风炉熔炼的工艺流

程。该工艺流程因铅烧结二氧化硫浓度低，无法制酸而直接排入大气，造成空气污染，影响了企业的生存和发展。因此，矿务局决定，自主研发水口山炼铅新技术。继1990年开展工业试验之后，1997年1月至1998年7月，以水口山矿务局为主体，联合北京有色设计总院以及济源、温州、池州等冶炼厂进行第二次工业试验，底吹炉开炉3次，共运行1310小时。再次证明了氧气底吹熔炼—鼓风炉还原熔炼工艺的技术经济可行性。1998年11月，国家有色金属工业局委托中国有色金属工业技术开发交流中心进行技术鉴定，参加鉴定会的专家进一步肯定了水口山炼铅法，在技术、经济、环保等方面的先进性、适用性、可靠性，可以作为工业设计的依据。至此，耗资1000万元以上的水口山炼铅法工艺研究开发工作全部完成。水口山和北京有色设计总院是该项目研究开发的主体，资本投入的主体和工业推广应用的主体。水口山炼铅法，已在河南济源、灵宝、安徽池州、云南祥云、湖南水口山等单位推广应用。

水口山炼铅法是一项有色金属行业冶炼技术的重大创新，达到国际先进水平。其特点是利用氧气底吹炉氧化，替代烧结工艺，解决了原烧结过程中二氧化硫及铅尘严重污染环境的难题。底吹产出的高铅渣用创新后的鼓风炉还原，有效抑制了低沸点铅物的挥发，克服了其他炼铅新工艺普遍存在的烟尘率高、返尘量大的缺点，具有其金属回收率高、热能利用好、生产成本低、建设投资省等优点。

（十五）水口山炼铜法

通过1990—1995年的研究试验，自主成功开发出一种现代底吹熔池熔炼炼铜新工艺——“水口山炼铜法”，被中国有色金属工业总公司认定为生产效率高、工艺先进、能耗低、环保达标、资源综合利用好的富氧熔池熔炼工艺，拥有完全自主知识产权，获得中国专利局发明专利授权（专利号:

ZL92106990.1)，1997 年该项专利获中国专利局“中国专利优秀奖”。

五 锡矿山矿务局技术进步简介

锡矿山矿务局（简称锡矿山）1996—2002 年主要技术进步情况：

（一）加强产学研合作，加大地质找矿力度

经过 100 多年的开采，锡矿山锑矿资源日益枯竭，保有储量逐步减少。“九五”至“十五”期间，加强了地质综合研究，开展生产区内地质资料的整理，边区扫盲获矿 410.6 万吨，平均品位 2.49%。1995—1999 年以物探为主要手段，与中南工业大学合作科研探矿，完成了“锡矿山闪星锑业公司接替资源矿区探矿工程研究”，获有物探异常 5 个。随后，与湖南有色地勘局和湖南省地质协会合作，开展锡矿山锑矿区边深部找矿研究和成矿理论研究有进展，预测成矿靶区 6 个，提交科研储量 41 万吨和提交《锡矿山锑矿接替资源前景研究》。

（二）采矿方法改进取得成果

1. 1996 年和 1998 年分别创新出“底盘漏斗回收冒落矿石”和“上向小分层回采窄厚残留矿壁”两种难采残矿回采方案。经现场工业试验获成功而得到推广应用，从而使南矿残采产量从 20000 吨 / 年提高到 70000 吨 / 年。

2. 2001 年在南矿试验成功了适用于顶板围岩不稳固的倾斜（急倾斜）薄矿体开采的“上向连续采矿法”。该方法通过沿矿体走向布置矿块、实行上向高分层连续采矿、采用水泥药卷锚杆护顶和分级尾砂充填，解决了南矿原使用杆柱砂浆充填采矿法回采该类矿体所存在的施工困难、安全性差和技术指标差的问题。与该矿原使用的杆柱砂浆充填采矿法相比，损失率降低 3.22%，贫化率降低 15.57%，采切比减少 182.7 米 / 万吨，

每回采 10000 吨矿石多获效益 42.87 万元。

（三）锑精炼工艺的技术进步

2001 年，锡矿山投资 2500 万元，利用锑白生产工艺技术和工艺装备的技术进步，将一个 10000 吨 / 年和一个 12000 吨 / 年的锑白厂合二为一。在不增加炉房、炉子、收尘系统的情况下，将生产能力由 12000 吨 / 年提升到了 24000 吨 / 年。使公司三氧化二锑生产的现场管理、生产过程的质量控制和产品的质量管理跃上了一个新台阶。

（四）理化检测技术进展情况

为稳步提高产品质量、满足客户需要，锑及锑白化学成分正常分析项目分别由 7 项、4 项增加到 13 项、12 项，锑增加了铋、镍、汞、铬、镉、锡的测定，锑白增加了铜、铁、硒、铋、镍、汞、铬、镉的测定。分析方法由化学法向仪器分析逐步过渡。锑白物理检测项目由原来 2 项增加到 6 项，增加了立方晶型含量、黑点、色度、粒度分布测定项目。理化检测设备不断更新，如德国直读光谱仪、英国激光粒度分布仪、日本光谱测色仪、X 射线衍射仪、新一代原子吸收光谱仪等。

（五）已承担完成的国家重大科技项目及达到的技术水平

"锑白生产新工艺及其控制技术研究"1996 年被列为中国有色金属工业总公司的重点科研攻关项目。通过攻关，取得了重大突破。其工艺技术、产品质量、经济技术指标居国际领先水平，并应用于国家"双加""双高一优"工程——锡矿山闪星锑业锑白生产系统技术改造，至 2002 年为企业创利 3000 多万元。

（六）技术标准制定和专利申请授权情况

1. 1996—1997 年，完成三氧化二锑产品国标及化学分析方法国标修订工作。该方法改变了三氧化二锑量测定方法，取消了繁琐的酒石酸不溶物的测定，采用称量滴定法直接测定，提高了准确度和分析速度；另外补充了铜、铁、硒的测定方法，使之更加科学、完善。

2. 1999—2000 年，完成锑产品及化学分析方法国标修订工作。该方法针对国内一些地区的锑矿含铋量较高而对产品质量影响较大的状况，增加了铋量的测定方法，使修订后的国标适用范围更加广泛。

3. 1996—2002 年，先后申请专利 23 项，授权 16 项。有效专利 8 项：超细三氧化二锑火法生产方法、立方晶型三氧化二锑生产方法及其装置、粗颗粒三氧化二锑生产方法及其装置、微粒三氧化二锑生产方法及其装置、一种氧化锑的生产方法及专有装置、含砷物料的处理方法、一种锑冶炼火法精炼除砷除硒方法、催化剂级超高纯三氧化二锑生产方法及其装置。

六 柿竹园有色金属矿技术进步简介

柿竹园有色金属矿（简称柿竹园）技术进步主要是采矿、选矿、冶炼方面的工艺技术。

（一）采矿工艺技术

1. 爆破技术。针对孔口起爆采矿方法大块产出多、二次爆破炸药消耗高，成本高的缺点，2000 年进行孔底起爆采矿技术的应用研究。该技术在生产现场实验取得爆炸冲击波小、能量利用率高、大块产出减少、采场轮廓控制好、爆破施工简单等优势论证后，全面推广应用，出矿效率提高 35% 以上。以孔底起爆技术为突破口，对掘进爆破技术改进，使掘进爆破率提高 10%。采矿工艺技术整体得到优化与提高。

2. 出矿工艺技术。多金属无轨出矿方式原使用铲运机，设备故障多、维修技术欠缺、操作技术不熟练，选厂生产极不正常，企业经济效益受到出矿工具的制约。试验应用大功率电耙配汽车作出矿工具，因设备故障少、使用维修简便，而且操作、维修技术成熟，生产效率迅速得到提高，出矿量最高达到 3000 吨 / 日，从根本上解决了选厂供矿不足的难题，年可节省出矿费用 100 余万元，技术经济效果显著。

3. 地压监控。多金属矿床开采 19 年来，已形成 260 万立方米没处理的采空区，而且 490 中段原规划开采的 36 个矿块已接近尾声，矿床的持续开发面临着重大安全威胁和技术困难。2002 年开始与相关研究院所共同进行“柿竹园多金属矿床开采可行性研究”“柿竹园多金属矿床开采地压监控研究”“群空区条件下连续采矿和地压监控新技术研究”，为柿竹园多金属矿床的持续开发和采选技改项目的建设提供了技术支撑。

（二）冶炼技术

2002 年组织进行了铋珠和铋针生产设备及工艺的开发研究，取得了突破性进展，铋珠试生产获得成功，该项目已向国家知识产权局申请专利保护。

第三章　技术改造

第一节　“六五”时期（1981—1985 年）

“六五”计划时期是湖南有色金属工业重要发展时期，随着改革的深入，党的知识分子政策逐步落实，尊重知识、尊重人才风气开始形成，广大工程技术人员的积极性、创造性得到发挥，一大批科技成果的推广应用，对有色工业产品的更新换代，工艺设备的改进和企业经济效益的提高起了重要的作用。株洲硬质合金厂在全国工交行业率先走企业技术改造之路，提出了“求生存、求发展”的指导思想，1981 年引进瑞典山特维克公司的硬质合金生产技术和装备，成为国内首家进行大规模技术改造的重点企业。1982 年水口山矿务局康家湾铅锌金矿开拓工程的启动，使百年老矿获得了新生。“六五”期间，全省共完成十种有色金属 95 万吨，矿山六种精矿含量 67.9 万吨，分别比“五五”期间增长 42.65% 和 27.65%。1985 年，有色金属生产创历史最好水平，十种有色金属产量达到 21.95 万吨，六种精矿含量达到 16.18 万吨。工业总产值 28.28 亿元，利润总额 1.83 亿元。有色金属产品质量达到国际先进水平的有 44 个，铜、铅、锌、锑、硬质合金等主要产品的质量和冶炼回收率等技术指标达到或接近国际先进水平。中国有色金属工业长沙公司（简称有色长沙公司）所属企业的产品产量和上缴利税在全国各地区公司中名列第二。在此期间，新增固定资产投入 3.92 亿元。主要建设项目有株洲冶炼厂铅系统改造、株洲硬质合金厂 300 吨/年硬质合金引进生产线、水口山矿务局康家湾矿开拓工程等重点技改工程开始启动。同时，水口山矿务局硫酸改造工程、水口山矿务局四厂 3000 吨 / 年间接氧化锌工程、水口山矿务局铜冶炼车间金银系统完善工程等一批项目投产。

第二节 “七五”时期（1986—1990 年）

在党的“一个中心，两个基本点”的基本路线指引下，全省有色金属行业紧紧依靠科技进步，走内涵挖潜、技术改造的发展之路，“七五”期间，经济工作取得了巨大成绩。初期，有色长沙公司制定了优先发展铅锌、保持锑的优势、稳步发展钨，大力开发锡、金银，稀有金属和氟化盐，实现产量翻番的发展目标。“七五”共计固定资产投资 9.77 亿元，其中重点技改投资 3.9 亿元。1990 年和 1985 年相比，全省有色金属工业的工业总产值由 28.28 亿元增至 34.30 亿元，增长 21%；十种有色金属由 21.95 万吨增至 27.13 万吨，增长 24%；六种精矿含量由 16.18 万吨增至 19.33 万吨，增长 19%；利税总额由 2.85 亿元增至 3.71 亿元，增长 30%。“七五”期间，株洲硬质合金厂 300 吨 / 年硬质合金引进生产线及钨萃取生产线、株洲冶炼厂铅系统改造、水口山矿务局粗铅系统改造、湘乡铝厂 10000 吨氟化盐改造、长沙锌厂锌蒸馏和等级氧化锌及锌粉技改工程、锡矿山矿务局南炼厂改造及湿法炼厂锑白生产线和 1500 吨 / 年间接法焦锑酸钠生产线、长沙特种硬质合金公司热压合金技改工程等项目相继投产，发挥效益。“七五”技术改造，在提高企业的技术装备水平，改造作业条件，扩大生产能力上取得了较大的成绩，特别是 300 吨 / 年硬质合金引进生产线的建成，使株洲硬质合金厂硬质合金生产水平达到 20 世纪 80 年代国际先进水平。

第三节 “八五”时期（1991—1995年）

“八五”期间是中国经济体制发生深刻转变的重要时期，社会主义市场经济的建立，投资主体由国家转向企业。“八五”初期，有色长沙公司提出了以深化企业改革为动力，以科技进步为依托，以开发深加工产品为主攻方向，以提高经济效益为中心的“八五”技改工作指导思想，以及保证重点，稳定矿山，调整结构，在提高产品附加值上下功夫，全面提高企业素质的基本策略。根据这一指导思想和策略，“八五”期间，全省有色金属行业实施重点项目41个，其中结转12个，新开29个，完成技改投资21.99亿元，争取国家专项贷款3.36亿元，其中投产完工的项目27个。由于一批技改项目投产达产，产品质量和产品附加值的不断提高，1995年与1990年相比，全省有色金属工业总产值增长10.71亿元；十种有色金属产量增长17.12万吨；矿山六种精矿含量增长65000吨。

“八五”初期，企业狠抓“七五”续建项目的投产达产，后期又抓了一批重大技改工程的实施，一直保持着技改投入的力度。在此期间，桃江冶炼厂150吨/年离子型稀土矿分组分离工程、湘乡铝厂10000吨/年电解铝工程、柿竹园有色金属矿100吨/年精铋、汝城钨矿大山工区200吨/日萤石选厂、锡矿山矿务局10000吨/年烧碱厂、香花岭锡矿香花铺选厂、株洲硬质合金厂深加工改造和孔加工刀具生产线建设以及钽铌湿法生产线改造、株洲冶炼厂10000吨/年氧化锌系统改造和20000吨/年锌系统改造工程、桃林铅锌矿锌焙砂制酸工程、宝山铅锌银矿露天转井下及西部铅锌采选工程、湘乡铝厂15000吨/年干法氟化铝工程、水口山矿务局烟气治理及沸腾炉改造工程、株洲冶炼厂供电升压改造、株洲选矿药剂厂二期黄药改造等工程都相继竣工投产，不少项目发挥了良好的经济效益。

"八五"末期，水口山康家湾铅锌金矿30万吨/年采出矿工程、水口山铅锌选厂改造、水口山六厂氧化铍改造工程、水口山金银车间移地改造工程、长沙特种硬质合金公司100吨/年特种硬质合金产品生产线建设、株洲冶炼厂第三期锌冶炼技改工程、锡矿山矿务局锑品深度加工等项目也相继投产达标。

"八五"期间，株洲冶炼厂抓住机遇，科学决策，自筹资金，加快发展，实施10万吨电锌工程，将电锌能力从年产15万吨扩大到25万吨，铸型和深加工能力相应配套，使工厂步入了改造—增效—再改造—再增效的良性循环。株洲硬质合金厂坚持以市场为导向，发展硬质合金深度加工和刀具配套，在消化吸收引进技术的基础上，进行2000吨/年老系统技术改造，产品品种不断增加，型号规格达到国际标准化。产品质量整体水平达到国际八十年代末的先进水平。

"八五"期间，锡矿山矿务局对原湿法炼厂分为"头、身、尾"三大系统进行改造，形成10000吨锑白生产能力，扭转了湿法炼厂的亏损局面，锑品深度加工产品技改工程，初步改变了锑产品较单一的格局，增强了企业应变能力。湘乡铝厂干法氟化铝工程年设计产能15000吨，在外国专家以安全等为由单方面中止合同撤离现场的情况下，依靠自己的力量，解决了24个较大的技术问题，各项技术经济指标达到或接近设计要求。此外，康家湾铅锌金矿30万吨/年采矿工程、水口山选厂改造工程、长沙锌厂锌系统改造工程、宝山铅锌银矿二期露天转井下铅锌银采选工程、桃林铅锌矿20000吨/年锌焙砂制酸工程及4000吨/年氧化锌工程、汝城钨矿17.6万吨/年水泥工程、香花岭锡矿1000吨/年精锡工程、湘东钨矿水冶厂改造工程、川口钨矿杨林坳600吨/日采选工程等项目都取得了好的成绩。总之，在"八五"期间，企业都得到了不同程度的发展，企业产品结构，生产规模得到改善，由于技改使生产工艺不断改进，作业环境逐步改善，提高了劳动生产力和企业经济效益。

第四节 “九五”时期（1996—2000年）

“九五”初期，有色长沙公司确立了“从湖南有色金属工业实际出发，突出以经济效益为中心，以骨干企业为龙头，重点发展铅锌,加快钨及硬质合金生产的发展,注重资源综合利用;在有色金属加工和高新技术产业方面加大技改力度，逐步实现产业结构，产品结构调整”的指导方针。在此期间，湖南有色广大职工在亚洲金融危机造成的不利形势下，奋发进取，沉着应对，克服了国内外有色金属市场低迷、全国有色金属管理体制几度变化、株洲冶炼厂1997年期货事件冲击等给全省有色金属行业带来的重重困难，使“九五”成为快速、持续、稳定发展的重要时期，1996年年初制定的“九五”目标大部分超额完成。2000年与1995年比，十种有色金属产量从44.45万吨增至82.42万吨,年均递增13%,超目标4%;工业总产值从42.79亿元，增至63.28亿元，年均递增8%；利税总额从5.56亿元增至6.73亿元，年均递增4%；企业自营出口创汇由1.65亿美元增至2.37亿美元，年均递增7.5%。

“九五”期间，加大了技术改造力度，共投入25.80亿元，实施重点建设42项。重点矿山矿区探采结合，新增储量与资源消耗大致平衡，锡矿山矿务局、黄沙坪铅锌矿、瑶岗仙钨矿的中深部开拓，康家湾二期改扩建，宝山铅锌银矿北部矿段探采，柿竹园有色金属矿铅锌矿区探矿，香花岭锡矿矿区探矿等都达到了预期效果。冶炼扩大产能，产品向深加工延伸，增强了整体实力，株洲冶炼厂锌二系统10万吨电锌达标达产，朝着规模经济的战略目标迈进了一大步。株洲硬质合金厂2000吨/年硬质合金老系统改造，尤其是新建超细钨粉和硬质合金异型及大制品生产线顺利达产，强化了品种优势。水口山电锌工艺改造已形成年产50000吨电解能力，完善了综合回收；锡矿山10000吨/年锑白扩产、柿竹园有色金属矿1000吨/年采选复建及600吨/年铋矿浆电解、长沙锌厂竖罐用煤气代重油供热等重点项目的投入和实施,使优势产品的生产技术装备水平有较大幅度提高，产能、产量及主要技术经济指标保持全国领先地位，作业环境也有了大的改善。

企业科技进步成效显著，以109平方米鲁奇式沸腾炉为标志的株洲冶炼厂锌二系统投产，使湖南省锌冶炼工艺技术和装备达到了世界先进水平。钨采选冶技术取得突破性进展，国家科技攻关项目“柿竹园多金属矿资源综合利用”取得多项重要成果，部分技术达到世界领先水平，钨回收率提高了10% ~ 14%。铋矿浆电解新工艺获国家发明奖。国家重点技术开发项目“硬质合金深加工新技术、新工艺及其关键设备的研究”顺利完成，为全省硬质合金的发展壮大奠定了良好的基础。锑工业向深加工方向大力推进，锡矿山矿务局开发超细粒、超微粒、立方和斜方晶、高纯三氧化锑，无尘三氧化锑等系列产品，并进入国际市场。湘乡铝厂依靠自身力量消化吸收瑞士布斯公司干法氟化铝工艺技术与装备，增建15000吨/年干法生产线，形成30000吨的生产能力。长沙矿山研究院完成了深海采矿10个研究课题。湖南稀土金属材料研究所能提供国内规格最全、品种最多的稀土金属产品。“九五”期间，全省有色系统完成各类重大科技成果139项，其中获国家发明奖2项，国家科技进步奖5项，省部级科技进步奖132项，取得专利权40项。株洲冶炼厂和株洲硬质合金厂技术中心被认定为国家级企业技术中心，水口山矿务局和锡矿山矿务局技术中心被认定为省级企业技术中心，中南大学被国家授予粉末冶金材料工程中心和国家粉末冶金重点实验室，株洲硬质合金厂被授予培养博士后的工作站。

第五节 “十五”初期（2001—2002年）

2001年，湖南省有色金属工业总公司修订和完善了湖南省有色金属行业“十五”发展规划和技改计划。2001年是湖南省有色金属行业“十五”规划的开局之年，全年完成技术改造投资7.75亿元，同比增长49.7%，承担国家和省重点技改项目24项，其中国债支持重点技改项目5项。“有色深加工”列入湖南省十大标志性项目，株洲冶炼厂、株洲硬质合金厂到位国债补助资金共2112万元。株洲冶炼厂6号沸腾炉及配套设施改造项目、水口山康家湾铅锌矿二期改扩建工程和水污染治理工程、湘乡铝厂年产15000吨干法氟化铝扩产工程、株洲硬质合金厂钨钼异型大制品深加工项目、黄沙坪铅锌矿中深部开拓工程等项目竣工投产。株硬集团高性能精密硬质合金可转位刀片和配套刀具生产线、水口山年产5000吨无汞锌粉生产线、长沙锌厂以煤代油节能工程等项目部分竣工投产。

2002年承担国家和省重点项目13项，其中国家重点技改项目9项（国债6项，高新技术产业2项，“双加二期”1项），省重点技改项目4项。重点技改项目总投资13.56亿元，当年完成7.8亿元，已竣工或基本竣工9项。株洲冶炼集团的铅烟气治理工程于2002年2月建成投产达标，ITO靶材生产线进入建设后期扫尾阶段；株冶集团新开工的锌压铸合金生产线进行初步设计，锌冶炼节能降耗技改工程争取国债立项。株硬集团硬质合金传统生产线技改项目和钨冶炼节能降耗项目于2002年年底投入试运行。柿竹园有色金属矿“群空区条件下连续采矿和地压监控技术研究”为采选技改项目的建设提供了技术支撑。锡矿山闪星锑业有限公司锑白生产系统技术改造、株硬集团与柿竹园公司共同出资的钨冶炼技改项目、株冶集团与宝山矿的铅锌合作开采项目、瑶岗仙钨矿深部及西部开拓工程等项目进展顺利。

技术改造带动了企业产品结构的调整和科技进步。2001—2002 年，锌粉、锌合金、铅基合金、锑系列化工产品、铜铝材及钨钼等深加工产品产量所占比重由 2000 年的 12% 提高到 15%。钻石牌钼系列产品、火炬牌铅锭、水口山牌银锭等 29 个产品获湖南省名牌产品称号。2002 年完成重大科技攻关项目 64 项，有 17 项通过省部级鉴定和验收。ITO 靶材制备工业试验、镁钕合金的制备、锌湿法冶金工艺生态模拟及生命周期评价系统开发等一批项目达到国内领先水平。

第四章 重大科技成果

1980—2002年，湖南有色金属企事业单位独立完成或与其他单位合作完成一批重大科技成果，部分成果获得了国家、省部级奖励。主要获奖项目如下（国家级科技奖项分特等奖、一等奖、二等奖、三等奖、四等奖共五种，该志仅列获得二等奖以上的项目；省部级科技奖项分一等奖、二等奖、三等奖、四等奖4项，该志仅列获得一等奖的项目）。

第一节 国家级成果

一 国家科技进步特等奖

1. 1000万吨级大型露天矿成套设备研制（长沙矿山研究院、衡阳有色冶金机械总厂等，1989年）。

2. 金川资源综合利用（长沙矿山研究院等，1989年）。

二 国家科技进步（技术发明）一等奖

1. 轧机变相单辊驱动技术及其开发（中南矿冶学院等，1985年）。

2. 冶金矿山潜孔钻具新材料、新工艺和新技术研究（长沙矿山研究院、株洲硬质合金厂等，1985年）。

3. 金刚石地质岩心钻探配套技术的推广应用（中南矿冶学院等，1985年）。

4. 仲钨酸铵制取兰钨、钨粉的研究（株洲硬质合金厂、中南工业大学等，1987 年）。

5. 钻井法凿井技术（长沙矿山研究院等，1987 年）。

6. 154 吨电动轮自卸汽车的研制（长沙矿山研究院等，1990 年）。

7. 锂盐阳极糊节能技术（中南工业大学等，1992 年）

8. 地下连续开采工艺技术和装备的研究（中南工业大学、长沙矿山研究院等，1992 年）。

9. 铝电解用阳极糊节能技术（中南工业大学等，1992 年）。

10. 硫化矿电位调控浮选理论与实践（中南工业大学等，2000 年）。

三 国家科技进步（技术发明）二等奖

1. EL 和 RJ 系列乳化炸药（长沙矿山研究院等，1982 年）。

2. 粉末冶金高碳钼合金顶头(株洲硬质合金厂等,1984 年)。

3. 铝电解添加锂、镁复合添加剂工业试验及应用（湘乡铝厂中南矿冶学院等，1985 年）。

4. 黑钨精矿制取钟钨酸铵（株洲硬质合金厂、长沙矿冶研究院等，1985 年）。

5. 金川、铜录山胶结充填料浆管道输送新工艺（长沙矿山研究院、长沙矿冶研究院等，1985 年）。

6. 凡口大孔径深孔采矿法（长沙矿山研究院等，1985 年）。

7. 独居石氯化稀土 P507 萃取分组与中稀土分离工业试验“一分三”萃取新工艺（桃江稀土金属冶炼厂等，1987 年）。

8. 深厚砂卵石覆盖层金刚石钻进与取样技术（中南矿冶学院等，1987 年）。

9. 新型 24 平方米烧结工艺及设备(衡阳有色冶金机械厂等，1987 年)。

10. 农用稀土化合物的应用研究（湖南省稀土农用研究中心等，1988 年）。

11. 德兴大型露天爆破技术的岩体可爆性的研究（长沙矿山研究院等，1990 年）。

12. 乳化炸药及其混装机械化的研究与推广应用（长沙矿山研究院等，1991 年）。

13. 铝电解槽数学模拟及计算机仿真研究(中南工业大学等，1992 年）。

14. 大厂现有选厂提高选矿指标的研究（长沙有色冶金设计研究院等，1992 年）。

15. 白钨精矿与黑白钨混合矿藏分解方法及设备（中南工业大学等，1993 年）。

16. 还原蒸馏联合法制取海绵钛工艺与设备（中南工业大学等，1994 年）。

17. 中国双频激电研究应用（中南工业大学等，1995 年）。

18. 矿块崩落法技术和装备研究（长沙矿山研究院、中南工业大学等，1995 年）。

19. 双机架铝热轧现代化改造和新开发（中南工业大学等，1995 年）。

20. 球齿钎头系列的开发和研究及推广应用（长沙矿山研究院，1995 年）。

21. 碳化硼气浮轴承及碳化硼材料的应用研究（中南工业大学等，1995 年）。

22. 高性能特薄铝板（中南工业大学等，1996 年）。

23. 矿浆电解新技术（柿竹园有色金属矿等，1998 年）。

24. 抗破碎贮氢材料（湖南稀土金属材料研究所等，1998 年）。

25. 千枚岩型有色金属选矿尾矿中的绢云母回收利用（湖南

有色金属研究所、长沙矿冶研究院等，1998 年）。

26. 桂西北地区岩溶堆积型铝土矿的开发利用（长沙有色冶金设计研究院等，1999 年）。

27. 地下矿山高阶段强化开采新工艺综合技术研究（长沙矿山研究院等，2000 年）。

28. 汽车换热器用铝合金复合箔的研制（中南工业大学等，2000 年）。

29. 钨钼铋复杂多金属矿综合选矿新技术——柿竹园法（柿竹园有色金属矿、长沙有色冶金设计研究院等，2001 年）。

30. 铝土矿选矿——拜尔法生产氯化铝新工艺(中南大学等，2001 年）。

31. 硬岩无间柱连续采矿技术研究(中南大学等，2001 年)。

32. 选择性沉淀法从钨酸盐溶液中除钼砷锡锑新工艺（中南大学等，2001 年）。

33. 铝带坯电磁场铸轧装备与技术(中南大学等，2002 年)。

34. 难采难选低品位铜矿地下溶浸工艺研究设计及工程实践（长沙矿山研究院等，2002 年）。

35. 大厂高铟锌精矿锌铟冶炼新工艺及铟高新技术产品的开发（长沙矿冶研究院、长沙有色冶金设计研究院等，2002 年）。

第二节　省部级成果

一　湖南省科技成果（进步）一等奖

1. 黑钨精矿压煮—萃取—结晶制取氧化钨（株洲硬质合金厂、长沙矿冶研究院等，1981 年）。

2. 地洼学说及其找矿意义（中南矿冶学院，1981 年）。

3. 冶金矿山潜孔钻具新材质、新工艺和新技术研究（长沙

矿山研究院、株洲硬质合金厂等，1985年）

4. 小方坯连铸技术（衡阳冶金机械厂等，1985年）。

5. “三七”工程专用钨粉、钴粉的研制与生产（株洲硬质合金厂等，1988年）。

二 中国有色金属工业总公司（协会）科技成果（进步）一等奖

1. 广西大厂选矿新工艺（二类流程）研究（长沙有色冶金设计研究院，1985年）。

2. 水口山鸭公塘矿区大型注浆帷幕治水研究（湖南有色地质勘查局、水口山矿务局、长沙矿山研究院等，1988年）。

3. 重点成矿区带找矿信息综合处理方法及应用研究（湖南有色地质勘查局等，1991年）。

4. 广西大厂选厂提高选矿指标的研究（长沙有色冶金设计研究院，1991年）。

5. 高浓度全尾砂胶结充填新工艺和装备的研究（长沙有色冶金设计研究院，1992年）。

6. 水口山矿务局康家湾矿区大型水体下采矿实验研究（水口山矿务局、中南工业大学等，1994年）。

7. 车河选厂一、二系列生产科技攻关（长沙有色冶金设计研究院，1994年）。

8. 大厂91号缓倾斜厚富矿体开采技术研究（长沙矿山研究院，1995年）。

9. 大厂缓倾斜厚矿体开采技术研究（长沙有色冶金设计研究院等，1995年）。

10. 西北铅锌冶炼厂锌焙烧浸出新工艺及装备研究与应用（长沙矿冶研究院，1995年）。

11. 高性能特薄铝板开发（中南工业大学，1995 年）。

12. 安庆铜矿高阶段大直径深孔采矿技术试验研究（长沙矿山研究院等，1996 年）。

13. 大厂 100 号特富矿矿体选矿优化流程的研究（长沙有色冶金设计研究院等，1996 年）。

14. 生产矿山地质地球物理研究（中南大学等，1997 年）。

15. 分段碎石胶结充填采矿法综合技术研究（长沙矿山研究院等，1997 年）。

16. 铁精矿冷固结球团煤基回转窑直接还原新工艺及其推广应用（中南工业大学等，1997 年）。

17. 国产富氧熔池自热熔炼技术（中南工业大学等，1997 年）。

18. 苏二七飞机 KT156N 机轮国产 ZFS27 刹车盘（中南工业大学，1997 年）。

19. 铜陵冬瓜山铜矿深井高压大水淹井治理技术的研究（长沙矿山研究院等，1998 年）。

20. 特大型低品位多元素斑岩铜矿选矿工艺研究与应用（中南工业大学等，1998 年）。

21. 特种车辆涡轮增压器自润滑止推轴承研究（中南工业大学等，1998 年）。

22. 铜铝合金冷塑加工润滑机理研究及相应润滑剂开发与推广（中南工业大学，1998 年）。

23. 硬质料压入装置——提高高炉寿命的工艺与设备研究（长沙矿山研究院等，1998 年）。

24. 国有企业商品与贸易融资理论与实践研究（中南工业大学、水口山矿务局、中国有色长沙公司等，1998 年）。

25. 硫化矿电位调控浮选理论与实践（中南工业大学等，1999 年）。

26. 仿金铜合金研究及巨型铜像制作技术(中南工业大学等，1999 年）。

27. 高性能 r–TiAL 合金的研究（中南工业大学，1999 年）。

28. 难采难选低品位铜矿地下溶浸工业试验（长沙矿山研究院等，2001 年）。

29. 大规模露天与地下联合开采技术（长沙矿山研究院等，2001 年）。

30. 深井硬岩矿山岩爆预测与控制研究（中南大学等，2001 年）。

31. 铝土矿选矿精矿粒度工艺与设备的研究及工业试验（中南大学等，2001 年）。

32. 金属粉末注射成型理论与应用（中南大学，2001 年）。

33. 300MN 模锻水压机同步控制系统（中南大学等，2001 年）。

34. 均匀广谱伪随机电磁法理论及应用研究（中南大学，2002 年）。

35. 硬岩无间柱连续开采高效崩矿与地压控制综合技术研究（中南大学等，2002 年）。

36. 密闭鼓风炉炼铅锌技术应用与改进（长沙有色冶金设计研究院等，2002 年）。

37. 熔锌工频感应电炉用新型干式料和耐火浇注料（两项合并）（湖南株冶火炬股份有限公司、株洲工业炉制造公司等，2002 年）。

38. 广东云浮硫铁矿企业集团公司硫酸烧渣综合利用研究（湖南有色金属研究院等，2002 年）。

39. 密闭鼓风炉铅锌技术应用与改进（长沙有色冶金设计研究院，2002 年）。

三　国家黄金管理局（中国黄金协会）科学技术一等奖

1. 赤峰红花沟金矿成矿规律与成矿预测（长沙有色冶金设计研究院等，1993 年）。

2. 全泥氰化尾矿压滤干式堆存滤液循环利用提金新工艺（长沙有色冶金设计研究院等，1996 年）。

3. 深井缓倾斜薄矿脉矿体开采综合技术及装备研究（辰州矿业公司、中南大学等，2002 年）。

第五篇

产业发展

湖南是中国有色金属工业大省，有色金属产业规模和综合实力位居全国前列。一是矿产资源丰富，储量领先。已发现有色金属（含贵金属和稀有、稀土、稀散金属）51种，占全国有色金属矿产种数的91%。至2002年已探明有色金属资源储量2546万吨，其中钨、铋、锑的储量居全国第一位，铅、锌、锡、汞、钒及伴生金的储量均居全国前五位；二是产品品种齐全，产量领先。统计的十种有色金属、六种精矿含量、钨钼铋精矿、钨钼及硬质合金产品、稀有金属、稀土金属、稀散金属、黄金、白银、各种加工和深加工产品以及选矿药剂、矿山机械设备等应有尽有，产品有市场竞争优势。中华人民共和国成立以来至2002年，湖南十种有色金属产量每年都占全国总产量的10%左右，排在全国第一或第二的位置。2002年全省十种有色金属产量92.7万吨，居全国第二位。产品产量居全国第一位的有锌、锑、铋、镉、硬质合金、氟化盐、锑精矿、铋精矿、常用有色金属加工粉。永兴县从“三废”中回收的白银占全国白银总产量的四分之一，亦居全国第一位；三是规模结构较好，实力领先。企业知名单位众多，科研实力雄厚。湖南是全国唯一从地质勘探、采矿、选矿、冶炼、加工和深加工到教学、科研、设计、工程建设、设备制造、内外贸易和循环再生等配套齐全的省份。水口山矿务局素有“中国铅锌工业的摇篮”“世界铅都”之称，锡矿山矿务局是驰名中外的“世界锑都”，柿竹园有色金属矿被中外地质学家誉为“世界有色金属博物馆”，株洲冶炼集团是国内最大的铜、铅、锌冶炼企业，株洲硬质合金集团是亚洲最大的硬质合金生产企业，衡阳有色冶金机械总厂是中国南方最大的冶金机械制造企业。

第一章　产业规模

截至 2002 年年底，湖南有色金属工业全部国有企业及销售收入 500 万元以上的非国有企业共 197 家，其中大型企业 13 家，中型企业 26 家，小型企业 158 家。湖南有色金属系统主要事业和企业化事业单位共 9 家。全省有色金属行业职工总人数 14.7331 万人，其中：从业人员 9.1491 万人，下岗职工 1.3611 万人，离退休人员 4.2229 万人。湖南有色金属工业形成了以国有大中型骨干企事业单位为主体，集地质勘探、工程勘察、设计、建设、科研、教育、机械制造和采矿、选矿、冶炼、加工和深加工、循环再生、内外贸易于一体的完整的有色金属工业体系。

第一节　企事业单位结构

一　企业结构

（一）国有企业

湖南有色金属企业中，2000年中央直属下放的有色企业22家，其中冶金机械企业1家：衡阳有色冶金机械总厂；加工企业1家：株洲硬质合金厂；矿山企业11家：除黄沙坪铅锌矿、宝山铅锌银矿、瑶岗仙钨矿、柿竹园有色金属矿4家外，桃林铅锌矿、潘家冲铅锌矿，湘东钨矿、川口钨矿、汝城钨矿、香花岭锡矿、新晃中兴总公司7家企业被列入破产关闭矿山；综合性矿务局2家：水口山矿务局、锡矿山矿务局；冶炼企业5家：株洲冶炼厂、湘乡铝厂、长沙锌厂、长沙特种硬质合金工业公司、桃江稀土金属冶炼厂；精细化工企业1家：株洲选矿药剂厂；建筑施工企业1家：中国有色金属第二十三冶金建设公司。

黄金企业：湖南辰州矿业有限公司、平江黄金洞金矿、桃源冷家溪金矿、会同漠滨金矿、隆回金矿、龙山金锑矿、邵阳黄金机修厂。

铜企业：麻阳铜矿、车江铜矿、铜山岭有色金属矿、长沙铜铝材有限公司。

（二）地方企业

黄金企业：常宁市龙王山金矿、桃江西村金矿、安化符竹溪金矿、会同淘金冲金矿、郴州永昌兴冶炼厂。

铜铝企业：常宁太义山有色矿、雷坪有色矿、郴州有色冶炼厂、桂阳县有色矿、麻阳县有色矿、长沙铝厂、长沙金属压延厂、湖南省泸溪铝厂、湖南省双牌铝厂。

铅锌企业：清水塘铅锌矿、衡东铅锌矿、郴州市桥口铅锌矿、临武县茶山铅锌矿、汝城县铅锌矿、宁远县铅锌矿、兰山太平铅锌矿、江永县银铅锌矿、龙山县铅锌矿、凤凰县铅锌矿、邵阳铅锌矿、邵东高桥铅锌矿、隆回县铅锌矿。

锑企业：桃江县板溪锑矿、安化县渣滓溪锑矿、安化县廖家坪锑钨矿、益阳锑品冶炼厂。

锡企业：桂东流源锡矿、临武县泡金山铅锌锡矿、道县湘源锡矿、衡阳冶炼厂。

冶炼加工企业：株洲钨钼材料厂，株洲市东风冶炼厂、泸溪县特种铝材厂、中南大学粉末冶金厂、道县冶炼总厂、祁阳县冶炼厂、郴州冶炼厂、新邵县冶炼厂、衡阳市铝制品总厂。

（三）民营及多种经济成分企业

长沙经阁实业有限公司、长沙振升铝材有限公司、长沙华天铝业有限公司、湖南富虹锌业实业有限公司、长沙万佳铝材有限公司、湖南华昌锑业股份有限公司、衡阳天原有色金属股份有限公司、衡东县钨业有限公司、安化司徒钨矿、湖南省双牌铝厂、宁远县保和选矿厂、郴州钻石钨制造有限责任公司、郴州市金贵有色金属加工厂、桂阳县云桂金属冶炼有限公司、临武县怡丰锡业有限责任公司、湖南莱孚铝业有限公司、湖南金石矿业有限公司、湖南三立集团股份有限公司、花垣县汇银公司、花垣县太丰选矿有限责任公司、保靖县锌业开发有限责任公司、株洲长江硬质合金工业有限公司、湘潭正潭有色金属有限公司、湖南创元铝业有限公司、郴州云湘矿冶有限责任公司、衡东县有色选矿厂、益阳鸿源稀土有限责任公司、郴州市宇腾有色金属股份有限公司、郴州市金旺铋业股份有限公司、浏阳市七宝山锌业有限责任公司、永州市黄阳司冶炼有限公司、泸溪县武沅铝业集团、永兴县三星实业有限公司、湖南太丰矿业集团有限责任公司、常德市耀弘纳米科技有限责任公司、湖南金天铝业高科技股份有限公司、株洲斯特特种金属有限公司。

二 事业单位

湖南拥有一批全国知名的事业单位。地勘方面，有成立于1953年的湖南有色地质勘查局。在工程勘察、测绘、工程咨询、地基与基础工程施工方面，有成立于1964年，承担过一大批国内外大中型工程、具有国家甲级资质的中国有色金属工业长沙勘察设计研究院。在工程设计方面，有成立于1953年，完成大批国内外工程设计任务，中国最早建立的大型综合性国家甲级设计研究单位——长沙有色冶金设计研究院。在科学技术研究单位中，长沙矿山研究院是中国规模最大、专业配套齐全、采矿技术装备最先进、采矿技术与工艺水平最高的采矿综合研究院。湖南有色金属研究所是一个从事采矿、选矿、冶金、分析测试、环境保护、固体废弃物资源化研究的综合型应用研究单位。湖南有色冶金劳动保护研究所是中国有色系统唯一从事安全技术、工程防护、工业卫生与职业病防治的社会公益型研究单位。湖南稀土金属材料研究所主要从事稀土冶金、材料制备和应用开发研究的单位。在教育和人才培养方面，中南工业大学是一所以有色金属为主的理、工、文、管相结合的综合性大学，1952 年建校至 2002 年，为国家输送了 14 万名大学毕业生和 950 名博士、5890 名硕士研究生。

第二节　企业规模

一　大型企业

1988 年 4 月，国家经委、计委、统计局、财政部、劳动人事部联合公布全国第一批大型工业企业名单。湖南有 51 家，其中有色企业 6 家。

1. 大型一档企业（4 家）

株洲冶炼厂　　　　衡阳有色冶金机械厂

湖南锡矿山矿务局　　株洲硬质合金厂

2. 大型二档企业（2 家）

湖南水口山矿务局　　湖南桃林铅锌矿

二　湖南省大、中型企业

2000 年 1 月，湖南省经贸委、省计委、省统计局、省财政厅、省劳动厅、省人事厅联合公布全省大、中型企业 594 家，其中有色企业 36 家。

1. 大型一档企业（6 家）

株洲硬质合金厂　　　　株洲冶炼厂

衡阳有色冶金机械总厂　　湘乡铝厂

水口山矿务局　　　　锡矿山矿务局

2. 大型二档企业（6 家）

长沙铜铝材有限公司 株洲选矿药剂厂

宝山铅锌银矿 柿竹园有色金属矿

黄沙坪铅锌矿 辰州矿业有限责任公司

3. 中型一档企业（6 家）

铜山岭有色金属矿 麻阳铜矿

香花岭锡矿 桥口铅锌矿

郴州冶炼厂 湖南三立集团股份有限公司

4. 中型二档企业（18 家）

长沙锌厂 长沙铝厂

川口钨矿 清水塘铅锌矿

龙山金锑矿 邵阳市铝合金型材厂

常宁市龙王山金矿 新邵县冶炼厂

黄金洞金矿 华昌锑业股份有限公司

桃江稀土金属冶炼厂 汝城钨矿

瑶岗仙钨矿 桃江久通集团板溪锑矿

永州市黄阳司冶炼有限公司 祁阳县冶炼厂

道县冶炼总厂 泸溪县武沅铝业集团

第三节 先进典型企业

一 全国优秀企业

全国优秀企业“金马奖”于 1981 年设立，每年评选 10 个优秀企业，由中国企业管理协会组织评审和授奖。1981—2000 年，湖南先后有 8 家企业获得这一荣誉，其中有色金属企业 2 家：株洲硬质合金厂（1986 年）、株洲冶炼厂（1989 年）。

二 湖南省优秀企业

湖南省优秀企业奖于1984年设立，每年评选10～20个优秀企业，由省经委、省企业管理协会、省企业家协会组织评审和授奖。1984—2000年湖南有色金属获奖企业名单如下：

1. 1984年：衡阳有色冶金机械厂
2. 1985年：株洲硬质合金厂
3. 1987年：株洲冶炼厂
4. 1988年：株洲选矿药剂厂
5. 1989年：株洲市钨钼材料厂
6. 1990年：益阳锑品冶炼厂
7. 1991年：黄沙坪铅锌矿
8. 1994年：桃江县板溪锑矿
9. 1997年：黄沙坪铅锌矿、湖南华昌锑品股份有限公司、郴州市桥口铅锌矿
10. 1998年：湖南三立集团股份有限公司
11. 1999年：株洲硬质合金厂
12. 2000年：水口山矿务局、湖南三立集团股份有限公司

三 湖南省“六好企业”①

湖南省人民政府1986年2月授予，名单如下：

衡阳有色冶金机械厂、株洲硬质合金厂

四 湖南省“八五”管理优秀企业

1996年10月，省经贸委、省企业管理协会、省企业家协会联合授予，名单如下：

株洲冶炼厂、麻阳铜矿

① “六好”指（国家、企业、职工）三者兼顾好，产品质量好，经济效益好，劳动纪律好，文明生产好，政治工作好。

第二章　产品结构

湖南是中国有色金属产品品种全、产品品牌多的省份之一。统计的十种有色金属、六种精矿含量、钨钼铋精矿、稀有金属和稀土金属产品、黄金、白银、硬质合金产品、氟化盐、选矿药剂、矿山机械设备以及各种加工和深加工产品等产量大、优质产品多。

第一节　矿山主要产品

矿山主要产品有两种：一是六种精矿含量，二是钨钼铋精矿。

湖南矿山六种精矿含量的产量由1949年的25吨到1950年的2342吨、1952年的13000吨，发展到1978年的10.31万吨、2002年的23.22万吨。生产六种精矿含量的主要企业有水口山矿务局、锡矿山矿务局、宝山铅锌银矿、黄沙坪铅锌矿、柿竹园有色金属矿、香花岭锡矿、麻阳铜矿、桃林铅锌矿、潘家冲铅锌矿、桥口铅锌矿、凤凰县铅锌矿、辰州矿业、邵阳铅锌矿、板溪锑矿、渣滓溪锑矿、铜山岭有色金属矿、茶山铅锌矿等百多家矿山企业。

生产钨钼铋精矿的主要矿山有柿竹园矿、湘东钨矿、瑶岗仙钨矿、川口钨矿、汝城钨矿、香花岭锡矿、东山钨矿、汝城县华南钼业公司等数十家企业。

一 矿山六种精矿含量

矿山六种精矿含量是指铜精矿、铅精矿、锌精矿、镍精矿、锡精矿、锑精矿六种金属含量，湖南省生产除镍精矿外的其他五种精矿。

2002年，全省共生产六种精矿含量23.22万吨，占全国总产量300.87万吨的7.72%，居第四位。其中铜精矿6247吨，铅精矿63444吨，锌精矿11.81万吨，锡精矿10378吨，锑精矿33970吨，分别占全国1.10%、9.90%、7.27%、16.82%和56.44%。

2002年生产六种精矿产量超5000吨的企业和市州（地方、民营企业）有水口山矿务局41200吨、吉首市40600吨、黄沙坪铅锌矿35800吨、郴州市21200吨、宝山铅锌银矿15500吨、锡矿山矿务局12700吨、邵阳市10300吨、清水塘铅锌矿7605吨，柿竹园有色金属公司6600吨、桥口铅锌矿5143吨。岳阳市、辰州矿业、怀化市、渣滓溪锑矿、香花岭锡矿、板溪锑矿、邵阳市联合有色公司、江永县银铅锌矿、邵阳铅锌矿、临武茶山铅锌矿、衡阳市、麻阳铜矿、铜山岭有色金属矿等企业和市州分别生产4000 ~ 1000吨。

二 钨钼铋精矿

2002年，湖南生产钨精矿折合量（折三氧化钨65%）13177吨，占全国69700吨的18.91%，居全国第二位；生产钼精矿折合量（折纯钼45%）1917吨，占全国67436吨的2.84%，居全国第四位；生产铋精矿金属含量730吨，占全国944吨的77.33%，居全国第一位。

柿竹园有色金属公司2002年生产钨精矿3189吨，钼精矿742吨，铋精矿730吨，分别占全省总产量的24.20%、38.7%

和100%。生产钨精矿折合量（折三氧化钨65%）的企业和市州还有瑶岗仙钨矿1836吨、郴州市1467吨、益阳市1208吨、衡阳市1190吨、临武县东山钨矿452吨、辰州矿业公司343吨、香花岭锡矿166吨。川口钨矿、汝城钨矿、湘东钨矿等矿山企业共生产3326吨。生产钼精矿折合量（折纯钼45%）还有汝城县华南钼业有限公司1030吨，汝城县三星矿业有限公司145吨。

第二节　冶炼加工产品

一　主要产品产量

1. 铅、锌、铜

铅和锌是湖南产量最大的有色金属冶炼产品。主要生产企业有株洲冶炼厂、水口山矿务局、锡矿山矿务局、长沙锌厂。1954年4月，水口山矿务局第一冶炼厂和第四冶炼厂联合试制含锌量99.99%的锌块获得成功，质量达到世界先进水平。1964年，水口山矿务局增建精馏车间，将一、四两厂出产的蒸馏锌再行精馏成精锌，其纯度高达“五个九”（即99.999%），年产量8500吨。1960年建成投产的株洲冶炼厂不断完善工艺流程，电铅、电锌一级品率保持在99.5%以上。长沙锌厂由单一冶炼企业发展成为深加工为主兼及冶炼的锌品生产企业，锌品年生产能力于1990年达到25000吨。湖南电解铜生产规模较小，1966年产5020吨，1985年产15600吨。据1995年湖南省工业普查资料显示：1995年，全省铅锌铜总产量33.06万吨，其中铅12.86万吨、锌18.07万吨、铜21300吨。2002年，湖南铅锌铜总产量79.71万吨，其中铅31.01万吨，占全国铅产量132.47万吨的23.41%，居全国第二位；锌48.38万吨，占全国锌产量215.51万吨的22.45%，居全国第一位；铜 3235 吨，只占全国铜产量的 0.2%，居全国第十七位。

2. 锑

锑产品主要有锑白、生锑、精锑、醋酸锑、碘化锑、焦锑酸钠、催化剂氧化锑、超细氧化锑、高纯锑白、低导锑白、胶态五氧化二锑、锑酸钠等。主要生产企业有锡矿山矿务局、益阳市锑品冶炼厂（1996 年成立湖南华昌锑业股份有限公司）、新邵冶炼厂。1955 年 4 月，锡矿山矿务局生产出含锑量 99.99% 的精锑，1958 年 5 月又使精锑纯度达到 99.999%，超过当时英国 99.995% 精锑水平。各主要代表年份湖南锑产量：1950 年 2308 吨，1958 年 13400 吨，1965 年 13100 吨，1977 年 15000 吨，1980 年 21000 吨，1990 年 35800 吨，1995 年 54600 吨，2000 年 47300 吨。2002 年 55000 吨，占全国 44.64%，居全国第一位。

3. 钨、钼及硬质合金

主要产品有钨钼粉、钨钼条、钨板坯、钨粒、钨粉、钨阳板、钨坩埚、钨管坯、高温钼丝、钼板、钼顶头、钼管坯、钼酸铵、钟钨酸铵、三色氧化钨、阳极钨棒、钨丝、钼丝、钨杆、钼杆、钨线圈、YT 系列硬质合金刀片、YG 系列硬质合金顶锤、偏钨酸铵、钨钼电极材料、高性能细钼丝、亚微细硬质合金系列、可转位刀片、金属陶瓷等。主要生产企业有株洲硬质合金厂、株洲市钨钼材料厂。株洲硬质合金厂生产的直径 150 毫米、重量达 21.5 公斤的硬质合金顶锤为世界之最。

各主要代表年份湖南钨、钼及硬质合金产量：1958 年 755.6 吨，1978 年 1690 吨，1985 年 1753 吨，1990 年 2092 吨，1995 年 2896 吨，2000 年 3835 吨。2002 年 4242 吨，占全国 10866 吨的 39.04%。1990—2002 年保持全国第一。

4. 稀有金属

主要产品有钛、钽、铌、铟、锆、锂、铍、镉、钍等。湖南稀有金属的生产始于 20 世纪 50 年代末期，1958 年株洲硬质合金厂生产出钽粉、钽条和铌条，填补国内空白。至2002年该厂陆续开发生产了钽铌氧化物、氟化物、碳化物，钽铌金属粉末、金属丝、板材等28个新产品。金属铍是制造卫星、高速飞机、原子反应堆、核弹外壳的重要原料。1957年建立的水口山矿务局稀有金属试验厂（即第六冶炼厂），先后试制出金属铍、氧化铍、铍铜合金、氧化钛、金属钍等新产品。其中，金属铍含铍量大于98.5%，其强度是铝合金、钛合金和钢的6倍。从20世纪60年代开始，株洲冶炼厂、水口山矿务局第三冶炼厂在铅锌冶炼过程中回收镉、镓、硒、碲、锗、铊等稀有金属。1980–2000年，各炼厂共生产稀有金属52.69吨。其中，镉35.40吨，硒2.69吨，碲13.09吨，铊1.51吨，镓1.66公斤，氧化锗7.3公斤。2002年湖南稀有金属产量：铟11.71吨、钽2.98吨、铌7.37吨、镉45.6007吨、钽材1.599吨。

（五）稀土金属

稀土金属是指化学元素周期表中镧系的15个元素和钇、钪共17个元素。稀土金属号称工业新材料“维生素”，应用非常广泛。以稀土磁性材料、稀土添加剂等多种形态，广泛应用于高性能风力发电机、各种精密电动机、高清晰度显示器、高性能钢材以及核发电、激光、医疗设备与医疗药品等领域。

湖南稀土金属矿产品有离子吸附型稀土矿和独居石稀土矿；稀土冶炼和加工产品有氧化钪、氧化铕、氧化钕、高纯稀土氧化物、混合氯化稀土、单一稀土氧化物、稀土合金材料、稀土功能材料、稀土轻合金型材、稀土永磁和稀土耐热合金、稀土三基色荧光粉、钕铁硼、稀土超导材料、稀土阴极材料、稀土棒、箔、丝、片等材料和稀土微肥等。

湖南从事稀土分离冶炼的企业有桃江稀土金属冶炼厂、益阳鸿源稀土股份有限公司、湘江稀土有限责任公司、永州稀土冶炼厂、耒阳稀土冶炼厂、汨罗华鑫稀土公司等。

桃江稀土金属冶炼厂主要生产稀土氯化物、单一氧化合物、混合稀土金属、单一稀土金属、稀土金属等20多个品种，74种规格。其中，轻稀土氯化物、氧化钐、氧化铕、氧化钇、混合氯化稀土等产品还远销美国、日本、德国等国。该厂建有独居石处理生产线、离子吸附型稀土矿、分组分离1800吨混合氯化稀土生产线和硝酸钍生产线各一条，年产贮氢电池用稀土金属、稀土金属丝棒、稀土金属颗粒、稀土硅镁铁合金20多吨。硝酸钍生产能力规模大、质量好，国内市场占有率约65%。电池用低铁镁稀土金属、镧钕金属远销日本；稀土金属丝棒国内市场占有率约42%。

益阳鸿源稀土股份有限公司主要生产加工稀土氧化物。具备年处理氯化稀土1800吨的生产能力，可生产各种稀土金属400多吨，共有18类40多种不同规格的产品，可从稀土富集物中分离14种稀土氧化物、12种金属合金。氢氧化铈、白色二氧化铈产品质量处于国际领先水平。1998年实现销售收入近6000万元，创利税800万元，出口创汇500万美元。

湘江稀土有限责任公司生产规模为月产氯化稀土40吨。至2000年，企业由单一的氯化稀土产品发展到磷酸三钠、镧、铈、钕稀土氧化物和稀土金属产品等，产品质量达到国家标准，部分产品达到国际标准，畅销国内国际市场，成为全省规模最大，产品最多的稀土生产基地。2000年5月，企业筹资扩建了一条氯化稀土萃取分离生产线，生产高纯稀土氧化物系列产品，中共永州市委、市政府已将发展稀土项目列为该市“十五”重点建设项目。2000年，生产氯化稀土3855吨，稀土金属221.7吨，实现销售收入6071万元，实现利润429万元，上缴利税262万元。

6. 铝及铝加工材

主要品种有铝锭、中厚铝板、轧花铝板、普通铝型材、钛金色仿不锈钢色铝型材、电泳及喷涂彩色高档铝型材等。主要生产企业有湘乡铝厂（湖南湘铝有限责任公司）、零陵铝厂、长沙铝厂、长沙铜铝材（集团）有限公司、湖南省泸溪铝厂、长沙市金属压延厂、长沙市花纹铝板厂、长沙经阁实业（集团）有限公司、湖南振升铝材有限公司。铝锭生产始于20世纪50年代末，产量一直不高，20世纪70年代才突破1000吨。

各主要代表年份湖南铝锭产量：1959年78吨，1965年786吨，1970年3016吨，1975年1509吨，1980年5670吨，1985年5923吨，1991年3461.54吨，1995年10400吨，2000年10900吨，2002年66300吨。

铝加工材的生产始于1962年成立的长沙市金属压延厂，产品为中厚铝板，年产量最初只有30吨，以后逐年增加，到1970年达到3016吨。20世纪70年代以后，长沙有色加工厂和长沙铝厂相继加入到铝材生产行列，全省铝材产量快速增长：1980年9214吨，1985年16100吨。20世纪90年代，又新增了湖南省泸溪铝厂、长沙市花纹铝板厂、长沙经阁实业（集团）有限公司、湖南振升铝材有限公司等铝材生产企业，开发生产了铝卷闸门、钛金色仿不锈钢色铝型材、电泳及喷涂彩色高档铝型材等新产品，全省铝材产量大幅度增长：1995年19400吨，1997年35400吨，2000年38000吨，2002年53900吨。

7. 黄金

主要黄金矿山企业有湘西钨矿（1976年更名为湘西金矿）、龙山金锑矿、黄金洞金矿、漠滨金矿、隆回金矿、桃源冷家溪金矿；综合回收黄金产品的企业有株洲冶炼厂、水口山矿务局、新邵冶炼厂。1978年，全省黄金矿山生产成品金758.385公斤，冶炼厂综合回收黄金446公斤。1995年，湖南黄金产量首次突破3000公斤，达到3233.66公斤，黄金产量位居全国十强的地位。这是国家对黄金产量解密之后首次公布湖南全省黄金产量。2000年，湘西金矿改制成立湖南辰州矿业有限责任公司，年产黄金 1088.25 公斤成为湖南首个“吨金”企业。2002 年，全省生产黄金 5245.72 公斤（其中，黄金矿山生产 3741.31 公斤，冶炼厂综合回收 1504.41 公斤）。

二　拳头产品

1. 钻石牌硬质合金及钨、钼、钴、钽、铌等稀有金属产品

钻石牌硬质合金及钨、钼、钴、钽、铌等稀有金属产品为株洲硬质合金厂出品。1990—2002 年，该厂年产硬质合金 3000 吨，蓝钨 1 万吨，碳化钨粉 4000 吨，钴粉 300 吨，硬质合金深加工产品 400 吨。可为冶金、机械、地质、矿山、石化、电子、纺织等行业和国防工业提供各种切削工具、拉伸模具、钻探工具、耐热耐磨耐腐蚀零件。产品远销 69 个国家和地区，其中硬质合金国内市场占有率稳定在 35% 左右。钻石牌产品获 3 项国家质量奖金质奖，8 项国家质量奖银质奖，1999 年被国家工商行政管理总局认定为“中国驰名商标”。

2. 火炬牌电铅、电锌、电镉、电铋

火炬牌电铅、电锌、电镉、电铋等产品为株洲冶炼厂出品。工厂生产的一号电锌、一号电镉、电铅 3 项产品获国家质量奖金质奖，精铋、热镀锌合金 2 项产品获国家质量奖银质奖，特别是电锌质量由原设计的二号锌上升到零号锌，火炬牌铅锭、银锭分别于 1991 年、1992 年和 1999 年在国际权威贸易机构英国伦敦金属交易所和英国伦敦金银协会注册，成为享有国际盛誉的产品。2000 年，株洲冶炼厂铅、锌、铜总产量 38.7 万吨，产品销售收入 32.5 亿元，实现利税 5 亿元，均创历史新高。

3. 闪星牌锑品系列

闪星牌锑品系列产品为锡矿山矿务局出品。20 世纪 90 年代以来，锡矿山矿务局锑品产量占全国总量的 40% 以上。

2000年，锡矿山矿务局产锑品37000吨，位居全国第一，95%的锑品供出口。主要品种及质量状况：一号精锑，纯度达到99.85%；零级三氧化二锑，三氧化二锑含量不小于99.70%，含砷量不大于0.04%，白度在93度以上；锑酸钠、胶体五氧化二锑、催化剂氧化锑、醋酸锑、无尘氧化锑等，均为深加工产品。

4. 水口山牌铅锌系列产品

水口山牌铅锌系列产品为水口山矿务局出品。享有“中国铅锌工业的摇篮”之美誉的水口山矿务局主要产品有铅、锌、铜、金、银、铍、锆、砷、无汞锌粉、氧化锌等50余种。“水口山”牌锌锭1990年获国家质量银质奖，“飞轮”牌氧化锌1991年获国家质量金质奖，“水口山”牌铅锭于1994年在伦敦金属交易所注册。另有铍铜中间合金、电池锌饼、金属砷、镉锭、金属铍珠、电铜、电银等29种产品获省、部名优产品。

第三节　其他产品

一　机械设备

生产有色金属机械设备的企业主要有衡阳有色冶金机械厂、衡阳有色冶金汽车修配厂和长沙矿山研究院。

成立于1953年的衡阳有色冶金机械厂主要生产采掘、选矿、烧结、冶炼、压延、运输等各类设备及配件。20世纪70年代以来，该厂瞄准国内外先进技术和市场需求方向，致力于有色、钢铁、矿山成套设备的研发制造，先后成功开发研制了一大批具有国内先进技术水平的大型成台套产品，形成了以牙轮钻机、电动挖掘机、连铸机等有自身特色的十大系列产品。YZ系列牙轮钻机广泛应用于国内大中型露天矿山，具有钻孔效率高，作业成本低，自动化程度高等优点。20世纪80年代，工厂已研制出 YZ-12、YZ-35、YZ-55 系列钻机，钻孔直径 95~380 毫米。YZ 系列牙轮钻机的研制成功，标志着中国大型露天矿穿孔技术已经达到世界先进水平。在此基础上，YZ-35 型牙轮钻机经过多次改进，逐步更新为 YZ-35A、YZ-35B、YZ-35C 型，各型钻机均有不同的适应性。1999 年，YZ-35C 型牙轮钻机通过国家机械工业部组织的技术鉴定，达到国外同类产品先进水平。YZ 系列牙轮钻机不仅广泛应用于国内矿山，还远销巴基斯坦、越南和秘鲁等国家。该厂研制生产的矿山设备还有电动挖掘机、系列地下铲运机；选矿设备主要有多种型号规格的圆锥、旋回、颚式破碎机系列，节能型球磨机系列；冶金设备主要包括烧结、轧制、挤压设备和连铸机系列。至 2002 年，该厂研发、制造的产品覆盖了矿山、冶金工业的主要工艺环节，并涉及水泥、建材、煤炭、水电等领域，先后荣获 100 多项国家级、省部级科技奖和 36 项国家专利。其中“衡冶牌挖掘机铲齿”1983 年获国家质量奖银质奖；“地下卷取机卷筒”1985 年获国家质量奖银质奖；“小方坯连铸机”获 1986 年国家质量奖银质奖；“YZ-35 型牙轮钻机”1984 年获国家质量奖金质奖后，1986 年获国家科技进步二等奖；“一千万吨级大型露天矿成套设备研制”1989 年获国家科技进步特等奖。由于技术力量雄厚、产品技术先进，该厂被列为国家重大装备国产化重点企业。

衡阳有色冶金汽车修配厂是湖南省有色冶金系统汽车大修的专业厂。20 世纪 70 年代以来，年大修汽车 180~200 辆，轮胎翻新 5000 个左右，其他机电产品 850 吨左右。1988 年 7 月 20 日，衡阳有色冶金汽车修配厂并入衡阳有色冶金机械厂后，更名为衡阳有色冶金机械总厂。工厂开发并生产高效省力的井下铲运机，同时还研制了节能型液压球磨机、多用途离心机等产品。至 2002 年，衡阳有色冶金机械总厂开发的具有高新技术的机械设备新产品 80 多项，获得国优、省优产品 20 多项。其中，

1997年为武汉钢铁公司生产的1700热轧卷取机卷筒达到国外同类产品先进技术水平；1998年成功制造出出口伊朗的冰铜冶炼设备为当时国内制造的最大铜冶炼炉；1999—2000年，世界首台轧机柔性摆动辊道在该厂面世，企业开发的CY6型铲运机、YZ35C型牙轮钻机、高效热轧带钢地下卷取机卷筒、CY4型柴油铲运机、CYE1.5电动铲运机先后被评为“国家级新产品”。

长沙矿山研究院从20世纪50年代末60年代初开始对潜孔钻机和牙轮钻机进行研制工作。1958—1960年进行了KY-100型潜孔钻机和钻具的研究，随后相继开展了多种型号的潜孔钻机和钻具的研究，并经企业反复试验后应用于生产，最后定型为73-200型潜孔钻机。潜孔钻具于1971年由冶金部组织了钻具攻关，即结构、材质、加工等专业人员的协同研究，缩短了研制周期。根据冶金部1975年下达的潜孔钻具系列化的研制计划，该院先后完成了J-170、J-150、J-100、J-80型潜孔冲击器和钻头的研制工作。这些产品经鉴定转产后，在矿山生产中发挥了重要作用，技术经济效果显著。从60年代开始，该院开展了牙轮钻机和钻头的研制，1971年冶金部将牙轮钻头的研制列为该院第一号重点专题。该院边试制、边生产，满足当时矿山生产的急需，成了矿用牙轮钻头的主要生产单位。1973年完成500个生产任务的同时，进行了几种型号钻头的试制，均取得很好效果，达到国外同类产品的先进水平。在露天矿装载运输设备的研制方面，该院先后进行了矿用无轨电车运输机、电动轮汽车、前端式装载机的研制工作，取得成功后由生产厂家生产。这些露天矿装载设备的研制，促进了矿山装载运输设备向现代化、大型化发展的进程，提高了生产能力。该院附属机械厂设有金工、铸造锻造、热处理、木模等车间，1980年就能批量生产潜孔冲击器、钻头、小钎头、液压砂浆泵等定型产品，并能试制联合掘进机、天井钻机、铲运机等几十吨重的试验样机。1990—2002年，机械厂对传统产品进行更新换代，将钻具类产品由利润较低的低风压系列向高风压系列过渡，由附加值较低的简单机械向附加值较高的产品过渡。先后成功研发了系列锚固钻机、露天潜孔钻机、煤业钻机、采盐机、地下汽车等大、中型设备，从而获取了较大的市场竞争优势，取得了较好的经济效益和社会效益。

二 选矿药剂

为了适应中南地区有色金属工业生产的需要，冶金工业部于1966年9月发文要求在原六〇一厂十八车间的基础上建设湖南株洲选矿药剂厂。根据冶金部文件精神，湖南省有色金属工业管理局通知六〇一厂抽调有关人员负责筹建。1967年1月，株洲选矿药剂厂正式成立。

株洲选矿药剂厂从成立到2002年，经过一系列技术改造，其产品由单一草酸发展到4大系列29个品种的选矿药剂，供应20家省、市、区的选矿企业，占国内市场供应量的50%左右，成为全国生产规模最大、产品品种较全、各项技术经济指标均居同行业首位的选矿药剂生产基地。主要产品有：草酸、元明粉、乙黄药、丁黄药、松醇油、新松醇油、乙硫氮、黑药、二乙胺、二硫化碳、甲苯砷酸、苄基砷酸、甘苄油以及醚醇系列Z-200、Y-89、MIBK、MIBC-胺等。草酸主要用于冶金、化工、轻纺、建筑和制药等工业部门；元明粉是草酸生产过程中的副产品，主要用作维尼纶、玻璃、合成洗涤剂、造纸、染料、制革、建材、制硫化碱等工业原料；二乙胺和二硫化碳主要用作生产乙硫碳和黄药的原料；黄药（乙黄药、丁黄药）广泛应用于有色金属和稀有金属矿物的浮选工艺中，是一种性能优良的捕收剂。在化学工业中，黄药也有比较广泛的用途；松醇油是金属和非金属矿物浮选的优良起泡剂；乙硫氮是铜、铝、锑等有色金属硫化矿的捕收剂，是一种效果好、用量少、毒性低的药剂。在分析化学上用于铜显色反应，在化学工业上用作橡胶硫化促进剂；黑药是含铁硫化铜、锌、铅矿石的优良捕收剂兼起泡剂，对重金属氧化矿有特殊的效果，通常直接用于浮选过程；甲苯胂酸是钨、锡、钛以及其他金属氧化矿的优良、高效捕收剂，亦可用于稀土元素的提取过程；苄基胂酸系甲苯胂酸同分异构物，用于钨、锡、钛及其他金属氧化矿的浮选过程，亦用于稀土元素的提取过程。

株洲选矿药剂厂生产的甲苯胂酸于1977年获冶金工业部科技成果奖；草酸于1980年被化学工业部评为优质产品。乙基黄药、松醇油1983年被冶金工业部评为优质产品。2002年，工厂生产选矿药剂8174吨，占全国29750吨的27.48%，居全国第二位，其中黄药5571吨，占全国23608吨的23.6%；黑药932吨，占全国2474吨的37.67%；松醇油548吨，占全国1927吨的28.41%。

三　其他有色金属产品及副产品

其他有色金属产品主要有锡、汞、钒、铋、钛、白银等。

2000年，湖南十种有色金属产量为82.42万吨，占全国总产量的10.97%，居全国第一；铅26.02万吨，占全国铅产量的25.18%，居全国第一；锌及锌品45.43万吨，占全国的23.67%，居全国第一；铋556吨，居全国第一；锑及锑品47300吨，占全国的44.42%，居全国第二；硬质合金2835吨，居全国第一；常用有色金属合金98700吨（其中铅合金14000吨，锌合金84700吨），居全国第二；常用有色金属加工粉26400吨，居全国第一；选矿药剂10314吨，居全国第二；氟化盐52500吨，居全国第一（详情见表5-2-1）。

表 5-2-1 1950—2000 年部分年份湖南有色金属主要产品产量表

产品名称	计算单位	1950 年		1977 年		1990 年		1995 年		2000 年	
		绝对值	全国排名	绝对值	全国排名	绝对值	全国排名	绝对值	全国排名	绝对值	全国排名
铅	吨			42636		82079	1	130474	1	260199	1
锌	吨	762		45531		127296	2	209116	2	454338	1
锑	吨	2308		14980		35752	1	54638	1	47265	2
铋	吨			206		412	1	362	1	556	1
硬质合金	吨			1665		2092	1	2896	1	2835	1
选矿药剂	吨			2478		8176	1	9795	2	10314	2
氟化盐	吨			16443		39142	1	46779	1	52479	1

说明：数据来源于 2001 年 10 月出版的《湖南工业五十年》

2002 年，湖南有色金属企业生产的其他有色金属产品及副产品有镉 1050 吨、铋 305 吨、氧化钴 7 吨、钨钴合金 2653 吨、钨钴钛合金 1035 吨，常用有色金属合金 11.52 万吨、占全国 59.10 万吨的 19.50%，居全国第二位；常用有色金属加工粉 13731 吨，占全国 24011 吨的 57.19%，居全国第一位；氟化盐 11.10 万吨，占全国 17.06 万吨的 65.06%，居全国第一位。2002 年湖南有色金属主要产品产量见表 5-2-2。

表 5-2-2 2002 年湖南有色金属主要产品产量表

单位：吨

产品	湖南产量	全国产量	占全国比例	在全国排名
十种有色金属产品产量	927032	10119975	9.16%	2
铜	3235	1632498	0.20%	17
铝	66262	4511092	1.47%	18
铅	310137	1324682	23.41%	2
锌	483783	2155123	22.45%	1
锡	8601	81803	10.51%	3
锑	55014	123239	44.64%	1
其他有色金属产品				
镉	1050	2411	43.02%	1
铋	305	698	43.70%	1
硬质合金	4242	10866	39.04%	1
常用有色金属合金	115242	591002	19.50%	2
常用有色金属加工粉	13731	24011	57.19%	1
氟化盐	111011	170623	65.06%	1
硫酸	405003	6314463	6.41%	8
六种精矿金属含量	232156	3008629	7.72%	4
铜精矿	6247	568138	1.10%	13
铅精矿	63444	640739	9.90%	4
锌精矿	118109	1624125	7.27%	6
锡精矿	10378	61687	16.82%	3

续表

产品	湖南产量	全国产量	占全国比例	在全国排名
锑精矿	33978	60205	56.44%	1
其他精矿金属含量				
钨精矿折合量				
（折三氧化钨65%）	13177	69677	18.91%	2
钼精矿折合量（折纯钼45%）	1917	67436	2.84%	4
铋精矿	730	944	77.33%	1
主要加工材产量				
铜材	14451	2511555	0.58%	13
铝材	53895	2987871	1.80%	14
钨材	23	196	11.73%	3
钼材	104	281	37.01%	2
钽材	2702	29558	9.14%	2
铌材	1817	7161	25.37%	2

说明：数据来源于《2002年有色金属工业统计资料汇编》

第四节　优质名牌产品

1978年至2002年，湖南主要有色金属生产企业按国际标准或国家标准组织生产，推动全面质量管理，企业素质得到提高。在主要产品中，按国际标准或国外先进标准组织生产的有44个，采用国家标准的42个，专业（部）标准的46个，地方标准的26个。产品质量达20世纪90年代国际先进水平的44个，达国内先进水平的42个，省内先进水平的28个。

一 国家优质名牌产品

至2000年，湖南有色金属工业共有30项产品获得国家质量奖金质奖和银质奖，1项产品获得中国驰名商标产品称号（详见表5-2-3）。

表5-2-3 至2000年湖南有色金属工业国家质量奖获奖产品一览表

产品名称	生产企业	获奖年份及奖项
钻石牌YT14硬质合金	株洲硬质合金厂	1980年国家质量奖银质奖
闪星牌一号精锑	锡矿山矿务局	1980年国家质量奖银质奖
宇宙牌金属铍珠	水口山矿务局	1980年国家质量奖银质奖
闪星牌特号三氧化二锑	锡矿山矿务局	1981年国家质量奖银质奖
火炬牌精铋	株洲冶炼厂	1982年国家质量奖银质奖
钻石牌YT05硬质合金	株洲硬质合金厂	1983年国家质量奖银质奖
钻石牌STa固体电容器用钽丝	株洲硬质合金厂	1983年国家质量奖银质奖
凯字牌YJ1凿岩用硬质合金	中南矿冶学院粉末冶金厂	1983年国家质量奖银质奖
钻石牌粉冶态钼合金顶头	株洲硬质合金厂	1984年国家质量奖银质奖
钻石牌VT5硬质合金	株洲硬质合金厂	1984年国家质量奖银质奖
钻石牌YG20C冷镦冷中模坯	株洲硬质合金厂	1984年国家质量奖银质奖
火炬牌一号电锌	株洲冶炼厂	1985年国家质量奖金质奖
钻石牌仲钨酸铵	株洲硬质合金厂	1985年国家质量奖金质奖
坪宝牌铅精矿	黄沙坪铅锌矿	1985年国家质量奖银质奖
桃林牌铅精矿	桃林铅锌矿	1985年国家质量奖银质奖
闪星牌精锑	锡矿山矿务局	1985年国家质量奖银质奖

续表

产品名称	生产企业	获奖年份及奖项
钻石牌 YT14 硬质合金	株洲硬质合金厂	1985 年国家质量奖银质奖
YG8 硬质合金拉制模	株洲硬质合金厂	1987 年国家质量奖银质奖
镀合金锌	株洲冶炼厂	1987 年国家质量奖银质奖
氙灯阳极钨制品	株洲硬质合金厂	1988 年国家质量奖银质奖
铸造碳化钨	株洲硬质合金厂	1989 年国家质量奖金质奖
一号镉锭	株洲冶炼厂	1989 年国家质量奖金质奖
氟化铝	湘乡铝厂	1989 年国家质量奖银质奖
连续挤压铝管	长沙铜铝材厂	1989 年国家质量奖银质奖
火炬牌铅锭	株洲冶炼厂	1990 年国家质量奖金质奖
钻石牌高纯钨粉	株洲硬质合金厂	1990 年国家质量奖金质奖
水口山牌锌锭	水口山矿务局	1990 年国家质量奖银质奖
湘光牌仲钨酸铵	株洲市钨钼材料厂	1990 年国家质量奖银质奖
飞轮牌直接法氧化锌	水口山矿务局	1991 年国家质量奖金质奖
长字牌热交换用 HS70-1 黄铜管	长沙铜铝材厂	1991 年国家质量奖银质奖
钻石牌硬质合金及制品	株洲硬质合金厂	1999 年中国驰名商标

二　部、省优质产品

截至 2000 年，湖南省有色金属工业共有 104 项产品获部、省优质产品称号（详见表 5-2-4）。

表 5-2-4 至 2000 年湖南有色金属产品获部、省优质奖情况表

产品名称	生产单位	产品名称	生产单位
BT35 钽粉	株洲硬质合金厂	GY35 钢结硬质合金	株洲硬质合金厂
YG8 硬质合金顶锤	株洲硬质合金厂	YZ 铸造碳化钨	株洲硬质合金厂
FW-1 高纯钨粉	株洲硬质合金厂	YW1 硬质合金	株洲硬质合金厂
FMo-1 高纯钼粉	株洲硬质合金厂	YS2 硬质合金	株洲硬质合金厂
YG8 硬质合金拉伸模	株洲硬质合金厂	YMo53 硬质合金	株洲硬质合金厂
氙灯钨阳极	株洲硬质合金厂	W-2 钨条	株洲硬质合金厂
YG6 热压密封环	株洲硬质合金厂	钼板坯	株洲硬质合金厂
YK25 凿岩用硬质合金	株洲硬质合金厂	FTA-28 钽粉	株洲硬质合金厂
YK20 矿用硬质合金	株洲硬质合金厂	Nb-1 铌条	株洲硬质合金厂
YG6 硬质合金刀片	株洲硬质合金厂	YG8 硬质合金刀片	株洲硬质合金厂
YD10 钟表工业用硬质合金	株洲硬质合金厂	YG8 热压引伸模	株洲硬质合金厂
		YG15 搓板	株洲硬质合金厂
YG11G 硬质合金齿	株洲硬质合金厂	YG8N 硬质合金	株洲硬质合金厂
YT15 硬质合金	株洲硬质合金厂	铌酸锂单晶	株洲硬质合金厂
YN10 硬质合金	株洲硬质合金厂	YG8 硬质合金切削刀片	株洲硬质合金厂
三氧化钨	株洲硬质合金厂	碳化钽	株洲硬质合金厂
碳化钨粉	株洲硬质合金厂	电容器高级容钽粉	株洲硬质合金厂
五氧化二铌	株洲硬质合金厂	YG11C 矿用合金	株洲硬质合金厂

续表

产品名称	生产单位	产品名称	生产单位
圆孔硬质合金可转位刀片	株洲硬质合金厂	热镀锌合金	株洲冶炼厂
铣削硬质合金可转位刀片	株洲硬质合金厂	精铟	株洲冶炼厂
高锰铲齿	衡阳有色冶金机械厂	氧化钴	株洲冶炼厂
高压叶片油泵	衡阳有色冶金机械厂	一号铋锭	株洲冶炼厂
1200 型风转机子	衡阳有色冶金机械厂	一号电铅锭	株洲冶炼厂
细长矫直辊	衡阳有色冶金机械厂	一号碲	株洲冶炼厂
冷轧工作辊	衡阳有色冶金机械厂	电铜	株洲冶炼厂
斗前壁	衡阳有色冶金机械厂	电铅	株洲冶炼厂
2100 轧臼壁	衡阳有色冶金机械厂	电金	株洲冶炼厂
2200 破碎壁	衡阳有色冶金机械厂	一号镉锭	株洲冶炼厂
双曲线矫直辊	衡阳有色冶金机械厂	电银	株洲冶炼厂
重力式抱索器	衡阳有色冶金机械厂	电镉	株洲冶炼厂
WC-1700 离心机	衡阳有色冶金机械厂	冰晶石	湘乡铝厂
氟化铝	湘乡铝厂	铝锭	湘乡铝厂
硫化锑	锡矿山矿务局	镉锭	水口山矿务局
锌精矿	桃林铅锌矿	黑钨精矿	瑶岗仙钨矿
萤石精矿	桃林铅锌矿	一级Ⅰ、Ⅱ类黑钨精矿	瑶岗仙钨矿
直接法氧化锌	水口山矿务局	钨精矿	汝城钨矿
间接法氧化锌	水口山矿务局	钨精矿	川口钨矿
铍铜中间合金	水口山矿务局	一级Ⅰ、Ⅱ类黑钨精矿	川口钨矿
精铅	水口山矿务局	钨精矿	湘东钨矿

续表

产品名称	生产单位	产品名称	生产单位
电池锌饼	水口山矿务局	一级Ⅱ类黑钨精矿	湘东钨矿
金属砷	水口山矿务局	氯化汞触媒	新晃汞矿
精锌	水口山矿务局	锡精矿	香花岭锡矿
稀土中锰磨球	水口山矿务局	白钨精矿	香花岭锡矿
零号锌锭	水口山矿务局	打火石	桃江稀土金属冶炼厂
YJ2凿岩用硬质合金	中南工业大学粉冶厂	氟化镧单晶	长沙半导体材料厂
电池锌饼	长沙锌厂	氟离子选择电极	长沙半导体材料厂
热交换器HSn07-1A	长沙有色金属加工厂	高纯铟	水口山矿务局
冷凝管		工业氧化铍	水口山矿务局
二号精锑	桃江板溪锑矿	电镉	水口山矿务局
一级Ⅱ类白钨精矿	湘西金矿	电银	水口山矿务局
锡青铜粉	常德市粉冶厂	氧化硒	株洲冶炼厂
草酸	株洲选矿药剂厂	松醇油	株洲选矿药剂厂
乙基黄药	株洲选矿药剂厂		

三　湖南名牌产品

2001—2002年，经湖南省各市州质量技术监督局和省有关行业主管部门推荐，湖南省名牌产品审定委员会审定通过，湖南有色金属工业共有29项产品获湖南名牌产品称号（详见表5-2-5）。

表 5-2-5 2001—2002 年湖南名牌产品统计表

生产企业	产品名称	注册商标
株洲硬质合金集团有限公司	钼系列产品	钻石牌
株洲硬质合金集团有限公司	仲钨酸铵	钻石牌
水口山有色金属有限责任公司	银锭	水口山牌
水口山有色金属有限责任公司	铅锭	水口山牌
水口山有色金属有限责任公司	直接法氧化锌	飞轮牌
株洲冶炼集团有限公司	铅锭	火炬牌
株洲冶炼集团有限公司	铅基合金	火炬牌
锡矿山闪星锑业有限责任公司	三氧化工锑	闪星牌
锡矿山闪星锑业有限责任公司	二号精锑	闪星牌
湖南湘铝有限责任公司	冰晶石	湘铝牌
中南大学粉末冶金厂	YJ1、YJ2 矿山凿岩硬质合金片齿系列	凯宇牌
长沙锌业有限责任公司	直接法氧化锌	长光牌
衡阳衡冶重型机械有限公司	地下卷取机卷筒	HY 牌
株洲选矿药剂厂	黄药	夜明珠牌
湖南光远铜管有限公司	热交换器用黄铜管	长字牌
湖南三立集团股份有限公司	锌锭	三立牌
湖南华天铝业有限公司	铝塑复合板	HTB 牌
湖南华天铝业有限公司	铝合金天花板	HTB 牌
长沙振升铝材有限公司	铝合金建筑型材	振升牌

续表

生产企业	产品名称	注册商标
株洲硬质合金集团有限公司	铸造碳化钨	钻石牌
水口山有色金属有限责任公司	锌锭	水口山牌
湖南金天铝业高科技有限公司	微细球形铝粉	金天牌
株洲硬质合金集团有限公司	地质矿山工具用硬质合金	钻石牌
株洲硬质合金集团有限公司	耐磨零件用硬质合金	钻石牌
株洲硬质合金集团有限公司	切削工具用硬质合金	钻石牌
湖南湘铝有限责任公司	氟化铝	湘铝牌
株洲选矿药剂厂	乙硫氮	夜明珠牌
汨罗市铜铝材厂	铝合金型材天花龙骨料	鹤泉牌
黄沙坪铅锌矿	铅精矿	坪宝牌

第五节　主要产品生产企业选介

一　矿　山

（一）黄沙坪铅锌矿

黄沙坪铅锌矿始建于 1958 年，1967 年正式投产。1984 年形成日采选 1500 吨的综合生产能力。主要产品为铅、锌、硫精矿，综合回收银、铜。产品质量稳步提高，信誉较高，“坪宝”牌铅精矿主品位达 70% 以上，2000 年生产铅金属量 35692 吨。铅精矿于 1985 年获国家银质奖（矿产品类最高奖），1990 年通过国家银质奖复评，1997 年获湖南省产品质量奖，1999 年被评为湖南省名牌产品。至 2002 年，铅精矿质量一直保持稳定，产品享誉国内外。锌精矿、硫精矿质量稳定提高。企业先后被授予“现代化管理优秀企业”“湖南省先进企业”等 60 多项国家和省级称号，被列为湖南省第一家对外开放的旅游矿山。

企业坚持走依靠科技进步促进企业不断发展道路，2000 年被授予“湖南新技术推广应用示范企业”称号。2001 年被省经贸委认定为全省 8 家“企业技术中心”之一。

（二）香花岭锡矿

香花岭锡矿始建于 1951 年，至 2002 年发展成为全国有色金属行业 100 家最大的采选企业之一，湖南省具有锡采、选、冶一条龙生产能力的企业，享有产品进出口业务经营权。

香花岭锡矿主产精锡、铅锌精矿、白钨精矿，副产白银、焊锡、萤石等产品。2002 年形成年采选能力 40 万吨，年工业总产值 9000 万元，年产精锡 2000 吨，铅锌精矿金属含量 6000 吨，白钨精矿（折标量）300 吨，附产白银含量约 4 吨。

企业生产的“湘锡”牌精锡，荣获“湖南省产品质量奖”，外经贸部“出口产品、品质优良”证书，产品畅销国内外，是企业创汇的拳头产品。香花岭锡矿已通过 ISO9002 国际质量体系认证。

（三）瑶岗仙钨矿

瑶岗仙钨矿始采于 1914 年，是中国钨业的起源地。至 2002 年发展成为年采选能力 40 万吨，年产钨精矿 2000 吨、锡精矿 60 吨、铜精矿金属含量 60 吨的国有中型矿山。主要产品“天宝”牌黑钨精矿质量优良，具有高钨、低钼、低钙、低磷、低硫的特点，主要成分与杂质元素含量优于《钨精矿技术条件》（GB2825-1981)，是水冶、火冶生产钨铁、硬质合金、钨材、钨丝及其他合金的优质原材，1985—2002 年连续保持省优、部优产品称号，一直保持 100% 的一级品率，被国家评为出口免检产品，产品远销到世界 50 多个国家和地区。矿山还生产锡精矿、砷精矿、仲钨酸铵、水晶等有色金属和非金属，其质量均达到国家有关标准。

二 采、选、冶联合企业

（一）水口山有色金属有限责任公司

水口山有色金属有限责任公司（简称水口山）享有“世界铅都”“中国铅锌工业的摇篮”之美称。1896 年开采，至 2002 年有 100 多年历史。

水口山于 2001 年 9 月由水口山矿务局依法改制而成，是一个集采矿、选矿、冶炼于一体，以铅、锌、铜和稀贵稀散金属冶炼加工为主的大型有色金属联合企业。至 2002 年，有铅、锌、铜矿山 3 座，铅、锌、铜、氧化锌和无汞锌粉冶炼厂各 1 座，还有 1 座亚洲唯一的铍冶炼厂。2000 年有员工 11000 多人，拥有固定资产总额 16.79 亿元，年工业总产值 12 亿元。拥有 60 万吨采选能力、18 万吨铜、铅、锌冶炼能力、1000 公斤黄金和 200 吨白银的生产能力。企业已通过 ISO9002 质量体系认证。产品畅销全国各地，自营出口到 30 多个国家和地区。主要产品有铅、锌、铜、金、银、铍、锆、砷、无汞锌粉、氧化锌和硫酸等 50 余种。其中电铜、电锌等 29 种产品是省部名优产品，“水口山”牌铅锭于 1994 年在伦敦金属交易所注册，“飞轮”牌氧化锌获过国家质量金质奖，金属铍珠获国家质量银奖。

1978—2002 年，水口山开发的新产品主要有：铍钴铜结晶器、电炉锌粉、硫酸钴、无氧铜杆、无汞锌粉、高纯锌、高纯银锭、饲料级氧化锌、饲料级硫酸锌、锆镁合金、铍铝合金、锌基合金、铅砷锑合金、精铋、金属铍珠、四九铟、三氯化砷、7N 砷等。

为满足中国电池无汞化的需求，水口山开发了应用于碱性锌锰电池的无汞锌粉产品，2000 年 11 月在衡阳市开发区建成

第一条生产线，2001 年年底形成年产 2500 吨无汞锌粉和扣式电池锌粉的生产能力。自行研制的高纯锌提纯系统工艺先进、质量稳定。水口山无汞锌粉产品被认定为湖南省高新技术产品，该项目被列入国家火炬计划。

水口山对砷系列产品进行了研究开发，先后开发了砷铜合金、三氯化砷、7N 砷等产品，三氯化砷已达到 200 吨 / 天的生产能力。水口山二厂是国家金属砷定点生产企业，成为国内唯一的三氯化砷生产企业。

（二）锡矿山闪星锑业有限责任公司

锡矿山闪星锑业有限责任公司（简称锡矿山）于 2001 年 5 月由锡矿山矿务局整体改制而成，清光绪二十三年（1897）开采，至 2002 年有 100 多年的历史，是中国锑工业的摇篮和锑品主要出口基地，也是世界上最大的集锑采矿、选矿、冶炼、化工生产和科研于一体的大型联合企业。

锡矿山锑的储量、产量均居世界首位，享有“世界锑都”之美誉。锑品出口获得国家质量检验检疫总局颁发的出口产品免验证，是中国锑行业第一家获此质量证书的企业。通过 ISO9001、2000 质量体系认证。所产“闪星牌”锑品质量优、规格齐，80% 以上的产品远销日本、美国、欧洲等 50 多个国家和地区。主要产品“闪星牌”精锑和“闪星牌”零级三氧化二锑获得国家银质奖及北京国际博览会金奖。“闪星牌”商标被评为湖南省著名商标。硫化锑和锑酸钠评为湖南省优质产品。1998 年，通过中国进出口商品质量认证中心评审，获得 IS09002 质量管理体系认证。“闪星牌”锑品被列为出口免检产品。2000 年 7 月，国家经贸部批准锡矿山矿务局享有锑品自营出口权。1998 年，锡矿山矿务局晋升为国家二级企业，1992 年被批准为国家大型一档企业。“闪星牌”商标于 1994 先后在日本、美国等国注册，是世界知名品牌。

1978—2002 年，锡矿山根据市场和用户需要，围绕主导产品——锑白的深度开发和产品质量上档次、上台阶，开展了大量的试验研究，开发了一系列含锑新产品，主要新产品有：

1. 完成锑白立方晶型含量不小于 95% 的新产品工业试验研究并实现产业化。传统工艺产出的三氧化二锑的立方晶型不稳定，晶型含量处于无序状态，严重影响产品质量和市场需求。项目完成后，所生产的锑白立方晶型含量不小于 95%，大大提高了锑白产品的质量。经评审鉴定，于 1997 年 9 月在锑白生产中全面推广应用。

2. 完成微粒锑白新产品的研制和工业化生产应用。项目完成后，在工业生产中组织批量生产，投放市场，深受用户欢迎。微粒锑白的研制成功，拓宽了市场，提高了三氧化二锑在塑料和化纤阻燃材料领域的增效作用。

3. 完成粗颗粒锑白新产品的研制和工业化应用。项目生产工艺采用的炉型一次投资省，运行成本低，日产量大，产品质量达到国际先进水平，填补了国内生产空白。在推广应用中直收率由 70% 提高到 81%，提高 11 个百分点，具有显著的经济效益。

4. 完成三氧化锑含量不小于 99.9% 的超高纯锑白新产品的研制和工业化应用。项目填补了国内空白，满足了电子工业的其他高档锑白用户需求，占领了超高纯锑白的市场。

5. 完成催化剂三氧化二锑的研制和产业化。催化剂三氧化二锑的传统生产方法采用氯化—水解法生产，流程长，成本高，产品质量不稳定。项目采用较为优质的原料，利用研究出的锑白新工艺、新炉型，控制工艺技术参数，研制出聚酯工业用的催化剂锑白。

6. 其他含锑新产品的研制和产业化。在其他含锑新产品开发方面，开发研制出无尘三氧化二锑、胶体五氧化二锑、乙二醇锑、金黄锑等含锑新产品，EVA、PVC、PE、PS、PB等各种含锑阻燃母粒料，均已产业化，形成批量生产能力，产品畅销市场。

（三）柿竹园有色金属有限责任公司

柿竹园有色金属有限责任公司（简称柿竹园）的前身是成立于1980年的柿竹园多金属矿，是集有色金属探矿、采矿、选矿、冶炼和综合回收于一体的国有资源型企业，2001年8月，柿竹园以债转股的方式整体改制为公司。柿竹园拥有亚洲最大的多金属矿床，资源主要有钨、钼、铋、铅、锌，伴生有铜、锡等有色金属和萤石、石榴子石等非金属，资源储量3.6亿吨，金属储量167.2万吨，按20世纪70年代匡算，潜在资源价值800亿元以上。在多金属储量中，钨金属量74.7万吨，占全国已探明储量的49%，占世界已探明储量的20.7%；铋金属量30.5万吨，占全国已探明储量的76%，占世界已探明储量的42%；钼金属量12.9万吨；伴生萤石储量7168.6万吨，占全国已探明储量的75%。这一矿床还有锡金属量59.2万吨，铜金属量6.3万吨。按当前生产规模，可开采上百年。柿竹园矿产资源丰富，品种较为齐全，被中外地质专家誉为“世界有色金属博物馆”，成为世界钨业协会中国会议的首选考察地点。

柿竹园多金属综合利用相继被列入国家“八五”“九五”重点科研攻关项目。其中以企业命名的复杂多金属选矿方法——柿竹园法于2001年被评为国家科技进步二等奖。

柿竹园拥有国内第一大铋冶炼厂，所产高纯铋的纯度达到99.997%，在1997年的法国巴黎世界名特新产品技术博览会上，获得国际最高金奖的殊荣。这种“柿竹园”牌高纯铋2000年被评为湖南名牌产品、出口免检产品，在国内外享有盛誉。

柿竹园有年采掘能力130万吨，年选矿能力100万吨，年冶炼能力1500吨，年综合回收萤石能力1万吨。主要生产钨、钼、铋、铅、锌、铜、锡等精矿和高纯铋、氧化钼等冶炼产品。

2002年生产钨精矿折合量2517吨，铋金属量630吨，钼精矿折合量725吨，铅锌金属量6103吨，铋锭399吨，钼铁129吨，氧化钼372吨，实现销售收入1.32亿元，利税总额1104万元。

（四）湖南辰州矿业有限责任公司

湖南辰州矿业有限责任公司（简称辰州矿业）是2000年经湖南省政府批准，由湘西金矿改制为多股本结构的有限责任公司，其前身是湘西金矿。20世纪50年代末，该矿就已建成采矿、选矿、冶炼、机修配套的中型联合企业，主要产品有黄金、精锑、白钨精矿三种，黄金产量居全省首位，精锑名列第二，钨精矿居第三位，是全国重点金矿之一。

1978—2002年，湘西金矿通过技术改造，兴建的采选扩建工程自行设计施工，按期投产达标，及时受益，黄金产量连年持续上升，1985年产黄金比1978年增加41.5%，创历史最好水平。1977—1985年9年间，实现利税为同期投资额的286.9%，投资收回快，经济效益好。1993年，湘西金矿成为全省首家黄金大型企业，1994年进入湖南企业100强之列。2000年改制当年，辰州矿业生产黄金1088公斤，成为湖南省首个年产黄金过吨的企业。

2002年，辰州矿业低成本扩张，对新邵冶炼厂和湘安钨矿实施租赁经营，仅此一项，当年实现利润472万元。

辰州矿业除生产黄金外，2002年生产锑精矿4021吨，钨精矿折合量（折三氧化钨65%）343吨，精锑5600吨。实现销售收入1.82亿元，利税总额1519.6万元，其中利润1006.6万元。拥有资产总额1.89亿元。2002年11月，辰州矿业通过上海黄金交易所可提供标准金锭企业认证。生产的金锭符合上海黄金交易所金锭标准，金锭产品品质达到金99.99级。2002年12月18日，上海黄金交易所给辰州矿业颁发了认证证书。这是湖南省首家通过认证的合格黄金生产企业。

（五）湖南三立集团股份有限公司

湖南三立集团股份有限公司是中国西部一家集有色金属采、选、冶于一体的综合型股份制民营企业。1992 年，年产 2000 吨的硫酸锌生产线投入生产。1993 年建成另一条年产 4000 吨的一水硫酸锌生产线。

1994 年 5 月，第二条 6000 吨电解锌生产线如期竣工投产。至此，形成年产 12000 吨电解锌生产规模。1994 年，生产锌锭 4150 吨，产值达到 2165 万元，获利 120 万元，利润比 1993 年增长了 102.2%。

1998 年，公司共生产锌锭 16216 吨，生产硫酸 31263 吨，按 1990 年不变价计算，全年实现工业总产值 1.006 亿元，实现销售收入 1.48 亿元，实现利润 1005 万元。“三立牌”锌锭远销广东、上海、武汉等国内市场以及新加坡、日本等国外市场。1999 年，企业通过 IS09000 质量体系认证，跨入湖南省优秀企业行列，全年出口锌锭 2413 吨，出口创汇 249.84 万美元，为发展花垣苗乡的对外经济贸易作出了成功的尝试。

（六）湖南宇腾有色金属股份有限公司

湖南宇腾有色金属股份有限公司始建于 2001 年，公司的前身郴州市宇腾化工有限公司是一家集矿山开发、有色金属冶炼、综合回收、国际贸易、技术研发、生产经营于一体的股份制高新技术企业。注册“宇腾”“金宇腾”两个商标，拥有自主经营进出口权，具有年产电铅 10 万吨、硫酸 10 万吨、白银 500 吨、铋 2000 吨、冰铜 5000 吨、次氧化锌 20000 吨、锑 5000 吨、铅盐 20000 吨、黄金 1 吨、铟 20 吨、碲 6 吨的生产能力。

公司的主要产品为电解铅，综合回收黄金、白银、次氧化锌、冰铜、锑、铋、碲等副产品。电铅、银锭、铋锭产品质量分别达到国标 1 号标准。

（七）湖南太丰矿业集团有限责任公司

湖南太丰矿业集团有限责任公司始建于1996年，是一家以锌、锰矿产品开采、浮选、冶炼深加工、销售、运输和锌、锰废渣、废水处理综合利用一条龙的民营集团企业，下辖有花垣太丰矿山有限责任公司、花垣县太丰冶炼有限责任公司、贵州松桃太丰矿业有限责任公司、湖南源丰金属贸易有限责任公司等4个子公司。至2000年拥有总资产32.5亿元，员工8000余人。具有年生产硫酸15万吨、电解金属锌10.5万吨、金属锰20000吨、处理固废铅锌渣、铜镉渣综合回收利用10万吨、处理废水循环利用50万吨的生产能力。

2000年8月，公司为转变生产方式，由矿石粗加工转为深加工，兴建了年产20000吨的电解金属锌第一条生产线，2001年2月投产。2001年4月，兴建年产25000吨电解锌第二生产线和配套年产50000吨硫酸生产线。2001年10月，第二条电解锌生产线竣工投产，2002年12月，硫酸生产线竣工投产。

三 冶炼加工企业

（一）株洲冶炼集团有限责任公司

株洲冶炼集团有限责任公司（简称株冶）的前身是始建于1956年的株洲冶炼厂，于2001年整体改制而成国有资产授权经营公司。

株冶是中国最大的湿式电解铅锌冶炼企业和铅锌产品出口基地，主产品为铅、锌及其合金，综合回收铜、金、银、铋、镉、铟、锗等多种稀贵金属和硫酸。2002年，有色金属年生产能力33万吨，其中电铅70000吨、电锌25万吨、铜10000吨；资产总值34亿元，年销售收入28亿元，利税总额1.47亿元。

株冶“火炬”牌系列产品质量达到国际先进水平，优质产品率达95%以上，锌锭、热镀锌合金锭、镉锭、铅锭获国家优质奖，其他11种产品分别获省优或部优证书，电锌质量由原设计的二号锌上升到零号锌，“火炬”牌铅锭、锌锭和银锭分别于1991年、1992年、1999年在英国伦敦金属交易所和英国伦敦金银协会注册，是中国唯一锌、铅、银三种产品均获国际认可的企业。铅锌产品的出口占产量的50%以上，成为国际铅锌组织成员，并跻身于世界铅锌冶炼知名企业行列。株冶通过了ISO9001质量体系认证，ISO14001国际环境标准认证。先后获得国家质量管理奖，全国企业管理优秀奖（金马奖）等70余项国家及部、省级荣誉。

株冶控股的湖南株冶火炬金属股份有限公司，以生产锌及锌基合金、硫酸为主，2002年生产能力为电锌25万吨、硫酸18万吨，年出口创汇9000万美元左右。

（二）株洲硬质合金集团有限公司

株洲硬质合金集团有限公司（简称株硬）是国家“一五”期间建设的156项重点工程之一，是以硬质合金生产为主体，集钨、钼、钽、铌产品生产于一体的大型国有控股企业。

株硬由株洲硬质合金厂改制而成，始建于1954年，是中国最大的硬质合金生产、科研、经营、出口基地，世界五大硬质合金生产厂家之一。年产硬质合金300吨，仲钨酸铵、蓝钨10000吨，碳化钨粉4000吨，钴粉300吨，深加工产品400吨。2002年实现销售收入10.32亿元，利税总额1.56亿元，资产总额14亿元。

株硬于1996年通过ISO9001质量体系认证，“钻石”商标1999年被认定为中国驰名商标。“钻石牌”产品先后荣获3项国家金奖、8项国家银奖及40多项省、部优质产品和名牌产品称号。至2002年，硬质合金由投产时的6个牌号502个型号发展到129个牌号33000个型号，主要生产金属切割工具，矿山及油田钻探工具，硬质材料、钨钼制品、钽铌制品、稀有金属粉末制品等六大系列产品，其中，钽铌生产已有近50年的历史，是国内最早生产钽、铌产品的厂家。已形成钽铌精矿处理至加工的生产及科研体系。主要产品有五氧化二钽、五氧化二铌、氟钽酸钾、冶金用铌、铌条、铌粉、碳化钽、碳化钽——碳化铌固溶体、冶金用钽粉、电容器用钽粉、电光源及电容器引线用钽丝、铌锭、铌板、钽锭、钽板、钨钛固溶体、高温喷镀粉系列产品和钛、铬、钒、锆、钼等金属碳化物。

株硬先后获得国家质量管理奖，全国“五一劳动奖章”等40多项国家级荣誉。

（三）长沙铜铝材（集团）有限公司

成立于1962年的长沙铜铝材（集团）有限公司是中国有色金属加工行业百强企业，也是国内最大的铜铝管材专业生产企业之一。

公司具有40多年的有色金属加工生产历史，生产工艺先进，技术装备优良，是国内大批量生产超长铜冷凝管和高精度、高清洁度、高光洁度的高级铜盘管、内螺纹铜盘管和康风铝盘管的专业生产厂家。至2002年，公司有铜盘管生产线、内螺纹铜管生产线、铜冷凝管生产线、铜普材生产线、康风铝管生产线、铝板棒带生产线等，可生产60多个牌号、2000多种规格的铜、铝及其合金管、棒、型、板、带等产品，年生产能力达5万吨；产品广泛应用于制冷、空调、火力发电、船舶、轻工、军工等行业；主导产品质量优良，多次被评为国优、部优和省优产品。国内市场占有率达70%，产量和质量均居全国龙头地位；冰箱、汽车空调用的高精度铝盘管产品，获1989年同类产品唯一国家银质奖，其产量和质量在国内处于前两位，市场占有率达40%以上，是长沙伊莱克斯、广东科龙、法国法雷奥汽车空调等企业的铝管定点供应商；主要产品还远销到美国、澳大利亚及东南亚等数十个国家和地区。公司于1998年通过ISO9002质量认证。

（四）常德市耀弘纳米科技有限责任公司

常德市耀弘纳米科技公司创建于1992年，主要从事金属纳米粉体新材料、新技术、新工艺的研究开发与产业化生产。是中国电子学会电压敏学部副主任委员单位，是行业的学术带头企业，是湖南省高新技术企业。自主研发，设计制造了制备纳米氧化铋、纳米氧化锑、纳米氧化锌的关键设备“等离子弧汽相反应炉”。“等离子弧汽相反应炉”“等离子汽相法生产氧化铋的方法”“等离子喷雾生产金属粉末的方法”等3项研究成果获国家发明专利。形成了年产纳米氧化铋150吨、纳米氧化锑300吨、纳米氧化锌600吨的生产能力。产品畅销国内外，在电子行业、化工行业、纺织印染行业、医药行业、国防工业等领域广泛应用。

（五）湖南金天铝业高科技股份有限公司

湖南金天铝业高科技股份有限公司是湖南湘投控投集团旗下高新技术企业。2000年公司成功引进中科院重大科技攻关成果“氮气雾化法”微米级球形铝粉生产技术，具有技术含量高、安全、环保、低能耗的工艺特点，实现了国内微细球形铝粉生产产业化，拉动了高档汽车涂料、新型陶瓷材料及太阳能光伏等下游新兴产业的发展。

公司拥有微细球形铝粉雾化生产线3条、分级处理线5条，年产能达1.1万吨，JTF0、JTF1、JTF2、JTF3、JTF4、JTF5共6个牌号，1～50微米任意区间的系列产品，广泛应用于太阳能光伏、石油管道、汽车及建筑涂装及军工航天等领域。公司通过ISO9001质量管理体系认证。已经发展成为国际技术水平领先、国内生产规模最大和市场占有率最高的微细球形铝粉专业生产企业。

（六）湖南金旺铋业股份有限公司

湖南金旺铋业股份有限公司成立于2001年，是一家以铋金属冶炼及其深加工为主，集科、工、贸于一体，并在有色金属、化工、新型超导材料等多领域拥有自营进出口经营权的企业。

公司是郴州市出口创汇十大重点企业，国家高新技术企业，湖南省百强私营企业。

公司注重品牌建设，成功打造了“金旺”的铋业品牌，“金旺牌”为中国驰名商标，湖南名牌产品，并登上国际舞台；先后获得了世界500强企业杜邦公司、德国BASF公司、5N Plus Inc公司的质量认可。

（七）株洲斯特特种金属有限公司

株洲斯特特种金属有限公司位于湖南省株洲市，是由美国中金国际有限公司（China Metal International Inc.）与株洲市斯特实业有限公司于1999年共同投资兴建的中外合资企业。注册资本16.8万美元。主要生产各种稀有有色金属及其深加工产品。产品有一水硫酸锌、七水硫酸锌、无水硫酸锌、铟、铋、铼、镓、锗、碲、硒等系列金属。年产金属铟20吨、金属铋150吨，其中90%销往国外。

（八）湖南湘铝有限责任公司

湖南湘铝有限责任公司的前身是始建于1958年的湘乡铝厂，于2001年5月由湘乡铝厂改制而成，是国有中型有色化工冶炼综合性企业，主要生产炼铝用氟化盐和铝锭、石膏建材等产品，氟化盐产品年生产能力为10万吨。是全国规模最大、品种最多、质量最好的氟化盐生产基地和湖南省最大的电解铝厂。公司从瑞士和德国引进的干法氟化铝生产线生产的特级氟化铝，被评为国家级新产品。主产品冰晶石、氟化铝荣获湖南省名牌产品奖。到2000年年底，企业累计实现工业总产值54.20亿元（1990年不变价），累计实现利税5.22亿元，其中实现利润1.70亿元，累计上缴利税4.77亿元。公司拥有自营进出口权，产品远销到澳大利亚、美国、日本等20多个国家和地区。1999年10月通过ISO9002质量体系认证。

第三章 经济效益

第一节 经营状况

中华人民共和国成立以后，国家对国营工业企业实行计划管理，每年下达给企业的指令性指标有12项，其中经济效益指标4项，即成本降低率、成本降低额、劳动生产率和利润。1957年以后，又增加了资金利税率、产值利税率、定额流动资金周转次数等考核指标。“一五”时期，全省有色金属工业经济效益良好，各项经济效益指标均创历史最好水平。1953—1957年，全省有色金属实现工业总产值10.32亿元，利税1.25亿元。一批企业生产快速发展，效益大幅度提高。水口山矿务局紧密围绕生产中心，在职工中开展对手赛、对口赛、攻关赛、小指标赛、技术表演赛等多种形式的生产竞赛活动，职工的社会主义劳动热情空前高涨，劳动生产率不断提高。“一五”期间，该局共完成工业总产值8210.04万元，上缴利润4251.34万元，上缴税金697.9万元，提前1年完成生产任务。

1958年2月，中共湖南省委召开工业交通会议，决定当年地方工业总产值要比1957年增长1倍，工业“大跃进”全面开始并很快形成高潮。是年，全省生产十种有色金属24100吨，实现工业总产值4.57亿元，利税总额8819万元，分别比1957年增长24%、60%和218%。由于急于求成，片面追求速度，从1961年开始效益下滑。1962年12月，省政府召开全省工业交通工作会议，着重讨论扭转亏损、提高效益的问题，指出：效益下滑的原因是比例失调和管理混乱，要求在以后3年的调整中加以解决。经过1963—1965年的调整，经济效益开始回升。1965年，全省有色金属实现工业总产值13.58亿元，利税总额8324万元，分别比1962年增长126%和265%。

1966年开始，许多企业处于停产和半停产状态，加之一些合理的规章制度被废除，企业管理混乱，经济效益大幅度下降。1968年，全省有色金属工业总产值只有9.63亿元，利税总额只有4420万元。分别比1965年下降141%和188%。1973年3月，湖南省革命委员会召开全省加强经济核算扭转企业亏损会议。有色金属重点企业采取加强生产经营和经济核算措施，生产经营状况有所好转。但维系不到1年又继续下降。1974年全省有色行业利税总额比1973年下降186%。1975—1976年，通过开展企业整顿和“工业学大庆”等活动，企业管理逐步加强，生产经营逐步走上正轨。1977年十种有色金属产量11.05万吨，完成工业总产值19.3亿元，实现利税总额1.25亿元，比1976年分别增长38.89%、28.37%和80.98%。

1978年12月中共十一届三中全会以后，湖南有色金属工业系统贯彻“调整、改革、整顿、提高”的方针，企业推行各种形式的经济责任制，打破“企业吃国家大锅饭、职工吃企业大锅饭”，生产经营实现恢复性增长。1979年生产十种有色金属15.87万吨，实现工业总产值20.21亿元，利税总额2.03亿元，比1978年分别增长9%、11.76%和14.79%。

1982年1月，中共湖南省委四届五次全体（扩大）会议指出：全省工作要“以提高经济效益为中心”。3月，省政府召开工交工作会议，要求将全省经济工作的重点，转移到提高经济效益的目标上来。1984年8月，中国有色金属工业总公司长沙公司成立，管理和协助总公司管理中央在湘企事业单位。长沙公司成立后对所属企业区别情况实行不同形式的经营承包责任制。1985年，全省有色金属生产创历史最好水平，十种有色金属产量达到21.95万吨，占全国总产量的1/8。中国有色金属工业总公司长沙公司的产品产量和上缴利税在全国有色金属行业位居榜首。

1986年，全省有色金属企业全面推行承包经营责任制，推动劳动、人事、工资三项制度改革。1991年开展“质量、品种、效益年”活动。1993年，经国务院批准，《企业会计准则》和《企业财务通则》正式施行。由于调整部分核算指标，增加了企业的成本支出，导致企业利润总额减少。1993年，在产量、产值比上年略有增长的情况下，利润却从上年的1.06亿元减至7005万元，减少66%。为了有效遏制国有企业亏损增加的势头，从1993年开始，全省有色金属行业打响扭亏增盈攻坚战。经过几年努力，企业效益开始回升，同年，全省有色金属行业开始实行盈亏责任制，基本形式有两种：一是基数利润留成加增长利润留成，二是全额利润留成。随着盈亏责任制的建立，厂长（经理）成为企业扭亏增盈工作第一责任人。一些企业采取措施，强化了厂长（经理）的责任。

衡阳有色冶金机械总厂为增加盈利，减少亏损，厂长决定自1993年第3季度起，每季度末由厂级领导和有关业务处室对全厂前段时期的生产经营状况回头看，全面分析，查找影响效益的“病”根，然后对症下药，使企业经济活动中的问题早发现、早诊断、早治疗。定期“会诊”使企业生产经营各个环节得到全方位的监控，成本下降，盈利增加。1993年一举扭亏为盈。1994年以后，该厂扩大定期“会诊”范围，向每一个有可能节支增效的部门要效益。厂设计研究所以前忽视技术设计成本控制，经过“会诊”，他们采取措施优化工艺设计，减少技术图纸差错，降低技术设计成本，1994年实现技术设计节支增效成果42项，直接创造经济效益100余万元。

1994年，中共湖南省委、省政府出台《关于进一步开展扭亏增盈工作的意见》，省扭亏增盈领导小组办公室决定，从6月份起建立国有企业经济效益一月一报制度。有色长沙公司根据会议精神，对直属单位加强了扭亏增盈工作力度。指导企业加强管理、降低成本，扩大销售等工作。由于有色金属价格下跌，市场低迷，导致全省有色金属行业1996年出现全行业亏损。有色长沙公司通过调研后，制定了《1997—1999年有色金属行业扭亏增盈工作方案》。在1997年工作会议上发布，会上与企业领导签订扭亏增盈目标责任书。区分企业亏损的不同情况，实行“一企一策”。会后，全省有色金属企业三年扭亏脱困工作全面展开。

1997年7月，株洲冶炼厂由于经营决策失误，发生了“期货事件”，给工厂造成巨大损失。期货问题发生后，有色长沙公司加强与中共中央、国务院、中共湖南省委、省政府和主管部门的请示汇报工作，力争将损失降至最低。在上级关怀支持下指导企业做好职工队伍稳定工作并调整了企业领导班子。工厂新组建的领导班子认真总结期货问题的教训，齐心协力，带领和依靠广大职工克服困难，狠抓以财务管理为中心的企业管理，发展生产、开拓市场，稳定质量，坚持科技进步，实现技术改造项目的达产达标，调整产品结构。经过一年多的顽强拼搏，1998年工厂生产铜铅锌34万吨，盈利1.5亿元，1999年生产铜铅锌总产量36.6万吨，盈利2.36亿元。工厂于1999年累计偿还期货债务10亿元（其中计息债务为1亿元）。由国务院特批在期货问题发生后所借的4万吨国储锌也在1998年年底全部偿还。

1997—2000年，锡矿山矿务局积极调整产品结构，大力发展锑品深加工，逐步形成了高纯氧化锑系列新产品，并通过ISO9002质量认证。至2000年年底，新产品占全局产品比例达40%以上，出品量占中国锑产品出口总量的60%。与此同时，该局加大技术攻关力度，改进生产工艺流程，使氧化锑的白度、粒度、纯度、黑点、晶型等质量指标均实现了历史性的跨越，处于国际先进水平。2000年，该局工业总产值比上年增长63%，实现利税总额2385万元，其中利润40万元，实现扭亏为盈。湖南省委书记杨正午闻讯后，于2000年12月29日致信祝贺："锡矿山矿务局在十分困难的情况下，发扬艰苦奋斗精神，深化改革，强化管理，调整产品结构，攻克技术难关，实现扭亏为盈，我表示祝贺！"

有色长沙公司除督促和指导企业加强管理、降低成本、扩大销售外，派出扭亏增盈服务小分队到企业，帮助企业改善外部环境。对符合条件的企业申请"债转股"，上报国家经贸委审批；对资源枯竭、资不抵债、扭亏无望的矿山，指导其申请政策性关闭破产，帮助矿山制订关闭破产预案。同时，安排技术改造项目，实施产业结构调整。1999年是全省有色金属行业三年扭亏脱困的决战之年，有色长沙公司一批亏损企业开始减亏或扭亏为盈；盈利大户株洲冶炼厂、株洲硬质合金厂、水口山矿务局等重点企业增势强劲。有色长沙公司盈亏相抵后实现利润4253万元，一举摆脱连续三年的亏损局面。2002年，全省有色金属工业实现利税金额8.71亿元，其中利润总额2.29亿元。均创历史新高。

第二节　效益排行榜

一　利税最多的企业

（一）1980年全省利税最多30家工业企业中，有色金属企业有6家：株洲冶炼厂7179万元，排第四位；株洲硬质合金厂2030万元，排第十一位；水口山矿务局1886万元，排第十二位；湘乡铝厂1696万元，排第十六位；黄沙坪铅锌矿1364万元，排第二十位；锡矿山矿务局1021万元，排第二十八位。

（二）1985年全省利税最多的30家工业企业中，有色金属企业有4家：排名第八位的株洲冶炼厂（7933万元）、排名第十二位的株洲硬质合金厂（4900万元）、排名第二十九位的衡阳有色冶金机械厂（2095万元）、排名第三十位的黄沙坪铅锌矿（2070万元）。

（三）1990年全省利税最多的30家工业企业中，有色金属企业有4家：排名第九位的株洲冶炼厂（1.1134亿元）、排名第十位的株洲硬质合金厂（6682万元）、排名第二十位的水口山矿务局（4059万元）、排名第二十九位的长沙锌厂（1387万元）。

（四）1995年全省利税最多的30家工业企业中，有色金属企业有4家：排名第六位的株洲冶炼厂（1.9950亿元）、排名第十三位的株洲硬质合金厂（1.0506亿元）、排名第十八位的锡矿山矿务局（5102万元）、排名第二十一位的水口山矿务局（3632万元）。

（五）2000年全省利税最多的30家工业企业中，有色金属企业有3家：排名第五位的株洲冶炼厂（4.6704亿元）、排名第二十三位的株洲硬质合金厂（1.0522亿元）、排名第二十六位的水口山矿务局（9211万元）。

二　利税最多的行业

1978—2002年，省经贸委对全省利税最多的10大工业行业进行了排序：

（一）1978年：冶金工业[①]（2.03亿元）排第七位。

（二）1985年：有色金属冶炼及压延加工业（2.3855亿元）排第十位。

① 当时冶金和有色没有分开统计。

（三）1990 年：有色金属冶炼及压延加工业（3.1916 亿元）排第六位。

（四）1995 年：有色金属冶炼及压延加工业（5.11 亿元）排第七位。

（五）2000 年：有色金属冶炼及压延加工业（8.71 亿元）排第五位（排名前四位的分别是烟草、电力、石油、钢铁行业）。

第三节　优势产业的形成和发展

从 1953 年第一个五年计划开始，湖南“优先发展重工业，适当发展轻工业”，通过十几年的建设，初步奠定了有色金属成为优势产品的基础。

全省有色金属工业的发展，走的是一条依靠科技进步，开展技术改造的发展之路。1950—1978 年共完成固定资产投资 18.05 亿元，新建、扩建了水口山矿务局、锡矿山矿务局、湘西钨矿、株洲硬质合金厂、株洲冶炼厂、株洲选矿药剂厂、株洲市钨钼材料厂、湘乡铝厂、长沙锌厂、黄沙坪铅锌矿、桃林铅锌矿、瑶岗仙钨矿、湘东钨矿、长沙铝厂、车江铜矿、宝山铜矿、长沙有色金属加工厂、桃江县板溪锑矿、衡阳市清水塘铅锌矿、郴县桥口铅锌矿、平江县黄金洞金矿、会同县漠滨金矿、桃源县冷家溪金矿、益阳市锑品冶炼厂等大中型骨干企业。1978 年主要产品生产能力电铅 50000 吨，电锌 10 万吨，锑冶炼 18400 吨，钨冶炼 250 吨，钼冶炼 260 吨，黄金冶炼 1000 公斤，硬质合金 2600 吨，电解铝 1100 吨。十种有色金属产量达到 14.55 万吨，居全国首位。有色金属产业成为湖南省 5 个规模较大的产业之一。据湖南省经委“1978 年湖南工业五大产业发展状况”统计，有色金属工业排在五大产业的第二位（纺织工业排第一），统计的有色金属企业 317 个，占全省工业企业总数的 1.61%；工业总产值（1970 年不变价）8.15 亿元，占全省 5.99%，从而奠定优势产业基础。

1981—1990 年，全省有色金属工业完成固定资产投资 13.69 亿元，新建、扩建和改造了一批骨干企业。新增产品生产能力（1990 年与 1980 年相比较）：电铅 46000 吨，电解铝 8500 吨，锑冶炼 9800 吨，硬质合金 300 吨。工业总产值由 1980 年的 20.14 亿元增至 1990 年的 34.30 亿元，增长 70%；十种有色金属产量由 17.23 万吨增至 27.13 万吨，增长 57%；利税总额由 20116 万元增至 37102 万元，增长 84%。在湖南省工业十大产业中排名第八位，统计的有色企业 240 家，占全省工业企业的 0.95%，统计的工业总产值为 28.20 亿元（按当年价格计算），占全省 4.61%，初步形成优势产业。

1991—2000年，湖南有色金属工业共完成技术改造投资47.79亿元，实施了80多个项目。株洲冶炼厂电锌产能由15万吨扩大到25万吨，铸造和深加工能力相应配套。株洲硬质合金厂完成年产2000吨硬质合金生产系统的改造，新建了超细钨粉、硬质合金异型、大制品生产线，强化了品种优势。水口山矿务局完成电锌工艺改造，形成年产50000吨的能力，并完善了副产品综合回收。锡矿山矿务局经过技术改造，锑白的产能达到10000吨/年，并扩展了产品深加工。2000年，湖南十种有色金属产量达到82.45万吨，占全国总产量751.50万吨的11%，居第一位。其中，铅26.02万吨，占全国铅产量的25.18%，居全国第一；锌45.43万吨，占全国的23.67%，居全国第一；锑47300吨，占全国的44.42%，居全国第二；硬质合金2835吨，居全国第一；常用有色金属加工粉26400吨，居全国第一；氟化盐52500吨，居全国第一；铋556吨，居全国第一；常用有色金属合金98700吨，居全国第二；选矿药剂10314吨，居全国第二。2000年，在湖南工业十大产业排名中，有色金属产业排名第四，统计的有色企业[①]146家，占全省3.04%；在湖南工业总产值十强行业中，有色金属工业总产值（按当年价格计算）112.04亿元，占全省6.88%，排名第四（前三是化学、石油、烟草）；在工业增加值十强中，有色金属25.96亿元，占全省4.92%，排名第七（前六是：烟草、电力、化学、非金属、冶金、石油）；在资产规模十强中，有色金属113.93亿元，占全省4.11%，排名第八（前七是：电力、化学、冶金、交通、非金属、烟草、石油）；在销售收入十强中，有色金属111.91亿元，占全省7.16%，排名第四（前三是：石油、烟草、化学）；出口创汇2.9亿美元，成为湖南省出口创汇大户。有色金属产业优势明显。

表 5-3-1 1949—2002 年湖南有色金属产量、技术经济指标一览表

年份	十种有色金属合计（吨）	六种精矿含量（吨）	工业总产值（不变价）（万元）	利润总额（万元）	利税总额（万元）	备注
1949	134	25	1482			
1950	3070	2342	4291	19	25	
1951	8205	6768	9008	1658	1739	
1952	10643	12964	11568	1119	1251	
1953	13400	16205	13623	1907	2042	
1954	17285	27594	18145	2876	3066	
1955	16439	23336	18884	2173	2390	
1956	18112	27217	24061	1970	2228	
1957	19457	28451	28511	2409	2770	
1958	24136	40180	45695	7720	8819	
1959	36128	52092	87752	17425	20096	
1960	38675	48308	162095	18765	22905	
1961	14450	30682	85994	2555	4324	
1962	26492	31462	60050	840	2286	

① 统计范围为国有企业及年销售收入 500 万元以上的非国有企业。

续表

年份	十种有色金属合计（吨）	六种精矿含量（吨）	工业总产值（不变价）（万元）	利润总额（万元）	利税总额（万元）	备注
1963	31419	39414	76961	2421	3768	
1964	37148	40464	85319	4126	5717	
1965	46257	47441	135822	6419	8324	
1966	54796	61282	172376	9583	11797	
1967	49690	66142	125661	6655	8666	
1968	42468	48454	96275	2531	4420	
1969	53248	50570	125652	5228	7797	
1970	105175	81845	197216	10871	14940	
1971	113779	89825	218586	14502	19524	
1972	115199	96094	228272	15534	20487	
1973	151210	108422	263867	18156	25148	
1974	69104	71840	138873	5043	8768	
1975	111091	90698	193413	8699	13553	
1976	79548	81702	150341	3049	6887	
1977	110478	99674	193000	7682	12464	
1978	145509	103058	180829	11770	17699	
1979	158696	118591	202095	13718	20316	
1980	172346	128822	201445	13726	20116	
1981	174173	127213	216061	14625	21658	
1982	181504	121821	223441	14294	21895	
1983	177034	124813	231483	15587	23415	
1984	198670	143219	253347	15292	23751	
1985	219485	161848	282779	18271	28475	
1986	230542	163047	306255	22397	34313	
1987	234082	167739	316714	22377	35761	
1988	213780	169714	304953	25258	41664	
1989	251174	185618	327199	25155	43994	
1990	271305	193263	342996	19090	37102	
1991	292402	184121	357033	17260	37953	
1992	324039	186661	376095	10647	33771	

续表

年份	十种有色金属合计（吨）	六种精矿含量（吨）	工业总产值（不变价）（万元）	利润总额（万元）	利税总额（万元）	备注
1993	352565	184606	404556	7005	34632	
1994	398138	214146	442499	20872	50749	
1995	442483	258284	450144	21653	55616	
1996	493675	230680	465321	–6087	29730	亏损
1997	547472	225018	510206	–8214	27136	亏损
1998	580496	230694	510456	–109740	–69441	亏损
1999	667871	211610	572729	4253	44258	
2000	824220	219280	632808	13950	57232	
2001	905316	221645	698436	17945	64387	
2002	927032	232156	1514928	22886	87105	

说明：数据来源于省冶金工业局、中国有色金属工业长沙公司、省有色金属工业总公司历年统计年报

表 5-3-2 1949—2002 年湖南省黄金产量产值情况

年份	总计（公斤）	黄金矿产金（公斤）			冶炼厂产金（公斤）			再生金（公斤）	产值（万元）
		合计	成品金	含量金	合计	黄金料产	有色料产		
1949	46.327	46.327	46.327		0.000				
1950	140.711	140.711	140.711		0.000				
1951	129.109	129.109	129.109		0.000				
1952	112.772	112.772	112.772		0.000				
1953	42.090	42.090	42.090		0.000				
1954	11.997	11.997	11.997		0.000				
1955	27.863	27.863	27.863		0.000				
1956	45.069	45.069	45.069		0.000				
1957	77.797	77.797	77.797		0.000				

续表

年份	总计（公斤）	黄金矿产金（公斤）			冶炼厂产金（公斤）			再生金（公斤）	产值（万元）
		合计	成品金	含量金	合计	黄金料产	有色料产		
1958	173.405	174.405	175.405		0.000				
1959	145.368	138.768	138.768		6.600	6.600			
1960	241.006	144.406	144.406		96.600	16.600	80.000		
1961	86.470	60.970	60.970		25.500	25.500			
1962	220.702	146.202	146.202		74.500	13.300	61.200		
1963	343.941	227.241	227.241		116.700		116.700		
1964	409.467	256.467	256.467		153.000		153.000		
1965	549.886	299.486	299.486		250.400		250.400		
1966	662.395	366.695	366.695		295.700		295.700		
1967	492.954	291.954	291.954		201.000	124.300	76.700		
1968	276.711	136.611	136.611		140.100	62.300	77.800		
1969	452.929	300.529	300.529		152.400	24.900	127.500		
1970	734.325	416.825	416.825		317.500	202.100	115.400		
1971	867.146	504.746	504.746		362.400	251.900	110.500		
1972	865.930	449.530	449.530		416.400	221.000	195.400		
1973	983.330	462.230	462.230		521.100	116.800	404.300		
1974	924.432	344.032	344.032		580.400	68.800	511.600		
1975	740.587	422.387	422.387		318.200	29.600	288.600		
1976	749.858	490.198	490.198		259.660	14.000	245.660		630
1977	1056.582	667.582	667.582		389.000	222.000	167.000		888
1978	1204.385	758.385	758.385		446.000	217.000	229.000		1012
1979	1384.782	885.782	885.782		499.000	267.000	232.000		1163
1980	1472.689	985.595	985.595		487.094	165.000	322.094		1841
1981	1409.879	874.755	874.755		535.124	124.405	410.719		2256
1982	1343.016	833.129	833.129		509.887	201.217	308.670		2149
1983	1551.285	795.466	795.466		741.663	270.663	471.000	14.156	2482
1984	1679.253	806.147	806.147		873.106	533.106	340.000		2687

续表

年份	总计（公斤）	黄金矿产金（公斤）			冶炼厂产金（公斤）			再生金（公斤）	产值(万元)
		合计	成品金	含量金	合计	黄金料产	有色料产		
1985	1836.047	837.746	837.746		994.393	405.982	588.411	3.908	4113
1986	2162.062	1038.202	895.081	143.121	1123.860	499.564	624.296		5646
1987	1866.876	936.671	775.120	161.551	930.205	365.360	564.845		5758
1988	1629.118	901.765	764.291	137.474	727.353	124.966	602.387		6058
1989	2176.592	554.843	368.238	186.605	1621.749	837.366	784.383		7642
1990	2105.034	1273.255	1081.373	191.882	831.779	282.959	548.820		7409
1991	2420.082	1341.471	1089.124	252.347	1078.611	859.387	219.224		8807
1992	2785.403	1719.697	1363.000	356.697	1036.001	548.688	487.313	29.705	10656
1993	2834.038	1808.128	1471.785	336.343	978.494	566.494	412.000	47.416	16291
1994	2678.590	1765.400	1403.690	361.710	880.280	68.350	811.930	32.910	22734
1995	3233.660	2255.220	1873.550	381.670	895.470	453.520	441.950	82.970	22927
1996	3886.510	2623.540	2253.260	370.280	1204.730	632.940	571.790	58.240	21244
1997	7543.680	6097.770	5743.210	354.560	1330.440	696.050	634.390	115.470	18417
1998	5627.950	4568.300	4219.310	348.990	959.170	467.910	491.260	100.480	18529
1999	4163.760	3098.100	2523.750	574.350	1042.830	526.880	515.950	22.830	27836
2000	5314.650	4234.070	3609.830	624.240	1076.760	301.460	775.300	3.820	36011
2001	5257.020	3661.690	2948.530	713.160	1581.810	545.000	1036.810	13.520	29950
2002	5245.720	3741.310	3131.600	609.710	1504.410	481.000	1023.410		37542

说明：数据来源于省冶金工业局、省黄金公司、省黄金管理局历年统计年报

表 5-3-3　2002 年湖南有色金属工业主要企业情况表

企业名称	投产时间	主要产品产量	工业总产值（1990 年不变价）（千元）	年末从业人数（人）	销售收入（千元）	利税总额（千元）	利润总额（千元）	资产总额（千元）
株洲冶炼集团有限责任公司	1959 年	铅 96606 吨，锌 266471 吨，硫酸 195619 吨	2660780	8145	2791688	146962	41799	3404458
水口山有色金属有限责任公司	1896 年	电铅 68006 吨，锌 68866 吨	1197323	10157	1349265	66996	11159	1679126
株洲硬质合金集团有限公司	1958 年	硬质合金 3230 吨	894637	7071	1031761	156052	55587	1403716
锡矿山闪星锑业有限责任公司	1897 年	锑品 22691 吨，锌品 28290 吨	381833	6794	522801	29953	517	730075
湖南湘铝有限责任公司	1960 年	氟化盐，铝锭 14028 吨	416359	2958	492939	33357	5255	654679
长沙铜铝材有限公司	1962 年	铜材 13731 吨，铝材 7500 吨	341340	1179	422104	20958	13034	653492
湖南省泸溪铝厂	1989 年	铝锭 7395 吨，铝杆 3245 吨，电锌 10084 吨	193809	221	217537	17993	9993	180653
湖南辰州矿业有限责任公司	1950 年	精锑 5600 吨、黄金、钨精矿	122092	3388	181666	15196	10066	189482

续表

企业名称	投产时间	主要产品产量	工业总产值（1990年不变价）（千元）	年末从业人数（人）	销售收入（千元）	利税总额（千元）	利润总额（千元）	资产总额（千元）
衡阳有色冶金机械总厂	1953年	机电产品	153719	4705	153171	–119742	–124246	739191
湖南黄沙坪铅锌矿	1967年	铅含量11981吨，锌含量23827吨	100220	3160	140062	20204	6032	264406
湖南柿竹园有色金属有限公司	1980年	铅锌含量6600吨，钨精矿3189吨	125204	3167	432021	11040	58	343321
郴州云湘矿冶有限责任公司	2001年	锡锭2207吨	87187	148	72957	8110	96	30157
湖南三立集团股份有限公司	1996年	电解锌9253吨	66999	592	70488	3294	–28200	816601
湖南宝山铅锌银矿	1966年	铅含量6782吨，锌含量8501吨	55860	1665	67175	–25291	–30572	142517
湖南省江永县银铅锌矿	1996年	电铅6657吨，锌精矿2256吨	43110	580	43075	3630	1240	25246
香花岭锡矿	1951年	锡662吨，铅含量1331吨，锌含量1518吨	41560	1768	39000	–6608	–10236	39047
湖南华昌锑业股份有限公司	1965年	锑白3083吨，其他锑品97吨	45859	304	38257	2448	229	81107

续表

企业名称	投产时间	主要产品产量	工业总产值（1990年不变价）（千元）	年末从业人数（人）	销售收入（千元）	利税总额（千元）	利润总额（千元）	资产总额（千元）
瑶岗仙钨矿	1914年	钨精矿 1836 吨	30370	2688	35870	–74209	77585	37797
湖南省郴州市桥口铅锌矿	1957年	铅含量 4522 吨，锌含量 431 吨	20262	404	33461	1873	206	43073
湖南省桃江县板溪锑矿	1965年	锑含量 2812 吨，精锑 2413 吨	20562	611	30747	9922	5422	67446
衡阳市清水塘铅锌矿	1954年	铅含量 2821 吨，锌含量 4784 吨	22892	612	28218	3132	252	28233
湖南省安化县渣滓溪锑矿	1950年	精锑 2284 吨，锑含量 3932 吨	21627	922	27428	7446	3656	35167
中南大学粉末冶金厂	1964年	硬质合金 179 吨	15430	180	24224	5940	3828	40616
麻阳铜矿	1976年	铜含量 1351 吨	13943	518	17093	2624	824	83969
湖南省临武县茶山铅锌矿	1971年	铅精矿 590 吨，锌精矿 833 吨，锡精矿 172 吨	9253	240	10254	435	125	9819
邵阳铅锌矿	1973年	铅含量 1450 吨，锌含量 725 吨	7300	70	8030	372	–38	14566

续表

企业名称	投产时间	主要产品产量	工业总产值（1990年不变价）（千元）	年末从业人数（人）	销售收入（千元）	利税总额（千元）	利润总额（千元）	资产总额（千元）
郴州永昌兴冶炼厂	1952年	黄金	9282	129	8009	315	315	6296
湖南省铜山岭有色金属矿	1959年	铜含量429吨，铅含量344吨，锌含量309吨	6591	457	7636	–374	–686	51692
长沙锌业有限责任公司	1934年	锌5342吨，蒸馏锌10289吨	107221	127	123722	–63460	–72817	277829
长沙铝厂	1958年	铝杆6964吨	76740	552	84910	3930	590	73531
株洲选矿药剂厂	1967年	黄药6593吨，黑药967吨，草酸2729吨	69110	1216	76989	–384	–3912	124436
临武县东山钨矿	1958年	钨精矿452吨	7232	411	7260	507	2	23657
长沙特种硬质合金工业公司	1969年	硬质合金14吨	4246	87	5677	–9460	–9506	29545
桃江稀土金属冶炼厂	1975年	稀土金属	5400	186	2899	–15993	–16792	37776
衡阳天原有色金属股份有限公司	1994年	锡346吨	20616	80	106822	5488	1337	42967

说明：数据来源于中国有色金属工业协会《2002年有色金属工业统计资料汇编》

第六篇

管　理

第一章　行业管理机构

第一节　有色金属管理机构

一　省级管理机构

（一）清朝和民国时期

清末，湖南巡抚陈宝箴奏准朝廷，提请开设官矿领导机构，于光绪二十二年（1896）四月设立湖南矿务总局，颁发局章 11 条。此后，绅商无论开办何项矿产，均需先呈报总局，听候勘办。矿务总局的成立及业务的开展，对湖南矿业的发展起了重要作用。

光绪二十九年（1903）十一月，湖南巡抚赵尔巽奏准，将阜湘、沅丰两家商营公司组成湖南省矿务总公司，集商股 300 万银两，官股 15 万银两，收回外国资本家强行签订的开采湖南矿藏的 1000 多个契约，并通过外务部照会各国领事，布告汉口、上海各大城市："凡华、洋人士来到湖南经营矿业，必须遵守总公司的章程。"从而保护了湖南矿权。

光绪三十三年（1907），撤销湖南矿务总局，改设湖南矿政调查局和湖南官矿处，分别管理商矿和官矿。

宣统元年（1909），矿政调查局与湖南官矿处合并，设置劝业道，管理全省矿业。

宣统三年（1911）十月，湖南成立都督公署，下设矿政局，管理全省矿务，并在边远地区矿业发达的地方设立矿山监督署，其任务是监督、改良、保护矿山，处理纠纷及征税事宜。

民国3年（1914）6月，撤销矿政局和实业司（成立于1912年1月），设置巡按使，下设实业科，管理工矿业。民国4年（1915）10月，增设官矿督办，管理省营矿山。民国6年（1917）6月，复设实业厅，管理全省实业。

民国9年（1920）6月，撤销实业厅，其业务并入政务厅。

民国11年（1922）12月，设立实业司，管理全省实业。

民国15年（1926）6月，设民政、财政、建设、教育4处，7月改处为厅。建设厅下设第三科（1948年为矿业科）管理矿业。建设厅的名称一直沿用到1949年9月。

民国25年（1936）3月，为加强对有色金属的管理，国民政府资源委员会设钨业管理处于江西南昌，设湖南分处于长沙。5月，在长沙成立锑业管理处，并在湖南境内成立锡业管理处和汞业管理处，对锑、钨、锡、汞等矿产品实行统制。从此，湖南有色金属工业实行中央与省分管制，即锑、钨、锡、汞等有色金属工业归资源委员会管辖，地方小有色金属工业归省管辖。

民国35年（1946）2月，湖南的锑、钨、锡3个管理处（分处）合并，成立资源委员会第二区特种矿产管理处，统一管理锑、钨、锡的生产和销售。

（二） 中华人民共和国成立后

1949年8月湖南和平解放后，长沙军事管制委员会成立工商厅，管理省属及私营有色金属企业。11月，中南军政委员会工业部成立中原临时人民政府工业部驻湖南办事处，接管原资源委员会第二区特种矿产管理处及其所属企业。

1950年3月，中南军政委员会工业部撤销中原临时人民政府工业部驻湖南办事处，成立中南军政委员会工业部有色金属工业管理总局湖南分局（简称金湘分局），管理重点有色金属企业，如水口山矿务局、锡矿山矿务局、瑶岗仙钨矿等矿山。5

月，省工商厅分成工业厅和商业厅，工业厅设小厂矿管理处，管理省属企业，仍沿袭过去中央与地方分管的体制。

1952 年 12 月，国家重工业部决定撤销金湘分局，在长沙成立重工业部有色金属工业管理局中南分局，管理中南五省的有色金属工业。

1954 年年底，为适应社会主义建设的需要，加强集中统一管理，重工业部撤销了中南分局，水口山矿务局、锡矿山矿务局等大型企业归重工业部直接管辖。1955 年年初，在江西赣州成立中南钨矿局，湖南的瑶岗仙钨矿、湘东钨矿、湘西钨矿、汝城钨矿等矿山及香花岭锡矿均划归中南钨矿局管辖。这一时期主要是学习苏联经验，以行政手段为主，实行高度集中的计划管理。国家对有色金属企业严格控制总产值、产品产量、成本、利润、职工人数、工资总额、劳动生产率等主要技术经济指标，企业人员由国家统一安排，工资总额由国家规定，企业财政由国家统收统支，专款专用，利润和折旧基金全部上缴国库，企业所需物资由国家计划供应，产品由国家统一调拨和销售。企业的主要任务是全面完成国家下达的指令性计划，只有生产权，没有经营权，企业缺乏自我发展的活力。

1958 年 1 月，冶金工业部在长沙成立湖南有色金属工业管理局，省内的中央有色企事业单位均归湖南有色金属工业管理局管辖。同年 2 月，省政府成立湖南省重工业厅，管理全省地方小有色、钢铁、煤炭、机械、化工等行业。

1958 年 7 月，为了适应工业发展的需要，冶金工业部湖南有色金属工业管理局与 7 月成立的湖南省冶金工业局合署办公，既是冶金工业部的派出机构，又是省政府的职能机构，“两块牌子、一套人马”，管理中央在湘的有色冶金企事业单位和省管企业，并对地、市、县冶金机构进行业务指导。

1960 年 3 月，湖南省冶金工业局改名为湖南省冶金工业厅。

1968年9月，撤销湖南有色金属工业管理局和省冶金工业厅，在湖南省革命委员会生产指挥组下设冶金小组，管理全省有色冶金工业。

1970年7月，国务院批准原冶金工业部湖南有色金属工业管理局所属的31个企事业单位下放给省管理，其中湘乡铝厂、株洲冶炼厂、锡矿山矿务局、水口山矿务局、桃林铅锌矿、株洲硬质合金厂等单位，实行部、省双重领导，以省为主。东波有色金属矿、黄沙坪铅锌矿、瑶岗仙钨矿、汝城钨矿、香花岭锡矿、宝山铜矿、潘家冲铅锌矿、湘东钨矿、川口钨矿、车江铜矿、新晃汞矿、麻阳铜矿、株洲选矿药剂厂等单位下放到所在地市管理。下放的只是这些企业的人事和财务管理权，而生产计划、产品销售、物资供应等仍由冶金工业部或省冶金工业局掌握。

1970年10月，恢复湖南省冶金工业局建制。

1980年4月，成立湖南省有色金属工业公司，属企业性质，独立核算。

1983年5月，湖南省人民政府将冶金工业局改为冶金工业厅。

1984年7月，中国有色金属工业总公司与湖南省人民政府联合向国家经济委员会呈文，组建中国有色金属工业总公司长沙公司，并得到批复同意。中国有色金属工业总公司长沙公司（简称长沙公司）负责领导和管理总公司在湖南的24家直属企、事业单位（其中生产企业20家、事业单位4家）。这24家企事业单位是水口山矿务局、锡矿山矿务局、桃林铅锌矿、潘家冲铅锌矿、汝城钨矿、川口钨矿、东波有色金属矿、黄沙坪铅锌矿、宝山铅锌银矿、瑶岗仙钨矿、湘东钨矿、香花岭锡矿、新晃汞矿、株洲硬质合金厂、株洲冶炼厂、湘乡铝厂、株洲选矿药剂厂、长沙半导体材料厂、桃江稀土冶炼厂、衡阳冶金汽修厂、湖南冶金研究所、湖南防护防治研究所、湖南稀土冶金研究所、冷水江有色金属矿山技工学校。协助总公司管理长沙矿山研究院、长沙有色冶金设计院、长沙勘察设计院、中国有色第二十三冶建设公司、湖南有色地质勘探公司、衡阳有色冶金机械厂 6 家单位。

省冶金工业厅管理省属有色金属企事业单位，如麻阳铜矿、车江铜矿、铜山岭有色金属矿、长沙有色金属加工厂、黄金公司及地方小有色公司等。冶金工业部和省冶金工业厅双重领导，以部为主的单位有湘西金矿、黄金洞金矿、隆回金矿、会同金矿、龙山锑金矿、邵阳黄金机械制造厂。自此，又恢复了中央与省分管的体制。

1984 年 8 月，中国有色金属工业总公司下文批复，长沙公司机关编制人员为 150 人。长沙公司机关共设中层机构 13 个，即机关党委、纪检组、办公室、人事教育处、计划处、财务处、生产处、科技处、机动能源处、安全环保处、劳资处、供销处、外事处。长沙公司成立后，主要工作是履行管理职能，实行规划、监督、协调服务，提出湖南有色金属工业分两步走的发展规划：一是调整结构，优先发展铅锌，保持锑的优势，稳步发展钨，大力开发稀土、金、银、稀有金属和氟化盐；二是提出“加强矿山，提高冶炼，发展加工”的举措，利用高新技术改造传统产业，达到企业效益与产值、产量同步增长。据此制定和组织实施了全省有色金属工业“七五”“八五”“九五”发展规划。

1984 年 8 月 29 日，长沙公司在湖南宾馆召开成立大会，中国有色金属工业总公司副董事长茅林宣读国家经济委员会文件，正式宣布成立中国有色金属工业总公司长沙公司，为委派驻湘的地区性管理单位，并确立长沙公司为正厅（局）级，是产销结合、工贸一体的经济实体，负责管理中央在湘 24 家直属企事业单位，并协助总公司管理 6 家单位，同时，对湖南省地方有色金属工业进行扶植与指导。

中国有色金属工业总公司长沙公司系统1984年年底有职工68500多人，其中各类专业技术人员5800多人。拥有固定资产（原值）20.97亿元，净值19.47亿元。

为了进一步搞活企业，推进企业改革，长沙公司根据不同时期采取了不同措施。一是理顺企业运行机制，将衡阳有色冶金汽修厂合并到衡阳有色冶金机械厂；将东波有色金属矿合并到柿竹园有色金属矿；在水口山一厂分立为长沙锌厂之后，又将从十五冶接收过来的长沙有色金属材料厂合并到长沙锌厂。二是进行企业领导体制改革，制定简政放权的38条规定。株洲硬质合金厂、株洲冶炼厂、锡矿山矿务局、衡阳有色冶金机械厂、长沙矿山研究院、湖南有色金属研究所等企事业单位作为试点，在完成基础工作整顿并验收合格后，试行了厂（局、院、所）长负责制，保证厂长的行政指挥中心地位，发挥党委的政治核心和思想政治工作及职工代表大会、工会民主监督作用，调动了全体职工在生产经营活动和企业管理中的积极性和创造性。三是区别企业不同情况实行不同形式的经营承包责任制，推动劳动、人事、工资三项制度改革。株洲硬质合金厂划小核算单位，调整厂长管理职能，下放管理权限，使决策层、管理层和执行层明确分工，企业管理趋于科学化、程序化；同时，进行管理机构、干部制度、分配制度等方面的配套改革。省政府和中国有色金属工业总公司肯定了该厂的经验。四是对企业实行分类指导，抓大放小，转机建制，调整结构，推行目标管理。各企业把产品、产量、质量、经济效益、技术改造、接替工程等项任务指标捆绑在一起，区别不同情况实行不同形式的经营承包责任制，定期考核，年终奖罚兑现。

1992年，根据中国有色金属工业总公司文件精神，中国有色金属工业总公司长沙公司更名为中国有色金属工业长沙公司。

1998年4月，《国务院关于组建国家有色金属工业局的通知》确定："解散中国有色金属工业总公司，成立国家有色金属工业局。"据此，长沙公司隶属国家有色金属工业局，继续管理和协助管理中央在湘有色金属企事业单位。

1999 年 8 月，中国铝业、中国铜铅锌、中国稀有稀土集团公司(简称三大集团）成立，长沙公司直管、协管单位分别划归三大集团。长沙公司也进入（挂靠）铜铅锌集团。

1999 年 12 月，湖南省经济贸易委员会《关于有色长沙公司继续实施省级有色行业管理职能的批复》文件明确：中国有色金属工业长沙公司继续行使省级有色行业管理职能。

2000 年 6 月，《国务院关于调整中央所属有色金属企事业单位管理体制有关问题的通知》决定撤销三大集团，从 2000 年 7 月份起，将中央直属的原大部分有色金属企事业单位下放各省、市、区，实行属地化管理。

2000 年 9 月 23 日，国家经贸委副主任石万鹏、蒋黔贵在国家经贸委主持召开专题会议，听取湖南省政府和国家有色金属工业局关于中央在湘有色金属企事业单位下放地方管理的情况汇报，财政部、劳动和社会保障部、工商银行、中国铝业集团、中国铜铅锌集团、中国稀有稀土集团等单位的领导出席了会议。会上常务副省长周伯华代表湖南省政府与国家经贸委、国家有色金属工业局等部门签署"关于在湘中央所属有色金属企事业单位管理体制改革问题商谈纪要"。确定中央在湘 35 个企事业单位下放省管，划转资产总额 98 亿元，在职职工 87900 人，离退休职工 53000 人，结束地方与中央分管省内有色工业的体制。

这 35 家企事业单位是株洲冶炼厂、株洲硬质合金厂、水口山矿务局、锡矿山矿务局、衡阳有色冶金机械总厂、湘乡铝厂、湖南株冶火炬金属股份有限公司、湖南黄沙坪铅锌矿、湖南柿竹园有色金属矿、湖南宝山铅锌银矿、长沙锌厂、株洲选矿药剂厂、桃林铅锌矿、瑶岗仙钨矿、湘东钨矿、香花岭锡矿、汝城钨矿、川口钨矿、潘家冲铅锌矿、新晃中兴总公司、桃江稀土金属冶炼厂、长沙特种硬质合金工业公司、湘宁钽铌矿业股份公司、有色第二十三冶金建设公司、长沙矿山研究院、长沙有色冶金设计研究院、湖南有色地质勘查局、有色长沙勘察院、湖南有色金属研究院、湖南稀土金属材料研究所、湖南有色冶金劳动保护研究所、冷水江有色矿山技工学校、中国有色金属进出口湖南公司、湖南有色金属企业财务公司、中国有色金属长沙供销公司。

2000年12月31日，中共湖南省委、湖南省人民政府印发《湖南省轻工集团总公司等九个单位进一步深化改革的实施意见》文件：中共湖南省委、省政府考虑到中央有色企事业单位下放省管、理顺管理体制及其企业关停并转任务重的现实，也鉴于湖南有色金属工业发展潜力大，决定将“中国有色金属工业长沙公司”更名为“湖南省有色金属工业总公司”（简称总公司）。中共湖南省委、省政府赋予总公司全省有色金属行业管理职能。中央有色企事业单位下放省管，打破了条块分割的管理体制，便于全省有色金属行业统一规划运作。

2001年2月22日，湖南省有色金属工业总公司召开成立大会暨2001年度工作会议，副省长郑茂清为总公司的成立揭牌。会上，总公司党组向全省有色金属行业提出“十五”发展的宏伟设想和在新世纪实现有色工业跨越式发展的总体部署。

表 6-1-1 1896—2002 年湖南省有色金属工业省级管理机构及领导人一览表

机构名称	成立时间	领导人	任职时间
湖南矿务总局（又名官矿局）	1896 年 4 月	总办 刘 镇 会办 朱 彝 提调 邹代钧 张通典	1896 年 4 月 1896 年 4 月 1896 年 4 月 1896 年 4 月
湖南矿务总公司	1903 年 11 月	总办 廖树蘅	1903 年 11 月
湖南矿政调查局	1907 年 9 月	总理 涂懋儒 蒋德钧 协理 沈祖燕 沈祖燕	1907 年 9 月 1908 年 3 月 1907 年 9 月 1908 年 3 月
湖南官矿处	1907 年 9 月	总理 沈祖燕 协理 涂懋儒 廖荪陔	1907 年 9 月 1907 年 9 月 1908 年 3 月
劝业道	1909 年	道台 吴跃金 谭启瑞 唐步瀛 王毓江	1909 年 1909 年 1910 年 1911 年
矿政局	1911 年 10 月	局长 黄忠绩	1911 年 10 月
实业司	1912 年 1 月	司长 杨 粲 刘承烈 次长 陈洪铸 刘承烈 肖邦祁 邓振玑	1912 年 1 月 1912 年 12 月 1912 年 2 月 1912 年 6 月 1913 年 6 月 1913 年 10 月
实业科	1914 年 6 月	佥事 索 阀 科长 陈家灿 伊援一	1914 年 6 月 1916 年 7 月 1918 年 6 月
官矿督办	1915 年 10 月	督办 陶思澄 沈金鉴 陈炳焕 肖仲祁	1915 年 10 月 1916 年 1 月 1917 年 1 月 1917 年 6 月
实业厅	1917 年 6 月	厅长 吴跃金	1917 年 6 月

续表

机构名称	成立时间	领导人	任职时间
政务厅	1920 年 6 月	厅　长　刘岳崎 副厅长　曾继梧 冯天柱 刘庚先 李鸣九 吴景鸿	1920 年 6 月 1920 年 7 月 1920 年 11 月 1921 年 4 月 1921 年 8 月 1921 年 10 月
实业司	1922 年 12 月	司　长　唐承绪 黄士衡	1922 年 12 月 1926 年 3 月
建设处	1926 年 6 月	处　长　邓寿荃	1926 年 6 月
建设厅	1926 年 7 月	厅　长　邓寿荃 曹伯闻 刘召圃 周　斓 刘召圃 贺耀祖 宋鹤庚 谭常恺 余籍传 李毓尧	1926 年 7 月 1927 年 6 月 1928 年 5 月 1929 年 2 月 1929 年 3 月 1929 年 4 月 1929 年 9 月 1931 年 7 月 1933 年 2 月 1945 年 8 月
第二区特种矿产管理处（由钨业、锑业、锡业管理处合并而成）	1946 年 2 月	处　长　刘基磐 副处长　李毓尧	1946 年 2 月 1946 年 2 月
长沙市军事管制委员会财经接管部工矿处	1949 年 8 月	处　长　胡　仁 副处长　陈　钧 朱光天 梁春阳	1949 年 8 月 1949 年 8 月 1949 年 8 月 1949 年 8 月
工商厅	1949 年 8 月	厅　长　朱效成 副厅长　陈　钧	1949 年 8 月 1949 年 8 月
中原临时人民政府工业部驻湖南办事处	1949 年 11 月	主　任　许　兴 副主任　黄少华	1949 年 11 月 1949 年 11 月
中南军政委员会工业部有色金属工业管理总局湖南分局	1950 年 3 月	局　长　许　兴 副局长　王雨果 程　煜	1950 年 3 月 1950 年 3 月 1950 年 3 月

续表

机构名称	成立时间	领导人	任职时间
工业厅	1950年5月	厅　长　高文华	1950年5月
		朱光天	1952年12月
		毛远跃	1953年12月
		翁徐文	1955年1月
		副厅长　陈　钧	1950年5月
		朱光天	1950年5月
		梁春阳	1950年5月
		李维国	1950年5月
		梁春阳	1952年12月
		雷振宇	1952年12月
		史星三	1952年12月
		梁春阳	1953年12月
		李维国	1953年12月
		杨第甫	1953年12月
		戈　楷	1955年1月
		张从三	1955年1月
		王一平	1955年1月
重工业部有色金属工业管理局中南分局	1952年12月	局　长　宋尔廉	1952年12月
		副局长　许　兴	1952年12月
		韩辛哉	1952年12月
		王雨果	1952年12月
		李华封	1953年12月
中南钨矿局	1955年1月	局　长　李华封	1955年1月
		副局长　郭士民	1955年1月
		孟绍周	1955年1月
		康文清	1955年1月
		周宇明	1955年1月
		于　前	1955年1月
		周鉴祥	1955年1月
冶金工业部湖南有色金属工业管理局	1958年1月	局　长　宋尔康	1958年1月
		副局长　张　戈	1958年1月
		陈昌霖	1958年1月
		周鉴祥	1958年1月
		赵超山	1958年1月
		张　敏	1958年1月

续表

机构名称	成立时间	领导人	任职时间
湖南省重工业厅	1958 年 2 月	厅　长　翁徐文 副厅长　林梦非 史星三 张从三	1958 年 2 月 1958 年 2 月 1958 年 2 月 1958 年 2 月
湖南省冶金工业局	1958 年 7 月	局　长　宋尔廉 副局长　张　戈 陈昌霖 周鉴祥 赵超山 张　敏	1958 年 7 月 1958 年 7 月 1958 年 7 月 1958 年 7 月 1958 年 7 月 1958 年 7 月
湖南省冶金工业厅	1960 年 3 月	厅　长　张　戈 副厅长　王东才 周鉴祥 陈昌霖 赵超山 张　敏 曹志仁 朱　干 董益中 王志毅 刘保琴	1960 年 3 月 1960 年 4 月 1960 年 3 月 1960 年 3 月 1960 年 3 月 1960 年 3 月 1960 年 4 月 1960 年 4 月 1960 年 4 月 1960 年 4 月 1960 年 4 月
湖南省冶金工业厅 冶金部湖南有色金属工业管理局	1962 年 12 月	厅（局）长 张　戈 王东才 副厅（局）长 王东才 周鉴祥 陈昌霖 朱　干 刘保琴 王志毅 朱　干 周鉴祥 陈昌霖 孙建禄 政治部主任 高怀亨	 1962 年 12 月 1964 年 8 月 1962 年 12 月 1962 年 12 月 1962 年 12 月 1962 年 12 月 1962 年 12 月 1962 年 12 月 1964 年 8 月 1964 年 8 月 1964 年 8 月 1965 年 9 月 1965 年 6 月

续表

机构名称	成立时间	领导人	任职时间
湖南省革命委员会生产指挥组冶金小组	1968年9月	组　长　朱　干 副组长　张善昌	1968年9月 1968年9月
湖南省冶金工业公司	1969年4月	主　任　邵　林 副主任　朱　干 刘九德 陈培礼 邢建中 董益中	1969年4月 1969年4月 1969年4月 1969年4月 1969年9月 1969年9月
湖南省冶金工业局	1970年10月	局　长　邢建中 高怀亨 政　委　邵　林 副局长　朱　干 董益中 唐楠屏 宋维臣 刘天伦 郑　民 杜一夫 王　戈 王　实 董益中 朱　干 刘天伦 郑　民 王　戈 刘保琴 于一民 王　实 卜文俊 陈明光 副政委　张福林 刘九德 陈培礼	1970年10月 1977年8月 1970年10月 1970年10月 1970年10月 1972年2月 1973年5月 1973年8月 1973年8月 1973年8月 1973年11月 1974年3月 1977年8月 1977年8月 1977年8月 1977年8月 1977年8月 1977年8月 1977年8月 1977年8月 1978年12月 1979年5月 1971年8月 1971年2月 1971年5月

续表

机构名称	成立时间	领导人	任职时间
湖南省冶金工业局（湖南省有色金属工业公司）	1980年4月	局长（经理）	
		高怀亨	1980年4月
		陈运兴	1983年4月
		副局长（副经理）	
		卜文俊	1980年4月
		董益中	1980年4月
		郑　民	1980年4月
		王　戈	1980年4月
		于一民	1980年4月
		王　实	1980年4月
		陈明光	1980年4月
		陈运兴	1981年11月
		朱隆超	1981年11月
		李建和	1981年12月
		刘福仁	1982年9月
		朱隆超	1983年4月
		刘福仁	1983年4月
		白天福	1983年4月
湖南省冶金工业厅	1983年5月	厅　长　陈运兴	1983年5月
		陈运兴	1984年7月
		副厅长　朱隆超	1983年5月
		刘福仁	1983年5月
		白天福	1983年5月
		刘福仁	1984年7月
		白天福	1984年7月
		赵卯津	1985年12月
中国有色金属工业总公司长沙公司	1984年7月	经　理　张匡根	1984年7月
		副经理　朱隆超	1984年7月
		罗　毅	1984年7月
		罗钦明	1984年7月
		黄福东	1984年7月
		纪检组长 陈敏政	1984年8月
		总工程师 胡兆瑞	1984年7月
		刘赣生	1989年6月

续表

<table>
<tr><th>机构名称</th><th>成立时间</th><th>领导人</th><th>任职时间</th></tr>
<tr><td>中国有色金属工业总公司长沙公司</td><td>1990 年 12 月</td><td>经　理　景尔德
副经理　罗　毅
罗钦明
黄福东
张伟拿
经检组长 陈敏政
总工程师 刘赣生</td><td>1990 年 12 月
1990 年 12 月
1990 年 12 月
1990 年 12 月
1992 年 5 月
1990 年 12 月
1990 年 12 月</td></tr>
<tr><td>中国有色金属工业长沙公司</td><td>1997 年 2 月</td><td>经　理　罗　毅
副经理　顾静宇
罗钦明
黄福东
廖　瑜
纪检组长
顾静宇（兼）
总工程师 刘赣生
张瑞南</td><td>1997 年 2 月
1997 年 2 月
1997 年 2 月
1997 年 2 月
1997 年 6 月

1997 年 2 月
1997 年 2 月
1997 年 6 月</td></tr>
<tr><td>中国有色金属工业长沙公司[①]</td><td>2000 年 8 月</td><td rowspan="2">（总）经理
顾静宇
副总经理 廖　瑜
李会刚
何仁春
曾少雄
纪检组长
顾静宇（兼）
戴民声
总工程师
张瑞南</td><td rowspan="2">
2000 年 8 月
2000 年 8 月
2001 年 10 月
2002 年 4 月
2002 年 4 月

2000 年 8 月
2001 年 8 月

2000 年 8 月</td></tr>
<tr><td>湖南省有色金属工业总公司</td><td>2001 年 2 月</td></tr>
</table>

说明：①中国有色金属工业长沙公司于 2001 年 2 月更名为湖南省有色金属工业总公司

二 地（市）、县级管理机构

民国22年（1933），湖南各县政府一律设第三科，主管全县的工矿行政。民国27年（1938），在第三科内设工矿辅导员（后改称工矿指导员）专司其事，民国31年（1942），第三科改称建设科，负责办理全县工矿行政和技术指导事宜。

中华人民共和国成立后，各地区、市逐渐设立专门机构，专管或兼管冶金工业。根据矿藏与开发情况，从20世纪50年代至70年代初，有的设立冶金工业局（公司），有的与机械、煤炭工业合并，成立冶金机械局或冶金煤炭局。长沙市、株洲市冶金与机械工业都较发达，两市于1958年成立冶金机械工业局。娄底地区、常德地区则设立冶金煤炭工业局。县一级没有设立专门的冶金工业管理机构，由工业局（科）兼管冶金工业。有的县设有矿产品公司，专管矿产品销售业务。

1978—1989年，地市一级的有色冶金管理机构大多并入经委或经贸委，由经委或经贸委兼管有色冶金工业。1990—2002年，有色冶金工业归口市、州经信委管理。

1994年5月，永兴县成立了金银回收管理办公室，为副局级事业单位。其工作任务是协调、指导、规范全县金银产业发展。该办公室于2000年更名为永兴县金银管理局。

第二节 地质勘查管理机构

一 省级管理机构

1953年7月，重工业部有色金属局在江西赣州组建赣南粤北地质勘探大队，1954年1月，重工业部有色金属局将该大队改组为重工业部有色金属工业管理局中南地质勘探公司，直属中南有色金属局领导，工作地区跨江西、湖南、广东、广西四省（区）。同年 10 月公司本部由赣州迁长沙市，并将中南有色金属工业局地质处与公司合并，下设政治处（含组织科、宣传科）、办公室、计划科、财务科、劳动工资科、专家工作科、干部科、地质科、钻探科、坑探科、化验科、监察室、保卫科、卫生福利科。1955 年 1 月，中南地质勘探公司改称长沙地质勘探公司。1956 年 4 月，江西、广东境内的有色地质队伍分别划归江西、广东省有色地质勘探公司领导。1956 年 9 月，改长沙地质勘探公司为冶金工业部地质局湖南分局，统管湖南、广西二省（区）地质勘探队伍。1957 年 11 月广西冶金工业局成立，湖南地质分局在广西境内的地勘单位全部划归广西冶金工业局领导。1958 年 4 月，冶金工业部撤销湖南地质分局，成立湖南省冶金地质勘探公司，隶属湖南省冶金工业局领导。1960 年 7 月 21 日，公司改称湖南省冶金厅地质矿产局。1961 年 11 月，恢复公司建制，名为湖南省冶金地质勘探公司。公司机关设政治部（包括办公室、组织部、宣传部、干部部、群工部）、监委、行政办公室、保卫科、劳动工资科、矿山地质科、地质科、财务科、计划科、综合技术科、探矿工程科、安全科、设备材料科、动力科。

1969 年 3 月，公司被撤销，设立临时管理小组，成员 12 人，负责保管资料和办理善后事宜；另有 12 名技术和业务管理干部并入湖南省冶金工业公司，在生产组下设地质组管理本系统地质技术工作。同年 9 月，成立湖南省革命委员会冶金工业公司地质勘探团，设生产组、后勤组和政工组，编制 40 人。1970 年 10 月，恢复公司建制，称湖南省革命委员会冶金工业局地质勘探公司。1980 年 5 月，改称湖南冶金地质勘探公司。

1983 年，中国有色金属工业总公司成立，同年 12 月 5 日，湖南冶金地质勘探公司正式划归有色金属工业总公司领导，更名为中国有色金属工业总公司湖南地质勘探公司。1989年更名为中国有色金属工业总公司湖南地质勘查局，设宣教处、组织处、劳动人事处、办公室、计财处、探矿处、安全环保处、地质处、科技处、设备后勤处、审计处、老干处、保卫科。

2000年11月，根据国务院《关于调整中央所属有色金属工业企事业单位管理体制有关问题的通知》精神，有色地质队伍下放地方实行属地化管理。根据湖南省人民政府办公厅关于印发《湖南省有色地质勘查局职能配置、内设机构和人员编制规定的通知》，原中国有色金属工业总公司湖南地质勘查局更名为湖南省有色地质勘查局，成为省属机关单位。2001年，局机关设有办公室、地质矿产处、工程安全处、人事处、计划处、财务处、审计处、纪检监察处、机关党委及党群工作处（老干办）等。

表6-1-2　1953—2002年湖南省有色地质勘查机构行政、技术领导人一览表

机构沿革	成立时间	行政领导人	技术领导人
赣南粤北地质勘探大队	1953年7月	队　长　张敏 副队长　罗林、郭鲁夫、梁刚生、王哲凡	总工程师 莫柱孙
中南地质勘探公司	1954年1月	经　理　张敏 副经理　罗林、郭鲁夫、梁刚生 王哲凡	总工程师 莫柱孙
长沙地质勘探公司	1955年1月	经　理　张敏 副经理　谭英富、王志毅、郭鲁夫、王哲凡	总工程师 谭英富
冶金工业部地质局湖南分局	1956年9月	局　长　张敏 副局长　谭英富、王志毅、郭鲁夫、王哲凡	总工程师 谭英富
	1957年11月	局　长　王志毅 副局长　曲麟、陈平、康永孚	总工程师 谭英富

续表

机构沿革	成立时间	行政领导人	技术领导人
湖南冶金地质勘探公司	1958年4月	经　理　王志毅 副经理　曲麟、陈平、康永孚	副总工程师 李洪漠
湖南省冶金地质矿产局	1960年7月	局　长　王志毅 副局长　曲麟、毕可治、张福霖、康永浮、牟乃新	副总工程师 李洪漠
湖南省冶金地质勘探公司	1961年11月	经　理　王志毅 副经理　曲麟、张福霖、孙章、毕可治	副总工程师 李洪漠
湖南省冶金地质勘探公司	1963年4月	经　理　王志毅 副经理　曲麟、张福霖、孙章	总工程师 李洪漠
湖南冶金地质勘探公司	1964年5月	经　理　马光 副经理　张福霖、顾恒信、徐成德、孙章	总工程师 李洪漠
湖南冶金地质勘探公司临时管理小组	1969年3月	组　长　李正珍	
湖南省革委会冶金工业公司地质勘探团	1969年9月	团　长　张福霖 副团长　顾恒信	
湖南省革委会冶金工业局地质勘探公司	1970年10月	主　任　李正珍 副主任　顾恒信、卢文淦、赵生理、邹锡忠	
	1973年6月	主　任　李正珍 副主任　顾恒信、卢文淦、乌家达、刘汉民	

续表

机构沿革	成立时间	行政领导人	技术领导人
湖南省冶金地质勘探公司	1980年5月	经　理　顾恒信 副经理　乌家达、刘汉民、邹锡忠	总工程师 乌家达（兼）
湖南冶金地质勘探公司	1981年9月	经　理　顾恒信 副经理　乌家达、刘汉民、邹锡忠	
中国有色金属工业总公司湖南地质勘探公司	1983年10月	经　理　乌家达 副经理　沈有生	总工程师 乌家达（兼）
	1985年3月	经　理　刘清双 副经理　符方德、沈有生、王德庆	总工程师 乌家达
	1987年5月	经　理　乌家达 副经理　符方德、沈有生、王德庆、刘清双	总工程师 陈溢乎
中国有色金属工业总公司湖南地质勘查局	1989年12月	局　长　乌家达 副局长　符方德、沈有生、李金田	总工程师 杨诗瑞
中国有色金属工业总公司湖南地质勘查局	1993年4月	局　长　张贵安 副局长　符方德、李金田、马仲湘	总工程师 杨诗瑞
	1997年4月	局　长　张贵安 副局长　符方德、李金田、马仲湘	总工程师 凌水成
湖南省有色地质勘查局	2000年11月	局　长　张贵安 副局长　李金田、马仲湘、王迪生(2001年12月任职)伍永贵(2001年12月任职)	总工程师 凌水成

二 管理体制

中华人民共和国成立以后，地质事业飞速发展。对地质工作的管理是在社会主义计划经济体制下逐步发展的。地质管理工作的机制具有两个基本特征：一是国家对地质工作实行统一领导，地质工作任务由国家计委总体安排和部署，地质工作费用由国家财政计划拨款，地质工作成果全部上交国家，各地质部门都属于国家事业单位。二是由于找矿及服务的对象不同，为便于管理，有色、石油、煤炭、化工等工业部门的地质队伍，则分别隶属于国务院冶金部、石油部、煤炭部等相关的主管部门管辖。从总体上，表现为从上至下的多级管理体制，即国务院、国家计委→各部（总公司）、部属地质总局→各省（区）地质矿产局（厅）或相关工业局→各部局属之地质勘探队。

1983—1989年，中国有色金属工业总公司湖南地质勘探公司实行事业单位按企业管理的运作模式，是相对独立的经营实体。上对有色总公司全面负责，执行由国家计委、国家科委、有色总公司（地质总局）安排的指令性计划或指导性计划与任务。同时，接受地质矿产行业管理部门的总体规划、地质项目调整、地勘经济政策、勘查技术规范、勘查资质审核、勘查项目登记等规范化管理要求。在此基础上，湖南省有色地勘局与下属地勘构成利益的共同体，分块分片地落实各项计划与任务，同时实施全面有效的管理。

三 管理职能

1990—1999年，中国有色金属工业总公司湖南地质勘查局管理的职能主要有6项：一是坚持党的领导，保持党的先进性，加强职工思想政治工作，开展精神文明建设，提升企业文化和职工队伍素质。二是贯彻执行党和国家不同时期的路线、方针、政策，使各项工作沿着正确方向发展。三是在地勘行业统一管理下，结合有色金属工业的发展及对矿产资源的需求，制订中长期及各年度地质工作计划，确保地质成果，提高找矿效益。四是遵循改革开放的基本国策，制定深化改革与发展规划的目标和任务，加速产业经济发展，增强市场经济活力。五是实施全面规范管理，制定各类规章制度、办法，发挥各级专业职能部门的管理作用，把各项管理工作推向新的水平。六是努力提高生产力，改善职工生产、生活条件，不断提高全局职工生活水平。

2000年，中国有色金属工业总公司湖南地质勘查局下放湖南省管理，更名为湖南省有色地质勘查局。其管理工作职责亦有相应变更，主要有：一是按照国家和省有关地质、矿产资源勘查开发和测绘管理工作的法律、法规和政策以及国家和省矿产资源统一规划，会同有关部门拟定该局有色金属及贵金属地质矿产勘查规划；制订该局地质勘查、矿业开发和其他产业经营等年度计划。二是组织指导有色地质找矿队伍完成国家、省人民政府和有关部门下达的基础性、公益性、战略性地质勘查任务及有色地质灾害调查评价任务，参与有色金属及贵金属地质矿产的开发利用及合理保护；为国家和省提供资源管理、保护、合理利用所需的基础信息资料。三是负责提供湖南有色、贵金属矿山可持续发展的有关资源开发信息；组织指导所属地勘单位面向国内外市场开展矿产资源勘查开发、建筑工程施工和其他产业经营活动，促进有色地勘事业稳步、快速发展。四是管理该局有色地勘经营和其他来源经费，按照国有资产管理的有关规定，监管该局及所属单位的国有资产，并承担国有资产保值增值责任。五是统一管理原中央在湘的有色地质勘查单位，指导其体制改革，逐步推进地质勘查单位实行企业化经营；拟定该局产业结构调整规划并组织实施，积极推进有色地勘单位开展多种经营和服务创收。六是负责该局所属单位领导班子建设；负责该局机关和所属单位的机构编制、人事劳资、劳动与社会保障等工作；指导该局系统职工队伍建设和精神文明建设。七是承办中共湖南省委、省政府交办的其他事项。

（一）计划与统计

计划内容包括地质勘查、多种经营、财务收支、劳动工资、物资设备、承包责任、经济效益等各个方面。

1. 长期规划

继1981年5月编制的“六五”“七五”计划后，1993年5月编制了《湖南地质勘查局“八五”计划及十年发展规划》，该规划综合1991—1993年综合承包的实施结果和“八五”后三年总承包的具体要求，适应社会主义市场经济的建立和改革形势的发展，确定和布置了湖南有色地质在新形势下的发展战略、奋斗目标及具体任务，提出湘南区带主攻金、锡、铅、锌、银等矿种，湘中区带以锡矿山矿田和双峰金矿带为主，主攻锑、金等矿种，湘东北区带主攻铜、银、金等矿种的发展方向。

1995年9月编制了《湖南有色地质勘查局“九五”改革与发展计划》，并于1996年1月上报中国有色金属工业总公司地质总局。该计划提出“九五”有色地质经济发展的总体目标，即初步建立和逐步完善地质勘查及其延伸产业为主体的产业系统，按市场经济的要求有计划地推进企业化改造，使有色地质部门的经济实力达到同行业的先进水平。

2000年编制了《湖南有色地质勘查局“十五”改革与发展计划》，由于地勘单位改革，国家有色金属工业局撤销，各省有色地质勘查局属地化管理，规划内容也随之作了较大的调整，并较快地做好了与地方政府和部门的衔接工作。

2. 年度计划

年度计划主要包括地质项目及主要工作任务；地质科研专题；地质勘探主要工程实物量及技术经济指标；地质勘探费及其构成关系；职工人数及其组合；职工教育及培训；工地建筑及安装；多种经营项目及纯收入。

随着地勘单位改革的逐步推进，局年度计划的主要内容也在逐渐调整。到1995年，年度计划内容主要调整为地质（科研）项目、主要实物工作量、地质勘探费及其构成关系（包含吸收社会资金)、节约与收益指标、年末计划、自负盈亏人数。

2000年属地化管理以后，局地质勘查工作年度计划的主要内容有地质项目及主要工作任务；地质勘探费及其构成关系；职工人数及其组合；基地建设情况；多种经营总收入、增加值、税后利润；净资产收益率；资本保值增值率；在职职工人均收入增长率。

具体做法是一上二下一会一调整。即年初(或上年年末)由各单位上报地质设计及多种经营项目，综合年度计划费用及收益等,然后局依照各单位经局审批(一般在上年度年末至年初)的地质设计及多种经营项目,根据上级初步安排的总费用框架，提出年度计划草案下发各单位征求意见，于每年一季度前召开的全局工作会议上逐个单位予以定案并以书面行文下达。执行到下半年，（一般三季度)再根据计划完成情况和实际变化，对全年计划进行一次调整。

3. 统计工作

（1）统计工作仍然以编制国家统一颁发的有关地勘工作的统计报表为主。报表分定期（月、季）统计报表和年度统计报表两种，逐级汇总上报。

（2）1994年7月根据地质矿产部《关于开展全国统计法执法情况大检查的通知》（地地发〔1994〕12号）组织开展统计执法大检查及统计人员情况调查。

1998年1月根据《关于颁布实施〈有色地质部门统计工作条例〉的通知》（中色地计字〔1997〕145号)，根据《中华人民共和国统计法》对统计工作及统计人员提出了规范和严格要求。

1999年7月根据国家有色金属工业局《关于杜绝统计数据失实、保证统计数据及时准确的通知》（国企行字〔1999〕300号），再次对全局统计工作提出了规范化要求。

（3）历年完成统计工作情况

1987 年 9 月 5 日，完成“六五”《湖南有色地质勘探工作统计资料汇编》，包括 1981—1985 年各个年度统计资料。

1991 年 12 月 16 日，完成“七五”《湖南有色地质勘探工作统计资料汇编》，包括 1986—1990 年各年度统计资料。

1997 年 10 月，完成“八五”《湖南有色地质勘查统计资料汇编》，包括 1991—1995 年各年度统计资料。

2001 年，完成“九五”《有色地质勘查统计资料汇编》，包括 1996—2000 年各年度统计资料。

2002 年 2 月 25 日，完成 2001 年统计年度报表。

（二）财务工作

“计划是头，财务是尾”，在计划经济体制下，有色地质的财务管理是随计划进行的。在地质事业费用全部由国家包干的情况下，由于资金来源单一，财务管理的主要职能是管好用好地勘费预算拨款。1984—1995 年，地勘单位进入社会市场，经济活动范围不断扩大，实行“一业为主，多种经营”的方针，使单一的资金来源变为多渠道资金来源。因此，财务管理的核心是资金管理，要加速资金周转，提高资金使用效益，做好各项资金的平衡工作。随着各种承包经济责任制的实施，国有资产的保值增值也作为一种重要的考核指标，因此，财务管理与时俱进，在保证资产保值增值方面负有重要责任。资产，按照其流动性进行分类，包括流动资产、长期投资、固定资产、无形资产及其他资产。

为加强财务管理工作，中国有色总公司地质总局于 1996 年 5 月 9 日颁发了《有色地质部门关于加强财务管理工作的若干意见》《有色地质部门会计基础工作规则》《有色地质部门国有资产管理规定》等文件。

有色地质部门历来执行的财务管理和会计核算制度都是由财政部、地质矿产部及中国人民建设银行单独或联合颁发的制度，是地勘行业的统一制度。但对其中的个别内容，从有色地质部门的实际情况和管理的需要考虑，作了一些修改和补充规定。

为了保证各项财务制度全面认真地执行，一般年末开展财务决算对全年各项财务状况进行一次大清算总结。另外在年度中还对财务工作进行全面的财务大检查（自检、互检）和开展评比，对执行和管理好的单位及个人予以表扬等。

（三）审计

1. 审计机构

1987 年以前，省有色地质勘查局及各单位未专设审计机构，其职能由纪检、监察部门兼任，也未配备专职审计人员，未开展审计事项。1988 年以来，审计的职能逐步分离出来，局设立了审计处(审计室、监察审计处)，局另从二级单位聘请特约审计员 14 人，积极开展局安排的各项审计工作。局二级单位中，二四五队专设审计科，安排了审计人员。其他单位审计机构并入纪检、监察部门，审计人员由纪检、监察部门有关人员兼任。

2. 审计制度

1990 年年初制定《湖南有色地质勘查局队长(所长、经理)离任经济责任审计管理办法》。

3. 审计工作

审计工作围绕全局经济工作目标，求真务实，坚持全面审计与突出重点相结合的原则，组织实施开展。积极组织开展了离任经济责任审计、财务收支审计、会计年报审计、承包单位承包期满资产清查、重大投资项目的投资与经营情况审计以及内部承包项目承包清算等工作，为维护国家财经法纪和本单位经济利益，促进管理水平的提高，发挥了积极作用。1990—2002 年，共计开展离任经济责任审计项目 17 个，对离任队长(经理)任职期间履行经济责任情况进行了监督，对其任期内经济责任进行了客观、公正地鉴证和评价，为干部管理部门考核使用提供依据。审计的重点为任期内各项主要经济指标完成情况、重大经济事项的决策、实施和效益情况，资产、负债、损益、收入、支出的真实、合法、效益情况，被审计责任人遵守廉政规定情况。除开展离任审计外，还开展了对机械厂抵押经营承包责任审计、对中南有机试剂化工厂经济效益审计、对鑫湘建设工程公司财务收支审计、对鑫湘矿业公司财务收支审计、对锦江鑫湘酒店前期投入（含基建）和经营情况的审计。通过审计，摸清了情况，发现了问题，查出原因，并提出了审计建议，为局决策提供了依据。审计工作中，严格按照审计程序开展工作，遵守内部审计准则和审计纪律，审计质量得到了保证，审计成果获得了好评。1993 年，局上报的《对机械厂资产抵押经营承包责任审计》，1995 年上报的《对机械厂厂长离任审计》，1996 年上报的《对中南有机试剂化工厂经济效益审计》分别获得了中国有色金属工业总公司颁发的当年度审计优秀成果三等奖。

历年的审计工作表明，局审计工作为维护国家财经法纪和本单位经济利益，确保国有资产的安全完整，促进单位管理水平和经济效益的提高，保障有色地勘事业的健康发展发挥了积极作用。

四　下属机构

（一）野外地质勘探队

1984—2002 年，湖南有色地质勘查局下设有 8 个野外地质勘探队。

1. 湖南省有色地质勘查局二〇六队

二〇六队成立于 1954 年 4 月。队部先后设于宜章瑶岗仙钨矿、汝城钨矿至 1966 年建于江永县桥头铺。1983 年 10 月，经中国有色工业总公司批准，于 1986 年 11 月从江永县整体搬迁到郴州市七里大道 76 号。

1984—1992 年，下设一、二、三分队，从事地质勘查、勘查工程施工项目；物化探分队，从事地球物理、地球化学探矿工作；经营分队，从事工程地质、水文地质、桩基础工程施工；修配厂，从事机械加工及修理业务。

1992—1996年，下设地质分队，从事地质矿产勘查、勘查工程施工；郴州有色地质基础工程公司，从事外部多种经营业务；机械厂，从事机械加工及修理业务。

1997—2002 年，设立地质勘查院，从事地质找矿，龙形寨红土型金矿开发；设锑选厂，从事锑矿选矿；南方基础工程公司，从事多种经营业务；机械厂。其中：龙形寨金矿于 1999 年撤销；南方基础工程公司于 2002 年注销。

2. 湖南省有色地质勘查局二一四队

二一四队始建于 1954 年 5 月，队部设在茶陵八团乡冲邓阜仙（湘东钨矿）。1954—1973 年，队部几度迁移，先后在衡南川口、浏阳蕉溪岭、攸县城关翻砂巷、茶陵排前等地立址。1973 年由茶陵迁至攸县城关化机路 1 号。2000 年根据国家“地质队进入中等以上城市”的精神，经上级部门批准，同意二一四队整体搬迁至株洲市天元区。2002 年全面启动基地筹建搬迁工程。

3. 湖南省有色地质勘查局二一七队

湖南省有色地质勘查局二一七队 1991 年被国务院评为全国功勋地质队。

二一七队始建于 1955 年 5 月，队部设常宁水口山铅锌矿。1955 年年底，当地政府移交 3.37 公顷荒地建房，1956—1983 年，二一七队先后 19 次向外围征地，在水口山拥有使用土地达 9.81 公顷。1987 年，二一七队筹备转迁衡阳市，1988 年，在衡阳市解放西路 56 号征购土地 0.663 公顷，兴建办公楼和职工住宅。

1994 年，经批准在市郊（湘桂路 19 号）征购土地 1.53 公顷修建住宅楼。

下设机构及其主要业务范围：

（1）钻探分队（4 个）：地质勘探，桩基施工，工程勘察，基础处理，地基加固，滑坡治理，找水成井，桩基检测，道路施工，房屋建筑。

（2）地质分队：从事矿产地质调查，水文地质勘查，工程地质勘查，环境地质勘查，地球物理勘查，地球化学勘查，岩石、矿物、土壤及水质分析与化验测试。1996 年更名为地勘院。

（3）修配所：机械加工，钻探设备维修。

（4）卫生所：中西医儿科、内科。

（5）测绘队：大地测量，工程测量，地籍测量，地形测量。

4. 湖南省有色地质勘查局二三六队

二三六队前身是湖南桂阳勘探队，1957 年 6 月成立于桂阳县。1958 年 1 月更名为湖南冶金地质勘探公司二三六队，同年由桂阳县搬迁至湘潭市鹤岭镇冷水冲湘潭锰矿驻地。1998 年 12 月，整体搬迁至湘潭市河东大道 81 号。

下设机构及其业务范围：

（1）地质分队：1984—1990 年，设一分队、二分队、三分队。从事地质矿产普查评价，工程勘查，地质地形测量，地质技术服务等工作。

（2）修配厂：1984—2002 年，承担二三六队及外部机器、机械修理、加工业务。

（3）劳动服务公司：1984—1998 年，商业零售。

（4）服装厂：1985—1998 年，生产钻机塔布、汽车篷布、工作服等产品。

（5）化工厂：1989—1990 年，生产活性氧化锌和七水硫酸锌产品。

（6）工程公司：1988 年设立湖南有色工程勘察公司第三工程处，1993 年更名为湖南湘中有色基础工程公司，1997 年改为湖南湘中建设工程公司。其主要业务为面向社会，承接工民建、工程测量、工程地质勘察、帷幕注浆、桩基、水井等工程项目的施工与管理。

5. 湖南省有色地质勘查局二三八队

二三八队前身为湖南茶陵勘探队，1956 年 5 月成立。1957 年改称为湖南香花岭勘探队，队部驻香花岭锡矿，1958 年 1 月更名为湖南冶金地质勘探公司二三八队，队部仍在香花岭锡矿。1962 年 6 月，队部迁至湖南桂阳城关镇。1999 年经中国有色金属工业总公司批准，搬迁郴州市城区，2002 年 3 月 28 日，队部搬迁至郴州市工业南道 12 号办公。

二三八队 1984 年推行“一队多制”的内部经济管理机制。1987 年对机修、运输单位实行自负盈亏，1989 年成立经营分队，1992 年成立工程勘察队，1996 年与当地联合开办矿山，2001 年成立经营开发部，从事矿业、房地产的开发与经营等。

6. 湖南省有色地质勘查局二四五队

二四五队成立于 1965 年 5 月，队部先设在吉首市乾州镇，后城区扩建 1980 年迁至吉首市新建路 4 号。

下属机构设置及其业务范围：

（1）地勘院：1990 年设立，从事探矿、采矿，灾害地质、环境地质及其他地质技术服务。

（2）测绘院：承担国家计划内测量任务，面向社会承接测量测绘工作。

（3）湘西测试中心：矿物岩石采样加工、分析化验。

（4）旅游公司：设在旅游胜地张家界风景区，旅游接待、会议、餐饮、住宿。

（5）紫源化工厂：1990 年投资新建，主要有聚合氯化铝、红丹、硫酸锰等产品的生产与销售。安置职工 87 人，年产值 120 万元左右。

（6）紫源工程勘察公司：原为湖南有色地勘局湘西工程勘察处。主要从事基础工程勘察与施工。

（7）湖南湘江公司怀化分公司：房屋建筑，大坝、水利工程、道路、桥梁施工。

7. 有色地质勘查局二四六队

二四六队于 1991 年获“国家功勋地质队”的称号。始建于 1966 年 7 月，队部设冷水江市锡矿山。1982 年 12 月搬迁至冷水江市禾青镇。1999 年 7 月经中国有色金属工业总公司批准，搬迁至湘潭市。

1984年，下设地质分队：主要开展地质找矿工作。钻探分队：主要为地质勘探工作。修配所：承担二四六队修理、加工钻探施工设备，承接外来机修加工任务。冷水江市大理石厂：从事大理石板材、水磨石、米石生产。

1985 年，增设多种经营办公室和湖南五洲企业开发公司冷水江市分公司，主要从事多种经营及承接外部工程勘察、岩土、桩基施工项目。

1989 年，与冷水江市火车西站联合建纸袋厂，主要生产水泥包装纸袋。汽车队承接队内队外运输业务。

1991 年，设湖南有色工程勘查公司第六工程处，主要承揽外部工勘岩土施工业务项目。

1993 年，成立地质矿产开发公司及湖南有色基础工程公司从事地质找矿及承接外部工勘岩土灌注粧基施工项目。成立阳光物资贸易公司，从事物资采购和商业营销。

1995 年，设地质矿产研究院，从事地质找矿和地质科研工作。另设湘中工程勘察处，从事工勘桩基施工。

1996 年，与当地合作，三家联办金波锑矿，从事锑矿掘进探采。

1997 年筹建包金山金矿掘进探采。

8. 有色地质勘查局二四七队

二四七队前身为物探队，始建于 1958 年 8 月，队部设长沙黑石铺。1970 年因故撤销。1975 年 7 月恢复重建，名湖南冶金地质物探水文队，队部设长沙朗梨镇红光村。1984 年更名为中国有色金属工业总公司湖南有色地质二四七队。

1988 年，湖南有色工程勘察公司并入二四七队；2002 年，二四八队并入二四七队。

1984—1985 年，下设有 7 个单位。一分队、二分队、三分队和地质分队：从事物化探及地质普查找矿任务。水文分队：承担水文地质及工程地质工作。测量分队：承担大地测量、工程测量、地籍测量、地形测量。印刷厂：承接内外部印刷业务。

1986—1987 年，增设勘察分公司。

1988—1989 年，湖南有色工程勘察公司并入，承接工程勘察、岩土桩基工程施工任务。

1990—1994 年，下设机构多达 13 个，有物探分队、化探分队、测绘分队、印刷厂、测试中心、玻璃纤维厂、新技术开发公司、社会服务公司、汽车队、鸿运综合服务公司等。

1995—2002 年，机构变动，下设地勘院、测绘院、印刷厂、后勤服务中心。地勘院：地球物理、地球化学勘查（甲级资质）；水文地质、工程地质、环境地质调查、固体矿体勘查、勘查工程施工（乙级资质）。测绘院：工程测量、地籍测量、地形测量、大地测量（甲级资质）。印刷厂：书籍杂志印刷，彩色胶印。

（二）湖南有色地质研究所

湖南有色地质研究所的前身是创建于 1954 年的长沙检验所。所址设在长沙市下六铺街。全所职工 58 人，有技术人员 28 人。1959 年搬迁到长沙市劳动路 124 号。1965 年，长沙检验所扩建并更名为湖南冶金地质勘探研究所，全所职工 148 人，设有矿床研究室、岩矿研究室、化学分析室、探矿工程研究室、选矿试验室、科技情报室。1972 年建人造金刚石车间。

1984 年，更名为中国有色金属工业总公司湖南地质研究所。1990 年变更为湖南有色地质研究所。主要研究室及业务：

1. 矿床研究室：主要研究区域成矿地质背景，已知矿床、矿区的成矿地质特征、成矿规律、矿床成因及找矿方向。开展省内外地质科研、固体矿产资源调研及产品开发的试验研究工作。

2. 岩矿研究室：主要进行岩石矿物的光薄片显微镜鉴定，矿物成分的查定和矿物赋存状态的分析研究；重砂单矿物分离、重砂鉴定；岩矿加工、磨片；矿物 X 粉晶分析、差热分析、激光分析、矿物包体测温。

3. 化学分析室（测试中心）：承担局属各队、省内地质院校（系）、地质科研单位、矿山选送的岩石矿物样品的加工、鉴定和分析测试任务。年测试样品达 10 万余件。有主要仪器设备 78 台件，测试项目主要包括岩石矿物物相分析、组分分析、元素分析、水质分析及商品检验。

1990 年 6 月，设立“湖南有色地质测试中心”，同年 12 月通过计量认证和行业认证，获湖南省“计量认证合格单位”和“二级实验室”认证资格。

4. 科技情报室：图书资料管理；照相、冲洗、放大；绘图、晒图；打字、复印、装订。1973 年 4 月，遵照冶金部地质司指示组建全国冶金（有色）地质情报网，并委任湖南有色地质勘探公司为情报网网长单位，公司责成地研所科技情报室具体承办。下设矿床地质站、勘探技术站、化验分析站、矿山地质站、岩矿鉴定站、测绘站、物化探站。每年进行情报交流和工作总结。先后不定期出版刊物有《情报报导》《湖南冶金地质》《湖南有色金属地质》《矿山铜矿资料汇编》《铅锌矿资料汇编》《外国专家建议集》。1986年编辑出版由有色总公司主办的科技期刊《矿产地质文摘》，16开，半月刊。组稿由各省公司（局）地质情报网站负责组织各专业稿件。至1998年7月停刊。

至2002年完成国家、部、省、公司下达的科研项目近百项，获国家、省、部级科技进步（成果）奖20项。

（三）湖南有色地质防治医院

1965年，湖南省冶金厅结核病疗养所移交地质勘探公司，改名为湖南冶金地质勘探公司矽肺病疗养所。1984年，改名为湖南有色地质防治医院。设门诊室、中医科、五官科、牙科、理疗科、化验室、X光、心电图，超声波诊断等部门，拥有150张住院床位。对内对外开展门诊，诊断及医疗保健服务。对矽肺病等职业病防治有长期工作经验。

第三节　黄金生产管理机构

一　生产状况

20世纪70年代，黄金生产在国民经济中的作用得到进一步重视。1972年，冶金工业部遵循周恩来总理和李先念副总理的指示，在山东省烟台市召开了全国黄金生产建设会议，拟定外汇分成办法，鼓励各地发展黄金生产。湖南冶金工业局按照会议精神，颁布《地方黄金生产管理办法（试行草案）》，规定实行矿产黄金外汇分成办法。1973年8月，冶金工业部又在河北省遵化县召开全国性群众采金现场会议，拟订黄金生产奖励办法。1974年12月，省冶金工业局在长沙组织召开了全省黄金生产座谈会。

建立和发展黄金工业形成政府共识，相关鼓励政策的出台实施，极大地调动了全省黄金生产的积极性，地、县纷纷兴办黄金矿山，黄金产量出现较大幅度增长。1973年全省矿产黄金突破1000公斤大关，年产量较前期最好水平增长65%。

“七五”时期（1986—1990年），全省黄金固定资产投资和地勘投资增长迅速，黄金科技工作取得较大突破。完成黄金工业固定投资9766万元，是“六五”期间的4倍，实施项目12个；实施科研课题80项，科研经费投入246万元，较“六五”增长55%；财税直接经济效益4995万元；提交地质勘查报告14份，储量48吨，储量在10吨以上的矿山达到7个。“七五”期间，全省产金9939.682公斤，较“六五”增长27.1%。

“八五”至“九五”期间（1991—2000年），黄金产量和效益、地质投资等方面均实现较快速度发展。1993年，全省黄金工业总产值首次突破亿元；怀化等重点产金市县的黄金产业成为当地支柱产业；湘西金矿成为全省首家黄金大型企业；1994年湘西金矿、黄金洞金矿、隆回金矿和龙山金锑矿4家黄金企业入选湖南企业200强；1995年，黄金产量首次突破5000公斤，达5015.35公斤；1997年，黄金产量跃上新台阶，突破1万公斤，达11885.65公斤。全省投入地质勘查资金过亿元，启动国家计划地勘项目14个，探获黄金资源量28.6吨；两大重点黄金勘探区湘南红土型金矿和安（化）桃（源）蚀变破碎带型金矿取得突破，湘西金矿外围探矿取得重大进展，矿山可延长服务年限30～40年；多元化和多主体开发工作取得进展，股份合作制和多渠道兴办黄金矿山从探索阶段进入实际运作。“八五”期间，湖南黄金产量首次突破10吨大关，跻身全国产金大省行列，五年黄金总产量13951.773公斤，较“七五”时期增长40%。“九五”期间全省黄金总产量26536.55公斤，比“八五”期间增长90.2%，湖南黄金产量进入全国十强，保持产金大省地位。

二 机构与职能

党和国家重视黄金生产，出台一系列有利于黄金生产的政策法规，湖南黄金工业形成完整工业体系。

1975 年 8 月，国务院副总理王震到湖南督导黄金生产工作，召开全省有关地、县委第一书记和重点金矿负责人参加的会议，对加快发展湖南黄金生产作出重要指示。随后中共湖南省委和省计委又召开了几次黄金生产和黄金基本建设专业会议，对黄金生产发展作出规划和部署。中共湖南省委第一书记张平化等党政领导还到黄金生产一线检查指导工作。

1975 年 10 月，省冶金工业局成立黄金管理处，各主要产金地、市、县也相应成立黄金管理机构，加强对黄金生产的组织领导，并制定一系列有利于黄金生产的经济政策，如增加补贴、调整黄金收购价格、提供黄金生产低息贷款、改善地质探矿和黄金生产条件以及增加物资供应等。自此，省内专业和群众性找金采金工作全面展开。各地大力发展群众采金，对有条件回收黄金的冶炼厂给予财力、物力支持，对县以上黄金企业进行改扩建，安排专项财政拨款扶植和发展黄金矿山建设。1976 年，湘西钨矿被列为全国重点黄金矿山，更名为湘西金矿，此后 5 年该矿共投资 2191 万元进行大规模基本建设。1977 年，龙山金锑矿日处理 100 吨半机械化选厂建成投产。1978 年，黄金洞金矿回转窑焙烧脱砷系统投产，成功解决金精矿去砷问题，使这个老矿山重新焕发生机。

为适应黄金生产建设的发展，1979 年 3 月，湖南省编制委员会同意省冶金局在黄金管理处的基础上成立湖南省黄金公司，为局属二级企业机构，履行全省地方黄金企业及社队集体采金管理职能。1981 年 1 月，遵照国务院《关于改变广西、湖南黄金企业管理体制的指示》，省人民政府和冶金部签署《关于湖南省黄金公司等7个单位改变管理体制交接工作问题商谈纪要》，湖南省黄金公司及湘西金矿、黄金洞金矿、漠滨金矿、隆回金矿、龙山锑金矿、邵阳黄金机修厂上收为冶金部直属企业，实行部、省双重领导，以部为主的管理体制。并成立冶金工业部湖南黄金公司。体制改变后，湖南省黄金公司领导和管理上述5矿1厂，并行使省冶金局黄金管理处的职能，管理地方黄金企业及社队集体采金工作。

1987年5月省政府批准成立湖南省黄金管理局，与湖南省黄金公司两块牌子、一套人马，行使省政府赋予的行业管理职能。同年9月，经省人民政府与冶金工业部商定，将湖南省黄金公司以部为主改为以省为主的管理体制，归口省冶金工业厅领导。1988年成立以副省长俞海潮为组长的“湖南省黄金工作领导小组”，重点产金地区成立以主管黄金工业的专员、市长、县长为组长的领导机构，全省共建立黄金管理工作领导小组、黄金管理机构27个。

1988年10月，国务院决定将黄金矿产列为实行保护性开采特定矿种，之后又先后两次提高黄金收购价格，并实行黄金开发和地勘专项基金，制定外汇分成和超产奖励办法，鼓励扶植黄金工业发展。湖南省积极采取措施，进一步加强对黄金工作的领导，从多方面鼓励和扶植黄金工业的发展。中共湖南省委、省政府领导多次听取黄金工作汇报，对黄金生产和建设作出指示。“七五”后期，针对当时黄金生产和管理上存在的一些问题，省政府陆续出台一系列加快促进黄金生产和整顿治理黄金市场的政策措施。先后颁布《关于增产黄金、白银，加强金银管理的通知》《关于加快黄金生产实施办法》《关于抓紧做好黄金矿产清理整顿工作的通知》《关于调整黄金开发基金、价外补贴、留成外汇分成使用管理办法及有关事项的通知》《湖南省地方采金管理办法》《关于抓紧做好黄金采矿管理整顿工作的通知》

《加快发展黄金生产6条措施》等。这些政策规定涵盖黄金生产、管理及市场等各个环节，包括地方采金单位交售黄金的奖励办法、打击黄金走私倒卖、整顿黄金开采秩序、打破黄金经营界限、提倡群众和集体办矿等，这对湖南黄金工业发展起到了积极的推动作用。

1986年底开始，湖南实施地质储量奖励措施，1991年4月，进入国家黄金地质储量承包“笼子”，同时规定黄金实行计划单列，黄金生产所需物资专项下达，电力、运输等优先安排。

1987年4月，省长熊清泉在全省黄金工作会议上指出：“各市县、省直有关部门都要重视和支持黄金生产，加强对黄金生产、收购等管理工作的领导，力争在‘七五’期间黄金产量翻一番。”1989年9月，国务院副秘书长白美清专门听取湖南黄金生产和建设情况的汇报，并对湖南黄金工业今后的发展作出重要批示。

在省政府和省黄金工作领导小组的领导下，省黄金公司在行业内组织开展深化企业内部改革，着力推动企业转换经营机制，矿山企业实行目标管理，行业试行劳动、人事和分配三项制度改革，大力实施行业治理整顿和企业扭亏增盈工作。

1993年，国家对黄金政策作出重大调整，黄金价格由过去中国人民银行固定定价改为按照市场价格的浮动定价，以低于国际市场价格10%的水平制定国内黄金收购价。调整后，取消对黄金工业的政策补贴、低息贷款和免税优惠等政策。自此，黄金告别“以金养金”时代，由计划体制逐步转入市场体制。

湖南全面落实“价格放开，统收专营”政策，制定过渡办法，允许黄金企业部分产品走向市场，1993年实现增收1000万元。

1994年，全国黄金行业全面走向市场。1月，国务院取缔自发黄金市场，省政府根据国家经济政策调整后的实际情况，为促进湖南黄金工业的发展，决定设立黄金生产发展费用，用于发展黄金生产。6月，调整黄金工作领导小组，常务副省长周伯华任组长。

为适应政策和市场变化，省黄金管理局、省黄金公司认真履行职能，切实加强行业管理，继续组织推进“三项制度”（劳动、人事、工资制度）和综合配套改革，积极探索黄金行业适应新环境的措施和具体方法。1994 年，行业全面实行目标管理责任制，龙山金锑矿率先实施全员劳动合同化管理。

1996 年，省政府确定黄金工业为湖南省“九五”发展计划重点产业，黄金生产实行地市领导目标责任制。

1997 年 4 月，省政府发布《关于加快发展黄金生产有关问题的通知》，年底省政府办公厅下发《关于省黄金公司管理体制问题的批复》，确定黄金产品和黄金公司实行计划单列，明确省黄金管理局是省政府领导下管理全省黄金行业工作的行政职能机构，归口省经贸委管理，湖南省黄金公司更名为湖南省黄金工业总公司，为省管大型企业。各重点产金市县的黄金管理机构得到加强，怀化市黄金局从工业局独立出来，邵阳、郴州等市县成立了黄金行业管理机构。省级黄金管理体制的调整，标志黄金工业成为独立的工业行业，成为湖南省工业经济的重要组成部分。

调整后的黄金工业总公司作为具有独立法人资格的行业性大型经济实体，其主要职责是管理包括 6 家直属企业在内的全省黄金生产和建设。加快改革，加强治理，搞活企业成为省黄金工业总公司当时的主要任务。1998 年，直属黄金企业以下岗分流、清退民工、打破计划经济条件下的分配体制为突破口，引入“定员定岗、双向选择”等竞争机制和用工制度，实行产品大包干，工资与产量成本挂钩，拉开分配档次，实现企业减亏增效和经营机制转变，列入省财政三年脱贫的湘西金矿、黄金洞金矿、龙山金锑矿 3 家国有黄金企业实现扭亏与脱困目标。

2000 年，省政府批准湘西金矿改制为多股本结构的湖南辰州矿业有限责任公司。年内龙山金锑矿、汨罗市黄金公司组建内部股份制公司。同时对严重亏损，资源枯竭，不符合国家产业政策的矿山实行关闭，漠滨金矿被定为省属矿山关闭破产试点企业。

湘西金矿成功改制，标志着全省黄金工业从放权让利、政策调整到转换机制和制度创新阶段，改制后，企业由国有独资的黄金矿山成为多元投资主体的矿业有限责任公司。2000 年改制当年，湖南辰州矿业有限公司生产黄金 1088 公斤，成为全省首个年产黄金过吨的企业，湖南省人民政府专此致信祝贺。

表 6-1-3 1975—2002 年湖南省黄金管理机构一览表

序号	机构名称	上级主管机关	时间
1	湖南省冶金工业局黄金处	湖南省冶金工业局	1975 年 10 月至 1979 年 3 月
2	湖南省黄金公司	湖南省冶金工业局	1979 年 3 月至 1981 年 1 月
3	冶金工业部湖南黄金公司 湖南省黄金管理局	冶金工业部 湖南省冶金厅	1981 年 1 月至 1988 年 4 月 1987 年 5 月至 1997 年 12 月
4	湖南省黄金管理局 湖南省黄金工业公司	湖南省冶金企业集团公司	1988 年 1 月至 1997 年 12 月
5	湖南省黄金管理局 湖南省黄金工业总公司	湖南省经济贸易委员会	1997 年 12 月至 2002 年 12 月

表 6-1-4 1975—2002 年湖南省黄金管理机构行政领导人一览表

序号	机构名称	负责人		时间
		职务	姓名	
1	湖南省冶金工业局黄金处	副处长（负责人）	刘云太	1975 年 10 月至 1979 年 3 月
2	湖南省黄金公司	经理 副经理	蔡明昂 刘云太	1979 年 3 月至 1983 年 6 月
3	冶金工业部湖南黄金公司	经理 副经理	危万成 彭雨枚	1983 年 6 月至 1984 年 9 月
4	冶金工业部湖南黄金公司	经理 副经理 副经理	彭雨枚 李健炎 马得源	1984 年 9 月至 1987 年 12 月
5	冶金工业部湖南黄金公司（湖南省黄金管理局）	经理 副经理 副经理	翁仲达 李健炎 肖克勤	1987 年 12 月至 1989 年 4 月
6	湖南省黄金工业总公司（湖南省黄金管理局）	经理 副经理 副经理	翁仲达 李健炎 肖克勤	1989 年 4 月至 1992 年 5 月
7	湖南省黄金工业总公司（湖南省黄金管理局）	经理 副经理（法人代表） 副经理	赵卯津 翁仲达 吴金保	1992 年 5 月至 1995 年 12 月
8	湖南省黄金工业总公司（湖南省黄金管理局）	经理 副经理	吴琨琪 吴金保	1995 年 12 月至 2000 年 5 月
9	湖南省黄金工业总公司（湖南省黄金管理局）	经理 副经理	吴金保 曾白求	2000 年 5 月至 2002 年 12 月

第二章　职工队伍

第一节　队伍状况

中华人民共和国成立之前，有色金属矿山的开采一般由包头召集工人，包一段矿脉或包几个窿口，打眼爆破，锤选矿石。开采出来的矿石交官方或矿商按质论价付款。矿多时，就多雇人，矿开完了随时可解雇。瑶岗仙钨矿在1917—1918年间，有钨矿公司10多家，兴盛时约有5000名工人，萧条时只有数百人。矿山工人多来自农村，绝大多数是文盲。1949年8月，湖南和平解放后，省军政机关派员接管了全省各有色金属企业的职员和工人约2万人①。三年经济恢复时期，招收一批新工人。第一个五年计划时期，职工人数逐年增加，至1957年年底已增加到4万多人。为了提高职工素质，开展了职工业余文化教育和技术训练。

从1958年起，在老的厂矿进行技术改造的同时，新建了一批厂矿。职工人数骤增，当年达到6万余人。1958年“大跃进”之后，按照中央《关于精简下放职工若干问题的通知》精神，1961—1964年下放职工2万多人。1965年基本建设逐渐恢复，生产有所发展，有色系统又适当增加了一些职工，至1966年年末，全省有色系统共有职工7万余人。

1967—1978年，职工队伍逐年增多。中共湖南省委提出“十年建设工业省”的口号后，1970—1971年有色金属工业企业增加职工1.5万人，而生产却并未上去。1977—1978年，又提出

① 职工人数不包括学校和地勘系统，下同。

许多不切实际的奋斗目标，职工人数又有所增加。

中共十一届三中全会以后，职工队伍走上正常发展的轨道。至 1985 年，全省有色金属工业系统职工 120360 人。职工中，各类专业技术和管理人员占 12%（其中，具有高级职称者占 22.33%，中级职称者占 42%）。1986—1995 年，职工队伍趋于稳定，1995 年末固定职工总数为 128673 人。1996—1998 年，国内外有色金属价格下跌，一批企业亏损严重，加之一批老矿山资源枯竭，资不抵债，导致有色金属全行业下岗职工逐年增多。1996—2002 年，随着多种经济成分的企业增加，职工人数相应增加。至 2002 年年底，全省有色金属行业有职工 147331 人，其中从业人员 91491 人，下岗职工 13611 人，离退休人员 42229 人。在从业人员中，技术人员共计 22410 人，其中具有高级职称 2054 人，中级职称 8136 人。

第二节　队伍培训

一　专业学校培训

清光绪二十八年（1902），湖南开发矿业，急需采矿技术人才，当局派留学生前往日本、美国学习采矿技术，但人数太少，遂于省城长沙建立高等实业学堂。光绪三十二年（1906）高等实业学堂增设矿冶科，四年后改为采矿冶金科。民国 5 年（1916），高等实业学堂改为公立工业专门学校，以岳麓书院为校舍。民国 13 年（1924）又改为省立湖南大学，设工、商、法三科，并设矿冶专业。

民国 6 年（1917）2 月，湖南私立楚怡高级工业学校为了适应当时矿业开发的需要，将应用化学科改为采矿冶金科，民国 36 年（1947），采矿冶金科共有毕业生 389 人。

民国30年（1941）8月，湖南省政府决定在新化县城建立省立第六职业学校，设采矿冶金科。1947年8月，改名为湖南省新化高级工业职业学校，自1941年至1949年12月，该校采矿冶金科共有毕业生8个班252人。

中华人民共和国成立后，湖南省政府不仅重视湖南大学的建设，还将私立楚怡高级工业学校改为公办。1951年7月，省文教厅将长沙高级工业学校（原省立第一职业学校）、楚怡高级工业学校、新化高级工业职业学校（原省立第六职业学校）与私立文艺中学合并，在长沙组建湖南工业学校。在这所学校所设立的各科中，采矿冶金科是最大的。1951年10月，中南军政委员会工业部委托有色金属工业管理局湖南分局创建长沙工业技术学校，设采矿、冶金、机电、土木、化学5个科，当年招生500名，1952年9月改名为长沙有色金属工业学校。1952年，中南军政委员会教育部在长沙建立中南矿冶学院，由武汉大学、湖南大学、中山大学、广西大学、南昌大学、北京工业学院等院校的地质、矿冶系合并而成，是一所专门培养有色金属地质、矿冶技术人才的工科学院。

从20世纪50年代开始，各厂矿还先后办起了10多所技工学校，从此，湖南有色冶金教育形成了包括大学、大专、中专、技工学校较完整的专业教育体系。

（一）长沙有色金属专科学校

长沙有色金属专科学校创办于1951年，曾名为长沙工业技术学校、长沙有色金属工业学校、湖南冶金学院、长沙冶金工业学校等。在领导关系上该校原隶属中南军政委员会工业部，后属冶金工业部、湖南省，几经变更，1983年改属中国有色金属工业总公司。据1984年年底统计，全校教职工591人，其中教师215人。设有矿山地质、矿山测量、金属矿床开采、冶炼、分析化学、电气自动化、矿山机械、金相及热处理等9个中等专业和采矿、选矿两个大专专业。自1951年建校至1984年，共为国家输送大、中专学生12468人，其中大专1518人，中专10950人，还有培训班学员1813人。学校于1984年升格为专科学校后，迅速发展为一所以工科为主，融工、文、经、管于一体的综合性高等专科学校。1992年4月，学校更名为长沙工业高等专科学校。1985—1997年有大学专科毕业生5432人。1998年7月，学校成建制并入中南工业大学。

（二）湖南有色金属工业技工学校

湖南有色金属工业技工学校1953年创办，经历了迁址、停办、恢复、解散、复办、发展等阶段。1953年8月，学校在江西赣州正式创办，学校名称为“中央人民政府重工业部有色金属工业管理局中南分局赣州技工学校”。不久后，由于中南分局迁往长沙，1953年12月，学校奉命搬迁至湖南新化县锡矿山，校名改为“中央人民政府重工业部有色金属工业管理局中南分局技工学校”。1955年6月，中南分局被撤销，学校更名为“锡矿山有色金属机械技工学校”。1957年5月，学校迁至衡阳市，改名为“衡阳有色金属机电技工学校”。1961年学校停办。1963年学校复办。1965年7月，学校再度搬回锡矿山，改名为“锡矿山冶金技工学校”。1966年开始学校又停止招生。直到1975年年初，学校在停办多年后恢复办学。1979年3月，湖南省冶金局将学校收归直管，改校名为“湖南省冶金矿山技工学校”。1984年，学校划归中国有色金属工业总公司长沙公司管理，校名为“冷水江有色金属矿山技工学校”。2001年12月，学校更名为“湖南有色金属工业技工学校”。至2002年年底，学校已形成了以培养中级技工为主，兼容职业中专，并设有高级技工部，大学函授站等多层次的办学格局，为国家培养了两万余名技术人才和其他各类人才。

（三）企业技工学校

培养有色冶金专业人才的有株洲冶金工业学校和衡阳冶金干部学校。20 世纪 50 年代开始，培养初级技术人员的中等专业学校和培养技术工人的技工学校得到了发展。1954 年成立湖南冶金地质学校，设地质勘探、地形测量、水文地质等 13 个专业。1958—1962 年期间兴办的学校还有湘西钨矿的湘西工业学校、水口山矿务局的冶金技工学校、锡矿山矿务局的锡矿山工业学校。这些学校均在 1965 年前后停办。与此同时，大多数厂矿都办了技工学校，如衡阳冶金机械厂技工学校、株洲硬质合金厂技工学校、株洲冶炼厂技工学校、桃林铅锌矿技工学校、香花岭锡矿技工学校、瑶岗仙钨矿技工学校、湘西钨矿技工学校等。这些技工学校主要招收有色金属系统所属单位高中或初中毕业的职工子弟，培养技术工人，分配在有色金属系统厂矿企业工作。

二 在职培训

1950 年 6 月，国务院发布了《关于开展职工业余教育的指示》。从此，湖南有色系统的职工教育有了新的发展。1950 年，锡矿山矿务局、瑶岗仙钨矿试办了第一批职工业余学校，1951 年正式开办。川口钨矿、汝城钨矿、东波有色金属矿、新晃汞矿等也相继办起了职工业余学校。

职工教育首先从扫盲开始。职工入学率一般为职工总数的 50% ~ 80%。1950—1952 年水口山矿务局有 1129 人参加该局的扫盲学习，占职工中文盲总数的 95%。锡矿山矿务局 1950—1952 年间办了扫盲班 65 个，有 1860 余人参加学习，有 1670 人摘掉了文盲帽子。

在开展扫盲工作的同时，初等教育和中等教育也开展起来。为适应教育工作的开展，在 1956 年前后，各厂矿设置了教育科（处），专管职工教育。据东波有色金属矿 1954 年调查，文盲、半文盲占职工总数的60.4%，小学程度的占32.5%，初中程度的占7.1%，经过以扫盲为主的文化教育，到1958年文盲、半文盲只占11.3%，小学程度的占66.4%，初中程度的占22.3%。

1954年，各厂矿又开展了技术教育。老厂矿开办技术训练班，以师傅带徒弟等办法，开展互教互学。衡阳冶金机械厂在1954—1959年间，订师徒合同的工种有32个，参加的职工近2500名。新建厂矿都是一手抓基建，一手抓职工培训。株洲硬质合金厂在1953年筹建时，曾派27名干部到沈阳冶炼厂、上海灯泡厂等16个单位培训达一年之久。1955年该厂还派部分干部和工人到苏联学习一年，该厂建成后能一次投产成功，抓紧职工教育也是一个重要原因。

1958年“大跃进”中，湖南有色系统的职工教育中断。1962年贯彻调整方针，要求实行“四固定”（固定教师和课程、固定教室、固定教材、固定学时），文化课以开办中学班为主，兼办初等教育。有条件的单位如株洲硬质合金厂、衡阳冶金机械厂、水口山矿务局、锡矿山矿务局还办了职工大学。技术培训一般采用岗位练兵、技术表演等形式，也有的企业，如衡阳冶金机械厂办了技术学习班，锡矿山矿务局办了半工半读班。在调整中，大部分技工学校停办，只留下衡阳冶金机械厂和锡矿山矿务局两所技工学校。1963年以后，停办的技术学校陆续恢复，并改善了办学条件，管理体制也进行了调整。省冶金工业局在人事处设教育科管理干部培训，劳动工资处管理工人教育。各企业的职工文化教育由企业工会负责，职工技术培训归劳动工资部门管理。

中共十一届三中全会以后，湖南有色金属工业系统广大干部职工学政治、学文化、学技术、学科学、学管理的热情高涨，职工教育事业得到不断发展。本着干什么学什么，做什么补什么的原则，有计划有组织地采取了多形式、多层次的全员培训。

（一）省有色金属职工中专培训

1985 年 2 月，有色长沙公司办公会议决定：“长沙公司干部培训班”由长沙有色金属专科学校迁至湖南有色冶金劳动保护研究所。7 月全部搬迁完毕。9 月，有色长沙公司正式通知，“干训班”属湖南有色冶金劳动保护研究所的一个机构。除担任本系统干部培训工作，组织电大教学外 1986—1989 年兼管本所职工的教育培训工作，对内称“教育培训办公室”。1989 年 3 月，经中国有色总公司安环部同意，在该所设立“总公司安全技术培训中心”，负责全国有色系统安环技术管理人员的培训任务。1990 年 7 月，中国有色总公司下文批复，同意将“长沙公司干部培训班”更名为“长沙公司干部学校”，有教学专职人员 33 人，其中讲师 11 人，具有其他中级职称以上的人员 16 人。自 1985 年以来，共兴办各类干部培训班 79 期，培训各类技术干部 2695 人次，政工干部 362 人次，共计 3057 人次。从 1993 年起与中南工业大学联合办学，当年招收成人高等教育“市场营销专业”自考班一个，学生 57 人；1994 年招收“计算机专业”成人大专班 1 个，51 名学生；另外，在有色系统招收护士专业中专班一个，有学生 28 名。截至 1997 年年底，在校学生已超过 600 人。历年来，不仅为有色系统和社会育人做出了贡献，而且创造了较好的经济效益。

1994 年 4 月，中国有色总公司下文批复，经有色总公司批准，同意冷水江有色金属职工中专与有色长沙公司干部学校联合办学，原学校名称更名为“湖南有色金属职工中等专业学校”，学校设在“长沙公司干部学校”。当年主要是做好招生准备工作。

随着湖南有色金属职工中专学校规模不断扩大和教学任务的日趋繁重，1994 年 4 月，学校成立了办公室、教务科、学生科、保卫科、招生办等办事机构，增配了部分教职员工，添置了一些教学仪器、设备，教学力量和教学设施不断得到加强。

学校注重教学质量，致力于全面提高学生综合素质，培养社会需要的应用型人才。建校以来已培养大批优秀人才，毕业生遍布全国各地，学校设有电算会计、计算机应用、公关文秘、选矿、采矿、旅游服务、酒店管理、网络与多媒体技术8个专业。

湖南有色金属职工中专学校伴随着湖南省有色金属工业的发展步伐，坚持面向地方、服务基层的办学宗旨，坚持“全面提高学生综合素质和社会适应能力”的办学方针，积极探索多层次多种形式的办学模式，成为一所办学理念创新、特色初显的中等职业学校。

表 6-2-1 1985—2002 年湖南有色金属职工中等专业学校教学办班情况表

时间	办班名称	委托单位	招生范围	人数（人）	备注
1985—1987 年	政教本科班	有色长沙公司	省内招生	54	二年制
1985—1987 年	各类短训班 7 期	有色长沙公司、有色贵阳公司中南办事处	有色系统	241	
1986—1988 年	电大审计班（大专班）	有色长沙公司、省冶金局	全省冶金系统	44	二年制
1988 年	通风防尘班	有色总公司安环部	全国有色系统	27	
1988 年	安全管理班	有色总公司安环部	全国有色系统	38	
1988 年	工区值班长班	有色长沙公司	全国有色系统	47	
1988 年	矿山急救班	有色长沙公司	全国有色系统	43	
1988 年 9 月至 1989 年 6 月	物资管理计划中专班	中国有色总公司	全国有色系统	49	

续表

时间	办班名称	委托单位	招生范围	人数（人）	备注
1989年9月至1990年7月	护士中专班	有色长沙公司	湖南	39	长沙公司干部学校
1989年5月	工业卫生研讨班	有色长沙公司	全国有色系统	27	长沙公司干部学校
1989年6月	车间主任班	有色长沙公司	湖南有色系统	28	长沙公司干部学校
1989年9月	会计证班	有色长沙公司	湖南有色系统	19	教育培训中心
1989年10月	计算机班	中国有色总公司	湖南有色系统	18	长沙公司干部学校
1989年10月	安全班	中国有色总公司	全国有色系统	27	教育培训中心
1989年11月	计算机班	中国有色总公司	全国有色系统	19	长沙公司干部学校
1990年2月	物资管理大专班	有色长沙公司	全国有色系统	43	长沙公司干部学校
1990年4月	哲学辅导员班	有色长沙公司	湖南有色系统	28	长沙公司干部学校
1990年5月	安全处（科）长班	中国有色总公司	全国有色系统	50	教育培训中心
1990年6月	党建班	有色长沙公司	湖南有色系统	38	长沙公司干部学校
1990年7月	矿山通风班	中国有色总公司	全国有色系统	29	教育培训中心
1990年8月	安全统计班（一、二期）	中国有色总公司	全国有色系统	40	教育培训中心
1990年8月	工业防尘班	中国有色总公司	全国有色系统	18	教育培训中心
1991年	护士中专业证书班	中国有色总公司 有色长沙公司	全国有色系统	63	脱产学习一年
1991年	安全处（科）长班	中国有色总公司	全国有色系统	32	

续表

时间	办班名称	委托单位	招生范围	人数（人）	备注
1991 年	物资大专专业证书班	有色长沙公司	全国有色系统	39	脱产学习一年
1991 年	安全管理干部班	中国有色总公司	全国有色系统	42	教育培训中心
1991 年	党建班（一、二期）	有色长沙公司	湖南有色系统	79	长沙公司干部学校
1991 年	纪检干部培训班	有色长沙公司	湖南有色系统	27	长沙公司干部学校
1991 年	新干部入门培训班（1–3 期）	有色长沙公司	湖南有色系统	136	1992 年办（二、三期）
1992 年 4 月	现代安全管理研讨班	中国有色总公司	全国有色系统	35	教育培训中心
1992 年 4 月	尘毒监测班	中国有色总公司	全国有色系统	23	同上
1992 年 4 月	护士专业中专证书班	中国有色总公司 有色长沙公司	全国有色系统	80	脱产学习一年
1992 年 4 月	现代安全管理班	中国有色总公司	全国有色系统	40	教育培训中心
1992 年 4 月	供销处（科）长班	有色长沙公司	湖南有色系统	19	长沙公司干部学校
1993 年	护士中专专业证书班	中国有色总公司	全国有色系统	50	脱产学习一年
1993–1994 年	护士换证班（一、二、三期）	总公司长沙公司	全国有色系统	155	脱产学习两个月
1993 年 9 月	市场营销大专自考班	与中南工大联办	社招	47	学制三年

续表

时间	办班名称	委托单位	招生范围	人数（人）	备注
1993年9月	市场营销大专自考班	湖南有色职大联办	社招	10	学制三年
1994年	护士中专班	总公司长沙公司	全国有色系统	28	学制一年
1994年	“计算机专业”成高班	与中南工大联办	社招	51	学制三年
1995年	计算机应用大专班	与中南工大联办	社招	140	学制三年
1995年	护士中专班	湖南有色金属职工中等职业学校	社招	49	学制三年
1995年	电算会计中专班	湖南有色金属职工中等职业学校	社招	48	学制三年
1996年	计算机应用大专班	与中南工大联办	社招	55	学制三年
1996年	护士中专班	湖南有色金属职工中等职业学校	社招	46	学制三年
1996年	电算会计中专班	湖南有色金属职工中等职业学校	社招	34	学制三年
1996年	计算机应用中专班	湖南有色金属职工中等职业学校	社招	28	学制三年
1996年	机电一体化中专班	与湘乡铝厂联办	湘铝	60	学制三年
1997年	计算机应用大专班	与中南工大联办	社招	26	学制三年
1997年	护士中专班	湖南有色金属职工中等职业学校	社招	42	学制三年

续表

时间	办班名称	委托单位	招生范围	人数（人）	备注
1997年	电算会计中专班	湖南有色金属职工中等职业学校	社招	40	学制三年
1997年	建筑施工中专班	与长沙高等工校联办	社招	41	学制四年
1997年	电气自动化中专班	与长沙高等工校联办	社招	78	学制四年
1998年	计算机中专班	有色长沙公司	全省有色系统	259	与冷水江技校联合办学 学制三年
1998年	计算机大专班	中国有色总公司	全国有色系统	59	与中南大学联合办学 学制三年
1998年	财会中专班	湖南有色金属职工中等职业学校	全省社招	55	与湖南女大联合办学
1998年	房产中专班	湖南有色金属职工中等职业学校	全省社招	41	与湖南女大联合办学
1999年	计算机中专班	湖南有色金属职工中等职业学校	全省社招	293	与冷水江技校联合办学 学制三年
1999年	计算机大专班	湖南有色金属职工中等职业学校	全国有色系统	24	与中南大学联合办学 学制三年
2000年	计算机中专班	湖南有色金属职工中等职业学校	全省社招	44	学制三年

续表

时间	办班名称	委托单位	招生范围	人数（人）	备注
2001 年	计算机中专班	湖南有色金属职工中等职业学校	全省社招	65	学制三年
2002 年	计算机中专班	湖南有色金属职工中等职业学校	全省社招	52	学制三年

（二）扫盲和文化技术“双补”

1950 年 6 月，国务院颁布《关于开展职工业余教育的指示》后，锡矿山矿务局、水口山矿务局、瑶岗仙钨矿、川口钨矿、汝城钨矿、东波有色金属矿、新晃汞矿等一批有色金属企业先后办起了职工夜校和职工业余学校，对文盲、半文盲职工进行识字教育。1951 年 6 月，省政府就职工业余教育提出具体要求：各厂矿企业规模较大者要分车间设校；不能单独举办者，要会同邻近单位合办一校；或成立各种小型学习班。以后，全省有色金属企业业余学校逐年增加。由于各企业坚持以发展生产、提高劳动生产率为中心，把政治教育、文化教育与技术教育紧密结合起来，办学效果一般都比较好。1960—1962 年，职工生活困难，业余学习处于低潮，1963 年以后逐渐恢复正常。各企业按照“四固定”要求，文化课以开办中学班为主，兼办小学教育。“文化大革命”开始后，尤其是 1967—1971 年，大多数有色金属企业职工教育机构撤销，专职干部和教师下放劳动或另调工作，职工业余学校停办。

1978 年以后，企业职工教育培训工作在拨乱反正中得到恢复和发展。特别是 1981 年 2 月，中共中央、国务院下达《关于加强职工教育工作的决定》后，根据省政府的部署，鉴于“文化大革命”中有一大批实际程度不到初中水平的青年加入到职工队伍，从 1982 年起，全省有色金属企业普遍开展了青壮年职工文化、技术“双补”。各单位成立了职工教育领导小组或职工教育处（科），抽调专人抓“双补”教育工作。

1. 柿竹园有色金属矿“双补”工作

柿竹园有色金属矿于 1982 年 2 月开启了“双补”工作，补课对象为 1968 年至 1980 年年初，高中毕业而实际文化水平未达到初中毕业的职工和未经专业技术培训的三级以下职工。

1982 年 3 月 24 日，柿竹园有色金属矿职教委作出举办脱产文化补习班决议。5 月 3 日，第一期补课班开学。参加文化补习 179 人。设扫盲班 1 个、43 人；小学班 1 个、41 人；初中班 2 个、95 人。教学任务由技工学校承担，职工带薪学习，实行正规教学管理和奖学金制度。1982 年 11 月结束。这期间同时对 1968—1981 年历届技校毕业生进行了语文、数学、物理、化学 4 科文化摸底测试，列入文化应考 488 人，实际参考 447 人。1982 年 9 月 19 日，对该类应考缺席人员和单科不及格人员 299 人重新组织了补课和考试。技术补课于 1982 年 8 月 17 日开始。参加对象扩大到了 1980 年以后入矿的新工人。补课内容涉及风钻、爆破、支柱、运输、化验、破碎、重选、浮选、磁选、药剂、车工、钳工、电工、铸造 15 个技术工种。根据职工是否接受过专业教育，采取技术理论学习和操作训练两种形式，编制了 15 个工种教材，颁发了各工种应知、应会标准。参加技术补课 510 人。其中 44 人集中上课学技术理论；466 人参加岗位操作训练。1982 年 12 月，组织了技术“应知应会”考试。

1983 年，柿竹园有色金属矿进入缓建期，决定开展“三三制”职工教育，即分 3 年，每年抽出 1/3 职工学政治、学文化、学技术。1983 年 1 月创办职工学校；2 月矿职教委决定进一步开展“双补”工作，除布置基层单位开办岗位技术培训班外，再次（第二批）抽调 60 名青壮年职工于 3 月 21 日集中文化补习。参学人员的工会组织关系、工资关系转入职工学校管理，免学员课本费，自购作业本，按学习出勤和成绩状况计发工资，脱产学习期半年。4月18日，电工、钳工半脱产补课班相继开办，电工班28人；钳工班57人。1984年3月1日，第三批文化补课班开学，参学41人。第四批文化补课班1984年8月31日开学，参学20人。1985年初，“双补”工作基本结束。1988年，柿竹园矿对年龄40岁以下、文化初中以下的“两下”干部开展了高中文化培训，参培22人。有9人外送同等学历一年制脱产学习。1991年，举办35岁以下青工“双基”教育轮训班8期，其轮训1068人。其他各种培训班41期，1900余人次参加。1993年、1994两年办各种培训班20多期，培训职工1660人，培训率95.18%。

2. 锡矿山矿务局“双补”工作

锡矿山矿务局经过调查摸底，全局共有应补对象2156人和文盲半文盲86人。语文、数学为必补课程。普工只补语、数两门。技术工种、熟练工种视工种性质不同，除补语、数外，还要加补物理或化学。教学课时一般达300学时以上。教学形式，少数职工采取办全科全脱产5个月的学习班，大部分职工上业余学习班或自学。教材采用教育部编写的工农业余初中教材和部分省编、自编教材，基本保证人手一册。1983—1985年，由省冶金局命题统考和阅卷评分，发合格证。

1982—1985年，锡矿山矿务局根据省冶金局历年下达的指标，按照“四优先”（基础较好、离合格要求相差不远的优先，技术工种和关键岗位优先，1983年转正的学徒、新工人优先，文化补课相对于技术补课优先）原则，举办培训班177期，培训4763人次，累计补课合格2064人，完成应补对象的95.8%，超过国家规定“六五”期间完成80%的指标而获得上级好评。

据1982年摸底，锡矿山矿务局共有文盲半文盲86人。因忙于青壮年职工文化补课而一直未办扫盲班。1986年，上级要求对45岁以下的文盲必须进行扫盲教育。经再次摸底，45岁以下的文盲半文盲20余人，全部是工人且大多属女性。1986年5月，职校举办全脱产扫盲班。经一再动员，有16人报名学习。开设语文、数学课程，进行历时5个月的教学，经考试基本上达到扫盲标准。

（三）职工文化技术教育

《中共中央批转〈关于加强干部培训工作的报告〉的通知》明确要求对文化在初中以下、年龄在45岁以下的干部（简称“两下”干部）进行文化教育，并要求在1990年前使所有“两下”干部均达到高中、中专以上文化水平。

1. 锡矿山矿务局培训工作

锡矿山矿务局1984年对所有在职干部进行调查摸底，调查出已达初中毕业水平应进入高中学习的干部125人，只具小学水平而须先进初中学习后再进高中学习的干部31人。在调查摸底的基础上，作出“两下”干部培训规划，把任务落实到职校，采取一年全脱产学习形式，每年开办一个班招收学员30人左右。1987年，除对“两下”干部进行高中文化教育外，适当输送外培进行中专教育。1985—1990年，由职校举办脱产一年的“两下”干部高中班5期，培训干部128人，输送至有色长沙公司中专专业证书班学习的干部39人，使167人达到高中、中专水平而基本上完成了“两下”干部的文化教育任务。

为培养一批工人技术尖子和能工巧匠，同时为工人晋升技师创造条件，根据1987年10月国家经委、劳动人事部下发的《关于加强企业高级工培训工作的意见》，锡矿山矿务局从1988年开始组织高级技工的培训。根据实际情况，确定培训对象仅限于机械、电气等技术工种且具有较高文化素质、年龄在45岁左右的高级技工和拟进入高级技工的中级技工。培训采用国家机械委编写出版的机电高级技工教学计划、大纲和教材，由职校举办4个月的脱产培训班进行，少数人还输送到有色长沙公司办的高级技工培训班培训。1988—1992年举办机电高级技工培训班6期，连同外培共培训了高级工157人。其他工种的高级工培训，仅1988年和1995年配合工人技师的考核评定，进行过非正规的短期复习培训。

岗位培训是职工教育工作的重大改革。岗位培训有两种类型：一类是规范化岗位培训，必须根据岗位需要而制定的岗位规范标准进行，目的在于能胜任岗位工作。另一类是适应性岗位培训，即一种紧密结合现场生产实际需要的攻关性培训，目的在于攻克生产技术难关。岗位培训符合职工岗位实际，能解决生产技术问题，是“八五”及其以后职工培训的主要形式，锡矿山矿务局从1990年开始，职教工作已逐步转入岗位培训。1990—1992年，借鉴北京、上海编写岗位规范标准的经验，组织30余名工程技术人员编写了地质、测量、采矿、选矿、冶炼、通风防尘、化验、机械、电气等专业的93个工种的岗位规范标准，并选择北选厂进行岗位培训试点取得了成功经验。1992年1月14日，局制订《关于职工岗位培训的实施意见》。完成上述准备工作，为开展岗位培训打下了良好的基础。“八五”期间，除采用太原钢铁公司和省编写的班组长岗位培训教材，由职校举办脱产的班组长班进行岗位培训外，其他主要由各单位采取业余办学形式进行技术等级培训和适应性攻关培训。1994年，配合工资调升，进行了主要生产岗位工人技术应知、应会的培训，复习和“双考”。1995年，配合技能工资升级，进行了各主要生产技术工种，安全技术操作规程的复习、培训、考试。1991—1996年，锡矿山共举办工人岗位培训班322期，培训工人7125人次。其中，举办班组长岗位培训班19期，培训班组长759人。

在特殊工种培训方面，劳动部制定的有关安全监察条例规定，为了搞好安全生产以保证人身设备的安全，对特殊工种须经地市以上劳动部门进行安全、技术培训，取得安全操作合格证后方准上岗。锡矿山矿务局根据地区劳动局的要求和生产实际，采取送至地区劳动局举办的培训班和自办培训班学习的形式进行，统一由地区劳动局命题、考试、阅卷，对压力容器电焊工、锅炉司炉（含汽包工）、爆破工、氯气钢瓶检验工、电工、计量仪器检验工、行车工等7个特殊工种共315人进行了安全技术培训。

干部培训主要是提高干部队伍的业务素质。1982—1996年，锡矿山矿务局通过自培、外培形式对干部进行业务培训达6601人次，培训面达100%。局级干部的培训，按分工由冶金部、有色总公司和省政府负责。1982年前，根据部、省关于对地以上干部进行一次轮训的要求，锡矿山11名局级干部除一人因年老免训外，其余10人输送至部和省培训班学习。1987年，国家经委、中组部、国家教委下发文件规定，对“五种岗位领导干部”（即党委书记、厂长经理、总工程师、总经济师、总会计师）进行任职资格培训。1989—1991年，先后输送9名局级干部参加有色总公司培训而取得任职资格。1993年，提拔的3名局级干部，其中有2人于1991年前参加中青年后备干部培训合格，有1人于1995年参加培训合格。

2. 株洲硬质合金厂教育培训

1981年，株洲硬质合金厂发出《关于加强职工教育工作的决定》和《关于加强培训管理工作的通知》，推动工厂教育事业与生产建设同步发展，各分厂、处室都成立职工教育领导小组，配备兼职教育干事，健全教育培训网络。

“六五”期间，工厂完成了1200名青壮年文化补课和1300名青壮年技术补课任务，其中1981年共举办各种培训班

31 个，培训职工 1200 人次，另送 143 人去全国 28 个单位对口学习。

“七五”期间，工厂重点抓了中级技工培训、车间主任和分厂、处室领导培训，同时对干部进行了现代化管理 18 法和外语等知识补缺，以及技术经济、管理工程、工程设计、微机技术等知识更新，促使工厂职工提高文化、技术、业务和管理水平，初步形成了一支懂现代技术和科学管理的高文化结构的干部队伍和以中高级技术工人为主体的工人队伍。

1981—1990 年，工厂在抓生产进步与技术革新的同时，注重人才优势的开发和在职职工的培训，劳动生产率因而年递增 7.3%，全员劳动生产率 1986 年人均为 29296 元（达到国家二级企业水平），1988 年人均为 35941 元（达到国家一级企业水平），1990 年人均增至 37662 元。

在干部教育培训方面，株洲硬质合金厂的原则是，以岗位和专业技术为主，坚持干什么学什么，缺什么补什么；形式则采用脱产、半脱产和业余自学三种。干部教育培训的内容有 5 个方面：即文化基础补课，成人高等教育、中等专业知识教育、岗位培训、专业技术培训。

1985 年和 1986 年，配合工厂推行现代化管理，重点抓了对干部现代化管理的培训工作：一是 5 位厂级干部参加了国家举办的“厂长经理培训班”的学习；二是外送 17 位中层干部到中南工业大学、湖南教育学院等处学习；三是在厂内举办财务、微机、劳资、成本分析、现代化管理等专业学习班，参加人数共计 600 人；四是 1988 年 8 月，工厂完成了干部正规化理论培训任务。共举办 10 期干部正规化理论培训班，有 455 人学完了《科学社会主义》一书。

株洲硬质合金厂技工学校于 1982—1990 年，根据需要设班，按照专业开课，共举办 29 个中级技术培训班（含机械加工班 7 个，电工班3个，粉冶班7个，稀冶班12个），培训人员940人（计机械加工班254人、电工班97人、粉冶班227人、稀冶班362人），提高了工人的文化素质和技术水平，调整了工厂工人群体的知识结构。

株洲硬质合金厂的高等教育基地是职工大学。职工大学创设于1975年。开办初期，校舍借用，没有实验器材，教师兼职。1990年年底，职大拥有新建教学大楼、学生宿舍、食堂等，约占地1.47公顷，总建筑面积为3760平方米，3个实验室、1个图书室和1个校办工厂。图书室藏书3万册，能满足电子、机械、化工、英语、中文、财会、党政、人事、企业管理等专业教学的需要。职大有专职教师23人，在校学生660人。设置财会、金属材料与热处理、电气工程、机电工程电子技术、机械工程、化工工程、汉语言文学7个专业。还设有专业证书班、短训班和工程师继续教育班。至1990年，职大为中国有色金属工业系统培养毕业生589人，短期培训学生369人，继续教育工程师268人。

第三节 职工管理

中华人民共和国成立后，一度照搬苏联体制，对职工实行集中统一管理。部属有色金属企业先是由大行政区领导，1954年以后直接由部领导。有些企业虽曾下放一段时间，最后仍归部或其派出机构管理。省属有色冶金企业由省管理。

职工的招收，均由有色冶金企、事业单位根据政府下达的指标进行招工。为了照顾地区和行业，有时只能在指定地区和单位中招收工人。1976—1977年私招农村劳力比较严重，一些重活、脏活都安排他们去做，固定工只做一些技术性的轻松的工作。中共十一届三中全会以后，逐渐改变了过去“统包统配”

的办法，对招收对象实行“德、智、体”全面考核，用人单位从此可根据生产和工作的需要择优录用。

职工的调配，根据国家的统一调配制度和不同隶属关系，由上级统一调配。这种制度能统筹安排职工，便于老企业支援新企业。锡矿山矿务局自1951年至1981年，外调职工5583人，其中工人4202人，工程技术人员420人，支援了省内外60多个单位。1966年8月，瑶岗仙钨矿经上级决定，曾经成建制地调出一个工区（60余人）到宝山铜矿。1968年，该矿又调给麻阳铜矿40人、湘东铁矿85人。此外，水口山矿务局支援过桃林铅锌矿；湘东钨矿支援过湘东铁矿；湘西钨矿也支援过桃林铅锌矿。统一调配劳动力的弊端，是很难做到人尽其才。1979年开始逐步采取公开招聘、定期支援、临时借调等办法，弥补了这一不足。

用工制度方面，国家实行的有固定工、合同工、临时工、季节工、轮换工、亦工亦农等。县属以上企业主要实行固定工，也有少数短期雇用临时工、合同工的。县以下集体企业，如砂金矿的群众采矿点，大都实行季节工或临时工。

接触矽尘的井下工种采用轮换工制。1964年9月，湖南有色金属工业管理局、湖南省劳动局根据上级指示精神，确定在锡矿山矿务局进行井下工人轮换试点，拟定了办法和轮换时间，如采掘工4年，爆破、松石、测尘工5年，搬运、支柱工6年等。这一年锡矿山矿务局招收轮换工47人。1965年11月锡矿山矿务局再次招收125名（实际报到114人）轮换工。1966年、1968年瑶岗仙钨矿也进行了轮换工和合同工的试点。“文化大革命”后期，轮换工制被作为“修正主义的劳动制度”遭到批判，并被废除。1980年8月，国家劳动局、冶金工业部批准对井下采掘工人进行轮换制的试点；10月，锡矿山矿务局在247名采掘凿岩工中进行定期调换岗位、脱离粉尘操作的轮换制，时间定为7年。1987—2002年，实行劳动合同制和招聘制，用工单位和个人签订合同，规定期限和条件，明确劳动者和用人单位的责、权、利。

经营者的管理，中华人民共和国成立以后直至20世纪80年代初，湖南有色金属企事业单位的领导班子都是由上级主管部门选派和委任的。1984年7月，中共湖南省委、省政府确定株洲硬质合金厂进行领导体制改革，推行厂长负责制。至1988年，推行厂长负责制的单位有：株洲冶炼厂、锡矿山矿务局、衡阳有色冶金机械厂、长沙矿山研究院、湖南有色金属研究所等企事业单位。进入90年代，随着干部人事制度不断推进，企业经营管理者选拔的民主程度不断扩大，公开述职、民主测评和民主推荐逐渐成为评价和选拔任用干部的重要依据。同时推行承包经营责任制，竞争机制开始引入，鼓励企业面向社会公开招标选聘经营者。株洲冶炼厂、株洲硬质合金厂、水口山矿务局、锡矿山矿务局、柿竹园有色金属矿、湘乡铝厂等企业先后于2000—2001年完成改制改组，建立现代企业制度，企业领导体制由厂长负责制转变为法人治理结构，董事会成为企业最高决策机构。

第三章　企业管理

第一节　综合管理

一　贯彻“工业七十条”

“工业七十条”即中共中央 1961 年 9 月颁发的《国营工业企业工作条例（草案）》。它是中华人民共和国成立以来第一个指导企业加强管理的重要文件。“工业七十条”分总则、计划管理、劳动管理、工资奖金与生活福利、经济核算和财务管理、责任制、党委领导下的厂长负责制、工会和职工代表大会制、党的工作 11 个部分，共 70 条。

从 1962 年开始，湖南国营工业企业从本单位实际出发全面贯彻“工业七十条”。水口山矿务局奉上级之命于 1962 年接管车江铜矿，该局从整顿管理工作入手，推行业务流程图，建立健全各项规章制度，铜的生产能力由接管前的 25 吨提高到 250 吨。株洲硬质合金厂按照“工业七十条”的要求，对全厂综合生产能力进行全面检查和核定，建立健全各项工作责任制和专业管理制度，修订各类定额，推动各项技术经济指标全面提高。1963 年，该厂硬质合金产品订货量 395 吨，实际完成交货量 405.96 吨；出口产品订货量 95.61 吨，实际完成交货量 96.23 吨，是投产以来合同执行最好的一年。1965 年，该厂产品质量、产品品种、各项技术经济指标均创历史最好水平。1966 年下半年，“工业七十条”停止执行。

二 开展企业整顿

1975 年 3 月，中共湖南省委按照全国工业书记会议精神开展企业整顿。整顿的方针是“四个必须”，即必须建立一个坚强的领导班子，必须坚决同派性作斗争，必须认真落实政策，必须建立必要的规章制度。

1982 年 1 月，中共湖南省委、省人民政府根据中共中央、国务院《关于国营工业企业进行全面整顿的决定》，提出以提高经济效益为核心、搞好企业全面整顿的指导方针和先试点后铺开的整顿计划，并确定整顿工作的重点是整顿和建设好领导班子，整顿和完善经济责任制，整顿劳动组织。

1983年6月，湖南省冶金厅在株洲召开企业整顿工作会议，总结前段开展企业整顿工作的经验教训，要求各单位党政主要领导要亲自抓、制订好企业整顿工作规划，成立整顿领导小组，配备专职工作人员，并在企业内部开展试点，采取以点带面的方法进行。

1984 年 2 月，省冶金厅在湘乡召开企业整顿工作汇报会议。要求各单位在 6 月底前按照验收标准开展自检和对口检查。

1984 年 10—12 月，有色长沙公司先后组织对中央在湘有色金属企业进行企业整顿工作检查，对验收合格的单位，由中国有色金属工业总公司颁发企业整顿工作验收合格证书。

经过全面整顿，绝大多数企业领导班子素质提高，管理基础工作得到加强，大、中型企业计量器具配备率达到 95% 以上，合格率达到 90% 左右；企业劳动定额水平普遍提高 10% ~ 15%；标准化工作和各项规章制度也普遍建立起来。1986 年 1 月，全国企业整顿领导小组、国家经委在北京举行全国企业整顿先进单位授奖仪式。株洲硬质合金厂获“全国企业整顿先进单位”称号。

三　企业升级活动

1986 年 7 月，国务院发布《关于加强工业企业管理若干问题的决定》，号召在全国工业企业中广泛开展“抓管理，上等级，全面提高素质”的活动（简称“企业升级”活动），并针对企业产品质量差、物质消耗高、经济效益低的突出问题，提出了在“七五”期间，要把提高产品质量、降低物质消耗和增加经济效益作为考核工业企业管理水平的主要指标，以分别达到当代国际先进水平、20 世纪 70 年代末 80 年代初的国际先进水平、国内同行业先进水平、各省（自治区、直辖市）同行业先进水平 4 个层次的目标，划分为国家特级、一级、二级和省（自治区、直辖市）级先进企业 4 个等级，引导企业自觉加强企业管理，全面提高素质。同年 9 月，省政府决定，在全省工业企业中广泛开展“企业升级”活动，并将“湖南省企业整顿工作领导小组”改名为“湖南省加强企业管理领导小组”，以加强对企业升级工作的领导。10 月，省政府发文提出：到 1990 年，全省国营预算内工业企业要有 20% 达到国家二级企业水平，60% 达到省级先进企业水平，其余的都要力争达到省级预备企业水平。通过层层发动，企业升级工作随即在全省国营预算内工业企业全面展开。

1988 年，湖南省企业升级工作继续深入开展。4 月，省加强企业管理领导小组和省经委联合出台《省级先进企业审定办法（试行）》规定：申报省级先进企业，其产品质量、物质消耗、经济效益都必须达到省级先进企业的标准；升级考核年度和申报期间无重大事故；企业管理基础工作必须达到行业和省提出的要求。这个文件对保证企业升级工作质量起了重要作用。1989 年 4 月，湖南省加强企业管理领导小组决定，从该年起，对所有已升级企业每年进行一次复查。对复查达不到标准的，应区分不同情况进行处理、分别给予警告、限期整改、撤销先进企业称号、停止享受优惠政策的处分。

1990 年年初，省人民政府企业管理指导委员会重新制定并颁发了《湖南省省级先进、省级预备企业标准》，强调坚持高标准，严要求，防止追求数量，防止和克服忽视管理单纯“套标升级”。1990 年 9 月和 1991 年 8 月，省人民政府两次命名省级先进企业共 242 家。至此，全省共命名省级先进企业 647 家，其中有色企业 23 家。与此同时，申报国家一级、二级企业的工作也取得一定成绩。1990 年 1 月至 1991 年 10 月，湖南先后有 4 家企业被认定为国家一级企业，其中有色企业 2 家，有 141 家企业被认定为国家二级企业，其中有色企业 11 家，1992 年根据国务院的统一部署，全国性的企业管理上等级活动停止。

1987—1991 年，湖南省升级企业名单如下：

（一）国家一级企业（国务院企业管理指导委员会审定）

第二批（1990 年 12 月公布，湖南共 2 家，其中有色企业 1 家）

株洲硬质合金厂

第三批（1991 年 10 月公布，湖南 1 家，为有色企业）

株洲冶炼厂

（二）国家二级企业（国务院各部、委、局审定）

第一批（1987 年 12 月公布，湖南共 4 家，其中有色企业 1 家）

株洲硬质合金厂

第二批（1988 年 12 月公布，湖南共 21 家，其中有色企业 3 家）

株洲冶炼厂　　　株洲选矿药剂厂

衡阳有色冶金机械厂

第三批（1989 年 12 月公布，湖南共 50 家，其中有色企业 6 家）

株洲市钨钼材料厂　　湘乡铝厂

锡矿山矿务局　　　　黄沙坪铅锌矿

湖南益阳锑品冶炼厂　长沙市金属制品厂

第五批(1991年10月公布,湖南共23家,其中有色企业1家)
水口山矿务局

(三)省级先进企业(湖南省人民政府审定)

第一批(1987年12月公布,共28家,其中有色企业4家)
株洲硬质合金厂 株洲市钨钼材料厂
桃林铅锌矿 株洲选矿药剂厂

第二批(1988年9月公布,共125家,其中有色企业7家)
株洲冶炼厂 长沙有色金属加工厂
中国有色金属工业总公司第三建设公司第一工程公司
湘乡铝厂 桃江稀土金属冶炼厂
长沙市金属制品厂 新邵县冶炼厂

第三批(1989年7月公布,共252家,其中有色企业8家)
桃江有色金属铸造厂 新晃汞矿
麻阳铜矿 安化司徒钨矿
益阳锑品冶炼厂 铜岭山有色金属矿
益阳市资江锑品冶炼厂 衡阳市铝制品总厂

第四批(1990年9月公布,共164家,其中有色企业4家)
水口山矿务局 长沙锌厂
车江铜矿 衡阳冶炼厂

第二节 管理经验选介

湖南有色金属企业管理与企业的改革紧密相连,企业管理基础工作,企业管理的创新提高,都是随着改革的深入而展开的。在企业改革的进程中,企业管理经历了外部推进和内部加强两个方面的历程。

一是经历了外部改革发展的推进过程。湖南有色金属企业从1978年以来经历了两个历史性跨越:第一次是扩大经营自主权（1978—1992 年）。按照中共十一届三中全会提出的改革举措，湖南有色金属企业进行了扩大经营自主权的改革，实行了两步利改税，调整了企业与国家的利益分配关系，1983 年 6 月起缴纳企业所得税；1985 年起实行经营承包责任制，中国有色金属工业长沙公司对管辖的 20 家企业分别实行 6 种不同形式的经营承包责任制，把工资总额与实现利税挂钩，企业要确保完成承包合同规定的上缴税利指标及国家规定的技术改造任务；至 1987 年年底，先后有株洲硬质合金厂、株洲冶炼厂、锡矿山矿务局、衡阳有色冶金机械厂、长沙矿山研究院、湖南有色金属研究所等企事业单位实行了厂（矿、院、所）长负责制。第二次是制度创新和结构调整（1992—2002 年）。1992 年 10 月，中共十四大明确了经济体制改革的目标是建立社会主义市场经济体制，企业改革发展进入一个新的时期。各有色金属企业在建立现代企业这一改革思想的指引下，把企业改革、改组、改造和加强企业管理有机结合，进行战略性结构调整和制度创新；1998 年提出三年脱困目标，转换企业经营机制，实行债转股；分离企业办社会的职能，将职工转岗分流，并成立再就业服务中心，安置企业富余人员；2000 年全省有色金属企业基本实现了三年改革与脱困的目标；2001 年，锡矿山矿务局、水口山矿务局、湘乡铝厂、柿竹园有色金属矿改制为有限责任公司；株洲冶炼厂、株洲硬质合金厂改制为集团公司。企业改制成为公司，初步建立现代企业制度。随着市场化和国际化程度的不断加深，企业面向市场，独立经营，初步建立起了决策、执行、监督相互制衡的机制；企业劳动、人事、分配制度发生了重大变化。在劳动制度方面，实行了全员劳动合同制；在人事制度方面，实行企业经营管理人员竞聘上岗；在收入分配方面，根据经济效益和当地社会平均工资水平决定管理人员和职工的分配方式和分配水平。企业经营管理人员能上能下、职工能进能出、收入能高能低新机制逐步形成。通过精干主业、主辅分离、辅业改制，剥离了不良资产；通过资本运作，对外参股、控股，实现了企业组织结构优化和内部资源的有效配置。实施了企业负责人经营业绩考核，将国有资产保值增值责任层层落实，国有资产监管得到进一步加强。

二是经历了加强内部管理的发展过程。企业改革和社会主义市场经济的建立，推动了企业内部管理的加强和创新。在实践中，坚持把推进企业的体制、机制、技术和管理创新统一于企业改革发展的全过程，切实提高企业的整体素质，实现了持续健康发展。在加强管理和管理创新过程中，经历了两个方面的改进和提高：一是由松散管理转向集中管理。从 1986 年开始，结合企业升级，进行了管理整顿工作。各企业健全完善了以岗位责任制和安全操作规程为主的多项管理制度，统一了生产、技术、待遇等方面的管理；进行了劳动管理方面的“三定”（定岗、定编、定员）工作；进行了标准化管理的建立工作；进行了材料物资供应和资金使用方面的计划、定额、限额管理工作；开展了采掘工程和选矿生产方面的“三量”平衡、金属平衡等考核工作，提升经济技术管理水平的工作；进行了管理部门的业务建设工作。二是由粗放管理转为精细管理。湖南有色金属企业从 1990 年开始，开展“管理年”活动。各单位从各项基础工作抓起，迈向了向管理要效益的进程，对管理工作提出了“严、细、狠、实”的要求，使各项管理进一步深化。1992 年提出“加强管理挖潜力”，要求在“质量、品种、科技、管理”八字方针下开创管理工作新局面。1995 年提出“狠抓管理，苦练内功”要求，全面加强现场管理，向管理要效益，从管理挖潜力。1998 年再次开展“管理年”活动，紧紧围绕“扭亏脱困”中心，严字当头，从严治企，节能降耗，精细管理，促进了企业管理水平的提高。全省有色金属企业一举摆脱 1996—1998 年三年亏损状态，1999 年扭亏为盈，实现利润 0.43 亿元。

一 株洲冶炼厂“两团一组”管理经验

1991 年 3 月，中共中央总书记江泽民在湖南考察工作时指出：“50 年代我们在企业中曾经创造了‘两参一改三结合’的民主管理形式，实践证明是成功的。株洲冶炼厂实行‘两团一组’的民主管理形式，我看也是可取的。”

株洲冶炼厂的“两团一组”指的是工人参谋团、工程技术人员参谋团和厂领导干部政策研究组，正式成立于 1990 年 5 月。作为深化和推行厂长负责制的一个群众性参谋智囊组织，团组成员受聘于工厂管理委员会，是活跃在全厂近万名职工中为工厂最高决策层服务的调研员、信息员和宣传员。1991 年，团组成员已由成立之初的 60 人扩充到 70 人。其中，工人参谋团 25 人，工程技术人员参谋团 18 人，厂领导干部政策研究组 27 人。“两团一组”坚持以业余为主，按组织章程开展活动，日常工作由厂部办公室负责处理。其经验特点可以概括为“三四五”，即发挥三个作用：厂党委和厂行政联系群众的桥梁纽带作用，尽心尽责、献计出力的参谋智囊作用，以厂为家、克己奉公的模范带头作用；执行四项任务：调查研究，参与管理，实施监督，组织攻关；开展五种活动：定期学习，现场指导，专题调查，集体研讨，成果发布。在实践中，“两团一组”发挥出既不同于职代会、厂长信箱等原有民主管理形式的功能，又不同于企业党政部门机构职能的特殊作用，被职工群众称为“系在工人与厂长之间的同心结”。广大职工的工作积极性高涨，企业的活力增强，经济效益提高。

二 柿竹园矿管理简介

柿竹园有色金属矿企业管理工作从 1986 年至 2002 年可分

为两个阶段。

（一）企业管理工作结合经营模式转变进行

柿竹园有色金属矿组建于计划经济向市场经济过渡时期，企业由生产型向生产经营型转变。企业从计划经济管理体系向市场经济管理体系转变。1984 年，原东波有色矿开展企业整顿，获湖南省冶金工业厅企业全面整顿合格证书。1985 年推行生产经营承包责任制。1986 年柿竹园矿开展了企业升级工作，这是“七五”期间加强企业管理的中心工作，矿里制定了“七五”企业升级规划，围绕企业升级开展了以下工作：

1.“双增双节”活动

“双增双节”即增产节约、增收节支。这一活动从 1986 年 11 月开始，每年制定“双增双节”指标和措施，通过层层动员，同经济责任制一同落实到各基层单位。1987 年，为扭转被动局面，柿竹园矿抽调管理人员组成 4 个工作组，由矿领导带队，深入基层现场办公，解决“双增双节”和生产建设中的问题，促进了管理工作的加强，当年在国家不再拨付维护费的困难情况下，完成工业总产值 1954.76 万元，为年计划的 108.6%，较上年提高 35.87%。铅锌金属总量完成 10059 吨，为年计划 111.77%，比上年增长 19.96%，提前 61 天完成国家计划。实现利税总额 403 万元，较上年增长 69.10%。全部成本降低率为 18.18%，较上年降低 23.76%。1988 年结合生产经营秩序整顿，精简机构，压缩了 30% 非生产人员，充实生产一线。当年完成工业总产值 2207.4 万元；铅锌金属总量 9723 吨，利税 898 万元，分别为年计划的 117.39%、114.39%、144.16%。全年能源总耗量和万元产值能耗分别较年计划降低 27.4%、32.4%。百元产值占用定额流动资金比计划下降 5.13 个百分点。1989 年开展“三提高两降低”活动，矿石贫化率、选矿回收率达到计划要求。全年采选作业原材料共计节约资金 319 万元，较上年多节约 71

万元。能源总消耗仅为年计划的58.32%，节约能源9963吨标煤。1990年继续抓了金属平衡、成本核算、提质降耗、收旧利废、提合理化建议等专项工作，全矿提前两个月全面完成国家计划，可比产品成本比上年降低31.73%。这一年，柿竹园矿采用了“经济活动分析会”形式研究解决生产建设中的成本控制、资金使用等方面的问题。同时创建了企业“内部银行”控制消耗，控制费用，控制成本。双增双节作为专项活动，对初期创业的柿竹园矿，由生产型进入生产经营型，奠定了经营管理基础。“双增双节”工作成为企业管理中一项日常性工作长期坚持了下来。

2. 标准化管理

1986年年底，柿竹园矿启动了企业标准化建设工作，并首先在执行国家计量标准上取得成绩，被评为湖南省二级计量单位。1989年年底正式成立标准化委员会，设置标准化办公室，并在下属单位相应成立标准化领导小组。1990年，抽调企管、科技、质检等部门专业技术人员组成工作班子，采用国际标准编制了企业技术标准71个、管理标准116个、工作标准51个和采、掘、选岗位责任制。1990年统计基础工作标准化，经中国有色金属工业总公司验收合格。全面质量管理达标。国家二级企业考核指标50%达标。1991年12月，通过产品标准水平、实物质量水平、以技术标准为主体的标准体系、标准实施和标准化效益、标准化管理水平等项验收，柿竹园矿获湖南省三级企业标准化水平企业合格证书。此后标准化管理随企业发展不断赋予了新的内容。

3. 定置管理工作

1990年在实施标准化管理的同时，开展了定置管理工作。通过定置管理达到环境优美整洁、物件摆放有序、设备运转正常、记录完整准确、安全措施得力、人员恪尽职守的目标。柿竹园矿成立了现场定置管理小组，在调查研究基础上，制定了定置管理方案，编写了《定置管理基本知识》。1991年8月在全矿分步推行定置管理。9月27 —28日举办了有各基层单位、机关部门负责人和专干参加的定置管理学习班。大规模开展了生产工作场所的清理整顿，清出有价物品127.5万元；清出工业垃圾3280吨，制定定置图表300份，所有设备、物品、工具、文档都按定置图表归放。1992年3月在全矿范围开展了整顿现场管理100天活动，颁发了《现场管理暂行办法》，公布现场管理评价10条，按现场管理优劣五档检查验收，实现生产现场“七治四不二达标”，即七治：根治脏、乱、差、跑、冒、滴、漏；四不：下班前设备不擦洗保养不走，产品不堆放整洁不走，工具不清点摆放好不走，地面环境不打扫干净不走；二达标：现场粉尘、有害气体液体含量，控制在国家规定标准之内。经过整顿，有效推进了企业文明生产。

4. 班组基础建设

柿竹园矿在生产单位实行工区、队、班组三级管理；制定了班组岗位责任制；规范建立了班组生产及管理活动一系列原始记录表册。集中开展了班组长岗位培训。1990 年，在全矿开展了创“最佳管理单位”和以工区车间为单位的班组升级竞赛，全矿有 96 个先进班组、10 个模范班组获得荣誉表彰。1991 年对全矿 243 个班组建立了班组档案，发放班组长管理津贴。通过班组建设，企业管理有了坚实的基础。四九〇工区采掘队风钻班 1991 年、1992 年连续被有色长沙公司、湖南省冶金工会授予“模范班组”称号。柴山工区青年突击队被评为 1992 年度有色长沙公司“模范班组”。1993 年，柴山铅锌采选场 411 主巷青年掘进队获中国有色金属工业总公司“先进班组”称号。

（二）企业经营管理结合企业改革进行

随着国家对企业改革的力度不断加大，企业从计划、市场并存的经营方式向完全市场经营方式转变，同时推动着企业管理从粗放管理向精细化管理的转变。矿山围绕理顺劳动经济关系、调整产业产品结构，增强企业发展后劲等中心工作在企业管理方面开展了以下工作：

1. 进行劳动、人事、工资三项制度改革

1988 年 5 月在四九〇工区进行优化劳动组合试点，1991 年出台了干部聘任、工人优化组合、全员合同制、停薪留职、多种经营等深化改革和加强管理的文件，进行了结构工资套改。1992 年出台《深化劳动、人事、工资制度改革暂行办法》，正式实施三项制度配套改革。撤销两个分矿、压缩管理人员、剥离了一批富余人员；由结构工资改为岗位技能工资；一批辅助单位实行独立经营；颁发了《停薪留职暂行规定》，并不断完善管理；针对职工从事“第二职业”行为，制定了相关文件，对职工从事第二职业作了不予提倡，加强引导和管理的原则性规定，并允许哺育女工离岗息工、职工内部退养和辞职、停薪留职、待岗等灵活方式。

1995 年年底，推行全员劳动合同制，逐步取消了职工全民固定工身份，打破了用工一次分配定终身的“铁饭碗”弊端，并在招工顶职、招收固定工等方面进行了改革。根据有色长沙公司的部署进行了企业工资改革。结合经济体制改革，逐步推行干部聘用制、竞选制、任期制。针对改革带来的劳动人事管理上出现的问题，加强劳动管理，一是整顿劳动组织，进行定编定员定岗工作。二是整顿劳动纪律，严格用工管理。三是健全规章制度，加强督促检查。

2. 学习邯钢经验，加强财务管理和成本核算工作

柿竹园矿抓住全国开展“学习邯钢经验”活动的契机，于 1996 年 7 月启动了“学邯钢、抓管理、降成本、促效益”活动。先在三八〇选厂和冶炼厂建立活动试点，组织进行“三整顿一加强”（整顿劳动纪律、整顿矿业秩序、整顿矿区环境、

加强企业管理）工作。并应用邯钢经验，完善经济责任制考核。1997 年进一步部署深入开展学习邯钢活动，活动核心内容是加强成本管理，实行“模拟市场核算和成本否决”，达到生产成本指标在承包合同基础上减少支出 300 万元的目标。经过努力，当年实际全部产品总成本减少 790.4 万元，比上年下降 1.2%，带动可比产品总成本减少 1091.8 万元，比上年下降 1.7%。1998 年，柿竹园矿提出“奋斗三年，扭亏增盈，走出困境”的经营目标，一手抓技改项目建设，一手大打扭亏增盈攻坚战，在内部改革和强化管理上采取了积极措施。到 2000 年，企业甩掉了从 1997 年起连续亏损的帽子，实现 3 年脱困目标。

3. 实施全面质量管理

1986 年，柿竹园矿制订了《“七五”质量管理升级规划》1987—1989 年，在全矿开展了全员全面质量管理教育和 QC（质量控制）小组活动。1987 年，柴山选厂 QC 小组被湖南省质量协会和有色长沙公司评为优秀质量管理小组；1989 年，三八〇工区和柴山工区生产单位 QC 小组再获此殊荣。柿竹园矿被评为全面质量管理达标企业。1998 年开始全面质量管理贯标(ISO9000) 工作，历时两年完成了质量体系策划设计、贯标培训。2000 年 11 月 20 日正式颁布了《质量手册》《程序文件》，及相关管理和技术文件。经过两次内审和管理评审，2001 年 6 月 14 日通过了中国进出口认证中心湖南评审中心注册评审，获得 ISO9002 质量管理体系认证证书。

4. 开展文明企业建设活动

20 世纪 80 年代末，柿竹园矿建立了水电站花园式文明单位形象工程。90 年代初，机修厂开展厂容厂貌治理活动，成为矿文明工厂的典型。90 年代中期以后，以良好的文明生产形象搞好企业管理的理念在全矿得到提升，1997 年 1000 吨 / 日多金属选矿厂实施现代化工厂管理，作为文明工厂标志性工程在全矿起到了示范作用。1998年以后，对柿竹园区通向柴山、野鸡尾、三八〇、冶炼厂各主要生产单位公路进行整修，大规模开展厂容厂貌、矿容矿貌的整治和绿化工作。

柿竹园矿改制成柿竹园有色金属有限责任公司后，2001年，成立了股东会、董事会、监事会，组建了经理层。建立健全了公司章程。建立董事会议事制度、监事会议事制度和总经理办公会议制度。按照现代企业经营管理要求，实行股东大会决策程序，企业经营方针目标、重大技措投资项目、重点工程等由企业管理部按规定程序提出，经党政联席会议研究讨论，报董事会通过，上报股东会批准后组织实施。同时实行经理执行程序，经理层设总经理1人，副总经理5人，分管生产、经营、工程技术、人事等方面的工作。总经理对生产经营全面负责，经理层分工负责。企业管理部在总经理的直接领导下，对生产经营任务进行管理、检查、考核。

三 瑶岗仙钨矿质量管理简介

1980年12月，瑶岗仙钨矿技术监督科改名为质量检验科，下设技术监督站和化验室。

1985年成立计量标准科，设电器、衡器、压力、天平、长度检定室。负责全矿的计量和标准化管理。建立健全计量管理制度27项，完成了几十万字的资料汇编工作。绘制了计量检测点网络图31张，制订了计量器具配备规划，编制了全矿计量标准器与在用计量器具的周期检定计划，建立了计量器具管理台账与目录，健全了器具检定、维护记录，整理了各种计量原始资料并进行了统计核算。1986年经郴州地区计量局、宜章县计量局和中色长沙公司检查评审，得90.5分，达到了工业计量工作二级标准，由湖南省计量管理局向瑶岗仙矿颁发了计量合格证书。

1986 年 12 月矿黑钨精矿注册为“天宝”牌商标。1987 年被列为湖南省、中色长沙公司钨外贸出口定点生产矿山。至 1990 年出口创汇 1188 万美元。

1987 年中色长沙公司、湖南省有色金属质协联合对瑶岗仙矿质量管理评审检查，总分 806 分，评审合格。

1988 年矿山开始采用国际先进标准组织生产，经省标准局审核确认，黑钨精矿达到苏联标准 TOC213-83 同类产品水平，颁发了“双采”证书。1992 年“双采”复查验收合格，又颁发了有效期为 4 年的“采用国际标准合格证书”。

1990 年计量标准科与质量检验科合并更名为全面质量管理科，分设技术监督站、化验室和计量所。

1995 年为强化生产过程质量管理和采用国际标准的力度，先后制定颁发了《钨精矿、锡精矿、铜精矿和钨细泥产品质量管理制度》《包装钨精矿、锡精矿和钨细泥产品质量实施细则》《铜精矿产品质量管理实施细则》，为质量管理提供依据，使质量管理工作规范化、制度化。

1997年省有色企业全面整顿质量管理检查组检查认定，瑶岗仙矿全面整顿质量工作符合《湖南省企业质量管理基本规范》要求，验收合格。湖南省经济贸易委员会、湖南省技术监督局颁发了湖南省企业质量管理整顿合格证。

1998 年 4 月经郴州市技术监督局检查，瑶岗仙矿黑钨精矿符合《一级、二级钨精矿国家标准》（GB2825—1981）及相关技术法规要求，认定合格，颁发了标准实施合格证。

（一）质量管理活动

1984 年成立矿山 TQC（全面质量管理）委员会，下设全质办。各二级机构成立 TQC 领导小组，配备专职或兼职质量员。1985 年以后广泛开展群众性 QC 小组活动，到 1995 年年底全矿累计注册 QC 小组 252 个，小组成员累计 2920 人次。1987—1989 年矿山共有2764名职工参加了全国TQC基本知识统考，有2232人取得合格证书，占参考人数的80.75%，提前两年达到了TQC全员普及教育的目标值。

（二）质量管理成果

瑶岗仙矿生产的“天宝”牌黑钨精矿质量优良，具有高钨、低钼、低钙的特点，连续34年保持优于国家一级品的水平。1980年、1983年、1986年获湖南省优质产品证书，1980年、1986年分获冶金部、中国有色金属工业总公司优质产品证书。1985—2000年共取得矿级QC小组成果85项，累计成果率32%，经财务、技术部门确认核实，累计创直接经济效益502万元。共有10个QC小组评为郴州市优秀QC小组，有24个QC小组评为中色长沙公司和省有色质协优秀QC小组，有14个QC小组被评为湖南省优秀QC小组。

第三节　经营管理

经营是企业为了实现一定目标对企业各种重要经济活动进行运筹、谋划的一种综合性职能，它受国家政策市场状况等外部条件的制约，涉及企业内部管理的各个方面。中华人民共和国成立以后，20世纪50—70年代实行高度集中统一的计划经济体制，全民所有制企业由国家直接经营，产品由国家统购包销，税利全部上缴。因此，企业本身的经营职能受到很大限制，没有得到充分发挥。

1978年12月中共十一届三中全会以后，在改革的推动下，企业的经营自主权逐步扩大，市场对经济的调节作用日益增强，生产型企业开始向生产经营型企业转变，并由此推动企业管理的各个层面发生深刻变化。湖南有色金属工业企业通过广泛开展“抓管理，上等级，全面提高素质”的企业升级活动，群众性的 QC 小组和“质量月”等活动，有效提升了产品质量，减少了物资消耗，提高了经济效益，并涌现出一批优秀企业和先进典型经验。

一 企业经营权限

（一）国营企业国家经营

中华人民共和国成立后，国家实行高度集中统一的计划经济体制，全民所有制企业概由国家直接经营，实行计划管理。中央部属企业加冠“国营”，省、地(市)、县属企业加冠“地方国营”，产品由国家统购包销，利税全部上缴。每年年初，各企业必须根据国家下达的计划任务，制订出各企业的生产计划、劳动工资计划、材料供应计划、成本计划、财务计划及技术组织措施计划，报主管部门批准后实行。企业在计划管理方面，必须严格执行国家规定的 12 项指令性指标，即工业总产值、主要产品产量、新产品试制、重要的技术经济定额、成本降低率、成本降低额、职工总数、年底工人总数、工资总额、平均工资、劳动生产率和利润。企业完成的利润，必须全数上缴。

1958 年 1 月，湖南省根据国务院发布的《关于改进工业管理体制的规定》，对全部国营工业企业在三方面扩大经营管理权：一是在计划管理方面，国家下达的指令性指标由原来的 12 项减为主要产品产量、职工总数、工资总额和利润 4 项，其他 8 项指标(即工业总产值、新产品试制、重要的技术经济定额、成本降低率、成本降低额、年底工人总数、平均工资、劳动生产率)作为非指令性指标，企业可以根据实际情况进行修改。国家只规定年度计划，企业可自己制订季度计划和月度计划。二是在财务管理方面，对企业实行利润留成制度，将企业实现的利润，按照一定比例留给企业，由企业在规定的范围内自行安排使用。三是在人事管理方面，规定除企业的厂长（经理）、副厂长（副经理）、主要技术人员外，其他职工由企业负责管理。企业在不增加职工总数的条件下，可以自行调整内部机构和调配人员。

1961年1月，中共中央发布《关于调整管理体制的若干暂行规定》，上收了过去下放给企业的部分管理权力。企业凡是增加整个生产线，新建、扩建独立车间或附属企业，增添或更换主要生产设备，均列入基本建设投资计划，严格审批。1965年11月，中共中央对企业的经营管理自主权重新作了规定，主要是扩大了企业的财权。企业进行小型技术措施需要的费用，在完成国家财政任务和成本计划以及不要求增拨材料的前提下，每项措施的费用，大中型企业在1000元以下，小型企业在500元以下，可以摊入成本；取消企业从超过国家计划收入中提取奖金的办法，提高企业在 完成国家计划后提取奖金的比例，按企业的工资总额计算，由原来的3.5%提高到5%。翌年，湖南大部分国营工业企业提高了在完成国家计划后提取奖金的比例，并开始把企业自己掌握使用的“三项费用”（技术组织措施费、零星固定资产购置费和劳动保护措施费）与固定资产更新改造资金合并起来使用。

1966年“文化大革命”开始后，《国营工业企业工作条例(草案)》(即“工业七十条”)受到错误批判，厂长、书记“靠边站”，企业正常的经营管理制度被废除，生产经营极不正常。这种状况直到1968年各级革命委员会成立、1972年重新恢复企业党的委员会以后才有所改变，企业的生产行政工作实行党委领导下的革委会主任负责制，企业管理的最后决策权集中于企业党委。这种状况，使党政不分的情况日趋严重，企业往往缺乏作为社会经济细胞应有的生机与活力。

（二）扩大企业经营自主权

1979年7月，国务院下发《关于扩大国营工业企业经营管理自主权的若干规定》《关于国营企业实行利润留成的规定》

等 5 个文件。这 5 个文件的基本精神是逐步扩大国营企业的自主权。其主要内容：一是在完成国家计划的前提下，允许企业根据燃料、动力、原材料的条件，按照生产建设和市场需要，制订补充计划。按照补充计划生产的产品，由商业、外贸、物资部门选购；不收购的，企业可以按照国家规定的价格自销。二是实行利润留成，改变按工资总额提取企业基金的办法，把企业经营好坏同职工的物质利益挂起钩来。利润留成，根据不同企业的具体情况，确定不同的比例。企业用利润留成建立的生产发展基金、集体福利基金和职工奖励基金，有权自行安排使用。三是逐步提高固定资产折旧率及企业的留成比例。从 1980 年起，企业提取的固定资产折旧费，70% 留企业安排使用，30% 按隶属关系上缴主管部门，由主管部门在企业之间有偿调剂使用。固定资产原值在 100 万元以下的小型企业折旧费，全部留给企业安排使用。四是企业有权向中央和地方有关部门申请出口自己的产品，并按国家规定获得外汇分成。1980 年 5 月，省政府批转省经委《关于扩大国营工业企业经营自主权的意见》，并确定在株洲冶炼厂、株洲硬质合金厂、水口山矿务局、锡矿山矿务局等企业进行试点。1981 年 5 月，湖南省根据国务院的有关规定，开始有计划地对国营工业企业实行多种形式的经济责任制。1984 年 5 月，国务院发布《进一步扩大国营工业企业自主权的暂行规定》，在生产经营计划、产品销售、产品价格、物资选购、资金使用、资产处置、机构设置、人事劳动管理、工资管理、联合经营 10 个方面，进一步扩大了企业的自主权。企业逐步向相对独立的商品生产经营者方向转变；在经营条件方面，已开始从过去那种由国家统购包销、计划分配和调拨的状况，向逐步建立统一的社会主义市场经济体系的方向转变。

二 水口山营销管理简介

（一）营销机构设置

1990年以来，随着企业改制的不断深化，为加强经营管理，水口山集团公司对营销工作管理职能和操作职能“两权”分离。行使管理职能的机构为经营管理部。行使操作职能的机构为原料分公司、国贸有限公司、期货部和供应分公司。

（二）营销战略

营销战略是集团公司“三个二”战略的重要组成部分。控制资源、打响品牌、积极融资、“出山入海”是营销战略的核心。

1. 控制资源战略

水口山铜、铅、锌冶炼生产能力已达26万吨，但自有精矿金属含量只近4万吨，资源严重短缺受制于人。因此，要大力寻找、开发国内资源，包括废旧铅资源回收。同时对外要采取多种形式联合办矿和与外商签订长期原料供货合同。也就是说，要紧紧依托国内市场和积极走出国门，实施资源控制。

2. 打响品牌战略

“品牌”是一个企业进入市场的名牌。水口山牌电铅和银锭在LME（伦敦金属交易所）注册。“SKS”商标向国家商标局提出保护性注册。加大铍系列产品、金属砷等特色独有产品的品牌宣传力度，提高品牌形象，扩大市场销量。

3. 积极融资战略

资金是企业的血液，资金活了企业就活了。在保证产品100%销售和100%及时回笼货款的同时，积极拓展国内、国外融资渠道和引进战略投资者。

4. 发展网络战略

市场是企业的生存空间，占领市场是企业发展的立足点。以总部为轴心充分发挥驻外地办事处的营销网点的辐射作用。

尤以大中型原料企业、产品深加工规模型企业和有色金属产品主要集散地为重点，形成大网络格局。扩大市场、巩固和发展营销网络。

5. 套期保值战略

期货是个规避市场价格风险的高层次交易形式。在确定原料、运输等诸成本因素后加上合理的加工费和利润，通过期货市场用套期保值的手段锁住目标利润，使企业效益得到保障。

（三）营销管理

随着企业改革发展的逐步深化，实行管理职能和操作职能两权分离原则来加强营销管理的工作。经营管理部行使管理职能。主要工作是负责对营销活动进行调控和监管，对经营业务进行协调和服务。制定营销管理有关规章制度，理顺营销工作程序，编制年、月度营销工作计划。负责对原料采购、物资供应、产品销售、进出口业务完成情况进行检查与考核。及时收集国际、国内市场信息，密切关注同行业的经营活动情况和经常对客户资信情况进行审查评估。开展市场调查、组织行情分析和市场预测。定期颁发市场原料、燃料、材料、产品、中间物料等价格信息和制定产品价格，并对执行情况进行检查。牵头组织行情分析会、定价会、经营例会和经营协调会议，平衡内部资源的合理使用和调配。

2000 年，为发挥整体效益和建立长远战略目标，决定加大集中管理力度，制定出台《关于加强经营管理工作实施细则》，规定在原料采购、产品销售必须服从统一指挥，内部之间可综合利用的中间物料必须服从统一调配，原材料采购价格、产品销售价格必须服从统一定价，大宗物资统一采购集中供应。由此在经营系统开始实行“四个统一”的管理模式。

2000 年年底，经营管理部根据物价领导小组指示，开始定期颁发《公司原料、材料、产品、中间物料、渣料月度指导价》，规定高于定价采购原材料或低于定价销售产品或半成品均必须报经营管理部和物价领导小组审批。

2001 年 3 月，颁发《有色冶炼中间物料管理办法》《废旧钢铁回收处理管理规定》《产品销售管理办法》。至此，公司除新材料公司、金信公司的原料、产品为自行采购与销售外，其他二级厂矿生产所需的原料、材料、燃料及其产品（包括中间物料、渣料）均由公司集中采购和销售，高度集中的管理模式初步形成。

为强化经营管理，经营管理部先后制订、修订和完善了有关经营管理制度，如《合同管理办法》《物价管理办法》《内部资源配置和调拨管理办法》等，这些规章制度的制定，使公司经营工作逐步走上制度化、规范化的轨道。

（四）营销工作与销售网络

公司主产品电铅、电锌、粗铜、黄金、白银、铍铜合金、锌基合金、直接法氧化锌和硫酸等销售工作分别由销售分公司和二厂、六厂销售科以及国贸公司等共同进行。

销售部门以完成产品产销率、货款回笼率两个 100%，争取营销综合效益最大化为目标开展工作。2002 年，产品销售率和货款回笼率都实现了 100%，并组织专门班子负责老货款的催收工作，使得应收货款逐年下降，从 1996 年年初的 3419.35 万元下降到 2002 年的 1719.82 万元。

销售部门注重销售队伍思想建设和制度建设，用制度管人。制定了包括合同管理办法，产品销售管理办法等。为规避货款风险采取了谁经办谁负责的“问责制”，起到了监控效果。

主要产品和国内销售网络：

主要产品有水口山牌铅锭、锌锭、黄金、白银、电铜、粗铜和硫酸等。铅、锌、粗铜主要销往东南、华南、华东、中南等地区；硫酸主要销往湖南省，广西、湖北、江西、浙江等省区也有部分销量。2000 年以前，黄金、白银都是交湖南省人民银行，2001 年国家开始放开白银市场后，白银主要是出口，一部分销给国内几家大的造币厂。2002 年 11 月，国家放开黄金市场后，公司所产黄金全部到上海黄金交易所交易。

二厂生产的“飞轮牌”氧化锌在国内市场举足轻重，山东、河北、浙江、福建、湖北、江西、广东及湖南省销售量较大。为开辟华南市场，1991 年在广东佛山设有一公司专营。

铍铜合金是全国独有的产品，但主要市场是东北、西北、华东和华南地区。为开辟华南的模具市场，1999 年，在广东南海设立办事处，2002 年迁往深圳市龙岗区。为方便华东用户的提货，2002 年设立无锡仓库。锌基合金主要销往广东和福建。

无汞锌粉、扣式电池锌粉等销往上海、江苏、福建、广东、浙江等地。

销售分公司和营销分公司与驻外办事处的销售网点共同形成了公司产品的国内销售网络。

（五）进出口贸易

进出口贸易是“出山入海”走出国门，适应和参与经济全球化的需要。水口山集团公司出口的产品从涉足砷及铍产品开始，发展到铅、锌、白银、铅基合金、铍铜合金、铟锭等 10 多种产品。出口日本、美国、英国等 30 多个国家和地区；进口以原料为主，包括铅精矿、铜精矿、绿柱石和仪器、设备、耐火材料以及电解铜的进口来料加工等。与此同时拓展“水口山”品牌知名度和信誉度，利用“水口山”品牌进行贸易融资工作。

1996 年，分别从新加坡万贝银行和法国里昂银行，引进外资 1000 万美元和 500 万美元的预付货款，开水口山引进外资之先河，为缓解资金压力起到了较大的作用。

国贸公司归口管理所有进出口业务和担负着境外融资和境内部分融资任务。自 1994 年成立以来共完成进出口总额

38172.88 万美元，出口创汇 32430 万美元，进口总额 5743 万美元，引进外资 7000 余万美元，创利润 1300 余万元。

国贸公司自成立以来，每年均获得衡阳市外贸先进单位称号。

三 瑶岗仙钨矿产品销售

1981—1982 年，瑶岗仙钨矿产品销售由计划统计科负责。1983 年更名为计划销售科。1989—1990 年产品销售划归供销运输科，1991 年又划归计划销售科。1992 年成立销售科，1993 年与财务科合并为财务销售科。1994 年产品销售由矿业部负责管理，1995 年恢复销售科。

1992 年前生产的钨精矿、锡精矿、铜精矿、砒砂等产品，均由国家定价，统一包销，利润四六分成，亏损照补，企业不担风险。从 1992 年开始销售形势发生根本性变化，企业走向市场，产品销售由计划经济向市场经济转换时正值钨市场疲软，价格下跌，矿山进入困境。对此，瑶岗仙矿充实销售力量，加强产品销售管理，成立产品销售定价小组，决定产品销售价格，决策销售重大问题。加强市场预测，主动联系客源，建立互惠互利、风险共担、长期共存的合作关系，赢得市场。1993 年瑶岗仙矿加入“中国钨矿山产销联合体”，并成为理事单位。1999 年 1 月参加由 14 家成员企业组成的“钨品行业价格自律协调小组”。2000 年 1 月产品销售由中钨集团公司统一对外签订合同，统一定价，货款统一划转，同年 7 月瑶岗仙钨矿下放到湖南省管理，仍执行原中钨集团公司签订的合同，但价格由矿与客户商谈，货款直接结算。

（一）市场调查

随着社会主义市场经济体制的逐步建立，供需矛盾和矿产品市场千变万化，促使企业自主经营，走向市场，参与竞争。

为拓宽销售渠道，加强市场调研预测，矿销售科广泛收集经济信息进行综合分析，指导产品销售价格。同时注意调查了解矿山产品在市场上的地位和占有率，用户对产品质量的要求、服务要求及供货要求。系统掌握国际、国内市场的变化情况，作出准确的预测。定期写出市场调查报告，供领导和销售业务人员参考。

（二）销售方式

矿山针对产品、用户、市场和经济效益，采取灵活的促销手段,加快货款回笼,确定了“生产围着经营转,经营围着市场转，一切围着效益转”的经营思想。坚持“以产促销、产销结合、效益为先”的经营方针。采取“产品质量以优取胜，信誉以诚取胜”的营销策略。在日常销售管理中，坚持三条原则：一是集中定价; 二是比价销售; 三是在同等条件下，优先照顾老客户。在经营上由被动适应市场向主动走向市场转变，拓宽销售渠道，巩固以株洲硬质合金厂、株洲钨钼材料厂为主的老用户，开拓厦门钨业股份有限公司、廊坊华鹰钨钼工业有限公司、广东红心化工厂等 17 个新客户，建立了长期稳定的销售渠道。

1995—1997 年开辟仲钨酸铵销售渠道，共销售仲钨酸铵 143.16 吨。

1996 年为加强国内市场宏观调控，国家动用储备资金，收购国有企业钨精矿。瑶岗仙矿三次共销售国储钨精矿 409.4765 吨，其中 1996 年广西兴安国家储备库 160 吨，1997 年广东乐昌国家储备库 120 吨，1999 年中国五矿集团公司 129.4765 吨。

（三）销售服务

矿山强化优质服务，树立良好信誉。推行“三公开、一监督”制度，改善营销作风。建立用户档案，开展无差错、无事故、无违纪的“三无”优质服务活动。对用户热情、周到。以技术标准为尺度，以经济、质量、计量“三法”为准则，公平、友好、合理、及时处理各种异议，尽力使用户满意。坚持销售部门和质检单位定期走访用户，了解对矿山产品的意见和建议。如遇问题，及时处理。

（四）产品信誉

矿山主产品黑钨精矿质量优良，具有低钼、低钙、低磷的特点。锡、砷、石英、铜的杂质元素含量均低于《一级、二级钨精矿国家标准》（GB2825-1981）黑钨精矿一级品要求，主要有害杂质元素（钼、钙、磷、硫）达到国家特级品水平。产品粒度均匀，包装严密，标志清晰，重量、成分准确，质量稳定。一级品率连续34年保持100%，是水冶、火冶生产钨铁、仲钨酸铵、硬质合金、钨丝及其他钨合金的优质原料，多次被评为省优、部优产品，深受国内外用户赞誉，被称为“信得过产品”。

第四节 企业改革

1980—2002年，企业改革逐年推进。改革涉及人事、用工、分配、住房等方面，尤其是在领导体制、用工制度和分配方面有一系列的重大改革。

在领导体制上，企业推行厂长负责制，理顺党政工三者关系；在用工制度上，干部实行聘任制，工人实行劳动合同制，按《中华人民共和国劳动法》规范企业与职工的劳动关系；在分配上，不断完善经济责任制考核办法，实行岗位结构工资制。

一 株洲硬质合金厂改革

（一）厂长负责制

1984年7月，中共湖南省委、省政府确定株洲硬质合金厂为全省第一批企业领导体制改革试点单位，推行厂长负责制。经过考察、考试、答辩和职工代表投信任票等程序，报经中国有色金属工业总公司批准，王君笃任工厂厂长。

1. 理顺党政工三者关系，确立厂长在生产经营中的中心地位和中心作用

1984 年 8 月，工厂推行厂长负责制后，根据《国营工业企业法（草案）》的要求和工厂实际情况，先后制订、颁发《厂长负责制实施细则》《中共株洲硬质合金厂委员会工作条例》《职工代表大会实施细则》等规章制度，理顺党政工三者关系，明确厂长在生产经营中的中心地位和中心作用，党委的保证、监督作用，职工代表大会的民主管理作用。

2. 按科学管理原则，建立生产经营指挥系统

1984 年，根据集权与分权相结合的原则，厂长在对企业生产经营和行政管理工作全权负责的前提下，根据生产经营工作的需要，为便于管理，划分五个系统。

（1）生产技术系统。负责产品开发、生产计划安排、生产调度、工艺设计、工艺规程、产品质量、全面质量管理、标准化、文明生产、设备制造与维修、安全环保、劳动保护、分析检验、科研、新产品试制、生产过程的组织与指挥。

（2）经营系统。负责产品订货、推销、外销、成本核算、资金、利润、财务管理、经济核算、产品价格等工作。

（3）技术改造系统。负责企业技术改造的设计、施工、试车、投产的组织与管理，负责工厂技术改造措施，大修与日常维修管理和施工组织工作。

（4）人事教育保卫系统。负责人事调配、工资奖励、职工培训及治安保卫、文化教育等。

（5）后勤保障系统。负责生活福利、物资供运、待业人员安置、医疗保健等。

除上述 5 个系统外，厂长还通过厂长办公室和经济研究室两个直属处室加强信息综合、开发、经济政策研究，综合管理

内部经济责任制，协调厂内外的纵横关系，保证厂长的决策和指挥畅通。

3. 内部改革

（1）改革管理体制，简政放权

1984 年 8 月，根据工厂实际情况，按照管理幅度要小的原则，建立总厂、分厂、车间 3 个层次。总厂为决策层、分厂（处室）为管理层、车间为执行层。同时，正式组建株洲硬质合金厂第一分厂作为工厂体制改革试点。在试点取得成功经验后，工厂于 1984 年 10 月起先后将行政系统组建 5 个分厂、3 个公司、10 个行政管理处室和 1 个教育中心。

厂长本着简政放权、搞活经济的原则，给分厂下放 7 个方面的权力；于 1986 年再次下放 7 个权力，这 14 个权力是：在定员定编范围内的劳动组合和人事调配权。在编制定员内的科级以下干部的聘任权和解聘权。定编内的机构设置权。对职工除开除厂籍以外的行政处罚权。临时借调出一个月以上的定员内职工的工资、奖金拒付权。在核定工资、奖励基金总额内的工资、奖金分配权。在核定指标内的晋级权。外委劳务的签约及其合法收入的提成部分的使用权。超计划产品的自销权。限额流动资金和部分专用资金的使用权。核定拨给的备用金的使用权。能源、原辅材料节约奖的提成部分的使用权。部分辅助材料和低值易耗品的临时采购权。外来临时订货，承揽来料加工的签约权。

（2）改革人事制度，实行干部聘任制

1984 年 8 月开始，工厂按“革命化、年轻化、专业化、知识化”的要求，对所有在职干部实行聘任制逐级聘任，任期 2 年，受聘干部提出详细的施政方案。这次改革，打破了干部职务终身制，且使干部结构发生变化，工厂副科级以上干部具有大中专文化程度的比改革前提高 29%，年龄在 45 岁以下的比改革前提高 13.5%。

（3）改革分配制度，实行层层承包

1985 年起，工厂改革分配制度，打破平均主义，实行层层承包。企业内部经济承包责任制共 7 种形式：一是大包干，总厂与分厂（公司）以签订经济承包合同的形式，固定留利比例，实行多超多得。二是定额承包，各分厂（公司）、车间核定工时、产量定额，按超额完成工时、产量的数量和质量计奖。三是单项任务（工程）承包，实行费用包干，节约提成。四是服务项目承包，食堂面包房、小炒部实行按花色品种、营业收入承包计奖。五是指标承包，科研技术攻关项目，实行公开招标。六是研究所实行科研课题承包。七是把职工个人 25% 的基本工资、奖金和岗位津贴三者捆在一起，按劳动贡献大小浮动。

1985 年 1 月，503 车间实行将 25% 的基本工资、岗位津贴和月综合奖捆在一起使用，按职工劳动成绩考核计奖的办法，拉开奖金差距，得奖最多的为 51 元，最少的没有 1 分钱，只拿到本人 75% 的基本工资。这种多劳多得、奖勤罚懒的原则，调动了职工的积极性。

（二）　经济责任制

株洲硬质合金厂自 1978 年开始实行内部经济责任制。

1. 发展过程

1978—1990 年，工厂实行经济责任制大体经历三个发展阶段。

第一阶段（1978—1981 年）：起步阶段

1978 年，工厂从抓企业管理基础工作入手，建立岗位责任制。制定产量、质量、品种、成本、消耗、资金、设备、安全等八大考核指标的考核奖励办法。在考核模式上对主要生产车间实行月度优质、低耗、高产的考核办法；对辅助生产系统及科室实行月度综合考核办法。在分配形式上，实行甲、乙、丙

3 个等级，以评奖为主，算奖为辅。

第二阶段（1982—1985 年）：巩固完善阶段

1982 年，工厂逐步建立以包、保、核为主要形式的内部经济责任制，其特点有三：一是建立以包、保、核为主要内容的模式。主要生产车间以包产量、利润、定员为主，保质量、品种、金属实回收率、成本、资金、消耗、设备管理、能源管理、劳动管理等；辅助系统包干指标与工厂实现利润挂钩，以保生产正常供应、维修、计量、运输为目标；主管指标的科室包其综合指标，上下挂钩，纵横连锁；其他单位则围绕工厂总目标和各单位任务，制定考核内容和服务包保条件；二是建立相对完整的指标体系。工厂把国家下达给企业的各项指标分解落实到科室、车间、工段、班组和个人，将 13 项考核内容 34 项指标分解成 1183 条落实到各单位。各单位再把指标层层分解、落实到工段 1566 条、班组 4141 条。最后分解落实到岗位和个人的指标和职责有 23695 条。通过层层包、层层保，包保到人，建立一个宝塔形的较为完整的指标体系，从而形成一种“千斤担子众人挑，人人肩上扛指标”的局面；三是建立比较完整的考核体系。工厂成立经济责任制小组，负责协调处理考核中的具体问题。有一支专职和兼职考核队伍，各主管指标的科室分线考核车间，车间考核工段，工段考核班组。

第三阶段（1985—1990 年）：深化发展阶段

工厂围绕企业内部的配套改革，把建立具有工厂特色的内部经济责任制体系作为一件大事，常抓不懈。一是从强化企业管理的整体功能出发，把技术经济指标及各项管理目标纳入经济责任制轨道，建立以分厂（处 室）、车间、科室为承包主体的单位经济责任制。二是从强化专业管理入手建立专业经济责任制。1985 年工厂颁发 23 个专业经济责任制。每项专业工作都有标准、责任、程序、协作、考核 5 项内容。它使企业的全部生产经营活动形成网络。三是把单位经济责任制和专业经济责任制的各项规定，分别落实到有关岗位和个人，建立岗位经济责任制。1986 年建立 1181 个工作程序标准、1299 个岗位责任制。从而形成单位经济责任制、专业经济责任制和岗位经济责任制所组成的完整的内部经济责任制体系。

2. 企业内部承包制

1984 年，工厂实行厂长负责制。随之，在企业内部组建分厂和处室，划小核算单位，实行分级分权管理。1984 年 8 月至 1985 年 2 月，厂长王君笃分别与一分厂厂长周良斌、二分厂厂长万长根、四分厂厂长邓德生、五分厂厂长刘松泉、七分厂厂长李学舜、机械分厂厂长赵自强、生活服务公司经 理邵贞銮、仪表计量室主任石永发、研究所所长杨超尘签订了 1985 年、1986 年两年经济承包合同书。

承包合同具体内容因单位不同而异，但有以下共同点：一是体现放权搞活思想，分厂享有工厂下放的 14 个权力以及根据不同单位而定的权力。二是承包内容上，对生产分厂主要有利润、产量、质量、消耗、成本、资金、科研和新产品试制；对其他单位主要有利润、费用、工作任务和工作质量。三是承包方式上，对生产分厂规定三条：①独立核算，银行开户。②按实现利润提取核定比例的奖励基金和福利基金。③对外劳务，分厂按总厂《关于 1986 年实行统一管理有关问题的暂行规定》执行。

1987 年 12 月，厂长王君笃与中国有色金属工业总公司总经理费子文签订为期 4 年的“双包一挂”承包经营协议书。

从 1988 年起，工厂对有关直属单位的承包作出比较大的修改和调整，主要有以下几种形式：

（1）工资总额与本单位实现利润挂钩浮动

这种办法用于一分厂、二分厂、三分厂。确定承包基数，挂钩方法，承包期限，承包者的责、权、利，考核办法等。

（2）工资总额与协作利润（一、二、三、四分厂利润之和）挂钩浮动

这种办法用于五、六分厂，承包内容与第一种方法一致。

（3）部分工资与本单位归口的主要指标挂钩

这种办法用于综合管理部、计划财务部、生产机动部、技术开发部、劳动人事部、供销部。

（4）资产经营承包

1987 年，四分厂由于企业内外环境和内部条件的变化，生产停顿，产品滞销，效益差，经济不景气。1988 年 1 月厂长决定对四分厂实行资产经营责任制，在工厂范围内公开招标。根据法律要求和工厂实际情况，制订出包括个人素质、投标书和答辩等 3 个方面的评分标准，请公证人员参加招标的全过程。1 月 29 日，工厂举行公开答辩大会，8 位投标者进行答辩，最后郭佐以 93.08 分的成绩获得中标顺序第一名，成为四分厂的资产经营承包人。中标人产生后，工厂以企业管理处为主，组织有关部门与中标人一起制定《株洲硬质合金厂与四分厂资产经营承包中标人协议书》，协议书分总则、四分厂概况及资产评估、生产经营目标、承包期限、承包经营者的责权利、承包经营者的财产抵押、协议的变更、中止和解除、附件等。实践结果：1988 年、1989 年四分厂各项承包指标达到协议书中的规定。工厂对经营者按规定给予奖励。

1990 年，因钽、铌市场疲软，效益下降，职工奖金月月借支，分厂处于困境之中，承包人郭佐提出中止协议书。同年 8 月，厂务会为此作专题研究，考虑到四分厂的实际情况和分厂领导的要求，决定修订工资挂钩办法，1990 年度实行按实现利润提奖的办法。

（三）劳动、人事、分配制度改革

1984 年 5 月，工厂制定《株洲硬质合金厂“三项制度”改

革总体方案》，从此，工厂揭开企业内部劳动、人事、分配三项制度改革的序幕。

1. 劳动制度改革

（1）实行劳动合同用工制度

1984 年开始，凡新招工人一律与工厂签订劳动合同，明确企业与职工承担的义务与权利。至 1990 年年底工厂共有合同制工人 925 人。

（2）优化劳动组合

1987 年，工厂在一分厂 101 车间中段进行优化劳动组合试点。有 3 种劳动组合形式：一是由工段长选聘班组长，班组长根据定员指标挑选职工，即“将点兵”。二是职工选择班组长，即“兵点将”。三是职工自由组合成立班组、民主推选班组长，即民主组合。在三种形式外的职工为编余人员，编余人员另行安排。1988 年，101 车间中段优化劳动组合试点经验在工厂推广。

（3）推行职工停薪留职和女职工生育息工

1985 年起试行职工停薪留职办法，停薪留职人员必须是工厂定编外的富余人员，经自愿申请，所在单位和劳动人事部门两级批准，签订停薪留职合同书，并经株洲市公证处公证。1989 年工厂制定《企业职工停薪留职管理办法》，规定停薪留职人员应向工厂缴纳管理费。1985—1990 年工厂共 有停薪留职职工 104 人。在 1987—1988 年内工厂允许女职工生育请长假。1989 年 1 月起，按株洲市劳动局相关文件，统称女职工生育息工制，规定女职工从怀孕起至婴儿满三周岁，可办理息工手续。息工人员待遇以本人息工前最后一个月标准工资为基数，晚婚晚育的按 75% 发给，其他按 70% 发给，各项补贴按工厂规定发给。1987— 1990 年工厂女职工息工总人数为 45 人。

2. 人事制度改革

（1）改革任命制，实行聘任制

1984年开始，干部实行分级管理，工厂直管二级单位领导，分厂、处室管理三级单位领导，科级以上领导干部，自上而下全面实行聘任制。被聘任的领导干部任期2～3年，分别与聘任人签订任期目标合同，明确双方的责、权、利和有关规定。在聘任期内，视其工作能力、政绩及本人意愿，改聘、解聘或辞聘。聘任期满，经过严格考评后再决定是否续聘。至1988年，工厂共改聘和辞聘107人。

（2）改革单一调配制，推行自荐上岗，实行合同管理

1984年12月，仪表工人石永发，毛遂自荐出任计量仪表室主任，提出施政报告和三个100%的工作目标。工厂对他的自荐很重视，作了认真考察。经干部、工人、专业技术人员代表评议，正式聘任石永发为仪表计量室主任，并同他签订1985—1986年目标责任书和经济承包合同。

1988年4月，总厂机关7个行政部室的全体工作人员，按定岗、定员、定职责权限、定任期目标、定考核办法，实行自荐上岗，领导择优组合，签订为期两年的岗位劳动合同。

（3）打破传统观念，公开招聘

1985年1月，厂工会公开招聘生产部长和3名干事。报名应聘者达30人，通过口试、笔试，录用4人。同年3月，销售处招聘外销人员，29人报名，经考试初选11人进行公开答辩，最后录用4人。

（4）打破干部工人界限，实行企业职员制

1988年起在工厂内部取消干部称谓，统称职员，实行企业职员制。1988—1990年工厂共有133名工人聘任到各级领导岗位，203名工人聘任到职员岗位。

（5）职称改革

工厂职称改革从1987年3月开始，改专业技术职务评定制为专业技术职务评聘制。在定岗、定员、定职的基础上，采取

等额评审，评聘结合，与工资直接挂钩，取消通用制，不搞终身制。

3. 分配制度改革

1981—1990 年工厂内部分配制度改革分四步进行：

第一步：奖金与工作业绩挂钩考核分配，实行自费浮动升级。1981 年至 1984 年 6 月，奖金采用百分制计奖法，1984 年 7 月起改为责、权、利相结合的内部承包制。奖金与工作业绩挂钩,适度拉开奖金分配档次,初步打破奖金分配上的平均主义。1984 年 10 月中国有色金属工业总公司下文批准工厂实行浮动升级制度。

第二步：实行部分工资与奖金捆起来挂钩考核分配。1987 年 1 月，经厂五届九次职工代表大会讨论通过，厂长决定，从同年 4 月起，每月人平 20 元标准工资作为工资浮动值与奖金捆在一起，实行“两挂钩”（指同单位经济责任制挂钩，同职工个人劳动成果挂钩），“一浮动”（即 20 元标准工资同奖金捆在一起浮动），上不封顶下不保底。

第三步：工资总额与实现利润挂钩浮动。1987年，工厂与中国有色金属工业总公司签订“双包一挂”承包经营协议书（包上缴利润每年1300万元，包技术改造，上缴利税增长与工资总额增长挂钩，两者比例为1：0.8)。为了落实“双包一挂”承包经营协议书的内容，从1988年开始，对厂内各单位采取定内部利润基数、定工资总额基数，定挂钩比例，层层签订承包合同，从而推动了工厂分配制度的改革。

第四步：改等级工资制为结构工资制，1988 年 10 月，改等级工资制为结构工资制，结构工资由五部分组成。基础技能工资，职工原等级工资标准减 30 元后作为个人基础技能工资。岗位（职务）工资，工厂分职员、工人两条线，职员设四岗十一等，工人设三岗五等，在什么岗位拿什么工资。年功工资，按职工参加工作年限，每年 0.5 元。辅助工资，国家规定的津贴和补贴。奖励工资，按承包合同计奖。

二 锡矿山矿务局三项制度改革

（一）劳动制度改革

1. 劳动合同制

劳动合同制用工从 1984 年开始，锡矿山矿务局第一批 5 人，第二批增至 70 人。1986 年后，凡由社会招工、退休补员等途径进厂的新工人全部实行劳动合同制。按照国家改革企业用工制度的有关政策，1991 年 4 月经上级主管部门批准，在新化县、冷水江市共招用五年制农民轮换工 50 人，补充南、北矿井下采掘风钻工（南矿 30 人、北矿 20 人）。1992 年，又开始招用计划内农民临时工(一年制，最长不超过四年），补充矿山井下主要工种和冶炼炉工。至 1995 年年底，共使用农民轮换工 50 人，计划内农民临时工 1096 人。根据《中华人民共和国劳动法》有关规定，用工制度实行重大改革。1995 年 10 月 18 日，作出《锡矿山矿务局实行全员劳动合同制暂行规定》。同年 11 月 14 日，在北区文化宫举行职工劳动合同、集体合同签约鉴证大会，除有近 1000 名职工参加大会外，还有有色长沙公司、省劳动厅、娄底行署、地区总工会、地区劳动局、地区各县市总工会、劳动局以及地区境内 15 家国有大中型企业的领导和代表 140 余人参加大会。职工的劳动合同期限分为短期、中期、长期三种。短期为 1 ~ 3 年，中期为 3 ~ 10 年，长期为 10 年以上。合同期内，用劳动合同规范企业与职工的劳动关系。在推行劳动合同制过程中，先后颁发了《锡矿山矿务局劳动管理制度》《实行优化组合的实施意见》《富余人员安置办法》。

2. 养老保险统筹与企业效益分享

根据相关文件，职工养老保险实行有色系统统筹。从 1993

年 10 月 1 日起，企业缴纳职工工资总额的 23.5%，职工个人缴纳工资的 2% 作为职工养老保险金。个人缴纳部分具体规定：200 元以下的月缴纳 3 元，基数部分每增加 50 元增缴 1 元，以此类推；基本工资总额 800 元以上的每月缴纳 15 元，锡矿山矿务局建立了职工养老保险基金台账和个人缴费登记手册。

根据中国有色金属工业总公司的规定，从 1995 年 7 月 1 日起对离、退休人员待遇建立正常增长机制，按照上一年度在册职工工资增长幅度的一定比例，给离、退休人员增加企业效益分享金，1995 年是执行正常增长机制的头一年，离、退休人员待遇增长比例限制最高不能超过 15%，从同年 7 月 1 日起，离休人员每人每月增加待遇 42.5 元，退休人员每人每月增加 35.4 元，退职人员每人每月增加 21.5 元。

3. 新工时制

根据《中华人民共和国劳动法》规定，从 1995 年 2 月第一周起实行国务院规定的每周工作 40 小时、每日工作 8 小时新工时制度。1995 年 1 月 2 日，颁发《锡矿山矿务局加班工资管理办法》，延长工作时间按基本工资的 150%、休息日工作按基本工资的 200%、法定节假日工作按基本工资的 300% 支付劳动报酬。

（二）人事制度改革

1. 机构调整与干部定员

本着精简、效能、统一的原则，精简调整二级单位、机关处室，并合理设置二级单位的工区(工段、车间、队)及处室的科室。改革后，锡矿山矿务局职能处室（部、委、办）共设置 28 个，即党群 8 个，行政 20 个；二级单位共设置 21 个，即主要生产单位和辅助生产单位 13 个，服务性单位 8 个；三级机构共 193 个，即科级建制的工区、工段、车间、站、所 91 个，职能科室 102 个。

在精简与调整机构的基础上，参照 1984 年企业整顿验收定员标准重新核定定员。改革前，全局实际在岗的各类干部总数为 1982 人，其中全民岗位 1892 人。改革后，全民岗位干部定员总数为 1752 人(未包括氯碱投产和其他开发项目所需干部)，比改革前减少 140 人，精减比例为 11.6%。

1988 年，在南选厂浮选工段、北炼厂砷碱渣处理工段和南矿六工区，进行招标承包选聘工区(工段)长。各二级单位群众对各级干部民主评议，按照德、能、勤、绩四个方面计分，将干部评议为优秀、称职、基本称职、不称职四个档次。对优秀和称职的干部，按干部管理权限优先聘用；对基本称职的区别情况对待，分别采取低聘、试聘或解聘等办法，对不称职的干部予以解聘。同时，对副处级以上中层干部的调整，经过较长时间的酝酿准备、征求意见，最后经局党政联席会议作出决定。1991 年 8 月 17 日，宣布被免职的中层干部共有 26 人(其中正处级 9 人、副处级 17 人)，中层干部人数由 201 人精减至 175 人，精减比例为 12.9%，超过原定精减 7% ~ 10% 的比例。科级干部降级低聘的有 69 人，其中正科级降为副科级的 17 人，副科级降为一般干部的 52 人。由干部落聘当工人的 37 人，其中由科长当工人的 7 人，由副科长当工人的 6 人，由一般干部当工人的 24 人。干部职务晋升的共计 50 人，其中晋升为正处级的 7 人，副处级的 7 人，科级的 24 人，副科级的 12 人。改革后，全民单位正副科级干部由原来的 418 人减少至 376 人，精减比例为 10.04%。

为适应三项制度改革的要求和巩固改革成果，对原来制定的有关干部管理制度进行修改。从1991年4月起，陆续颁发了《关于从工人中选聘干部的管理办法》《关于实行干部聘任制的规定》《锡矿山矿务局干部聘任试行办法》《大、中专毕业生管理办法》和《劳动、人事、工资三项制度改革验收要求》等一系列规定。1993年，为推动科技进步,颁发了《对科技人员实行突出贡献奖励的办法》和《有功人员享受优惠待遇的规定》。

2. 职称改革

中共十一届三中全会以后，国务院相继批转了国家科委、国家经委、国务院科技干部局颁发的《工程技术人员职称暂行规定》《会计干部技术职称暂行规定》《卫生干部技术职称暂行规定》。根据暂行规定及省冶金局关于开展职称评定的具体布置，把这项工作列入了重要的议事日程。

（1）专业技术人员评定

1980 年 5 月，锡矿山矿务局成立工程技术职称评委会，在调查摸底的基础上，对 275 名工程技术人员进行复查、套改和确定职称。结果，确定为工程师的 30 人，套改为助理工程师的 179 人，均报省冶金局审批同意。另由局审批技术员 37 人。

1980 年 7—8 月，由省冶金局统一命题对“文化大革命”期间入学的大、中专毕业生进行考试评定职称。经考试、考核，评定为助理工程师 3 人、技术员 15 人。有 32 人因考试不达分数线没有评定职称的，于 1981 年 12 月由省冶金局命题补考后，29 人获技术员、1 人获助理工程师职称，还有 2 人成绩不及格未予评定。

1981 年 3—4 月，根据省人事局相关文件精神，对“以工代技”的 55 人进行考试、考核，并提出具体评定职称的意见。后又按照省人事局颁发的 23 号文件精神，落实和晋升了助理工程师 34 人、技术员 1 人。经考试、考核成绩合格的“以工代技”人员，1983 年报娄底地区审批转为国家干部的有 30 人。

至 1983 年年底，全局共有在职工程师 113 人、助理工程师 89 人、技术员 158 人。

1982 年 4 月 23 日，省冶金局政治处召开所属单位的组织、财务负责人会议。按省冶金局的统一布置，于 1982 年 5 月开展了财会业务职称的评定。通过宣传、学习、摸底、考核、评定等一系列工作，最后经省冶金局审批的有会计师 1 人（1980 年晋升的 4 人未包括在内）、助理会计师 10 人、会计员 52 人(其中有 24 名会计员转为国家干部）。

统计系列人员的职称，同样按省冶金局的统一布置进行评定晋升。通过考试、考核，经省冶金局审批的有助理统计师 4 人、统计员 23 人(其中 12 名统计员转为国家干部）。

卫生技术人员的职称，主要由地、市卫生局直接组织考核、考试、评定。1983 年 3 月，由地区卫生职称评委会授予医师职称的 7 人。

1983 年下半年，省冶金局下达职称评定工作意见，要求技术职称晋升转入正常的考核和晋升，特别强调对不具备规定学历的要按冶金部 1983 年 6 月秦皇岛会议精神办理。1983 年 8—9 月，局工程技术职称评定委员会，多次召开会议认真研究下一步的具体做法和意见。1983 年 9 月，中央办公厅、国务院办公厅联合下发《关于整顿职称评定工作的通知》（中办发〔1983〕63 号文件），职称评定晋升工作暂停。

1986 年 1 月 24 日，中共中央、国务院转发中央职称改革领导小组《关于改革职称评定实行专业技术职务聘任制度的报告》通知。1986 年 2 月 25 日，按照上级文件精神，下发《关于改革职称评定，实行专业技术职务聘任(任命)制工作的安排意见》，对职称改革工作分六个阶段作了全面的布置和安排。1986 年 8 月 18 日，国务院又发布《关于实行专业技术职务聘任制度的规定》。

1987 年 4 月 24—26 日，国家经委在北京召开全国企业职称改革工作会议。1987 年 8 月 10 日，有色长沙公司下发文件，提出了《关于企业进行职称改革的实施意见》。根据有色总公司及有色长沙公司关于企业职称改革的精神，1987 年 9 月 15 日下发文件，提出了《锡矿山矿务局职称改革工作安排意见》。

从此，职称评定晋升工作全面铺开。

这次职称改革的主要内容有四个方面：一是在定员定编和上级规定的结构比例基础上，根据实际工作需要设置专业技术工作岗位；二是对各类专业技术人员，明确专业技术职务和任职条件，明确工作范围、工作任务和必须履行的职责和义务，解决过去职称评定工作中存在的职称与职责分离的现象；三是实行专业技术职务聘用制，破除专业技术职称的终身制；四是贯彻按劳分配原则，实行专业技术与职务工资挂钩，在任职期间领取与所任专业技术职务相应的职务工资。

职称改革工作，从1987年9月开始，分5个阶段进行。

一是准备阶段。学习中央职称改革领导小组、国家经委、有色总公司及有色长沙公司有关职称改革的文件，传达贯彻有色长沙公司职改工作会议精神。为加强职改工作的领导和组织工作，经局党政联席会议研究决定，调整并成立职称改革工作小组、职称改革工作办公室和工程、经济、统计、会计、卫生、出版、档案、教育八个系列五个职称评审委员会，下设若干专业技术评审小组。各专业技术职称评审小组，将本专业符合评聘条件的人员登记造册，交职称改革工作办公室，核定统计基数，清理遗留问题。第一阶段的工作，于1987年10月初基本结束。

二是“三定”阶段。“三定”即定员、定岗、定职责。定员是以1984年企业整顿验收时的定员数及以后上级批准增加的定员为依据，核定各单位、处室专业技术人员数，并以此作为定岗基数，确定各系列、各专业高级、中级和初级专业技术职务岗位的结构比例及具体数目。定员、定岗确定以后，职改办、各系列评委会、各专业评审小组，分别制定高级、中级、初级专业技术岗位职责。

三是评定阶段。职改工作从1987年12月开始按高级、中级、初级顺序进入评审阶段。

高级专业技术职务的推荐程序：各专业评审组按照确定的设岗数进行民主评议，根据申报条件排出被推荐人员的顺序。对争议较大的人员，召开高级专业技术职务评审委员会扩大会议，进行民意测验和确定顺序，然后征求其本人所在单位、设岗单位及调整单位的意见并将结果报职改办汇总，由职改领导小组审查后返回系列职称评委会讨论通过，再上报有色长沙公司职改办。

中级专业技术职务的评审程序是：各专业组和系列评委会，依次按任职条件对申报人员进行评审。评审通过的人员报职改办，审查后再报有色长沙公司职改办。

至1988年10月，中小学教师、卫生技术、工程技术、经济、统计、会计、新闻、档案等系列专业技术职务评审工作基本结束，其中经济系列包括政工管理专业和生活福利管理专业以及其他专业性质不明确的管理干部。

四是总结验收阶段。1988年4月，职改领导小组召开扩大会议，认真研究和部署职称改革验收阶段的工作，制定高级、中级专业技术职称聘用考核办法，根据评审结果修改岗位职责，全面开展初级专业技术职务评审工作。

1988年5月30—31日，有色长沙公司职改办与有关企业组成的验收组对职称改革工作进行验收。验收组一致同意锡矿山矿务局职称改革工作验收合格，并于1988年7月发文作了验收合格批复。

1988年6月14日，锡矿山矿务局向有色长沙公司职改领导小组申请以下系列与档次的专业技术职务评审权限：工程技术系列高级职务任职资格评审、工程技术系列中级职务任职资格评审，经济系列中级职务任职资格评审，统计系列中级职务任职资格评审，会计系列中级职务任职资格评审，卫生技术系列中级职务任职资格评审，中、小学教师中级职务任职资格评审。有色长沙公司下文批复，同意成立工程技术、经济、会计、卫生技术、中小学教师五个系列中级专业技术职务评审委员会和具有对上述五个系列中级专业技术职务的评审权限。

五是聘任阶段。1988 年 8 月 31 日，提出《专业技术职务聘任办法》。工程技术、经济、统计、会计、新闻、档案等系列评定高、中级专业技术职务任职资格的聘任，遵照按需设岗、评聘结合的原则严格执行专业技术职务聘任制度，合理调整使用人才和按步就岗实施聘任。1988 年 11 月，聘任工作基本结束。通过这次专业技术职务评聘，至 1989 年年底全局拥有教授级高级工程师 4 人、高级专业技术职务人员 101 人、中级专业技术职务人员 477 人、助理级专业技术职务人员 600 人、技术员级专业技术职务人员 415 人。

（2）思想政治工作人员专业职务首次开评

1990 年 4 月，中共中央办公厅、国务院办公厅转发中央组织部、中央宣传部、人事部拟定的《企业思想政治工作人员专业职务试行条例》。同年 9 月，中国有色总公司下发《关于认真做好企业思想政治工作人员专业职务评聘工作的通知》。根据中央及有色总公司、有色长沙公司的布置与安排，首次开展政工专业职务评聘工作。

通过宣传、学习、摸底等一系列工作，政工系列高级职称，经有色总公司高级专业技术职务评委会第一次会议（1991 年 3 月）评审通过，有 2 人获高级政工师任职资格。经第二次会议（1991 年 12 月）评审通过，有 4 人获高级政工师任职资格。政工系列中级职称，经有色总公司湖南、湖北地区政工专业中级职务评委会第一次会议（1991 年 6 月）和第二次会议 (1992 年 3 月）评审通过，有 45 人具备政工师任职资格。以上 51 名高级、中级政工专业人员的任职资格均从 1990 年 4 月算起。

1991 年 8 月，经有色长沙公司批复成立政工职务初级评审委员会。同年11月26日该评委会第一次会议评审通过并报有色长沙公司审核认定有120人获助理政工师、政工员任职资格。至此，政工人员首次评审专业职务工作结束。

（3）专业技术职务评聘转入经常化

1992年3月，按照有色总公司、有色长沙公司和地方政府的统一部署，制定《锡矿山矿务局评聘专业技术职务的若干意见》。根据有色总公司和有色长沙公司规定，工程技术、经济、卫生技术、会计、中小学教师、档案六个系列的高级、中级和初级职称评审，分别由有色总公司、有色长沙公司和局内相应的评委会组织进行。

根据相关文件精神，重新组建工程技术中级职务评审委员会，负责各单位工程师职务的任职资格及申报高级工程师职务的推荐。其他五个系列评委会具有初级职务评审权，并负责推荐中、高级专业技术职务人选。

高级和中级专业技术职务评审是根据有色总公司和有色长沙公司的规定，按下达的宏控指标和高、中级岗位设置方案，采取补缺申报、对岗申报、评聘结合的方式进行的。评审的顺序是先高级后中级再初级。

1993年8月11日，提出《关于评聘专业技术职务若干问题的实施意见》,明确规定开展经常性专业技术职务的评聘工作，须科学合理设置专业岗位,坚持因事设岗的原则,实行评聘分开，即“评而不聘，聘而不评，高评低聘，低评高聘”。

1993—1995年，有色总公司和有色长沙公司组织评审，参加的有工程技术、卫生技术、经济、统计、会计、职教、普教、档案、政工、新闻、翻译11个系列的高级、中级专业技术职务。工程技术、卫生技术、教育、档案、政工等系列的初级专业技术职务评审则由局内相应评委会负责。

政工系列专业职务评聘工作，按照全国企业思想政治工作人员专业职务评定工作领导小组提出的《关于企业思想政治工作专业职务评聘工作转入经常化的意见》办理。该意见规定：实行经常性的评聘工作，要坚持专业职务资格评定与专业职务聘任分开的原则，按照全国规定的统一政策、统一条件、统一标准和统一评审程序评定政工专业职务的任职资格。统计、新闻、翻译、档案系列的高级和中级专业职务任职资格，由有色总公司相应的高级和中级职称评委会评审。会计、经济、审计系列的中级、初级和统计系列的初级专业职务任职资格，均参加全国统一考试。

至 1995 年年底，全局拥有在职高级工程师 5 人、高级专业技术人员 102 人、中级专业技术人员 579 人、初级专业技术人员 879 人。

（三）工资制度改革

1. 工资改革及调整

随着经济体制改革的深入，国家对工资制度同时进行改革。按照国家对企业实行工资制度改革与国家机关、事业单位脱钩及与经济效益挂钩的原则，在生产发展和自有资金有承受能力的前提下，根据国家工资制度改革的政策及市场物价上涨因素，1982—1996 年，锡矿山进行了两次工资改革、两次工资标准调整和一次技能工资升级。

（1）1985 年第一次工资改革

根据有色总公司《关于有色金属工业工资制度改革实施办法的通知》精神，凡是 1985 年 6 月底的在册正式职工均列入改革范围。

改革的主要目的，是理顺企业内部工资关系，拉开劳动者之间的工资差别。

改革首先按照有色总公司确定的新工资标准进行套标。干部执行《有色金属工业干部职务工资标准》之二表，工人按照第一次工资改革划定的三种工资标准适用范围分别套入《有色工业工人岗位等级工资标准》之一、二、三表。

套改标准后进行浮动升级。1982年年底前入厂的在册职工可以参与浮动升级。干部实行职务工资制，套级后低于职务最低级的可按最低级确定职务工资，但一般进入最低等级线增加工资超过3个级差的，先增加3个级差，一年后经过考核任职的再进入最低等级线，实行职务工资后工资可随职务变动。工人升级一般在等级线内进行，现工资超过等级线的不再升级。全局职工7092人，增加工资的7092人。工资套改后的浮动升级面为全局职工的48.5%。

（2）1992年第二次工资改革

为使分配更加全面地反映职工的劳动技能、劳动消耗和劳动贡献，废除等级工资制，实行岗位结构工资制，1992年1月1日在职的固定工和全民劳动合同制工参加工资改革。

岗位结构工资由基础效益工资、岗位工资、技能工资、工龄工资四个部分组成。

基础效益工资是维持职工个人生活的工资。其标准在经济效益提高的前提下按照物价指数来确定。最低标准暂定40元，加上粮油调价补贴6元共计46元。

岗位工资是反映劳动岗位对劳动者的要求和影响的工资。岗位档次根据岗位劳动测评确定。干部分12个岗次，工人分10个岗次。

技能工资是反映劳动者的技术业务能力表现在工作实绩中的工资，共分29级。技能工资的套改办法是：凡经转正定级的固定工和全民合同工，将清档后的等级工资标准额，

40元基础效益工资和各自岗位的工资常数后，就近套入技能工资标准得出技能工资额。

工龄工资，一年工龄计发0.5元。

以上四项之和，即得出岗位结构工资的标准工资额。

实行岗位结构工资后，原计发的固定奖金（矿山技术津贴和矿山津贴）停发，改为浮动技能工资。具体数额，在标准工资套改的基础上，按各人技能工资的自然级差，工人、技术员和无职称的干部增发1级浮动技能工资，助师以上的专业技术人员增发2级浮动技能工资。但增发的这两种浮动技能工资不进档，退休不计入基数，调出不对外介绍。

参加此次工资改革的职工7992人，全部增加了工资。

（3）1993年由岗位结构工资过渡到岗位技能工资

根据国家劳动总局《关于进行岗位技能工资制试点工作的通知》及有色总公司《关于印发〈有色金属工业岗位技能工资制实施意见〉的通知》《关于实施岗位技能工资制的补充意见》，制定岗位技能工资制套改实施办法，1993年5月1日在册的全民职工属于套改岗位技能工资的范围。

岗位技能工资，由岗位工资、技能工资、综合效益工资和工龄工资四个部分组成。

岗位工资。根据有色总公司文件规定，锡矿山矿务局为B类工资企业。干部岗位工资按20个序号设置，最高为20岗，岗位工资标准为180元，最低为1岗，岗位工资标准为25元。工人岗位工资按14个序号设置，最高为14岗，岗位工资为120元，最低为1岗，岗位工资为25元。岗位工资按1992年岗位结构工资岗位对号入座，干部一岗三薪，工人一岗一薪，职务或工种变动时岗位工资随之变动。

技能工资。共设48个等级。最高工资标准为350元，最低工资标准为4元。技能工资可在企业经济效益增长能够提取新增加效益工资的基础上按规定比例升级。

综合效益工资，共设12个等级。最高为12级，工资标准为100元，最低为1级，工资标 准为46元。

工龄工资。一年工龄计发1元。

以上四项之和，构成职工岗位技能工资制的基本工资额。

通过套改，增加工资的职工8065人，为职工总数的100%。

（4）1994年4月岗位技能工资标准的档次调整

根据有色长沙公司文件精神，1994年4月对在册全民职工岗位技能工资标准的档次进行调整。调整岗位工资、技能工资、综合效益工资三个部分，工龄工资没有调整。

一是岗位工资调整。岗位工资共设22个岗次，每个岗位设四个档次。调整前各个岗次执行第一档，调整后执行第四档。二是技能工资调整。技能工资标准设48个等级，每个等级设三个档次。调整前各个等级执行第一档，调整后执行第三档。三是综合效益工资调整。效益工资调整幅度为，已转正定级的职工由原6级月资70元调整为8级月资80元，未转正定级的职工由原2级调整为4级月资60元。

这次调整工资的范围为在册全民职工，调整后人均月增工资126元。

（5）1996年技能工资升级

技能工资升级的范围是在册全民劳动合同制职工。职工总数7994人，已升级的职工7623人，升级后平均月增工资43.8元。升级的具体规定：一是完全符合升级条件，1993年1月1日至1994年12月31日参加工作的升两个级差，1990年1月1日至1992年12月31日参加工作的升四个级差,1983年1月1日至1989年12月31日参加工作的升六个级差，1982年12月31日及以前参加工作的升八个级差。二是部分符合升级条件的，按升级文件中的“个人升级的条件规定”进行升级。三是不符合升级条件的不升级。四是为鼓励工人在生产岗位上努力工作、学习技术、提高技能，在这次技能工资升级的基础上对工人进行择优升级，择优升级面为工人总数的3%，择优升级幅度为两个级差。这次新增技能工资，从1996年2月1日起执行。

2. 辅助工资

辅助工资是职工标准工资以外的工资性和政策性补贴。主要有粮食补贴、物价补贴、洗理费、书报费、岗位津贴、夜班津贴、下井津贴、临时职务津贴、教龄津贴等。

第五节 政策性关闭破产

政策性关闭破产是指在适用国家破产相关法律法规的前提下，国家对列入全国企业兼并破产计划项目的国有企业，在破产财产认定、财产处理优先权、破产债权处置等方面给予特别政策支持的一种破产形式。对长期亏损、资不抵债、扭亏无望的国有企业和资源枯竭的有色矿山实施政策性关闭破产，是党中央、国务院作出的重大决策，也是各级党政部门的重大政治任务和改革任务。

2000年2月，全国企业兼并破产和职工再就业工作领导小组下达湖南省有色金属第一批列入国家政策性关闭破产计划的7家矿山是桃林铅锌矿、潘家冲铅锌矿、香花岭锡矿、新晃中兴总公司（原新晃汞矿）、川口钨矿、湘东钨矿、汝城钨矿。在中共湖南省委、省政府和省国企改革领导小组及省财政厅、省劳动和社会保障厅等部门的大力支持下，湖南省有色金属工业总公司于2001年8月底做好前期准备工作后，由领导挂帅，派出清算组进驻矿山企业，先后启动这7家矿山的关闭破产程序。其中，潘家冲铅锌矿于2001年12月启动，川口钨矿、湘东钨矿于2002年6月启动，香花岭锡矿、新晃中兴总公司、桃林铅锌矿分别于2002年9月、10月和12月启动破产清算程序。

湖南省有色金属工业总公司在对矿山实施政策性关闭破产

清算中，紧密依靠省、市、县三级政府，依靠矿山领导班子和中层骨干，做好政策宣传解释工作和职工思想政治工作，按照政策，依法依规，平稳推进。潘家冲铅锌矿和川口钨矿分别于2002年5月和2002年12月终结破产清算工作。

一 概 况

根据全国企业兼并破产和职工再就业工作领导小组关于贯彻执行《中共中央办公厅、国务院办公厅关于进一步做好资源枯竭矿山关闭破产工作的通知》有关问题的意见，湖南省的桃林铅锌矿、潘家冲铅锌矿、新晃中兴总公司、汝城钨矿、湘东钨矿、川口钨矿和香花岭锡矿等7家有色矿山因资源枯竭，已列入破产计划项目。截至2000年年末，上述7家矿山共有在职职工13428人，离退休人员8632人。账面总资产43692万元，总负债44503万元（其中银行借款16957万元），平均资产负债率为102%。

按照全国企业兼并破产和职工再就业工作领导小组关于印发《中央企业及下放的煤炭、有色金属企业关闭破产实施办法》的通知精神，湖南省有色金属工业总公司于2001年8月底前组织7家矿山做了大量前期准备工作，具备了实施关闭破产的条件：

（一）成立关闭破产工作协调领导小组

成立湖南省有色金属企业关闭破产工作协调领导小组，设立工作机构，明确项目责任人，全面负责7家矿山关闭破产工作的组织领导和具体问题的协商处理。

（二）破产费用测算表通过初步确认

7家矿山的破产费用测算表已通过财政部初步确认。

（三）签订贷款分割协议

银行和金融资产管理公司与7家矿山签订了贷款分割协议。

（四）制定确保稳定工作的防范措施

省、市政府制定了确保稳定工作的防范措施，对企业需移交地方的离退休人员及医院、学校等社会职能，省人民政府明确由有关部门和所在地具体负责做好移交工作。

（五）讨论通过关闭破产实施方案

7家矿山关闭破产实施方案已经职代会讨论通过，与之配套的职工安置方案等方案均已制定完成，各项措施也已落实。

（六）加强宣传引导

编印《湖南省有色金属矿山企业政策性关闭破产宣传资料》，发给职工人手一册，使关闭破产工作得到了广大职工的理解和支持。

潘家冲铅锌矿、川口钨矿、汝城钨矿、湘东钨矿、香花岭锡矿、桃林铅锌矿、新晃中兴总公司7户有色矿山企业于2001年12月至2002年12月先后进入破产程序，至2003年10月全部破产终结。原企业全部注销，按政策核呆银行和资产管理公司的债务1.44亿元。7户矿山共涉及人员2.6万人，安置在职职工12408人，其中一次性安置职工7026人。各矿剩余资产经评估作价后，由解除劳动关系、一次性安置的职工自愿入股重组为5户股份制民营企业（汝城、湘东、川口、香花岭、桃矿），共安置职工2957人，占一次性安置职工人数的42%，破产终结后设置主要从事离退休人员管理的留守机构7个共98人。7个留守机构直接管理对象约2万人，其中：离休干部78人，退休人员11507人，退养人员1767人，退养家属工682人，抚恤人员1544人。

二　潘家冲铅锌矿关闭破产工作简介

潘家冲铅锌矿（以下简称潘矿）因资源枯竭、扭亏无望，被列入国家关闭破产计划项目。2001年12月3日，株洲市中级人民法院宣告潘矿破产还债。在省委、省政府的正确领导下，在有关部门的大力支持和职工的理解配合下，潘矿破产清算工作于2002年5月结束。潘矿是湖南有色金属行业第一个通过政策性关闭破产成功退出市场的资源枯竭矿山。

（一）破产原因分析

潘矿是国有小型有色企业，位于醴陵市马恋镇境内。原隶属于中国有色金属工业总公司，2000年6月按国务院统一部署下放地方，由省有色金属工业总公司管理。主要生产铅锌精矿和氟石粉，综合回收金银，设计生产能力年处理原矿10万吨。破产前有在职职工942人，离退休人员597人。

其破产主要原因一是资源枯竭，扭亏无望。潘矿有记载的开采历史有100余年，由于长期开采，矿石品位急剧下降，生产能力日益萎缩。该矿从1983年开始亏损，1995年全面停产，仅靠财政补亏维持，截至2000年底累计亏损6886万元，补亏后累计挂账1410万元。资源枯竭是潘矿关闭破产最直接、最主要的原因。二是资不抵债，无法清偿到期债务。截至2000年底，潘矿账面资产总额2809万元，负债总额3019万元，资产负债率达107.5%。由于大量井巷工程、构筑物等不良资产无法变现，且需投入大量处置费用，实际资产负债率远远高出账面值，已严重资不抵债。三是社会负担重。离退休人员不断增加，费用不断膨胀，学校、医院、公安、供电、供水等社会职能自成体系，运转费用高，工农矛盾日益突出，企业难以为继。

鉴于此，潘矿于1999年申报关闭破产，经全国企业兼并破产和职工再就业工作领导小组《关于2000年全国企业兼并破产工作意见的通知》列入关闭破产计划项目，2001年11月1日，全国领导小组同意该矿进入破产程序，12月3日株洲市中级人民法院宣告其破产还债。

（二）破产工作情况

潘矿是湖南有色金属行业第一户进入破产程序的资源枯竭矿山，按照“平稳有序，首战务胜”的指导思想，充分做好破产前期准备工作，精心组织破产实施，在确保稳定的前提下，圆满完成了破产工作任务，为推进有色企业改革和结构调整积累了经验。

1. 各级领导高度重视，有关部门大力支持，是搞好潘矿破产的有力保证

为了搞好有色企业关闭破产工作，省政府成立了有色金属资源枯竭矿山关闭破产工作协调小组,设立了领导和工作机构，并召开专题协调会议,研究潘矿等有色矿山关闭破产有关问题。省委、省政府领导高度重视潘矿的破产工作，多次听取情况汇报，对破产工作进行指导。省经贸委、省财政厅、省劳动社保厅、省国土厅等部门对潘矿破产工作给予了大力支持。株洲市、醴陵市政府分别成立了潘矿破产工作协调小组，积极配合破产工作。省有色金属工业总公司建立了破产工作机构，组织潘矿人员对破产预案进行反复测算和修改,做了大量前期准备工作，为破产实施打下了坚实基础。

潘矿进入破产程序后，省有色金属工业总公司派出精干力量参加破产工作组和清算组驻矿工作，总公司党组多次研究解决潘矿破产过程中出现的问题。

2. 精心组织实施，依法进行清算，是完成潘矿关闭破产任务的关键

受株洲市中级人民法院指派，省有色金属工业总公司、株洲市、醴陵市有关部门人员组成潘矿破产清算组，于 2001 年 12 月 3 日进驻矿山，规范有序地展开破产清算和实施工作。

（1）组建工作机构，健全工作制度

清算组进矿后，根据工作需要聘用了 60 多名工作人员，成

立了综合、资产清算处置、宣传稳定、职工安置4个专业工作小组，明确职责分工，把责任落实到人。建立健全各项规章制度，颁发了实施阶段工作办法和费用管理办法等文件，制定了清算组和工作组议事制度、办事程序、会议制度、汇报值班制度、工作纪律、考勤制度、奖惩制度、费用管理等制度，规范了工作秩序和办事程序，确保各项工作有条不紊地推进。

（2）突出工作重点，依法进行清算

依法接管、清理、评估、处置破产财产，是清算组的主要职责，也是工作组的重要任务。为此，着重抓好五项工作：一是全面接管企业，维护资产安全。清算组进驻矿山后，接管了潘矿所有的财产、档案、账簿和印章，封存了潘矿的银行账户。聘请工作人员开展清算工作，聘请维护人员保证日常运转正常，组织了护矿队，加强重点部位的保卫。由于工作和各项措施得力，清算期间企业没有发生财产流失和安全损失事故。二是认真开展资产清理，搞好评估、审计工作。组织人员对厂房、设备等资产进行全面清理，并依据有关法律程序和规定，委托湘资有限责任会计师事务所对潘矿资产进行了评估审计。评估结果为：破产资产账面值2020.83万元，评估值为223.76万元，其中流动资产156.69万元，固定资产63.92万元，长期投资3.15万元。其中学校、医院、供电供水等公益福利性资产51.31万元，按《中共中央办公厅、国务院办公厅关于进一步做好资源枯竭矿山关闭破产工作的通知》规定移交当地政府管理，不纳入破产财产。根据省国土资源厅《关于潘家冲铅锌矿土地资产处置问题的批复》，鉴于矿部地下为采空区，多处下陷，土地房产无变现价值，故土地、房屋不作评估，移交当地政府管理；潘矿的华天电源厂41.38亩土地由综合用地性质变更为生活用地，用于职工集资建房，安置职工，房屋建设均不纳入变现范畴。三是积极清收企业债权。经过清理，潘矿截至宣告破产之日，共有债务单位和个人287户（人），应收金额总计215.8万元。对所有债权编制了债权清册，对已知的债务人发出催收通知信函，并派专人外出清收，其中应收账款183.03万元无法收回，已列入不可变现资产，法院作呆账处理。四是认真核实债务。清算组向债权人逐一发出债权申报通知，截至2002年3月3日，申报债权的有19家，申报金额2132.25万元。债权申报期满后，没有申报的债权，依法视为自动放弃。与此同时，认真清理内部债务。经清理，欠发职工工资907万元，拖欠职工抚恤费、伤残补助金和丧葬费116万元。五是进行资产变现和财产分配。由于多年停产，地处偏僻，潘矿的资产变现价值较低，按《企业破产法》规定，破产财产不足以支付优先支付的清算费用225.1万元，可供分配财产为零。第一清偿顺序为清偿所欠职工工资和养老保险费等1223万元，第二清偿顺序无拖欠税金，第三清偿顺序为清偿破产债权3106.26万元，清偿率为零。

（3）依据有关政策，妥善安置职工

破产企业的职工能否得到妥善安置是事关破产工作成效的关键。根据《中共中央办公厅、国务院办公厅关于进一步做好资源枯竭矿山关闭破产工作的通知》规定，清算组经过反复调查摸底，制定了切实可行的职工安置方案。在具体操作中，坚持公平、公正、公开的原则，对工伤残鉴定、工龄、退休、退养情况分别用一、二、三榜向职工公布，接受群众监督，使每个职工对自己的安置方法心中有数，能够对号入座。积极协调外部关系，争取职工工伤残鉴定统一就近进行，邀请有关部门到矿现场办理有关手续，简化了中间环节，方便了职工。

2002年5月30日，株洲市中级人民法院裁定潘矿破产终结。职工整体搬迁到醴陵市泗汾镇居住，社区留守机构设在职工居住区。

三 川口钨矿关闭破产工作简介

川口钨矿（以下简称川矿）因资源枯竭、长期亏损、扭亏无望、资不抵债，被列入2000年国家政策性关闭破产项目。全国企业兼并破产和职工再就业工作领导小组下达立项通知。2001年10月18日川矿第十五届职代会第二次全会通过了矿山关闭破产决定，同年11月1日全国领导小组下达启动通知，12月24日衡阳市政府成立川矿关闭破产协调小组。2002年1月15日川矿向衡阳市中级人民法院递交了申请关闭破产报告，市中院受理了该案并组成合议庭，于1月16日以〔2002〕衡中法经初字第5-1号民事裁定书宣告川矿破产还债，随即指派清算组成员。6月6日，省、市、县三级领导及市中院经济庭法官和湖南省有色金属工业总公司破产清算组进驻川矿召开职工大会，宣告川矿依法破产还债。

2002年6月12日，衡阳市中院在《中国人民法院报》刊登川矿破产公告。在省、市、县党政大力支持和川矿领导骨干、广大职工的积极配合下，破产清算工作顺利推进，先后完成了工伤鉴定、退休退养审批、职工劳动合同解除、一次安置、债权人会议召开等法律程序。11月28日，衡阳市中级人民法院向湖南省有色金属工业总公司专致公函，对川口钨矿清算组予以表扬并为之请功。

2002年12月中旬，川口钨矿职工子弟学校、职工医院、供水供电部门等社会职能机构全部签约移交给衡南县政府管理。在关闭破产中，一次性安置职工实现了再就业，通过实施破产资产重组，组建成立了衡阳远景钨业股份有限责任公司。12月20日，衡阳市中级人民法院裁定川口钨矿破产终结，随即撤销了清算组。

大事记

1978 年

1月6日，长沙矿冶研究所与湘东钨矿合作改进的弹簧摇床，通过省冶金局组织鉴定。

3月，省冶金局同意新晃汞矿酒店塘矿区闭坑。

3月18日，省冶金地质研究所、冶金二三八队、瑶岗仙钨矿、湘西钨矿合作完成《湖南省蚀变花岗岩型钽、铍、铪及稀土矿床成矿规律与找矿方向》的研究成果，获全国科学大会奖。

3月18日至31日，全国科学大会在北京召开，会议期间湖南省有色金属行业共有200多项科技成果获奖。

4月，零陵地区铜矿与江华褐钇铌矿合并组建湖南省铜山岭铜矿。

4月，湘乡氟化盐厂改为湘乡铝厂。

6月，长沙冶金工业学校，由冶金工业部、湖南省双重领导，以部为主。

8月，黄金洞金矿建成日处理精矿7吨的回转窑焙烧脱砷，解决精矿脱砷问题。

8月，株洲粉末冶金学校改名为株洲冶金工业学校，与株洲硬质合金厂分开，直属省冶金局领导。

10月，冶金工业部授予汝城钨矿长征掘进队“全国有色金属矿山机械化掘进队优胜红旗”称号。

11月，株洲冶炼厂从锌浸出渣中回收银获得成功。

11 月，冶金二三八队勘探队在宝山西部找到铅锌银大型工业矿床。

12 月，冶金二一四队在川口近围找到杨林坳矿床，勘探证实为一大型黑白钨共生矿床。

12 月，株洲市钨钼材料厂竣工投产。

是年，全省完成十种有色金属产量 13.96 万吨，六种精矿含量 11.03 万吨，分别比 1965 年提高 2.3 倍和 1.1 倍。

1979 年

1 月，冶金部在湖南组建第二十三冶金建设公司，将原冶金局所属三个建设公司改为第一、二工程公司及矿山井巷公司，另增设技工学校一所，均属二十三冶金建设公司领导。

3 月，在省冶金工业局黄金管理处的基础上，成立湖南省黄金公司。

3 月，湘西金矿被湖南省命名为“大庆式企业”。

4 月 18 日，衡阳冶金机械修造厂被湖南省命名为“大庆式企业”。

5 月 20—23 日，全国重点有色矿山机械化第三赛区表演赛在锡矿山矿务局举行，40 名掘进能手在南矿十三中段表演，锡矿山矿务局北矿掘进队获第一名。

5 月，水口山矿务局铅锌矿保管员易会才被评为全国劳动模范。

8 月 11 日，长沙有色冶金设计院更名为长沙有色冶金设计研究院。

8 月，锡矿山矿务局获全国重点有色联合企业 1979 年上半年社会主义劳动竞赛流动红旗。

11 月 10 日，冶金部“全国有色矿山平巷机械化掘进经验交流会”在湘东钨矿召开。

12月，株洲冶炼厂铅、锌、铜综合回收等四大系统投产，年产能16万吨，是全国有色冶炼大型厂，产品有电铅、电锌、电铜、电金、电银、电镉等。

1980年

1月，柿竹园多金属矿注册成立。

3月，桃林铅锌矿被湖南省命名为“大庆式企业”。

4月，水口山矿务局三厂发生急性铅中毒者18人，经抢救脱险，为20余年来最严重的一次。

6月28日，湖南省有色金属工业公司成立，属企业性质，独立核算。

6月，长沙半导体材料厂与港商签订补偿贸易合同，引进银锌电池生产线。

7月15日，新华社播发《湖南发现特大型多金属矿床》的消息，次日《人民日报》头版全文刊载了该消息。被发现的特大型多金属矿床即柿竹园多金属矿。

10月5日，湘西金矿新建500吨/日机选厂竣工，11月10日负荷联动试车。

11月，长沙冶金工业学校被教育部列为全国重点中专学校。

11月13日，湖南冶金研究所第二试验工厂划出，成立湖南稀土冶金研究所，隶属湖南省冶金工业局。

12月5日，湖南省有色金属工业公司与中国黄金公司签订协议联合扩建铜山岭有色金属矿。

12月21日，由锡矿山矿务局和长沙矿山研究院合作研究的“锡矿山南矿地压大面积活动规律及其控制方法”获冶金部科技成果一等奖。

1981 年

1月1日，经国务院批准，湘西金矿、黄金洞金矿、漠滨金矿、隆回金矿、龙山金锑矿及邵阳黄金机修厂5矿1厂上收为以冶金工业部为主，部、省双重领导的直属企业。

3月26日，衡阳冶金机械厂被中国企业管理协会授予“全国企业管理优秀单位”称号。

4月，中共中央军委常委、国务院副总理王震考察株洲硬质合金厂等单位，分别听取了株洲硬质合金厂技术改造项目和株洲冶炼厂金银生产以及水口山矿务局康家湾铅锌金矿开发项目的情况汇报。

4月，桃江冶炼厂新建打火石车间投产。

4月，国务院批准，中南矿冶学院金属材料及热处理、冶金物理化学、有色冶金、矿产普查及勘探、选矿工程5个专业（学科）获博士学位授予权。

5月12日，国务院批准成立国家有色金属工业管理总局，直属国务院，由冶金部代管。原在湘部属有色金属企事业单位改由国家有色金属工业管理总局管理。

8月25日，湖南省冶金工业局批准新晃汞矿酒店塘矿区闭坑，成为中华人民共和国成立以来湖南省有色金属矿山通过完备手续实行闭坑的第一例。

9月，锡矿山技工学校由省冶金局直接管理，改名为“湖南省冶金矿山技工学校”。

10月，在全国安全生产会议上，香花岭锡矿安源工区被评为安全生产先进单位。

11月1日，湘西金矿扩建的主、副井工程竣工投产。

11月6—9日，湖南省政府在衡阳冶金机械厂召开中央驻湘直属厂矿企业和省部分重点企业厂（矿）长会议，湖南省副省长周政、省经委主任李田耕等领导出席大会并讲话。衡冶厂长赵勋在会上介绍了“抓好生产经营管理”的经验。

11 月 14 日，国家进出口委员会发文批准成立株洲硬质合金工业公司。

11 月 26 日，省政府和冶金部同意，成立中国冶金进出口公司湖南分公司。

12 月 22 日，冶金工业部长沙勘察公司划归国家有色金属工业管理总局和湖南省双重领导，以有色总局领导为主。

是年，瑶岗仙钨矿以自筹资金为主，日处理能力 2000 吨的破碎厂、2 号竖井、3 号索道建成投产。

是年，水口山矿务局六厂建成年产 30 万吨氧化铍陶瓷车间，填补了湖南省电子陶瓷产品的一项空白。

1982 年

1 月 18 日，由中国国际信托投资公司、湖南省有色金属工业公司和株洲硬质合金厂合资经营的株洲硬质合金工业公司正式成立。

1 月 22 日，黄沙坪铅锌矿、川口钨矿、瑶岗仙钨矿、湘东钨矿、汝城钨矿、潘家冲铅锌矿、车江铜矿 7 家企业划归省有色金属工业公司管理。

2 月 16 日，省金属学会经过一年时间的筹备，由湖南省科学协会主持召开了“湖南省发挥有色金属优势学术讨论会”，征集论文 164 篇、专题调查 9 篇。省内外 81 个单位 247 名代表参加会议。

2 月，冶金工业部第二十三冶金建设公司第一工程公司派出第一批出国施工人员赴约旦承担马安住宅工程。

3 月 8 日，湖南省有色公司实行利润包干和亏损包干办法，对盈利单位，实行公司内部利润基数包干，超收分成的办法；

对亏损单位，实行公司内部亏损基数包干，超亏不补，减亏分成，从1月起实行，时间暂定1年。

4月15日，湖南省博物馆派专家考察麻阳铜矿古矿井情况并收集资料，查明早在东周末期，麻阳铜矿就被较大规模地开采过，是中国最早的采矿遗址之一。

4月25日，衡阳冶金机械厂厂长赵勋被选为中国共产党第十二次全国代表大会代表。

6月18日，湘西金矿沃溪矿区扩建500吨/日采选规模的基建工程交付生产。

9月6—12日，中南矿冶学院教授陈国达参加在苏联召开的国际矿床成因协会第六次会议并作学术报告。到中亚天山地区作地质旅行，参观矿山、工厂，先后在莫斯科、圣彼得堡进行讲学。

10月，邵阳市铝合金型材厂建成年产800吨铝合金型材产品生产线。

11月，第二届全国钨业科技工作会议在株洲召开。

11月，国家科委主任方毅在出席第二届全国钨业科技工作会议期间分别参观了株洲硬质合金厂和株洲冶炼厂。

12月，长沙勘察公司在深圳、珠海、厦门特区开展业务工作后，取得信誉，打开了局面，其中深圳特区的350平方公里控制测量任务，精度高、技术复杂，受到好评。

12月，冶金部批准水口山矿务局兴建黄金、硫铁矿工程，规模为年产黄金230公斤，硫铁精矿6.5万吨。

是年，水口山矿务局第五冶炼厂电铜投产。

1983年

1月27日，衡阳冶金机械厂为武汉钢铁公司试制的第一套1.7米热轧卷筒成功，该公司装机运行，情况良好。

4月4日，经国务院批准，中国有色金属工业总公司成立。有色总公司为产、供、销结合，科、工、贸为一体的经济实体。湖南部属有色企事业单位划归中国有色金属工业总公司管理。

5月1日，省冶金工业局改为省冶金工业厅。

5月10日，长沙铝厂连铸连轧生产线竣工。

5月，衡阳冶金机械厂研制的YZ-35型牙轮钻机获冶金部冶金科学技术研究成果一等奖。

6月14日，在距离益阳市赫山2公里的庙渗生产队农民邱新梅等3人采得毛金重2160.8克、纯度为95%的大金块，折合纯金1987.9克，为湖南当时重量最大，品位最高的自然金块。

7月4日，国家计划委员会批复同意中国有色金属工业总公司呈报的《关于株洲硬质合金厂技术改造可行性研究报告》。自此，工厂第二次重大技术改造工作正式进入实施阶段。

8月底，株洲冶炼厂铅系统第四期改造工程竣工投产。

9月24日，由长沙有色冶金设计研究院设计，衡阳冶金机械厂承制的第一台TZ02型天井钻机组装试车成功。

11月12日，根据中国有色金属工业总公司《关于改变部分有色金属企业、事业单位名称的通知》精神，“衡阳冶金机械厂”更名为“衡阳有色冶金机械厂”。

12月5日，湖南冶金地质勘探公司正式划归中国有色金属工业总公司管理，更名为中国有色金属工业总公司湖南地质勘探公司。

12月，湖南稀土冶金研究所氧化钐技术改造工程验收投产。

12月，湖南冶金防护防治研究所完成的《慢性铍病诊断标准》的研究成果，经国家职业病诊断委员会审查通过。

1984年

1月1日，冶金部第二十三冶金建设公司更名为中国有色金属工业第二十三冶建设公司。

2月6日凌晨1点，资兴县滁口乡高坪村9名农民进入瑶岗仙钨矿偷盗钨矿，7人死亡。

2月20日，株洲硬质合金厂厂长王君笃赴美国与李钨公司磋商技术改造设计事宜。

3月5日，麻阳铜矿竖井延伸工程全面完成，投入生产。

4月15日，郴县桥口铅锌矿将混合流程改为优先浮选流程获得成功，铅含锌由原来的9.37%下降到6.46%，锌含铅由5.29%下降到1.73%；铅的回收率由80%提高到87.33%，锌提高到73.88%。

5月15日，宝山铜矿东部250中段排供斜井与330中段安全贯通，全长186米。

6月中旬，铜山岭有色金属矿选矿车间经过4个月的反复试验，一粗一精“优先选铜方案”成功，该流程可优先选出30% ~ 60%的优质铜精矿。

7月5日，株洲硬质合金厂、株洲冶炼厂、锡矿山矿务局、衡阳有色冶金机械厂、长沙矿山研究院、湖南冶金研究所等企事业单位试行厂（局、院、所）长负责制。

7月6日，中国有色金属工业总公司副董事长茅林来湖南省协商组建地区公司事宜。

7月13日，附近村民大量进入香花岭锡矿区滥采乱挖和偷盗钨砂，该矿安源工区组织职工护矿，其中有69名职工被进入矿区盗窃锡砂的农民打伤。

7月13日，湖南省人民政府、中国有色金属工业总公司以〔1984〕中色计字第992号文向国家经济委员会报告，组建中国有色金属工业总公司长沙公司。

7月24日，中国有色金属工业总公司发文，任命董益中为中国有色金属工业长沙公司顾问，张匡根为党组书记兼经理，朱隆超为党组副书记、副经理，罗毅、罗钦明、黄福东任副经理、党组成员，胡兆瑞任总工程师、党组成员，刘赣生任副总工程师（副经理级）。

8 月 7 日，国家经济委员会发文批复，正式成立中国有色金属工业总公司长沙公司，为委派驻湘的地区性管理单位，并确立长沙公司为正厅(局)级、产销结合、工贸一体的经济实体，负责管理总公司在湖南省的 24 家直属企事业单位。这 24 家企事业单位是水口山矿务局、锡矿山矿务局、桃林铅锌矿、潘家冲铅锌矿、汝城钨矿、川口钨矿、东波有色金属矿、黄沙坪铅锌矿、宝山铅锌银矿、瑶岗仙钨矿、湘东钨矿、香花岭锡矿、新晃汞矿、株洲硬质合金厂、株洲冶炼厂、湘乡铝厂、株洲选矿药剂厂、长沙半导体材料厂、桃江稀土冶炼厂、衡阳冶金汽修厂、湖南冶金研究所、湖南防护防治研究所、湖南稀土金属材料研究所、冷水江技校。协助总公司管理长沙矿山研究院、长沙有色冶金设计院、长沙勘察设计院、中国有色第二十三冶金建设公司、湖南有色地质勘探公司、衡阳有色冶金机械厂 6 家单位，同时，对湖南省地方有色金属工业进行扶持与指导。

8 月 29 日，中国有色金属工业总公司长沙公司在湖南宾馆召开成立大会。中国有色金属工业总公司副董事长茅林、湖南省人大常委会副主任陈新民、湖南省人民政府副省长俞海潮出席大会并致辞。

8 月，国家质量奖审定委员会公布，衡阳有色冶金机械厂生产的 YZ–35 型牙轮钻机获得国家优质产品金质奖。

10月，渣滓溪锑矿列为全省59个引进外资的重点单位之一。

12 月 3 日，长沙矿山研究院与湘西金矿合作研究成功的长锚索子控顶连续分条尾砂充填采矿法在湘西金矿应用后，每年可获经济效益 20 ~ 25 万元。这一方法较原削壁充填法提高生产能力 1 ~ 3 倍，损失率、贫化率分别下降 3% 和 10%。

12月，株洲市钨钼材料厂从日本东芝公司引进的钨丝生产线投产,成为轻工业部电光源工业配套的钨钼材料专业厂家。

是年，经国务院批准，中南矿冶学院应用地球物理、矿山测量、计算机应用、冶金机械、矿山机械、应用数学、工业管理工程、应用化学8个专业获硕士学位授予权。

是年，经教育部批准，长沙冶金工业学校改为长沙有色金属专科学校，由中国有色金属工业总公司直管。

是年，湖南有色金属职工中等专业学校创建，与湖南防护防治研究所实行“两块牌子、一套班子”统一管理。

1985年

1月1日，湖南冶金研究所更名为湖南有色金属研究所。

1月20日，铜山岭有色金属矿与上海跃龙化工厂就联合开采河路口稀土资源达成协议。

2月，瑞典山特维克公司对株洲硬质合金厂300吨合金车间施工方案表示认可，并就瑞方提供软件和硬件交付进度问题达成协议。

3月5—7日，桃林铅锌矿风钻工姚孟湘和刘美愿出席首届全国有色金属工业劳动模范大会。姚孟湘获“开矿功臣”特等劳模证书、金质奖章和奖金1000元，刘美愿获劳模证书、银质奖章和奖金500元。株洲硬质合金厂被评为振兴有色金属工业竞赛活动先进单位。

3月5日，在中国有色金属工业总公司、中国机械冶金工会首届全国有色金属劳模表彰大会上，衡阳有色冶金机械厂被授予“红旗单位”称号。赵勋被授予“特等劳模”称号，谭亮武被授予“劳动模范”称号。

3月15日，株洲冶炼厂废水处理工程竣工投产。

4月25日，湖南省有色金属学会正式成立，并在株洲召开成立大会。

4 月 25 日，桃林铅锌矿风钻工姚孟湘荣获全国总工会颁发的“五一”劳动奖章和全国生产能手称号。

4 月，桃江冶炼厂改名为桃江稀土金属冶炼厂。

4 月 29 日，经中国有色金属工业总公司批准，湖南有色冶金劳动保护研究所兼有中国有色金属工业总公司劳动保护研究所职能。

5 月 17 日，株洲硬质合金厂“氧化法处理废合金新工艺”通过鉴定，在国内居领先地位。

7 月 1 日，长沙半导体材料厂铌酸锂单晶生产线投产。

7 月 1 日，水口山矿务局三厂的 140 米烟囱、烧结布袋（2778 平方米）两项工程投产。

7 月，衡阳有色冶金机械厂和长沙矿山研究院合作研制的第一台 YZ-55 牙轮钻机在本溪钢铁公司南芬铁矿试钻，试钻 6 个月完成 2.2 万米，设备运转正常。通过国家级鉴定，达国际先进水平。

7 月 29 日，中南矿冶学院改名为中南工业大学，实行校长负责制。国务委员方毅题写校名。

8 月 24—25 日，暴雨造成东波有色金属矿野鸡尾尾砂坝垮塌，形成长达 11 公里的尾砂废石流，大量房屋被冲毁，造成 46 人遇难，上千名职工家属无家可归。

8 月，麻阳铜矿与湖南有色金属研究所合作研究的砂浆锚索护顶电耙留矿采矿法通过鉴定，主要技术经济指标达到国内先进水平。

9 月 2 日，中国有色金属工业总公司总经理费子文到衡阳有色冶金机械厂考察。

9 月 24 日，株洲冶炼厂被评为中南地区第一家国家一级计量单位。

9月，株洲硬质合金厂的硬质合金大制品超声波无损探伤研究成功，填补了国内检测技术的一项空白。

10月31日，水口山六厂铍铜合金工程建成投产。

10月，长沙铝厂中外合资建立铝型材车间，对外称“长茂铝业有限公司”。

11月19日，中国有色长沙公司主持验收湘乡铝厂含氟废水治理项目和废水液固分离工程，经专家验收合格。

12月14日，中共湖南省委书记毛致用、省长熊清泉、副省长俞海潮和衡阳市委、市政府领导到衡阳有色冶金机械厂考察互助里居委会。

12月28日，株洲硬质合金厂第一批37人赴瑞典学习。

12月，株洲硬质合金厂生产9个新牌号、新系列的硬质合金产品填补了国内空白。

12月，桃江稀土金属冶炼厂生产的氧化钐、氧化铕、氧化钇、轻稀土氯化物、富钇稀土氧化物等经鉴定为新产品，填补省内空白。

12月，川口钨矿选厂扩建工程竣工，日处理量增加52%，年产钨精矿增加50%。

12月，长沙有色冶金勘察公司改名为中国有色金属工业总公司长沙勘察院。

是年，湖南有色金属产品出口日本、新加坡、巴基斯坦、西德、比利时、英国、瑞士、美国、澳大利亚等国家，全年创汇1355万美元。

是年，中国有色第二十三冶建设公司千吨级倒锥壳水塔双液压滑模提升组合施工工艺通过中国有色金属工业总公司技术鉴定。

是年，全省生产十种有色金属产量21.95万吨，占全国总产量的八分之一。其中锑品、锌品、电铅均为全国第一。

“六五”计划期间，全省共生产十种有色金属产量 93 万吨，六种精矿含量 72 万吨，分别比第五个五年计划期间增长 43.3% 和 25%。

1986 年

2 月，衡阳有色冶金机械厂被湖南省政府授予“六好企业”称号。

4 月，水口山矿务局第一冶炼厂从水口山矿务局划出，改名为长沙锌厂，隶属中国有色金属工业总公司长沙公司。

5 月，衡东县有色选冶厂在衡东县新塘镇经济开发区建成投产，是一家生产钨、钼副产品和有色金属矿产品的民营企业。

6 月，国家科技进步奖评审委员会分别授予衡阳有色冶金机械厂“小方坯连铸机技术”、YZ-35 型牙轮钻机 1985 年国家科学技术进步奖一等奖、二等奖。

7 月 2 日，中国有色金属工业总公司批复同意将柿竹园多金属矿和东波有色金属矿两矿合并，组建成柿竹园有色金属矿。

7 月，锡矿山矿务局闪星队物华作业线上半年掘进 1002.2 米，平均掌子面工班效率 0.97 米，创全国同行业先进水平。

8 月，中国有色金属工业总公司将十五冶建设公司长沙管理处及其家属工厂划归中国有色长沙公司管理，并成立长沙有色金属材料厂。

8 月，水口山矿务局康家湾铅锌矿投产，时为全国第四大铅锌矿山。

12 月 7 日，中国有色金属工业总公司授予衡阳有色冶金机械厂“全国有色金属工业现代化管理优秀企业”称号。

是年，涌现出一批先进集体和先进个人。黄沙坪铅锌矿获湖南省“改革中思想政治工作先进企业”称号；王君笃、欧阳伯达获全国五一劳动奖章；刘美愿、易官保、欧阳伯达获湖南省优秀党员称号；廖瑜、邓永泉、刘国赐、苏中南、鲁侧海、谭成海、邓昌明、欧阳伯达获湖南省工交战线优秀政工干部称号。

1987 年

1 月，湖南省人大常委会主任刘夫生视察锡矿山矿务局。

2 月 5 日，株洲硬质合金厂被国务院正式批准为硬质合金出口基地。

5 月，湖南省黄金管理局成立。

5 月 25 日，香花岭锡矿安源工区由于附近村民非法进入矿区滥采乱挖，发生重大冒顶事故。塌方面积 40 平方米，地表陷落 10 余米，18 名农民当场死亡，工区被迫停产近 1 个月。

8 月，溆浦县曾家溪钨矿更名为溆浦县有色金属冶炼厂。

8 月，衡阳有色冶金机械厂“年产千万吨级露天矿成套设备”研制项目获冶金工业部冶金科学技术研究成果一等奖。

10 月 6 日，锡矿山矿务局召开庆祝锡矿山锑业开发 90 周年大会。

10 月 12 日，以衡阳有色冶金机械厂为主，由 23 家成员单位跨省市联合组成的南方有色冶金机械集团公司在长沙召开成立大会，会前召开了第一次全体成员单位会议，选举衡冶厂厂长张志光为董事长。

11 月，水口山矿务局冶炼厂炼铅法通过部级鉴定。

12 月 17 日，国内最大的湿法炼锑厂——锡矿山矿务局炼锑厂建成投产，年产精锑能力 2000 吨。

1988 年

1 月 14 日，冶金工业部副部长赵岚考察衡阳有色冶金机械厂。

5 月 15 日，冶金工业部副部长黎明，湖南省政协副主席刘国安到衡阳有色冶金机械厂考察。

7月20日，中国有色金属工业总公司决定将衡阳有色冶金机械厂和衡阳冶金汽修厂合并，合并后厂名为“衡阳有色冶金机械总厂”。

9月13日，第五届钨生产出口国政府代表会议在长沙召开。澳大利亚、玻利维亚、巴西、加拿大、葡萄牙、韩国、泰国及中国代表和国际钨工业协会代表出席会议，讨论稳定钨价和改善钨市场问题。

10月，全省矿产资源综合评价完成。评价表明，湖南的优势矿产主要有锑、钨、锡、铅、锌等有色金属和高岭土、萤石、石墨、岩盐、石膏等非金属矿产，种类较齐全，储量较为丰富，分布较广泛，特别是有色、稀有金属中伴生、共生的矿多，综合开发利用潜力很大；全省矿产资源一次加工潜在价值约5000亿元，二次加工潜在价值约15000亿元。全省的资源劣势主要是能源矿产不足，大宗矿产品资源缺乏，贫细杂矿多，资源分布不均，人均占有量少，可选择的富矿后备基地少。全省大部分资源开发利用程度低，初级产品和粗加工多，出口创汇能力不强，资源的综合优势和区位优势尚未完全发挥出来。根据上述情况，省地矿部门提出因地制宜、择优开发的战略，把全省分成五大开发区，即湘南有色、能源矿产开发区，湘中能源、锑、原材料开发区，环湖经济开发区，湘西锰、非金属矿产开发区，长株潭矿业中心开发区，并分区提出了开发建议。

11月6—9日，首届钨钛稀土锑冶金和材料国际学术会在长沙召开，有18个国家和地区的430名代表参加，宣读论文180多篇。

是年，益阳鸿源稀土有限责任公司注册成立。

1989 年

1 月 17 日，湖南省副省长陈邦柱在新华社《内部参考》第 3 期上刊登的《湖南省几个矿区矿产资源乱采乱挖实地见闻》一文上批示："问题确实严重，请向德武同志与有关部门采取措施，予以制止。"

3月31日，共青团中央书记处书记刘奇葆一行到衡阳有色冶金机械总厂考察共青团工作，并欣然挥笔为团员青年题词："更上层楼"。

4 月 29 日，衡阳有色冶金机械总厂获"湖南省模范单位"称号。

5 月，袁谋训（水口山矿务局）、王玉凤（衡阳有色冶金机械厂）、姚孟湘（桃林铅锌矿）、易铁鑫（株洲冶炼厂）被评为全国劳动模范。

10 月 16 日，中共湖南省委常委、省纪委书记杨敏之考察锡矿山矿务局。

1990 年

2 月 16 日，中南工业大学校长王淀佐教授由于"在矿物加工浮选理论方面的开创性贡献"，当选为美国工程科学院国外院士。这是继茅以升之后当选美国工程科学院院士的第二位中国人。

5 月 13 日，湖南省副省长俞海潮考察衡阳有色冶金机械总厂。

6 月 18 日，柿竹园有色金属矿第一座冶炼厂破土动工，同年年底竣工。1991 年 1 月 1 日开炉投料正式生产，当年生产铋锭 86 吨。

12月28日，国务院批准株洲硬质合金厂为国家一级企业。

1991年

1月15日，国务院下发了《国务院关于将钨、锡、锑、离子型稀土列为国家实行保护性开采特定矿种的通知》。

2月18日，湖南省副省长俞海潮和中国有色金属工业总公司副总经理沃廷枢签署的《关于加快水口山矿务局黄金开发的会谈纪要》文本生效，并列入中国有色金属工业长沙公司“八五”期间重点技术改造项目。

4月8日，锡矿山矿务局“闪星牌”精锑、零级三氧化二锑荣获第二届北京国际博览会金奖。

4月8—15日，衡阳有色冶金机械总厂参加了由中国国际贸易促进委员会主办的“第二届北京国际博览会”，其参展的922D井下铲运机、195-B1型电动挖掘机获金奖。

5月22日，“柿竹园多金属资源综合利用研究”被列为“八五”期间国家重点科技攻关项目，总投资1800万元。

6月13日，中华全国总工会副主席李容光到衡阳有色冶金机械总厂考察。

8月，花垣县铅锌矿正式组建，属县属国有企业。

8月8日，湖南省委书记熊清泉考察锡矿山矿务局。

10月8—10日，中央顾问委员会委员、常委耿飚到水口山考察，水口山矿务局授予他“水口山矿务局功勋矿工”称号。

11月18日，《湖南日报》报道，湖南地质工作者在湘南地区找到一处罕见的大型独立铊矿。铊是一种稀有元素，其价格为黄金的40倍。

1992年

4月17日，中国有色金属工业总公司总经理费子文考察锡矿山矿务局。

6月17日，中国工业经济协会会长、国家经委原主任吕东和国家计委经济研究中心副主任董绍华到衡阳有色冶金机械总厂调研。吕东给衡冶总厂题词：靠改革兴厂，凭科技腾飞。

6月20日，根据中国有色金属工业总公司相关文件，中国有色金属工业总公司长沙公司更名为中国有色金属工业长沙公司。

7月30日，经国务院经贸办、国家计委等六部委审核批准，水口山矿务局、锡矿山矿务局被划为国家大型一档企业。

9月，花垣化工厂注册成立，年产2000吨硫酸锌生产线投产。

12月11日，中南工业大学教授古德生等研究的地下矿连续开采工艺技术和装备获得全国科技进步一等奖。

是年，湖南省泸溪县金旭冶化有限责任公司创建。

1993年

1月18日，衡阳有色冶金机械总厂金工分厂钳工班班长蒋铁生当选为第八届全国人民代表大会代表。

2月4日，湖南省新当选的4位副省长郑茂清、周伯华、周时昌、唐之享到中国有色金属工业长沙公司调研、指导工作。

8月，长沙新振升集团有限公司注册成立。

10月，株洲力洲硬质合金有限公司成立。

1994年

5月，永兴县人民政府金银回收管理办公室成立，为副局级事业单位。

6月，中共湖南省委书记王茂林到水口山矿务局考察。

6月，湖南东港锑品有限公司正式成立，由湖南省东安县锑矿与香港东南韶业发展有限公司合资成立。

7月4日，水口山矿务局“SKS”牌铅锭在英国伦敦金属交易所注册。

8月23日，日本、俄罗斯、意大利、德国、比利时、加拿大、波兰、美国8个国家11名专家学者考察瑶岗仙钨矿。

9月，衡东县钨业有限公司成立。

10月6日，中共湖南省委书记王茂林到衡阳有色冶金机械总厂考察。

10月7日，锡矿山矿务局攻克火法炼锑除铅技术。

10月7日，中共湖南省委副书记储波、省人大常委会副主任赵培义考察锡矿山南矿、南炼厂、冶化厂。

10月10日，中共中央政治局委员、书记处书记尉健行考察株洲硬质合金厂。

11月1日，《湖南日报》报道，国家一级企业株洲冶炼厂生产经营一年迈上一个新台阶，在全国有色金属行业中连创年出口量全国第一，成为全国最大的铅锌出口基地。

12月，由中南工大、西南铝加工厂钟掘、周顺新、游江海等16人组成的科研组，承担的国家重点科研项目“高性能特薄铝板”课题通过鉴定。省科委、省教委主持技术鉴定认为，该成果是国内第一套同时保证产品具有高组织性能和尺寸形貌精度的智能软件，其技术具有国际水平。

是年，永兴县西河冶炼厂成立。

1995年

4月17日，中共湖南省委书记王茂林、省长杨正午率队赴京与中国有色金属工业总公司党组书记、总经理吴建常、副总经理张健、陈胜年共商发展湖南有色金属工业大计。

4月，柿竹园有色金属矿投资90万元建设的年产钼铁300吨的钼冶炼厂竣工投产，当年生产钼铁170吨。

8月，锡矿山矿务局、湘西金锑矿等企业召集全国50多家锑生产骨干企业，在湖南张家界召开首次全国锑品生产企业市场分析会，形成限产保价的共识。同时发起成立全国锑品生产企业联合体，实行行业自律，限产保价，打击走私，推进锑工业持续稳定发展。

8月，湖南花垣县太丰选矿有限责任公司成立，该公司是湖南太丰矿业集团有限责任公司的前身。

12月，由中南工业大学和中国有色金属工业长沙公司共同完成的“有色金属企业潜亏原因分析与对策研究”软课题获中国有色金属工业总公司科学技术进步三等奖。

是年，全省生产黄金5015.35公斤，比上年增长21.1%，创历史最高水平，稳住了湖南黄金工业全国十强的地位。这是国家保密局对黄金产量解密之后首次公布的全省黄金产量。

1996年

5月12日，国务院副总理李岚清考察中南工业大学。

7月，中共中央组织部授予锡矿山矿务局党委“全国先进基层党组织”称号。

8月，湖南经阁投资控股集团有限公司成立。

10月9日，中共湖南省委常委、常务副省长周伯华率省经贸委、省建委、省计委、省财政厅等部门负责人，到水口山矿务局现场办公、考察指导工作。

12月27日，水口山矿务局举行建矿100周年庆典。

1997年

2月28日，中国有色金属工业总公司发文任命罗毅为中国有色金属工业长沙公司经理、党组书记。

3月20日，由冶金工业部长沙矿冶研究院等单位完成的“兰坪有色金属公司湿法炼锌工艺流程研究”通过中国有色金属工业总公司主持的鉴定，被认为达到国际先进水平。

6月2日，株洲硬质合金厂与三湘集团有限公司合资成立的香港三湘钻石硬质合金有限公司正式成立。

6月26日，中国有色金属工业总公司下达干部任命通知：廖瑜为中国有色金属工业长沙公司党组成员、副经理；张瑞南为中国有色金属工业长沙公司总工程师。

10月27日，花垣县汇银有限责任公司在花垣镇洞溪坪村注册成立。

11月11日，中共湖南省委副书记、省长杨正午到水口山矿务局考察。

12月，省政府办公厅《关于省黄金公司管理体制问题的批复》明确，省黄金管理局为行业管理的职能机构，归口省经贸委管理，湖南省黄金公司更名为湖南省黄金工业总公司，为省管大型企业。

是年，郴州市金贵有色金属（集团）有限公司成立，是一家以生产、经营白银为主的高科技民营企业。

是年，株洲冶炼厂在伦敦金属交易所（LME）进行套期保值交易。由于从1997年年初开始的六七个月中，多头推高伦敦锌价，涨幅超过50%，导致工厂最后集中性平仓的3天内亏损额达1.758亿美元，折后人民币14.591亿元。事发后，国务院专门召开办公会议处理“株冶事件”，力争将损失降至最低。

1998年

1月10日，经湖南省优秀企业、优秀企业经营者评选委员会评审，湖南黄沙坪铅锌矿矿长李歌洪、湘乡铝厂厂长彭甘林被湖南省人民政府授予第九届“湖南省优秀企业经营者”称号。

1月，长沙力元新材料有限公司成立。

3月8日，《湖南日报》报道，省有色金属系统加大技术改造力度，有色金属产量首次突破50万吨，约占全国总产量的1/10，位居全国第三位。

3月21日，中国有色金属工业总公司副总经理张健率调研组到黄沙坪铅锌矿调研。

4月14日，湖南省省长杨正午到衡阳有色冶金机械总厂现场办公。

4月24日，《国务院关于组建国家有色金属工业局的通知》确定: 解散中国有色金属工业总公司,成立国家有色金属工业局。原总公司在湘有色金属企事业单位均隶属国家有色金属工业局。

4月24日，《国家院关于组建国家有色金属工业局的通知》明确，中国有色金属工业长沙公司继续管理和协助管理中央在湘有色金属企事业单位，隶属国家有色金属工业局。

5月1日，中国有色金属工业长沙公司召开直管、协管企事业单位党委书记、厂（矿、局、校、院、所）长会议，传达国务院文件精神和国家有色金属工业局的会议精神。

6月4日，湖南省副省长郑茂清率队到湘乡铝厂调研。

6月28日，中国有色金属工业长沙公司1997年创办的有色证券更名为联合证券长沙营业部，该部新址开业典礼暨获湖南省首家证券商“青年文明号”授牌仪式在有色大厦举行。

7月7—8日，国家有色金属工业局在长沙召开全国有色金属地区公司经理会议，会议围绕贯彻《国务院办公厅关于印发国家有色金属工业局职能配置内设机构和人员编制规定的通知》文件精神，研究地区公司改革和当前的主要工作。会议肯定了地区公司10多年来作出的历史性贡献。国家有色金属工业局张吾乐局长、康义副局长等参加了会议。

7月21日，中国有色金属工业长沙公司经理罗毅向湖南省人民政府呈报了“关于中国有色金属工业长沙公司及其管理职能交湖南省人民政府的方案建议”。

8月8日，湖南三立集团股份有限公司在花垣县注册成立。

8月15日，中国有色金属工业长沙公司组织株洲冶炼厂、株洲硬质合金厂对受洪灾严重的桃林铅锌矿和桃江稀土金属冶炼厂进行对口支援，支持受灾企业抗洪救灾，重建家园。

9月，长沙工业高等专科学校并入中南工业大学。

10月1日，柿竹园有色金属矿复建工程竣工投产。

10月17日，株洲硬质合金厂钻石牌线材轧制用硬质合金辊环、株洲冶炼厂火炬牌银锭、湘乡铝厂湘铝牌冰晶石和氟化铝、柿竹园有色金属矿柿竹园牌铋锭、中南工业大学粉末冶金厂潇湘牌矿山凿岩硬质合金片齿等荣获湖南省1998年度产品质量奖。

11月25日，中国五金矿产进出口总公司、锡矿山矿务局、湖南久通集团板溪锑矿等22家企业汇集长沙，就如何有效遏制锑产品低价倾销现象发表联合声明。

12月9日，株洲硬质合金厂、黄沙坪铅锌矿党委书记陈远永分别获“1996—1998年度全省思想政治工作优秀企业”和“1996—1998年度全省思想政治工作优秀工作者”称号。

是年，常德耀弘纳米科技有限责任公司成立，主要从事氧化锌、氧化锑、氧化铋、氧化锡、氧化铟、ATO粉、ITO粉、氧化硅、氧化镍、金粉、银粉、镍粉、锌粉等纳米产品的研究开发和生产。

是年，湖南省中杰科技发展有限公司成立，是一家从事镍钼矿提炼加工的高科技企业。

是年，湖南振强锑业有限公司在冷水江市成立，是一家以锑金属冶炼为主，综合回收铅、金、银等有价金属的民营有色冶炼企业。

1999 年

1 月 5 日，湖南稀土金属材料研究所的“抗破碎贮氢材料研制”获 1998 年度国家技术发明二等奖。

1 月 29 日，株洲硬质合金厂与自贡硬质合金有限责任公司、海南金海实业公司联合组建的中钨硬质合金集团有限公司在长沙注册成立。

2 月 25 日，《湖南日报》报道：中南工业大学成功开发碳/碳复合材料，填补了国内空白，为实现航空刹车材料国产化作出了重大贡献。

2 月 25 日，湖南省政府首次公布重点企业集团和优势企业名单，株洲冶炼厂、株洲硬质合金厂、水口山矿务局榜上有名。

2 月 26 日，株洲硬质合金厂“钻石”商标获中国驰名商标称号。“钻石”商标是湖南省和中国硬质合金行业唯一的中国驰名商标。钻石牌硬质合金已在株洲硬质合金厂生产 40 多年，包括 124 个牌号 3.3 万个型号，并在世界 53 个国家注册。

3 月 18 日，湖南金天铝业高科技有限公司在泸溪县注册成立。

3 月 24 日，中国有色金属工业长沙公司兑现 1998 年度目标管理奖。经长沙公司考核打分及对企事业单位整体工作的综合评价，株洲冶炼厂、水口山矿务局、株洲硬质合金厂、黄沙坪铅锌矿获 1998 年度目标管理一等奖；香花岭锡矿、瑶岗仙钨矿等 6 家企业分获二、三等奖。

5 月 4 日，中国有色金属工业长沙公司领导罗毅、顾静宇、廖瑜、张瑞南向中共湖南省委常委、常务副省长周伯华，省政府副秘书长邹育文汇报了国家对有色金属体制改革的方案。有色长沙公司经理、党组书记罗毅结合中央在湘有色金属企事业单位的实际，作了具体汇报。

8 月 3 日，国家有色金属工业局《关于中国有色金属工业地区公司机构改革有关问题的通知》明确：中国有色金属工业长沙公司进入（挂靠）中国铜铅锌集团公司。

8月6日，中国铝业集团公司、中国铜铅锌集团公司、中国稀有稀土金属集团公司在北京挂牌成立。中央在湘有色金属企事业单位分别隶属于这“三大集团公司”。

9月2日，国家有色金属工业局《关于将部分有色金属末期矿山企业挂靠“三大集团”管理的通知》明确：桃林铅锌矿、潘家冲铅锌矿、新晃中兴总公司挂靠中国铜铅锌集团公司；汝城钨矿、湘东钨矿、香花岭锡矿、川口钨矿挂靠中国稀有稀土金属集团公司。

11月23日，中钨硬质合金集团公司在长沙举行挂牌仪式，中共湖南省委常委、常务副省长周伯华，中国稀有稀土集团公司总经理、党委书记潘祖顺分别在仪式上讲话。该集团公司由株洲硬质合金厂、自贡硬质合金有限公司和海南金海实业公司联合组建，总资产达20亿元。

12月14日，湖南省经济贸易委员会《关于有色长沙公司继续实施省级有色行业管理职能的批复》明确：中国有色金属工业长沙公司继续行使省级有色行业管理职能。

12月，中南工业大学教授黄伯云当选为中国工程院化工、冶金与材料工程学部院士。

2000年

1月31日，经中国新时代质量体系认证中心审核批准，中南工业大学粉末冶金研究所通过了ISO9001质量体系认证，成为湖南省高校第一个通过这一认证的科研单位。获得这项认证，意味着该研究所生产的航空刹车副和电工合金制品等获得了进入国际市场，参与国际竞争的又一张“绿卡”。

4月15—17日，中共中央政治局委员、国务院副总理吴邦国到湖南调查研究国有企业的改革与发展问题。他先后考察了株洲冶炼厂和株洲硬质合金厂的生产经营情况，并在长沙与湖南有色金属系统部分企业负责人就企业改革与发展问题进行了座谈。

4月，张家界兴达冶化有限公司创建，是一家生产低冰镍、镍钼铁合金以及三氧化钼产品的民营股份制企业。

4月29日，由中南工业大学、湖南医科大学和长沙铁道学院合并组建的中南大学正式挂牌成立。

8月，长沙力元新材料有限公司整体改制变更为长沙力元新材料股份有限公司。

9月23日，湖南省政府常务副省长周伯华代表湖南省政府与国家经贸委、国家有色金属工业局等有关部门在北京就中央在湘有色金属企事业单位下放地方管理签订商谈纪要，确定中央在湘35户企事业单位下放省管。划转资产总额98亿元，在职职工8.8万人，离退休人员5.3万人。

11月26日，湘西金矿2000年生产黄金已突破1吨，实现了“九五”计划末期黄金产量达1吨的目标，成为湖南省第一个“吨金”矿。

12月28日，湖南有色金属研究院由原湖南有色金属研究所转制成立。

12月29日，中共湖南省委书记杨正午致信锡矿山矿务局，祝贺该局力挽连续四年的亏损势头，2000年实现扭亏增盈。

12月31日，中共湖南省委、湖南省人民政府印发《湖南省轻工集团总公司等九个单位进一步深化改革的实施意见》，决定将中国有色金属工业长沙公司更名为湖南省有色金属工业总公司。省政府授权省有色金属工业总公司在一定时期内行使全省有色金属行业管理职能。

是年，湖南娄底市华星锑业有限公司在新化县正式成立。

“九五”期间，全省有色系统完成重大科技成果139项，其中获国家发明奖2项，国家科技进步奖5项，省部级科技进步奖132项，取得专利权40项。全省有色金属工业实施重点建设42项，投入资金24.42亿元，一批技术改造项目达产达标。2000年与1995年比，年采矿能力由709万吨增加到952万吨，年选矿能力由836万吨增加到1055万吨，产能、产量及主要技术经济指标保持全国领先地位。

2001年

2月22日，湖南省有色金属工业总公司在长沙召开成立大会暨2001年度工作会议，副省长郑茂清为湖南省有色金属工业总公司的成立揭牌。会上，总公司党组向全省有色行业提出了“十五”发展规划。

3月15日，省地质勘探开发局宣布：在郴州市千里山—骑田岭一带，发现了锡矿带，已探明储量50万吨，潜在资源量达70万吨，有望突破100万吨。该锡矿带长90余公里，宽80余公里，总面积达7000平方公里以上，厚度大，含量高。

3月20日，《湖南日报》报道，2000年湖南省有色工业拔全国头筹，十种有色金属产量达81.28万吨，比上年增长21.7%，占全国总产量的十分之一，位居全国第一位；整体盈利2亿元，比上年增长57%。

4月，湖南金旺铋业有限公司在郴州成立。

5月，锡矿山矿务局整体改制为锡矿山闪星锑业有限责任公司。

5—6月，在中共湖南省委、省企业工委的领导下，省有色总公司机关及株冶、株硬、水口山、柿竹园、黄沙坪、湘铝开展了“三讲”学习教育活动。

6月28日，郴州市宇腾化工有限公司注册成立。

7 月 17 日，湖南省有色金属工业总公司在长沙召开扭亏增盈工作会议。

8 月 17 日，株洲硬质合金厂与柿竹园有色金属公司签订合资经营郴州钻石钨制品有限责任公司的合同。合同约定，双方共同投资 1.4 亿元，新建一条年产氧化钨 1 万吨的钨冶炼生产线。

9 月 26 日，水口山矿务局整体改制为水口山有色金属有限责任公司。

11 月 14 日，全国政协副主席毛致用到水口山有色金属有限责任公司视察。

11 月，全国兼并破产和职工再就业工作领导小组正式下达了对潘家冲铅锌矿等 6 家资源枯竭型有色矿山实施关闭破产的启动通知，加上已正式列入国家关闭破产计划的桃林铅锌矿，7 家矿山总资产为 4.4 亿元。

12 月开始，湖南省有色金属工业总公司先后启动潘家冲铅锌矿、川口钨矿、汝城钨矿、新晃中兴总公司（原新晃汞矿）、湘东钨矿、香花岭锡矿等 6 家末期矿山的关闭破产工作，为湖南有色行业第一批实施政策性关闭破产的企业。

12 月 3 日，湖南省有色金属工业总公司派出破产清算组进驻潘家冲铅锌矿开展破产清算工作。

12 月，湖南金石矿业（集团）有限公司在沅陵县注册成立。

12 月，永兴县西河铅业有限公司在永兴县西河冶炼厂的基础上，经扩大规模和资产重组注册成立。

是年，永兴县雄风有色金属有限责任公司成立。

2002 年

1 月 22—23 日，由国家经贸委主办、中国有色金属工业协会承办的全国钨锑出口供货企业座谈会在长沙召开。来自外经贸部、海关总署、国土资源部、财政部、环保局等有关部门以及具有2002年钨锑出口供货资格的企业代表共百余人参加会议。

1月30日，湖南省政府向全省123个获2001年名牌称号的产品正式授牌。湖南省有色金属行业有株洲硬质合金集团有限公司等12家企业的16个产品被认定为湖南省名牌产品。

2月6日，湖南省有色金属工业总公司召开2002年度工作会议，湖南省副省长郑茂清出席会议并讲话。

4月9日，株洲硬质合金厂整体改制为株洲硬质合金集团有限公司。

8月1日，湖南省人民政府办公厅《关于湖南省有色金属工业总公司进一步深化改革有关问题的通知》（确定了湖南省有色金属工业总公司的职能、机构和人员编制。湖南省有色金属工业总公司是省政府直属的具有行政管理职能、财政全额拨款的正厅级行政事业单位。对全省有色金属工业实施行业管理，机关管理人员实行国家公务员制度。

6月6日和10日，湖南省有色金属工业总公司派出破产清算组分别进驻川口钨矿和潘家冲铅锌矿实施破产清算工作。

9月，永兴县组团参加在呼和浩特召开的首届中国白银年会，永兴县以年产白银占全国1/4的绝对优势被大会组委会誉为“中国银都”。

9月6日，湖南省有色金属工业总公司破产清算组进驻香花岭锡矿开展破产清算工作。

10月10日，湖南省有色金属工业总公司破产清算组进驻新晃中兴总公司开展破产清算工作。

10月，湖南永兴意水稀贵金属再生利用有限公司成立。

10月，永兴县意水铅业有限公司注册成立，其前身是永兴县意水冶炼厂。

12月5日，湖南省有色金属工业总公司正式启动桃林铅锌矿（列入第一批）的政策性关闭破产工作。

后记

湖南是享誉世界的“有色金属之乡”。有色金属产业是湖南省最具本土优势的支柱产业之一。为了全面系统地记述湖南有色金属工业的发展历史，客观真实地反映有色金属工业对湖南乃至中国的社会经济发展作出的突出贡献，2012年3月8日，湖南省有色金属管理局向湖南省地方志编纂委员会呈文《关于组织撰写湖南省有色金属工业志的报告》（湘色办〔2012〕14号），恳请湖南省地方志编纂委员会授权省有色局编写湖南省有色金属工业志，并给予支持和指导。4月20日得到批复同意后，正式开始《湖南省志（1978—2002）·有色金属工业志》的编纂工作。

为编纂好《湖南省志（1978—2002）·有色金属工业志》，本志编委会副主任戴民声和编写人员先后走访了省国土资源厅、省地质矿产局、省有色地质勘查局、省黄金管理局、省冶金行管办等省直厅局和湖南有色控股集团、长沙有色冶金设计研究院、长沙有色勘察设计研究院、五矿二十三冶建设集团、株洲硬质合金厂、永兴县金银管理局等100多家企事业单位，走访了全省14个市州有关管理部门和重点有色金属企业，查阅了有关历史资料和重点企业的志书、年鉴、档案。并于2014年9月在吉首召开湘西自治州有色金属企业座谈会，10月在永兴召开金银回收再生企业座谈会。

在走访调研和资料收集的基础上，2016年11月拟定《湖南省志（1978—2002）·有色金属工业志》编写提纲。2017年11月完成60万字的初稿。2018年5月召开评审会议后，主编按照评审会提出的意见作了重大修改、补充、完善。同年10月形成终审稿，11月由省地方志编纂委员会组织召开终审会议。根据终审会议提出的要求，主编又从总体设计到篇章进行了精加工，从宏观上考虑，从微观上着手，考证资料的真实性并推敲史志体例和语言风格等等，几易其稿，每修改一次都有收获，或遣词造句、或查漏补缺，总有一些修改、增删的地方。通过不厌其烦的多次修改，2019年8月完成了《湖南省志（1978—2002）·有色金属工业志》终审定稿。《湖南省志》总编室于2019年12月11日完成终审验收，认为“该志稿观点正确，篇目框架合理，资料比较翔实，文字通顺，基本达到了志书出版要求。请按照《湖南省志（1978—2002）·有色金属工业志》稿评议会和《湖南省志》总编室的终审意见修改、完善、定稿后送交出版社出版、发行。”

2020年，主编按照《湖南省志》总编室的终审意见，抱着对历史认真负责的态度，对史料再次进行认真甄别、筛选；对文字再次进行提炼、加工；重新采集了25幅志前彩图。主编将最终定稿再次送本志编委会副主任暨评审组组长戴民声审阅后批示：“布局合理、资料翔实、图文并茂、点面结合、事以类从、行文规范。”“虽是叙史述事，却有史志灵魂，有益于传世教化，同意送出版社出版发行。期待《湖南省志（1978—2002）·有色金属工业志》成为有色金属工业省级精品志书。”

2020年10月，湖南省有色金属学会与方志出版社签订了

《湖南省志（1978—2002）·有色金属工业志》出版合同。方志出版社的专家进行了三审三校，提出了审稿意见。主编认真吸纳、消化专家意见，补充资料，核实数据，使志书更加规范，符合出版要求。

本志在资料收集和编纂过程中，中国有色金属工业协会、湖南省国土资源厅、湖南省地质矿产局、湖南省有色地质勘查局、湖南省黄金管理局、中国五矿湖南有色集团、湖南省冶金行业管理办公室、湘西土家族苗族自治州经济和信息化委员会、永兴县金银管理局等单位给予大力支持，提供相关资料。谨此一并致谢。

历时数年，《湖南省志（1978—2020）·有色金属工业志》终于公开出版发行。感谢湖南省有色金属管理局、湖南省中小企业服务中心的支持；感谢本志编纂委员会和湖南省有色金属学会的组织协调，给编写人员创造编修工作条件；感谢中国有色金属工业协会副会长赵家生、中国有色金属工业年鉴副总编冯绍健、湖南方志文化传媒有限公司罗健的指导和支持；感谢编写组的同事们通力协作、相互配合，帮助打字、校正、统稿。盛世修志，逢其时，共其事，与有荣焉！

由于本志编写人员少，记述史实时间跨度长，涉及单位多，有些单位、某些年份的资料匮乏，志书中难免有错漏之处，敬请读者批评指正。

编　者

2020 年 12 月